国家社会科学基金重点项目（批准号06AYY002）

中央民族大学"985工程"中国少数民族语言参考语法研究系列丛书

总主编　戴庆厦

墨江碧约哈尼语
参考语法

REFERENCE GRAMMAR OF MOJIANG BIYO HANI

经　典　著

中国社会科学出版社

图书在版编目（CIP）数据

墨江碧约哈尼语参考语法／经典著．—北京：中
国社会科学出版社，2015.12
ISBN 978-7-5161-7213-1

Ⅰ．①墨… Ⅱ．①经… Ⅲ．①哈尼语-语法-研究-
墨江哈尼族自治县 Ⅳ．①H254.4

中国版本图书馆 CIP 数据核字（2015）第 291226 号

出 版 人	赵剑英
责任编辑	任 明
责任校对	冯 炜
责任印制	何 艳

出 版	中国社会科学出版社
社 址	北京鼓楼西大街甲 158 号
邮 编	100720
网 址	http://www.csspw.cn
发 行 部	010-84083685
门 市 部	010-84029450
经 销	新华书店及其他书店

印刷装订	北京市兴怀印刷厂
版 次	2015 年 12 月第 1 版
印 次	2015 年 12 月第 1 次印刷

开 本	710×1000 1/16
印 张	33.25
插 页	2
字 数	613 千字
定 价	95.00 元

一部"从田野里来"的参考语法

——《墨江碧约哈尼语参考语法》序

经典是我 2011 年在北京语言大学招的第三届博士生。这部书是她在博士论文的基础上修改而成的，是她在几年的田野劳作中用汗水铸成的。

我与经典原不相识。2011 年，她从山东大学对外汉语硕士专业毕业后由于对少数民族语言有兴趣而报考我的少数民族专业博士生。当年面试时，因我去做田野调查不在北京，凭她第一名的成绩就录取了她。记得，录取后她来找我，一见面我就问她："跟我读要去少数民族地区做田野调查的，你能去吗？那是很艰苦的事，但其乐无穷。"她毫不犹豫地回答道："行。我很愿意做语言调查。"我看她很真诚，很好学，也很聪明，第一印象就是愿意好好教她，管她，搞好她的学术路子。

三年的艰苦学习历程中，我很重视让她在语言田野调查中成长。2012年 2 月，她随我参加国家语委"十二五"科研规划"中国跨境语言现状调查研究"项目赴泰国做田野调查，与课题组成员一起完成了《泰国优勉（瑶）族及其语言》一书（2013 年 3 月由中国社会出版社出版）。在田野调查中，她工作认真、努力，能吃苦，得到了一次锻炼。后来，我经反复考虑后决定让她通过田野调查去完成《墨江碧约哈尼语参考语法》——这是我的国家社会科学基金重点项目的子课题之一。为此，她曾两次前往墨江县碧约人居住地区进行调查。在当地生活了 6 个多月，获得了 50 多万字的语料。由于碧约话没有文字，大部分的语料都是她亲自调查记录的第一手材料。除了向不同年龄的发音人学习以外，她还多次前往碧约人聚居的村寨，并参与了赶集、祭祀、节庆等用民族语交际的言语活动，以获取鲜活的语言材料。从听不懂一个字到与能当地人交流，有了语感，对哈尼族的感情也随着语言的沟通愈发浓厚。她在田野调查的过程中，与当地人相处融洽，将自己视作他们的一员，以自己的真情投入获得了诸多母语者最热情的帮助。在论文的答辩会上，当回答评委提出有的句子是怎么说时，她很自然地就说出："我们的话是这么说……"，道出了她把自己当成是哈尼族碧约人的真实感情，获得了评委的称赞。

由于她的努力，在校时获得了教育部"博士研究生国家奖学金"，毕业时被评为"北京市优秀毕业生"。她虽然本人不是少数民族，但对民族语言有浓厚的兴趣，对民族地区的人民也有着诚挚的感情。

《墨江碧约哈尼语参考语法》这部新著，以墨江县联珠镇的碧约话为研究对象，对墨江县联珠镇碧约话的共时语法进行比较全面、系统、深入的描写、分析和研究。书中归纳、总结了碧约话语法的主要特征有：（1）量词非常发达；量词不仅数量众多、种类丰富，而且具有大量的反响型量词。（2）分析性特征显著；主要靠助词和语序来表达语法意义，助词类别尤其丰富。（3）有较为丰富的体貌范畴；体和貌的界限有一定的模糊性。两者既有区别也有联系。（4）韵律对语法有很强的制约作用；除了较为常见的双声叠韵、双音节化之外，ABB 式的三音节结构对碧约话的词法和句法也有着重要的影响。

本书的研究意义主要在于：（1）填补哈尼语支系语言研究的空白。前人对哈尼族语言的描写、研究主要集中在人数较多的哈尼、雅尼支系语言上，对其他支系语言的描写、研究较少。（2）有助于语言类型学研究。碧约话属于 SOV 型语言，对碧约话语法系统的描写，将为 SOV 型分析性语言的类型学研究提供一个新的个案，对语言共性和差异的研究能起到一定的推动作用。（3）有助于语言接触理论的研究。在墨江县，九个哈尼族支系交错杂居在一起，而且又与汉族、彝族、瑶族和拉祜族等民族杂居。碧约人生活在这样的环境中，其母语的活力如何，在长期与其他支系语言和其他民族语言特别是汉语的接触中，其语言结构发生了哪些变异，变异的规律有哪些，在现代化进程中，碧约话的使用情况有没有发生变化，是否还能保持其语言活力，稳定地使用下去，对这些问题的探讨能为语言接触理论的研究提供有价值的个案。（4）墨江哈尼语碧约话参考语法属于哈尼语方言个案语法，关于哈尼语支系方言比较的研究尚不多见，碧约话参考语法能为方言比较提供有价值的参照。

本书的创新之处主要表现在：在对碧约哈尼语共时描写的基础上，还针对哈尼语的语法特点，做了一些专题研究，对一些问题有了新的研究与认识。如反响型量词的发展和演变、动词与形容词的区别与联系、有关体貌关系的认识、话题范畴、述补结构、传信范畴、否定标记、汉语对碧约话语法的影响等等。此外，本书注重语料建设。所收集的语料包括：40 多万字的例句、3000 多个词常用词语、4 个民间故事、10 多个谜语和 3 首碧约传统诗歌。其中，碧约传统诗歌是首次被以国际音标的方式记录，对研究碧约话的历时演变、口语与文学语言的差异等有一定价值。

三年的实践，经典已形成了这样一个重要的理念："一个好的语言学家，有语言学理论思维固然重要，但更重要的，是要有扎实的语言调查研究本领。而田野调查，则是语言调查中的一个重要的方面。"

我想趁这个机会说几句语言田野调查对发展语言学的意义。无数事实包括国内外的历史经验，都证明田野调查对语言研究的重要性。作为语言研究的重要手段之一，田野调查由来已久。早在 20 世纪初期，美国的描写语言学派就展开了针对印第安语的田野调查，记录了大量的印第安语语料。通过调查他们发现，传统的分析印欧语的方法已不能适用于印第安语的研究。因此，他们总结了一套描写、分析语言的新方法。这些方法集中体现在布龙菲尔德（Bloom Field）1933 年出版的《语言论》中，并对之后的语言学研究产生了重大的、具有革命性意义的影响。中国的传统语言学，也从很早就开始重视语言调查。西汉扬雄经过 27 年努力写成的《方言》巨著，其主要的语料就来源于他对长安城中来自各地的士兵、孝廉所做的方言调查。著名的汉学家高本汉（Klas Bernhard Tohnnes Karlgren）发表于 1915 年的《中国音韵学研究》就是在他亲自大量实地调查的基础上完成的。"汉藏语之父"李方桂大师通过对濒临灭绝的马伦里语（Mattole）的田野调查，出色地完成了他在芝加哥大学的博士学位论文《马伦里语——一种阿塔巴斯堪语》。其导师萨丕尔撰文称赞道："李先生为科学研究及时调查了一个语言，而这个语言对于拟测整个阿塔巴斯堪语的原始特征可能具有特殊的重要性。"新中国成立以后，语言工作者们展开了前所未有的大规模田野调查，在汉语和少数民族语言研究领域取得了国内外瞩目的成绩，积累了丰富的田野调查经验。

语言学中的田野调查方法，对于我国现阶段的语言研究，有着特殊的意义。我国是一个多民族、多语言的国家，语言资源非常丰富。迄今为止，只有一小部分语言做过比较深入的分析、调查，一些语言甚至还没有进行调查。中国正处在日新月异的高速发展阶段，经济的发展、城市化的推进、文化教育的普及、民族交往的密切，使语言关系正在发生急剧的变化。汉语日益扩大使用范围，成为强势语言；一些少数民族语言的使用范围不同程度地在缩小，甚至变为衰变、濒危语言。少数民族的语言问题比过去更具有复杂性和长期性。在这种现状下，语言工作者更应该抓住时机，广泛地进行民族语田野调查。

几十年来，我带领学生大约做过大大小小上百次的语言田野调查。在这个过程中，我们共同尝到了甜头，得到了进步，增强了信心。我深深地体会到，在提高语言研究者的语言敏锐性，增加非母语人的感性认识，以及提升多角度分析语言的能力等方面，田野调查有着不可替代的作用。参加过田野调查的学生经过田野调查都真正懂得了什么是语言，在语言观、民族观、人生观等方面都有重大的变化，使他们在后来事业的奋斗中有了动力。

　　我对碧约哈尼话有着特殊的感情，看到这部书稿即将面世特别高兴。回忆 1956 年，我参加中国科学院少数民族语言调查第三工作队做哈尼语调查研究工作，第一站就是到墨江调查碧约哈尼语。我到过一些碧约山寨调查碧约话，至今仍记忆犹新。哈尼语的支系方言，它的语音、词汇、语法特点吸引了我的注意。但那时，由于时间有限，需要调查的点很多，对于碧约话只来得及做初步调查。事隔 50 多年，有关碧约话的研究依然几乎是空白。我与经典谈及让她做碧约话参考语法时，她二话没说就表示要重新回到当年我工作过的地方，学习、记录碧约话，撰写参考语法。

　　经典已毕业了。所幸她能在一所高校继续从事汉藏语教学与研究工作。这部《墨江碧约哈尼语参考语法》是她的研究起点，相信她会从田野出发，加强理论视野，一步一个脚印地越走越远。

　　是为序。

戴庆厦

2014 年 11 月于中央民族大学 507 工作室

摘　　要

　　本文以汉藏语系藏缅语族彝语支的哈尼语碧约方言（以下简称"碧约话"）为研究对象，在参考语法框架内，遵循现代语言学的描写方法，对云南省普洱市墨江哈尼族自治县联珠镇碧约话的语法结构及其特点做了较为全面、系统的共时描写与分析。全文共分七章。

　　第一章　绪论　主要介绍本文的研究内容与价值、理论指导与研究方法；简述了碧约支系的民族历史、风俗，并对碧约话的总体特征和使用情况做了简要说明；对哈尼语包括碧约话的研究情况进行了回顾与总结；说明了本文语料的来源。

　　第二章　音系　主要描写碧约话的声母、韵母、声调、音节结构的类型以及变调的问题。

　　第三章　词类　本章对碧约话的名词、代词、动词、形容词、量词、数词、副词、连词、助词、貌词以及拟声词进行了较为详细的描述。分别介绍了各类词的分类及句法特征。其中，动词、形容词、量词和助词等是重点和难点。在"动词"一节，着重考察了趋向动词、判断动词、存在动词的使用。在"形容词"一节重点比较了动词与形容词的区别与联系。丰富的量词是碧约话的重要特征之一，在"量词"一节中，对名量词、动量词的分类和语法特征做了细致描写，还对反响型量词的来源、演变和句法特征进行了详细剖析。助词是碧约话体现语法关系的重要手段之一。在"助词"一节中，对主要的结构助词、语气助词和体助词逐一进行了详细描写，并首次揭示了"人称助词"的语法功能。

　　第四章　构词法　本章重点对碧约话的复合词的构词方法进行了分析和描写。介绍了一些半实半虚的特殊后缀，并举例说明了一些较为特殊的构词方式。

　　第五章　句法　本章分为短语、句法成分、句类和单复句四个小节。"短语"一节主要描写碧约话九种重要的短语成分。包括并列短语、修饰短语、述宾短语等。重点考察了语音、语义对于并列短语语序的影响。"句法成分"一节中，主要描写了充当句法成分的各种语言单位，包括主语、宾语、谓语、定语、状语、补语等，并分析了宾语的语义类型以及多层定语、状语的语序。"句类"一节对陈述句、疑问句、祈使句和感叹句分别做了描写。"单复句"一节中重点对主谓句和非主谓句以及不同类型的复句进行了分类描写。

第六章　一些特殊的结构和句型　对于碧约话中一些较为特殊的结构和句型进行了探讨。比如话题范畴、述补结构、连动句等等。突出了碧约话不同于其他亲属语言的特点。

第七章　全文结语　本章分为两个小节。第一节"碧约哈尼语语法特征小结"是对碧约话语法特点的总体概括。第二节对本文的创新和不足之处做了简要说明。

论文的附录部分包括民间故事、传统诗歌、谜语和分类词汇四个部分。

关键词　碧约；哈尼语；参考语法；词类；句法

Abstract

This dissertation aims to synchronically make a comprehensive and systematic study of Biyo Hani, a language of Yi Branch, Tibet-Burman Group on the basis of the description framework of reference grammar, mainly covering its phonological system, parts of speech and syntactic system. The dissertation consists of seven chapters.

Chapter One. Preface. As an introduction of the dissertation, it presents the layout, covering the research object, significance, theoretical building and methodologies. A short description of the Biyo Hani-speaking ethnicity, a general presentation of the language itself and its present use situation are covered coupled with a literature review of past relevant researches.

Chapter Two. Phonological System. This section describes the phonological system of the Biyo Hani language, including its consonants (initials), vowels (finals), tonic types, syllable canon and tonic variations.

Chapter Three. Part of Speech. This section presents a detailed description of the word-classes and syntactic features of noun, pronoun, verb, adjective, classifier, numeral, adverb, conjunction, auxiliary words, moods and onomatopoetic words in Biyo Hani language with special attention on its verb, adjective, classifier and auxiliary verb. In the subsection "verb", directional verbs, judgment verbs and existential verbs are given special analysis. In the subsection of "adjective", attention is paid on comparing the difference and relationship between the verb and adjective. Classifiers are abundant in the Biyo Hani language. In their analysis, detailed description of the categorization of noun classifier and verb classifier and their respective grammatical function is conducted. Besides, the source and evolution of the echo classifier and its syntactical features are given detailed analysis. Auxiliary verb is vital in embodying the grammatical relationship of the Biyo Hani language. In the subsection of "auxiliary word", special analysis is made on the structural auxiliary, modal auxiliary and aspect auxiliary one by one, and the personal auxiliary is discovered for the first time.

Chapter Four. Word Formation. This section gives an analysis and description of how the compound words of the Biyo Hani language are constructed. Some suffixes that are half notional and functional are introduced. Examples about the special word formation are given.

Chapter Five. Syntax. This section consists of four parts of phrase, syntactic constituents, sentence types, and simple and complex sentences. The subsection of "phrase" describes nine important phrasal constituents, including coordinate phrase, decorative phrase, verb-object short phrase, etc. Special attention is paid on analyzing the impact of phonetics and semantics on coordinate phrase. The subsection of "syntactic constituents" describes linguistic units such as subject, object, predicate, attribute, adverbial and complement with analysis on the object types and the sentence sequence of multi-layered attribute and adverbial. The subsection of "sentence types" surveys declarative sentences, interrogative sentences, exclamatory sentence and imperative sentence The subsection of "simple and complex sentence" focuses on subject-predicate sentences and their opposites.

Chapter Six. Special Sentence Structure and Pattern. Focus is paid on special sentence structure and pattern, such as the topic area, predicate-complement structure and sentence with serial verbs of the Biyo Hani language. So that difference between the surveyed languages from its family relative can be made.

Chapter Seven. Conclusion. The section has two parts. The first gives a brief review of the phonetics, lexicon and grammar of the Biyo Hani language due to its engagement with the Chinese. The second concludes the grammatical features of the language.

The appendix includes folklore, traditional poems, riddles and word categorization.

Key words: Biyo Hani language; reference grammar; word types; syntax

目　录

第一章 绪论

第一节 研究设计

一 研究内容与价值

本课题以哈尼语碧约话为研究对象，对墨江县联珠镇碧约话的共时语法进行比较全面、系统、深入的描写、分析和研究。研究意义在于：

1. 有助于填补哈尼语支系语言研究的空白。前人对哈尼族语言的描写、研究主要集中在人数较多的哈尼、雅尼支系语言上，对其他支系语言的描写、研究较少。

2. 有助于哈尼语语法研究的进一步深入。现有的哈尼语研究成果中，许多语法现象只停留于部分语言现象的描写上，本文将对部分前人尚未触及的语法特点进行更加深入的描写、分析，如貌词、否定范畴、传信范畴等。

3. 有助于语言类型学研究。碧约话属于 SOV 型语言，对碧约话语法系统的描写，将为 SOV 型分析性语言的类型学研究提供一个新的个案，对语言共性和差异的研究能起到一定的推动作用。

4. 有助于语言接触理论的研究。在墨江县，九个哈尼族支系交错杂居在一起，而且又与汉族、彝族、瑶族和拉祜族等民族杂居。碧约人生活在这样的环境中，其母语的活力如何？在长期与其他支系语言和其他民族语言特别是汉语的接触中，其语言结构发生了哪些变异？变异的规律有哪些？在现代化进程中，碧约话的使用情况有没有发生变化，是否还能保持其语言活力，稳定地使用下去？对这些问题的探讨能为语言接触理论的研究提供有价值的个案。

5. 墨江哈尼语碧约话参考语法属于哈尼语方言个案语法，关于哈尼语支系方言比较的研究尚不多见，碧约话参考语法能为方言比较提供有价值的参照。

二　理论指导与研究方法

（一）理论指导

"参考语法"（Reference grammar）是"对一种语言句法和形态作全面描写的语法"[①]。参考语法属于描写语法的一种，它以单一语言的共时语言特征为描写对象，目的是为语法的理论研究和应用研究提供比较充足、可靠的语言料。它与其他描写语法的不同之处在于：它是系统的、尽可能详尽的，能够充分满足语法理论研究和语法比较的需要，也能为语言应用研究提供充足的语料。[②]

参考语法的研究，兴起于 20 世纪 80 年代。当时，语言描写研究进一步发展，计算语言学、语言教学等应用学科对语言研究不断提出新的要求，语言的调查和描写面临着进一步深化、系统化的任务。同时，类型学研究的深入发展，也对单一语言描写的细致性和全面性提出要求。语法研究界由此掀起了研究参考语法的热潮。许多语言学家相继投入了该课题的研究，如澳大利亚拉筹伯大学、美国加州大学圣地芭芭拉分校、俄勒冈大学等院校的语言学系均鼓励学生以描写某一语言的参考语法作为主要研究方向。牛津、剑桥大学出版社等著名出版机构也相继出版了一系列参考语法著作。进入 20 世纪，"参考语法"的实际内涵已突破了"参考"的本意，指向能够为语法研究提供尽可能全面的知识和语料。[③] 例如《英语语法大全》[④]、《汉语教学参考语法》[⑤]等。

中国作为一个多民族、多语种的国家，拥有丰富的语言研究资源。半个世纪以来，中国大陆以参考语法为框架的语法研究正处于起步阶段，大规模的针对非汉语的参考语法研究正在开始。中央民族大学"985 工程"中国少数民族语言文化教育与边疆史地研究哲学与社会科学创新基地为适应民族语言研究发展的需要，经过多次酝酿和专家论证，确定在近几年内编写十余部少数民族语言"参考语法"系列专著，以期推动新时期的民族语言研究。[⑥]《墨江碧约哈尼语参考语法》正是这一系列"参考语法"中的一部。此外，近二十年来，台湾的学者以台湾本土的语言为对象，也陆续出

---

① ［英］戴维·克里斯特尔：《现代语言学词典》，商务印书馆 2002 年版。
② 参阅戴庆厦、蒋颖《"参考语法"编写的几个问题》，载《云南师范大学学报》2007 年第 1 期。
③ 同上。
④ 约翰·辛克莱著，任绍曾译，《英语语法大全》商务印书馆 2001 年版。
⑤ 张宝林：《汉语教学参考语法》，北京大学出版社 2006 年版。
⑥ 参阅戴庆厦、蒋颖《"参考语法"编写的几个问题》，载《云南师范大学学报》2007 年第 1 期。

版了一些有价值的参考语法专著①。

本文的撰写，除了遵循目前参考语法编写中已形成的某些规范外，在总体上还在向以下几个方面努力：

（1）全面性：指对墨江哈尼语碧约话的语音、词类、句法、话语材料以及各种语言现象进行较为全面的描写。这也是本文撰写的首要目标。力求比较全面地揭示碧约话语法的特点，尽可能做到语料充实、分析细致、观察到位。

（2）系统性：是指对墨江哈尼语碧约话的描写分析中要注重整体性和相互关联性。语言是一个系统，语言的各个构成要素之间存在互相影响、相互制约的关系。因此，关注不同语法成分之间的相互联系，把语法要素或语言事实放到语言系统中去描写，是撰写本文时需要遵循的原则之一。

（3）微观性：是指对各种存在的现象都尽可能地做出细致的分析、描写。不仅要描写该语言所具有的语法特征，还要说明该语言中不具有的语法特征。尽可能做到不疏漏任何有价值的语法事实。

（4）原创性：是指对碧约话的描写忠实于客观存在的实际。本文所使用的语言材料，均是研究者在母语人的言语生活中收集的、切实存在于群众口中的活材料，包括日常生活的对话和短篇的话语材料。此外，还收集了部分传统诗歌、民间文学材料，包括故事、谜语等。

（二）研究方法

本文综合采用了多种语言研究方法。主要有：田野调查法、共时语言描写法、对比法、语言类型学、语言接触理论等。

1. 田野调查法：参考语法以现实生活场景中的自然话语材料为主要研究对象，这一研究对象只有通过田野调查的方式才能够接触到。田野调查既是调查语言，也是学习语言。只有深入到一线，深入到群众中间，才能真实地了解他们的语言、社会、民俗，才能真正体会到他们的生活。只有

---

① 包括：《赛德克语参考语法》（张永利，1989）、《邹语参考语法》（齐莉莎，1989）、《兽凯语参考语法》（齐莉莎，1989）、《排湾语参考语法》（张秀绢，1989）、《赛夏语参考语法》（叶美利，1989）、《巴则海语参考语法》（林英津，1989）、《阿美语参考语法》（吴静兰，1989）、《噶玛兰语参考语法》（张永利，1989）、《雅美语参考语法》（张郇慧，1989）、《邵语参考语法》（黄美金，1989）、《卑南语参考语法》（黄美金，1989）、《泰雅语参考语法》（黄美金，1989）、《布农语参考语法》（齐莉莎，2000）、《达悟语：语料、参考语法及词汇》（何德华、董玛女，2006）等。以上专著都由台湾远流出版社出版发行。

了解了少数民族的历史，才能做好少数民族语言的研究。①此外，碧约话是一种没有文字的语言，信息的传递、情感的交流和文化的传承都以口语为载体，因此，田野调查是收集语料的唯一方式。为此，作者两次深入到碧约人居住区，广泛收集语料。

2. 共时语言描写法：指的是对一种语言的共时特征做科学、客观的描写的一种方法。本文在获取大量语料的基础上，对墨江哈尼语碧约话的共时语法做了全面细致的描写，并针对碧约话的语法特点，对形容词和动词的关系、语气词、体貌助词、述补结构、差比句、连动句等进行了较为深入的分析和描写。

3. 对比法：对比法指的是将相关的两个或多个语法现象进行对比分析，从而探寻彼此的共性和个性的研究方法。比如通过对比碧约话不同的否定标记的使用条件、句法位置和语法功能，从而获得对碧约话否定范畴的特征的新认识。

4. 语言类型学观察法：参考语法的研究为语言类型的发展提供了养料，语言类型学理论的丰富也为参考语法的研究提供了新的视角。本文在研究碧约话的反响型量词、多重定语的语序等问题时，尝试运用语言类型学的理论去解释相关现象之间的联系，既关注碧约话的个性特征，也关注其作为 SOV 型语言的共有特征。

5. 语言接触理论：是研究语言与社会之间的关系的一个语言学分支。研究内容是不同语言的说话者密切接触时，对一种或多种语言产生的影响。这种影响表现在语音、句法或语义等诸多方面。墨江县是一个哈尼、汉、彝、瑶等民族杂居县，碧约话长期以来受到各个民族语言尤其是汉语的影响，不可避免地发生了语言演变，语言接触引起的语言演变涉及语音、词汇、语法等各个层面，本文试图从语言接触的角度，对碧约话的语言变异现象尽可能地做出解释和说明。

三　语料收集

为完成论文的写作，本人在攻读博士学位的三年中（2011—2013 年）曾两次前往墨江县碧约人居住地区调查，共计 6 个月。在论文写作过程中也不间断地与发音人联系，力求记录材料准确无误。除了向不同年龄的发音人请教以外，本人在墨江县居住的半年多时间里，还多次前往碧约人聚居的村寨，参与了赶集、祭祀、节庆等用民族语交际的言语活动，以获取

---

① 参阅戴庆厦《深入田野建构中国语言学理论体系》，载《中国社会科学报》2012 年 9 月 12 日第 355 期。

鲜活的语言材料。文中的大部分语料都是作者亲自调查得来的第一手材料。所收集的语料主要有：（1）4000多个常用词；（2）10个谜语；（3）6个民间故事；（4）5首长篇诗歌；（6）约30万字的启发式话语语料。

本文语料由在墨江县联珠镇土生土长的母语人提供。他们分别是：杨春光，男，74岁，小学文化，历任墨江县新安乡乡长，墨江县统计局科长；罗莲凤，女，59岁，高中文化，在墨江县小学做了30多年的民办教师；白转云，女，58岁，小学文化，一直居住在墨江县联珠镇团上村。

四　缩略语

（缀）：	词缀	（复）：	复数标记
（体）：	体助词	（貌）：	貌词
（连）：	连词	（语）：	语气助词
（话）：	话题助词	（工）：	工具助词
（状）：	情状助词	（方）：	方位助词
（从）：	从由助词	（施）：	施事助词
（受）：	受事助词	（合）：	两个词合音
（使）：	使动标记	（互）：	互动标记
（叠）：	重叠音节	（比）：	比较标记
（人）：	人称助词	（助）：	未分类助词

第二节　碧约支系与碧约话

一　哈尼族碧约支系

碧约支系是哈尼族众多支系中的一支。为了更好地了解碧约支系和它的语言，有必要先了解哈尼族的整体情况。

（一）哈尼族概况

哈尼族是我国人口超过百万的少数民族之一。在中国，哈尼族主要的支系有：哈尼、雅尼、碧约、卡多、豪尼、白宏、腊米、卡别、切第、西摩洛等。这些支系中，以哈尼和雅尼支系人数为最多，因此在新中国成立后，经各支系的代表协商后，对外统一称哈尼族，对内以各自支系的名称自称。

从地理上来说，我国境内的哈尼族主要聚居于滇南两山三江（哀牢山、无量山和红河、李仙江、澜沧江）地区；以行政区划而论，红河哈尼族彝族自治州、普洱市、玉溪市和西双版纳傣族自治州是哈尼族的主要聚居区域。哀牢山的墨江、元江、江城、红河、元阳、绿春、金平诸县是哈尼族人口最密集的地区，其人口总数在 90 万人左右，占哈尼族人口总数的 70% 左右。无量山地区的澜沧、镇沅、景谷、景东、思茅、宁洱和西双版纳地区的景洪、勐海、勐腊等地也有大量的哈尼族聚居，人口总数达 40 万。在境外，哈尼族多称为"阿卡"，主要分布在缅甸、老挝、越南、泰国等国家，共计约 60 万人。

哈尼族是一个具有悠久历史与文化的古老民族，与彝族、拉祜族、傈僳族、景颇族、阿昌族、基诺族等同源于古氐羌人。[①]古代的哈尼族没有自己的文字，见于汉文史籍的名称，有"和夷（蛮）""和泥""窝泥""阿泥""哈泥"等。据史料记载，哈尼族的祖先原游牧于青藏高原上一条江边的"努美阿玛"平原，后逐渐南迁，至青海、川北高原。这个叫"努美阿玛"发源地可能位于现在的大渡河之南、雅砻江之东所源出的连三海周围，或大渡河与金沙江交汇的地区。后居于此地的哈尼族祖先分两条路线向南迁徙：一条自川西迁经昆明一带，再往南迁至滇东南的六诏山地区；一条自滇西北南迁经大理湖滨平坝，然后又分别南下到今哀牢山、无量山的景东、新平、镇沅、景谷、建水、石屏、蒙自，继至元江、墨江、红河、元江、江城及西双版纳等地。据此推断，居住在墨江的哈尼族，距今至少有一千多年的历史。

（二）墨江的碧约支系

墨江哈尼族自治县位于云南省南部，地处东经 101°08′—102°04′，经度跨度 56′；北纬 22°51′—23°59′，纬度跨度 1°08′，北回归线穿越县城而过，因此得名"回归之城"。县境内居住着哈尼、汉、彝、傣、拉祜、布朗、瑶、回、普米、白、壮等 14 个民族，其中以哈尼族人口最多，是一个以哈尼族为主体的多民族杂居县。同时，墨江县又是哈尼族支系分布最多的一个县，有 9 个支系。

碧约是人口最多的一个支系，据墨江县哈尼文化研究所 2006 年的统计数字，现在居住在墨江县境内的碧约支系人口达到 63359 人。关于碧约来源的说法有很多种，现在还没有一个确凿的定论。一个较为常见的说法是：据说古时候碧约和卡多是同一宗支，在向南迁徙的时候走一条道，前面走的人砍芭蕉为食，芭蕉树发芽很快，一昼夜可长三寸多。后面的人看到砍掉的芭蕉已经长出了新叶，以为跟不上了，就停了下来，便在此定居。

根据上述自北朝南的两条迁徙路线分析，现在居住在墨江的碧约支系和卡多等其他支系一起，大多自滇西北迁经大理湖滨平坝，然后在公元 7

---

① 墨江哈尼族自治县民族宗教事务局编：《墨江哈尼族自治县民族志》，第 19 页。

世纪左右迁到哀牢山一带。墨江山高箐深，沟河纵横，境内山脉属哀牢山系，河流属红河水系。由于特殊的地理环境，加之哈尼族迁徙进入哀牢山系时的客观和主观因素，各支系在墨江县境定居下来后本支系人群体聚居，少有分散，即形成"大聚居小分散"的格局。定居在墨江县的碧约人，在近百年间，又陆续进行了一些短距离的移居。据当地老人回忆，大部分的碧约人都是 100 年前从元江、白泽等地迁入墨江县境内的龙坝乡，又于 20 世纪初到墨江天神庙一带，再从天神庙移居到现在的团山。从整体上而言，在今天的墨江县，碧约支系的主要聚居区集中在县城西北面向县城中心延伸的区域。

哈尼族碧约人的先民曾长期生活在青藏高原上，过着四处迁徙的游牧生活。后来迁徙至澜沧江、红河流域，逐渐定居下来，成为农耕山地民族。经济形态从以狩猎、采集为主逐渐转向以农耕为主。史实表明，在哈尼族进入广阔的滇西南山区时，这里的河坝已经是百越后裔傣族、壮族生息的地方。和顺谦卑的碧约人和其他哈尼支系一起，便选择了在山坡上种植水稻，构筑起一种以梯田为主的新型农耕生活。

狩猎和采集依然是碧约人农业经济的补充手段。在碧约人聚居的墨江县团山地区，20 世纪 50 年代以前就是一片原始森林，成年男子都有丰富的狩猎经验，得到的食物除了个人所有外，还常常拿出来分给村寨中的老人。在农闲时，碧约男子还会下河捕捞鱼虾，妇女、老人则采集野果、香蕈、嫩笋之类做成可口的食物。

今天生活在墨江的碧约人，除了种植水稻之外，还种植苞谷、荞、麦、花生或者豆类作为补充。苞谷有黄、白、糯三个品种，种植量仅次于水稻。碧约人还利用宅旁、田间的空地种植蔬菜，如青菜、萝卜、瓜等。这些种植物主要供自家食用，多余的也可以拿来卖。

农历六月二十四是碧约人一年中最重要的节日，碧约人称作 $tsa^{33}li^{33}tso^{31}$ "苦扎扎"，也就是"过新年"的意思。他们认为，过了这个节日，粮食就能逐渐成熟，生活也会好起来。"苦扎扎"的各种祭祀、庆祝活动一般要持续三天。

哈尼族历来敬重五谷神，碧约人也亦然。每年秋季稻谷成熟七成左右的时候，家家户户选一个吉祥的日子宰杀一只大红公鸡来"卜鸡卦"，同时煮一块带猪尾巴的腊肉，表示已经度过青黄不接的时候，新粮接上旧粮。

农历七月十五前后的新米节，也是包括碧约支系在内的哈尼族人民的传统节日。是在谷物成熟后，正式收割之前举行的庆祝丰收的节日。一般择属马或属羊的日子过节。届时每家每户要备办一些菜肴和一瓶酒到竜人家里吃饭。

除了传统节日外，宗教节日也是碧约人节庆的重要组成部分。碧约人大都信仰原始宗教，祭竜节是原始宗教中最重大的节日。大部分碧约村寨的附近都有一片举行祭祀活动或村民集会的"竜林"，碧约人认为竜林是竜神居住的地方，林中的植物不允许个人采摘。

进入二十世纪以来，碧约人也开始和汉民族一起在农历正月初一过春节，不过在春节前后碧约人还要进行一系列有趣的活动。如用柏枝烈叶扫家、草叶熬水洗澡、把劳动工具搬回家、点长明灯等，都是对未来幸福美满生活的寄托。

碧约人认为自然界中的万物都有魂灵，都有神鬼之分。信仰的神鬼种类较多，$a^{31}phi^{33}sa^{33}kha^{33}la^{33}$（老祖宗）是碧约人祭得最勤、影响较大的神灵，不仅供夫方祖宗也供妻方祖宗。$po^{55}tv^{33}po^{55}si^{31}$（灶神）也是各家必供的神，该神主管禽畜。$so^{31}ne^{31}$（猎神）是狩猎供奉的神，多数供在猎人卧房的角落里。$a^{33}ta^{31}ke^{31}lo^{31}$（谷神）一般供在楼上某棵中柱上。初播种和谷物归入仓时都要择日杀鸡献饭，保佑谷物长势茂盛、收获的粮食够吃。在碧约人的生活中，一年四季均有祭祀活动，祭祀活动由$mu^{31}phu^{55}$（摩批）主持。近百年来，自西方传教士将基督教引入该地区始，信仰基督教的人在逐渐增多，代代相传，有的村寨还建了教堂。

碧约男女有自由的社交权利，一般不受长辈干涉。青年男女社交的重要工具就是姑娘（小伙）头上的帽子，哪个小伙子若是看上哪个姑娘，就想法把她的小帽抢到手，若是姑娘无意于他，这顶小帽便由那位小伙子拿去，不再理会；若是两情相悦，姑娘便向小伙子讨回帽子，借归还帽子的机会，两人可以相互交换信物，确定恋爱关系。

传统上碧约姑娘到了十三岁，小伙子到了十五岁后便可以谈婚论嫁了。过去碧约人的婚姻盛行姑表舅婚。姑娘长大后征得舅舅家同意后才得嫁给外人。现在这种习俗已经渐渐消失。青年男女自由恋爱后，男方征得父母同意，便可以请媒人求亲说媒，媒人往返两次完成"合八字""吃小酒"等程序之后，便可以商定举行婚礼的时间了，一般会选择冬腊月吉祥的日子举行婚礼。在碧约人的婚姻中，招婿上门的现象很常见。入赘的时间短的有两年，长的不受限制。这一情况一般发生在女方家没有男嗣的人家，女婿入赘后等同儿子照顾老人，继承财产。

碧约人有贺生的习惯，礼物多为蛋、香米、腊肉和衣物等。有新生儿的人家要在门上悬挂黄泡刺、金刚爪、蜂饼等象征性的辟邪物，并用笋叶做成人像悬挂在母子的床头保护婴儿。碧约人很重视给孩子取名的礼俗，在婴儿出生后的三至十一天内要为婴儿举行隆重的命名礼仪。如果小孩生下来多病、瘦弱或发育缓慢，父母就要为孩子更换名字。更名的过程常常是先象征性地在门前修桥补路，然后杀一只大公鸡，等待第一位经过门前的行人来给孩子取名。传统上，碧约人只有名而无姓氏，近代受到了汉文化的影响才开始使用汉族的姓氏。墨江碧约人的主要姓氏有：杨、白、李、朱、罗、张、马、熊、胡、鲍等。碧约人的名字多象征美好的事物或者与出生日期、地点相关。

在亲戚中，舅舅被认为辈分最高。"认舅舅"是每个新生儿必须履行的礼俗。在亲戚之外，碧约人的孩子还会认一名干爹或者干妈，他们常常是被邀请为孩子取名或更名的外人，据说会为彼此带来福气。

碧约人很重视丧葬礼仪。死者的棺材要选用坚固的柏木或者桂花树做木料，合棺的工作必须请亲戚中地位最高的舅舅来做，如果舅舅不能完成要请舅舅的儿子代劳。在下葬前，摩批会被邀请来主持祭奠和发送亡灵。碧约人传统的丧葬方式是土葬，并在百余年前就已有垒坟和制作碑刻的习俗，家家清明上坟扫墓的习俗至今保留着。

在碧约人的生活中，有许多禁忌礼仪。在节日或集体会餐中，最好的一口肉必须要请辈分最高的老人吃；晚辈在长辈面前不能跷二郎腿、言语不敬等。在生产中，还有打雷天不下种，布谷鸟叫不栽秧等祖上传下来的禁忌，但现在已不具有约束力。

碧约人的服装多以黑、蓝为基本色调。因各地在染制的时候颜料比例配置的不同，也会形成和黑、蓝接近的青色、墨绿色。碧约人对黑色的理解，有着护鬼避身和对原始神灵敬畏的因素。在黑、蓝色之外，碧约人的服饰中还会出现红、黄、白三色。这三种颜色的含义与黑色相反，有护身和吸引神灵注意的作用，因此这些颜色多出现在妇女和儿童的服装上。

碧约人的服饰包括头饰、头、身、脚的完整穿戴。一套服饰可以分为绣花腰带、短衣、长衣、衣服、绣花围腰、筒裙、小包头、头穗、彩色珠饰、耳环、手链、项链等十几个部分，每个部分都装饰有银饰品或者有繁杂而有特定含义的花纹图案。碧约服饰中区别于其他支系最明显的标志是妇女的包头。包头以靛青布裹束，从额头高挽的发辫处朝后倾斜，挽成瓦板形并托垂至腰下，布尾缀彩色丝线，远远看去，像是昂起的鸟头。碧约妇女的服饰，不管是哪一种形款样式，其刺绣图案是不可缺少的。这些图案绣工精细、图形规整、简洁明快，以衣袖、衽襟、腰腹、下摆、裤脚等处的纹样最多，寓意也各有不同，折射出碧约人对传统文化的传承和思考。

哈尼碧约人性格开朗，喜欢用la^{31}ta^{31}"腊达"来与同族人分享快乐或痛苦。"腊达"是对碧约民歌的统称，分为两种：一种是在山间地头唱的ma^{31}ta^{31}"麻达"，一种是在家里唱的"腊达"。麻达是男女之间寻求配偶、倾吐爱情恩怨和赞美花鸟鱼虫之类的情歌；腊达的唱法更加通俗，内容广泛，唱歌的场合不受限制。碧约老人们喜欢围席而歌，以酒助兴；年轻人则喜欢牵手起舞，边舞边唱。

二　哈尼语概况

哈尼语属于汉藏语系藏缅语族彝语支，与彝、纳西、傈僳、拉祜等彝语支语言接近。根据五十年代中国科学院少数民族语言调查第三工作队的调查结果，把哈尼语分为哈雅、碧卡、豪白三个方言。

不同的方言划分与哈尼族人自称的不同有很大关系。自称哈尼和雅尼的哈尼人说哈雅方言，哈雅方言内部又分哈尼、雅尼两个次方言，各方言内部又分若干土语。哈尼次方言主要分布在红河哈尼族彝族自治州的红河、元阳、绿春、金平等县，说哈尼次方言的人口约占哈尼族人口的一半左右。雅尼次方言主要分布在西双版纳傣族自治州和普洱地区、澜沧拉祜族自治县。自称豪白和白宏的哈尼人说豪白方言，其下分豪尼和白宏两个土语，主要分布在墨江哈尼族自治县、元江哈尼族彝族傣族自治县、宁洱哈尼族彝族自治县。①自称碧约、卡多和西摩洛的人说碧卡方言，其下分碧约、卡多和西摩洛三种土语。主要分布在墨江哈尼族自治县、江城哈尼族彝族自治县和宁洱哈尼族彝族自治县、镇沅彝族哈尼族拉祜族自治县、景东彝族自治县。碧约支系主要分布于云南省的墨江县、江城县、镇沅县、新平县境内，以墨江哈尼族自治县最为集中。人数有 66459 人（2006 年）②，是该县人口最多的一个哈尼族支系。在碧卡方言内部，碧约话与卡多话更为接近。

此外，还有墨江县境内的阿木、卡别、腊米、切第等较小的支系，其语言至今还未有人做系统的研究，应该归入哈尼语哪一类方言还有待定论。

哈尼族方言差别较大，使用不同方言的哈尼人之间不能相互通话，同一方言内部的次方言或土语差别较小，通话基本没有障碍。例如使用豪尼话和使用白宏话的人可以交流，但与使用非豪白方言的人难以交流。

哈尼语方言之间的语法差异较小，主要的差别表现在语音上。从语音特征上看，哈尼方言大致可以分为两个类型：哈雅方言为一种，其主要特征是塞音、塞擦音和擦音都分清浊，元音各分松紧，送气的清塞音和清塞擦音只与松元音结合，不与紧元音结合，有圆唇元音a。豪白方言和碧卡方言为另一种类型，其主要特征是只有擦音分清浊，塞音和塞擦音没有浊音，

---

① 赵敏、朱茂云：《墨江哈尼族卡多话参考语法》，中国社会科学出版社 2011 年版。

② 赵德文：《墨江县哈尼族支系人口及分布调查报告》，云南省墨江县哈尼文化研究所 2006 年版。

有些元音只有松的没有紧的，送气的清塞音和清塞擦音不仅与松元音结合，而且还能与紧元音结合。[①]

新中国成立前，哈尼族没有自己的文字。中国科学院少数民族语言调查第三工作队哈尼语组在三次调查的基础上，于 1957 年写出了《关于划分哈尼语方言和创制哈尼文的意见》的调查报告，制订了《哈尼文字方案（草案）》。包括两种方言文字：以绿春县大寨哈尼话的语音为标准音的哈雅方言文字，以墨江县城周围碧约话的语音为标准音的碧卡方言文字。其中，哈雅方言文字（即现今所使用的"哈尼文"），1958 年在红河哈尼族彝族自治州试行。碧卡文字由于种种原因未能试行。

三　碧约话概况

与哈尼族其他支系的方言相比，碧约话既有相同点，又有其独特之处。相同点在于：语音上，部分元音有松紧对立，部分元音只有松元音，没有紧元音。韵母分为单元音韵母、复合元音韵母、带辅音韵尾韵母三类，后两类大多出现在借词中。语法上，以语序和虚词作为表达语法意义的主要手段；句子的基本语序是：主语+宾语+谓语；名词修饰语既可以在被修饰语之前，也可以在后；数量名短语中，名词在前，数量词在后；人称代词有数、格的变化；句尾助词有区别人称的作用；词汇上，名词中双音节词居多，动词大部分为单音节；带前缀的双音节形容词重叠时重叠后一音节表程度加深；量词发达，部分量词来源于名词的第二个音节。词汇上表示农耕生产、植物和动物的名词非常丰富；四音格词较多；连词等虚词大量吸收汉语借词。

碧约话区别于其他方言的主要特征有：碧约话只有清辅音，没有浊辅音；声调有 5 个；碧约人主要居住在县城或县城附近，所以受汉语的影响较其他支系更为明显，借词更加丰富；"的"字结构和述补结构等的使用也比其他土语更为普遍，等等。

居住在墨江县不同区域的碧约人，在个别词语的发音和使用上有细微的差别，因此也有 $a^{31}tha^{31}pi^{31}jo^{31}$ "上碧约" 和 $a^{31}va^{31}pi^{31}jo^{31}$ "下碧约" 话的区别，但不影响交流。

一直以来，碧约话没有与语言相对应的文字。大量的碧约诗歌、故事均以口耳相传的方式代代相承。现代的碧约话由于受到汉语的影响，与传统文学用语有较大差距，现今对于传统诗歌表达的内容，已经很少有人可以听懂。

---

① 李永燧：《哈尼语语法》，民族出版社 1990 年版。

四　墨江县碧约话的使用情况

　　墨江县碧约话的使用情况，城镇和乡村的差异明显。墨江县城范围内，碧约人处于散居的状态，与汉族等其他民族的长期共处加上九年制义务教育的普及，使得绝大多数出生在县城的 50—30 岁的碧约人母语能力较差，且听、说能力发展不平衡，听的能力较好，说的能力较差。30 岁以下的年轻人多数只能听懂最常用的词语，有些甚至一个词也听不懂。

　　在城镇的环境中，在公共场所、学校、家庭内部均以使用汉语为主。碧约话的使用局限于一定交际对象和交际场所：如果交际双方均能够熟练使用碧约话并有人主动先说碧约话，两者才会用碧约话交谈；如果交谈时有其他民族的人加入，则马上自然地转用汉语；在集会上，多数买家、卖家都是从村寨来城里采购或者做买卖的，碧约话的使用较为普遍。

　　在碧约村寨中，人人都能熟练地使用碧约话，相互沟通没有任何问题。甚至少数由于族际婚姻或者居住地变动而迁入碧约村寨的外族人也大部分转用了碧约话。只有个别儿童，因为从小被送往县城受教育的原因，较早地脱离了母语的使用环境，母语水平不高或转用了汉语。

　　在村寨的环境中，在碧约家庭内部，碧约话是唯一的交流工具。族内婚姻的家庭无论长幼一律熟练使用碧约话，即使是出嫁到其他地方或者在外工作的人归来也都继续使用碧约话交流。族际婚姻一般是"碧约—汉语"双语，在家庭内，主要说碧约话，但跟外族媳妇或女婿交流时则说汉语。一些外地媳妇嫁过来没几年就学会了碧约话，能够熟练地使用碧约话与家人交谈。在寨子里的公共场所，碧约话也是主要的交流工具，只有当听不懂碧约话的人在场时，大家才会使用汉语。在乡里的学校，课堂上，老师都是用汉语授课，但在低年级阶段老师偶尔也会使用民族话解释，学校的老师都是双语人或多语人；在课下，低年级的碧约学生会倾向与同支系的学生交流，中高年级的学生能熟练使用汉语同各民族的学生交流。

　　在村寨生活的碧约人与其他支系一样，呈"大杂居，小聚居"的态势。不同的支系之间接触频繁，通婚也较为普遍，使得很多生活在村寨的碧约人能够兼用其他支系或民族的语言，比如卡多话、豪尼话等。一些人由于工作或生意的需要，经常走村串户，甚至能兼用三四个支系的方言，在他们看来，会说对方的语言更有利于拉近双方的关系，使得工作或交易开展得更顺利。

　　综上所述，碧约话的使用在村寨中较为稳定，应用价值较高，汉语主要用于学习、族际交往，母语和汉语各司其职，和谐互补；在城镇碧约话的使用有一定局限，汉语正在代替碧约话，成为强势语言。

第三节　哈尼语碧约话研究回顾

一　哈尼语研究概况

哈尼语是一个有上百万人使用的少数民族语言。在新中国成立前，只有少数几个人做过调查研究。[①]新中国成立后，在新的民族政策的指引下，1957 年，中国科学院组织少数民族语言调查工作队，赴哈尼族地区展开实地调查。在当地干部、群众的积极配合下，广泛搜集语言材料，奠定了哈尼语语法研究的第一步。

在过去的 60 多年间，对哈尼语概况进行描写的主要著作有：戴庆厦、段贶乐的《哈尼语概论》[②]，马学良主编的《汉藏语概论》"彝语支"部分对同属彝语支的哈尼语、彝语、拉祜语、纳西语等从语音、词汇、语法方面做了比较分析。高华年的《扬武哈尼语初探》[③]，该文以云南新平县扬武坝的哈尼话为研究对象，简要描写了扬武坝哈尼话的音韵、语法、词汇特征，并收集了 1000 多个常用词。李永燧、王尔松的《哈尼语简志》[④]，对哈尼语绿春大寨话和墨江水癸话的音系做了描写，并简要描写了哈尼语的词汇、语法、方言的主要特征。李永燧的《哈尼语语法》[⑤]，在过去调查成果的基础上结合作者本人的调查，对哈尼绿春大寨话的语法单位、词的构造、词类、短语、单复句的特征做了较为系统的介绍。李泽然的《哈尼语研究》[⑥]针对哈尼语的某些特点如双音节化、a 音节、名词前缀、重叠式等进行了比较深入的研究，并凸显了语言的韵律在哈尼语研究中的重要性。

如何划分哈尼语的方言，一直是个颇受争议的问题。50 年代的调查划分哈尼语为哈雅、碧卡、豪白三个方言，具有一定的权威性。《哈尼语简志》[⑦]中也对三个方言划分的语音、词汇、语法依据做出了较为详细的说明。

---

① 李永燧：《哈尼语语法》，民族出版社 1990 年版。

② 戴庆厦、段贶乐：《哈尼语概论》，云南民族出版社 1995 年版。

③ 高华年：《扬武哈尼语初探》，《中山大学学报》1955 年第 2 期。

④ 李永燧、王尔松：《哈尼语简志》，民族出版社 1986 年版。

⑤ 李永燧：《哈尼语语法》，民族出版社 1990 年版。

⑥ 李泽然：《哈尼语研究》，民族出版社 2001 年版。

⑦ 李永燧、王尔松：《哈尼语简志》，民族出版社 1986 年版。

李永燧在《哈尼语调查的新进展》①中结合对哈尼语木达话、阿克话的调查，分别从语音、词汇的角度讨论了其他划分方式的可能性。

哈尼语语音研究方面，《谈谈松紧元音》②首次提到哈尼语元音存在松紧对立的现象，随后胡坦、戴庆厦《哈尼语元音的松紧》③和戴庆厦的《我国藏缅语族松紧元音来源初探》④又对哈尼语松紧元音形成的条件和来源做了具体分析。徐世璇在《彝缅语几种语言的声调比较》中将哈尼语的声调与缅语、阿昌语、载瓦语、傈僳语、拉祜语做比较，认为彝缅语支语言的声调可以分为两大类，不同语言的声调之间有相互对应关系。傅爱兰、李泽然的《哈尼语 a 音节》⑤对 a 音节的词的特点进行微观分析，进一步认识了哈尼语的构词特点、语素特点。孔江平的《哈尼语发声类型声学研究及音质概念的讨论》⑥运用频谱分析的方法对哈尼语松紧元音的发声原理进行了研究。

哈尼语词典、教材编纂方面成果颇多，主要有：戴庆厦、段贶乐、罗书文、李批然等合著的《汉哈词典》⑦，哈葵、李泽然的《汉哈会话》⑧，云南少数民族语文指导工作委员会编的《汉哈尼新词术语集》（哈汉对照）⑨，《哈尼汉词汇对照》⑩。杨羊就的《哈尼语汉语词汇对照》⑪以及张佩芝的《哈尼语哈雅方言土语词汇对照》⑫等。

哈尼语词汇研究侧重于哈尼地名、亲属称谓、动植物名词等的相关研究，例如《奇特而有趣的哈尼地名》⑬《哈尼语植物名词的语义分析》⑭《哈尼语亲属称谓的语义分析》⑮《从语言学解释哈尼族的族称》⑯等等。此外，

---

① 李永燧：《哈尼语调查的新进展》，《中央民族学院学报》1992 年第 3 期。

② 戴庆厦：《谈谈松紧元音》，《少数民族语文论集》1958 年第 2 辑。

③ 胡坦、戴庆厦：《哈尼语元音的松紧》，《中国语文》1964 年第 1 期。

④ 戴庆厦：《我国藏缅语族松紧元音来源初探》，《民族语文》1979 年第 1 期。

⑤ 傅爱兰、李泽然：《哈尼语 a 音节》，载《中央民族大学学报》1995 年第 6 期。

⑥ 孔江平：《哈尼语发声类型声学研究及音质概念的讨论》，《民族语文》1996 年第 1 期。

⑦ 戴庆厦等：《汉哈词典》，云南民族出版社 2001 年版。

⑧ 哈葵、李泽然：《汉哈会话》，云南民族出版社 1992 年版。

⑨ 《汉哈尼新词术语集》云南民族出版社 1994 年版。

⑩ 红河州民委编：《哈尼汉词汇对照》，云南民族出版社 1984 年版。

⑪ 杨羊就：《哈尼语汉语词汇对照》，云南民族出版社 2001 年版。

⑫ 张佩芝：《哈尼语哈雅方言土语词汇对照》，云南民族出版社 1998 年版。

⑬ 光凡：《奇特而有趣的哈尼地名》，《中国地名》1999 年第 6 期。

⑭ 李泽然：《哈尼语植物名词的语义分析》，《中央民族大学学报》（哲学社会科学版）2004 年第 3 期。

⑮ 李泽然：《哈尼语亲属称谓的语义分析》，《中央民族大学学报》（哲学社会科学版）2012 年第 3 期。

⑯ 李泽然：《从语言学解释哈尼族的族称》，《中央民族大学学报》（哲学社会科学版）2012 年第 3 期。

沙加尔、徐世璇的《哈尼语中汉语借词的历史层次》①对哈尼语中不同历史层次的汉语借词做出了分类，并对其来源做出了一定的分析。

哈尼语语法研究一直是学界关注的重点。戴庆厦、李泽然的《哈尼语的"来"、"去"》②一文认为"来、去"除区分方向外还严格区分高低。白碧波的《哈尼语存在动词初探》③对哈尼语表存在意义的动词及其用法进行了探讨。李批然的《哈尼语量词研究》④对哈尼语量词的来源、类别、语法功能和发展趋势等问题，进行了较为详细的分析和探讨。李永燧的《哈尼语名、量、动词的同源现象研究》⑤根据大寨哈尼话，讨论了名、量、动词的同源现象。他的《哈尼语形容词的生动形式》⑥，讨论了哈尼语形容词表达生动意义的形式及其在句中的功能，并与亲属语言的相关语法形式做了比较。在《哈尼语结构助词研究》⑦中，李永燧还对哈尼语结构助词的功能、类别，以及性质特点等做了较为系统的观察。

李泽然在《哈尼语动词的体和貌》⑧中认为，哈尼语的貌范畴比体范畴更丰富，体和貌存在对立，两者有不同的语法意义，并各自还有不同的语法形式和语法标志。表示貌的助词大多从动词虚化而来，而体助词却看不出其来源。体范畴一般用体助词表示，而貌范畴则用貌助词、虚化了的动词和动词的重叠形式米表示。在李泽然的《哈尼语形容词修饰名词的语序》⑨和《论哈尼语的话题》⑩中，还分别讨论了哈尼语形修名的两种不同语序和哈尼语的话题特征。段贶乐《哈尼族文学语言特征》⑪一文从构词、句法和词的搭配特点三个方面介绍了哈尼族文学语言的特征，认为哈尼族文学语言仅指哈尼人民吟唱传统诗歌时使用的语言。

二　碧约话研究概况

国内外对碧约语的研究成果较少，研究基础较为薄弱。

国内研究成果：哈尼语碧约话的研究始于 20 世纪的 50 年代。1956—

---

① 沙加尔、徐世璇：《哈尼语中汉语借词的历史层次》，《中国语文》2002 年第 1 期。

② 戴庆厦、李泽然：《哈尼语的"来"、"去"》，《民族语文》2005 年第 5 期。

③ 白碧波：《哈尼语存在动词初探》，《民族语文》1991 年第 5 期。

④ 李批然：《哈尼语量词研究》，《民族语文》1992 年第 5 期。

⑤ 李永燧：《哈尼语名、量、动词的同源现象研究》，《民族语文》1990 年第 8 期。

⑥ 李永燧：《哈尼语形容词的生动形式》，《民族语文》1986 年第 4 期。

⑦ 李永燧：《哈尼语结构助词研究》，《中央民族大学学报》1994 年第 3 期。

⑧ 李泽然：《哈尼语动词的体和貌》，《语言研究》2004 年第 24 卷第 2 期。

⑨ 李泽然：《哈尼语形容词修饰名词的语序》，《民族语文》2002 年第 2 期。

⑩ 李泽然：《论哈尼语的话题》，《中央民族大学学报》（哲学社会科学版）2007 年第 5 期。

⑪ 段贶乐：《哈尼族文学语言特征》，《民族语文》1991 年第 1 期。

1960 年期间，原中国科学院少数民族语言调查第三工作队曾对哈尼语方言进行了广泛的调查，并帮助哈尼族创制文字。墨江碧约话是第三工作队成员戴庆厦先生调查的第一个方言，他整理收集了碧约话音系及近 2000 个基本词汇，并编纂成册（内部发行）。这些成果不同程度地反映在《哈尼语方言土语的划分及哈尼文创制的问题》（1957 年，内部资料）以及《哈尼语简志》（1986 年）、《哈尼语概论》（1995 年）、《哈尼语方言音系八则》（2005 年）等出版物中。但继戴先生的研究之后，碧约话的研究鲜有人涉及，学界哈尼语的研究虽然在不断深入，但主要集中在使用人数较多的哈尼、雅尼方言上，针对碧约话公开发表的专项研究成果国内尚未发现。

国外研究成果：尚未发现公开发表的碧约方言研究成果。

第二章 音系

第一节 声母

声母共27个：p、ph、pj、m、mj、f、v、ts、tsh、s、z、t、th、n、l、tʂ、tʂh、ʂ、tɕ、tɕh、n̠、ɕ、j、k、kh、ŋ、x。

声母都是单辅音声母，没有复辅音声母。塞音、塞擦音声母只有清音，没有浊音。在双唇音上，保留少量的腭化音。声母分舌尖、舌后、舌面三套音。例词如下：

p	a^{33}pa^{31}	父亲	ph	pha^{31}	（一）片（树叶）
pj	pja^{33}	（前）边	m	ma^{31}	不
mj	mjo^{31}	胡子	f	fa^{31}	办"法"
v	va̠^{31}	猪	ts	jo^{31}tsa^{31}	这里
tsh	tsha^{31}	欠	s	sa^{31}	蒸
z	ja^{33}zv̩^{31}	搅拌	t	ta^{31}	偏
th	tha^{31}	别	n	na^{55}	病
l	la^{55}	来	tʂ	tʂ̩^{31}la̠^{31}	花
tʂh	tʂh̩^{31}	羊	ʂ	ʂ̩^{31}	七
tɕ	tɕi^{55}	（一）套	tɕh	tɕhi^{55}	角
n̠	n̠a^{35}	夹	ɕ	ɕa^{33}tsu^{33}	下午
j	ja^{33}ko^{55}	烟斗	k	a^{31}ka^{33}	剩的
kh	kha^{33}	弓	ŋ	ŋa^{55}	我
x	xa^{55}ma^{55}	怎样			

声母说明：（1）pj、mj出现的频率很低。（2）f除了与v结合的（如fv^{33}"时候"）是固有词外，其他都只出现在借词上。（3）舌面音j在年纪偏大的人中发作舌尖音z。例如：jo^{31}phɔ^{31}"岳父"，读作zv^{31}phɔ^{31}。（4）舌尖后音tʂ、tʂh、ʂ只与舌尖元音结合，也可处理为ts、tsh、s的变体（增加舌后元音ʅ）。

第二节　韵母

韵母共 39 个。元音分松紧，但不是所有元音都有松紧，部分元音只有松元音，没有紧元音。韵母分为单元音韵母、复合元音韵母、带辅音韵尾韵母三类，后两类大多出现在借词中。分别是：

1. 单元音韵母

松元音：i　ɪ　e　ɛ　a　ɔ　o　u　ʋ　ɤ　ɯ　ɿ

紧元音：i̠　e̠　a̠　ɔ̠　o̠　ʋ̠　ɤ̠　ɿ̠

2. 复元音韵母

ia　iu　ui　ua　ɯu　iau

3. 带鼻音韵尾韵母

iŋ　ɯŋ　aŋ　uŋ　eŋ　ɤŋ　ɔŋ　un

iɛŋ　iaŋ　uaŋ　ueŋ　uɛŋ

例词如下：

i	pi^{31}	虫	i	a^{31}pi^{31}	芽
ɪ	pɪ^{31}lɪ^{31}	乞丐	e	pɔ^{55}pe^{33}	衣襟
e̠	pe̠^{31}	破	ɛ	je^{33}	搓
a	me̠^{31}pa^{33}	腮帮	a̠	mi^{55}pa̠^{33}	山崩
ɔ	pɔ^{33}lɔ^{33}	月亮	ɔ̠	pɔ̠^{33}	打（枪）
o	po^{55}to^{31}	光棍	o̠	ki^{31}lo̠^{31}	福气
ɤ	pɤ^{31}ka^{55}	土块	ɤ̠	nɤ̠^{33}mɔ^{33}	心
v	pv^{55}tv^{55}	大腿	ʋ	pʋ^{33}	饱
ɯ	pɯ^{31}ja̠^{31}	露水	u	pu^{33}	满
ɿ	tsɿ^{33}	撴	ɿ	tsɿ^{33}	甩
ia	ɔ^{31}kho^{55}lia^{55}	里面	iu	paŋ^{31}jiu^{31}	板油
ui	tui^{33}	一"对"	ua	tɕɔ^{33}kua^{33}	茭瓜
ɯu	tɯu^{55}tɕhi^{55}	豆渣	iau	tsɔ^{31}liau^{55}	佐料
iŋ	tɕiŋ^{31}feŋ^{31}	卷粉	ɯŋ	jɯŋ^{33}kɔ^{33}	鹦鹉
aŋ	laŋ^{31}phi^{31}	挡风	uŋ	puŋ^{33}	石灰
eŋ	mɔ^{55}teŋ^{33}	南瓜	ɤŋ	çɔ^{35}sɤŋ^{33}	学生
ɔŋ	a^{31}kɔŋ^{33}	外公	un	tshun^{33}	（一）寸
iaŋ	liaŋ^{31}sɿ^{31}	粮食	iɛŋ	thiɛŋ^{33}tɕiŋ^{31}	院子
uaŋ	kuaŋ^{55}sɿ^{55}	惯养	ueŋ	tshueŋ^{55}tsaŋ^{31}	村长
uɛŋ	tɿ^{31}tsuɛŋ^{31}	瞄准			

韵母说明：（1）松紧元音对立的元音，紧元音比松元音舌位略高。（2）ɣ的实际发音舌位靠前。例如：nɣ^{33}mɔ^{33}"心脏"。（3）e在t、th、k、kh、x、n、l前常带有介音i，实际音值为[ie]。例如：te^{31}"活"实际读为tie^{31}。（4）a的实际音值是中低元音，舌位稍偏前靠上。（5）ɿ、ʅ出现在舌尖音后读ɿ、ʅ。例如：tʂʅ^{55}kho^{55}"酒窝"读作tʂʅ^{55}kho^{55}。（6）v、ʋ为唇齿元音，发音时摩擦很细微，是半元音。（7）复合韵母主要是来源于汉语借词，如：tsɔ^{31}liau^{55}"佐料"。汉语借词的使用还使-ŋ韵尾的韵母增多，如：thieŋ^{31}thv^{55}"填"、liaŋ^{31}na^{55}na^{55}"着凉"。

第三节　声调

声调共有五个：高平（55）、中平（33）、低降（31）、高降（53）、中升（35）。例词如下：

高平	中平	低降	高降	中升
mi^{55}做	mi^{33}熟	mi^{31}说	khuŋ^{53}饭兜	phi^{35}慢
tsha^{55}快	tsha^{33}骂	tsha^{31}煮	tsɛ^{53}再	kɔ^{35}裹(烟)

声调说明：（1）碧约话固有的声调有 4 个，大量汉语词借入后，35 作为一个新的调值进入了声调系统，使声调系统由 4 个增加为 5 个。（2）紧元音的调值比松元音的调值稍微高些。例如：pɔ^{55}pe^{33}衣襟与pe^{33}"搂"相比，后者的调值略高。（3）低降调后有时带有喉塞音ʔ，例如：tshɿ^{31}tɕhi^{55}。（4）高降调大多出现在汉语借词中。（5）紧音只出现在中平和低降两个调上。

第四节　音节结构类型

音节结构共有以下六种：（1）元音+声调：v^{55}买；（2）元音+元音+声调：uɯ^{33}藕；（3）辅音+元音+声调：kɔ^{31}荞麦；（4）辅音+元音+元音+声调：kua^{33}瓜；（5）辅音+元音+辅音+声调：laŋ^{31}paŋ^{55}帮助；（6）辅音+元音+元音+辅音+声调：kuaŋ^{31}管。以上六种类型，第四种和第六种多出现在汉语借词中。出现频率最高的是第三种。第一种和第二种出现的频率较低。

第五节　变调

1. 低降调的变化是变调的主要方面。有以下几个条例：
（1）低降+高平——中平+高平

　　　　nv^{31}tshɯ^{55}——nv^{33}tshɯ^{55}　　　　　　　　　　　酸牛奶

（2）低降+低降——中平+低降

tɯ³¹pe̱³¹——tɯ³³pe̱³¹　　　　　　　　　　　　打烂

（3）低降+中平——中平+中平

tɯ³¹tsha³³——tɯ³³tsha³³　　　　　　　　　　　打架

（4）低降+低降——低降+中平

pi³¹tsv̩³¹——pi³¹tsv̩³³　　　　　　　　　　　　毛虫

（5）低降+低降——中平+中平

xo̱³¹lo̱³¹kv̩³¹li⁵⁵——xo̱³³lo̱³³kv̩³¹li⁵⁵　　　　　百合粉

（6）中平+低降——中平+中平

v⁵⁵nv̩³¹tshv̩³³tso̱³¹tshu⁵⁵—— v⁵⁵nv̩³¹tshv̩³³tso̱³³tshu⁵⁵　牧人

2. 两个高平调连在一起时，两个调都变为中平调。例如：thv̩⁵⁵tsv̩⁵⁵"站"读作thv̩³³tsv̩³³。

3. 两个中平调连在一起时，前一个音节变为中升调。例如：ja³³phv̩³³"翻"读作ja³⁵phv̩³³。

第三章　词类

第一节　名词

一　名词的分类

（一）从意义上可分为以下几类

1. 一般名词

① 普通名词

tʂhɿ³¹	羊	ma³¹tshɣ³¹	朋友
ʂɿ³³tsɿ⁵⁵	树	v³¹khạ³³	梳子

② 专有名词

thɣ³¹lv⁵⁵	墨江	pɯ³⁵tɕiŋ³³	北京
khue³³miŋ³¹	昆明	kuŋ⁵⁵tshaŋ³¹taŋ³¹	共产党

③ 集合名词

ta³³xɔ³¹ta³³ɕa³³	群众	sɔ³¹la³³jɔ³¹	老百姓
pi³¹tsu³³na³⁵tsɣ³³	老张家	tsɯ³¹nɯ³³	李家

④ 抽象名词

mạ³³	梦	a³¹la⁵⁵	灵魂
ʂɿ³¹xɯ⁵⁵	运气	ko³¹	力气

碧约话的名词中，表示具体事物的比较丰富，抽象名词较少，特别是表示新概念的抽象名词大多是借用汉语。

2. 时间名词

a³¹tshɣ³¹tshɣ³¹ja³¹	冬天	na³³nạ³³	早上
tshɿ³¹nẹ³³khɣ³¹	今年	ɕa³³tsu³³	下午

3. 处所、方位名词

kɔ³³xɔ³¹	前面	ɔ³¹nv⁵⁵lia⁵⁵	外面
ȵi⁵⁵kɔ³³pja³³	西边	ɔ³¹kho⁵⁵lia⁵⁵	里面

（二）从结构上分

1. 单音节词

thaŋ³¹	糖	tsu³¹	凿子
tɕin³³	秤	o³¹kho⁵⁵	陷坑

2. 多音节词

碧约话的复合名词大多是双音节名词和四音格词，三音节名词较少。例如：

n̠i⁵⁵khɯ⁵⁵	光线	lo⁵⁵va³¹	下游
太阳　线		河　下	
çi⁵⁵tsɤŋ³³tsɿ³¹	打铁砖	ja⁵⁵khi⁵⁵khɿ⁵⁵po⁵⁵	围篱
铁打　　子		菜园　篱笆	

二　名词的语法特征

（一）使用附加成分是人物、动物名词区分性别的手段

1. 区分人物名词的性别

在表示人物或亲属称谓的语素后，加mɔ³³表示女性，但是没有固定的表男性后缀与之对应，例如：

çɔ³¹mɔ³³	婶娘	a⁵⁵tɿ³³	伯父
nɿ³¹mɔ³³	妹妹	n̠i⁵⁵tsɿ³¹	弟弟
tsɔ³¹mɔ³³	哑巴（女）	tsɔ³¹ka³¹	哑巴（男）

在亲属称谓名词中，只有少数的男性称谓具有明显的阳性标记phɔ³¹，如：

jo³¹phɔ³¹	岳父	tɕhɿŋ⁵⁵tɕa³³phɔ³¹	亲家公

也有一些仅指女性的词语，也加上后缀mɔ³³，是旧社会对女性歧视的称呼。例如：

ne̠³¹mɔ³³	鬼婆娘	mi³¹tʂhɿ³¹mɔ³³	寡妇

除了亲属名词以外的人物名词，在需要区分性别的情况下，可以以ja³¹jo³ "男人"和jo³¹mi³¹ "女人"附加在人物名词之前，构成复合词。例如：

ja³¹jo³³jɿ³³seŋ³³	男医生	jo³¹mi³³jɿ³³seŋ³³	女医生
男人　医生		女人　医生	
ja³¹jo³³lɔ³¹sɿ³³	男老师	jo³¹mi³³lɔ³¹sɿ³³	女老师
男人　老师		女人　老师	
ja³¹jo³³mɯ³¹phɯ⁵⁵	男摩批	jo³¹mi³³mɯ³¹phɯ⁵⁵	女摩批
男人　摩批		女人　摩批	

部分词语词根本身就可以区分性别，有的词语没有性别的区分。例如：

$s_{1}^{55}po^{33}$　　　　　　　地主（默认是男性）

$pe^{33}ny^{31}$　　　　　　　婴儿（不区分性别）

$ɔ^{31}phi^{33}sa^{33}kha^{33}la^{33}$　　老祖宗（不区分性别）

除了人物名词外，有的带性别标志的物品也有不同性别的表达方式。例如：

　　$tɕhi^{55}the^{33}$　　　　　　绑腿（男用）　　$tɕhi^{55}pu^{31}$　　　　　　　绑腿（女用）

2. 区分动物名词的性别

表示雄性的在词根后加上$phɔ^{31}$，表示雌性加$mɔ^{33}$。例如：

$ŋa^{55}phɔ^{31}$	公鹅	$ŋa^{55}mɔ^{33}$	母鹅
$khɔ^{33}phɔ^{31}$	雄鸟	$khɔ^{33}mɔ^{33}$	雌鸟
$ŋa^{33}phɔ^{31}$	公麻雀	$ŋa^{33}mɔ^{33}$	雌麻雀
$pɿ^{55}phɔ^{31}$	公鸭	$pɿ^{55}mɔ^{33}$	母鸭
$mo^{55}phɔ^{31}$	公牛	$mo^{55}mɔ^{33}$	母牛
$mu^{31}phɔ^{31}$	公马	$mu^{31}mɔ^{33}$	母马
$khɯ^{31}phɔ^{31}$	公狗	$khɯ^{33}mɔ^{33}$	母狗
$va^{31}phɔ^{31}$	公猪	$va^{31}mɔ^{33}$	母猪
$tʂɿ^{31}phɔ^{31}$	公羊	$tʂɿ^{31}mɔ^{33}$	母羊
$ȵi^{55}phɔ^{31}$	公猫	$ȵi^{55}mɔ^{33}$	母猫

也有个别比较特殊的：$ja^{33}phi^{55}$公鸡

（二）名词表达数范畴的方式丰富

碧约话的名词本身不表示数范畴，名词的数范畴主要通过以下几种方式来表达：

1. 名词的定量表达

（1）加数量短语，语序多为"名词＋数词＋量词"。例如：

$pha^{31}na^{33}thɯ^{31}khuaŋ^{33}$　　一只鞋　　　　$mo^{33}tso^{31}thɯ^{31}pa^{31}$　　　一把刀

鞋子　　一　　只　　　　　　　　　　刀　　　　一　　把

$khɯ^{31}ŋo^{31}mo^{55}$　　　　　　　　　　　$jɿ^{55}kho^{55}ɕɿ^{31}jɿ^{55}$　　　三间房

狗　五　只　　　　　　　五只狗　　　　房子　三　间

（2）后加表示复数的语法成分。

① 在人物名词后面表示复数有以下三种手段：

A. "人物名词+tsu^{31}（们）"

tsu^{31}最接近汉语的"们"，表示数量大于一的同一类人。例如：

ɕɔ³⁵sʌŋ³³tsu³¹　　　　　学生们　　　　kuŋ³³jeŋ³¹tsu³¹　　　　　工人们

学生　　　们　　　　　　　　　　　工人　　　们

ma³¹tshʋ³¹tsu³¹　　　　　朋友们　　　　lɔ³¹sɹ³³tsu³¹　　　　　　老师们

朋友　　　们　　　　　　　　　　　老师　　　们

B.　"人物名词+jɔ³³ʋ³³（他们）"

这种结构表示所指的对象与说话人的关系更近一步，主要用于亲属称谓后。例如：

a⁵⁵kɔ³³ɔ³¹tshv³³jɔ³³ʋ³³　　　哥哥嫂嫂们　　jɔ³¹mi³¹jɔ³³ʋ³³　　　姐妹们

哥哥　嫂子　们　　　　　　　　　　女儿　们

phɔ³³mu³³ne³³ne³³jɔ³³ʋ³³　兄弟姐妹们　　a³¹tha³³jɔ³³ʋ³³　　　长辈们

弟弟　妹妹　们　　　　　　　　　　长辈　们

需要说明的是，在集体意义的亲属称谓后面如果什么都不加，说话人指的是与自己血缘关系最近的三代人。试比较：

a⁵⁵kɔ³³ɔ³¹tshv³³jɔ³³ʋ³³　　　哥哥嫂嫂们

a⁵⁵kɔ³³ɔ³¹tshv³³　　　　　哥哥嫂嫂

前者可以包括表亲和堂亲或者朋友中比自己年长的，但是后者仅指自己的同父母所生的哥哥及其配偶。

② 人物名词表示双数的方式也有两种：

A.　用"人物名词+ ŋe³¹kɔ³¹（两个）"表示关系亲近的两人。例如：

ŋe³¹kɔ³¹ji³¹sa³³ji³¹nɯ³³　兄弟俩　　ŋe³¹kɔ³¹ji³¹mɔ³³nɹ³¹mɔ³³　　姐妹俩

两　个　哥哥　弟弟　　　　　　两个　　姐　妹

ŋe³¹kɔ³¹phɔ³¹mu³³ni³³ni³³　兄妹俩　　ŋe³¹kɔ³¹ma³¹tʂhv³¹　　　朋友俩

两　个　兄弟　姐妹　　　　　　两个　　朋友

B.　用"ŋe³¹（两）+人物名词"也可以表示关系亲近的两人，但比ŋe³¹kɔ³¹显得更亲密。例如：

ŋe³¹mɹ³³　　　　　两口子　　　　ŋe³¹phi³¹jɔ³¹　　　　　爷孙俩

两　嘴　　　　　　　　　　　　两　爷孙

ŋe³¹phɔ³¹jɔ³¹　　　　父子俩　　　　ŋe³¹mɔ³¹jɔ³¹　　　　　母子俩

两　父子　　　　　　　　　　　　两　母子

此外，在人称代词复数后加上ni³³，所指的对象范围更大。例如：jɔ³¹ʋ³³ni³³指的是"他们那些人"，相比jɔ³¹ʋ³³"他们"，所指的人更多。

C.　植物类名词表达复数时，可以在该名词后附加tiŋ³⁵na³³"林"、tsho³¹"丛"。例如：

sๅ³³tsๅ⁵⁵tiŋ³⁵na³³　　　树林　　　　ɔ³¹po⁵⁵tiŋ³⁵na³³　　　竹林

树　林　　　　　　　　　　　　　竹　林

luɯ⁵⁵tsɣ³³tiŋ³⁵na³³　　金竹林　　　sๅ³³tsho³¹　　　　　　树丛

金竹　林　　　　　　　　　　　　树　丛

2. 名词的不定量表达

ɔ³¹tsๅ⁵⁵：一些。表示不定量的多数。

例如：ji³¹khɔ³¹ɔ³¹sๅ³¹ɔ³¹tsๅ³³xi⁵⁵thɔ³¹ŋɔ³⁵tɿ³¹lɣ³³.　　他带了一些水果来看望我。

　　　他　　水果　一些　带着　我看来

thɯ³¹kɔ³¹nɛ̠³¹kɔ³¹：不定量，有些。

例如：thɯ³¹kɔ³¹nɛ̠³¹kɔ³¹nɣ³³mɔ³³mɔ³³.　　　有些人心肠很好。

　　　一个　　两个　　心脏　好

thɯ³¹tshaŋ³¹：一部分人，一伙人。

ɔ³¹tsๅ⁵⁵ka³¹la³¹：一小点。

例如：nɣ³³mɔ³³ɔ³¹tsๅ⁵⁵ka³¹la³¹.　　　　　这是我的一点儿心意。

　　　心脏　　一点

ji³¹nɛ³³mi³³tha³¹kɯ³³sa³¹tu³³ɔ³¹tsๅ⁵⁵ka³¹la³¹jɔ³³.

去年　旱灾　玉米　　一点　　得到

去年旱灾，苞谷只收上来一小点儿。

xɔ³¹tɕɿ³¹+量词：来源于汉语借词"好几"。指三个或三个以上，小于十个的范围，表达比预想的数量多。

例如：xɔ³¹tɕɿ³¹khɣ³¹tsɔ³¹pa⁵³.　　　　　吃了好几碗了。

　　　好几　碗　吃（体）

（三）名词指大与指小的表达方式特殊

名词的指大与指小是指同一个名词用来表达数量、等级、地位、排行、规模等的方法。碧约话的名词指大与指小有特有的表达方式，形式较为特殊。

1. 名词的指大

（1）名词的指大主要有以下几种形式：

"名词+mɔ³³"表示大，主要用来表达地位重要的意义。

例如：

po³¹tsๅ³¹mɔ³³　　　　蜂王　　　la̠³¹mɔ³³　　　　大拇指

蜜蜂　　大　　　　　　　　　手指　大

tʂๅ³¹mɔ³³　　　　　官员

官　大

（2）"名词+xɯ³¹"表示大，主要用来表示排行、数量最大等意义。

例如：

ja³¹jo³³xɯ³¹　　　　　大儿子（大男孩）　　　　lo³³xɯ³¹　　　　　大月

儿子　大　　　　　　　　　　　　　　　月　大

mi³¹xɯ³¹mɔ³³　　　　　大老婆

老婆　大（女）

在今天的碧约话中，由于受到汉语影响，"xɯ³¹（大）+名词"的结构也经常出现。例如：

xɯ³¹ɕɪ³³khɔ³¹　　　　　大事情　　　　　　xɯ³¹ja³¹jo³³　　　　　大儿子（大男孩）

大　　事情　　　　　　　　　　　　　大　　儿子

（3）使用"名词+jɔ³¹xɯ³¹结构，表示人的岁数偏大。例如：

ja³¹jo³³jɔ³¹xɯ³¹　　　　　大男孩　　　　jɔ³¹mi³³jɔ³¹xɯ³¹　　　　　大姑娘

儿子　　大　　　　　　　　　　　　女儿　　大

表示岁数"大"的方式有两种。一种是直接在名词后面加上jɔ³¹xɯ³¹，如"大男孩"；另一种是在名词后再次重复该名词的后一音节并加上xɯ³¹。例如：

jɔ³¹mi³³mi³¹xɯ³¹　　　　　大姑娘　　　　a³³tɕe³¹tɕe³¹xɯ³¹　　　　　大姐

女儿　（叠）大　　　　　　　　　　姐姐　（叠）大

（4）使用"名词+（jo³¹）mɔ³³"结构，表示事物在体积、规模上较大；

ɯ³³lu³³jo³¹mɔ³³　　　　　大蛇　　　　ti³¹mɔ³³jo³¹mɔ³³　　　　　大木棍

蛇　　　大　　　　　　　　　　　　木棍　　大

ja³¹mɔ³³jo³¹mɔ³³　　　　　大路　　　　mɪ³³mɔ³³jo³¹mɔ³¹　　　　　大地方

路　　大　　　　　　　　　　　　地方　　大

上文"大"还可以使用另一种结构表达，即"名词+名词后一音节重叠+mɔ³³"。

例如：

ɯ⁵⁵lu⁵⁵lu⁵⁵mɔ³³　　　　　大蛇　　　　tso³¹li⁵⁵li⁵⁵mɔ³³　　　　　大风

蛇　（叠）大　　　　　　　　　　风　（叠）大

lo⁵⁵pɔ³¹pɔ³¹mɔ³³　　　　　大河　　　　khɔ³¹jɔ³¹jɔ³¹mɔ³³　　　　　大碗

河　（叠）大　　　　　　　　　　碗　（叠）大

部分词语可以直接省略重叠部分，意思不变。例如：lo⁵⁵pɔ³¹pɔ³¹mɔ³³"大河"可以省略做lo³³mɔ³³。

2. 名词的指小

（1）"名词+nɯ³³"表示小，引申为排行在后、数量较少等意义。例如：

mi³¹nɯ³³mɔ³³　　　　　小老婆　　　　lo³³nɯ³³　　　　　小月

老婆　小（女）　　　　　　　　　　月　小

（2）使用"名词+jɔ³¹n̠i³³"结构，表示岁数偏小。例如：

ja³¹jo³³jɔ³¹n̠i³³　　　　小男孩　　　　jɔ³¹mi³¹jɔ³¹n̠i³³　　　　小女孩

儿子　小　　　　　　　　　　　　女儿　小

（3）使用"名词+（ɔ³¹）jɔ³¹"结构，表示体积、规模上较小。例如：

ɯ⁵⁵lu⁵⁵ɔ³¹jɔ³¹　　　　小蛇　　　　tɿ⁵⁵kho³¹ɔ³¹jɔ³¹　　　　小木棍

蛇　小　　　　　　　　　　　　木棍　小

ja⁵⁵mɔ³³ɔ³¹jɔ³¹　　　　小路　　　　mi⁵⁵mɔ³³ɔ³¹jɔ³¹　　　　小城市

路　小　　　　　　　　　　　　城市　小

jɔ³¹本身就包含有"小"的义素，上文"小"还可以使用另一种结构表达，即"名词+名词后一音节重叠+jɔ³¹"。例如：

ɯ⁵⁵lu⁵⁵lu⁵⁵jɔ³¹　　　　小蛇　　　　tso³¹li⁵⁵li³³jɔ³¹　　　　小风

蛇　小　　　　　　　　　　　　风　小

lo⁵⁵pɔ³¹pɔ³¹jɔ³　　　　小河　　　　khɔ̠³¹jɔ̠³¹ɔ³¹jɔ³¹　　　　小碗

河　小　　　　　　　　　　　　碗　　小

此外，为了表达的简洁性，有时也可以将中间重叠部分省略，直接说成"lo⁵⁵jɔ³¹"。还可以将重叠的部分替换为表达事物形状的形容词，增添生动性。

例如：ja⁵⁵mɔ³³ɔ³¹jɔ³¹　小路　——　ja⁵⁵mɔ³³khɯ⁵⁵jɔ³¹　　　　小路

　　　　路　小路　　　　　　　　路　细长 小

类似的例子还有：

tɔ³¹mi³³khɯ⁵⁵mɔ³¹　　　　大尾巴　　　　tɔ³¹mi³³khɯ⁵⁵jɔ³¹　　　　小尾巴

尾巴 细长 大　　　　　　　　　　尾巴 细长 小

ɔ³¹v⁵⁵khɯ⁵⁵mɔ³³　　　　大肠　　　　ɔ³¹v⁵⁵khɯ⁵⁵jɔ³¹　　　　小肠

肠子 细长 大　　　　　　　　　　肠子 细长 小

ti³¹mɔ³³khɯ⁵⁵mɔ³³　　　　大木棍　　　　ti³¹mɔ³³khɯ⁵⁵jɔ³¹　　　　小木棍

木头 细长 大　　　　　　　　　　木头 细长 小

在特殊情况下，还会将本应重叠的部分替换为具有相关义素的其他音节以协调韵律。

例如：

khɔ̠³¹jɔ̠³¹jɔ̠³¹jɔ³¹ 小碗 *　——　khɔ̠³¹jɔ̠³¹　　khγ³¹ jɔ³¹

碗　（叠）小　　　　　　　碗　量词（碗）小

需要说明的是，上文中部分使用xɯ³¹"大"作为的限定词的词语在"小"的表达上却不能使用xɯ³¹的反义词n̠i³³"小"，只能使用ɔ³¹jɔ³¹或者jɔ³¹n̠i³³作为后缀。可见指大的结构形式更加多样化，受到汉语的影响也更明显。

例如：

ja^{31}jo^{33} xɯ^{31}　　　　大儿子　　　　ja^{31}jo^{33}jo^{31}ȵi^{33}　　　　　　小儿子

儿子　大　　　　　　　　　　　　儿子　　小

xɯ^{31}ja^{31}jo^{33}

大　　儿子

çɿ^{33}khɔ^{31}xɯ^{31}　　　　大事情　　　　çɿ^{31}khɔ^{31}ɔ^{31}jo^{31}　　　　　小事情

事情　　大　　　　　　　　　　　事情　　小

xɯ^{31}çɿ^{33}khɔ^{31}

大　　事情

3. 动物名词的指大与指小

动物尤其是家禽在碧约人的生活中有着重要的地位。长期与动物相伴，碧约人的语言中具有了丰富的动物类词语，对动物大小的限定，也比一般名词更加细致。下面以"鸡"为例进行说明：

成长阶段	表达结构	举例	汉义
①	名词+重叠音节+jo^{31}	ja^{33}tsʰɿ^{33}tsʰɿ^{33}jo^{31}	雏鸡（刚孵化出来）
②	名词+ɔ^{31}jo^{31}	ja^{33}tsʰɿ^{33}ɔ^{31}jo^{31}	小鸡（不能吃）
③	名词+ja^{33}mɔ^{33} +ja^{33}phi^{55}	ja^{33}tsʰɿ^{33}ja^{33}mɔ^{33}	小母鸡（可以吃）
		ja^{33}tsʰɿ^{33}ja^{33}phi^{55}	小公鸡（可以吃）
④	名词第一音节重叠+mɔ^{33} +phi^{55}	ja^{33}ja^{33}mɔ^{33}	成年母鸡（可下蛋）
		ja^{33}ja^{33}phi^{55}	成年公鸡（可打鸣）

注：ja^{33}mɔ^{33}"母鸡"，ja^{33}phi^{55}"公鸡"是对鸡的统称，不区别大小。

（四）类称名词是名词重要的构词语素

类称名词既可以是表示职业、物种，也可以表示具有相似外形或特征的一类事物。在构词时，类称名词经常作为中心语素置于其他修饰语素之后。常见的有以下几类：

1. 表示从事某种职业的人

（1）工作对象+la^{31}khɛ^{33}：指的是从事某一种手艺活的人。例如：

lʏ^{33}mɔ^{33}la^{31}khɛ^{33}　　　　石匠　　　　tɿ^{31}mɔ^{33}la^{31}khɛ^{33}　　　　木匠

石头　手艺　　　　　　　　　　木头　手艺

çɿ^{55}tɯ^{31}la^{31}khɛ^{33}　　　　铁匠

铁打　手艺

（2）工作对象+（tsɔ^{31}）tshu^{55}：指的是"以……为生"的人。例如：

v⁵⁵la ³¹mi⁵⁵tsɔ³¹tshu⁵⁵　　商人　　　　mi³¹tsɔ³¹kh̥ ³³tsɔ³¹tshu⁵⁵　　樵夫

生意 做 吃 　人　　　　　　柴火 　砍　吃 人

tʂh̥³³tshv³³tsɔ³¹tshu⁵⁵　　牧羊人　　ɔ³¹ji³³suaŋ⁵⁵tshu⁵⁵　　算命人

羊 　放 吃 人　　　　　　命 算 　人

2. 表示同一物种。例如：

（1）花名+a³¹ji ³³：指的是某一种花。例如：

sɿ³¹jɔ³¹a ³³ji ³³　　　　桃花　　　fɣ ³³n̥ ³³a³¹ji ³³　　　　银花

桃 花　　　　　　　　银花 花

（2）果子名+ɔ³¹sɿ³¹：指的是某一种果子。例如：

sɿ³¹phi³¹ɔ³¹sɿ³¹　　　多依果　　sɿ³¹kv³³ɔ³¹sɿ³¹　　　　无花果

多依 果子　　　　　　　无花果 果子

3. 表示外形上具有共同特征的事物

（1）表示颗粒状或者圆形或球形的物体，在名词后加sɿ³¹来表示。例如：

nɣ ³³sɿ³¹　　　　　　豆子　　　mi̥ ³³sɿ³¹　　　　　　痣

phv⁵⁵sɿ³¹　　　　　银珠　　　tsha⁵⁵sɿ³¹　　　　　痱子

（2）表示细长状或者条状的物体，在名词后加khɯ⁵⁵来表示。例如：

ti³¹mɔ³³khɯ⁵⁵mɔ³³　　大木棍　　ɔ³¹v⁵⁵khɯ⁵⁵mɔ³³　　　大肠

木头 长条 大　　　　　　肠子 长条 大

sa³¹khɯ⁵⁵　　　　　茅草

稻草 线

（3）表示弯曲状物体，在名词后加kv̥³¹来表示。例如：

khɯ³¹sa⁵⁵nɿ⁵⁵kv̥ ³¹　　鱼腥草　　ja⁵⁵mɔ³³tɔ̥ ³¹kv̥ ³¹　　　弯路

（五）名词的重叠

名词不能单独重叠。但当形容词修饰名词时，名词的第二个音节可以重叠，构成 ABBC 结构。例如：

a³¹ji ³³花　　　　　　a³¹ji ³³ji ³³phv³³　　　　　白花

　　　　　　　　　　花 （叠）白

pi³¹khɯ⁵⁵线　　　　　pi³¹khɯ⁵⁵khɯ⁵⁵nɯ³³　　　红线

　　　　　　　　　　线 　（叠）　红

tɕɿ³³kv̥³¹桥　　　　　tɕɿ³³kv̥³¹kv̥³¹jɔ³¹　　　　小桥

　　　　　　　　　　桥 　（叠）小

v³¹khḁ³³梳子　　　　v³¹khḁ ³³khḁ ³³tʂh̥⁵⁵　　　篦子

　　　　　　　　　　梳子 （叠）密

me̥ ³¹khe̥³³ 晚上　　　me̥ ³¹khe̥³³khe̥ ³³ji⁵⁵　　　黄昏

　　　　　　　　　　晚上 　（叠）下

当名词与另一个名词构成修饰关系时，往往重叠名词的第一个音节，构成 ABAC 结构。

ȵi⁵⁵mɔ³³太阳	tsu⁵⁵圈	ȵi⁵⁵mɔ³³ȵi⁵⁵tsu⁵⁵	日晕
		太阳　圈	
ŋɔ³¹sɔ³³鱼	v³³蛋	ŋɔ³¹sɔ³³ŋɔ³¹v³³	鱼子
		鱼　　蛋	

名词还能够重叠后一音节构成支配结构。例如：

ɔ³¹xo⁵⁵	雨	ɔ³¹xo⁵⁵xo⁵⁵	下雨
		雨　下	
a³¹pi̠³¹	芽	a³¹pi̠³¹pi̠³¹	发芽
		芽　发	
me̠³¹khe̠³¹	晚上	me̠³¹khe̠³¹khe̠³¹	天黑
		晚上　黑	
tsɔ³¹ka̠³¹	哑巴	tsɔ³¹ka̠³¹ka̠³¹	哑
		哑巴　哑	

（六）名词的句法功能

1. 名词做主语

a³¹mɔ³³khue³³mɪŋ³¹ li³³ pa⁵³	妈妈去昆明了。
妈妈　　昆明　去（体）	
thɣ³¹lv⁵⁵pi³¹jɔ³¹ji⁵⁵tsu³¹ma⁵⁵mɔ³³e³³	墨江人都很好。
墨江　人都　　　好	
lɔ³¹sɿ³³sɔ³¹kɔ³¹tɕɔ³³kɔ³³ ŋe³³.	老师在上课。
老师书　教（貌）（语）	
mi³¹tsɔ³¹phi̠³³ki⁵⁵pa⁵³me³¹tsa³³sɿ³¹.	柴火烧完了，煤还有。
柴火　烧完（体）煤　有还	
ɕɔ³⁵sɣŋ³³tsu⁵⁵lɔ³¹sɿ³³tsha̠³³ji⁵⁵pa⁵³.	学生被老师批评了。
学生（受）老师骂　（体）	

2. 名词做宾语

xe³⁵thɯ³¹kɔ³¹ŋɔ³¹kɯ³³a³³je̠³¹.	这位是我爷爷。
这　一个　我　的　爷爷	
jɪ³¹khɔ³¹kɣ³¹tsha̠³¹o³¹ji⁵⁵pa⁵³.	他卖菜去了
他　蔬菜　卖（体）	
ji³¹khɔ³¹ka̠³¹li³³tshv³³.	她很漂亮。
她　　漂亮	

jɔ³¹muɯ⁵⁵ma³³la³³ kɯ³³jɔ³¹n̠i³³thɯ³¹khi⁵⁵pi³¹jɔ³¹la̠³¹ta̠³¹ mɔ³¹ku⁵⁵khe̠³¹.

现在　　　　　　的孩子　一　群　碧约　民歌　不会　唱　会

现在年轻人不会唱民族歌曲。

3. 名词做定语

ji³¹khɔ³¹kɯ³³ma³¹tshy̠³¹tsɿ⁵⁵mɔ³¹.　　　　　他的朋友很多。

他　　　的朋友　　很　多

ji³¹khɔ³¹kɯ³³n̠i⁵⁵tsɿ̠³¹ŋɔ³¹kɯ³³n̠i⁵⁵tsɿ̠³¹tɯ³¹pa⁵³.

他　　　的　弟弟　我　　的　弟弟　打（体）

他的弟弟被我的弟弟打了。

thy̠³¹lv⁵⁵kɯ³³lɔ³¹khɿ⁵⁵o³¹ ki⁵⁵ pa⁵³.

墨江　的　茶叶　卖（貌）（体）

墨江的茶叶卖完了。

三　名词的次类

（一）时间名词

时间名词是名词中的一种特殊类别。它与一般名词的共同点是都可以做句子的主语、宾语、状语、定语；不同之处在于时间名词在句子中主要做状语，不能受形容词、副词的修饰，也不能受数量短语的修饰，个别时间名词可以与数词直接连用。碧约话的时间名词既有单音节也有多音节的，构词方式也有一定的特殊性。

1. 单音节时间名词：是时间名词构成的词根。例如：

n̠i³³ 天、日　　　　　　　　　ne̠³³、khy̠³¹ 年

2. 多音节时间名词：大部分是复合词，也有少量无法分离出语素意义的。

（1）语素可分离的，不同语素均可分离出意义的，例如：

jɔ³¹n̠i³³　　　　今天　　　　　n̠i³³kho³³　　　　中午

这　天　　　　　　　　　　　　天　中

sɔ⁵⁵na̠³³na̠³³　　今早　　　　　jɔ³¹mɿ⁵⁵　　　　今晚

上午 上午　　　　　　　　　　　这　晚

ji³³sv³¹na̠³³na̠³³ 明早　　　　　ji³³sv³¹me̠³¹khe³³ 明晚

明天　早上　　　　　　　　　　明天　晚上

ji³¹n̠i³³na̠³¹na̠³¹ 昨早　　　　　ji³¹mɿ⁵⁵　　　　昨晚

昨天　早上　　　　　　　　　　昨　晚

（2）语素中有一个可以分离出意义；另一个意义不明确。例如：

ṣ̩³¹n̩i³³	前天	ji³¹n̩i³³	昨天	ji³¹nę³³	今年
天		天		年	
tsh̩³¹nę³³	去年	jɔ³¹mɯ⁵⁵	现在	ɔ³¹phɿ³³	大后天
年		这		晚	

ɔ³¹mo⁵⁵kha³³n̩i³³　将来　　na̩³¹ja³¹khɣ³¹　明年

明天　后来　　　　　　　　　　年

ṣ̩³¹mɿ⁵⁵　　　前晚　　sv̩⁵³mɿ⁵⁵　　大前天晚上

晚　　　　　　　　晚上

（3）几个音节的语素均不能够分离出意义，是单纯词。例如：

ɔ³¹mo⁵⁵ji³³sv̩³¹　明天　　sa⁵⁵phę³³　后天　　a³¹na³³e³³　　大大后天

na̩³³na̩³³　　上午　　ça³³tsu³³　下午　　mę³¹khę³³　晚上

mɿ⁵⁵"夜"、phɿ⁵⁵"晚"、su³¹"上午"、sɔ³³"下午"几个词既可以做语素使用也可以与数词结合构成数量结构，但不能单独做名词使用。例如：

jɔ³¹mɿ⁵⁵　　今晚　　thɯ³¹mɿ⁵⁵　　　　　一夜

这　晚　　　　　一　夜

thɯ³¹sɔ³³　一下午　　thɯ³¹phɿ⁵⁵kɔ³³sv̩³³　每个晚上

一　下午　　　　一　晚　每

时间名词na̩³³na̩³³"上午"可以做"早上"使用，也可以做修饰词，置于数量结构之前，例如：

na̩³³na̩³³thɯ³¹su³¹　　　　　一早上

早上　一　上午

na̩³³na̩³³thɯ³¹phɿ⁵⁵kɔ³³sv̩³³　每天早上

早上　一　次　每

因为碧约人居住的地区四季不分明，一般只区别雨季（ɔ³¹xo⁵⁵po³¹ja³¹）和非雨季。对应汉语的四个季节，碧约话也有如下说法：

春天：　　　ji³³lɔ³³；khɣ³¹ṣ̩³¹pɔ³¹lɔ³¹（正月）

　　　　　年　新　月

夏天：　　　ɔ³¹lo⁵⁵lo⁵⁵ja³¹（热的日子）

　　　　　热　日

秋天：　　　tçhɿ⁵⁵tɯ³¹ja³¹（秋收的日子）

　　　　　谷子 打 日

冬天：　　　a³¹tshɣ³¹tshɣ³¹ja³¹（冷的日子）

　　　　　冷　日

2. 时间名词的句法特征：

（1）时间名词可以在句中作主语、宾语、定语、状语。例如：

tsh̩³¹ne̠³³kɯ³³ɔ³¹xo³³lɣ³³kɯ³³mɔ³¹.　　　　今年的雨水来得多。

今年　　的　雨水　来　得　多

jɔ³¹n̠i³³li³¹pe³³n̠i⁵⁵mɔ³³.　　　　　　　今天星期日。

今天　礼拜　　太阳

ça³³tsu³³nɔ³³to⁵⁵lɣ³³.　　　　　　　　下午来您家。

下午　　你 家 来

（2）时间名词一般不能直接与数词连用。只有个别时间名词如me̠³¹khe³³"晚上"、ça³³tsu³³"下午"可以与数词"一"连用，表示动作持续的时间。这时，具有量词的特征。该用法可能受到汉语的影响。例如：

ji³¹khɔ³¹thɯ³¹me̠³¹khe³³xa³³mɔ³¹ji³¹tɕhɪ³¹.　　　他一晚上都没睡。

他　　一　晚上　　都　没　睡着

ŋa⁵⁵thɯ³¹ça³³tsu³³jɔ³¹phi³¹se³³thɣ³¹lɣ⁵⁵a³¹khɯ⁵⁵li³³.　我走了一下午才到墨江。

我　一　下午　走（貌）才　墨江（方）到 来

有的时间名词也兼有量词的特点，例如：khɣ³¹（年）、lɔ³³（月）。例如：

ŋa⁵⁵tsh̩³¹na̠³³khɣ³¹çɪ³¹tshɯ⁵⁵khɣ³¹.　　　　　我今年三十岁了。

我　今　年　三 十　岁

ŋa⁵⁵tɣ³¹lɣ³³ka³¹tsɿ³¹çɪ³¹tshɯ⁵⁵khɣ³¹lɣ³¹.　　　我来墨江有三十年了。

我　墨江街　三 十　来

（3）碧约话的时间名词不能够重叠，表达"每"的意义只能通过"thɯ³¹+单音节时间名词+kɔ³³sv³³"的结构表达。例如：

thɯ³¹phɪ⁵⁵kɔ³³sv³³　　每晚　　　　thɯ³¹n̠i³³kɔ³³sv³³　　每天

一　晚　每　　　　　　　　一　天　每

（二）方位名词

方位名词是表示处所、方位的词。是名词的一种特殊类别。它的特点主要有以下几个：

1. 它与一般名词的区别在于不能受到形容词、副词和数量短语的修饰，在句中一般作状语，置于其他名词之后。

2. 碧约话的方位词大部分是双音节词；一部分是三音节词。三音节词多是由双音节词加后缀构成，常见的后缀有lia³³（lia⁵⁵）、pja³³，既可以加也可以不加；没有单音节。碧约话的方位词是一个封闭的词类。

方位名词从音节上可以分为：

（1）双音节方位词

a³¹tha³¹　　　　　　　　　　　以上/上边/之上/上头

a³¹va³¹　　　　　　　　　　　以下/下边/之下/下头

ko³³xo³¹　　　　　　　　　　　　以前/前边/前面/前头/之前

ka³³nv³³　　　　　　　　　　　　以后/后边/后面/后头/之后

la̠³¹tha̠³¹　　　　　　　　　　　　左边

la̠³¹me̠³¹　　　　　　　　　　　　右边

例如：

lo⁵⁵po³¹a³¹tha̠³³　上游　　　　　phv³³lv⁵⁵a³¹tha̠³¹　村头

河　　上边　　　　　　　　　　村寨　　上边

lo⁵⁵po³¹a³¹va̠³¹　下游　　　　　jɿ⁵⁵kho⁵⁵ka³³nv³³　房子后面

河　　下边　　　　　　　　　　房屋　　后面

（2）三音节词

jo³¹kho³³a³³　　　　　　　　　　上面（某一平面的上面）

a³¹mu³³lia³³　　　　　　　　　　下面（某一平面的下面）

例如：

tsa⁵⁵tsɿ³³jo³¹kho³³a³³　桌子上面　　kɯ³³lɯ⁵⁵a³¹mu³³lia³³　供桌下面

桌子　　上面　　　　　　　　　供桌　　下面

其中，lia³³作为后缀，不可以省略。

（3）带后缀的方位名词

方位名词的后缀一共有两种，分别是lia⁵⁵（lia³³）和pja³³，后缀与词根的关系并不紧密，尤其是pja³³在表示方向的词后可加可不加，但是lia⁵⁵和pja³³不可以换用。具体如下表：

o³¹nv⁵⁵lia⁵⁵　　　　　　　　　　以外/外边/外面/之外/外头

o³¹kho⁵⁵lia⁵⁵　　　　　　　　　　以内/里边/里面/里头/之内

o³¹ko³³lia³³　　　　　　　　　　中间/之中

a³¹pa³³lia³³　　　　　　　　　　旁边/边上

ȵi⁵⁵tv̠³³pja³³　　　　　　　　　　以东/东边/东面

ȵi⁵⁵ko³³pja³³　　　　　　　　　　以西/西边/西面

la̠³¹tha̠³¹pja³³　　　　　　　　　右边/以南/南边/南面

la̠³¹me̠³³pja³³　　　　　　　　　左边/以北/北边/北面

例如：

jɿ⁵⁵kho⁵⁵o³¹kho⁵⁵lia⁵⁵　屋里　　tsho³¹tho³¹a³¹pa³³lia³³　墙角边

房子　　里面　　　　　　　　　墙　　旁边

tɕhɿ³³pr³³ȵi⁵⁵tv̠³³pja³³　谷仓东边　ja⁵⁵mo³³o³¹ko⁵⁵lia⁵⁵　十字路口

谷仓　　东边　　　　　　　　　路　　中间

mo³⁵ti³¹o³¹kho⁵⁵lia⁵⁵thɯ³¹ko³¹.　很多人中的一个。

多　的　中间　　一　个

（4）对举

两个意义相反或相近的合成方位词可以对举构成 ABAC 或 ABCB 式四音格词。列举如下：

kɔ³³xo³¹ka³³nv⁵⁵　　　　　　　　　　前后
前　　后

a̠³¹tha̠³¹a̠³¹va̠³¹　　　　　　　　　上下
上　　　下

ni⁵⁵tv̠⁵⁵ni⁵⁵kɔ³³/³¹　　　　　　　　东西
东　　　西

la̠³¹tha̠³¹la̠³¹me̠³³　　　　　　　　南北
南　　　北

la̠³¹tha̠³¹la̠³¹me̠³³　　　　　　　　左右
右　　　左

ɔ³¹nv⁵⁵ɔ³¹kho⁵⁵　　　　　　　　　内外/里外
外　　里

例如：

çɿ³¹tshuɯ⁵⁵khv̠³¹a̠³¹tha̠³³a̠³¹va̠³³　　三十岁上下
三十　　岁　　上　　下

ne̠³¹ja⁵⁵khue³³la̠³¹ta̠³¹la̠³¹me̠³³　　两百元左右
两百　元　左　右

2. 绝对方位词的特征

绝对方位词是指以太阳为绝对、客观基准的方位词，例如"东、西、南、北"；相对方位词的基准是相对变化的，例如"上、下、前、后、内、里、外、左、右、旁、中间"。碧约话常用的绝对方位词只有"东"和"西"：

ȵi⁵⁵mɔ³³tv̠³³la³³mi³³pja³³　东边　　ȵi⁵⁵mɔ³³kɔ³³ji³³mi³³pja³³　西边
太阳　　出来　那边　　　　太阳　　下去　　那边

"东边"也可以简称为 ȵi⁵⁵tv̠³³，"西边"简称为 ȵi⁵⁵kɔ³³。"南""北"虽然有绝对方位词 o³¹pi³³（或 ɔ⁵⁵pja³³）、o³¹sv³¹，但是人们习惯使用相对方位词来表达：

la̠³¹tha̠³¹pja³³　　　　　南边　　la̠³¹me̠³³pja³³　　　　　北边
手　右　边　　　　　　　　手　左　边

现在的碧约人越来越少地使用绝对方位词，"东边"可以用 kɔ³³xo³¹（lia³³）"前面"来代替，表示说话者面对的前方；反之"西边"可以用 ka³³nv³³（lia³³）"后面"来代替，表示说话者的后方。

3. 方位词的级

方位词根据与说话者的距离可以分为"近级""远级"。"近级"是一般意义上的远近,"远级"相对于"近级"距离更远。其形式是通过原形一定的屈折变换后,表达"最+方位词"的意义。具体的变换方式有两种:一是重叠方位词中心词的后一音节后再加语素 thu^{33}。例如:

$ɔ^{31}kho^{55}$(lia^{55})里面 $\longrightarrow$ $ɔ^{33}kho^{33}kho^{33}thɯ^{33}$ 　　最里面

$jo^{31}kho^{33}a^{33}$ 　上面 $\longrightarrow$ $jo^{31}kho^{33}kho^{33}thɯ^{33}a^{33}$ 　最上面

二是带ɔ前缀的方位词前加单辅音n,第一个音节变调与第二个音节一致。例如:

$ɔ^{31}kho^{33}$(lia^{33}）　里面 $\longrightarrow$ $nɔ^{33}kho^{33}$(lia^{33}) 　　最里面

$ɔ^{55}nv^{55}lia^{55}$ 　　外面 $\longrightarrow$ $nɔ^{55}nv^{55}lia^{55}$ 　　最外面

例句:

$ji^{31}kho^{31}kɔ^{33}xo^{31}xo^{31}thɯ^{33}a^{33}thv^{55}tsv^{55}thɔ^{31}ŋe^{33}$. 　　他站在最前面。
他　　前面　最　　　站　　（貌）（语）

$kɔ^{31}tʂm̩^{31}thɯ^{31}tɕhi^{33}ka̱^{33}tsa̱^{31}na^{53}mv̩^{33}lia^{33}$. 　　那件衣服在柜子的最下面。
衣服　一　件　柜子　最下面

4. 方位名词的语法特征

（1）方位词的组合功能

① 可以与名词（包括时间名词）、数量短语组合,构成方位短语,表示处所或者时间、数量的界限。例如:

$ji^{55}kho^{55}ɔ^{31}kho^{55}lia^{55}$ 　　屋里 　　$me̱^{31}khe̱^{31}ka^{33}nv^{33}$ 　　天黑以后
屋子　里面 　　　　　　　　晚上　　以后

$s̩^{31}khv̩^{33}kɔ^{33}xo^{31}$ 　　七岁以前 　　$lo^{55}pɔ^{31}n̯i^{55}tv̩^{33}pja^{33}$ 　　河东
七　岁　以前 　　　　　　　　河　　东边

$ɔ^{31}mo^{55}ji^{33}sv̩^{31}ka^{33}nv^{33}$ 　明天以后 　　$li^{31}pe^{33}n̯i^{31}kɔ^{33}xo^{31}$ 　　星期日之前
明天　以后 　　　　　　　　礼拜　天　之前

方位名词的后缀 pja^{33} 也可以单独与部分时间名词组合,表示一段时间。例如:

$ɕa^{33}tsu^{33}pja^{33}$ 　午间 　　　　　　$na̱^{33}na̱^{33}pja^{33}$ 　早间
下午　边 　　　　　　　　　早上　边

② 方位名词可以与代词组合,代词后可以加助词 $kɯ^{33}$ "的",也可以不加。例如:

$ŋɔ^{33}$（$kɯ^{33}$）$kɔ^{33}xo^{31}a^{33}thɯ^{31}kɔ^{31}tsu^{33}e^{33}$. 　　我前面有一个人。
我　　的　　前面（方）一　个　有

ji³¹khɔ³¹nɔ³¹kɯ³³a³¹pa³³lia³³thv⁵⁵tsv⁵⁵thɔ³¹.　　　　他站在你旁边。

他　你的　旁边　站　（貌）

③ 方位名词还可以跟指示词和数量、指量短语结合。与短语结合时，方位词后需要加kɯ³³（的）。例如：

jɔ³³ɔ³¹khɔ³³lia⁵⁵　　　　　　　　　　　　　那中间

那　中间

ɔ³¹khɔ³³lia³³kɯ³³e⁵⁵thɯ³¹kɔ³¹　　　　　　　中间那个

中间　的　那　一　个

a³¹pa³³lia³³kɯ³³ɕɿ³¹ma³³　　　　　　　　　边上这三个

边上　的　三　个

（2）方位词的句法功能

方位词可以单用，也可以与别的词构成方位短语后，在句子中做主语、定语、状语、宾语。

① 充当主语。例如：

a³¹tha̱³³thɯ³¹phv³³lv⁵⁵tsa³³.　　　　　　　上面有一个村寨。

上面　一　村寨　有

la̱³¹tha̱³¹lo⁵⁵pɔ³¹thɯ³¹khɯ⁵⁵tsa³³.　　　　右边是一条河。

右边　河　一　条　有

kɔ³¹xo³³ka³¹nv³³ŋɔ³¹tɪŋ⁵⁵tʂoŋ³³.　　　　　前后一共五个小时。

前　后　五　小时

② 充当定语。例如：

ɔ³¹nv⁵⁵lia⁵⁵kɯ³³tshu⁵⁵thy³¹lv⁵⁵ke³³tsn̩³¹v⁵⁵la̱³¹mi⁵⁵lv³³.

外面的　的　人　墨江　地方　生意　做　来

外面的人到墨江做生意。

a³¹va̱³³kɯ³³ja⁵⁵khɔ³³thɯ³³khɔ³³ŋɔ³¹to⁵⁵kɯ³³ŋɯ³³.

下面　的　田地　一　块　我　家的　是

下面的那块地是我家的。

a³¹pa³³lia³³kɯ³¹xo³¹phi³¹tsn̩³¹ji⁵⁵pa⁵³.　　　　边上的饭糊了。

边上　的　饭　糊　（体）

kɔ³³xo³¹ne̱³¹kɔ³¹jo³¹ji⁵⁵pa⁵³.　　　　　　　前面两个已经走了。

前面　两　个　走　（体）

③ 充当宾语。例如：

nv⁵⁵kɔ³³xo³¹thv⁵⁵/³³tsv⁵⁵/³³.　　　　　　　你站前面。

你　前面　站　住

nv⁵⁵ɔ³¹khɔ³³lia³³jo³¹, ŋa⁵⁵ɔ³¹nv⁵⁵lia⁵⁵jo³¹.　　你走里边，我走外边。

你　里面　走　我　外面　走

ŋɔ³³to⁵⁵a³¹va̠³³tsu³³e³³ .　　　　　　　　　我们家住下面。

我 家　下面　住

④ 充当状语。例如：

ka³³nv³³tɯ³¹　　　　　　　　　　　　　　　向后看

后面　　看

kɔ³³xo³¹jo³¹　　　　　　　　　　　　　　　往前走

前面　　走

tsa⁵⁵tsๅ³³jo³¹kho³³a³³mɯŋ⁵⁵thɯ³¹khɤ³¹v⁵⁵tha̠³¹thɔ³¹.　　桌子上放着一碗面。

桌子　上面　　　面　一　碗　放上（貌）

ka³³nv³³lia³³ti⁵⁵lɤ³³/³¹tsu³³sๅ³¹.　　　　　　　　以后还会来。

以后　　回来　有　还

第二节　代词

代词是代替名词、动词、形容词、副词和数量短语的词。它具有替代、指示功能，其语法作用跟所替代、指示的语言单位的语法作用大致相当。碧约话的人称代词有数范畴和格范畴的变化，没有性范畴的变化。

一　人称代词

碧约话的人称代词有数范畴和格范畴的变化，没有性范畴的变化。
具体见下表：

数 \ 格 \ 人称		第一人称	第二人称	第三人称
单数	主格	ŋa⁵⁵	nv⁵⁵	ji³¹khɔ³¹
	宾格	ŋɔ³⁵	nɔ³⁵	ji³¹khɔ³⁵
	领格	ŋɔ³¹或ŋɔ³¹kɯ³³	nɔ³¹或nɔ³¹kɯ³³	ji³¹khɔ³¹ 或ji³¹khɔ³¹kɯ³³
双数		ŋa⁵⁵nȩ³¹kɔ³¹我俩 ɔ³³v³³nȩ³¹kɔ³¹我们两个 ŋɔ³¹v³³ nȩ³¹kɔ³¹我们两个	nv⁵⁵nȩ³¹kɔ³¹你俩 nɔ³¹v³³ nȩ³¹kɔ³¹ 你们两个	ji³¹khɔ³¹nȩ³¹kɔ³¹他俩 ɔ³¹nv³³nȩ³¹kɔ³¹他们两个 jɔ³¹v³³nȩ³¹kɔ³¹他们两个
复数	主格	ŋɔ³¹v³³我们 ɔ³³v³³咱们	nɔ³¹v³³你们	jɔ³¹v³³他们 ɔ³¹nv³³他们
	宾格	ŋɔ⁵⁵v³³ 我们		

续表

数 \ 格 \ 人称	第一人称	第二人称	第三人称
反身代词	tsɿ⁵⁵tɕhɿ³¹自己		
总称代词	ji⁵⁵tsu³¹ma⁵⁵大家、kha⁵⁵tsa³³所有东西、kha⁵⁵tsu⁵⁵所有的人		
旁称代词	ɔ³¹tshu³¹jɔ³³v³³别人		

（一）人称代词的格

碧约话人称代词有主格、领格和宾格的区分。

1. 人称代词的领格

人称代词单数表示领属时有两种方法。一是第一、二人称的主格发生声调屈折，由高平调变为了低降调，第三人称不变化。例如：

ŋɔ³¹jɿ³³kho⁵⁵　　　　我家　　　　　　ŋɔ³¹jɔ³¹n̠i⁵⁵　　　　　　我的孩子

我的　家　　　　　　　　　　　　我的　孩子

nɔ³¹pha³¹na³³　　你的鞋　　　　ji³¹khɔ³¹ɯ⁵⁵ja⁵⁵　　　　他的地

你的　鞋子　　　　　　　　　他的　地

nɔ³¹to⁵⁵kɯ³¹ɕɔ³⁵bɔ³¹ta⁵³ɕue³⁵khɔ³¹saŋ³³pa⁵³.

你的　家　的　小宝　大　学　考　上　（体）

你家的小宝考上大学了。

ji³¹n̠e³³ʂn̠³³n̠e³³fv⁵⁵ji³¹khɔ³¹to⁵⁵sɿ⁵⁵po³³jɔ³¹kha³³.

前几年　　　　　　他　家地主　土豪

以前他家是地主。

二是在人称代词领格后，再加表示领属关系的定语助词"kɯ³³"，出现语义、语法形式上的叠加。加不加定语助词"kɯ³³"意义相同。例如：

ŋɔ³¹jɿ⁵⁵kho⁵⁵　我家　　　　　　　ŋɔ³¹kɯ³³jɿ⁵⁵kho⁵⁵我家

我　家　　　　　　　　　　　我　的　家

人称代词复数的领格是在主格后直接加上助词kɯ³³表示，领属关系比较紧密的情况下，助词kɯ³³也可以省略不用。例如：

ŋɔ⁵⁵v³³kɯ³³phv³³lv⁵⁵我们村子　　　ŋɔ⁵⁵v³³phv³³lv⁵⁵我们村子

我们　的　村子　　　　　　　　我们　村子

使用助词kɯ³³表示领属关系有以下几点需要说明：

（1）在使用"人称代词+人物名词"结构表达领属关系时，必须使用助词kɯ³³。

　　碧约话在判断人物身份的句子中经常可以省略判断动词"是"，例如：ŋɔ³¹v³³（我们）lɔ³¹sɿ³³（老师）"我们是老师"。因此，为了避免发生歧义，在表达领属关系时一定要加上助词kɯ³³与上一句加以区别：ŋɔ³¹v³³kɯ³³lɔ³¹sɿ³³"我们的老师"。类似的情况还有：

ŋɔ³¹kɯ³³a³³pa³¹	我的爸爸	nɔ³¹kɯ³³ɕɔ³⁵seŋ³³	你的学生
我　的　爸爸		你　的　学生	
ji³¹khɔ³¹kɯ³³pɩŋ³³	他的兵	nɔ³¹v³³kɯ³³a³³tɕɛ³¹	你们的姐姐
他　的　兵		你们　的　姐姐	

　　亲属名词的情况更为特殊。在以下两种情况下，人称代词和亲属名词之间可以不使用助词kɯ³³。

　　① 第一、二人称代词单数领格与缩减式亲属称谓连用，则可以不用kɯ³³表达更加亲密的关系。例如：

ŋɔ³¹pa³¹	我爸	ŋɔ³¹mɔ³¹	我妈
我　爸		我　妈	
nɔ³¹kɔ³¹	你哥	nɔ³¹je³¹	你爷爷
你　哥		你　爷爷	

　　② 第二、三人称代词单数、复数也可以直接与亲属称谓连用表示领属关系，但仅在直称的表达中使用。例如：nɔ³¹a³³tɿ³³（你叔叔）仅用于孩子的母亲称呼丈夫的弟弟时使用。

　　（2）用kɯ³³的结构，不用非领格的人称代词。下面的例子是不合法的：

| nv⁵⁵kɯ³³a³³tɿ³³ | 你叔叔* | ŋa⁵⁵kɯ³³a³³tɕɛ³¹ | 我姐姐* |
| 你　的　叔叔 | | 我　的　姐姐 | |

　　（3）第一人称代词在做施事主语时，既可以使用主格形式，也可以使用领格。例如：

ŋa⁵⁵ȵi³³ mi³¹tsɔ³¹v³³ɕi³³ki⁵⁵ phi³¹ pa⁵³.　　　我把柴烧完了。

我（施）柴（使）烧　完　（貌）（体）

ŋɔ³¹ȵi³³ mi³¹tsɔ³¹v³³ɕi³³ki⁵⁵ phi³¹ pa⁵³.　　　我把柴烧完了。

我（施）柴（使）烧　完　（貌）（体）

　　2. 宾格

　　人称代词的第一、二和第三人称的单数宾格均是在主格的基础上发生声调屈折。第一、二人称由高平调变为中升调，第三人称由低降调变为中升调。第一人称的复数有宾格变化，其他人称的复数宾格与主格一致。人称代词复数没有宾格变化。例如：

ɔ³³nv³³ȵi³³nɔ³¹v³³tsu⁵⁵tɯ³¹.　　　　　　　　　他们打你们。

他们（施）你们（受）打

tsʅ³¹ji³³ɔ³¹sʅ³¹ŋɔ³¹tsɔ³¹phi³⁵ pa⁵³.　　　　　　　苞谷被我吃了。

苞谷　　　　我　吃（貌）（体）

mu³³sɔ³¹nɔ³³v̩³³tsu⁵⁵pɯ³³pi̠³¹pa⁵³.　　　　　　　牛肉分给你们吧。

牛肉　　你们（受）分给　（体）

ɔ³¹nv⁵⁵lia⁵⁵nɔ³¹khv⁵⁵kɔ³³ŋɛ³³.　　　　　　　　外面有人叫你。

外面　　　你　叫（貌）（语）

ŋa⁵⁵pɯ³⁵tɕiŋ³³a³¹nɔ³¹v̩³³tsu⁵⁵mu⁵⁵su³³ku³³ lo³³.　我在北京见过你们。

我　　北京　（方）你们（受）看见　（体）（语）

（二）人称代词的数

人称代词分单数、双数和多数。

1. 双数。人称代词的双数有两种结构：一种是在其单数形式后面加成分- nɛ³¹kɔ³¹（两个）；另一种是在其复数形式后加成分- nɛ³¹kɔ³¹（两个），其中，第一、三人称复数有两种，因此双数有三种表达方式。不同的表达方式在语义上稍有区别：第一、二人称的双数形式中，以复数形式为词根的相比较单数形式为词根，所指对象与说话者关系更加亲密。第一人称的双数还分排除式和包括式，排除式是指只包括说话人一方，排除听话人一方，相当于汉语的“我俩”；包括式是指包括说话人和听话人双方，相当于汉语的“咱俩”。第三人称双数的三种表达方式在语义上有一定的区别。以说话人与所指对象的距离相比较，ji³¹khɔ³¹nɛ³¹kɔ³¹离说话者最近，其次是ɔ³¹nv³³nɛ³¹kɔ³¹，最远的是jɔ³¹v³³nɛ³¹kɔ³¹。

2. 复数。人称代词的复数均在单数的基础上发生了元音交替、声调变化，并附加新的词缀- v³³。第一人称复数有包括式和排除式的区别。第三人称复数也有两种形式，其中，ɔ³¹nv³³比jɔ³¹v³³所指的范围更大，指的是更大范围的第三方。

例如：

e³⁵ɕɿ³³khɔ³¹ŋɔ⁵⁵v³³nɛ³¹khɔ³¹sʅ³¹sʅ̠³¹la³¹.　　　这件事只有我们两个知道。

这　事情　我们　两个　　只　知道

e⁵⁵ja³³khv³³thɯ³¹khv³¹nɔ³¹v³³kɯ³³.　　　　那一块地是你们的。

那　地　一　块　你们　的

jɔ³¹v³³kɯ³³mɯ³¹n̠i³¹ thɔ³¹xi⁵⁵.　　　　　　不要拿他们的东西。

他们　的东西　　别　拿

（三）反身代词

碧约话的反身代词tsʅ⁵⁵tɕhɿ³¹“自己”借自汉语，用来泛指任何人，也用来复指句中已出现过的某人或其他生命体。在句中主要充当主语、定语、宾语。例如：

tsŋ⁵⁵tɕhɿ³¹tɯɯ³³，khγ³¹tɕh³³tha³¹khγ³¹tɕh³³!　　　　自己挑，别客气！

　　自己　　挑　客气　　别　客气

tsŋ⁵⁵tɕhɿ³¹a³³thɔ³¹v³³na⁵⁵.　　　　　　　　　　别伤着自己。

　　自己（话）别　伤害

tsŋ⁵⁵tɕhɿ³¹a³³mɔ³³tshe³¹sŋ ³¹la̠ ³¹tsŋ⁵⁵tɕhɿ³¹jɔ³¹n̠i³³xa⁵⁵tshu³¹mi⁵⁵mɯ³¹.

　　自己　妈妈　才　知道　自己女儿　　什么　想要

　　自己的妈妈，才知道女儿需要什么。

ŋɔ⁵⁵v³³pi³¹jɔ³¹tsŋ⁵⁵tɕhɿ³¹kɯ³³peŋ³³ji³³kv³³tsa³³ji⁵⁵pa⁵³.

　　我们　碧约　自己　　的　瓦　房　有　（体）

　　咱们碧约人现在已经有自己的瓦房了。

　　反身代词tsŋ⁵⁵tɕhɿ³¹只能单独使用，一般不与人称代词连用。如果需要强调动作行为由一个人独立完成，在名词或人称代词后面加上thɯ³¹kɔ³¹"一个"；如果需要强调某行为由某人亲自完成，则在名词或人称代词后面加ji³¹khɔ³¹"他"。例如：

ji³¹khɔ³¹thɯ³¹kɔ³¹mi⁵⁵ki⁵⁵tshv⁵⁵.　　　　　　他自己就能干完。

　　他　一　个　做　完能

jɔ³¹n̠i³³ji³¹khɔ³¹pha ³¹na̠ ³³ti³¹khe̠ ³³pa⁵³.

　　孩子　他　鞋子　穿会　（体）

　　孩子自己会穿鞋了。

nv⁵⁵thɯ³¹kɔ³¹phɯ⁵⁵khe̠ ³⁵?　　　　　　　　你自己搬得动吗？

　　你　一　个　搬能

　　现代的碧约话由于受到汉语影响，还出现了taŋ³³ku³³（单个）、kɔ³¹zeŋ³³（个人）等词作为新的反身代词，在使用上和tsŋ⁵⁵tɕhɿ³¹（自己）基本上没有差别，taŋ³³ku³³还能替代thɯ³¹kɔ³¹作为强调某人一个人独立完成某事。例如：

ŋa³³taŋ³³ku³³mi⁵⁵khe³¹pa⁵³!　　　　　　　　我自己想办法吧！

　　我　单个　做　会　（语）

kɔ³¹zeŋ³³kɯ³³çɿ³³khɔ³¹kɔ³¹zeŋ³³mi⁵⁵.　　　　自己的事情自己做。

　　个人　的事情　　个人　做

kɔ³¹zeŋ³³kɯ³³pha ³¹na̠ ³³kɔ³¹zeŋ³³kv ³¹.　　　　自己给自己做鞋。

　　个人　的　鞋子　个人　缝

　　（四）总称代词

　　总称代词ji⁵⁵tsu³¹ma⁵⁵"大家、全部"用来泛指所有的人、物或总括全部的人或物。可以独立做句子成分，还可用在复数人称代词、指示代词、一般名词的后面作复指成分。在句中可充当主语、宾语、定语等。例如：

ji⁵⁵tsu³¹ma⁵⁵xi⁵⁵li³¹.　　　　　　　　全部都带走。

全部　　带走

ji⁵⁵tsu³¹ma⁵⁵thɯ³¹jɿ⁵⁵to⁵⁵lo³³.　　　　大家都是一家人。

大家　　一 家亲人

ŋa⁵⁵ji⁵⁵tsu³¹ma⁵⁵tsu⁵⁵ko³¹jo³³lɯ³³.　　我很想念大家。

我 大家　（受）想念（人）

ji⁵⁵tsu³¹ma⁵⁵mi³¹nv⁵⁵tsɿ¹ka³¹e³³.　　　人人都说你漂亮。

人人　　说 你 很漂亮（语）

xe³³ɔ⁵⁵v³³kɯ³³ji⁵⁵tsu³¹ma⁵⁵kɯ³³tɕʰɤŋ³¹.　这是我们大家的钱。

这 我们 的 大家 　的 钱

ji³¹kʰɔ³¹jɿ⁵⁵kʰo⁵⁵a³³kɯ³³mɯ³¹n̩i³¹ji⁵⁵tsu³¹ma⁵⁵v³³pi̠³¹pʰi³⁵pa⁵³.

他 家 的 东西 全部 捐 （貌）（体）

他把家里的东西全部捐了。

ɔ⁵⁵v³³ji⁵⁵tsu³¹ma⁵⁵nɔ³¹tsu⁵⁵ko³¹jo³³lɯ³³.　我们大家都很想你。

我们 大家 你（受）想 （人）

ŋɔ³¹v³³ji⁵⁵tsu³¹ma⁵⁵tsɔ³¹ki⁵⁵pʰi³⁵pa⁵³.　我们全部吃完了。

我们 全部 　吃完（体）（貌）

此外，kha⁵⁵tsa³³"所有（东西）"和kha⁵⁵tsu³³"所有的（人）"可以与助词kɯ³³连用表达"所有的""全部的"意思。但与ji⁵⁵tsu³¹ma⁵⁵相比，kha⁵⁵tsa³³和kha³³tsu³³只能做定语修饰名词。例如：

kha⁵⁵tsa³³kɯ³³mɯ³¹n̩i³¹pʰi̠³³tsɔ³¹pʰi³⁵pa⁵³.　所有的东西都烧光了。

所有 的 东西 烧 吃（貌）（体）

kha⁵⁵tsa³³kɯ³³tshu⁵⁵ŋɔ³⁵mɔ³¹ɕaŋ⁵⁵ɕiŋ⁵⁵.　所有的人都不相信我。

所有 的 人 我 不 信

kha⁵⁵tsa³³kɯ³³mɯ³¹n̩i³¹ŋɔ³¹kɯ³³.　　　所有的东西都是我的。

所有 的 东西 我 的

kha⁵⁵tsa³³kɯ³³ɕi³³kʰo³¹ŋa⁵⁵mi⁵⁵ŋɯ³³.　所有的事情都是我做的。

所有 的 事情 我 做（语）

（五）旁称代词

旁称代词主要有jo³¹v³³"人家、别人"、ko³¹lɪŋ³³、o³¹ja⁵⁵"别的（事、人）"。

1. jo³¹v³³是第三人称代词的复数形式，也兼用旁称代词，表示"人家"、"别人"。

nv⁵⁵xa⁵⁵ma⁵⁵xɿ³³jo³³v³³tsu⁵⁵tɯ³¹?　　你为什么打人家？

你 为什么 他们 （受）打

jɔ³¹v³³kɔ³¹jɔ³¹thɔ³¹kɯ³³nv⁵⁵xa⁵⁵ma⁵⁵s̩³¹la̠³¹？

别人 想 （貌）的 你 怎么 知道

别人的想法你怎么会知道？

jɔ³¹v³³kɯ³¹ɕr³³khɔ³¹nv⁵⁵thɔ³¹kuaŋ³¹.　　　　　别人的事情你别管。

别人 的 事情 你别 管

2. o³¹ja⁵⁵kɯ³³tshu⁵⁵ "别的人" 指说话者之外的人；o³¹ja⁵⁵kɯ³³xa⁵⁵tsu³¹ "别的（事、物）" 指当前事件（或事物）之外的事或物。例如：

o³¹ja⁵⁵kɯ³³xa⁵⁵tsu³¹tsa³³ji³³sa³¹？　　　　　还有别的事吗？

别 的 事情 有（语）

ɔ³¹jɔ³¹kɯ³³tshu³³ŋa⁵⁵ma³¹te⁵³pa⁵³.　　　　　别的人我就不找了。

别 的 人 我 不 找（语）

nv⁵⁵mɔ³¹ŋa³³ɔ³¹jɔ³¹kɯ³³ma³¹ɕaŋ⁵⁵ɕiŋ⁵⁵ŋɯ³³.　　除了你，别的人我都不相信。

你 不 我 别 的 不 相信 （人）

二　指示代词

指示代词具有指示和代替作用。可以指代名词（一般名词、处所名词、时间名词）、谓词（动词、形容词）、副词，其所指包括人、物、处所、时间、动作、性状、方式、数量、程度等。

碧约话的指示代词有表示 "位" "时" "状" 的类别，语法形式上有屈折变化。但没有 "数" 的类别。语法结构上有单纯词结构和复合词结构两类。具体见下表：

单纯指示代词		jɔ³¹、xe³⁵ 这	thi⁵⁵ 那 （较远）	e⁵⁵ 那 （更远）	nɔ³³ 那 （最远）
复合指示代词	方位指示代词	jɔ³¹tsa³¹ 这里 jɔ³¹pja³¹这边	thi⁵⁵tsa³³那里 thi⁵⁵pja³¹那边	e⁵⁵pja³³ 那边 e⁵⁵pja³⁵pja⁵³ 那边（比前者稍远）	nɔ³³tsa³¹那里 nɔ³³pja³¹那边 nɔ³³pja³⁵pja⁵³ 那边（最远）
	时间指示代词	jɔ³¹mɯ⁵⁵现在	ɔ³¹mɯ⁵⁵ 那时（未来）	e⁵⁵fv⁵⁵那时 （过去）	
	单数指示代词	xe³⁵这（个）		e⁵⁵那（个）	
	复数指示代词	xe³⁵s̩³³lɯ³¹ 这些	thi⁵⁵a³¹lɯ³³ 那些	e⁵⁵a³¹lɯ³³ 那些	
	性状指示代词	xe³⁵su³³这样		e⁵⁵su³³那样	
	程度指示代词	s̩⁵⁵（lv³¹）ma⁵⁵ 这么	thi⁵⁵（lv³¹）ma⁵⁵ 那么		
	其他	kɔ³¹lɯ̱³³另外的　　o³¹ja⁵⁵其他			

（一）指示代词的分类

1. 方位指示代词及其位范畴的表达

碧约话的方位指示代词有"位"的远近的变化，通过不同的语音形式表达所指对象与说话人的距离远近。jɔ³¹、xe³⁵"这"指示距离说话人空间位置较近的处所，thi⁵⁵、e⁵⁵、nɔ³³"那"指示距离说话人空间位置较远的处所。jɔ³¹、xe³⁵在语义上几乎没有差别，但在使用习惯上，jɔ³¹多作为方位指示代词使用，xe³⁵更多用来指示人、物。thi⁵⁵、e⁵⁵、nɔ³³三者在语义上有一定的差别：thi⁵⁵所指的处所距离说话者较近，e⁵⁵所指的处所稍远，nɔ³³最远。

这些单纯方位词后面加上后缀-tsa³¹"里"、-pja³¹"边"可以构成以下合成词：

近指：jɔ³¹tsa³¹　　xe³⁵tsa³¹　"这里"

　　　jɔ³¹pja³³　　xe³⁵pja³³　"这边"

远指：thi⁵⁵tsa³¹"那里"、thi⁵⁵pja³³"那边"（距离说话者较近）

　　　e⁵⁵tsa³¹　"那里"、e⁵⁵pja³³"那边"（距离说话者较远）

　　　nɔ³³tsa³¹　"那里"、nɔ³³pja³³"那边"（距离说话者更远）

　　　nɔ³³pja³⁵tsa³¹"那里"、nɔ³³pja³⁵pja⁵³"那边"（距离说话者最远处）

例如：

ŋa⁵⁵jɔ³¹tsa³³n̩i⁵⁵tsa̩³³, nv⁵⁵e⁵⁵pja³³, ji³¹khɔ³¹e⁵⁵tsa³³n̩i⁵⁵tsa̩³³.

我　这　　坐　　你那边　他　　那里　坐

我坐这里，你坐那，他坐那。

jɔ³¹tsa³³kɯ³³tshu⁵⁵tsɿ⁵⁵mɔ̩³³e³³.　　　　　　这里的人很好。

这里　的人很好

nv⁵⁵e⁵⁵pja³³juŋ³¹naŋ³¹jɔ³¹pja³³ɔ³¹lo⁵⁵tsɣ⁵⁵lo⁵⁵.　　你那里比云南热多了。

你那边　云南　　这边　热更（叠）

e⁵⁵pja³³ɔ³¹xo³³xo³³, jɔ³¹pja³³n̩i⁵⁵tsha⁵⁵tɣ³³.

那边　雨　下　这边　太阳　出

这边出太阳，那边下雨。

nɔ³³pja³³kɯ³³mi⁵⁵ki³³phi³⁵pa⁵³.　　　　　　　那边早结束了。

那边　的　做完（貌）（体）

nv⁵⁵jɔ³¹pja³¹n̩i⁵⁵tsa³³la⁵⁵.　　　　　　　　　你过来坐这边。

你　这边　坐　来

nɔ³³pja³³jɔ³¹mɔ³³ja̩³³khɔ³¹khɔ³³e³³.　　　　　那边山上种的是烟叶。

那　边　山上　烟叶　种

2. 人、物指示代词及其数范畴的表达

指代人、物以及事物数量时，都使用同样的指示代词。xe³⁵ "这" 指示距离说话人空间位置较近的人、物，thi⁵⁵、e⁵⁵、nɔ³³ "那" 指示距离说话人空间位置较远的人、物。thi⁵⁵所指代的事物距离说话者较近，e⁵⁵所指代的事物稍远，nɔ³³最远。碧约话在指示人、物上只有远近的区别，没有高低的区别。例如：

thi⁵⁵thɔ³¹tsɔ³¹，e⁵⁵thɔ³¹tsɔ³¹，nɔ³³xa⁵⁵thɔ³¹tsɔ³¹.

那 别吃　　 那别吃　　 那 也 别 吃

那别吃，那别吃，那也别吃。

xe³⁵tʂhu⁵⁵thɯ³³ kɔ³¹.　　　　　这个人

这 人 一 个

e⁵⁵jo³¹mɔ³³，tsɿ⁵⁵kɔ³¹e³³.　　　　那山，特别高。

那 山 　 很 高

xe³⁵thɯ³¹tsɿ³³sɿ³¹jo³¹tsɿ⁵⁵，e⁵⁵thɯ³¹tsɿ⁵⁵sɿ³¹li⁵⁵ɔ³¹tsɿ⁵⁵.

这 一 棵 桃树 　　　 那 一 棵 黄果 树

这棵是桃树，那棵是橘子树。

数范畴包括单数和复数，复数是在单数形式后分别加ʂɿ³³lɯ³¹、a³¹lɯ³¹等词素，如：xe³⁵ʂɿ³³lɯ³¹ "这些"、e⁵⁵a³¹lɯ³¹ "那些"、 thi⁵⁵a³¹lɯ³¹ "那些"、nɔ³³a³¹lɯ³¹ "那些"。

单数指示代词可以独立使用，也可以直接与名词或数量短语连用。复数指示代词修饰名词时通常需要使用助词kɯ³³。例如：

xe³⁵tʂhu⁵⁵　　　这人　　　　xe³⁵ʂɿ³³lɯ³¹kɯ³³tʂhu⁵⁵　　　　这些人

这 人 　　　　　　　 这 些 　 的 人

xe³⁵thɯ³¹sɿ³¹　　　这颗果　　　xe³⁵ʂɿ³³lɯ³¹kɯ³³ɔ³¹sɿ³¹　　　　这些果子

这 一 颗 　　　　　　 这 些 　 的 果子

e⁵⁵thɯ³¹tsɿ⁵⁵　　　那棵树　　　e⁵⁵a³¹lɯ³¹kɯ³³sɿ³³tsɿ³³　　　　那些树

那 一 棵 　　　　　　 那 些 　 的 树

xe³⁵sɔ³¹kɔ³¹thɯ³¹peŋ³¹ 这本书　xe³¹ʂɿ³¹lɯ³¹kɯ³³sɔ³¹kɔ³¹　　　　这些书

这 树 一 本 　　　　　 这 些 　 的 书

指示代词表示复数也可以直接与数量短语thɯ³¹khɿ⁵⁵ "一些" 连用。例如：

xe³⁵tʂhu⁵⁵　　　这人　　　　xe³⁵tʂhu⁵⁵thɯ³¹khɿ⁵⁵　　　　　这些人

这 人 　　　　　　　 这 人 一 些

e⁵⁵lɔ³¹sɿ³³　　　那老师　　　e⁵⁵lɔ³¹sɿ³³thɯ³¹khɿ⁵⁵　　　　　那些老师

那 老师 　　　　　　 那 老师 一 些

3. 时间指示代词

时间指示代词有近指和远指的区别。常用的有：jɔ³¹muɯ⁵⁵“这时”、e⁵⁵fv⁵⁵“那时”。例如：

jɔ³¹muɯ⁵⁵tshu⁵⁵thuɯ³¹kɔ³¹o⁵⁵li³³e³³. 　　　这时有个人进来了。

这时　　人　一　个　进来

jɔ³¹muɯ⁵⁵li³³va̱³¹! 　　　　　　　　现在就去吧！

现在　去（语）

e⁵⁵fv⁵⁵ŋa⁵⁵tshe³¹tɕi³¹khv̩³¹tsa³³. 　　　那时我才九岁。

那时　我　才　九　岁　有

4. 性状、方式指示代词

碧约话修饰事物性状的代词和指示动作行为的方式的代词是一样的。常用的有：ʂɿ⁵⁵（luɯ³¹）ma⁵⁵“这么”、thi⁵⁵（luɯ³¹）ma⁵⁵“那么”，luɯ³¹和ma⁵⁵作为一个没有意义的助词，选择用哪一个意义上没有区别，也可以同时出现。例如：

ʂɿ⁵⁵ma⁵⁵xuɯ³¹　　　这么大　　　thi⁵⁵ma⁵⁵n̩i³³　　　那么小

这么　大　　　　　　　那么　　小

ʂɿ⁵⁵luɯ³¹mo⁵⁵　　　这么远　　　thi⁵⁵luɯ³¹ɔ³¹tɕɿ⁵⁵tɕɿ⁵⁵　那么近

这么　远　　　　　　　那么　近

ʂɿ⁵⁵ma⁵⁵mi⁵⁵　　　这么做　　　thi⁵⁵ma⁵⁵mi⁵⁵　　　那么做

这么　做　　　　　　　那么　做

ʂɿ⁵⁵ma⁵⁵mɔ³¹tɿ³¹kɔ³¹mɔ̱³³kɯ³³nv⁵⁵xa⁵⁵ti³³？　这么难看你也穿？

这么　不　好看　　的　你也穿

thi⁵⁵ma⁵⁵mi⁵⁵kɯ⁵⁵thuɯ³¹kɔ³¹, ma³¹ɕi³¹xuaŋ³³. 　那样子,谁都不喜欢。

那样　做的　一　个　不　欢

ʂɿ⁵⁵（lv³¹）ma⁵⁵mɔ̱³³e³³pa⁵³. 　　　这样就好了。

这样　　　好　（语）

xe³⁵tshu⁵⁵thuɯ³¹kɔ³¹xa⁵⁵ma⁵⁵xɿ³³ʂɿ⁵⁵ma⁵⁵mɔ̱³³？　这个人怎么这么好？

这　人　一　个　怎么（连）这么　好

nv⁵⁵xa⁵⁵ma⁵⁵xɿ³³thi⁵⁵ma⁵⁵nɣ³³mɔ³³mɔ̱³³. 　你难得这么大方。

你　怎么（连）这么　心　　好

uɯ³³ja³³tshuɯ³¹khv⁵⁵tɣ³¹thi⁵⁵ma³³kɔ³¹kɿ³³. 　挖梯田这么苦。

梯田　　挖　那么　苦

（二）指示代词的语法特征

1. 单音节指示代词既可以单独使用，也可以跟其他语素或词构成合成指示代词或短语使用。例如：

e⁵⁵, nv⁵⁵thɔ³¹tɕi³³phi³¹!　　　　　　　　那个，你别丢掉！

那个　你　别　丢（貌）

e⁵⁵ji³¹khɔ³¹kɯ³³jɪ⁵⁵jɔ³¹.　　　　　　　　那是他的房间。

那　他　的　房间

xe³¹ŋa⁵⁵ma³¹sɹ̩³¹la³¹.　　　　　　　　　　这我不知道。

这　我　不知道

jɔ³¹ŋa⁵⁵xa⁵⁵na³¹ma⁵⁵mɔ³¹lɤ³³.　　　　　这儿我不怎么来。

这　我　不怎么　　不　来

　　　　　　　　　　　　　　　　　　　　这儿我很少来。

　　单音节指示代词与其他语素结合时，有的语素没有实际意义，与单音节指示代词结合得非常紧密，例如：jɔ³¹mɯ⁵⁵、thi⁵⁵ma⁵⁵；有的语素有实际意义，与单音节指示代词结合得较为松散，例如：e⁵⁵（那）fv⁵⁵（时候）、xe³⁵（这）pja³³（边）。此外，单音节指示代词还可以与其他词语组合，构成带有指示意义的短语。如：xe³⁵（这）sv⁵⁵（像）"像这样"、e⁵⁵（那）sv³³（像）"像那样"，它们在句中可以与指示动作行为的方式的指示代词ʂɪ⁵⁵（lɯ³¹）ma⁵⁵"这么"、thi⁵⁵（lɯ³¹）ma⁵⁵"那么"替换使用，意义不变。例如：

nv⁵⁵ʂɪ⁵⁵ma⁵⁵tsɔ³¹pa⁵³v⁵⁵mɔ³³mɔ³¹mɔ̠³³.

你　这么　吃（连）胃　不好

nv⁵⁵xe³⁵sv⁵⁵tsɔ³¹pa⁵³v⁵⁵mɔ³³mɔ³¹mɔ̠³³.

你　像这样　吃（连）胃　不好

你这么吃对胃不好。

e⁵⁵ma³³jɔ³¹ɲi⁵⁵tsu⁵⁵tɯ³¹pa⁵³mɔ³¹mɔ̠³³e³³.

那么　孩子（受）打（连）不　好

e⁵⁵sv³³ jɔ³¹ɲi⁵⁵tsu⁵⁵tɯ³¹pa⁵³mɔ³¹mɔ̠³³e³³.

像那样　孩子（受）打（连）不　好

这么打孩子是不对的。

　　2. 指示代词可以与数量短语、数量名结构等组合，但不能直接与量词结合。例如：

e⁵⁵khɯ³¹　　　　　　　那狗　　　　　　e⁵⁵mo⁵⁵　那条*

那狗　　　　　　　　　　　　　　　　那　条

e⁵⁵thɯ³¹mo⁵⁵　　　　那一条

那一条

e⁵⁵khɯ³¹thɯ³¹mo⁵⁵　　那条狗

那狗　一　条

xe³⁵thɯ³¹khɯ⁵⁵thɔ³¹xi⁵⁵, e⁵⁵thɯ³¹khɯ⁵⁵xi⁵⁵.　　这根别拿，拿那根。

这一　根　别拿　那一　根　拿

jɔ³¹pja³³tshu⁵⁵ɕɿ¹kɔ³¹e⁵⁵pja³³tshu⁵⁵li³¹kɔ³¹.　　　　　这边三个人那边四个人。

这边　人　三个那边人　四个

e⁵⁵thɯ³¹n̩i³³ŋa⁵⁵nɔ³⁵tɔ⁵⁵tɛ⁵³la⁵⁵/³³.　　　　　　　　那天我去你家。

那一　天　我　你　家　找来

3. 指示代词还可以与名词、形容词、动词等结构组合，语序相对固定，总是位于被修饰的词语或结构之前。例如：

　　与名词组合：

xe³⁵tʂɿ³¹thɯ⁵⁵　那椅子　　　　　　xe³⁵mi⁵⁵mɔ³³　这地方

这　椅子　　　　　　　　　　这　地方

e⁵⁵sɿ⁵⁵po³³　　　那地主　　　　　thi⁵⁵jɿ⁵⁵kho⁵⁵　那房子

那　地主　　　　　　　　　那　房子

xe³⁵mɯ³¹n̩i³¹nv⁵⁵xɛ³¹v⁵⁵tɕɿ⁵⁵thɔ³¹?　　　这些东西你也留着？

这　东西　　你　还　收藏　（貌）

　　与形容词组合：

thi⁵⁵ma⁵⁵sɔ³⁵pa⁵³.

那么　一点

ji³¹khɔ³¹ʂɿ⁵⁵lɯ³¹ma³³mɔ³¹mɔ̩³³e³³!　　　　他这么坏！

他　这么　　不　好（语）

xe³⁵tshu³³thɯ³¹kɔ³¹xa³³ma³³sɿ³³ma³³mɔ̩³³.　他人怎么这么好。

他　这个　人　怎么　　这么　好

jɔ³¹mu⁵⁵sɿ⁵⁵ma⁵⁵khv̩³¹mɔ³¹mu⁵⁵su³³jɔ³¹n̩i³³ʂɿ⁵⁵ma³³kɔ³³la³³phi³¹.

现在　几　年　没见　孩子　这么　高（貌）（貌）

几年不见，这孩子这么高了。

　　与动词组合：

e⁵⁵fv⁵⁵tsɛ⁵³ɕɔ³⁵pa⁵³tɕu³³phi³⁵pa⁵³!　　　　到那时再学就晚了！

那时　再　学（连）就　晚（语）

pi³⁵sɿ⁵⁵ma⁵⁵xi⁵⁵　ti³³　se⁵⁵mɔ̩³³e³³.　　　　笔这样拿才对。

笔　这样　拿（引）才　对

nv⁵⁵thi⁵⁵ma⁵⁵thɔ³¹mi³¹.　　　　　　　　　你别那么说。

你　那么　　别　说

thi⁵⁵ma⁵⁵thɔ³¹xi⁵⁵,　a³¹la³¹tsu⁵⁵tɔ̩³³thɿ⁵⁵.　　别那样拿刀，会砍到手的。

那么　别　拿　手（受）砍（貌）

4. 单音节指示代词与a³¹thạ³¹ "上面"、a³¹va³¹ "下面" 等方位名词结合时，中间既可以加定语助词kɯ³³ "的"，也可以不加。例如：

xe³⁵（kɯ³³）a³¹thạ³¹　这上面　　　e⁵⁵（kɯ³³）a³¹thạ³¹　　那上面

这　的　上面　　　　　　那　的　上面

xe³⁵（kɯ³³）a³¹va̠³¹　　这下面　　　　　e⁵⁵（kɯ³³）a³¹va̠³¹　　　　那下面

这　　的　下面　　　　　　　　　那　的　下面

e⁵⁵a³¹tha̠³¹khue³³miŋ³¹　昆明那边　　　e⁵⁵a³¹va̠³¹sɿ³³mau³¹　　　思茅那边

那　上面　昆明　　　　　　　　　那　下面　思茅

在语流中，单音节指示代词jɔ³¹、nɔ³³常与方位名词a³¹tha̠³¹"上面"、a³¹va̠³¹"下面"发生音节合并的现象。例如：

ja³¹tha̠³¹　这上面（指示代词jɔ³¹"这"与a³¹tha̠³¹合并，省略第一个元音ɔ³¹）

ja³¹va̠³¹　这下面（指示代词jɔ³¹"这"与a³¹va̠³¹合并，省略第一个元音ɔ³¹）

na³¹tha̠³¹　那上面（指示代词nɔ³³"那"与a³¹tha̠³¹合并，省略第一个元音ɔ³³）

na³¹va̠³¹　那下面（指示代词nɔ³³"那"与a³¹va̠³¹合并，省略第一个元音ɔ³³）

三　疑问代词

（一）疑问代词的分类

询问对象	疑问代词
问人	ɔ³¹su⁵⁵谁、xɔ⁵⁵kɯ³³thɯ³¹kɔ³¹哪一个
问物	xa⁵⁵tsu³¹什么（提问"做什么、是什么"） xa⁵⁵tɕi³¹什么（提问"是什么"） xɔ⁵⁵kɯ³³thɯ³¹jiŋ³³ 哪种
问时间	xɔ⁵⁵mu⁵⁵fv⁵⁵什么时候 xɔ⁵⁵kɯ³³thɯ³¹n̠i³³哪天 xa⁵⁵tsu³¹sɿ³³seŋ³³什么时候
问处所	xɔ⁵⁵tsa³³ 哪儿　xɔ⁵⁵tsu³³在哪里、xɔ⁵⁵n̠i³³从哪里
问数量	xɔ⁵⁵lɯ³¹多少（提问形容词、数量）　xɔ⁵⁵mu⁵⁵（数量） xɔ⁵⁵mu³³kɔ³¹几个（人） xɔ⁵⁵mu³³sɿ³¹几个（东西）
问方式、情状	xa⁵⁵ma⁵⁵怎么
问原因	xa⁵⁵ma³³xɿ³³为什么

例如：

1. 问人或问物

xe³⁵xa⁵⁵tsu³³ŋɛ⁵³？　　　　　　　　　这是什么？

这　　什么（语）

xa⁵⁵tsu³¹phi̠³¹ji⁵⁵pɿ⁵³？　　　　　　　　什么丢了？

什么　丢（貌）（语）

nv⁵⁵ɔ³¹su⁵⁵thɯ³¹kɔ³¹tsu⁵⁵mi⁵⁵mɯ³¹la³¹？　你喜欢谁？

你　谁　一　个（受）想要（人）

nv⁵⁵xɔ⁵⁵kɯ³³thɯ³¹tɕhi̠³³mi⁵⁵mɯ³¹la⁵¹?　　　　　想想要哪件衣服？

你　哪　　一　件　想　要（语）

nv⁵⁵xa⁵⁵tsu³¹to³¹pe̠³³kɔ³³ŋɛ⁵³?　　　　　　　你说的什么话啊？

你　什么　话　说（貌）（语）

ɔ³¹su⁵⁵lɤ³³ji³³　pɿ⁵³?　　　　　　　　　　　谁来了？

谁　来（貌）（语）

nv⁵⁵xa⁵⁵tsu³¹mi⁵⁵kɔ³³ŋɛ⁵³?　　　　　　　　你干吗呢？

你　什么　做（体）（语）

nv³³xɔ³³kɯ³³pha⁵⁵tshv³³mi⁵⁵mɯ³¹?　　　　　你想买哪种布料？

你　哪个　布料　　想　要

2. 问处所

ji³³khɔ³⁵jɿ⁵⁵to⁵⁵xɔ⁵⁵tsu³³thɔ³¹ŋɛ⁵³?　　　　　你家住在哪？

他　　家　　哪　住（貌）（语）

nv⁵⁵xɔ⁵⁵ȵi³³lɤ³³?　　　　　　　　　　　　你从哪来？

你　哪　从　来

xuŋ³¹xo³¹xɔ⁵⁵tsa³³ŋɛ⁵³?　　　　　　　　　红河在哪里？

红河　　哪里　（语）

xɔ³⁵tsa³³v⁵⁵kɯ³³?　　　　　　　　　　　在哪买的？

哪里　买　的

nɔ³³kɯ³³la̠³¹khe̠³³xɔ³⁵ȵi³³xɔ³⁵la³¹ŋa⁵³?　　　你从哪里学来的？

你　的　手艺　哪里　学　来（语）

3. 问时间

a³³kɔ³³xɔ⁵⁵mu⁵⁵fv⁵⁵khue³³mɪŋ³¹a³¹　li³³ŋɛ⁵³?　哥哥什么时候去昆明的？

哥哥　什么　　昆明　（方）去（语）

ŋa⁵⁵xa⁵⁵ma⁵⁵ŋɯ³³fv⁵⁵nɔ³¹kɯ³³tɕhɤŋ³¹pha⁵⁵ŋɛ⁵³?

我　什么　　时候　你的　钱　借（语）

我什么时候借过你钱？

ji³³khɔ³¹xa⁵⁵ma⁵⁵ŋɯ³³fv⁵⁵nɤ⁵⁵mɔ³³xɯ³⁵ja³¹?　他什么时候大方过？

他　　什么　时候　　心脏　大（语）

4. 问数量

xɔ⁵⁵lɯ³¹khuɛ³¹?　　　　　　　　　　　多少钱？

多少　钱

nv³³ xɔ⁵⁵mu⁵⁵khɤ̠³¹tsa³³pɿ⁵³?　　　　　　你几岁了？

你　几岁　　有

xɔ⁵⁵lɯ³¹xɯ³¹?　　　　　　　　　　　多大？

多少　大

xe³⁵mi³¹tsɔ³¹thɯ³¹khɿŋ³¹xɔ⁵⁵lɯ³¹tsʅ³³?　　　　这捆柴有多重？

这　柴　一　捆　多　重

jɔ³¹ȵi³³thaŋ³⁵saŋ³³li³³kɯ³³xɔ⁵⁵lɯ³¹mo⁵⁵e³¹?　团山离这有多远啊？

这（从）团山　去（引）多少　远　（语）

疑问代词与双音节或多音节形容词连用时，形容词常常只取词根音节。

如：

xɔ⁵⁵lɯ³¹tsʅ³³?　　多重？（ɔ³¹tsʅ³³"重"）

多少　重

5. 问方式、原因、情态

nv³³xa⁵⁵ma⁵⁵to³¹thɯ³¹to³¹ma³¹pe̠³³?

你　怎么　话　一　句　不　说

你怎么一句话也不说？

nv³³xa⁵⁵ma⁵⁵xɿ³³sɔ³¹kɔ³¹mɔ³¹tv³⁵li³³?　　你为什么不去上学？

你　为什么　书　不　读　去

xa⁵⁵ma³³xɿ³³ŋa⁵⁵ŋɯ³³?　　　　　　为什么是我？

为什么　我　（语）

tsʅ³¹ne̠³³kɯ³³ȵi³³ja̠³¹xa⁵⁵ma⁵⁵ŋa⁵³?　　今年的收成怎么样？

今年　的　日子　怎么　（语）

ŋa⁵⁵nɔ³⁵（tsu⁵⁵）xɔ³⁵tsa³³mɔ³¹mɔ³³la⁵³?　我哪里得罪你了？

我　你　受　哪里　不　好　（语）

ɔ³¹nv³³nɔ³⁵tsu⁵⁵　xa⁵⁵ma⁵⁵te̠³jɔ³³ŋe̠⁵³?　他们是怎么找到你的？

他们　你（受）怎么　找　到　（语）

　　　　　　　　　　　　　　　　　　　他们在哪里找到你的？

（二）疑问代词的非疑问用法

1. 疑问代词任指用法。例如：

ŋa⁵⁵　xa⁵⁵ma⁵⁵mi³¹xa⁵⁵　ji³¹khɔ³¹ma³¹na⁵⁵tɿ³¹.　怎么说他都不听。

我　怎么　说　都　他　不　听

ŋa⁵⁵xɔ³³mɔ³¹ji³³.　　　　　　　　我哪里都不去。

我　哪　不去

nv⁵⁵xa⁵⁵tshv³³mi³¹xa⁵⁵ŋa⁵⁵ma³¹ɕaŋ⁵⁵ɕiŋ⁵⁵.　你说什么我都不相信。

说　什么　说　都　我　不　相　信

ɔ³¹su⁵⁵ji³³xa⁵⁵thɯ³¹jaŋ³³.　　　　谁去都一样。

谁　去都一样

ɔ³¹su⁵⁵nɔ³⁵tɯ³¹kha³¹?　　　　　　谁敢打你啊？（没人敢打你）

谁　你打　敢

ɔ³¹su⁵⁵n̠i³³nɔ³⁵tɯ³¹pa⁵³, ɔ³¹su⁵⁵tsu⁵⁵ tɛ⁵³ji³³.　　　谁打你了找谁去。
谁　（施）你 打（连）　谁　（受）找去

nv⁵⁵xɔ³³kɯ³³thɯ³¹n̠i³³ŋɔ³⁵tɛ⁵³xa⁵⁵kɔ³¹e³³.　　　你哪天找我都行。
你 哪　　一 天 我 找 都 行

ji³¹khɔ³⁵tsu⁵⁵xɔ³⁵tsa³³mɔ³¹tɛ⁵³jɔ³³kɔ³¹e³³.　　　哪儿都找不到他。
他　（受）哪儿　不 找到 能

nv⁵⁵ti³³kɯ³³kɔ³¹tʂm̩³¹xɔ³³kɯ³³thɯ³¹tɕʰi³³xa³³ŋa⁵⁵n̠i³³kɣ³¹　thɔ³¹kɯ³³mɣŋ³¹ŋa⁵³?
你 穿 的 衣服　哪　　一 件 （连）我（施）缝（貌）的 不 是
你身上穿的衣服哪件不是我做的?

2. 疑问代词的虚指用法。例如：

xa⁵⁵tsu³¹mu³¹n̠i³¹tha³¹la³¹mu⁵⁵su³³.　　　什么东西在眼前晃了下。
　什么 东西　一下 看到

ji⁵⁵khɔ⁵⁵jɔ³¹khɔ³³a³³xɔ³⁵tsa³³v⁵⁵tshɣ³¹tɯ³¹.　　　屋顶好像哪儿有点漏水。
　屋顶 上面　哪儿 水 漏

ŋa⁵⁵xɔ³⁵tsa³³nɔ³⁵tsu⁵⁵mu⁵⁵su³³ku³³lo³³.　　　我好像在哪见过你。
我　哪儿 你（受）看　见过

ʂn̩⁵⁵lɯ³¹xɯ³¹kɯ³¹tʂʰɣ³³, xɔ⁵⁵lɯ³¹xa⁵⁵tsu³³ti³³.
这么 大 的 车　多少　　坐 得
这么大的车，多少人都坐得下。

xɔ⁵⁵lɯ³¹xɯ³¹kɯ³³ɕi³³khɔ³¹!　　　多大的事啊!
多 大　的 事情

ʂn̩⁵⁵ma⁵⁵xɯ³¹kɯ³³ɔ³¹phv³¹xɔ⁵⁵lɯ³¹kɯ³³xɔ³¹tsɔ³¹ki³³tshɣ³³.
　这么 大 的 肚子 多少　的　饭 吃 进去
这么大的肚子，多少饭装不下啊?

四　代词的句法功能

碧约话的人称代词可以在句中做主语、谓语、宾语、定语、状语。

（一）主语

nɔ³¹v³³xa⁵⁵ma⁵⁵mi⁵⁵tsu³³ŋɛ⁵³?
你们 怎么 做（体）（语）
你们准备怎么办?

ɔ³¹su⁵⁵ŋɔ³⁵xɿ³³khue³³mm̩³¹a³³　li³³tsu³³ŋɛ⁵³?
谁 我 跟 昆明　（方）去（体）（语）
谁愿意跟我去昆明?

（二）谓语

xe³⁵ʂɪ⁵⁵luɯ³¹xa⁵⁵tɕi³¹ŋɛ⁵³?　　　　　　　　这些是什么？

这　些　　什么（语）

ŋɛ⁵⁵jɔ³¹mu⁵⁵v̩⁵⁵kɯ³³tsa̠³¹mi̠³¹xa⁵⁵ma⁵⁵ŋɛ⁵³?

我　刚刚　买的　裙子　　怎么　（语）

我刚买的裙子怎么样？

（三）宾语

jɔ³¹v̩³³n̩i³³ŋɔ³¹v̩³³tsu⁵⁵mɔ³¹tɪ³¹khɪ³³tshv̩⁵⁵kɯ³³tsu³³khɪ³³luɯ³³.

他们　我们　（受）不看起　　（引）要　怕（语）

最怕别人瞧不起我们。

lɔ³¹sɪ³³jɔ³¹mu⁵⁵ji³¹khɔ³⁵tsu⁵⁵tsha̠³³e³³.　　　　老师刚刚批评他了。

老师　刚刚　他　（受）骂（语）

（四）状语

ji³¹khɔ³¹xa⁵⁵ma⁵⁵/³³mi⁵⁵xa⁵⁵ji³¹khɔ³⁵a³³pa³¹ma³¹ɕi³¹xuaŋ³³.

他　　怎么　做都他　爸爸　不　喜欢

他怎么做他爸爸都不满意。

nv̩⁵⁵sɪ⁵⁵ma⁵⁵mi³¹pa⁵³jɔ³¹v̩³³tsu⁵⁵ny̠³³mɔ³³na⁵⁵e³³.

你　这么　说　别人　　心脏　痛（语）

你这样说会伤害到别人。

（五）代词还可以带名词性同位语

ɔ³¹nv³³jɔ³¹n̩i⁵⁵mɔ³¹kɔ³³jɔ³³khɯ⁵⁵sɪ⁵⁵ma⁵⁵mi⁵⁵pa⁵³v̩⁵⁵na⁵⁵na⁵⁵khe̠³⁵.

他们　小孩子　不　想到　　这么　做（连）危险　会

他们小孩子想不到这么做很危险。

ŋɔ³¹kɯ³³a³¹pa³¹ɕi³³khy̠³¹kɔ³³xo³¹ja⁵⁵mi⁵⁵mɔ³¹mi⁵⁵phi³⁵pa⁵³.

我　的　爸爸　三年　前　工作　不　做（貌）（体）

我爸爸三年前退休了。

第三节　动词

动词是表示动作行发生、存在、变化、消失等的一类词，在句法结构中占有核心地位。

一　动词的结构特点

碧约话的动词以单音节居多，以本文收录的 750 个动词统计，单音节动词 482 个，占 64.2%；双音节动词 240 个，占 32%；多音节动词 28 个，占 3.7%。单音节动词如 tshv⁵⁵ "沸"、phv³³ "喷"、kɔ³³ "滴" 等；双音节动词如 kɔ̣⁵⁵kv̩³¹ "鞠躬"、n̠i⁵⁵tsa³³ "坐"、phv̩³³ʂ̠ɿ³¹ "跌倒" 等；多音节动词如 xa⁵⁵tɕhi³¹tɕhi³³ "打喷嚏"、kuaŋ³¹pɯ³⁵taŋ³³ "聊天" 等。

二　动词的分类

碧约话动词可根据其语法、语义特点分为动作动词、存现动词、能愿动词、趋向动词、心理动词等。

1. 动作动词：表示动作行为的词，这类动词数量最多。例如：tɯ³³"跳"、tʂm⁵⁵"扛"、tsu⁵⁵tɕhi³¹ "遮盖" 等。

2. 心理动词：表示心理活动的动词。例如：kɔ³¹jɔ³¹ "喜爱"、khɿ³³"怕"等。

3. 存现动词：表示存在、消失或出现的动词，例如：tsu³³ "在"、tsa³³ "有" 等。

4. 判断动词：表示判断的一类特殊动词。例如：ŋɯ³³ "是"。

5. 能愿动词：表示意愿的动词。例如：mɯ³¹ "想"、khe̠³¹ "会"、kɔ³¹ "能" 等。

6. 趋向动词：表示趋向的动词。例如：ta³³la⁵⁵ "上来"、kɔ³³ji³³ "下去" 等。

三　动词的态

（一）动词的自动态与使动态

碧约话的动词有自动态和使动态的区别。自动态，就是动词的动作行为是由主动者自己发出的，不是由外力使其产生的；使动态，就是动词的动作行为不是主动者发出的，而是由外力引起的。碧约话的动词自动态多数是零标记，使动态需要有标记。使动态的语法形式是分析式，通过附加助词或者其他虚化的动词来实现。目前还未发现有屈折的形式。分析式主要有以下几种形式：

1. "pi³³（给、让）+动词" 是碧约话表达使动态的常见结构。pi³³是动词 pi³¹ "给" 的语法化。施事主语后可以加助词 n̠i³³ 也可以不加，受事宾语后一般会加助词 tsu⁵⁵ 表示强调，也可以省略。例如：

ŋa⁵⁵khɿ³³ la³¹ pa⁵³.　　　　　　　　　　　我害怕了。
我 害怕（人）（体）

ji³¹khɔ³¹n̠i³³ŋɔ³⁵pi³³khɿ³³ la³¹ pa⁵³.　　　　　　他让我很害怕。
他 （施）我（使）怕（人）（体）

ji³¹khɔ³¹nɣ̠³³mɔ³³mɔ³¹tsu³³kɔ³³mɔ³³.　　　　　　她很难过。
她　　心　　不　舒服

ŋa⁵⁵n̠i³³ji³¹khɔ³⁵nɣ̠³³mɔ³³mɔ³¹pi³³tsu³³kɔ³³mɔ³³³.　　我让她很难过
我　　她　　心　　不（使）舒服

ji³¹khɔ³¹ji³¹thi³¹phi³⁵　pa⁵³.　　　　　　　　　他睡着了。
他　　睡着（貌）（体）

ŋa⁵⁵ji³¹khɔ³⁵pi³³ji³¹thi³¹phi³⁵pa⁵³.　　　　　　我让他睡着了。
我　他　让睡　（貌）（体）

ji⁵⁵kho⁵⁵ɔ³¹kho⁵⁵lia⁵⁵o⁵⁵la⁵⁵n̠i⁵⁵tsa̠³³.　　　　　进屋里来坐吧。
屋子　　里面　　进来　坐

ji³¹khɔ³¹tsu⁵⁵jɿ⁵⁵kho⁵⁵ɔ³¹kho⁵⁵lia⁵⁵pi³³n̠i⁵⁵tsa̠³³la³³.　让他进屋里来坐。
他　（受）屋子　里面　（使）坐　来

ŋa⁵⁵ja̠³³kho³¹mɔ³¹tu⁵⁵.　　　　　　　　　　　我不抽烟
我　烟　不　抽

ja̠³³kho³¹tɔ³¹jɿ³³tsu⁵⁵xi⁵⁵pi³¹pi³³tu⁵⁵.　　　　　拿烟给客人抽。
烟　客人（受）拿给（使）抽

ji³¹khɔ³¹ji³¹thi³¹ji⁵⁵pa⁵³.　　　　　　　　　他睡着了。
他　　睡着（体）

nɔ³³v³³tsu⁵⁵ja⁵⁵/³⁵thɯ³¹ja³³kho³¹pi³³ji³³tsa³³.　　给你们铺张床睡觉。
你们（被）床　一张　铺（使）睡

nɔ³³v³³thɔ³¹luaŋ³³o³³.　　　　　　　　　你们别闹了
你们　别　闹（语）

ɔ³¹nv³³tsu⁵⁵thɔ³¹pi³³luaŋ³³　o³³.　　　　　让他们别闹了。
他们（受）别（使）闹（语）

nv⁵⁵tha³¹la³¹na⁵⁵tɿ³¹ji³³.　　　　　　　　　你去打听
你　一下　打听 去

nv⁵⁵jɔ³¹n̠i³³tsu⁵⁵pi³³na⁵⁵tɿ³¹ji³³.　　　　　　你让孩子去打听。
你　孩子（受）（使）打听

nv⁵⁵jɔ³¹khɔ³¹tsu⁵⁵mi³¹tsɔ³¹thɔ³¹pi³³nɯ⁵⁵kɔ³³.　　你别让他玩火柴。
你　他们（受）火柴　别（使）玩

ŋa⁵⁵ji³¹khɔ³⁵mɔ³¹pi³³lɣ³³，ji³¹khɔ³⁵lɣ³³ji⁵⁵pa⁵³.
我　他　　不（使）来，他　　来（体）
我都不让他来，他还是来了。

thɔ³¹pi³³o⁵⁵la⁵⁵！　　　　　　　　　　　别让他进来！
别（使）进来

ji³¹khɔ³¹tsu⁵⁵tha³¹la³¹pi³³tɹ³¹!　　　　　　　让他看一眼吧！

他　（受）一下（使）看

2. 其他使用分析手段表示使动的结构还有："v⁵⁵（弄）+动词/形容词"和"tɯ³³（逗）+动词"。v⁵⁵和tɯ³³均是由实义动词语法化而来，用在自动词前，意义半实半虚。例如：

jɔ³¹n̠i⁵⁵n̠i⁵⁵pa⁵³.　　　　　　　　　　　　小孩哭了。

孩子　哭（体）

ŋa⁵⁵n̠i⁵⁵jɔ³¹n̠i⁵⁵v⁵⁵n̠i⁵⁵　pa⁵³.　　　　　　我把小孩弄哭了。

我（施）孩子（使）哭（体）

ji⁵⁵kv³³pe̠³¹ji⁵⁵pa⁵³.　　　　　　　　　　门破了

门　破　（体）

ɔ³¹su⁵⁵n̠i³³ ji⁵⁵kv³³v⁵⁵pe̠³¹ŋɛ⁵³?　　　　谁把门弄破了。

谁　（施）门　（使）破（语）

khɯ⁵⁵me³³tɕhɹ³³phi³⁵　pa⁵³.　　　　　　线断了。

线　　　断（貌）（体）

ŋɔ³¹n̠i³³khɯ⁵⁵me³³v⁵⁵tɕhɹ³³phi³⁵　pa⁵³.　　我把线弄断了。

我（施）线　　（使）断（貌）（体）

tsɹ³¹thɯ⁵⁵ɔ³¹tɕhi⁵⁵tɕhɹ³³pa⁵³.　　　　　椅子腿断了。

椅子　　腿　断（体）

ŋɔ³¹n̠i³³ tsɹ³¹thɯ⁵⁵ɔ³¹tɕhi⁵⁵v⁵⁵tɕhɹ³³phi³⁵　pa⁵³.　　我把椅子腿弄断了。

我（施）椅子　　腿　（使）断（貌）（体）

a⁵⁵n̠i⁵⁵sɹ⁵⁵ji⁵⁵pa⁵³.　　　　　　　　　　猫死了。

猫　死（体）

ji³¹khɔ³¹n̠i³³a⁵⁵n̠i⁵⁵v⁵⁵　sɹ⁵⁵ji⁵⁵pa⁵³.　　他把猫弄死了。

他　（施）猫（使）死（体）

kha̠³³tʂm⁵⁵lɔ³³phv³³ji⁵⁵pa⁵³.　　　　　　翻倒了。

背篓　　翻　倒（体）

ŋɔ³¹n̠i³³ kha̠³³tʂm⁵⁵v⁵⁵phv³³ji⁵⁵pa⁵³.　　　我把背篓弄倒了。

我（施）背篓　　（使）倒了（体）

ŋɔ³¹kɯ³³v³¹khɹ³¹tɕhɹ⁵⁵khɯ⁵⁵mv³³li³³mv³¹tha³³.　你的头发乱糟糟的。

你　的　头　发　　乱糟糟

jɔ³¹khɔ³¹v³¹khɹ³¹tɕhɹ⁵⁵khɯ⁵⁵v⁵⁵mv³³ji⁵⁵pa⁵³.　他把头发搞乱了。

他　头　发　　（使）乱　（体）

tiaŋ⁵³sɹ⁵³tɕi³³pe̠³¹ji⁵⁵pa⁵³.　　　　　　电视机坏了。

电视机　　坏（体）

nv^{55}tiaŋ^{53}sɿ^{53}tɕi^{33}v^{55}pe̱^{31}phi^{35}pa^{53}.　　　　　你把电视机搞坏了。

你　电视机　（使）坏（貌）（体）

lɔ^{31}paŋ^{31}ɲi^{33}ŋɔ^{35}kɔ^{31}phi^{31}v^{55}ta̱^{33}　　la^{31}　pa^{53}.　　　　老板增加了我的工资。

老板（施）我　工资　（使）上（人）（体）

"pi^{33}（给、让）+动词"的结构与"v^{55}（弄）+动词/形容词"和"tɯ^{33}（逗）+自动词"的结构都是指施事主语使受事宾语的行为或状态发生改变。但两者在语义上有细微的差别：前者强调受事宾语需要完成某一"指令"，后者强调施事主语使受事宾语发生了状态的改变。

碧约话的动词大多具有构成自动和使动对立的能力。但有少数一些动词只有自动态，没有使动态。这些不具有使动能力的动词主要是：

① 部分不能通过外力产生的，与生理现象有关的动作行为。例如：ma^{33}"做梦"、na^{33}la^{55}"病起来"等。

② 大部分表示自然现象的动词，人力无法使其产生或停止。例如：tso^{31}li^{55}"刮风"、tso^{31}li^{55}"打雷"。

（二）主动态

"主动态"表示主语的事物是动作行为的施事者。碧约话有主动态并有主动标记ɲi^{33}。例如：

ŋa^{55}　ɲi^{33}ji^{31}khɔ^{35}（tsu^{55}）tɯ^{31}.　　　　我打他。

我（施）他　（受）打

ji^{33}khɔ^{31}ɲi^{33}mi^{31}tsɔ^{31}tɯ$^{31/33}$sɿ^{55}phi^{35}pa^{53}.　　他们把火扑灭了。

他们（施）火　扑灭（貌）（体）

ŋɔ^{31}ɲi^{33}mi^{31}tsɔ^{31}v^{55}tɕhi^{31}ki^{55}phi^{35}pa^{53}.　　我把柴烧完了。

我（施）柴　烧　完（貌）（体）

（三）受事态

受事态语法标记是tsu^{55}，置于名词后强调前面的名词是受事的，在有生命名词后需要强制使用，无生命名词不需要加。例如：

nv^{55}ŋɔ^{35}tsu^{55}tɯ^{31}.　　　　　你打我。（有生命名词后需要强制使用）

你 我（受）打

mi^{31}tsɔ^{31}v^{33}ɕi^{33}ki^{33}phi^{31}　pa^{53}.　　　柴烧完了。（无生命名词后不需要加标记）

柴　　烧　完（貌）（体）

khɔ̱^{31}jɔ̱^{31}pi^{33}tɯ^{33}pe̱^{33}pa^{53}.　　　碗打破了。

碗　　（使）打破（体）

在需要强调受事时，无生命名词也可以加上tsu^{55}。例如：

ɔ^{31}tɕhi^{55}tsa^{55}tsɿ^{33}tsu^{55}tɯ^{31}　thɿ^{55}　phi^{31}　la^{31}　pa^{53}.

脚　桌子　（受）打（貌）（貌）（人）（体）

腿不小心碰到桌子了。

ŋa⁵⁵ji⁵⁵kv³³tsu⁵⁵v³¹khɿ³¹thɣ³¹thɿ⁵⁵la³³　pa⁵³.　　　　我不小心撞到门上了。

我　门　（受）头　磕（貌）（人）（体）

受动态经常与主动态在一个句子中共现。例如：

nv⁵⁵n̠i³³ji³¹khɔ³¹tsu⁵⁵　mi⁵⁵ka³¹s̠ɿ³³phi³⁵pa⁵³.　　　　你逗她笑了。

你（施）她　（受）逗　笑（貌）（体）

ji³¹khɔ³⁵tsu⁵⁵nv⁵⁵n̠i³³mi³³ka³¹s̠ɿ³³phi³⁵pa⁵³.　　　　她被你逗笑了。

他　（受）你（施）逗笑（貌）（体）

ŋɔ³¹v³³n̠i³³va³¹tɯ³¹tsu⁵⁵xɯ³⁵jaŋ⁵⁵phi³⁵pa⁵³.　　　　我们把野猪吓跑了。

我们（施）野猪（受）吓　跑（貌）（体）

va³¹tɯ³¹tsu⁵⁵ŋɔ³¹v³³n̠i³³xɯ³⁵jaŋ⁵⁵phi³⁵pa⁵³.　　　　野猪被我们吓跑了。

野猪（受）我们（施）吓　（貌）（体）

ŋɔ³¹n̠i³³ji³¹khɔ³⁵tsu⁵⁵　v⁵⁵n̠i⁵⁵phi³⁵　pa⁵³.　　　　我把他弄哭了。

我（施）他　（受）（使）哭（貌）（体）

ji³¹khɔ³⁵tsu⁵⁵ŋɔ³¹n̠i³³　v⁵⁵n̠i⁵⁵phi³⁵　pa⁵³.　　　　他被我弄哭了。

他　（受）我（施）（使）哭　（貌）（体）

四　趋向动词

1. 单纯趋向动词和复合趋向动词

碧约话单纯趋向动词有：

la⁵⁵（从下到上的）来　　　　lɣ³³（从上到下的）来

li³³（从下到上的）去　　　　ji³³（从上到下的）去

tạ³³　　　　　　上　　　kɔ³³　　　　　　下

o⁵⁵　　　　　　进　　　tṿ³³　　　　　　出

ti⁵⁵　　　　　　回　　　ki̠³¹　　　　　　过

la⁵⁵"来"、li³³"去"还能与tạ³³"上"、kɔ³³"下"、o⁵⁵"进"、tṿ³³
"出"、ti⁵⁵"回"、ki̠³¹"过"等构成复合趋向动词。具体见下表：

	tạ³³上	kɔ³³下	ti⁵⁵回	o⁵⁵进	tṿ³³出	ki̠³¹过
la⁵⁵来	tạ³³la⁵⁵	—	ti⁵⁵la⁵⁵	o⁵⁵la⁵⁵	tṿ³³la⁵⁵	ki̠³¹la⁵⁵
lɣ³³来	—	kɔ³³lɣ³³	ti⁵⁵lɣ³³	o⁵⁵lɣ³³	tṿ³³lɣ³³	ki̠³¹lɣ³³
li³³去	tạ³³li³³	—	ti⁵⁵li³³	o⁵⁵li³³	tṿ³³li³³	ki̠³¹li³³
ji³³去	—	kɔ³³ji³³	ti⁵⁵ji³³	o⁵⁵ji³³	tṿ³³ji³³	ki̠³¹ji³³

注：la⁵⁵在语流中与非高平调的音节连读时，常常变高平调为中平或低降调。

2. 趋向动词的语法特征

（1）趋向动词可以直接在句中充当谓语。例如：

nv⁵⁵ta̠³³la⁵⁵. 你上来。
你　上来

nv⁵⁵tshaŋ⁵³ti³¹ti⁵⁵lv³³. 你赶紧回来！
你　快（状）回来

tɔ³¹jɿ³³la⁵⁵ji⁵⁵pa⁵³. 客人（上）来了。
客人　来（体）

a⁵⁵kɔ̠³³ti⁵⁵lv³³ji⁵⁵pa⁵³. 哥哥回来了。
哥哥　回来（体）

tʂɿ³¹mɔ³³kɔ³¹lv³³ji⁵⁵pa⁵³. 县长（下）来了。
县长　下来　（体）

nv⁵⁵ki̠³¹la⁵⁵xe³⁵tsɔ³¹. 你过来这吃。
你　过来　这　吃

ʂɿ⁵⁵ma⁵⁵ɕɿ³³khɔ³¹，tʂɿ⁵⁵tv̠³³le³³! 如此的情况，经常发生！
这样　事情　很　发生

趋向动词在有的语境中可以构成独词句。例如：

问：nv⁵⁵mɔ³¹la⁵⁵tsu³³ŋa⁵³? 你不来吗？
　　你　不　来　（语）

答：la⁵⁵（tsu³³） 来。
　　来

问：nɔ³³v³³mɔ³¹ji³³tsu³³ŋa⁵³? 你们不去吗？
　　你们　不　去（语）

答：ji⁵⁵（tsu³³） 去。
　　去

趋向动词在疑问句句尾时，常与疑问语气词ŋɛ⁵³合音，读作lɛ⁵³。例如：

ji³¹khɔ³¹nɔ³³to⁵⁵　a³³　ma³¹ta̠³³　　　　lɛ⁵³? 他没有上你家来吗？
他　你　家（方）没　上（来）（语）

趋向动词在句中作谓语与能愿动词连用时，置于能愿动词之前。例如：

nv⁵⁵ji³³khɿ³³ŋɛ⁵³? 你敢去吗？
你　去　敢（语）

ŋa⁵⁵ni̠³³　mi⁵⁵pa⁵³ji³¹khɔ³¹ma³¹la⁵⁵khe̠³¹. 我想他不会来。
我（施）想（连）他　不　来　会

ji³¹khɔ³¹li³³khe̠³¹je⁵³? 他会去吗？
他　去　会（语）

趋向动词在句中可以与其他动词连用，构成连动结构，做句子的谓语。例如：

ŋa⁵⁵n̪e̱³¹to³¹pe̱³³la³³sɔ³³.　　　　　　　我来说两句。

我　两句　说来（语）

ŋa⁵⁵thɯ³¹xaŋ³¹tsu³³tɪ³¹la³³sɔ³³.　　　　我来尝一口。

我　一　口　要看来（语）

ji³¹khɔ³¹tsu⁵⁵tha³¹la³¹pa⁵⁵mi⁵⁵ji³³.　　去帮他一下。

他　（受）一下　帮　做去

与其他动词不同的是，在连动结构中，趋向动词无论是否先发生始终置于其他动词之后。例如：

ji³¹khɔ³¹ɔ³¹sɿ³¹pa⁵⁵tshv̩³³ji⁵⁵pa⁵³.　　他去帮忙摘果子了。

他　果子　帮　摘　去（体）

ŋa⁵⁵ji³¹khɔ³⁵khv⁵⁵la⁵⁵xɿ³³　thɯ³¹ja³³jo³¹.　我来叫他一起走。

我　他　叫　来（连）一起　走

ji³¹khɔ³¹phv⁵⁵lv³³a³³xui⁵⁵khe̱³³ji⁵⁵pa⁵³.　他去村里开会了。

他　村子（方）会　开　去（体）

2. 趋向动词在句中充当补语

趋向动词作补语表示动作的趋向时，经常发生声调的变化，由高平、中平调变为低降调。试比较：

趋向动词做补语（变调）	连动结构（不变调）
xi⁵⁵la⁵⁵ᐟ³¹　　拿来	xi⁵⁵la⁵⁵　　　　来拿
拿来	拿来
xi⁵⁵ki̱³¹la⁵⁵ᐟ³¹　拿过来	ki³¹la⁵⁵xɿ³³ xi⁵⁵la⁵⁵　过来拿
拿过来	过来（连）拿来
xi⁵⁵o⁵⁵la⁵⁵ᐟ³¹　拿进来	o⁵⁵la⁵⁵xɿ³³ xi⁵⁵la⁵⁵　进来拿
拿进来	进来（连）拿来

例句：

ji³¹khɔ³¹tɕʰɿ⁵⁵phv⁵⁵n̪e̱³¹tsaŋ³¹phi³³la³¹.　他背来两袋米。

他　米　两袋　背来

jo³¹khɔ³¹tsu⁵⁵jɿ⁵⁵kho⁵⁵a³¹khv⁵⁵la³¹.　把他叫（上）来家里。

他　（受）这里　叫来

nv⁵⁵thɯ³³lɿ³³lu³³v⁵⁵la³¹.　　　　　你买来笛子了。

你　笛子　买来

liaŋ³¹sɿ³¹mɔ³¹la³¹ji⁵⁵pa⁵³.　　　　粮食增产了。

粮食　增多（体）

ŋa⁵⁵xa⁵⁵ma³³tsɔ³¹xa⁵⁵, ɔ³¹tshv̩⁵⁵mɔ³¹tshv̩⁵⁵la³¹khe³¹.

我　怎么　吃　　胖　　不　（叠）来　会

我怎么吃都不会胖起来。

jɪ⁵⁵kho⁵⁵lo³³lɣ³¹tsu³³ŋe³³pa⁵³.　　　　　　　　房子快要倒塌了。

房子　倒下　要　（体）

ji³¹khɔ³¹ŋɔ³⁵tsu³³ja³³tshu³¹lɣ³³.　　　　　　　　他向我跑来。

他　　我　地方　跑来

双音节趋向动词在句中作补语，第二个音节变低降调。例如：

v⁵⁵nv³¹tshu³¹kɔ³³ji³³/³¹ji⁵⁵pa⁵³.　　　　　　　牛跑下去了。

牛　　跑　下去（体）

v⁵⁵tshv̩³¹ji³³kɔ³³lɣ³³/³¹ji⁵⁵pa⁵³.　　　　　　水流下来了。

水　　流　下来　（体）

v⁵⁵nv³¹tɛ⁵³ti⁵⁵la⁵⁵/³¹ji⁵⁵pa⁵³.　　　　　　　牛找回来了。

牛　　找　回来　（体）

a³³je³¹n̩i³³sɔ³¹kɔ³¹thu³¹peŋ³¹xi⁵⁵tv̩³³la⁵⁵/³¹.

爷爷（施）书　一　　本　拿　出来

爷爷拿出来一本书。

e⁵⁵mo⁵⁵nv³¹mo⁵⁵jɔ³¹thu³¹mo⁵⁵jɔ³¹　tshm̩⁵⁵ta³³la⁵⁵/³¹.

那　牛　　　小　一　头　这里　牵　上来

把那头小牛牵（上）来这儿

v⁵⁵sɔ³¹ŋɔ³¹tɕiŋ³³v⁵⁵ti⁵⁵lɣ³³/³¹ji⁵⁵pa⁵³.　　　　给家里买来五斤猪肉。

猪肉　五斤　买　回来　（体）

3. 趋向动词"来"、"去"

碧约话的"来"、"去"是趋向动词中使用频率较高的一组词，并且有丰富的语义特征和形态变化。

（1）"来"、"去"的语义特征

碧约话的"来"、"去"除了区分方向外还严格区分高低。la⁵⁵"来"和li³³"去"用于动作的发出者从低处往高处移动。lɣ³³"来"和ji³³"去"用于动作的发出者从高处往低处移动。碧约话区分位置的高低的标准有两类：

① 从地理位置来说，在河流的上游、道路的上坡以及在说话人所在区域北边的地区都作为高处，反之则为低处。例如元江尽管地势比墨江低，但因为在墨江的北边，视为高处，所以把从墨江去元江称作li³³"去"（从低往高）；红河在墨江的南边，墨江相对红河是高处，因此把从红河来墨江，称作"la⁵⁵"来"（从低往高）。

　　② 从行政区划来说，比说话人所处区域行政级别高的地区，也作为"高处"。例如北京是全国的首都，因此相对墨江，北京是高处，如果有人要从北京"来墨江"则称作"thɤ³¹lv⁵⁵（墨江）lɤ³³（来）"。

　　如果标准一与标准二发生了冲突，一般以第一个标准为准。例如普洱从行政区域上来说比墨江高，由于普洱在墨江的南边，因此从墨江去普洱依然用ji³³"去"（从高往低）。类似的例子还有：

（由下方、下游）嫁来　mi⁵⁵tsɔ³¹lɤ³³/³¹

　　　　　　　　结婚　来

（向下方、下游）嫁去　mi⁵⁵tsɔ³¹ji³³/³¹

　　　　　　　　结婚　去

（由上方、上游）嫁来　mi⁵⁵tsɔ³¹la⁵⁵/³¹

　　　　　　　　结婚　来

（向上方、上游）嫁去　mi⁵⁵tsɔ³¹li³³/³¹

　　　　　　　　结婚　去

你上哪儿去？（从下到上）nv⁵⁵xɔ³³tsa⁵⁵li³³tsu³³kɯ³³ŋe⁵³？

　　　　　　　　　你　哪里　去　要　的（语）

你上哪儿去？（从上到下）nv⁵⁵xɔ³³tsa⁵⁵ji³³tsu³³kɯ³³ŋe⁵³？

　　　　　　　　　你　哪里　去　要　的（语）

他回家去了！（从下到上）ji³¹khɔ³¹ji⁵⁵to⁵⁵a³¹　ti⁵⁵li³³pa⁵³！

　　　　　　　　　他　　家（方）回去（体）

他回家去了！（从上到下）ji³¹khɔ³¹ji⁵⁵to⁵⁵a³¹　ti⁵⁵ji⁵⁵pa⁵³！

　　　　　　　　　他　　家（方）回去（体）

他去过一次北京。　ji³¹khɔ³¹pɯ³⁵tɕiŋ³³thɯ³¹o⁵⁵khɯ⁵⁵li³³pa⁵³.

　　　　　　　　　他　北京　一次　到去（体）

他去过一次思茅了。ji³¹khɔ³¹sɿ³³mɔ³¹thɯ³¹o⁵⁵khɯ³³ji⁵⁵pa⁵³.

　　　　　　　　　他　思茅　一次到去（体）

　　"来"和"去"既可以表示动作发生的方向，也可以表示其他语义。常见的有：

　　（1）"来"表示事物向一定方向演变、发展，包括人或物的生长、壮大，自然现象的变化等。在表示这一语义时，la⁵⁵"来"常常变高平调为中平调或元音屈折为e。例如：

e⁵⁵jo³¹ni⁵⁵xɯ³¹le³³tsu³³ŋe³³pa⁵³.　　　　　　　　这些儿童（要）长大了。

这　孩子　大　来（体）（体）

nɤ³³pi³¹pi³¹le⁵⁵pa⁵³.　　　　　　　　　　　　黄豆发芽了。

黄豆芽　发芽　来（体）

tɕhɿ³³mi³³la³³kɔ³³e³³pa⁵³.　　　　　　　　　　稻谷快成熟了。

　谷　熟　来（体）（体）

tɕhɿ⁵⁵phv̩⁵⁵tsɔ³¹kɿ⁵⁵la³³kɔ³³e³³pa⁵³.　　　　　米快要吃完了。

　米　　吃　完　来（体）（体）

xo³¹mi³³la³³kɔ³³e³³pa⁵³.　　　　　　　　　　　饭快要好了。

　饭　熟　来（体）（体）

ji³¹khɔ³¹thɯ³¹ȵi³³kɔ³³sv̩³³ɔ³¹lɣ³¹ti³³lɣ³¹lɣ³³pa⁵³　ɕu³³nɿ³¹　le³³.

　他　　每天　　　　天亮（助）　来（体）就　醒（貌）

他每天只要天一亮就醒。

ja̱³³tɕhi³¹ti³³to⁵⁵tsɔ³⁵pa⁵³　nɔ³¹,　jiŋ³¹ɕu³³fa³⁵le³³.　　鸦片只要一抽就上瘾。

　鸦片　　抽着（体）（连）　就　瘾　发（貌）

ɔ³¹xo⁵⁵xo³³la³³kɔ³³e³³pa⁵³.　　　　　　　　　　快下雨了。

　雨　下　来（体）（体）

mi³¹tha̱³¹ɔ³¹lo⁵⁵lo⁵⁵la³³kɔ³³e³³pa⁵³.　　　　　　天气快要热了。

　天气　热　　来（体）　（体）

ȵi⁵⁵mɔ³³tv̩³³la³³kɔ³³e³³　pa⁵³.　　　　　　　　　太阳快要出来了。

　太阳　出　来　（体）（体）

jɔ³¹mɯ⁵⁵mi³¹tha̱³¹na̱³¹lɣ³³kɔ³³e³³pa⁵³.　　　　　开始变天了。

　先　　天　　黑　来（体）　（体）

（2）"去"表示动作行为向衰亡、败落、减少等不好的方向演变。表示这一语义时，只使用"去"的表示从高处到低出的形式 ji³³。例如：

mo⁵⁵nv̩³¹ɔ³¹kɿ⁵⁵kɿ⁵⁵kɔ³¹ji⁵⁵pa⁵³.　　　　　　　　牛瘦（下去）了。

　牛　瘦　下去　（体）

nɔ³¹kɯ³³ŋɔ³¹sɔ³¹ʂɿ⁵⁵tsu³³ŋe³³ji⁵⁵pa⁵³.　　　　　你的鱼快要死了。

　你的鱼　　死要　　去　（体）

五　判断动词

碧约话的判断动词只有一个 ŋe³³，当主语是第一人称代词单数读为 ŋɯ³³。一般置于句尾，表示说话者对某一对象或其性质、状态所做的判断。常与体助词 pa⁵³ 连用。例如：

ŋa⁵⁵sɔ³¹kɔ³¹tɕɔ³¹kɯ³³ŋɯ³³.　　　　　　　　　我是教书的。

　我 教书　　的　是

ɔ³¹mo⁵⁵ji³³sv̩³¹ke³³tsɿ̱³¹ŋe³³pa⁵³.　　　　　　明天是赶集的日子。

　明天　　赶集　是（体）

ji³¹khɔ³¹ji³³seŋ³³ŋe³³.　　　　　　　　　他是看病的。

他　　医生　　　是

xe³⁵sɔ³¹kɔ³¹thɯ³¹peŋ³¹ji³¹khɔ³¹tshv̩³³kɯ³³ŋe³³.　　这本书是他写的。

这　书　　一　本　他　　写　的　是

当判断句的宾语受到第一人称的修饰时，判断动词既可以用 ŋe³³，也可以用 ŋɯ³³。例如：

ji³¹khɔ³¹ŋɔ³³kɯ³³a⁵⁵kɔ̠³³ŋe³³/ŋɯ³³.　　　　　他是我哥哥。

他　　我的哥哥　是

判断动词"是"在肯定式的陈述句中可以省略。例如：

xe³⁵sɔ³¹kɔ³¹thɯ³¹peŋ³¹ŋɔ³³kɯ³³.　　　　　　这本书是我的。

这　书　　一　本　我　的

ji³¹khɔ³¹ŋɔ³³kɯ³³a³³pa³¹.　　　　　　　　　他是我爸爸。

他　　我　的　爸爸

在疑问句和否定句"是"强制出现。例如：

e⁵⁵o³¹kɯ³³mɔ³¹ŋe³³.　　　　　　　　　　　这些不是卖的。

这卖　的　不　是

xe³⁵sɔ³¹kɔ³¹thɯ³¹peŋ³¹ji³¹khɔ³¹tshv̩³³kɯ³³mɔ³¹ŋe³³.

这　书　　一　本　他　　写　的　不　是

这本书不是他写的。

ŋa⁵⁵nɔ³¹sɔ³¹kɔ³¹jɔ³¹kɯ³³mɔ³¹ŋɯ³³.　　　　我不是教书的。

我　教书教　的　不是

疑问句中句尾的判断动词音调发生变化，由中平调变为高降调；元音 e 变为 ɛ。例如：

xe³⁵ɔ³¹su³³kɯ³³lu³³lu³³ŋɛ⁵³?　　　　　　　这是谁的背箩？

这　谁　的　背箩是

tshuŋ³³tsaŋ³¹ɔ³¹su³³ŋɛ⁵³?　　　　　　　　　谁是村长？

村长　　谁　是

判断动词还可以单独使用回答问句。例如：

nɔ³⁵kɯ³³ŋɛ⁵³?　　　　ŋɯ³³.　　　　是你的吗？是我的。

你　的　是（吗）　我的

ji³¹khɔ³¹kɯ³³ŋɛ⁵³?　　ŋe³³.　　　　是他的吗？是他的。

他　　的　是（吗）他的

e³³thɯ³¹n̠i³³ŋɔ³⁵te³¹lɯ³¹kɯ³³ɔ³¹su³³ŋɛ⁵³?　—— ŋɯ³³.

那一天　我　找　的　谁（吗）　是

那天来找我的是谁？是我

六　存在动词

碧约话存在句用存在动词表示。存在动词通过韵母的屈折区分有生命度和无生命度。分述如下：

1. tsu³³ "有"：表示对有生命的事物的拥有或有生命事物的存在。例如：

ŋɔ³¹to⁵⁵tshu⁵⁵kʋ³¹khɔ³³tsu³³.　　　　　　　我家有六口人。

我　家　人　六　个　有

ka³³nv³³a³³khɯ³¹thɯ³¹mo⁵⁵tsu³³.　　　　　　后面有只狗。

后面　　狗　一　只　有

jɿ⁵⁵kho⁵⁵a³³tshu⁵⁵mɔ³¹tsu³³.　　　　　　　屋里没有人。

屋子（方）人　没　有

tsu³³可以后加助词e³³表示有生命事物存在于某一处所。

a³³mɔ³³po³³to³¹a³¹tsu³³e³³.　　　　　　　　妈妈在厨房。

妈妈　厨房　在

ŋa⁵⁵jɔ³¹phɔ³¹kha³¹tsa³³tsu³³e³³.　　　　　　鸟在笼子里。

鸟　笼子　里　在

ŋa⁵⁵jɔ³¹sɿ³¹tsɿ³³a³¹tsu³³e³³.　　　　　　　鸟在树上。

鸟　树　在

2. tsa³³ "有"：表示对无生命的事物的拥有或无生命事物的存在。例如：

ji³¹khɔ³¹ma̠³³tsɿ³³ji³³mɔ³³thɯ³¹tui³³tsa³³.　　　她有一双大眼睛。

她　眼睛　大　一　对　有

mi³¹ɕiŋ⁵⁵ɔ³¹kho⁵⁵lia⁵⁵sɿ³¹phi⁵⁵mɔ³¹ti³³tsa³³.　　米线里有很多辣椒。

米线　里面　辣椒　多　地　有

ɕi⁵⁵pa³³ɯ⁵⁵tsha⁵⁵tsa³³.　　　　　　　　　锅里有汤。

铁锅　汤　有

ji³¹khɔ³¹tɕhʋŋ³¹ma³¹tsa³³.　　　　　　　　他没有钱。

他　钱　没　有

sɔ³¹kɔ³¹tɕa³³tɕa³³tsa³³.　　　　　　　　　书在书架上。

书　架　架　有

xo³¹khɔ̠³¹jɔ̠³¹tsa³³.　　　　　　　　　　　饭在碗里。

饭　碗里　有

3. 存在动词的否定

存在动词使用"不"否定，根据元音的舌位差异选择mɔ³¹和ma³¹。（具体条件详见"否定范畴"）tsu³³前加上否定副词mɔ³¹，tsa³³前加上否定副词ma³¹。

a³³jẹ³¹lo⁵⁵pɔ³¹a³¹pa³³lia³³a³¹mɔ³¹tsu³³e³³.　　　爷爷不在河边。

爷爷　河　边　　　不　在

a³³pa³¹po³³to³¹a³¹mɔ³¹tsu³³e³³.　　　　　　　爸爸不在厨房。

爸爸　厨房　　不　在

ŋa⁵⁵n̩i⁵⁵tʂɿ³¹mɔ³¹tsu³³.　　　　　　　　　　我没有兄弟。

我　兄弟　没　有

ŋa⁵⁵nɔ³¹ji³³mi³³tsu³¹kɯ³¹tʂʅ³¹ma³¹tsa³³.　　　我没有你要的药。

我　你　想要　　的　药　没有

jo³¹mɔ³³va̧³¹thɯ³¹mɔ³¹tsu³³.　　　　　　　山上没有野猪。

山上　　野猪　没　有

ŋa⁵⁵çɿ³¹tshɯ⁵⁵khy̧³¹ma³¹tsa³³.　　　　　　我没有三十岁。

我　三十　岁　没　有

lo⁵⁵pɔ³¹v̩⁵⁵tshy̧³¹ma³¹tsa³³.　　　　　　　河里没有水。

河里　水　没　有

4. 存在动词与方位词的关系

（1）存在动词tsa³³可以做方位词"里"使用。例如：

ŋa⁵⁵jo³¹phɔ³¹kha³³tsa³³tsu³³e³³.　　　　　鸟在笼子里。

鸟　笼子　里　在

ɯ⁵⁵tsha⁵⁵tsa³³tsha³¹mẹ³¹ma³¹tsa³³.　　　　汤里没有盐。

汤　里　盐　　没　有

tsɔ³³tsɿ³³tsa³³thi³¹ti⁵⁵thɯ³¹pạ³¹tsa³³.　　　桌子上有一把钥匙。

桌子　上　钥匙　一　把　有

pɔ³¹pi⁵⁵tsa³³ma³³pa³¹thɯ³¹ma³³tsa³³.　　　脸上有个疤。

面颊　上　疤痕　一　个　有

（2）tsa³³做方位词"里"与方位名词"里"、"上面"、方位助词a³¹既有联系也有区别。

① 与方位名词"里"相比较，tsa³³与方位名词ɔ³¹kho⁵⁵lia⁵⁵"里面"在部分情况下可以互换使用，差别不大。例如：

ŋa⁵⁵jo³¹phɔ³¹kha³³tsa³³tsu³³e³³.　　　　　鸟在笼子里。

鸟　笼子　里　在

ŋa⁵⁵jo³¹phɔ³¹kha³³ɔ³¹kho⁵⁵lia⁵⁵tsu³³e³³.　　鸟在笼子里面。

鸟　笼子　里面　　在

上面的例子中，使用tsa³³做方位词和使用ɔ³¹kho⁵⁵lia⁵⁵的区别不大，后者对"里面"的强调意义更多一些。类似的例子还有：

jɪ⁵⁵kho⁵⁵tsa³³tshu⁵⁵mɔ³¹tsu³³.　　　　　屋子里没有人。

　屋子　里　人　没　有

jɪ⁵⁵kho⁵⁵ɔ³¹kho⁵⁵lia⁵⁵tshu⁵⁵mɔ³¹tsu³³.　　屋子里没有人。

　屋子　里面　　　人　没　有

a⁵⁵mɔ³³po³³to³¹ɔ³¹kho⁵⁵lia⁵⁵tsu³³e³³.　　　妈妈在厨房里面。

　妈妈　厨房　里面　　　在

a⁵⁵mɔ³³po³³to³¹tsa³³tsu³³e³³.　　　　　　妈妈在厨房里。

　妈妈　厨房　里　在

但是在下列情况，二者不能换用：

A. 在方位名词不能表达某一空间范围时，只能用 tsa³³ 不能用 ɔ³¹kho⁵⁵lia⁵⁵。例如：

mi³¹ɕɪŋ⁵⁵tsa³³sɪ³¹phi⁵⁵mɔ³¹/³⁵ti³³tsa³³.　　米线里有很多辣椒。

　米线　里　辣椒　多　（助）有

因为"米线"不是某一空间范围，因此不能与 ɔ³¹kho⁵⁵lia⁵⁵ "里面"搭配使用。

类似的比如：

tɕhɪ⁵⁵phv⁵⁵tsa³³tshɔ³¹ɕɪ³¹mɔ³¹/³⁵ti³³tsa³³.　米里面有很多沙子。

　米　　　里沙　多　（助）有

lo³¹ti⁵⁵seŋ³³tsa³³mɔ³¹mɔ̩³³kɯ³³tsa³³.　　花生里面有坏的。

　花生　　里不　好　的　有

B. 在表达在有限定的范围内时，ɔ³¹kho⁵⁵lia⁵⁵ 不能被 tsa³³ 替换。例如：

ŋɔ³³kɯ³³ɕɔ³⁵sɤŋ³³thɯ³¹khɪ⁵⁵ɔ³¹kho⁵⁵lia⁵⁵ji³¹khɔ³¹nɔ³¹tsɤ⁵⁵mɔ̩³³e³³.

　我　的　学生　一　群　里面　　他　（话）最好

我的学生里他最优秀。

ji³¹khɔ³¹ŋɔ³⁵tsu⁵⁵pa⁵⁵mi⁵⁵kɯ³³tshu⁵⁵ɔ³¹kho⁵⁵lia⁵⁵thɯ³¹kɔ³¹ŋe³³.

　他　我（受）帮　的　人　里面　　　一　个　是

他是帮过我的人中的一个。

上面两个例子中，"我的学生"和"帮过我的人"都是限定范围，因此只能用 ɔ³¹kho⁵⁵lia⁵⁵。但下面的句子中，ɕɔ³⁵sɤŋ³³ 没有限定范围，因此既可以用 ɔ³¹kho⁵⁵lia⁵⁵ 也可以用 tsa³³。

ɕɔ³⁵sɤŋ³³tsa³³thɯ³¹kɔ³¹ji³³pa⁵³.　　　　学生里有一个去了。

　学生　里　一　个去（体）

ɕɔ³⁵sɤŋ³³ɔ³¹kho⁵⁵lia⁵⁵thɯ³¹kɔ³¹ji³³pa⁵³.　学生里有一个去了。

　学生　里面　　一　个　去（体）

② tsa³³ 与方位名词 jo³¹kho³³a³³ "上面"相比较，有联系也有差别。试

比较：

　　tsɔ³³tsɹ³³tsa³³thi³¹ti⁵⁵thɯ³¹pa̠³¹tsa³³.　　　　　　桌子上有把钥匙。

　　桌子　　上　钥匙　一　把　有

　　tsɔ³³tsɹ³³jo³¹kho³³a³³ thi³¹ti⁵⁵thɯ³¹pa̠³¹tsa³³.　　桌子上有把钥匙。

　　桌子　上面　　　钥匙　一　把　有

第一句中的tsa³³既包括桌子的上面，也包括桌子下面以及抽屉里。第二句中使用jo³¹kho³³a³³强调只在桌子的表面。又如：

　　tsho³¹tho³¹tsa³³tshu⁵⁵phɯ³¹thɯ³¹ma̠³³tsa³³.　　　　墙上有一幅照片。

　　墙　　　　上　照片　　一　张　有

这里不能与jo³¹kho³³a³³"上面"换用，因为jo³¹kho³³a³³指的是某一平面的上面，用在tsho³¹tho³¹"墙"后就指的是"墙头上"而不是"墙面上"，因此这里只能用tsa³³做方位词。

　　③ tsa³³与方位助词a³¹比较。a³¹比tsa³³的使用范围更广。使用tsa³³的句子大部分都可以被a³¹替换。例如：

　　ŋa⁵⁵jo³¹phɔ³¹kha³³tsa³³tsu³³e³³.　　　　　　　　鸟在笼子里。

　　鸟　　笼子　　里　在

　　ŋa⁵⁵jo³¹phɔ³¹kha³³a³¹tsu³³e³³.　　　　　　　　鸟在笼子里。

　　鸟　　笼子　（方）在

　　sɔ³¹kɔ³¹tɕa³³tɕa³³tsa³³tsa³³.　　　　　　　　　书在书架上。

　　书　　架　架　里　有

　　sɔ³¹kɔ³¹tɕa³³tɕa³³ a³¹ tsa³³.　　　　　　　　书在书架上。

　　书　　架　架　（方）有

但部分使用a³¹的句子不能被tsa³³替换。例如：

　　ŋa⁵⁵jo³¹sɹ̠³³tsɹ⁵⁵a³¹tsu³³e³³.　　　　　　　　　鸟在树上。

　　鸟　　树　（方）在

　　ŋa⁵⁵jo³¹sɹ̠³³tsɹ⁵⁵tsa³³tsu³³e³³ ＊　　　　　　　鸟在树上。

　　鸟　树　　上　在

　　jo³¹mɔ³³a³¹va̠³¹thɯ³¹mɔ³¹tsu³³.　　　　　　　山上没有野猪。

　　山　（方）野猪　　没　有

　　jo³¹mɔ³³tsa³³va̠³¹thɯ³¹mɔ³¹tsu³³. ＊　　　　　山上没有野猪。

　　山　　里　野猪　　没　有

七　动词的语法化

碧约话属 OV 型语言，动词都聚合在主语、宾语之后，连动结构使用频率很高，含有包括并列、修饰、补充、支配等多种语法、语义关系。（详见"连动结构")其中，具有动补关系的两个动词之间，重心往往在前一个动词上，作为补语的后一个动词往往会产生语法化。碧约话中的"来"、"去"、"看"和"吃"是这一类现象的典型。

1. tsɔ³¹ "吃"的语法化

碧约话的tsɔ³¹ "吃"常常放在另一个动词后，构成连动关系。一部分动词后的tsɔ³¹还残存有"吃"的词义，这些动词大多是与生计、生产方式有关的动词；另一部分动词后的tsɔ³¹已经语法化，没有了"吃"的意义，用来强调动作行为的完成或获得。例如：

A. ji³³sa³³ji³³nɯ³³n̠e̠³¹kɔ³¹jɪ⁵⁵to⁵⁵pɯ⁵⁵tsɔ³¹ji⁵⁵pa⁵³.　　　兄弟两个分家了。

兄弟　　　　两　个　家分　吃 （体）

kv̠³¹tsha̠³¹khɔ³³tsɔ³¹.　　　　　　　　　　　　　　　以种菜为生。

菜　　种　吃

B. nv⁵⁵thɔ³¹phiŋ³¹tsɔ³¹va̠³¹!　　　　　　　　　你们别怪她了！

你别怪　吃（语）

A 例中tsɔ³¹在动词pɯ⁵⁵ "分"、khɔ³³ "种"的后面做补语，仍残存有"吃"的语义，表示生活、生产的方式；B 中的tsɔ³¹的用法已经泛化至一般动词之后，没有实际的词义了。类似的搭配还有：

ti⁵⁵tsɔ³¹	赔钱	mi⁵⁵tsɔ³¹ji³³	出嫁
赔 吃		嫁 吃 去	
ta̠³³tsɔ³¹	上坟	ki̠⁵⁵tsɔ³¹	客气
上 吃		大口 吃	
tɯ³¹tsɔ³¹	秋收	ke̠³¹tsɔ³¹	欺骗
打 吃		骗 吃	
tɕhi³¹tsɔ³¹	偷窃	pha⁵⁵tsɔ³¹	换
偷 吃		换 吃	
tʂh⁵⁵tsɔ³¹	叼	phi³³tsɔ³¹	烧
叼 吃		烧 吃	
thv³³tsɔ³¹	啄	tsa³³li³³tsɔ³¹	过年
啄 吃		有的 吃	

2. la⁵⁵ "来"、ji³³ "去"的语法化

碧约话的动词"来"、"去"广泛出现在动词后，形成连动。"来"、"去"的动词义已经语法化，表示动作发展的情态，没有实际意义。在句子中，作补语的"来"通常发生音变，由高平调变为中平调，ji³³由中平调变高平调。例如：

A. ji³¹khɔ³¹n̩i⁵⁵ji³³ᐟ⁵⁵pa⁵³.　　　　　　　他哭了。

　　他　　哭去（体）

B. a³¹ji³³ji³³la⁵⁵ᐟ³³kɔ³³e³³pa⁵³.　　　　　花就要开了。

　　花　开　来　（体）（体）

A 句中 ji⁵⁵ 是 ji³³ "去"的语法化，表示"哭"的行为已经发生并将持续下去。B 句中 la³³ 是 la⁵⁵ "来"的语法化，表示"开"的动作即将发生。

3. tɿ³¹ "看"的语法化

tɿ³¹ 出现在动词后已经没有了"看"的动作义，而用来表示"尝试"义，在主谓句中经常重叠。例如：

nv⁵⁵tsɔ³¹tɿ³¹tɿ³¹.　　　　　　　　　　你尝尝。

你　吃　看看

ŋa⁵⁵lɤ³³tɿ³¹tɿ³¹.　　　　　　　　　　我试试。

我　来　看看

nv⁵⁵mi³¹tɿ³¹tɿ³¹.　　　　　　　　　　你劝劝。

你　说　看看

ŋa⁵⁵thɯ³¹xaŋ³¹tsɔ³¹tɿ³¹la³³sɔ³³.　　　我来尝一口。

我　一　口　吃　看来（语）

八　动词的体

所谓"体"是指动作或事件在某一时间段内的进程或状态，它表示过程，强调动作的时间是线性铺展的。[1]碧约话的体分为将行体、进行体、已行体、完成体和曾行体。

（一）将行体

在动词后加 tsu³³ "将要"表示动作行为或状态即将发生或准备发生。例如：

ŋa⁵⁵ɔ³¹mo⁵⁵ne̩³¹fv³³ɕɿ³³khɔ³¹mi⁵⁵tsu³³　ŋɯ³³　pa⁵³.　　我明年就工作了。

我　　明　年时事情　做（体）　是　（体）

ɔ³³v³³pe̩³¹ɕiŋ³³a³³li³³tsu³³　　ŋɯ³³　pa⁵³.　　　　　我们就要去北京。

我们　北京　去（体）　　是　（体）

第一人称作主语时，句尾经常省略 ŋɯ³³pa⁵³ 或用语气词 e³³ 代替 ŋɯ³³pa⁵³。例如：

ŋa⁵⁵ɔ³¹mu³³fv³³ke³¹tsɿ³¹kaŋ³¹li³³tsu³³　　e³³.　　　我一会儿去街上。

我　等一会　街上　赶　去（体）（语）

---

① 参阅李泽然《哈尼语的体和貌》，载《语言研究》2004 年第 24 卷第 2 期。

$\eta a^{55} sa^{55} ph\underset{.}{e}{}^{33} khu\eta^{55} mi\eta^{31} li^{33} tsu^{33}$.　　　　　　我后天要去昆明。

我　后天　昆明　　去（体）

$\eta a^{55} thu u^{31} kh\underset{.}{v}{}^{31} ts\mathfrak{o}^{31} tsu^{33} s_{\text{!`}}^{31}$.　　　　　　我再吃一碗饭。

我　一　碗　吃（体）还

$\eta a^{55} n\mathfrak{o}^{35} xi^{33} ma^{31} t\underset{.}{s}hv^{31} mi^{55} tsu^{33}$.　　　　　　我跟你交朋友。

我　你　跟　朋友　做（体）

第二、三人称代词或名词作主语：

$\mathfrak{o}^{31} nv^{33}\ khu\eta^{55} mi\eta^{31} li^{33} tsu^{33}$　　ηe^{33}　pa^{53}.　　　　他们就要去昆明。

他们　昆明　　去　（体）（语）（体）

$ji^{31} kh\mathfrak{o}^{31} \mathfrak{o}^{31} mu^{33} ji^{33} s_{\text{!`}}^{31} phv^{31} er^{31} ji^{33} tsu^{33}$　ηe^{33}　pa^{53}. 他明天准备去普洱。

他　　等下　明天　普洱　去（体）（语）（体）

$ji^{33} kh\mathfrak{o}^{31} l o^{33} l\underset{.}{v}{}^{33} tsu^{33}$　　ηe^{33}　　pa^{53}.　　　　房子快要倒下来了。

房子　倒下（体）（语）（体）

$\mathfrak{o}^{31} xo^{55} xo^{55} la^{33} tsu^{33}$　　ηe^{33}　　pa^{53} .　　　　要下雨了。

雨　　下　来（体）（语）（体）

第二、三人称做主语时，$tsu^{33}\eta e^{33}$常与趋向动词ji^{33}连用，表示事情或状态向不好的方向发展。例如：

$\mathfrak{o}^{31} xo^{33} xo^{33} tsu^{33}$　　ηe^{33}　ji^{33}　pa^{53}.　　　　快要下雨了。

雨　　下（体）（语）去（体）

$no^{31} ku u^{33} \eta o^{31} s\mathfrak{o}^{31} s_{\text{!`}}^{55} tsu^{33}$　　$\eta e^{33} ji^{33}$　pa^{53}.　　　你的鱼快要死了。

你 的 鱼　　死（体）（语）去（体）

疑问句中，直接在动词后加tsu^{33}。例如：

$ji^{31} kh\mathfrak{o}^{31} j\mathfrak{o}^{33} xo^{33} lu u^{31} tsu^{33} tsu^{33}$　　ηa^{53}？　　　他准备在这待多久？

他　　这　多少　在（体）（语）

$nv^{55} m\mathfrak{o}^{31} la^{55} tsu^{33} \eta a^{53}$？　　　　你不来吗？

你　不　来（体）（语）

（二）进行体

在动词后加$k\mathfrak{o}^{33}$表示动作在进行。例如：

$\eta a^{55} s\mathfrak{o}^{31} k\mathfrak{o}^{31} t\underset{.}{r}^{31} k\mathfrak{o}^{33}$　e^{33}.　　　　我在看书。

我　书　看（体）（语）

$nv^{55} xa^{55} tsu^{31} mi^{55} k\mathfrak{o}^{33}$　$\eta\varepsilon^{53}$？　　　你在做什么？

你　什么　做（体）（语）

$ji^{31} kh\mathfrak{o}^{31} kh\underset{.}{\mathfrak{o}}{}^{31} j\underset{.}{\mathfrak{o}}{}^{31} t\underset{.}{s}hm^{31} k\mathfrak{o}^{33}$　e^{33}.　　　他在洗碗。

他　碗　洗（体）（语）

ŋa⁵⁵jɔ³¹muɯ⁵⁵thuɯ³¹saŋ⁵⁵tshɣ³³ɕɔ³⁵kɔ³³ e³³.   我最近在学开车。

我 最近 一 阵 车 学（体）（语）

ji³¹khɔ³¹ȵi⁵⁵kɔ³³ e³³.   他正在哭。

他 哭 （体）（语）

ji³¹khɔ³¹tɕhvŋ³⁵suaŋ⁵³kɔ³³ e³³.   他正在数钱。

他 钱 算 （体）（语）

ɔ³¹nv⁵⁵lia⁵⁵xɔ⁵⁵lv̩³³kɔ³¹kɔ³³ e³³.   外面正在下雹子。

外面 雹子 下（体）（语）

（三）已行体

在动词后加 ji⁵⁵pa⁵³ 表示动词已经发生并仍在进行的过程中。例如：

a⁵⁵mɔ³³kv̩³¹tshạ³¹o³¹ ji⁵⁵pa⁵³.   妈妈去卖菜了。

妈妈 菜 卖 （体）

ji³¹khɔ³¹ȵi³³ji⁵⁵pa⁵³.   他哭了。

他 哭（体）

ɔ³¹nv³³lia³³xɔ³³lv̩³¹kɔ³¹ji⁵⁵pa⁵³.   外面下雹子了。

外面 雹子 下（体）

ȵi⁵⁵mɔ³³tv̩³³la³³ji⁵⁵pa⁵³.   出太阳了。

太阳 出来（体）

ji⁵⁵tsu³¹ma⁵⁵jɪ⁵⁵khɔ⁵⁵a³¹ti³³ji³³ ji⁵⁵pa⁵³.   大家都回家了。

大家 家 （方）回去（体）

tshaŋ³¹le³³ji⁵⁵pa⁵³.   船来了。

船 来（体）

ja³³mɔ³³ja³³v̩³³khɔ³¹ji⁵⁵pa⁵³.   母鸡下蛋了。

母鸡 鸡蛋 下 （体）

khɔ³¹jɔ³¹pẹ³¹ji⁵⁵pa⁵³.   碗破了。

碗 破 （体）

ne³¹khɔ³¹ma³¹tʂhv̩³¹muɯ⁵⁵su³³ji⁵⁵pa⁵³.   两个好朋友见面了。

两个 好朋友 见面 （体）

（四）完成体

在动词后加 pa⁵³ 表示动作已经完成、变化已经发生，及某种现象或状态已经实现。例如：

xo³¹mi⁵⁵mi³³pa⁵³.   饭做好了。

饭 做熟（体）

na³³kuɯ³³ji³¹mɔ̣³³e³³pa⁵³.   病治好了。

病 医好 （体）

tshɣ³³teŋ³¹mɔ̗³³e³³pa⁵³.　　　　　　　　　　车修好了。

车　修好　（体）

ŋa⁵⁵nɔ³⁵mu³³la³³　pa⁵³.　　　　　　　　　　我看到你了。

我 你 看 （人）（体）

sa³³tv³¹tsɔ³¹ki⁵⁵　pa⁵³.　　　　　　　　　　苞谷吃完了。

苞谷　吃（貌）（体）

tɕhɿ⁵⁵ tɯ³¹ki⁵⁵　pa⁵³.　　　　　　　　　　稻谷收割完了。

稻谷 打（貌）（体）

（五）曾行体

表示某一事情或状态发生过。碧约话表达曾行体的体助词有khɯ³³和
ku³³两个。khɯ³³是固有词，是由动词khɯ³³"到"虚化得来。ku³³来源于汉
语词"过"。两者在使用时有分工。khɯ³³通常用来描述距离说话较近时间
内发生的动作或事件。例如：

sɔ³¹kɔ³¹nv⁵⁵tɿ³¹khɯ³³pɿ⁵³？　　　　　　　书你看过了吗？

书　你 看（体）（语）

pha̗³¹na̗³³nv⁵⁵ti³¹khɯ³³pɿ⁵³？　　　　　　鞋子你试过了吗？

鞋子　你 穿（体）（语）

a³³pa³¹xo³¹tsɔ³¹khɯ³³pɿ⁵³？　　　　　　　爸爸饭吃过了吗？

爸爸 饭 吃（体）（语）

ku³³表示经历过某件事或有过某种体验。通常用来描述说话距离较远的
时间内发生的动作或事件。例如：

ŋa⁵⁵ pɯ³⁵tɕɿŋ³³a³³khɯ³³ji³³ku³³pa⁵³.　　　我去过北京。

我 北京　　到 去（体）（体）

ji³¹khɔ³¹ɔ³¹po⁵⁵pi³¹mɔ³³tsɔ³¹ku³³　pa⁵³.　他吃过竹虫。

他　 竹子 虫子　吃（体）（体）

ji³¹khɔ³¹tsɿ̩³¹khɯ³³thɯ³¹o⁵⁵mɔ³¹tsɿ̩³³ku³³e³³.　他没有发脾气过。

他　脾气　 一次 没 发（体）（语）

ŋa⁵⁵xe³¹su³³to³¹thɯ³¹o⁵⁵xa³³ma³¹pe̗³³ku³³.　我从来都没说过这样的话。

我 这样 话 一次都没 说 （体）

在说话时间距离事件发生时间不确定的情况下，ku³³和khɯ³³也可以交
替使用。例如：

A.　pi³³jɔ³¹thɯ³¹kɔ³¹mu⁵⁵su³³mɔ³¹mu⁵⁵su³³ku³³pɿ⁵³？　有没有人见过龙？

　　龙　 一 个 看见 没 看见 （体）（语）

B.　ŋa⁵⁵mu⁵⁵su³³khɯ³³lɯ³³　pa⁵³. 我看见过。

　　我 看见 （体）（人）（体）

上例中，A 句中问的是是否有"看见龙"这种经历，所以需要用ku³³；B 句中"我看见龙"的时间不能确定，也许是很久之前，也许是最近。所以 B 句既可以用ku³³也可以用khɯ³³。

随着汉语对碧约话影响的加深。khɯ³³和ku³³的界限日益模糊。日常对话中ku³³正在取代khɯ³³成为常用的曾行体助词。例如：

A.　nv⁵⁵tsɔ³¹ku³³pɪ⁵³?　　　　　　　　　　你吃过没有？

　　你　吃　（体）（语）

B.　ŋa⁵⁵tsɔ³¹ku³³　pa⁵³.　　　　　　　　　我吃过了。

　　我　吃　（体）（体）

九　动词的名物化

动词主要通过添加名物化标记kɯ³³实现名物化。例如：

tsɔ³¹kɯ³³tu³³kɯ³³ji⁵⁵tsu³¹ma⁵⁵tsa³³ e³³.　　吃的喝的都不缺。

吃的　　喝的　都　　　有（语）

jɪ⁵⁵khɔ³³a³³la³³kɯ³³ja⁵⁵mɔ³³mo⁵⁵kɯ³³tu³¹ji³³ŋe³³.　家里来的是一个远亲。

家里　　　的　路　长　的　亲戚　（语）

ji³¹khɔ³¹ji³³ne³³ʂɪ³¹ne³³fv³³ɯ³³thɯ³¹v³¹tsɔ³¹kɯ³³ŋe³³.　他以前是唱戏的。

他　　以前　时候声音　卖　吃　的

jɔ³¹　tsu⁵⁵　pi³¹tsɔ³¹kɯ³³nɔ³¹tsɪ⁵⁵mɔ̩³³kɯ³³ŋe³³.　给孩子吃的都是最好的。

孩子（受）（使）吃的（话）很好　的（语）

十　动词的语法特征

动词的句法功能是指动词或动词短语在句子中占据语法位置的能力，及与其他词类相互间的语法关系。碧约话动词及其构成短语在句中能作谓语、宾语、补语、定语等语法成分。

1. 充当谓语

ŋa⁵⁵nɔ³⁵xi³³ma³¹tʂhv³¹mi⁵⁵tsu³³.　　　　　　我跟你做朋友。

我　你　跟　朋友　做

thɯ³³ji³³tu³³lu³³ma³¹tsa³³tsɪ³¹a³¹pa⁵⁵lia⁵⁵kuaŋ³¹pɯ³⁵taŋ³³.

一家人　　　　桌子　旁边　聊天

一家人围着桌子聊天。

ji³¹khɔ³¹ɔ³¹lu³³lɯ³³la³³fv³³jɔ³¹ŋe³³.　　　　　他天亮时走的。

他　天亮　的时　走

ji³¹khɔ³¹jɯ³¹mɔ³³v³¹thɯ³¹thɯ³¹mu³³pɔ³³jɔ³³.　　他打到了一头野猪。

他　山上　野猪　一头　打到

2. 充当宾语。

ji³¹khɔ³¹tsŋ³³tsɔ³¹tshv⁵⁵.   他很能吃。

他   很   吃能

ŋa⁵⁵ɔ³¹mo⁵⁵tsŋ³¹ma³¹tsŋ³¹muɯ³¹   la³³.   我不喜欢洗澡。

我   洗澡   不（叠）想   （人）

nɪ³¹mɔ³³nuɯ⁵⁵kɔ³³tv̩³³ji³³muɯ³¹e³³.   妹妹想出去玩。

妹妹   玩   出去 想（语）

ŋa⁵⁵ɔ³¹tsŋ³³xa³³mɔ³¹li³³muɯ³¹la³³.   我一点也不想去。

我   一点 都   不 去 想 （人）

3. 充当补语

puɯ³⁵tɕiŋ³³a³¹tshv̩³¹tshv̩³¹ja³¹a³¹tshv̩³¹tshv̩³¹sɿ³¹ le³³.

北京   冷   日子冷   死（貌）

北京的冬天要冻死人了。

ji³¹khɔ³¹lɔ³¹tho³¹nɔ⁵⁵phv̩³³kɔ³¹phv̩³³phi³⁵pa⁵³.   他裤子穿反了。

他   裤子   反着   穿 翻 （貌）（体）

pha³¹na̠³³nv̩⁵⁵ti³¹khuɯ³³pɪ⁵³？   鞋子你试过了吗？

鞋子   你 穿 去 （语）

tɕhiaŋ³¹sa³³ti⁵⁵la³¹pa⁵³.   钱要回来了。

钱   要 回 来（体）

4. 充当定语

khɔ³¹jɔ³¹pu³³kuɯ³³tshu⁵⁵ji³¹tsuɯ³³ji³tsuɯ³³ti³¹mɔ³¹le³³   pa⁵³.

打工   的   人 越来越   地 多（貌）（体）

打工的人越来越多了

mi³³tsuɯ³³kuɯ³³ja³³khia⁵³mɔ³¹e³³suɯ³¹.   要做的事情还很多。

做要   的 事情 很多   还

pɪ⁵⁵kɔ³³kuɯ³³ŋa̠³³jo³¹mɔ³¹pɔ̠³³kɔ³³mɔ̠³³e³³.   飞的鸟不容易打。

飞 着 的 鸟   不 打 能 好

5. 充当状语

ji³¹khɔ³¹jou³³ja̠³³khɔ³¹tɕhi³¹tu⁵⁵ji⁵⁵pa⁵³.   他又偷着抽烟了。

他   有 烟   偷 抽   （体）

ŋa⁵⁵ji³¹khɔ⁵⁵pa⁵⁵mi⁵⁵muɯ³¹luɯ³³.   我愿帮助他。

我 他   帮   想 （助）

6. 名物化动词可以充当主语和宾语。例如：

jɔ³¹ȵi⁵⁵tshv̩³³kuɯ³³tsɪ³¹kɔ³¹kɪ³³ŋe³³.   养孩子很辛苦的。

孩子   养   的   很 辛苦（语）

ŋa⁵⁵sɔ³¹v³³tsɔ³¹kɯ³³ŋɯ³³.　　　　　　　　　　我是个卖肉的。

我　肉　卖　吃　的　是

第四节　形容词

一　形容词的构造特点

根据结构特点，碧约话的形容词可分为单纯式和复合式两类。

（一）单纯式形容词多为单音节。如：

nɿ⁵⁵	咸	khɔ³¹	甜
xɯ⁵⁵	厚	tsɤ³⁵	窄

也有双音节或多音节的，但数量较少，如：

kv³¹sɔ³¹	可怜	tɔ⁵⁵pa³¹	花的
kɯ³³li³³sɿ⁵⁵	干巴巴	khɔ⁵⁵phɯ⁵⁵lɤ⁵⁵	浅色的

（二）复合式的形容词多为前缀和词根的附加式。常见前缀有a³¹和ɔ³¹。一般来说，词根元音开口度较大的与前缀a³¹搭配使用，词根元音开口度较小的与前缀ɔ³¹搭配使用。例如：

a³¹kha³³	硬	ɔ³¹tshɤ³¹	冷
ɔ³¹lo⁵⁵	热	a³¹sɿ³¹	新

个别形容词既可以使用a³¹也可以使用ɔ³¹做前缀，例如：

a³¹na³³na³³	黑魆魆	ɔ³¹na³³na³³	黑魆魆
缀　黑　黑		缀　黑　黑	

也有词根复合式。例如：

tɿ³¹mɔ³³	好看	kɔ³¹kha³³	精神
看　好		力气　有	
khɤ³¹xɯ³¹	老	mɔ̣³³tsha̠³³	和睦
年　大		好　互相	

还有部分复合式的形容词是以单音节形容词为词根，附加没有词汇意义的配音音节，形成比原有单音节词词义更强烈的新词。例如：

phv⁵⁵tsɿ̣³³ta̠³¹	白亮	na³³tsha̠³³kȩ³¹	黑魆魆
白　配音		黑　　配音	
tɔ̣³¹pa³³pa³³	歪斜	tʂh⁵⁵pi³³pi³³	甜蜜蜜
歪　配音		甜　配音	

（三）有的反义形容词是由正义形容词加否定副词 ma³¹或者 mɔ³¹表示，ma³¹和mɔ³¹选择主要与形容词词根的读音有关。例如：

ma³¹ka̱³¹　　　　丑　　　　　ma³¹na̱³¹　　　　　浅

不　美　　　　　　　　　　　不　深

ma³¹xe̱³¹o³¹　输　　　　　　mɔ³¹mɔ̱³³　　　　　坏

不　赢　　　　　　　　　　　不　好

二　形容词的分类

形容词是表示事物的性质、状态的词。根据语义的不同，碧约话的形容词可以分为性质形容词和状态形容词。

（一）性质形容词

从语义角度看，性质形容词反映的是事物的属性，如a³¹tshy³¹ "冷"、laŋ³¹ "懒"、ɔ³¹tshɯ⁵⁵ "酸"等。碧约话的性质形容词大多为单音节或双音节形容词，三音节或三音节以上的较少。例如：

单音节：khɔ³¹ 苦　　thaŋ⁵⁵ 烫　　sɔ³¹ 难　　mɪ⁵⁵ 好吃

双音节：a³¹nɔ̱³¹ 浑　　a³¹na̱³³ 黑　　ɔ³¹to⁵⁵ 直　　ta³¹ky̱³¹ 弯

三音节：nɪ⁵⁵kɔ³¹mɔ̱³³ 香　　tsu³³kɔ³¹mɔ̱³³ 舒服

四音节：li⁵⁵khi³¹lo⁵⁵khɔ³¹ 凹凸不平

从句法的角度看，性质形容词的特征主要有以下几点：

1. 大多可以直接修饰名词。

单音节、双音节的性质形容词修饰名词时直接置于名词之后，不需要使用助词。例如：

mu³¹tɔ³³pa̱³¹　花马　　　　　ja⁵⁵mɔ³³tɔ̱³¹ky̱³¹　弯路

马　花　　　　　　　　　　　路　弯

v³¹ly⁵⁵ɔ³¹nɯ⁵⁵　红帽子　　　tshu⁵⁵mɔ̱³³　　　　好人

帽子　红　　　　　　　　　　人　好

三音节或三音节以上的词修饰名词时一般需要使用定语助词kɯ³³。例如：

li⁵⁵khi³¹lo⁵⁵khɔ³¹kɯ³³ja⁵⁵mɔ³³.　　凹凸不平

凹凸不平　　　的　路

2. 可以直接被副词tsɪ⁵⁵ "很"、mɔ³¹（ma³¹）"不"等副词修饰。这是区别于其他类别的形容词的最主要特征。

副词修饰单音节或三音节性质形容词时直接置于该词之前。例如：

tsɪ⁵⁵mɔ̱³³ 很好　　　tsɪ⁵⁵khɔ³¹ 很苦　　tsɪ⁵⁵tsu³³kɔ³¹mɔ̱³³ 很舒服

副词修饰双音节或四音节的性质形容词时，置于该词之后并重叠该词的最后一个音节。例如：

ɔ³¹nɯ⁵⁵tsɿ⁵⁵nɯ⁵⁵　很红　　　ta³¹kv̩³¹tsɿ⁵⁵kv̩³¹　很弯

红　很（叠）　　　　　弯　很（叠）

li⁵⁵khi³¹lo⁵⁵khɔ³¹tsɿ⁵⁵khɔ³¹　　　　　　很凹凸不平

凹凸不平　　　很（叠）

带词缀的双音节受到副词修饰时，还可以简略地使用"副词+词根音节"的方式。例如：

ɔ³¹nɯ⁵⁵tsɿ⁵⁵nɯ⁵⁵ = tsɿ⁵⁵nɯ⁵⁵　很红　　ɔ³¹tʂɨn⁵⁵tsɿ⁵⁵tʂɨn⁵⁵ = tsɿ⁵⁵tʂɨn⁵⁵　很甜

红　很（叠）　　很红　　　　甜　很（叠）　　很甜

3. 可以直接做句子的谓语，不需要带助词。例如：

xe³⁵tɯɯ⁵⁵fv̩³¹thɯ³¹tɕhe³³a³¹pv̩³¹ŋe³³.　　　这块豆腐是臭的。

这 豆腐　一 块 臭 是

（二）状态形容词

从语义角度看，状态形容词表示事物的状态，如：to³¹tsu³¹tsu³¹ "黑魆魆"、ti⁵⁵kɿ³³tɔ³¹kv̩³¹ "弯弯曲曲"、n̠i⁵⁵tsɿ³¹kha³¹ "绿茵茵"等。碧约话的状态形容词主要为三音节或四音节词，其中三音节的词较多。例如：

ɔ³¹tshɯ⁵⁵tshɯ⁵⁵　　　　酸酸的　　　ɔ³¹phɿ⁵⁵phɿ⁵⁵　　涩

a³¹tsa³¹tsa³¹　　　　油腻腻　　　ɔ³¹ɕɿ³¹ɕɿ³¹　　干净

碧约话的状态形容词多为 ABB 结构。ABB 结构的性质形容词主要有三种：一是由 AB 结构形容词重叠后一音节而来。这种在状态形容词中较为常见。例如：

tɔ⁵⁵pa³¹ 花的 ⟶ tɔ⁵⁵pa³¹pa³¹　花花的

ɔ³¹tshv⁵⁵ 肥的 ⟶ ɔ³¹tshv⁵⁵tshv⁵⁵　肥肥的

二是从 AB 结构的名词重叠后一音节而来，总数较少。例如：

jo³¹mo³¹ 老人 ⟶ jo³¹mo³¹mo³¹　苍老的

三是本来就是 ABB 结构，其中 AB 不能独立使用。例如：

nɯ³¹ka³¹ka³¹ 滑溜溜

从句法的角度看，性质形容词的特征主要有以下几点：

1. 修饰名词通常需要使用定语助词kɯ³³。例如：

tshɯ⁵⁵tɯ⁵⁵pɔ³³kɯ³³ɔ³¹sɿ³¹　　　　　　酸溜溜的果子

酸溜溜　　　的 果子

ɔ³¹na³³na³³kɯ³³ma³³phɯ³¹　　　　黑黑的脸

黑黑　　的 脸

2. 可以做句子的谓语。做谓语一般需要与助词ma³³、ti³³搭配使用。例如：

xe³⁵ja³³mɔ³³thɯ³¹khɯ⁵⁵ta³¹kv̩³¹kv̩³¹ti³³.　　　这条路弯弯的。

这 路　一 条 弯弯　　的

e⁵⁵mo³³tso³¹thɯ³¹pa³¹tso³¹ti³¹ti³¹ti³³. 那把刀钝钝的。
那刀 一 把 钝钝 的

ji³¹khɔ³¹kɯ³³ɔ³¹mɪ³¹tɔ̱³¹pa³³pa³³ma³³. 他的嘴巴歪歪的。
他 的 嘴巴 歪歪 的

3. 不能受副词tsɿ⁵⁵“很”、mɔ³¹（ma³¹）“不”等的修饰。

（三）性质形容词和状态形容词的区别和联系

1. 联系

① 大部分的三音节状态形容词都是由双音节性质形容词重叠后一音节产生的。在语义上比原双音节词的程度稍深。例如：

ɔ³¹ko⁵⁵ 牢 ⟶ ɔ³¹ko⁵⁵ko⁵⁵ 牢牢的

ɔ³¹ki⁵⁵ 旧 ⟶ ɔ³¹ki⁵⁵ki⁵⁵ 旧旧的

② 都可以做句子的定语和谓语。（例子见上文）

2. 区别

除了语义上的区别外，不同类别的形容词在构词、组合能力和句法功能上也有一定的差异：

① 性质形容词大多为单音节词或双音节词。例如：mɔ̱³³“好”、pv̱³³“饱”、tɔ̱³¹pa³³“歪”、to³¹tsu³¹“直”等。状态形容词多为三音节或四音节词。如：ɔ³¹jɔ³³lɔ³³“轻轻地”、sɿ⁵⁵lɯ³³khv̱³³“黄生生”、tɪ³³pi³³tɔ³¹pa³³“歪歪斜斜”等。

② 性质形容词可以受程度副词和否定副词的修饰，状态形容词不可以。如：

ɔ³¹tshɯ⁵⁵tsɿ⁵⁵tshɯ⁵⁵ 很酸 mɔ³¹pv̱³³ 没饱
酸 很（叠） 没 饱

tsɿ⁵⁵ɔ³¹jɔ³³lɔ³³ 很轻轻地* mɔ³¹to³¹tsu³¹tsu³¹ 不黑魆魆的*
很 轻轻 不 黑魆魆

③ 性质形容词在句子中做定语时既可以置于中心词之前，也可以置于中心词后。置于中心词前需要使用定语助词kɯ³³，置于中心语后时不需要。例如：

mɔ̱³³kɯ³³tshu⁵⁵ 好人 tshu⁵⁵mɔ̱³³ 好人
好 的 人 人 好

ɔ³¹tshv⁵⁵tshv⁵⁵kɯ³³sɔ³¹ 肥肉 sɔ³¹ɔ³¹tshv⁵⁵ 肥肉
肥 的 肉 肉 肥

to³¹pɪ⁵⁵pɪ⁵⁵kɯ³³tɔ³¹mi³¹ 短尾巴 tɔ³¹mi³¹to³¹pɪ⁵⁵ 短尾巴
短 的 尾巴 尾巴 短

状态形容词做定语时只能置于中心词前，需要使用定语助词kɯ³³。例如：

ȵi⁵⁵tsɿ³¹khạ³¹kɯ³³ɔ³¹pɿ³³　　　　　　　　　绿茵茵的草

绿茵茵　　　的　草

phv⁵⁵tsɿ³³tạ³¹kɯ³³ȵi⁵⁵mɔ³³　　　　　　　　白亮亮的太阳

白亮亮　　　的　太阳

状态形容词在句子中经常做状语修饰动词，性质形容词则很少做状语。例如：

a⁵⁵je̱³¹mạ³³tsɿ³³mɔ³¹mɔ̱³³ŋe³³，a³¹sa³¹jɔ³¹ti³¹jɔ³¹!　爷爷眼睛不好，慢慢走！

爷爷　眼睛　不　好（语）慢慢　（状）走

三　形容词的名物化

形容词能够加定语助词kɯ³³ "的" 构成名物化结构，其中有前缀的双音节形容词名物化时需重叠词根音节。例如：

xɯ³¹kɯ³³　　　大的　　　　ȵi³³kɯ³³　　　　　　小的

大　的　　　　　　　　　　小　的

tshɯ³¹kɯ³³　　　浓的　　　　mɿ⁵⁵ kɯ³³　　　　　好吃的

浓　的　　　　　　　　　　好吃　的

mu³¹to³¹tɕhi³³phv⁵⁵ɔ³¹nɯ⁵⁵nɯ⁵⁵kɯ³³，ɔ³¹phv⁵⁵phv⁵⁵kɯ³³.

玉米菜　　　　红　　的　　白　　　的

玉米菜有的是红的，有的是白的。

phɔ³¹tʂɿ⁵⁵khɯ³³jɔ³¹nɯ⁵⁵kɯ³³ɔ³¹tʂɿ⁵⁵tʂɿ⁵⁵khɯ³³mɔ³³xɯ⁵⁵kɯ³³mɔ³¹tʂɿ⁵⁵.

甘蔗　条　小细的　甜　　条　大　粗　的　不　甜

甘蔗细的甜，粗的不甜。

xɯ³¹kɯ³³mɿ⁵⁵ ȵi³³kɯ³³mɔ³¹mɿ⁵⁵. 大的好吃，小的不好吃。

大　的　好吃　小的　不好吃

四　形容词的否定式

形容词能受副词ma³¹、mɔ³¹ "不" 修饰，构成否定形式。ma³¹和mɔ³¹的选择与形容词的元音开口度的大小有关（具体见"否定范畴"）。否定副词一般置于被修饰的形容词前，双音节形容词与否定副词连用时常常重叠最后一个音节。如：

ma³¹kạ³¹　　　　不美　　　　mɔ³¹tɿ³¹kɔ³¹mɔ̱³³　　　不好看

不　美　　　　　　　　　　不　好看

a³¹khạ³³ma³¹khạ³³　硬不硬　　　ɔ³¹ki⁵⁵mɔ³¹ki⁵⁵　　　不旧

硬　不（叠）　　　　　　　旧　不（叠）

形容词的否定式还可以并列使用，来说明程度的范围。例如：

xe³⁵kɔ³¹tʂm̩³¹thɯ³¹tɕhi³³mɔ³¹xɯ³¹mɔ³¹nɯ⁵⁵tsʅ⁵⁵xo³¹ʂʅ⁵⁵.

这 衣服 一件 不 大 不 小 很 合适 刚

这件衣服不大不小刚刚合适。

ji³¹khɔ³¹to³³mu⁵⁵mɔ³¹mu⁵⁵te̠³¹ke̠³³mɔ³¹ke̠³³ɔ³¹tshv⁵⁵mɔ³¹tshv⁵⁵ɔ³¹kɿ⁵⁵mɔ³¹kɿ⁵⁵.

他 高 不 高 矮 不 矮 胖 不 胖 瘦 不 瘦

他人不高不矮不胖不瘦。

nv⁵⁵la̠³³kɯ³³mɔ³¹na̠³¹mɔ³¹phi³⁵sʅ⁵⁵xo³¹ʂʅ⁵⁵.   你来得不早不晚刚刚好。

你 来 的 不 早 不 晚 合适 刚

形容词肯定形式加否定形式表选择疑问。例如：

na̠³¹ma³¹na̠³¹ 早不早   ɔ³¹to⁵⁵to⁵⁵mɔ³¹to⁵⁵ 齐不齐

早 不早   齐 不齐

pu³³mɔ³¹pu³³ 满不满   tha̠³³ma³¹tha̠³³ 锋利不锋利

满 不 满   锋利 不 锋利

ta³³pa̠³³pa̠³³ma³¹pa̠³³扁不扁   ɔ³¹po³¹po³¹mɔ³¹po³¹ 薄不薄

扁 不 扁   薄 不 薄

xe³⁵ly̠³³mɔ³³thɯ³¹sʅ³¹ɔ³¹tsʅ³³tsʅ³³mɔ³¹tsʅ³³? 这块石头重不重？

这 石头 一块 重 不 重

xe³⁵tsa̠³¹mi̠³¹thɯ³¹tɕhi³³tɿ³¹kɔ³³mɔ̠³³mɔ³¹tɿ³¹kɔ³³mɔ̠³³.

这 裙子 一 条 好 看 不 好看

这条裙子好看不好看？

五 形容词的层级

（一）形容词层级的语法手段

碧约话的形容词程度可以通过不同的语法手段表示层级的加深，主要手段主要有以下几类：

1. 部分双音节形容词可以通过重叠第二个音节的手段来表示程度加深。例如：

ɔ³¹nɯ⁵⁵   红的   ɔ³¹nɯ⁵⁵nɯ⁵⁵   红红的

a³¹ʂʅ³¹   新的   a³¹ʂʅ³¹ʂʅ³¹   崭新的

tɔ̠³¹pe̠³¹   破烂   tɔ̠³¹pe̠³¹pe̠³¹   破破烂烂

部分汉语借词进入碧约话后也使用了这一手段，例如：

ta⁵⁵kau³³   高大   ta⁵⁵kau³³kau³³   很高大

2. 部分单音节形容词以通过重叠词根的方式来表达程度的加深。重叠形式一般做谓语或状语，做谓语需要与助词ma³³连用，做状语时需要与助词ti³³连用。例如：

sɔ³¹kɔ³¹xɯɯ⁵⁵　　厚书　　　　　　sɔ³¹kɔ³¹xɯɯ⁵⁵xɯɯ⁵⁵ma³³　　书厚厚的

书　厚　　　　　　　　　　　书　　　厚厚　　的

na̱ ³¹ti³³la̱⁵⁵　　早点儿来！　　　na̱ ³¹na̱ ³¹ti³³la̱³³　　　　早早地来呀！

早　地来　　　　　　　　　　早　早　地来

tshaŋ⁵⁵ti³³tsɔ³¹　　快点儿吃！　　tshaŋ⁵⁵tshaŋ⁵⁵ti³³tsɔ³¹　　快快吃！

快　地吃　　　　　　　　　　快　快　地吃

单音节形容词也可以通过配音音节来实现程度的加深，配音音节一般是没有意义的音节重叠。例如：

tʂʅ⁵⁵pi³³pi³³　　　甜蜜蜜　　　　tshy̱ ³¹ti³¹ti³¹　　　　　冰冷的

甜　配音　　　　　　　　　　冷　配音

也有一些词语使用两个不同的音节进行配音，这两个音节也没有意义。例如：

tɕʰe̱ ³¹tsʅ̱ ³¹kʰa̱ ³¹　冰冷　　　　kɯ³³li³³sʅ⁵⁵　　　　　干巴巴

冰　配音　　　　　　　　　　干　配音

tshɯ⁵⁵tɯ⁵⁵pɤ³³　酸溜溜

酸　配音

3. 单音节形容词还可以通过"形容词+助词ma⁵⁵+形容词"的结构表达程度的加深。例如：

ka̱ ³¹ma⁵⁵　ka̱ ³¹kɯ³³taŋ⁵⁵pɔ³¹li⁵⁵ɔ³¹nɯ⁵⁵.　　　　　很漂亮的红蜻蜓。

美（助）美　的　蜻蜓　　　红

tʰa̱ ³³ma⁵⁵tʰa̱ ³³kɯ³³mo³³tso³¹　　　　　　　　很锋利的刀

锋利（助）锋利 的　刀

phi⁵⁵ma⁵⁵phi⁵⁵kɯ³³tsaŋ⁵⁵sui³¹　　　　　　　很辣的沾水

辣（助）辣　的　沾水

"形容词+ma⁵⁵"的结构还可以重叠，也用来表达程度的加深。例如：

ji³¹kʰɔ³¹na̱ ³¹/³⁵ma⁵⁵/³¹na̱ ³¹ma⁵⁵/³³ɕɔ³⁵tʰaŋ³¹kʰɯ³³le³³pa⁵³.

他　早（助）早（助）　学　堂　到　来（体）

他很早很早就到学校了。

mɤ³³/³⁵ma³¹mɤ³³ma⁵⁵/³³ti³³sɔ³¹kɔ³¹tv³⁵ŋe³³.

好　（助）好（助）（状）书　读（语）

4. 可以通过与程度副词搭配表达程度的加深。常用的程度副词有tsʅ⁵⁵"很"，khia⁵³"特别"等。单音节的形容词，程度副词一般置于形容词前。例如：

tsʅ⁵⁵mɤ³³　　　很好　　　　　khia⁵³mɤ³³　　　好极了

很　好　　　　　　　　　　　特别　好

tsɿ⁵⁵nɿ⁵⁵　　　　　很咸　　　　　khia⁵³nɿ⁵⁵　　　　　　特别咸

很 咸　　　　　　　　　特别 咸

tsɿ⁵⁵sɔ³¹　　　　　很难　　　　　khia⁵³sɔ³¹　　　　　　特别难

很 难　　　　　　　　　特别 难

tsɿ⁵⁵khɔ³¹　　　　　很苦　　　　　khia⁵³khɔ³¹　　　　　　特别苦

很 苦　　　　　　　　　特别 苦

tɕhɿ⁵⁵na³³tshạ³¹pi³³tsɿ⁵⁵ɕaŋ³¹e³³.　　　　紫米粥很香。

米 黑 稀饭　　很 香（语）

xe³⁵lo⁵⁵pɔ³¹thɯ³¹khɯ⁵⁵tsɿ⁵⁵tsɣ³⁵.　　　　这条河很窄。

这 河　　一 条 很窄

sɿ³¹phi⁵⁵thɯ³¹lo³¹tsɿ⁵⁵phi⁵⁵.　　　　这种的辣椒很辣。

辣椒　一 种 很辣

在与双音节形容词搭配时，常常需要先重叠双音节形容词的词根，再将程度副词置于两个重叠词根之间。例如：

ŋa⁵⁵a³¹tshɣ³¹tsɿ⁵⁵tshɣ³¹.　　　　我很冷。

我 冷　　很 冷

ŋa⁵⁵a³¹tshɣ³¹khia⁵³tshɣ³¹.　　　　我特别冷。

我 冷　特别 冷

xe³⁵ŋạ³³sɿ³¹ɔ³¹tʂhɿ⁵⁵tsɿ⁵⁵tʂhɿ⁵⁵.　　　　这种芭蕉很甜。

这 芭蕉 甜 很 甜

xe³⁵ŋạ³³sɿ³¹ɔ³¹tʂhɿ⁵⁵khia⁵³tʂhɿ⁵⁵.　　　　这种芭蕉特别甜。

这 芭蕉　甜 特别 甜

数词thɯ³¹"一"还可以与部分形容词结合，表达程度的加深。例如：

thɯ³¹nạ³¹ti³³la⁵⁵ 早点来　　　　thɯ³¹tshaŋ⁵⁵ti³³tsɔ³¹　　快点吃

一 早 地 来　　　　　　一 快 地 吃

5. 可以通过与代词sɿ⁵⁵（lɯ³¹）ma⁵⁵、a⁵⁵（lɯ³¹）ma⁵⁵"这么"、thi⁵⁵（lɯ³¹）ma⁵⁵"那么"、xɔ⁵⁵lɯ³¹"多少"搭配表达程度的加深。例如：

ji³¹khɔ³¹ʂɿ⁵⁵lɯ³¹tsɔ³¹ji³³ji³³.　　　　　　　　他挺聪明。

他　这么　聪明

ji³¹khɔ³¹ʂɿ⁵⁵lɯ³¹ma³³tsɔ³¹ji³³ji³³.　　　　　　他（竟然）这么聪明。

他　这么（状）聪明

nɔ³¹v³³to³³thi⁵⁵lɯ³¹mɔ³¹kɯ³³sa⁵⁵tʋ³³khɔ³¹thɔ³¹.　　　你们家种了挺多苞谷。

你们家　那么 多 的 苞谷 栽（貌）

nɔ³¹v³³to³³thi⁵⁵luɯ³¹ma³³mɔ³¹ku³³sa⁵⁵tv³³khɔ³¹thɔ³¹.　　　你们家种了那么多苞谷。

你们家　　那么　　　多　的　苞谷　栽（貌）

六　形容词的使动态

碧约话的形容词具有使动态，表示性质或者状态的变化由外力引起。构成使动态的手段是分析式。即在形容词前或后加使动助词v³³，构成形容词的使动态。例如：

ji³¹khɔ³¹jɔ³¹n̩i⁵⁵v³³　n̩i⁵⁵phi³⁵　pa⁵³.　　　　　他把孩子弄哭了。

他　　孩子（使）哭（貌）（体）

ɔ³¹su⁵⁵n̩i³³ji⁵⁵kv³³v³³pe̩³¹ji⁵⁵pa⁵³.　　　　　　谁把门弄破了。

谁　（施）门（使）破　（体）

双音节形容词构成使动态时，通常需要重叠第二个音节，v³³置于两个重叠音节之间。例如：

ŋɔ³¹ma̩³³phɯ³¹a³¹na̩³³v³³na̩³³.　　　　　　　我把脸弄黑了。

我的脸　　　黑（使）（叠）

jo³¹n̩i⁵⁵pha̩³¹na̩³³ɔ³¹tshɯ³³v³³tshɯ³³phi³⁵pa⁵³.　孩子把鞋子弄湿了。

孩子　鞋子　　鞋子（使）（叠）（貌）（体）

七　形容词的体

根据性质或状态变化的不同阶段，碧约形容词的"体"主要有将行体、完成体和已行体的区别。

1. 将行体。在形容词后加tsu³³表示某一状态即将出现。形容词通常与表示态势貌的貌词ji³³、la³³连用。例如：

tshaŋ⁵³ti³¹mɔ³¹jo³¹　pa⁵³　phi³⁵ji³³　tsu³³ŋe³³pa⁵³.　再不快点走就要迟到了。

快　（状）不走　的话迟（貌）（体）（体）

mi³¹tha̩³¹a³¹tshv̩³¹tshv̩³¹la³³　tsu³³ŋe³³pa⁵³.　　天要冷起来了。

天　　冷　　（貌）（体）（体）

xo³¹mi³³la⁵⁵tsu³³ŋe³³pa⁵³. pha̩³¹li̩³¹ɔ³¹n̩i⁵⁵n̩i⁵⁵la³³tsu³³ŋe³³pa⁵³.

春天　来（体）（体）叶子　绿　　（貌）（体）（体）

春天来了山要绿起来了。

2. 已行体。在形容词后加体助词 ji⁵⁵pa⁵³，表示状态发生了变化并仍在进行的过程中。

pha̩³¹li̩³¹ɔ³¹sɹ̩⁵⁵sɹ̩⁵⁵ji⁵⁵pa⁵³.　　　　　　　　树叶黄了。

树叶　　黄　　（体）

me³¹khe̜ ³¹khe̜ ³¹lv³³ji⁵⁵pa⁵³.　　　　　　　天黑下来了。
天　　　黑　来（体）

ji³¹khɔ³¹ɔ³¹kɿ⁵⁵kɿ⁵⁵ji⁵⁵pa⁵³.　　　　　　　她瘦了。
她　瘦　　（体）

xe³⁵kɔ³¹tʂm̩³¹thɯ³¹tɕhi̜ ³³ɔ³¹ki⁵⁵ki⁵⁵ji⁵⁵pa⁵³, mɔ³¹ti³¹kɔ³¹e³³.
这　衣服 一 件 旧　　（体）　不 穿 能
这件衣服旧了，不能穿了。

ji³¹khɔ³¹jɔ³¹mɯ⁵⁵nɔ³¹tsɿ⁵⁵ka̠³¹ji⁵⁵pa⁵³.　　　　　她现在漂亮了。
她　　现在　（话）很 漂亮（体）

xo³¹mi³³ji⁵⁵pa⁵³kv̩³¹tsha̠³¹mɔ³¹mi³³sɿ³¹.　　　　　饭熟了菜还没熟。
饭 熟（体）菜　　　没 熟 还

a⁵⁵je̜³¹kɯ³³tɕhɿ⁵⁵khɯ⁵⁵ɔ³¹phv⁵⁵phv⁵⁵ji⁵⁵pa⁵³.　　爷爷的头发白了。
爷爷 的 头发　　白　　（体）

3. 完成体。在句尾加pa⁵³表示某种现象或状态发生了变化，跟以前不一样。例如：

pha̠³¹li̠ ³¹ɔ³¹sɿ⁵⁵sɿ⁵⁵pa⁵³.　　　　　　　　　树叶黄了。
树叶　黄　　（体）

a⁵⁵je̜³¹kɯ³³tɕhɿ⁵⁵khɯ⁵⁵ɔ³¹phv⁵⁵phv⁵⁵pa⁵³.　　　爷的头发白了。
爷爷 的 头发　　白　　（体）

khv̩³¹sɿ³¹pɔ³¹lɔ³¹khɯ³³lv³³pa⁵³, jo³¹mɔ³³sɿ³¹tsɿ⁵⁵pha̠³¹li̠ ³¹ɔ³¹ni⁵⁵ni⁵⁵pa⁵³.
年 新 月 到 来（体）山 树 叶子 绿　　（体）
春天来了，树叶绿了。

八　形容词的句法功能

形容词可以做定语、谓语、状语和补语等多种句法成分。

（一）形容词做定语
形容词直接修饰名词时，通常位于名词之后。例如：

kɔ³¹tʂm̩³¹ɔ³¹nɯ⁵⁵mɔ³¹v⁵⁵.　　　　　　　　红的衣服不买。
衣服　红　不 买

ji³¹khɔ³¹ɔ³¹phi³¹po³³kɯ³³lɯ⁵⁵khv³³ɔ³¹sɿ³³thɯ³¹khɯ⁵⁵tsa³³.
她　价钱 多 的 项链 金　一　条　有
她有一条昂贵的金项链。

形容词后加定语助词kɯ³³做名词定语时，位置在名词前。例如：

ji³¹khɔ³¹kv³¹sɔ³¹kɯ³³tshu⁵⁵tso³¹phɔ³¹thɯ³¹kɔ³¹ŋe³³.
他　可怜 的 人 傻　一 个 是

他是个可怜的傻子。

ɔ³¹tshv⁵⁵tshv⁵⁵kɯ³³tshu⁵⁵tɕʰɣŋ³¹tɕʰi³¹ji⁵⁵pa⁵³.　　胖子的钱被偷了。

　胖胖　　　　的人　钱　　偷　（体）

（二）形容词做谓语。例如：

pʰa̠³¹na̠³³tʰɯ³¹tsɔ³¹a³¹ʂɿ³³ŋe³³.　　　　　　这双鞋是新的。

　鞋　　这　双　新　是

kɣ³¹tsʰa³¹kʰia⁵³mɿ⁵⁵.　　　　　　　　　　菜好吃极了。

　菜　　特别　好吃

ji³¹kʰɔ³¹tsɿ⁵⁵laŋ³¹e³³, ja³³mɔ³¹mi⁵⁵nv⁵⁵.　　他人懒，不想干活。

　他　　很　懒　　活不　干　想

ji³¹kʰɔ³¹jo³¹mo³¹mo³¹ju³³sɔ³³.　　　　　　他又老又穷。

　他　　老　　　又　穷

kʰɯ³¹tu³³tu³¹ma³³, ma³¹ʂɿ³¹la³¹kɯ³³tshu⁵⁵ja⁵⁵kʰi⁵⁵mɔ³¹pi³³ɔ⁵⁵li³³.

　狗　凶　（助）不　认识　的　人　　院子　不（使）进来

狗凶，不让生人进院子。

（三）做状语。形容词一般需要与助词ti³³或者ma³³连用修饰动词。例如：

mɔ³¹ti³³　ɔ³¹tsɿ³³tsɔ³¹!　　　　　　　　多吃一点！

　多（状）一点　吃

tsʰaŋ³¹ ti³³　mɯ³¹lɯ⁵⁵lɯ⁵⁵tɣ³³ji³³!　　　　快滚出去！

　快　（状）滚　　出　去

nv⁵⁵ʂɿ³³ma⁵⁵ a³¹sa³¹jo⁵⁵ti³³tsʰɣ³³kɯ³³nɔ³¹, tʰɯ³¹kʰɣ³¹xa⁵⁵ma³¹tshv³³ki⁵⁵kɔ³¹!

　你　这么　慢　　（状）写　的（话）一　年　也　不　写　完　能

你这样慢吞吞写，一年也写不完啊！

xe³⁵ʂɿ³³lɯ³¹ɔ³¹tɔ⁵⁵tɔ⁵⁵ti³³v³³　tɕʰɿ⁵⁵tʰɔ³¹!　　把这些整整齐齐放好！

　这　一些　整齐　（状）整理（貌）（貌）

nv⁵⁵taŋ³¹tsɿ³³xɯ³³ti³³tɯ⁵⁵kʰɔ³¹lɣ³¹, ŋa⁵⁵nɔ³⁵tɕɿ³⁵tʰɔ³¹la³³　ŋɯ³³.

　你胆子　大（状）跳　下　来　我　你　接（貌）（人）（语）

你大胆地跳下来我接你。

（四）做补语。形容词做补语置于动词之后，部分情况下需要使用补语助词如：

nv⁵⁵xe³⁵ʂɿ³³lɯ³¹tʂʰ³³ɕi̠³¹!　　　　　　　你把这些洗干净！

　你　这一些　　洗　干净

nɔ³¹tɔ⁵⁵va̠³¹ŋɔ³¹tɔ⁵⁵ja⁵⁵kʰu⁵⁵nɯ³¹pe̠³¹pʰi³⁵pa⁵³.

　你家猪　我家　庄家　踩　坏（貌）（体）

你家猪把我们家的庄稼踩坏了。

nv⁵⁵ɕɔ³¹xɔ³³mɔ³³pɔ³¹pi⁵⁵ɔ³¹nɯ⁵⁵pe̠ ³³nɯ⁵⁵phi³⁵pa⁵³.　　　你把姑娘的脸说红了

你　小姑娘　腮　红　说红（貌）（体）

nɔ³¹kɯ³³kɔ³¹phi³¹pi ³¹kɯ³³khia⁵³sɔ³¹ji⁵⁵pa⁵³.　　　你们工资给得太少了。

你　的　工资　给（补）太　少（体）

nv⁵⁵tshɔ̠ ³¹mɪ ³¹kɪ³¹kɯ³³tsɿ⁵⁵mɔ³¹e³³pa⁵³.　　　　　你盐放多了。

你　盐　放（补）很　多　（体）

　　具有重叠式的三音节形容词做补语时，动词置于两个重叠音节之间。动词前的带前缀的双音节还可省略。例如：

nv⁵⁵ɕɔ³¹xɔ³³mɔ³³pɔ³¹pi⁵⁵（ɔ³¹nɯ⁵⁵）pe̠ ³³nɯ⁵⁵phi³⁵pa⁵³.　你把姑娘的脸说红了。

你　小姑娘　脸蛋　红　说（叠）（貌）（体）

ji³¹khɔ³¹v³¹thɯ⁵⁵ma̠ ³³pi⁵⁵（ɔ³¹tshɯ³³）n̠i⁵⁵tshɯ³³.　　她把枕头哭湿了。

她　枕头　眼泪　湿　哭（叠）

九　形容词与名词　动词的关系

　　碧约话的形容词与动词、名词之间都有相同点。

（一）形容词与名词的关系

　　碧约话大部分带前缀的双音节形容词都既具有形容词的特征，也具有名词的特征。带形容词特征对名词进行修饰的，例如：

xo³¹ɔ³¹tɕɪ³¹　　　　　生饭　　　　kɔ³¹tʂʰ̠³¹a³¹s̠ ³¹　新衣服

饭　生　　　　　　　　　　衣服　新

带名词特征直接充当名词性句法成分的，例如：

ɔ³¹tɕɪ³¹　tsha ³³mi³³　　　　　　　　　　（把）生的煮熟。

生的　煮　熟

nv⁵⁵e⁵⁵a³¹s̠ ³¹thɯ³¹tɕʰi ³³ti³³!　　　　　　你穿那件新的吧！

你　那　新的　一　件　穿

ŋɔ³¹sɔ³¹ɔ³¹te̠ ³¹mi⁵⁵tsu⁵⁵,　a³¹s̠⁵⁵mɔ³¹mi⁵⁵.　　鱼要活的，不要死的。

鱼　活的　想要　死的　不要

类似的例子还有：

ɔ³¹lo⁵⁵　热（的）　　　　　　　a³¹nɔ³¹　　稠（的）

a³¹t̠i ³³　混（的）　　　　　　　a³¹kha̠ ³³　硬（的）

ɔ³¹nɯ⁵⁵　红（的）　　　　　　　ɔ³¹n̠i⁵⁵　　绿（的）

ɔ³¹kɯ³³　干（的）　　　　　　　ɔ³¹kɪ⁵⁵　　瘦（的）

　　上述现象是形容词名词化的表现。碧约话的形容词原形是单音节词，在双音节化的过程中加上前缀使其具有名词的特征，可以在句中作为名词性成分充当主语、宾语，还可以受到数量短语的修饰。但这种名词化是不彻底的、具有过渡性质。试比较：

名词+典型形容词	名词+名词化形容词	名词+名词
tshu⁵⁵mɔ³³　　好人 人　　好	kɔ³¹tʂh³¹ɔ³¹nɯ⁵⁵ 红衣服 衣服　　红	tɪ³¹mɔ³³tʂɪ³¹thu⁵⁵木板凳 木头　　板凳
ja⁵⁵mɔ³³tɔ̩³¹kɤ³¹ 弯路 路　　弯	ma³¹pɤ³³ɔ³¹ni³³　湿抹布 抹布　　湿	lɤ³³mɔ³³tɕɪ³³kv³¹ 石头桥 石头　　桥
tɔ³¹mi³¹tɔ³¹pɪ⁵⁵　短尾巴 尾巴　　短	sɔ³¹ɔ³¹tshv⁵⁵　　肥肉 肉　　肥	ja³³sɔ³¹　　　鸡肉 鸡肉

从上表可以看出，名词化的形容词在修饰名词时与名词做修饰语的位置不同，仍置于被修饰的名词之后，与典型的形容词保持一致。说明这类名词仍保留了形容词的主要特征，因此仍然看作形容词的一种。

（二）形容词与动词的关系

形容词和动词是否需要分立？这个问题不仅存在于汉语研究中，也存在于碧约哈尼语的研究中。碧约话中的形容词和动词的关系密切。二者的语法特征既有不同点，又有共同点。这个问题的解决，既与对语料的认识有关，还涉及到如何把握词类划分的理论问题。下面将从句法功能和组合功能等方面，对碧约话的形容词和动词进行比较。

（三）形容词与动词的相同点

1. 部分形容词和动词同形。例如：ɔ³¹kɪ⁵⁵kɪ⁵⁵ "瘦"

A: mo⁵⁵nv³¹ɔ³¹kɪ⁵⁵kɪ⁵⁵kɔ³¹ji⁵⁵　pa⁵³.　　　　牛瘦（下去）了。

　　牛　　瘦　　　下（貌）（体）

B: ji³¹khɔ³¹ɔ³¹kɪ⁵⁵kɪ⁵⁵ti³³.　　　　　　他瘦瘦的。

　　他　　瘦　　（状）

类似的词还有很多。例如：

ɔ³¹lo⁵⁵lo⁵⁵	热（起来）	ɔ³¹tshv⁵⁵tshv⁵⁵	胖（起来）
jo³¹mo³¹mo³¹	老（下去）	sɪ⁵⁵po³³po³³	富（起来）
me³¹khe̩³³khe̩³³	晚（天黑）	ɔ³¹sɪ⁵⁵sɪ⁵⁵	红（起来）

这些形容词和动词形式相同，但来源与结构完全不同。例如：ɔ³¹kɪ⁵⁵kɪ⁵⁵做形容词用时，由性质形容词ɔ³¹kɪ⁵⁵ "瘦"重叠后一音节而来，形成 ABB 结构的状态形容词"瘦瘦的"（详见上文"形容词的类别"）。ɔ³¹kɪ⁵⁵kɪ⁵⁵做动词用时，是通过使用名词化的形容词ɔ³¹kɪ⁵⁵ "瘦的"的词根音节kɪ⁵⁵做动词，形成宾动同形结构。

之所以出现上述现象，是由碧约话作为分析性语言的特点决定的。由于缺乏形态变化以及语言形式的有限，分析性语言中往往会出现这种同一形式代表两种或两种以上结构和语法意义的现象。在具体使用时，究竟判断为哪一种语法意义取决于这一形式所处的句法结构。例如上文 A 例中ɔ³¹kɪ⁵⁵kɪ⁵⁵与趋向动词kɔ³¹"下"和体助词ji⁵⁵pa⁵³一起出现，因此做动词用；B 例中ɔ³¹kɪ⁵⁵kɪ⁵⁵与状语助词ti³³连用，因此看作形容词。

2. 形容词与动词都能受副词"不、没有"、"又、也"等修饰。心理动词和能愿动词与形容词一样还能受"很"、"极""一点儿、稍微"等程度副词的修饰。例如：

phɔ³¹tʂɪ⁵⁵khɯ⁵⁵jɔ³¹nɯ⁵⁵kɯ³³ɔ³¹tʂɪ⁵⁵tʂɪ⁵⁵,　khɯ⁵⁵mɔ³³xɯ⁵⁵kɯ³³mɔ³¹tʂɪ⁵⁵.
甘蔗　根　小　细　的　甜　　　　　根　大　粗　的　不　甜
甘蔗细的甜，粗的不甜。

ji³¹khɔ³¹kɯ³³ɕɪ³³khɔ³¹ŋa⁵⁵ma³¹kuaŋ³³.　他的事我不管。
他　的　事　我　不　管

jɔ³¹mi³³jɔ³¹n̩i⁵⁵tsɔ³¹ji³³ji³³ju³³ka³¹.　这个小姑娘又聪明又漂亮。
姑娘　小　聪明　又漂亮

ji³¹khɔ³¹la³¹ta³¹ku⁵⁵ju³³kɔ³¹tɯ⁵⁵tɯ⁵⁵.　他又唱又跳。
他　歌　唱又跳

ŋa⁵⁵ɔ³¹tsɿ³³ka³¹la³¹a³¹tshʮ³¹tshʮ³¹.　我有点冷。
我　一点儿　冷

ŋa⁵⁵ɔ³¹tsɿ³³ka³¹la³¹tsɔ³¹ti³¹tɪ³¹.　我尝了一点。
我　一点儿　吃　看看

ŋa⁵⁵a³¹tshʮ³¹tsɿ⁵⁵tshʮ³¹.　我很冷。
我　冷　很　冷

ŋa⁵⁵phi³¹tɕu³¹tsɿ⁵⁵tu⁵⁵.　我特别爱喝啤酒。
我　啤酒　很　喝

3. 都能通过加名物化标记kɯ³³"的"构成名物化结构。例如：

ɔ³¹lo⁵⁵lo⁵⁵kɯ³³　　　热的　　　to³¹tsu³¹tsu³¹kɯ³³　　直的
热　的　　　　　　　　　　　直　的

tsɔ³¹kɯ³³　　　吃的　　　kʮ³³kɯ³³　　　捡的
吃　的　　　　　　　　捡　的

jɔ³¹mɯ⁵⁵tsɔ³¹kɯ³³tsa³³ti³³kɯ³³tsa³³,　xa⁵⁵tshʮ³³xa⁵⁵mɔ³¹tɕi³³kɔ³¹je³³.
现在　吃的　　有穿的　有　什么　　不急　能（语）
现在吃的也有，穿的也有，什么都不缺。

ta⁵⁵mo⁵⁵mo⁵⁵kɯ³³ja³¹jɔ³³jɔ³³xɯ³¹,　tɕ̧e³¹kɕ̧³³kɕ̧³³kɯ³³ja³¹jɔ³³a⁵⁵lɿ³³.
高　　　的　儿子（叠）大　矮　（叠）的　儿子　小

高的是我的大儿子，矮的是小儿子。

4. 都有使动态。使动态都以分析式为主要形式。例如：

ŋa⁵⁵ɔ³¹po⁵⁵ta̱³¹kv̩³¹v̩³³kv̩³¹　　phi³⁵pa⁵³.　　　　　　把竹子弄弯了。

我　竹子　弯　　弄（叠）（貌）（体）

kv̩³¹tsha̱³¹a³¹ka³³v̩³³lɿ⁵⁵tsɛ⁵³tsɔ³¹.　　　　　　　我把剩菜弄热了再吃。

菜　　剩　弄热再吃

ji³¹khɔ³¹jɔ³¹n̠i⁵⁵v̩³³n̠i⁵⁵phi³⁵pa⁵³.　　　　　　他把孩子弄哭了。

他　　孩子　弄哭（貌）（体）

ɔ³¹su⁵⁵n̠i³³ji⁵⁵kv̩³³v̩³³pe̱³¹thɔ³¹　ŋe⁵³?　　　　谁把门弄破了？

谁　（施）门　弄坏（貌）（语）

jɔ³¹n̠i⁵⁵pha̱³¹na̱³³tshɯ³³v̩³³tshɯ³³phi³⁵pa⁵³.　孩子把鞋子弄湿了。

孩子　鞋　　湿　弄（叠）（貌）（体）

5. 二者句法功能类似，即都能做句子的谓语、补语、状语、定语等。例如：

作谓语。例如：

xe³⁵ɕɿ³³khɔ³¹ŋa⁵⁵mi⁵⁵.　　　　　　这件事我来做。

这　事情　我做

ji³¹khɔ³¹ŋɔ³⁵thɯ³¹khv̩³¹nɯ³³.　　　　他小我一岁。

他　我　一　岁　小

作定语。例如：

ka̱³¹kɯ³³kɔ³¹tʂm̩³¹tsa³³li³³tsɔ³¹fv̩⁵⁵ti³¹.　漂亮的衣服只有过节才穿。

好看　的　衣服　　过年　时候　穿

ŋa⁵⁵a³¹ʂ̩³¹ʂ̩³¹v̩⁵⁵kɯ³³phi³¹pau³³kɔ³³lɛ³³phi³⁵pa⁵³.　我新买的包丢了

我　新　　买的　皮包　丢（貌）（体）

作状语。例如：

ji³¹khɔ³¹kɔ³¹tʂm̩³¹a³¹ʂ̩³¹v̩⁵⁵thɔ³¹ŋe³³.　　他的衣服是新买的。

他　　衣服　新　买（貌）是

nɔ³¹tsv̩³³thɯ³¹ma⁵⁵lɯ⁵⁵khv̩³³thɯ³¹khɯ³³tɯ³¹phɔ³¹kɔ³¹ŋe³³.

耳环　一　付　项链　一　条　打　成　可以（语）

这付耳环可以打成一条项链。

作补语。例如：

va̱³¹ɔ³¹tshv̩³³tshv̩⁵⁵tshv̩³³xɿ³³ɔ³¹tsɔ³¹.　　猪养肥了再卖。

猪　肥　养（叠）再卖吃

ɔ³¹pi³¹a³¹pa⁵⁵ma̱³¹tshv̩³¹a³¹ʂ̩³¹phɯ⁵⁵lv̩³³ji⁵⁵pa⁵³.　隔壁搬来了新邻居。

隔壁　　朋友　新　搬来（体）

6. 动词和形容词都有将行体、已行体和完成体。例如：

将行体。例如：

me³¹khẹ³¹khẹ³¹ji³³tsu³³ŋe³³pa⁵³.　　　　　　　　天要黑了。

天　　　　黑（貌）（体）（体）

ji³¹khɔ³¹jɔ³³xɔ⁵⁵lɯ³¹tsu³³tsu³³　ŋa⁵³?　　　　他准备在这待多久？

他　这　多少　在（体）（语）

已行体。例如

ji³¹khɔ³¹ma³³phɯ³¹ɔ³¹nɯ⁵⁵nɯ⁵⁵ji⁵⁵pa⁵³.　　　他脸红了。

他　脸　红　　　（体）

thɯ³¹khỵ³¹tshaŋ⁵³ti³³khɯ³³ji³³　phi³⁵pa⁵³.　　一年很快就过去了。

一年　　快（状）到（体）（貌）（体）

完成体。例如：

sa³³tv³¹tsɔ³¹ki⁵⁵　pa⁵³.　　　　　　　　　苞谷吃完了。

苞谷　吃（貌）（体）

xo³¹mi³³pa⁵³.　　　　　　　　　　　　　饭好了。

饭　熟（体）

7. 形容词与动词都有结果貌、势态貌。

结果貌。例如：

ji³¹khɔ³¹tshṇ³¹khi⁵⁵tsɿ³³s̩³¹ji⁵⁵pa⁵³.　　　气死他了。

他　生气　　（貌）（体）

tɕhɿ⁵⁵ɔ³¹kɯ³³kɯ³³s̩³¹phi³⁵pha⁵³.　　　　水稻都干死了。

谷子　干　　死（貌）（体）

态势貌。例如：

ɔ³¹xo⁵⁵xo⁵⁵la³³　tsu³³ŋe³³　pa⁵³!　　　　　要下雨啦！

雨　（貌）（体）是（体）

mi³¹thạ³¹ɔ³¹lỵ³¹lỵ³¹la³³pa⁵³.　　　　　　天要亮了。

天　亮　（貌）（体）

总的看来，碧约话的形容词和动词在句法功能、组合能力等方面都有共同点。这些共同点，所辖范围不是整齐划一的，而是出现在局部范围内，或是一部分词上。"同中有异"是常见的。具体分析如下：

（四）形容词与动词的不同点

1. 形容词和动词都可以做定语，但形容词做定语时，既能置于名词前，也能置于名词后；而动词做定语时，只能置于名词之前。例如：

vạ³¹ɔ³¹tshv⁵⁵　　　肥猪　　　ɔ³¹tshv⁵⁵tshv⁵⁵kɯ³³vạ³¹　　肥猪

猪　肥　　　　　　　　肥　　　的 猪

tshv³³kɯ³³ŋa̠³¹jo³¹　养的鸟

养　的　鸟

2. 动词和形容词都可以做句子的谓语，但动词可以带宾语，形容词不能带宾语。例如：

ŋa⁵⁵phi³¹ɕu³¹tsŋ⁵⁵tu⁵⁵mɯ³¹lɤ³³.　　　　我特别爱喝啤酒。

我　啤酒　很　喝　爱（人）

tsa³³li³³va̠³¹tɤ³¹sŋ⁵⁵tsɔ³¹.　　　　过年杀猪吃。

过年　猪　公　杀　吃

3. 动词前能加否定副词tha³¹、thɔ³¹"别"，表示命令或禁止。形容词不能。例如：

thɔ³¹tshu³¹!　　　　别跑!　　　　thɔ³¹ji³³!　　　　别去!

别　跑　　　　　　　　别　去

thɔ³¹mɔ̠³³*　　　　别好*　　　　thɔ³¹mɔ³¹*　　　　别多*

别　好　　　　　　　　别　多

4. 动词做谓语时能出现在命令式、祈使式中，形容词不能。例如：

tu³³khu⁵⁵la³¹sŋ³¹va̠³¹!　　　　等一下吧!

等　一下　（语）

ji³¹khɔ³¹pi³³ji³³　va̠³¹!　　　　让她去吧!

她　（使）去（语）

tsha⁵⁵tsha⁵⁵ti³³mi⁵⁵!　　　　赶快做吧!

快　快（状）做

5. 大多数形容词都有多种手段来表达层级性，只有部分动词能通过与程度副词搭配表示程度的加深。例如ka̠³¹"漂亮"可以通过以下三种手段表达程度的加深：

ka̠³¹　ma⁵⁵ka̠³¹　kɯ³³taŋ⁵⁵pɔ³¹li⁵⁵ɔ³¹nɯ⁵⁵.　　　　很漂亮的红蜻蜓。

漂亮（助）漂亮　的　蜻蜓　　　红

tsŋ⁵⁵ ka̠³¹kɯ³³taŋ⁵⁵pɔ³¹li⁵⁵ɔ³¹nɯ⁵⁵.　　　　很漂亮的红蜻蜓。

很　漂亮　的　蜻蜓　红

ka̠³¹li⁵⁵tshv⁵⁵　kɯ³³taŋ⁵⁵pɔ³¹li⁵⁵ɔ³¹nɯ⁵⁵.　　　　很漂亮的红蜻蜓。

漂亮（配音）的　蜻蜓　　　红

心理动词tshŋ³¹khi⁵⁵tsŋ³³"生气"只能与程度副词khia⁵³、tsŋ⁵⁵等搭配表示程度的加深。例如：

ji³¹khɔ³¹tshŋ³¹khi⁵⁵khia⁵³tsŋ³³.　　　　他特别生气。

他　生气　特别

ji³¹khɔ³¹tsl̩³¹khi⁵⁵tsl̩⁵⁵tsl̩³³.　　　　　　　　他很生气。

他　　生气　　很

6. 部分形容词和动词都可以重叠。不同之处在于，形容词音节重叠表示程度的增加，动词重叠则表示尝试、反复义。例如：

xe³⁵va³⁵tsl̩³¹thɯ³¹tsɔ³¹a³¹pv̩³¹pv̩³¹ŋe³³.　　　　这双袜子臭烘烘的。

这　袜子　一　双　臭　　（叠）

nv⁵⁵mɔ³¹ɕiŋ⁵⁵n̥e³¹？pi³¹tl̩³¹tl̩³¹！　　　　　　你不相信？比比看！

你　不　相信　　比　看　看

7. 绝大部分形容词做谓语时都不能与表示进行时态的体助词搭配使用，大部分动词都可以。例如：

ji³¹khɔ³¹sɔ³¹kɔ³¹tv̩³⁵kɔ³³　e³³.　　　　　　　他正在读书。

他　　　钱　算　（体）（语）

ji³¹khɔ³¹ka̩³¹li³³tshv³³kɔ³³e³³　*　　　　　她正漂亮着。*

她　漂亮　　　（体）（语）

只有小部分可以兼用作动词用的形容词能够与进行时态的体助词搭配使用。例如：

lo⁵⁵pɔ³¹a³³v⁵⁵tshv̩³¹xɯ³¹kɔ³³e³³.　　　　　河里正在涨水。

河　（地）水　　大　（体）

jo³¹mɔ³³a³¹pha̩³¹li³³ɔ³¹nu⁵⁵nu⁵⁵ji³³kɔ³³e³³.　　山上叶子正红着。

山　（方）叶子　红　　（貌）（体）

8. 形容词和动词都有貌范畴。区别在于，动词的貌范畴非常丰富，有结果貌、态势貌和态度貌等。可以与形容词搭配使用的貌词很有限，常用的只有表示结果貌的貌词sl̩³¹和表示态势貌的貌词ji³³、la³³等，暂未发现其他表示态势貌、结果貌以及态度貌的貌词与形容词搭配使用。例如：

jɔ³¹v³³ju³³tɯ³¹tsha³³kɔ³³e³³.　　　　　　　他们又在打架了。

他们　又　打（貌）（体）

tsɔ³³phi̩³¹mv̩³³thi³¹tho³¹ti³¹tɯ³¹.　　　　　　抓着辫子打。

辫子　抓（貌）（貌）（助）打

pɯ³⁵ɕiŋ³³a³¹tshv̩³¹tshv̩³¹ja³¹a³¹tshv̩³¹tshv̩³¹sl̩³¹le³³.

北京　冷　　　　日子　冷　　　（貌）（貌）

北京的冬天冷极了。

9. 在语法化的能力上，形容词不见有语法化的现象，而绝大部分貌词均来自动词的语法化。动词语法化为貌词的如：

thɔ³¹做动词用时，是"在"的意思，例如：

va³¹xɿ⁵⁵tsa³³va³¹thɯ³¹mo⁵⁵mɔ³¹thɔ³¹e³³.　　　　猪圈多了一头猪。

猪 圈里猪 一 头 没 在（语）

thɔ³¹做貌词用时，表示结果放置貌。例如：

xe³⁵tɕhɤŋ³¹ɔ³¹tʂɿ³³nv⁵⁵kɔ³¹xo³¹xi⁵⁵thɔ³¹　　va³¹！　　这点钱你先拿上吧！

这 钱 一点 你先 拿（貌）（语）

又如，to³³做动词时，是"动"的意思，例如：

ji³¹khɔ³¹thɯ³¹to³³xa³³mɔ³¹to³³ma³³e⁵⁵tsa³¹ɲi⁵⁵tsa³³thɔ³¹.

他 一 动 都 不 动（状） 那 坐（貌）

他一动不动地坐在那。

to³³虚化后用做表示触碰貌的貌词，例如：

xe³⁵a³¹ji³³kɔŋ⁵⁵thɯ³¹ma³³ɔ³¹phi³¹tsɿ⁵⁵xɯ³¹e³³, nv⁵⁵thɔ³¹thɿ⁵⁵ to³³.

这 花 瓶子 一 个 价钱 很 大 （语）你 别 碰（貌）

这个花瓶很贵的，你别碰着。

第五节　量词

量词是计算数量时所用的单位。碧约话的量词绝大多数是单音节形式。可以分为名量词和动量词两大类。相比较动量词，名量词更加丰富。名量词中个体量词数量最多，部分个体量词可以区别名词的类别、性状；有一定数量的反响型量词；还有泛化程度很高的通用量词。在名词、动词的称量中，量词和数词的使用均有一定的强制性。

一　量词的语音特征

1. 单音节型：碧约话绝大多数的量词都是单音节的。如：mo⁵⁵"头、只"、kɔ³¹"个（人）"、ma³³"个（物）"、tɕhe³³"块"。目前发现的双音节量词只有一个：ti⁵⁵sɿ⁵⁵"串"。

2. 反响型：碧约话量词的一个重要特征是反响型量词非常丰富。在名量词和动量词中都有广泛的分布。例如：

la³¹ɲi⁵⁵thɯ³¹ɲi⁵⁵　　一根手指	ɯ⁵⁵po⁵⁵thɯ³¹po³³　　一道田埂
手指 一 根	田埂 一 道
thɯ³¹ne³¹ne³¹　　捏一下	tshoŋ⁵³thɯ³¹pɔ³³pɔ³³　打一枪
一 下 捏	枪 一 枪 打

碧约话量词的语音特征，是受到碧约话词类和句法的语音特征制约的。碧约话不同词类音节特点不同。基数词都是单音节词，名词中双音节词较为常见，这样双音节的数量结构与双音节的名词结合，构成碧约话体词短

语常见的四音节结构；动词多为单音节词，双音节的数量结构与单音节的动量词结合，构成碧约话谓词短语常见的三音节结构。反响型量词的大量存在，也与碧约话对韵律的要求相关。大量的形容词的重叠式和宾动同形结构证明：碧约话倾向使用重叠双音节词第二个音节的 ABB 结构，反响型量词正是配合音节结构和韵律产生的结果。

二　量词的产生与发展

碧约话的量词主要通过以下两个渠道逐渐形成：

（一）使用本民族的语言材料构成量词。其主要途径有三类：

1. 取固有名词做量词。该量词常常与被修饰词的性状、外形有关。例如：mo^{55}的名词义是"身体"，用作量词表示"头、只"等含义，用作各种动物名词的称量。例如：

pho^{31}ji^{31}thɯ^{31}mo^{55}　　一条天狗　　　　pi^{31}pa^{55}thɯ^{31}mo^{55}　　　一只鳖
天狗　一　条　　　　　　　　　　　鳖　　一　只

又如：khɯ^{55}的名词义是khɯ^{55}me^{33}"线"，用作量词表示"条、根"等细长状物体的称量。例如：

tsʋ^{31}pha^{31}thɯ^{31}khɯ^{55}　一条腰带　　　pha^{55}tɕhi^{31}thɯ^{31}khɯ^{55}　　一条面巾
腰带　　一　条　　　　　　　　　面巾　　一　条

2. 借用表示容量的名词或与量的形成有密切关系的动词做量词。例如借用kha^{33}mɔ^{33}"笆箩"称量体积接近一笆箩的物品；用tsaŋ^{31}"口袋"称量体积约等于一口袋的物品。举例如下：

mi^{31}tsɔ^{31}thɯ^{31}kha^{33}　　一揹柴　　　　tɕhɿ^{55}phʋ^{55}thɯ^{31}tsaŋ^{31}　　一袋米
柴　一　背篓　　　　　　　　　米　　一　口袋

thɯ^{31}tshui^{31}tɯ^{31}　　打一拳　　　　thɯ^{31}thɯ^{55}khʋ^{55}　　　喊一声
一　锤头　打　　　　　　　　　一　声音　叫

v^{55}tshʋ^{31}thɯ^{31}thi^{33}　　一捧水　　　　tɕhɿ^{55}phʋ^{55}thɯ^{31}tu^{55}　　一驮米
水　一　捧　　　　　　　　　　米　一　驮

3. 使用被修饰的名词、动词的全部或部分音节做量词。例如：

lo^{31}tɕhɿ^{55}thɯ^{31}tɕhɿ^{55}　一只臼　　　o^{55}ko^{55}thɯ^{31}ko^{55}　　一只竹纺锤
臼　　一　只　　　　　　　　　纺锤　一　只

（二）借用其他语言的量词。这些词是随着生活的需要以及与周围其他民族的交往而逐渐借入的。主要借自于汉语。其中度量衡量词占多数。例如：

mɯ^{31}nɿ^{31}thɯ^{31}pau^{33}　一包东西　　　tsha^{33}mɔ^{33}thɯ^{31}pa^{31}　　一把调羹
东西　一　包　　　　　　　　　调羹　　一　把

ɯ⁵⁵ju³³thɯ³¹khuɛ³³　　　一块青苔　　　　sɔ³¹kɔ³¹thɯ³¹phian³³　　　一张纸
青苔　一　块　　　　　　　　　　　　纸　一　片

三　量词的类别

碧约话的量词可以分为名量词和动量词两大类。大类下面又可分若干小类。

（一）名量词

1. 名量词的分类

（1）个体量词

个体量词数目较多，可分为反响型量词、类别量词、性状量词、通用量词等四大类。

① 反响型量词（详见后文"反响型量词"部分）

② 类别量词

类别量词用于同一类事物的称量。这类量词数量较少，不超过 10 个，但出现频率很高。举例如下：

tsɿ⁵⁵ "棵"用于树木类的事物名词上：

khe³¹sɛ³³ɔ³¹tsɿ⁵⁵thɯ³¹tsɿ⁵⁵　一棵刺桶树　　　thɔ³¹ɕɿ⁵⁵thɯ³¹tsɿ⁵⁵　　一棵松树
刺桶树　　　　　一　棵　　　　　　松树　　一　棵

sɿ³¹tsha³³ɔ³¹tsɿ⁵⁵thɯ³¹tsɿ⁵⁵　一棵毛木树　　　sy³¹lɿ³³thɯ³¹tsɿ⁵⁵　　　一棵柏树
毛木树　　　　　一　棵　　　　　　柏树　一　棵

kɔ³¹ "个"用于与人有关的名词上：

tshu⁵⁵thɯ³¹kɔ³¹　　　　　一个人　　　　ma³¹tʂʅ̌³¹thɯ³¹kɔ³¹　一个朋友
人　一　个　　　　　　　　　　　朋友　　　一　个

tʂɿ³¹mɔ³³thɯ³¹kɔ³¹　　　　一个官　　　　a⁵⁵tɕɛ³¹thɯ³¹kɔ³¹　　一个姐姐
官　一　个　　　　　　　　　　　姐姐　　一　个

mo⁵⁵ "只、头、匹、条"不分家禽野兽，不分大小外形，可以通用于所有的动物名词上：

mo⁵⁵nv³¹thɯ³¹mo⁵⁵　　　　一头黄牛　　　ŋa³³jo³¹ɕɿ³¹mo⁵⁵　　　三只鸟
牛　一　头　　　　　　　　　　　鸟　　三　只

tɯ⁵⁵tʂɿ³¹thɯ³¹mo⁵⁵　　　　一条泥鳅　　　ja⁵⁵phv³³thɯ³¹mo⁵⁵　一只苍蝇
泥鳅　一　条　　　　　　　　　　苍蝇　　一　只

khɯ³¹thɯ³¹mo⁵⁵　　　　　一只狗　　　　pi³¹sv³³thɯ³¹mo⁵⁵　一只蚂蚁
狗　一　只　　　　　　　　　　　蚂蚁　　一　只

tɕhi³³ "件、条"用于衣物类名词上：

kɔ³¹tʂ̩³¹thɯ³¹tɕʰi³³　　　一件衣服　　　lo³¹tho³¹thɯ³¹tɕʰi³³　　　一条裤子
衣服　　一　　件　　　　　　　　　裤子　　　一　　条

tsa³¹mi³¹thɯ³¹tɕʰi³³　　　一条裙子　　　tshɯ³¹phɯ³¹thɯ³¹tɕʰi³³　一件蓑衣
裙子　　一　　条　　　　　　　　　蓑衣　　　　一　　件

pɔ³¹jɔ³¹thɯ³¹tɕʰi³³　　　一张席子
席子　　一　　张

jɪ⁵⁵ "间"用于房屋类名词上：

mjau⁵⁵faŋ³¹thɯ³¹jɪ⁵⁵　　　一间寺庙　　　jɪ⁵⁵kho⁵⁵thɯ³¹jɪ⁵⁵　　　一间房子
庙　　　　一　　间　　　　　　　房子　　一　　间

kho³¹ "块"用于田地类名词上：

ja⁵⁵khu⁵⁵thɯ³¹kho³¹　　　一块地
地　　　一　　块

nɪ⁵⁵ "穗"用于谷类名词。例如：

li⁵⁵　thɯ³¹nɪ⁵⁵　　　一穗小米　　　tɕʰi⁵⁵nɪ⁵⁵thɯ³¹nɪ⁵⁵　　　一穗谷子
小米　一　穗　　　　　　　　谷子　　　一　　穗

tsɔ³¹ "只"用于成对出现的事物中的一个。例如：

va³⁵tsɿ³¹thɯ³¹tsɔ³¹　　　一只袜子　　　tsv³³tɪ⁵⁵thɯ³¹tsɔ³¹　　　一支筷子
袜子　　一　　只　　　　　　　　筷子　　一　　支

pʰa³¹na³³thɯ³¹tsɔ³¹　　　一只鞋
鞋　　　一　　只

pi⁵⁵ 用于所有的人体排泄物。例如：

ji³¹kʰɔ³¹thɯ³¹pi⁵⁵　　　一个屁　　　thi³¹kʰɔ³¹thɯ³¹pi⁵⁵　　　一口唾液
屁　　　一　　个　　　　　　　　唾液　　　一　　口

ɔ³¹tɕʰi³¹thɯ³¹pi⁵⁵　　　一泡屎　　　u³¹tshɯ⁵⁵thɯ³¹pi⁵⁵　　　一泡尿
屎　　一　　泡　　　　　　　　　尿　　　一　　泡

③ 性状量词

性状量词用于具有同类性质或状态等的名词上。如：sɿ³¹ "个、块、颗"用于圆形或近似圆形的事物名词上。例如：

ja³³v³³thɯ³¹sɿ³¹　　　一个鸡蛋　　　tɕʰɪ⁵⁵phv⁵⁵thɯ³¹sɿ³¹　　　一粒米
鸡蛋　　一　　个　　　　　　　米　　　　一　　粒

jɔ³¹mɔ³³thɯ³¹sɿ³¹　　　一座山　　　ma³¹tsɿ³¹thɯ³¹sɿ³¹　　　一颗子弹
山　　　一　　座　　　　　　　子弹　　　一　　颗

lv³³mɔ³³thɯ³¹sɿ³¹　　　一个石头　　　v³¹kʰi³¹thɯ³¹sɿ³¹　　　一颗头
石头　　一　　个　　　　　　　头　　一　　颗

sๅ³¹jɪŋ³¹thɯ³¹sๅ³¹ 一个桃子　　ko³¹phu⁵⁵thɯ³¹sๅ³¹ 一个萝卜
桃子　一　个　　　　　　　萝卜　一　　个

tho³¹kho³¹thɯ³¹sๅ³¹ 一个冬瓜　　kui³³tsๅ³¹thɯ³¹sๅ³¹ 一个柜子
冬瓜　　一　个　　　　　　柜子　一　个

tshๅ⁵⁵sๅ³¹thɯ³¹sๅ³¹ 一颗扣子　　çi⁵⁵pa³³thɯ³¹sๅ³¹ 一口铁锅
扣子　一　颗　　　　　　　铁锅　一　口

pɣ³¹li³³thɯ³¹sๅ³¹ 一个罐子　　kɯ⁵⁵ɣŋ³¹thɯ³¹sๅ³¹ 一个陀螺
罐子　一　个　　　　　　　陀螺　一　个

tɕiŋ⁵⁵sๅ³¹ thɯ³¹sๅ³¹ 一个秤砣　　sɔ³³lɔ³³thɯ³¹sๅ³¹ 一个铜铃
秤砣　一　个　　　　　　　铜铃　一　个

a³¹tsๅ³³thɯ³¹sๅ³¹ 一粒核　　　xo³¹thɯ³¹sๅ³¹ 一粒饭
核　一　粒　　　　　　　　饭　一　粒

kɣ³³nɣ³¹thɯ³¹sๅ³¹ 一颗糯米　　nɣ³³sๅ³¹thɯ³¹sๅ³¹ 一颗黄豆
糯米　　一　颗　　　　　　黄豆　一　　颗

ni⁵¹sๅ⁵⁵thɯ³¹sๅ³¹ 一粒芝麻　　tsๅ³¹la³¹thɯ³¹sๅ³¹ 一颗花椒
芝麻　一　粒　　　　　　　花椒　一　颗

tʂๅ³¹thɯ³¹sๅ³¹ 一颗药　　　　lo³¹ti⁵⁵seŋ³³thɯ³¹sๅ³¹ 一颗花生
药　一　颗　　　　　　　　花生　　一　颗

phɪ³¹mɔ³³thɯ³¹sๅ³¹ 一面鼓　　çaŋ³³tsๅ³¹thɯ³¹sๅ³¹ 一只箱子
鼓　　一　面　　　　　　　箱子　一　只

khɯ⁵⁵ "条、支、根"，用于直长形物体的名词上。例如：

tɪ⁵⁵kho³¹thɯ³¹khɯ⁵⁵ 一根棍子　　tɕhɪ⁵⁵khɯ⁵⁵thɯ³¹khɯ⁵⁵ 一根头发
棍子　一　根　　　　　　　头发　一　　根

pha⁵⁵tɕhɪ³³thɯ³¹khɯ⁵⁵ 一条毛巾　　tɯ³¹tsɔ³¹thɯ³¹khɯ⁵⁵ 一根绳子
毛巾　一　条　　　　　　　绳子　一　根

ɔ³¹kv³¹thɯ³¹khɯ⁵⁵ 一根筋　　thu³³lɪ⁵⁵lu³³thɯ³¹khɯ⁵⁵ 一根笛子
筋　一　根　　　　　　　　笛子　一　根

ke³¹thɯ³¹khɯ⁵⁵ 一根针　　　kaŋ³¹thɯ³¹khɯ⁵⁵ 一根扁担
针　一　根　　　　　　　　扁担　一　根

tʂๅ³³ "颗"，用于整体里一颗的事物名词上。例如：

pɔ³³lɔ³³nɪ⁵⁵mɔ³³thɯ³¹tʂๅ³³ 一颗葵花籽　　kho³¹çɪ⁵⁵thɯ³¹tʂๅ³³ 一颗大蒜
葵花籽　　　一　颗　　　　　大蒜　一　颗

jv⁵⁵mɔ³³thɯ³¹tʂๅ³³thɯ³¹tʂๅ³³ 一颗稗子
稗子　　　　一　颗

khue³¹、tɕhi³³ "节、截、段"用于成节段状的事物名词上。例如：

ja⁵⁵mɔ³³thɯ³¹tɕhɿ³³　　一段路　　　　phɔ³¹tʂɻ̍⁵⁵thɯ³¹tɕhɿ³³　　　一段甘蔗

路　　一　　段　　　　　　　甘蔗　　一　　段

paŋ³¹paŋ³¹thɯ³¹khue³¹　一块木板　　　tɿ³¹mɔ³³thɯ³¹ khue³¹　　　　一节木头

木板　　一　　块　　　　　　木头　　一　　节

tɕhe³³ "块"用于成片状的事物名词上。例如：

pha⁵⁵thɯ³¹tɕhe³³　　　　一块布　　　　sɔ³¹thɯ³¹tɕhe³³　　　　　　一块肉

布　一　节　　　　　　　　　肉　一　块

tɔ³³ "坨"用于成块状且体积较大的事物名词上。例如：

sɔ³¹thɯ³¹tɔ³³　　　　　一大块肉　　　　ɯ⁵⁵tʂɻ̍⁵⁵thɯ³¹tɔ³³　　　一块泥巴

肉　一　块　　　　　　　　　泥巴　　一　　块

khua⁵⁵和ti⁵⁵sɿ⁵⁵都做成"串"状事物的量词。不同的是前者指的是用线将物体串成串状；后者指的是使用棍子穿过物体形成串状。例如：

sɔ³¹thɯ³¹khua⁵⁵　　　　一串肉　　　　sa³³tv³³thɯ³¹khua⁵⁵　　　一串苞谷

肉一　串　　　　　　　　　　苞谷　　一　　串

sɿ³¹phi⁵⁵thɯ³¹khua⁵⁵　　一串辣椒　　　thaŋ³¹xo³¹lo³¹thɯ³¹ti⁵⁵sɿ⁵⁵　一串糖葫芦

辣椒　　一　　串　　　　　　糖葫芦　　　　一　　串

tsa̠³³ "滴"用于水滴状的事物名词上。例如：

v⁵⁵tshv̠³¹thɯ³¹tsa̠³³　　一滴水　　　　pɯ³¹ja̠³¹thɯ³¹tsa̠³³　　　　一滴露水

水　　　一　　滴　　　　　　露水　　一　　滴

ɔ³¹tshv⁵⁵thɯ³¹tsa̠³³　　一滴油　　　　tʂɿ̠³³pɔ³¹　thɯ³¹tsa̠³³　　　一滴酒

油　　一　　滴　　　　　　　酒　　一　　滴

tɕhi³¹ "顶"用于帽子状的事物名词上。例如：

mɿ⁵⁵lu⁵⁵thɯ³¹tɕhi̠³³　　一顶蘑菇　　　v³¹lv⁵⁵thɯ³¹tɕhi̠³³　　　一顶帽子

蘑菇　　一　　顶　　　　　　帽子　　一　　顶

④ 通用量词

通用量词是个体量词中使用频率最高、搭配范围最广泛的一类。如通用量词ma³³ "个"，适用范围很广，除人物、动物之外的许多名词都可以用它来称量。

ma³³ "个"的搭配对象有约定俗成的范围，不能随便扩大、泛化。例如：

phu³¹ti³³thɯ³¹ma³³　　　一面镜子　　　kɛ⁵⁵ki³³thɯ³¹ma³³　　　　一个锅盖

镜子　　一　　面　　　　　　锅盖　　一　　个

ɕɿŋ⁵⁵tsaŋ⁵⁵thɯ³¹ma³³　　一个头旋　　　tʂɿ³³tha̠³¹thɯ³¹ma³³　　　一个梯子

头旋　　一　　个　　　　　　梯子　　一　　个

tsv³¹ji⁵⁵thɯ³¹ma³³　　　一个主意　　　　jaŋ³¹ɕiŋ⁵⁵thɯ³¹ma³³　　　　一副眼镜

主意　一　个　　　　　　　　　　　　眼睛　一　副

paŋ⁵⁵fa³¹thɯ³¹ma³³　　　一个办法

办法　一　个

有些名词，通用量词和性状量词能换用。例如：

性状量词：　　　　　　　　　　　　　通用量词：

tɯ³³tu⁵⁵thɯ³¹tɕi̱³³　　　一件肚兜　　　　tɯ³³tu⁵⁵thɯ³¹ma³³　　　　一个肚兜

肚兜　一　件　　　　　　　　　　　　肚兜　一　个

有些名词，通用、类别量词和反响型量词能换用。例如：

反响型量词　　　　　　　　　　　　类别量词

ja³³pha⁵⁵thɯ³¹pha⁵⁵　　　一把扫帚　　　ja³³pha⁵⁵thɯ³¹pa̱³¹　　　　一把

扫帚　一　把　　　　　　　　　　　　扫帚　一　把

反响型量词　　　　　　　　　　　　通用量词

ɔ³¹mi⁵⁵thɯ³¹mi⁵⁵　　　一个名字　　　　ɔ³¹mi⁵⁵thɯ³¹ma³³　　　　一个名字

名字　一　个　　　　　　　　　　　　名字　一　个

个别名词可以有反响、性状、通用等多种量词换用。如lv̩³³mɔ³³"板凳"这个名词，"一条板凳"有以下三种说法：

反响型量词　　　　　　　　性状量词　　　　　　　通用量词

tʂ̩³¹thɯ⁵⁵thɯ³¹thɯ⁵⁵　　　tʂ̩³¹thɯ⁵⁵thɯ³¹khɯ⁵⁵　　　tʂ̩³¹thɯ⁵⁵thɯ³¹ma³³

板凳　一　个　　　　　　板凳　一　条　　　　　板凳　一　个

通用量词ma³³有进一步泛化的趋势。部分本身只能由反响型量词、类别量词或性状量词来搭配的名词也可以由ma³³来称量。这种现象在年轻人中越来越普遍。例如：

la̱³¹ta³¹ṉe̱³¹tiau⁵⁵　　　两首歌　　　　la̱³¹ta³¹ṉe̱³¹ma³³　　　　两首歌

歌　两　首　　　　　　　　　　　　歌　两　个

v³¹tshv̩³¹thɯ³¹tɕi̱³³　　　一顶斗笠　　　v³¹tshv̩³¹thɯ³¹ma³³　　　　一个斗笠

斗笠　一　顶　　　　　　　　　　　斗笠　一　个

（2）集体量词

集体量词可分为定量集体量词和不定量集体量词两类。定量集体量词有：kuaŋ³³"双"用于称量成双的鞋类名词。例如：

pʰa̱³¹na̱³³thɯ³¹kuaŋ³³　一双鞋子　　　tshau³¹xɛ³⁵thɯ³¹kuaŋ³³　　一双草鞋

鞋子　一　双　　　　　　　　　　　草　鞋　一　双

除了"鞋"用集体量词"双"来称量外，其他成双成对的事物，或者用"两个"来表达，或者用汉语借词"双"、"对"来称量。例如：

nɔ³¹tsv̩³³n̠e̠³¹ma³³　　　　　nɔ³¹tsv̩³³thɯ³¹tui⁵⁵　　　一对耳环
耳环　两只　　　耳环　一　对

thɔ⁵⁵"副"用于称量成套的tsv̩³¹pha̠³¹"腰带"（碧约传统服饰的组成部分）。例如：tsv̩³¹pha̠³¹thɯ³¹thɔ⁵⁵　　　　一副腰带
　　　　　　　腰带　　　一　副

tɕi⁵⁵"套"用于称量成套的传统服饰。例如：

kɔ³¹tʂn̩³¹thɯ³¹tɕi⁵⁵　　一套衣服
衣服　　一　套

不定量集体量词有：

tsɿ³¹"串"用于称量成串生长的果实类名词。例如：

ji³³mi̠³³thɯ³¹tsɿ³¹　　　一串葡萄
葡萄　　一　串

khɿ⁵⁵"胎、窝、群"用于一胎出生的动物、一窝生养的动物或成群出现的人。例如：

va̠³¹n̠i³³n̠i³³jɔ³¹thɯ³¹khɿ⁵⁵　一胎小猪　　sa³³mɔ³³li³³thɯ³¹khɿ⁵⁵　一胎狼
小猪　一　　胎　　　　　　狼　　　一　　胎

ja³³v̩³³thɯ³¹khɿ⁵⁵　　　　一窝鸡蛋　　ŋa³³jɔ³¹thɯ³¹khɿ⁵⁵　　一窝小鸟
鸡蛋　一　窝　　　　　　　小鸟　一　窝

tshu⁵⁵thɯ³¹khɿ⁵⁵　　　　　一群人　　　ɕɔ³⁵sɤŋ³³thɯ³¹khɿ⁵⁵　　一群学生
人　一　群　　　　　　　学生　一　群

kha³³"柄"用于长在一起的数个果实类名词。例如：

tsho³¹phi³¹thɯ³¹kha³³　　　一柄生姜　　ŋa³³sɿ³¹thɯ³¹kha³³　　一柄芭蕉
生姜　　一　柄　　　　　　芭蕉　一　柄

tsɿ³¹"把"指借助绳子等捆绑起来的一束植物。例如：

kɔ³¹n̠i⁵⁵thɯ³¹tsɿ³¹　　　　　　　一把青菜
菜青　一　把

khɯ³¹sa⁵⁵nɿ⁵⁵kv̩³¹thɯ³¹tsɿ³¹　　　　　一把鱼腥草
鱼腥草　　　一　　把

（3）容积量词

表示体积单位或器物容量单位。例如：

khuŋ⁵³"篮、箩"。例如：

kv̩³¹tsha̠³¹thɯ³¹khuŋ⁵³　一篮蔬菜　　mi³¹tsɔ³¹thɯ³¹khuŋ⁵³　一箩筐柴火
蔬菜　一　篮　　　　　　柴火　一　箩筐

tsaŋ³¹"袋"。例如：

phv⁵⁵tɤ̩³¹thɯ³¹tsaŋ³¹　　　一袋子钱　　　tɕhɿ⁵⁵phv⁵⁵thɯ³¹tsaŋ³¹　　一口袋米

财宝　　一　　袋　　　　　　　　米　　　　　一　　袋

koŋ³³"瓶"、kuŋ⁵⁵"壶、罐"、lo³¹"杯"用于液体的称量。例如：

tʂɿ³³po³¹thɯ³¹koŋ³³　　　　一瓶酒　　　ɔ³¹tshv⁵⁵thɯ³¹koŋ³³　　　一瓶油

酒　　一　瓶　　　　　　　　　油　　　一　瓶

tʂɿ³³po³¹thɯ³¹kuŋ⁵⁵　　　　一罐酒　　　ɔ³¹khɿ⁵⁵thɯ³¹lo³¹　　　　一杯茶

酒　　一　罐　　　　　　　　　茶　　　一　杯

po⁵⁵"盆"用于盆装物体的称量。例如：

a³¹ji³³thɯ³¹po⁵⁵　　　　　　一盆花

花　　一　盆

xaŋ³¹"口"指成人一口的容量。例如：

xo³¹thɯ³¹xaŋ³¹　　　　　　一口饭　　　tʂɿ³³po³¹thɯ³¹xaŋ³¹　　　　一口酒

饭　一　口　　　　　　　　　　　酒　　一　口

thv³³"把"指成人手掌所能抓住的容量。例如：

tɕhɿ⁵⁵phv⁵⁵thɯ³¹thv³³　　　一把米

米　　　一　把

（4）度量衡量词

度量衡量词分标准度量衡和非标准度量衡量词两大类。碧约话非标准度量衡量词多是固有词，有的是由身体名词演变而来。如thɯ³¹ȵi³³"一指长"的ȵi³³是从la̠³¹ȵi³³"手指"演变而来的。例如：（本节的例子除注明是固有词外均是汉语借词）

li³³　　　庹（成年人两臂左右平伸时的长度；约五尺）（固有词）

thu⁵⁵　　揸（拇指与中指张开的距离）（固有词）

tʂhɿ³⁵　　尺（相当于两揸）（固有词）

tshɿ³¹　　指节（一般指成人食指第一节的长度）（固有词）

ȵi³³　　　指长（指成人食指的长度）（固有词）

pe³³　　　抱（成人手臂合抱的长度）（固有词）

tɕa³³　　　架（指一头牛能耕种的田地面积）

碧约话的标准度量衡量词，既有本语固有词，也有汉语借词，其中多数是汉语借词。例如：

重量单位

ɕin³³　　　　　　　斤　　　tɕhian³¹　　　　钱

loŋ³¹　　　　　　　两　　　tɕhɿ⁵⁵　　　　　分

钱币单位

khue³¹　　　元　　　　　　　xɔ³¹　　角　　　fɤŋ³³　分

体积单位：

| tvŋ³¹ | 斗（十升） | svŋ⁵⁵ | 升 |
| tsɔ³¹ | 石（固有词） | taŋ³³ | 担 |

长度、面积单位：

| tshun³³ | 寸 | li³¹ | 里 |
| mu³¹ | 亩 | lo³¹ | 坵（固有词） |

（5）时间量词

用于计算时间单位的量词。常用的有：tɪŋ³¹ "点钟"、ʂɿ³¹seŋ³³ "小时"、tha³¹lạ³¹ "（一）会儿"、ni³³ "天"、mɪ⁵⁵ "夜"、lɔ³³ "月"、khγ³¹ "年"、jɪ⁵⁵ "辈子"等。例如：

thɯ³¹ɲi³³　　　一天　　　　　　thɯ³¹lɔ³³　　　　　　一个月
　一　天　　　　　　　　　　　　一　　月

thɯ³¹khγ³¹　　　一年　　　　　　thɯ³¹ʂɿ³¹seŋ³³　　　　一个小时
　一　年　　　　　　　　　　　　一　小　时

2. 名量词的语法特征

（1）量词的使用具有强制性。

名词在计量时，不能直接用数词计量，必须与量词结合后才能修饰名词或动词。例如：

ɔ³¹po⁵⁵ɕɪ³¹khɯ⁵⁵　　　三根竹子　　　tʂɿ³³pɔ³¹ŋɔ³¹kɔŋ³³　　五瓶酒
竹子 三 根　　　　　　　　　　　　酒　　五　瓶

ɔ³¹po⁵⁵ɕɪ³¹　　　　　三根竹子*　　　tʂɿ³³pɔ³¹　ŋɔ³¹　　　　五瓶酒*
竹子 三　　　　　　　　　　　　　酒　　五

（2）数量结构可以做句子成分，也可以独立成句。

ji³¹khɔ³¹ɕɪ³¹kɔ³¹ɔ³¹kho⁵⁵lia⁵⁵ta⁵⁵mo⁵⁵tsɿ³³mo⁵⁵ e³³.
他 三 个 里面 高 最 （叠）（语）
他是三个里面最高的。

thɯ³¹tɕiŋ⁵⁵ŋɔ³¹lɔŋ³¹ŋɛ⁵³? 一斤是五两吗?　　tshɯ⁵⁵lɔŋ³¹. 十两。
一斤 十两 （语）　　　　　　　十 两

（3）数量结构词在句中可以与形容词、指示代词搭配使用。例如：

e⁵⁵thɯ³¹kɔ³¹ŋɔ³³kɯ³³a³³pa³¹ŋɛ³³. 　　那个人是我爸爸。
那 一 个 我 的 爸爸 是

e⁵⁵thɯ³¹khγ³¹ji³¹khɔ³¹mɔ³¹tsɔ³¹. 　　他没吃那碗。
那 一 碗 他 没 吃

e⁵⁵ɔ³¹tshγ⁵⁵tshγ⁵⁵kɯ³³thɯ³¹kɔ³¹ŋɔ³³kɯ³³a³³pa³¹ŋɛ³³. 胖胖的那个是我爸爸。
那 胖胖 的 一 个 我 的 爸爸 是

ʂ⁵⁵phi³¹kɯ³³e⁵⁵thɯ³¹mo⁵⁵ŋa⁵⁵ma³¹ɕi³¹xuaŋ³³kɯ³³.　　　死掉的那只不是我喜欢的。

死（貌）的 那 一 只 我 不 喜欢　　的

nv⁵⁵a³¹ʂ̩³¹thɯ³¹tɕhi³³ti³³.　　　　　　　　你穿那件新的吧！

你 新 一 件 穿

nv⁵⁵ta³³mo⁵⁵mo⁵⁵thɯ³¹tsɳ̍⁵⁵tʐ̩³³.　　　　　你砍这棵高的。

你 高　　　一 棵 砍

tɕhɿ⁵⁵khuɿ⁵ta⁵⁵mo⁵⁵phi³¹thɔ³¹kɯ³³e⁵⁵thɯ³¹kɔ³¹ji³¹khɔ³¹kɯ³³jɔ³¹mi³¹ŋe³³.

头发 长 编 着 的 那 一 个 他　 的 女儿 是

梳着长辫子的那个是他女儿。

（4）量词与数词、指示代词共同修饰名词时的语序有两种。名词和指示代词都在数量短语之前：

① 名词+指示代词+数词+量词。例如：

sɔ³¹kɔ³¹xe³⁵nɛ̠³¹peŋ³¹　　　　这两本书　　　ɕɔ³⁵sɤŋ³³e⁵⁵ŋɔ³¹kɔ³¹　　那五个学生

书　 这 两 本　　　　　　　学生　 那 五 个

ja̠³³xe³⁵thɯ³¹mo⁵⁵　　　　　这一只鸡　　　va³¹e⁵⁵ɕɿ³¹mo⁵⁵　　　那三头猪

鸡 这 一 只　　　　　　　猪 那 三 头

② 指示代词+名词+数词+量词。例如：

xe³⁵sɔ³¹kɔ³¹nɛ̠³¹peŋ³¹　　　　这两本书　　　e⁵⁵ɕɔ³⁵sɤŋ³³ŋɔ³¹kɔ³¹　　那五个学生

这 书 两 本　　　　　　　那 学生 五 个

xe³⁵ja̠³³thɯ³¹mo⁵⁵　　　　　这一只鸡　　　e⁵⁵va³¹ɕɿ³¹mo⁵⁵　　　那三头猪

这 鸡 一 只　　　　　　　那 猪 三 只

相比较第一种顺序，第二种顺序更加常用。

（二）动量词

1. 动量词的分类

（1）频率、计量动量词

o⁵⁵："趟、回"。例如：

ŋa⁵⁵khue³³miŋ³¹a³³ɕi⁵⁵o⁵⁵li³³　ku³³pa⁵³.　　　我曾去过昆明三次。

我 昆明　 （方）三次 去（体）（体）

ji³¹khɔ³¹ɕɿ³¹o⁵⁵la⁵⁵pa⁵³.　　　　　　　　他来了三趟。

他　 三 遍 来（体）

phv⁵⁵："次、场、遍"。例如：

thɯ³¹phv⁵⁵ji³¹tsa̠³³　　　睡一觉　　　thɯ³¹phv⁵⁵tɯ³¹　　　打一顿

一 觉 睡　　　　　　　　　　　一 顿 打

thɯ³¹to³¹ku⁵⁵　　　　　唱一句　　　thɯ³¹phv⁵⁵xo⁵⁵　　　下一场雨
一　句　唱　　　　　　　　　　　　一　场　雨

ja³³phi⁵⁵ɕɿ³¹phv⁵⁵tɿ⁵⁵　　鸡叫三遍　　thɯ³¹phv⁵⁵lo³³ʂɿ³¹　　摔一次跤
公鸡　　三　遍 叫　　　　　　　　　一　　次　摔跤

ji³¹khɔ³¹nɔ³⁵tsu⁵⁵xɔ³¹tɕi³¹phv⁵⁵tɛ⁵³la³³pa⁵³.　他来找过你好几次。
他　　你（受）好几　　次　找 来（体）

phɿ⁵⁵："顿"。例如：

thɯ³¹phɿ⁵⁵tsɔ³¹　　　　　　吃一顿
一　顿　吃

tsuaŋ³³ "转、圈" 借自汉语的"转"。例如：

tshv³³tsɿ³¹tho³¹xɿ³³thɯ³¹tsuaŋ³³jo³¹phi³¹.　骑车转一圈。
车　骑　着（连）一 圈　走（貌）

thv̩³¹ "步"。例如：

thɯ³¹ṇɛ³thv̩³¹jo³¹tɿ³¹tɿ³¹.　　　　　　走两步试试。
一　两 步　走 看看

thɯ³¹thv̩³¹xa³³mɔ³¹jo³¹tshv⁵⁵.　　　　一步也走不动了。
一　步 也 不 走 能

（2）持续动量词：thɯ³¹la̩³¹："一下"、"一会儿"表示动作短时持续。

tv̩³¹tsho⁵⁵thɯ³¹la̩³¹pa⁵⁵tv̩³¹laŋ³³ ŋɯ³³.　帮我补一下补丁。
补丁　一下　帮 补（助）（助）

tso³¹li⁵⁵thɯ³¹la̩³¹li⁵⁵.　　　　　　刮了一会儿风。
风　一会 刮

ji⁵⁵to⁵⁵ma³³thɯ³¹la̩³¹ṇi⁵⁵pa⁵³.　　全家痛哭了一会儿。
家　地 一　会 哭（体）

mi³¹tsɔ³¹tha³¹la̩³¹tɕhɿ³¹　　　　劈一下柴
柴　一下 劈

nv⁵⁵nɿ³¹mɔ³³tsu⁵⁵v̩³¹khɿ³¹thɯ³¹la̩³¹kha̩³³pi³¹ji³³va̩³¹.
你 妹妹（受）头　一下　梳　给 去（语）
你去给妹妹梳一下头吧！

ɕɔ³¹jaŋ³¹xɿ³³ɕɔ³¹li³¹ki³³li³³kv³³lv³³ti³³　thɯ³¹la̩³¹mi³¹tsha³³.
小 杨（连）小李 叽叽咕咕　（状）一 会 说（貌）
小杨和小李叽叽咕咕地商量了一阵。

thɯ³¹tshaŋ³¹："一阵"。表示动作在一段时间内持续。例如：

ji³¹khɔ³¹thɯ³¹tshaŋ³¹ji³¹tsa̩³³xɿ³³nɿ³¹　le⁵⁵　pa⁵³.
他　一 阵　睡觉（连）醒（貌）（体）

他睡了一阵，醒了。

jɔ^{31}v^{33}tshɔŋ^{53}thɯ^{31}tshaŋ^{31}pɔ̱^{33}phi^{35} xɪ^{33}tshu^{31}phi^{35} pa^{53}.

他们 枪 一 阵 打（貌）（连）跑 （貌）（体）

他们放了一阵枪，马上就逃跑了。

（3）借用动量词

① 借用器官

tshui^{31}：“拳、锤”。例如：

ji^{31}khɔ^{31}ŋɔ^{35}tsu^{55}thɯ^{31}tshui^{31}tɯ^{31}pi̱^{31}.　他给了我一拳。

他 我（受）一 拳 打 给

pa̱^{31}ʂɿ^{33} “巴掌”。例如：

e^{55}tshu^{55}ja̱^{31}jo^{33}thɯ^{31}kɔ^{31}ji^{31}khɔ^{35}ȵe̱^{31}pa̱^{31}ʂɿ^{33}kua^{35}pi̱^{31}.

那 人 男 一 个 他 两 巴掌 刮 给

那个男人给了他两记耳光。

thɯ^{55} “声”，借自ɯ^{31}thɯ^{55} “声音”。例如：

thɯ^{31}thɯ^{55}khv^{55}　喊一声

一 声 喊

② 借用工具

pha^{55}pɪ^{55}：“口袋”。例如：

thɯ^{31}pha^{55}pɪ^{55}pɪ^{33}ki^{33}　装一口袋

一 口袋 装进

tsaŋ^{31}：“袋子”。例如：

thɯ^{31}tsaŋ^{31}pɪ^{33}ki^{33}　装一袋子

一 袋子 装进

tshɯ^{31}：“锄头”。例如：

thɯ^{31}tshɯ^{31}tv̱^{31}　挖一锄

一 锄 挖

pi^{35}：“笔”。例如：

thɯ^{31}pi^{35}tshv̱^{33}　写一笔

一 笔 写

ɕi^{55}va̱^{31}：“锅”。例如：

thɯ^{31}ɕi^{55}va̱^{31}tsɔ^{31}　吃一锅

一 铁锅 吃

tsha̱^{33}：“勺子”。例如：

thɯ^{31}tsha̱^{33}mɔ^{33}tu^{55}　喝一勺

一 勺子 喝

tsɤŋ³³："针"。例如：

ji³³seŋ³³ji³¹khɔ³¹ɕɪ⁵⁵tsɤŋ³³tɯ³¹xɪ³³tʂʰ³¹v³³pi ³¹.

医生　他　　三　针　打（连）药　给

大夫给他打了三针，还给开了药。

mo³³tso³¹："刀"。例如：

ji³¹khɔ³¹tsu⁵⁵mo³³tso³¹thɯ³¹ji³³　thi⁵⁵phi³¹.　他被划了一刀。

他　（受）刀　　一　割（貌）（貌）

（4）反响型动量词

　　反响型动量词是指动词与量词形式相同的量词。根据量词来源的不同，反响型动量词可以分为来源于名词和动词两类。（详见"反响型量词"）

① 来源于动词。例如：

thɯ³¹tɕʰɪ³¹tɕʰɪ³¹　　　　劈一下　　　　thɯ³¹tɔ³¹tɔ³¹　　　砍一刀

一　下　劈　　　　　　　　　　　一　刀　砍

thɯ³¹xua³³xua³³　　　　　写一笔　　　　thɯ³¹tʂʰ³³tʂʰ³³　　夹一下

一　划　画　　　　　　　　　　　一　下　夹

② 来源于名词。例如：

suaŋ⁵⁵phaŋ³¹nɛ³¹phaŋ³¹phaŋ³¹　　　　　打两下算盘

算盘　　两　下　算

phu³¹tɪ³¹thɯ³¹tɪ³¹tɪ³¹　　　　　　　　照一下镜子

镜子　一　下　照

sɤ³¹thi̠³¹ thɯ³¹thi̠³¹thi̠³¹　　　　　　打一下结子

结字　一　下　打

ɔ³¹nɪ⁵⁵thɯ³¹nɪ⁵⁵nɪ⁵⁵　　　　　　　　闻一下气味

气味 一　下　闻

thv³¹phv³¹thɯ³¹phv³¹phv³¹　　　　　　拔一罐火罐

火罐　　一　次　拔

（5）时间量词。计量动作发生时长。例如：

ŋa⁵⁵a³¹xa ³¹to³¹ɕɪ³¹khɤ ³¹ɕɔ³⁵phi³⁵　pa⁵³a⁵⁵xa⁵⁵pɛ ³¹kɯ³³mɔ³¹mɔ ³³.

我 汉语　话 三年　学（貌）（体）但是 说 得 不 好

我虽然学了三年汉语，还是说不好。

ŋɔ³¹v³³nɛ ³¹ni³³jo³¹xɪ³³tsɛ³¹ɕiŋ⁵⁵tsa³³khɯ³¹li³³pa⁵³.　我们走了两天才到县里。

我们　两　天 走（连）才 县 里 到 去（体）

ŋɔ³³kɯ³³tsɤ ³¹pha ³¹thɯ³¹thɔ⁵⁵thɯ³¹lɔ³¹ɔ³¹tɕi³¹kɤ ³¹phi³¹.

我 的　腰带　一　副　一 月 多　绣（貌）

我的一副腰带绣了一个多月。

ji³¹khɔ³¹n̠i⁵⁵kɯ³³thɯ³¹ʂɿ³¹seŋ³³tsa³³ji⁵⁵pa⁵³.　　　　　他哭了快一个小时了。

他　　哭　的　一小时　有（体）

ŋɔ³¹v³³ji³¹khɔ³⁵tsu⁵⁵na̠³³na̠³³thɯ³¹sɔ³¹tu³³khu⁵⁵pa⁵³.　我们等了他一上午。

我们　他　（受）上午　一　个　等　　（体）

2. 动量词语法特征：

（1）动量词可以与疑问代词、指示代词搭配，充当句子成分。例如：

a³³pa³¹n̠i⁵⁵tʂɿ³¹tsu⁵⁵xɔ³³mu³³tɯ³¹tɯ³¹phi³¹pr⁵³?　　　爸爸打了弟弟几下？

爸爸　弟弟　（受）多少　下　打（貌）（语）

e⁵⁵thɯ³¹tɯ³¹nɔ³¹ji³¹khɔ³¹　n̠i³³　tɯ³¹ŋe³³.　　　　那下是他打的。

那（一）下（话）他　　（施事）打　是

（2）动量结构一般在句中做状语。动量结构与指示代词、时间名词、方位名词、副词等结合在句中充当主语、状语等成分。例如：

e⁵⁵thɯ³¹tʂaŋ⁵⁵tɯ³¹kɯ³³khia⁵³mo̠³³e³³.　　　　　那一仗打得很漂亮。

那　一　仗　打　得　很　好

e⁵⁵thɯ³¹phv⁵⁵a³³　n̠i³³　ŋa⁵⁵ji³¹khɔ³¹a³³tɕe³¹ʂɿ³¹la̠³¹lɯ³³.

那　一　次　（话）（从）我　他　姐姐　知道　（人）

因为那一次，我认识了她姐姐。

xe³⁵thɯ³¹o⁵⁵ti⁵⁵la³³kɯ³³ji³¹khɔ³¹mu⁵⁵su³³kɯ³³ko³³xu³¹kɯ³³sv³³mɔ³¹ tv⁵⁵ŋe³³.

这　一　次　回来　的　他　看　　的　之前　的　像　不　像（语）

这次回来看到的他完全不像以前了。

ko³³xɔ³¹thɯ³³o⁵⁵ŋa⁵⁵ji³¹khɔ³⁵tsu⁵⁵pa⁵⁵mi⁵⁵ jɔ³¹n̠i³³thɯ³¹o⁵⁵nv⁵⁵ŋɔ³⁵tsu⁵⁵pa⁵⁵mi⁵⁵!

前面　一　次　我　他　（受）帮忙　今天　一　次　你　我（受）帮忙

上回我帮他，这回你帮我吧！

tse⁵³thɯ³¹phv⁵⁵ŋa⁵⁵khv⁵⁵tsɔ³¹.　　　　　　　下次我请客。

再　一　次　我　叫　吃

jɔ³¹mɯ⁵⁵thɯ³¹phv⁵⁵ŋa⁵⁵nɔ³⁵tsu⁵⁵pi³³tu⁵⁵ tse⁵³thɯ³¹phv⁵⁵xa³³nv⁵⁵tʂɿ³³pɔ³¹ mɔ³¹

今天　　一　次　我　你（受）给　喝　再　一　　次　的话　你　酒　　不

tu⁵⁵kɔ³¹ji⁵⁵pa⁵³.　　　　　　　　这一次我让你喝，下一次不可以喝酒了。

喝　能（体）

此外，部分数词为"一"的动量结构还可以插入否定词。构成"一 V 不 V"的结构。如：

ji³¹khɔ³¹thɯ³¹to³³（xa³³）mɔ³¹to³³ma³³e⁵⁵tsa³¹n̠i⁵⁵tsa̠³³thɔ³¹.

他　　一　动　（都）不　动　地那里　坐　（貌）

他一动不动地坐在那里。

（3）动量词不能直接重叠，动量短语可以重叠，表示动作的重复。

例如：

ji³¹khɔ³¹thɯ³¹phv⁵⁵mi³¹phi³¹thɯ³¹phv⁵⁵mi³¹ tsŋ⁵⁵faŋ³¹e³³.

他　　一　遍　说完　一　　遍　说　很　烦（语）

他说了一遍又一遍，真烦人。

ji³¹khɔ³¹thɯ³¹phv⁵⁵thɯ³¹phv⁵⁵ti³³mi³¹.　　　　他一遍一遍地说。

他　　一　遍　一　遍　地　说

thɯ³¹phɪ⁵⁵a̠³¹ pɣ³³thɯ³¹phɪ⁵⁵a̠³¹me̠³¹.　　　饥一顿饱一顿。

一　顿（话）饱一　顿（话）饿

ɔ³¹phv⁵⁵tha³¹la̠³¹tha³¹la̠³¹ti³³na⁵⁵lɯ⁵⁵.　　　（我）肚子一阵阵疼。

肚子　一　下　一　下（助）疼（人）

四　一类特殊的量词——反响型量词

反响型量词①是指与被限定的名词或动词形式相同的量词②。碧约话是哈尼语的支系方言之一。反响型量词不仅大量存在，其本身还具有区别于其他语言反响型量词的特点。结合调查所得的语料，本文对反响型名量词和反响型动量词的来源、分布、句法特征以及发展演变的情况分布进行了考察。

1. 反响型名量词

（1）反响型名量词的特点

通过对碧约话常用的 2031 个名词逐一考察，发现其中有 173 个名词可以产生反响型名量词。与其他语言或方言相比，主要有以下三个特点。

① 反响型名量词主要是反响名词词根

反响型名量词主要是单音节量词，目前还未发现双音节的量词。这大约是受到了碧约话单音节为主的量词系统的制约。当限定的名词是单音节时，反响型量词反响整个名词。例如：

to³¹thɯ³¹to³¹　　　一句话　　　　　lu³¹thɯ³¹lu³¹　　　　一艘船

话　一　句　　　　　　　　　　　　船　一　只

当限定的名词是双音节时，量词既有反响名词的前一音节的，也有反响名词的后一音节的。双音节名词中反响前一音节的如：

---

① 反响型量词在学术界有多种不同的称法，如拷贝型量词、反身量词、回应量词、临时量词、专用量词等。由于多数语言的反响型量词只有名量词一种，部分学者将反响型量词直接归入个体量词。这里的反响型量词既包括反响型名量词也包括反响型动量词。

② 参阅戴庆厦、蒋颖《论藏缅语的反响型名量词》，《中央民族大学学报》（哲学社会科学版）2005年第 2 期。

lo⁵⁵po³¹ɕɿ³¹lo⁵⁵　　　三条河　　　　　ma³³phɯ³¹thɯ³¹ma³³　　　一张脸

河流　三　条　　　　　　　　　脸　　　　一　张

jɿ⁵⁵kho⁵⁵ŋo³¹jɿ⁵⁵　　　五间屋　　　　　kha³³mo³³ŋe̥³¹kha³³　　　两只背篓

屋子　五　间　　　　　　　　　背篓　　两　只

反响后一音节的如：

tsa⁵⁵tsɿ³³thɯ³¹tsɿ³³　　一张桌子　　　　a³¹ji³³thɯ³¹ji³³　　　　　一朵花

桌子　一　张　　　　　　　　　花　　　一　朵

tsɿ̥⁵⁵tha³¹thɯ³¹tha³¹　一级台阶　　　　tɕʰɿ⁵⁵khɯ⁵⁵thɯ³¹khɯ⁵⁵　一根头发

台阶　　一　级　　　　　　　　头发　　　一　根

　　在调查所得的 173 个反响型名量词中，反响单音节名词的只有 6 个，仅占 3.47%。反响双音节名词的大多数都是反响第二个音节。反响前一音节的量词只有 9 个，仅占反响双音节名词总数的 5.20%。

　　碧约话形成以"后反响"为主的特征，是受到量词语义选择和双音节词构词方式两方面条件的制约。具体表现在双音节名词被选作反响型量词的语素往往是该词的主要意义所在，且多出现在第二个音节。例如：

a³¹ji³³thɯ³¹ji³³　　　一朵花　　　　　xo³¹khuŋ⁵³thɯ³¹khuŋ⁵³　　一个饭蒸

花　　一　朵　　　　　　　　　饭蒸　　一　个

　　上例的 a³¹ji³³ "花"由前缀 a³¹ 和词根 ji³³ 构成，因此选择了词根 ji³³ 作量词；xo³¹khuŋ⁵³ "饭蒸"是由表示"饭"的语素 xo³¹ 和表示"蒸笼"的语素 khuŋ⁵³ 构成，因此选择了后一音节作量词。又如：

pha³¹li³¹thɯ³¹pha³¹　一片叶子　　　　ŋa³³pha³¹thɯ³¹pha³¹　　一片蕉叶

叶子　　一　片　　　　　　　　蕉　叶　一　片

　　上面两个例子中，pha³¹ 作为词根语素"叶"一个在前，一个在后。均被选做反响量词。

　　个别两个语素重要性不分上下的并列复合双音节词，则既可以反响前一语素，也可以反响后一语素。例如：

jɿ⁵⁵to⁵⁵thɯ³¹jɿ⁵⁵　　　　　　　　jɿ⁵⁵to⁵⁵thɯ³¹to⁵⁵　　　　一户人家

家　一　家　　　　　　　　　　家　一　家

　　jɿ⁵⁵to⁵⁵ "家"是由表示房屋的语素 jɿ⁵⁵ 和表示家庭的语素 to⁵⁵ 并列构成，因此有两种反响方式。由于 jɿ⁵⁵ 同时可以作为表示房屋的类别量词限定其他名词，所以前一种用法更为常见。

　　② 反响型名量词可与其他个体量词替换使用

　　一部分碧约话的反响型名量词可以与通用量词、类别量词或性状量词等其他个体量词替换使用。例如：

反响型量词	性状量词	通用量词
tʂɿ³¹thɯ⁵⁵thɯ³¹thɯ⁵⁵	tʂɿ³¹thɯ⁵⁵thɯ³¹khɯ⁵	tʂɿ³¹thɯ⁵⁵thɯ³¹ma³³
板凳　　一　　个	板凳　　一　　条	板凳　　一　　个
tɕɿ³³kv³¹thɯ³¹kv³¹	tɕɿ³³kv³¹thɯ³¹khɯ⁵⁵	tɕɿ³³kv³¹thɯ³¹ma³³
桥　　一　　座	桥　　一　　条	桥　　一　　座

以上用法虽然可以相互替换，但三者之间在语用上存在细微的差异。反响型量词不反映被限定词的性状或类别；而性状、类别量词则有性状、类别的意义。

③ 反响型名量词句法功能有局限性

反响型名量词的句法功能与其他个体量词相比较，有两个不同的特点。一是反响型量词不能脱离来源的名词独立使用。例如：

xe³⁵thɯ³¹khɯ⁵⁵ta⁵⁵mo⁵⁵tsɿ⁵⁵mo⁵⁵, e⁵⁵thɯ³¹khɯ⁵⁵ta⁵⁵mo⁵⁵mɔ³¹mo⁵⁵e³³.

这　一　座　长　　很（叠）那　一　　座　长　　不（叠）（语）

这座（桥）长，那座不长。

e⁵⁵thɯ³¹kv³¹ta⁵⁵mo⁵⁵tsɿ⁵⁵mo⁵⁵　e³³. *　　　那座（桥）很长。

那　一　座　长　　很（叠）（语）

khɯ⁵⁵作为表示细长类的性状词，本身具有概念意义，可以与数词构成数量结构用来指代名词；但kv³¹来源于tɕɿ³³kv³¹"桥"的第二个音节，没有明确的概念义，表义不充足，除非有上下文语境，否则不能独立做句子成分。

二是部分数量结构可以重叠使用，做状语表示动作依次（或重复）进行，还可以帮助表达动作进行的状态，例如：thɯ³¹kɔ³¹（一个）thɯ³¹kɔ³¹（一个）ti³¹（地）suaŋ⁵⁵（算）"挨个数"。反响型量词则没有这个用法。

（2）反响型名量词的形成、演变的原因及过程

前人对藏缅语量词的比较研究已经证明：最早产生的量词是部分非标准度量衡量词和集体量词。个体量词是量词发展的第二个层次。在个体量词中，反响型名量词是最古老的一类[①]。至于反响型量词在产生后是如何发展的，过去并没有深入的研究。本书从碧约话的语言事实出发，尝试提供一些线索。

我们认为，在碧约话反响型名量词产生初期，大部分的双音节个体名词以反响的方式产生了量词，在韵律的支配下只反响双音节词的后一音节。这一点是藏缅的共性。比如在绿春大寨哈尼语中可以得到验证：绿春哈尼

---

① 徐悉艰（1994）、李宇明（2000）、蒋颖（2005）等人的相关论文均从不同角度对这一结论作出了充分论证。

语几乎所有的双音节个体名词都可以产生反响型量词，并一致反响第二个音节。反响型量词产生之初是通过语法化的手段、作为填充语法结构的单位而存在，仍具有原名词的词汇意义，因此只能专用于词义相等的该名词本身的称量。[①]碧约话中还保存这一部分这样的反响型量词。例如：

| sa³³tv³³thɯ³¹tv³³ | 一个苞谷 | ji⁵⁵kv³³thɯ³¹kv³³ | 一道门 |
| 苞谷　一个 | | 门　一道 | |

tv³³和kv³³作为量词仅用于限定"苞谷"和"门"，不能来表示其他任何名词的量，也不带有与"苞谷"、"门"相关的概念意义。

随着人们对语言认识的发展，辨识词根语素能力的增强，反响型量词由单纯选择第二音节转变为有目的地选择词根语素，词根在第一音节的词语由反响第二个音节向第一个音节转移。这样，碧约话中就出现了"前反响"和"后反响"两种格式。上述转移的过程可以从与其他支系方言的比较中得到证明：

碧约话　　　　　　　　　　　绿春话

| ke³³tʂ̩³¹thɯ³¹ke³³ | 一条街 | ka⁵⁵tʂ̩³¹tɕhi³¹tʂ̩³¹ | 一条街 |
| 街　一条 | | 街　一条 | |

从上例可以看出，ke³³是碧约话ke³³tʂ̩³¹"街"的词根语素，碧约话选择了反响前一音节。tʂ̩³¹在绿春话ka⁵⁵tʂ̩³¹"街"里不是词根语素，但是是第二个音节，依然被反响。

与统一反响第二音节的反响型量词相比，依据词根进行反响的量词在表意功能上有了一定的发展。在使用范围上，摆脱了与来源名词一对一的限定关系，开始扩大到其他带有相同词根的名词上。例如：

| ma̠³³tɕhɿ⁵⁵thɯ³¹tɕhɿ⁵ | 一根眉毛 | na⁵⁵tɕhɿ⁵⁵thɯ³¹tɕhɿ⁵⁵ | 一根鼻毛 |
| 眉毛　一根 | | 鼻毛　一根 | |

量词tɕhɿ⁵⁵"毛"的初始形式，是ɔ³¹tɕhɿ⁵⁵"毛发"通过反响的方式得到的，tɕhɿ⁵⁵作为ɔ³¹tɕhɿ⁵⁵的词根，带有"毛"的概念意义，后来逐渐扩大使用范围，成为带相同词根的名词ma̠³³（脸）tɕhɿ⁵⁵（毛）"眉毛"、na⁵⁵（鼻子）tɕhɿ⁵⁵（毛）"鼻毛"的共有量词。其他带有词根tɕhɿ⁵⁵"毛"的词也都可以被tɕhɿ⁵⁵限定，如ja̠³³tɕhɿ⁵⁵"鸡毛"、khɯ³¹tɕhɿ⁵⁵"狗毛"等。

一对一的反响方式产生的量词存在数目过大而且缺乏表义特征的缺陷，因此，反响量词的发展必然走上分类和归并的道路。

在分类和归并的过程中，一部分带有明显性状和类别特征的反响型量词被不断地扩大使用范围，用到带同一性状或类别的非同根名词上，于是

---

① 参阅徐悉艰《彝缅语量词的产生和发展》，《语言研究》1994年第1期。

产生性状、类别量词。如性状量词sn^{31}"颗"来源于$ɔ^{31}sn^{31}$"果子"中的反响型量词sn^{31}，但也用在其他带sn^{31}的名词上，例如：

$phɔ^{31}sn^{31}thuɯ^{31}sn^{31}$	一个脚趾头	$tsha^{55}sn^{31}thuɯ^{31}sn^{31}$	一颗痱子
脚趾头　一　个		痱子　　一　个	

后来，sn^{31}的使用范围进一步扩大，用于不带sn^{31}词根的圆形或颗粒状事物名词上，发展成了性状量词。例如：

$pha^{55}pn^{55}thuɯ^{31}sn^{31}$	一个口袋	$pɔ^{31}kho^{31}thuɯ^{31}sn^{31}$	一个蜂筒
口袋　　一　个		蜂筒　一　个	

又如性状量词$khuɯ^{55}$"根"，它来源于名词$khuɯ^{55}me^{33}$"线"，后来又扩大至称量其他带同一词根的、细长状的事物名词上，例如：

$tɕhn^{55}khuɯ^{55}thuɯ^{31}khuɯ^{5}$	一根头发	$pi^{31}khuɯ^{55}thuɯ^{31}khuɯ^{55}$	一根丝
头发　　一　　根		丝　　一　根	

进一步发展后，最终成为称量细长状的事物名词的性状量词。例如：

$ɣ^{31}the̠^{33}thuɯ^{31}khuɯ^{55}$	一根包头	$ɔ^{31}pn^{33}thuɯ^{31}khuɯ^{55}$	一根草
包头　　一　根		草　　一　把	
$tuɯ^{31}tsɔ^{31}thuɯ^{31}khuɯ^{55}$	一根绳子	$mjo^{31}thuɯ^{31}khuɯ^{55}$	一根胡子
绳子　　一　根		胡子　一　根	

这个过程是量词由单纯地填充语法位置向高一级语法化和词汇化提升的过程。但不是所有的反响词根的量词都可以完成这个过程。所以，碧约话中表示性状、类别的量词是有限的。至于哪些反响型量词能够进一步语法化和词汇化，哪些不能，这是一个尚未认识清楚的问题，有待今后进一步研究。

（3）反响型名量词逐渐衰弱的发展趋势

反响型名量词在历史上虽然被广泛使用，但在现代我们可以看到它已经出现逐渐衰退的趋势。主要表现在：

① 新的反响型名量词不再产生

从不同时期借入名词的比较中，可以看出碧约话的新的反响型名量词已经不再产生了。碧约话中有大量的汉语借词，早期借入的名词大多具有反响的能力。例如：

$tsn^{55}thuɯ^{31}tsn^{55}$	一个字	$tsa^{55}tsn^{33}thuɯ^{31}tsn^{33}$	一张桌子
字　　一　个		桌子　　一　张	

但近年来借入的词则不能用反响型名量词称量，多数使用通用量词或借自汉语的量词称量。例如$tshɣ^{33}$（车）$thuɯ^{31}$（一）ma^{33}（辆）"一辆车"、$teŋ^{55}thuŋ^{31}$（电筒）$thuɯ^{31}$（一）ma^{33}（只）"一只电筒"等。但也有部分中老年人会根据事物的特征选用碧约话的性状量词来称量，例如：$ji^{31}phɔ^{55}$"鱼

泡"借自汉语，因为其形状是圆形，用 $sı^{31}$ "颗"称量。

②　反响型名量词的使用出现年龄差异

不同年龄段的人虽然都能听懂反响型名量词，但实际使用中存在是否使用和反响音节选择的差异。

生活在城镇或村寨的中老年人多数都能较好地运用反响型名量词进行交流。成长在城镇中的青少年已经几乎不会使用反响型量词了；生活在村寨的青少年中汉语水平较低者倾向于使用通用量词 ma^{33} 替换不常用的反响型量词，受教育水平较高者则更多地借用汉语量词。在青少年中使用频率较高的反响型量词仅限于称量最常见的事物，例如 $a^{31}ji^{33}$ "花"、$ɔ^{31}sı^{31}$ "果子"、$a^{31}la^{31}$ "手"等。

是否能正确地使用反响型名量词，中老年和青少年群体也有差别。以"一个村子"为例：青少年会出现使用名词 $phv^{33}lv^{55}$ "村"的后一音节构成反响型量词的错误，说成 $phv^{33}lv^{55}$（村子）$thɯ^{31}$（一）lv^{55}（个）"一个村子"；中老年人则多反响前一音节，说成 $phv^{33}lv^{55}$（村子）$thɯ^{31}$（一）phv^{33}（个）"一个村子"。原因在于：反响型名量词多数反响名词的后一音节，青少年根据这个规则，类推使用了第二音节 lv^{55} 作为"村子"的量词。而中老年人则遵循反响型量词的词根选择原则，选择反响名词的前一音节 phv^{33} 做量词，因为 phv^{33} 才是名词 $phv^{33}lv^{55}$ "村"的词根。这个现象说明中老年人使用反响型量词时，出于语感，优先遵循词根原则；而青少年一般优先遵从的是音节规律，他们既没有词根原则的意识，也没有辨识词根的语感。

③　汉语量词借词的增多加快了反响型名量词消失的进程

近年来，汉语教育的普及和大众传媒的影响，加快了汉语借词进入量词系统的步伐。汉语的借入一方面使碧约话的量词体系更加丰富，一方面也对反响型名量词的进一步分工和虚化产生了阻碍。一些以前只能接受反响型量词限定的名词普遍出现了反响型量词和汉语借词共用的情况，有的甚至只使用汉语词。例如：

反响型名量词　　　　　　　　汉语借词

$pi^{35}thɯ^{31}pi^{35}$　　　　　　　　$pi^{35}thɯ^{31}tʂı^{33}$　　　　　　　一支笔

笔　一　支　　　　　　　　　笔　一　支（借）

$pha^{31}li^{31}thɯ^{31}pha^{31}$　　　　$pha^{31}li^{31}thɯ^{31}phiaŋ^{33}$　　　一片叶

叶子　一　片　　　　　　　　叶子　一　片（借）

pi^{35} "笔"是早期借入的汉语词，现在只有一部分老人会使用反响的形式称量，中青年人只会借用汉语量词 $tʂı^{33}$ "支"称量了。因为碧约话固有词中没有限定"薄而小"的性状量词，所以 $pha^{31}li^{31}$ "叶子"一直只使用反响型量词称量，直到汉语词 $phiaŋ^{33}$ "片"被借入，现在这两种表达在交际中共存。

2. 反响型动量词

（1）反响型动量词的特点

藏缅语族语言中，有反响型量词的语言大多只有反响型名量词，反响型动量词没有或者分布较少。因此，过去对反响型量词的研究多集中在名量词的研究上，动量词的研究还不够深入。碧约哈尼语不仅有反响型名量词，还有反响型动量词。其中，反响型动量词的数量之大，在藏缅语族语言中较为少见。其特点主要有以下几点：

① 反响型动量词广泛产生于单音节动词中。

反响型动量词在藏缅语族语言尤其是彝语支语言中有一定分布，但不同语言的反响型动量词多寡不一。碧约话是反响型动量词较为发达的语言（方言）。大部分单音节动词都可以产生反响型动量词，总体数量较大。

② 反响型动量词语法化程度较低，语义功能单一。

反响型动量词只能与同形的动词搭配使用，仍保留来源词语的词汇义，语法化程度较低。与数词一起对行为、动作的数量进行计量。例如：

thɯ^{31}tʂʅ^{31}tʂʅ^{31}　　咳一声　　　li^{31}tɕʰɿ^{31}tɕʰɿ^{31}　　　　　劈四刀

一　声　咳　　　　　　四　刀　劈

ji^{31}kʰɔ^{31}thɯ^{31}ȵe̠^{31}tɯ^{31}xɿ^{33}kʰɯ^{31}tɯ$^{31/33}$sʅ^{31}phi^{35}　pa^{53}.

他　一　两　打（连）狗　打　死　（貌）（体）

他三拳两脚就打死了狗。

ji^{31}kʰɔ^{31}ma̠^{33}tsʅ^{33}thɯ^{31}tʅ^{31}tʅ^{31}.　　　　　　　　　　他只看一眼。

他　　眼睛　　　一　眼　看

③ 反响型动量词句法功能丰富。

反响型动量词不仅总数较多，还具有丰富的句法功能。一是在句中做状语。例如：

kʰɯ^{31}jɔ^{31}pɿ^{55}tsʰv^{31}　la^{31}xɿ^{33}　thɯ^{33}tʰe̠^{31}tʰe̠^{31}thi^{33}　phi^{31}.

狗　小飞（貌）来（连）一　口　咬（貌）（貌）

小狗扑上来就咬了一口。

e^{55}thɯ^{31}kɔ^{31}　tsu^{55}tsv̠^{33}　ti^{33}pʰɔ^{31}thɿ^{55}thɯ^{31}ȵe̠^{31}thɿ^{55}thɿ^{55}　thɿ^{55}　　phi^{31}.

那　一　个（受）狠（状）脚趾　一　两　下　踢（貌）（貌）

那个人被狠狠地踢了几脚。

ji^{31}kʰɔ^{31}ji^{33}seŋ^{33}to^{55}a^{33}　thv^{31}pʰv^{31}thɯ^{31}pʰv^{31}pʰv^{31}ji^{33}pa^{53}.

他　医生　家（方）火罐　一　罐　拔　去（体）

他去医生家拔了一罐火罐。

做状语的数量结构还可以重叠，与状语助词ti^{33}连用，用在动词前，表示动作逐次或反复进行。如：

    çɿ⁵⁵ko⁵⁵thɯ³¹ko⁵⁵thɯ³¹ko⁵⁵　ti³³　ko⁵⁵.　　　　　　一下一下地锯锯子。

    锯子　一　下　一　下（状）锯

二是可以与疑问代词结合，对行为、动作的数量进行提问。例如：

    a³³pa³¹ɲi⁵⁵tʂʅ³¹tsu⁵⁵xɔ⁵⁵mu³³　tɯ³¹tɯ³¹phi³¹　pɿ⁵³?　　　爸爸打了弟弟几下？

    爸爸　弟弟　（受）多　少　下　打　（貌）（语）

三是可以受指示代词的限定，指称某一行为。数词为"一"时数词还可以省略。例如：

    e⁵⁵（thɯ³¹）tɯ³¹nɔ³¹ji³¹khɔ³¹　ɲi³³　tɯ³¹ŋe³³.　　　那下是他打的。

    那（一）　下（话）他　（施事）打　是

此外，部分数词为"一"的动量结构还可以插入否定词。构成"一 V 不 V"的结构。如：

    ji³¹khɔ³¹thɯ³¹to³³（xa⁵⁵）mɔ³¹to³³ma³³e⁵⁵tsa³¹ɲi⁵⁵tsa³³thɔ³¹.

    他　一　动（都）不动（状）那里　坐　着

他一动不动地坐在那里。

需要说明的是，不同来源的反响型动量词的句法功能有一定差异。从动词的来源上看，反响型动量词大多数反响的是具有独立使用能力的动词，这部分动量词具有上述句法功能。如：

    thɯ³¹ɲe³¹ɲe³¹　　抓一下　　　　　ɲe³¹nv³¹nv³¹　掏两下

    一　下　抓　　　　　　　　两　下　掏

也有一部分反响的是宾动同形结构中的动词。宾动同形结构中的动词通常来源于宾语，并只能与该宾语搭配使用。因此，在没有语境的情况下，由这部分动词反响而来的动量词不能脱离动词和数词单独使用。同时，由于语义清晰度不够，这样的动量结构在句中通常与动词宾语连用。如：

    宾动同形结构　　　　　　　　反响型动量词结构

    tsu³¹khɯ⁵⁵khɯ⁵⁵　筛筛子　　　tsu³¹khɯ⁵⁵ɲe³¹khɯ⁵⁵khɯ⁵⁵　筛两下筛子

    筛子　筛　　　　　　　　　筛子　两　下　筛

    a⁵⁵mɔ³³tsu³¹khɯ⁵⁵thɯ³¹ɲe³¹khɯ⁵⁵khɯ⁵⁵.　　　妈妈筛了几下筛子。

    妈妈　筛子　一　二　筛　筛

上例中，宾动同形结构的动词khɯ⁵⁵来源于名词tsu³¹khɯ⁵⁵"筛子"，能且只能与"筛子"搭配使用。当动词khɯ⁵⁵产生反响型动量词并构成动量结构时，多与tsu³¹khɯ⁵⁵搭配使用，使表达意义更明确。

（2）反响型动量词的产生与发展

与其他类别的动量词相比较，反响型动量词的虚化程度较低。关于藏缅语反响型动量词产生的具体原因和历史阶段，目前尚未见到研究成果。本文认为，促使碧约话中出现反响型动量词的原因与碧约话中的两种语法机制有关。

① 反响型名量词的大量存在，为反响型动量词的产生提供了句法位置。

碧约话广泛使用反响型名量词，"名词+数词+反响型量词"是碧约话中常用的一种构式。反响型名量词是指与被限定的名词形式相同或部分相同的量词。碧约话的反响名量词大多反响单音节名词或双音节名词的第二个音节。例如：

to^{31}thɯ^{31}to^{31}　　　一句话　　　　lu^{31}thɯ^{31}lu^{31}　　　一艘船

话　一　句　　　　　　　　　　船　一　只

a^{31}ji^{33}thɯ^{31}ji^{33}　　一朵花　　　　ɕɿ^{55}ko^{55}thɯ^{31}ko^{55}　　一把锯子

花　　一　朵　　　　　　　　　锯子　　一　把

在大多数有量词的语言中，动量词的发展常常晚于名量词，数量上也明显少得多。比较汉语量词发展的进程，较为普遍的观点认为[1]：名量词的发展始于汉代，真正的动量词大约在魏晋时期才出现。跨语言的考察也证明[2]：在汉藏语系、阿尔泰语系、南岛语系和南亚语系中有量词的语言中，都有实体量词，但其中有 4 种语言没有事件量词。出于名量词的率先产生，实体的数量开始由数词和名量词组合构成名量结构来表达；而由于动量标记尚未形成，行为、动作或事件的量仍由数词直接表达。名量和动量的表达方式之间形成了不对称的格局。[3]从这一点看，反响型名量词的出现为动量词的产生提供了必要的句法位置。

② 宾动同形结构的广泛使用，是碧约话产生反响型动量词的类推机制。

宾动同形即宾语和动词使用相同的或部分相同的形式。在碧约话中，很多名词都可以通过反响最后一个音节的方式产生与之搭配的动词，形成宾动同形。例如：

a^{31}ji^{33}ji^{33}　　　　开花　　　　ɕɿ^{55}ko^{55}ko^{55}　　　　锯锯子

花　开　　　　　　　　　　　锯子　锯

与此相似，由"名词+数词+反响型名量词"组成的数量名结构作为一

---

[1] 参阅徐丹, 傅京起：《量词及其类型学考查》，《语言科学》2011 年第 6 期。

　　王力：《汉语史稿》，科学出版社 1958 年版。

　　贝罗贝：《上古、中古汉语量词的历史发展》，《语言学论丛》第 21 期，商务印书馆 1998 年版。

[2] 参阅刘辉《现代汉语事件量词的语义和句法》，上海师范大学，博士论文 2009 年。

[3] 参阅戴宗杰《藏缅语族语言动量词研究》，北京语言大学，博士学位论文 2013 年。

个名词性成分，也可以通过类推反响最后一个音节，形成动宾结构。如：

数量名结构　　　　　　　　　宾动同形结构

A. a³¹ji³³thɯ³¹ji³³　一朵花　　　a³¹ji³³thɯ³¹ji³³ji³³　　　　开一朵花

花　　一　朵　　　　　　花　　一　　朵　开

类似的结构还有很多。例如：

B. ɕɿ⁵⁵ko⁵⁵thɯ³¹ko⁵⁵　一把锯子　　ɕɿ⁵⁵ko⁵⁵thɯ³¹ko⁵⁵ko⁵⁵　　锯一下锯子

锯子　　一　把　　　　锯子　一　　下　锯

C. pha⁵⁵ɳi³¹thɯ³¹ɳi³¹　一把剪刀　　pha⁵⁵ɳi³¹thɯ³¹ɳi³¹ɳi³　　剪一下剪刀

剪刀　　一　把　　　　剪刀　一　　下　剪

例 A 中，数量名结构中的ji³³"朵"在宾动结构中既可以看做动词ji³³
"开"的动量词，也可以看做名词a³¹ji³³"花"的名量词。但在例 B 和例 C
中，反响型名量词经过重新分析后成为真正的动量词。上述语法化的过程
最终产生了"数词+同形动量词+动词"这一新的语法模式。例如：

thɯ³¹ko⁵⁵ko⁵⁵　　　　锯一下　　　thɯ³¹ɳi³¹ɳi³¹　　　剪一下

一　下　锯　　　　　　　　一　下　剪

这一结构进一步类推，产生了大量的反响型动量词。这一过程是逐步
形成的，有先有后。在开始阶段，可能是宾动同形结构中的动词首先借用
了这一句法模式。例如：

宾动同形结构　　　　　　　　带动量词的宾动同形结构

mi⁵⁵lv̩³³lv̩³³　　　　闹地震　　　mi⁵⁵lv̩³³thɯ³¹lv̩³³lv̩³³　　地震一次

地震　震　　　　　　　　地震　一　次　震

mɿ⁵⁵pa̩³³pa̩³³　　　　崩山　　　　mɿ⁵⁵pa̩³³thɯ³¹pa̩³³pa̩³³　　崩一次山

崩山　崩　　　　　　　　崩山　一　次　崩

lu³¹jɔ³¹jɔ³¹　　　　划船　　　　lu³¹jɔ³¹thɯ³¹jɔ³¹jɔ³¹　　　划一下船

划船　划　　　　　　　　划船　一　下　划

tsa̩³¹kɯ⁵⁵kɯ⁵⁵　　　打秋千　　　tsa̩³¹kɯ⁵⁵thɯ³¹kɯ⁵⁵kɯ⁵⁵　打一下秋千

秋千　打　　　　　　　　秋千　一　下　打

以上反响型动量词所反响的动词都来源于宾动同形结构。在宾动同形
结构中，动词与宾语名词一一对应，不能脱离名词独立使用，所以动量结
构也需要与名词共现。这一点与产生初期的动量词用法相似。随着语法模
式的进一步类推，反响型动量词逐渐脱离了宾动同形结构限制，一般的单
音节动词也开始被反响。例如：

ɕɿ³¹pɔ̩³³pɔ̩³³　　　　打三枪　　　ɳe³¹tɿ³¹tɿ³¹　　　看两眼

三　枪　打　　　　　　两　眼　看

| ȵe³¹tʰɔ³¹tʰɔ³¹ | 咬两口 | tʰɯ³¹tʰɿ⁵⁵tʰɿ⁵⁵ | 踢一脚 |
| 两　口　咬 | | 一　脚　踢 | |

到了这个阶段，真正意义上的反响型动量词才开始出现。碧约话中逐渐建立起一个数量众多的、开放的反响型动量词体系。

相比较反响型名量词，反响型动量词在藏缅语中的分布远不及之广泛。大多具有反响型量词的语言中都只有名量词而没有动量词。分析碧约话反响型动量词产生的过程，似乎可以为这一现象出现的原因做出一定解释：从上文的论述中可知，碧约话中反响型名量词和宾动同形结构的共存，为反响型动量词的产生提供了重要推动力。二者很可能是促使反响型动量词产生的必要条件。而大多数藏缅语族语言并不同时具备这两种前提。此外，ABB 式的三音节结构在碧约话形容词性、动词性结构中的广泛运用，也可能是促使"数+量+动"的反响型动量词结构出现的韵律动因，在此暂不做详细论述。

（3）与反响型动量词有关的类型学思考

汉藏语系的语言中大部分都有量词这个语法范畴。作为语言类型学研究重要的参数之一，量词的产生和分布对语法尤其是语序的影响不可忽视。[①]多位学者在考察量词分布时注意到：[②]不论是从历时的角度观察，还是从句法位置的角度分析，名量词与动量词都是相互依存的；名量词和动量词在藏缅语族以至于整个汉藏语系的量词型语言中都存在互补分布的模式。所谓"互补分布"，指的是名量词（包括数量/量数结构）出现在名词前时，动量词（包括数量结构/量数结构）出现于动词后，反之亦然。这种有规律的对应关系已经多次得到跨语言的验证。但其产生的原因一直未有定论。碧约话作为 OV 型语言，其"名+数+量"和"数+量+动"的分布完全符合上述互补模式。反响型动量词又是产生时间相对较早的量词，上文中对其产生机制以及与反响型名量词关系的探讨，或许可以为这种"互补分布"形成的原因提供一种可能的解释。

反响型动量词是碧约话中使用广泛、特点鲜明的一类动量词。对其结构、句法、语义的特点的研究是揭示碧约话量词特点的一个重要方面。对其产生途径的推测，有助于增进语法结构之间相互和谐关系的认识，也为

---

① 参阅石毓智《语法化的动因与机制》，北京：北京大学出版社 2006 年版。

② 参阅孙宏开《藏缅语量词用法比较——兼论量词发展的阶段层次》，载《中国语言学报》1988 年第 3 期。

李宇明：《拷贝型量词及其在汉藏语系量词发展中的地位》，《中国语文》2000 年第 1 期。

唐钰明：《古汉语动量表示法探源》，载《著名中年语言学家自选集——唐钰明》，安徽教育出版社 2002 年版。

藏缅语动量词的起源和语序类型学的研究提供了一定参考。但是，新的问题也随之而来：普遍的观点认为：在专用量词形成或者趋于成熟后，反响型量词就会受到限制并最终消失。[①]碧约话反响型名量词的发展趋势也证明了这一点[②]。为什么反响型动量词能够与专用动量词共存并仍保持较高的使用率？这是碧约话自身的特点所决定还是仅仅是动量词发展的一个短暂阶段？这个问题的回答，还有待进一步讨论。

第六节　数词

数词是表示数目的词。碧约话的数词在计数时大多不能独立使用，需要和量词结合才能单独做句子成分。数词在表义上有基数、序数、概数、分数和倍数等不同类别，各有不同的结构特点和语法特点。下面分类叙述。

一　数词的类别

（一）基数词

基数词表示数目的多少。碧约话的基数词由单纯的系数词、位数词和复合数词、数词短语组成。其中系数词、位数词是封闭的、有限的词类，复合数词及短语是开放的、无限的。

1. 系数词。包括"一"至"九"这九个数字。从音节数上看，"一"到"九"中全部是单音节词。系数词的单音节特点，对量词的演变有着一定的制约作用。（见"量词"）。

thuɯ^{31} 一　　ȵe^{31} 二　　ɕɿ^{31} 三　　li^{31} 四　　ŋɔ^{31} 五

kho^{31} 六　　ʂɿ^{31} 七　　xe^{31} 八　　tɕi^{31} 九

其中系数词ɕɿ^{31} "三"在与量词连用时常常发生音变。比如：

ɕɿ$^{31/55}$khɤ^{31}　　三年　　　　ɕɿ$^{31/55}$ma^{55}　　三个

三　年　　　　　　　　三　个

2. 位数词。包括"十"、"百"、"千"、"万"、"亿"等。从语源上看，"十"、"百"、"千"、"万"都有本语词，只有"亿"借自汉语。但在现代碧约话中，固有的位数词已经普遍被汉语借词所替代。

tshɯ^{55} 十　　ja^{55} 百　　　ti^{55}ʂɿ^{55} 千　　ɕiŋ^{33} 万　　　　ji^{35} 亿

3. 复合数词

复合数词是由系数词和位数词构成的。二者的组合关系有相乘、相

① 参阅戴宗杰《藏缅语族语言动量词研究》，北京语言大学，博士学位论文 2013 年。

② 可参见拙作《碧约哈尼语反响型名量词的特点及其演变》，《民族语文》2013 年第 6 期。

加两种。

（1）相乘关系的语序是"系数词×位数词"。例如：

nɛ³¹tshɯ⁵⁵　　　二十　　　　　çɿ³¹ja⁵⁵　　　　三百
二　十　　　　　　　　　三　百

ŋɔ³¹ti⁵⁵sɿ⁵⁵　　　五千　　　　　kho³¹ti⁵⁵sɿ⁵⁵　　六千
五　千　　　　　　　　　六　千

sɿ³¹çiŋ³³　　　　七万　　　　　thɯ³¹ja⁵⁵çiŋ³³　一百万
七　万　　　　　　　　　一　百　万

nɛ³¹ja⁵⁵çiŋ³³　　二百万　　　　tshɯ⁵⁵ji³⁵　　　十亿
两　百　万　　　　　　　十　亿

（2）相加的语序是"十+系数词"。例如：

tshɯ⁵⁵çɿ³¹　　　十三　　　　　tshɯ⁵⁵ŋɔ³¹　　　十五
十　三　　　　　　　　　十　五

（3）先乘后加的语序有：

系数词×位数词＋系数词；例如：

nɛ³¹tshɯ⁵⁵thɯ³¹　　二十一　　　çɿ³¹tshɯ⁵⁵nɛ³¹　　　三十二
二　十　一　　　　　　　　三　十　二

需要说明的是，碧约话没有"零"，如果数词中出现空位有时可以使用连词xɿ³³填充，也可以什么都不加。例如：

thɯ³¹ja⁵⁵xɿ³³thɯ³¹　一百〇一　　　tçi³¹ti⁵⁵sɿ⁵⁵xɿ³³li³¹　九千〇四
一　百　（连）一　　　　　九　千　（连）四

thɯ³¹ja⁵⁵thɯ³¹　　一百〇一　　　tçi³¹ti⁵⁵sɿ⁵⁵li³¹　　九千〇四
一　百　一　　　　　　　　九　千　四

系数词×位数词＋系数词×位数词；例如：

tshɯ⁵⁵thɯ³¹çiŋ³³kho³¹ti⁵⁵sɿ⁵⁵　　　　十一万六千

十　一　万　六　千

nɛ³¹tshɯ⁵⁵tçi³¹çiŋ³³ŋɔ³¹ja⁵⁵　　　　二十九万零五百

二　十　九　万　五　百

系数词×位数词＋……系数词×位数词＋系数词；例如：

ŋɔ³¹tshɯ⁵⁵çiŋ³³tçi³¹ti⁵⁵sɿ⁵⁵xɛ³¹ja⁵⁵nɛ³¹　五十万九千八百零二

五　十　万　九　千　八　百　二

4. 分数

分数的表示方法是："基数词 A＋pɿ⁵⁵＋（kɯ³³）＋基数词 B＋pɿ⁵⁵"，其中，前一个基数词 A 为分母，后一个基数词 B 为分子，pɿ⁵⁵相当于"份"，助词kɯ³³可以加也可以不加。例如：

ɲe̱^{31}pɿ^{55}（kɯ^{33}）thɯ^{31}pɿ^{55}　　　　　　　　　　二分之一

二　　份　　的　　　一　　份

tshɯ^{55}pɿ^{55}（kɯ^{33}）xe̱^{31}pɿ^{55}　　　　　　　　十分之八

十　　份　　的　　　八　分

分母是大于十的位数词时，前面的"一"不能省略。例如：

thɯ^{31}ja^{55}pɿ^{55}kɯ^{33}thɯ^{31}pɿ^{55}　　　　　　　　百分之一

一　　百　份的　　一　　份

thɯ^{31}ti^{55}sʅ^{55}pɿ^{55}（kɯ^{33}）ɲe̱^{31}tshɯ^{55}ŋɔ^{31}pɿ^{55}　　　千分之二十五

一　千　份　　的　二　十　五　份

5. 倍数

倍数的表示方法是：基数词＋fɤŋ^{55}"倍"。例如：

thɯ^{31}fɤŋ^{55}　　　　　　一倍　　　　çɿ^{31}fɤŋ^{55}　　　　三倍

一　倍　　　　　　　　　三　倍

ɲe̱^{31}fɤŋ^{55}　　　　　　两倍　　　　thɯ^{31}ja^{55}fɤŋ^{55}　　一百倍

两　倍　　　　　　　　一　百　倍

ŋɔ^{33}to^{55}kɯ^{33}ja^{55}kho^{55}pi^{31}ji^{31}khɔ^{31}ja^{55}kho^{55}a^{55}çɿ^{31}thɯ^{31}fɤŋ^{55}tsa^{33}.

我　家　的　地　　比他　地　　多　　　一　　倍　有

我家的地比他家多一倍。

6. 概数

碧约话的概数词的方式有两种：一是在基数词后加助词（ma^{33}）la^{33}"左右"、ɔ^{31}tçi^{31}"多"，ma^{31}la^{33}"不到"。其中ma^{33}作为助词可以用也可以不用。例如：

ŋɔ^{31}tshɯ^{55}ma^{31}la^{33}　　五十左右　　ɲe̱^{31}tshɯ^{55}la^{33}　　二十左右

五　十　左右　　　　　　二　十　左右

thɯ^{31}ti^{55}sʅ^{55}ɔ^{31}tçi^{31}　　一千多　　thɯ^{31}ja^{55}ɔ^{31}tçi^{31}　　一百多

一　千　多　　　　　　一　百　多

thɯ^{31}ja^{33}ma^{31}la^{33}　　不到一百　　xe̱^{31}tshɯ^{55}ma^{31}la^{33}　八十不到

一　百　不到　　　　　八十　　不　到

xe^{35}thɯ^{31}lɔ^{31}kɯ^{33}çɿ^{31}tshɯ^{55}ja̱^{31}la^{33}lɤ^{33}.

这　一　月　的　三　十　号左右来

这个月三十号左右来。

当概数词与量词共同修饰名词，其常见的结构形式为：名词＋系数词＋位数词＋量词＋概数词。例如：

lɔ^{31}çɿ^{31}lɔ^{31}ɔ^{31}tçi^{31}　　三个多月　　khɤ^{31}thɯ^{31}ja^{55}khɤ^{31}la^{33}　一百年左右

月　三　个　多　　　　年　一　百　年　左右

mo⁵⁵tshu⁵⁵mo⁵⁵ɔ³¹tɕi³¹　十多只　　　thɯ³¹ti⁵⁵sɿ⁵⁵khuɛ³¹ma³¹la³³　一千块钱不到
只　十　只　多　　　　　　　　一　千　块　不 到

二是相邻的系数词连用。如：

thɯ³¹ŋe ³¹　　　　　一两（个）　　kho³¹ʂɿ³¹　　　　　　六七（个）
一　两　　　　　　　　　　　六　七

ŋe ³¹ɕɪ³¹kɔ³¹　　　两三个　　　　xe ³⁵tɕi³¹mo⁵⁵　　　八九只
两　三　个　　　　　　　　　八　九　只

tsa⁵⁵tsɿ³³a³³kv̩³¹tsha ³¹ʂɿ³¹xe ³¹lo³¹tsho³¹tsa³³.

桌子（方）菜　　七　八　盘　　有

桌子上有七八盘菜。

thɯ³¹ŋe ³¹来源于数词"一二"，也可以指代不定指的"几个"、"几"。
当系数词用时，表示少量。例如：

kɔŋ⁵⁵tsa³³v̩⁵⁵tshv̩³¹thɯ³¹ŋe ³¹tsa³³ji³³sɿ³¹.　　　　　　瓶子里还有几滴水。

瓶子里　水　　一　两　有（体）还

tshu⁵⁵thɯ³¹ŋe ³¹kɔ³¹mɔ³¹jo³¹ji³³sɿ³¹.　　　　　　　还有几个人没走。

人　一　两　个　没　走（体）还

ŋɔ³³tsa³³ja ³³v³³ thɯ³¹ŋe ³¹kɔ³¹ tsa³³ji³³sɿ³¹, nv⁵⁵tsɔ³¹.

我 这　鸡蛋　一　两　个　有（体）还　你　吃

我这还有几个鸡蛋，你吃吧。

xe ³⁵sɔ³¹ʂɿ³³lɯ³¹thɯ³¹ŋe ³¹phɪ⁵⁵tsɔ³¹kɯ³³tsa³³sɿ³¹.　　　这点肉还可以吃两顿。

这 肉 些　一　两　顿　吃 的　有　还

7. 半数

半数的表达方式是有三种。一种是"容器名词 + thɯ³¹pa⁵⁵li⁵⁵（一半）"
或者"名词 + thɯ³¹pa⁵⁵（一半）"。例如：

thɔŋ³¹thɯ³¹pa⁵⁵li⁵⁵　半桶　　　tsho⁵⁵lo⁵⁵thɯ³¹pa⁵⁵li⁵⁵　半杯
桶　一　半　　　　　　杯子　一　半

kɔ³¹jɔ³¹thɯ³¹pa⁵⁵li⁵⁵　半碗　　　ta³¹kha⁵⁵thɯ³¹pa⁵⁵li⁵⁵　半簸
碗　一　半　　　　　　簸箕　一　半

第二种表达方式是"paŋ⁵⁵（半）＋量词"，paŋ⁵⁵来源于汉语借词"半"。
如：

paŋ⁵⁵lo³¹　　　　　　半杯（茶）　paŋ⁵⁵khv̩ ³¹　　　　半碗
半 杯　　　　　　　　　　半 碗

paŋ⁵⁵pe ³¹　　　　　半块（田）　paŋ⁵⁵kuŋ⁵⁵　　　　半罐
半 块　　　　　　　　　　半 罐

上述两种表达方式在句中可以互换使用，意义不变。例如：

paŋ⁵⁵khʐ³¹   =   ko³¹jɔ³¹ thɯ³¹pa⁵⁵li⁵⁵   半碗

半 碗（量）   饭（名）一 半

第三种表达方式仅用于"数词＋量词＋pha⁵⁵（半）"的结构。例如：

çɪ³¹/⁵⁵khʐ³¹pha⁵⁵   三岁半   n̠e³¹jɪ⁵⁵pha⁵⁵   两间半

三 岁 半   两 间 半

thɯ³¹n̠i³³pha⁵⁵   一天半   thɯ³¹khʐ³¹pha⁵⁵   一碗半

一 天 半   一 碗 半

（二）序数词

序数词表示先后次序。碧约话的序数词包括一般次序、长幼排行、时间序列等。

1. 一般次序

除了第一、最后一名有固有词表示外，其余都是借用汉语词表示次序。例如：

	固有词	汉语借词
第一	la³¹mɔ³³tiŋ³¹tiŋ³¹	ti⁵⁵ji³¹
第二		ti⁵⁵ɣ⁵⁵
第三		ti⁵⁵saŋ³³
最后一名	lɔ³¹tsa³¹tha³¹	

2. 长幼次序

碧约话的长幼次序的表达有两种方式：一种是借用汉语词，这种情况在今天碧约人的生活中较为常见；一种是继续使用固有词。碧约人传统上只以男性出生的顺序做长幼排行的依据，女性不能进入家族的排行中，但也有人讲男性、女性分来排行。现在仍在使用的排行的称谓主要有：

男性			女性	
(ja³¹jo³³) jo³³xɯ³¹	大儿子	(jɔ³¹mi³¹) mi³¹xɯ³¹	大女儿
(ja³¹jo³³) jo³³ko³³	二儿子	(jɔ³¹mi³¹) mi³¹ko⁵⁵	二女儿
(jɔ³¹mi³¹) mi³¹nɯ⁵⁵	三儿子	(jɔ³¹mi³¹) mi³¹nɯ⁵⁵	三女儿
(a³¹jo³³) a⁵⁵lɪ³³	小儿子	(jɔ³¹mi³¹) a⁵⁵lɪ³³	小女儿

此外，女性排行也有使用"汉语借词＋固有词no³¹"进行称谓的，比如：

ta⁵⁵no³¹ 大女儿   ɣ⁵⁵no³¹ 二女儿   saŋ⁵⁵no³¹ 三女儿

3. 时间次序

（1）时间的表示法

常用的表达具体时刻的方法是"小时＋ʂɪ³¹seŋ³³（时辰）＋xɪ³³＋分钟＋fʏŋ³³（分）"，其中，连接时与分的连词xɪ³³可以使用也可以不用。例如：

jɔ³¹muɯ⁵⁵tɕi³¹s̩³¹seŋ³³（xɪ³³）ŋɔ³¹tshuɯ⁵⁵fɤŋ³³.　　现在九点五十了。

现在　　九　　点　　（连）五十　　　分

（2）日期的表示法

碧约话的日期表达方法有两种。一种是"数词＋ja³¹（日）"，用来表达农历月份的日期。例如：

thuɯ³¹ja³¹　　初一　　　　 n̪e³¹ja³¹　　初二　　　çɪ³¹ᐟ⁵⁵ja³¹　　初三

一　日　　　　　　　二　日　　　　　　　三　日

li³¹ja³¹　　　初四　　　　ŋɔ³¹ja³¹　　初五　　　kho³¹ja³¹　　初六

四　日　　　　　　　五　日　　　　　　　六　日

第二种是"十二属相＋n̪i³³（天）"。该方式以十二天为一轮。例如：

fv̩³³n̪i³³　　　鼠日　　　　nv³¹n̪i³³　　牛日　　　lo³¹n̪i³³　　　虎日

鼠　日　　　　　　　牛　日　　　　　　　虎　日

thɔ³³lɔ³³n̪i³³　兔日　　　　lo³³n̪i³³　　龙日　　　çɪ⁵⁵n̪i³³　　　蛇日

兔　　日　　　　　　龙　日　　　　　　　蛇　日

mu³¹n̪i³³　　马日　　　　tsʰ̩³¹n̪i³³　羊日　　　mv³¹n̪i³³　　猴日

马　日　　　　　　　羊　日　　　　　　　猴　日

ja³³n̪i³³　　　鸡日　　　　khuɯ³¹n̪i³³　狗日　　va³¹n̪i³³　　　猪日

鸡　日　　　　　　　狗　日　　　　　　　猪　日

（3）星期表示法。碧约人对"星期"的认识起源于 20 世纪基督教在云南地区的传播。因此，星期的表达方式是"li³¹pe³³（礼拜）＋固有系数词"，周日作为每周的第一天。例如：li³¹pe³³（礼拜）n̪e³³（二）"星期二"、li³¹pe³³（礼拜）çɪ³¹ᐟ⁵⁵（三）"星期三"。

随着汉语和宗教影响的加深，更多的人开始使用"li³¹pe³³（礼拜）＋汉语数词"的表达方式。例如：li³¹pe³³（礼拜）ji³¹（一）"星期一"。

此外，以一个星期为起点，可以表达过去或将来的时间，例如：

kɔ³³xo³¹thuɯ³¹li³¹pe³³kuɯ³³li³¹pe³³ji³¹　　　上周一

前面　一　礼拜　的 礼拜 一

tsɛ⁵³thuɯ³¹li³¹pe³³kuɯ³³li³¹pe³³ɤ⁵⁵　　　下周二

再　一　礼拜　的 礼拜 二

（4）月份的表示法。

表示月份有三种不同的方法：传统表达法、由固有词组成的复合短语、固有词与借词组成的复合短语，分列如下：

① 传统表达法：

tsu³¹thu³¹　　一月　　　　pju³¹　　　　　　二月

ku³³lɔ³³　　　三月　　　　ji³³lɔ³³　　　　　四月

ji³³sa³³	五月	tsu³¹lɔ³³	六月
ʂɿ³¹lɔ³³	七月	tshɔ³³pu³³	八月
çi⁵⁵lɔ³³	九月	tshɯ⁵⁵lɔ³³	十月
ki³¹nɯɯ³³	十一月	ji³³sa³³	十二月

② 也可以用"系数词＋lɔ³³（月）"表示月份的次序。例如：

thɯ³¹lɔ³³	一月	ȵe³¹lɔ³³	二月
çɿ³¹lɔ³³	三月	li³¹lɔ³³	四月
ŋɔ³¹lɔ³³	五月	kho³¹lɔ³³	六月
ʂɿ³¹lɔ³³	七月	xe³¹lɔ³³	八月
tçi³¹lɔ³³	九月	tshɯ⁵⁵lɔ³³	十月
tshɯ⁵⁵thɯ³¹xɔ³³	十一月	tshɯ⁵⁵ȵe³¹lɔ³³	十二月

③ 还可以用"汉语借词＋pɔ³³lɔ³³（月）"表示农历的十二个月。例如：

ji³¹pɔ³³lɔ³³	一月	ɣ⁵⁵pɔ³³lɔ³³	二月
一　　月		二　　月	
ʂɿ³¹ji⁵⁵pɔ³³lɔ³³	十一月	ʂɿ³¹ji⁵⁵pɔ³³lɔ³³	十二月
十一　　月		十二　　月	

此外，"正月"常常被叫做khɣ³¹ʂɿ³¹（新年）pɔ³³lɔ³³（月），"腊月"常常被叫做tsa³³li⁵⁵（过年）pɔ³³lɔ³³（月）。两个月份中的日期也有对应的叫法：

khɣ³¹ʂɿ³¹thɯ³¹ȵi³³	正月初一	khɣ³¹ʂɿ³¹xe³¹ȵi³³	正月初八
新年　　一　日		新年　　八　　日	
tsa³³li⁵⁵ȵe³¹tshɯ⁵⁵ȵi³³	腊月二十	tsa³³li⁵⁵ʂɿ³¹ȵi³³	腊月初七
过年　二　十　日		腊月　七　日	

（5）年份的表示法

表达年份的方法有两种。一种使用公元纪年。读数的方式是与年份的基数词的表达一致。由于碧约话的基数词没有零，年份的表达也不使用单独读数字的方式。例如：

tshɿ³¹na̱³³ȵe³¹ti⁵⁵ʂɿ³³xɿ³³tshɯ⁵⁵çɿ⁵⁵khɣ³¹ŋe³³.　　今年是 2013 年。

今年　　两　千　（连）十　三　年　是

另一种年份的表达方式是以"十二生肖＋khɣ³¹（年）"表示年份次序。十二年一轮。例如：

fɣ³³pɔ³³lɔ³³	鼠月	nv³¹pɔ³³lɔ³³	牛月	lɔ³¹pɔ³³lɔ³³	虎月
鼠　月		牛　月		虎　月	
thɔ³³lɔ³³pɔ³³lɔ³³	兔月	lɔ³³pɔ³³lɔ³³	龙月	çɿ⁵⁵pɔ³³lɔ³³	蛇月
兔　　月		龙　月		蛇　月	

mu³¹pɔ³³lɔ³³　　　马月　　　tʂʅ̩³¹pɔ³³lɔ³³　羊月　　　mv̩³¹pɔ³³lɔ³³　猴月

马　月　　　　　　　　羊　月　　　　　　　　猴　月

ja³³pɔ³³lɔ³³　　　鸡月　　　khɯ³¹pɔ³³lɔ³³　狗月　　　va̩³¹pɔ³³lɔ³³　猪月

鸡　月　　　　　　　　狗　月　　　　　　　　猪　月

二　数词的语法特征

数词一般不单独做句子成分，总是与量词构成数量短语后再充当句子成分。例如：

nv⁵⁵a³¹sʅ̩³¹thɯ³¹tɕhi̩³³ti³³!　　　　　　你穿那件新的吧！

你　新的　一　件　穿

lɯ⁵⁵khv³³phv⁵⁵sʅ³¹thɯ³¹sʅ³¹ ma³¹lv̩³¹e³³.　项链少了一个珠子。

项链　　珠子　一　个　不　足够

tɕɿ⁵⁵kv³¹thɯ³¹ma³³tshv̩³¹mɔ̩³³phi³⁵pa⁵³.　桥建好了。

桥　一　座　建　好　（貌）（体）

当数量结构与指示代词、疑问代词以及副词xɔ³³kɯ³³ "每" 结合时，数词不能够被省略。例如：

xe³⁵ja⁵⁵mɔ³³thɯ³¹tɕhi³³khia⁵³jo³¹sɔ³¹e³³.　这一段路非常难走。

这　路　一　段　非常　走　难

thɯ³¹o⁵⁵kɔ³³sv³³mi⁵⁵mɔ̩³³e³³.　　　　次次都要做好。

一　次　每　做　好

值得注意的是，当数词为"一̠"时，也不能被省略。例如：

khɯ³¹thɔ̩³¹kɯ³³xɔ³³kɯ³³thɯ³¹xaŋ³¹xa³³khia⁵³na̩³¹e³³.

狗　咬　的　每　一·口　都　特别　深

狗每口都咬得很深。

数词只有在句中表示日期、时间等或个别语境下，能单独做句子成分。例如

ŋɔ³¹pɔ³³lɔ³³tshɯ⁵⁵ne̩³¹ni³³ji³¹khɔ³¹kɯ³³tso⁵⁵ni̩³³ŋe³³.

五　月　十　二　日　他　的　生日　是

五月十二日是他的生日。

tsʅ̩³¹na̩³³ne̩³¹ti⁵⁵sʅ⁵⁵xɿ³³tshɯ⁵⁵li³¹khv̩³¹ŋe³³.

今年　两　千　（连）十　四　年　是

今年是二〇一四年。

ŋa⁵⁵xe̩³¹mi⁵⁵mɯ³¹, li³¹mɔ̩³³mi⁵⁵mɯ³¹.

我　八　喜欢　四　不　喜欢

我喜欢八，不喜欢四。

第七节　副词

副词表示动作、行为或性质、状态在程度、范围、时间、频率、语气等方面的不同状况。根据意义及其结合功能，碧约话的副词可分为程度副词、范围副词、时间副词、否定副词和语气副词等五类。

一　程度副词

程度副词的作用主要是修饰形容词、动词或动词性短语，表示性质状态的程度或者动作行为的状态。常见的有：tsɿ⁵⁵"很"，khia⁵³"特别"，tsɣ⁵⁵"最"，ɔ³¹tsɿ⁵⁵"有点、一点"，xa³³na³¹ma³³"怎么也（不）"tsɣ⁵⁵……tsɣ⁵⁵"越来越"，等等。

（一）tsɿ⁵⁵"很"

tsɿ⁵⁵"很"一般用在单音节形容词、动词之前或重叠式的中间，表示程度的加深，与汉语的"很"、"比较"类似。例如：

tsɿ⁵⁵mo³¹	很多	tsɿ⁵⁵tsuŋ³¹	很准
很 多		很 准	
tsɿ⁵⁵mo̰³³	很好	tsɿ⁵⁵tha̰³³	很锋利
很 好		很 锋利	
tsɿ⁵⁵so⁵⁵	很干净	ɔ³¹ko⁵⁵tsɿ⁵⁵ko⁵⁵	很结实
很 干净		结实 很（叠）	

ṣɿ⁵⁵ma⁵⁵ɕɿ³³khɔ³¹, tsɿ⁵⁵tɣ̰³¹le³³!　　如此的情况，经常发生！
这样 事情 经常出（语）

ji³¹khɔ³¹tsɿ⁵⁵ji³³muɯ³¹.　　他很想去。
他 很 去 想

ŋa⁵⁵tsɿ⁵⁵tso³¹pɣ̰³³phi³⁵pa⁵³.　　我吃得很饱。
我 很 吃 饱（貌）（体）

ji³¹khɔ³¹tshu⁵⁵tsɿ⁵⁵mo̰³³e³³.　　他人相当好。
他 人 很 好

ji³¹khɔ³¹kuɯ³³v̩³¹khɿ³¹ji³¹khɔ³¹tsu³³tsɿ⁵⁵mo̰³³e³³.　　领导对他相当满意。
他 的 头 他 （受）很 好

xe³⁵thaŋ³³thuɯ³¹jɯ³³tsɿ⁵⁵ti³³　ma³³mɿ⁵⁵e³³.　　这种糖特别地好吃。
这 糖 一 种 真（状）（状）好吃

（二）khia⁵³比tsɿ⁵⁵程度更深，在句中的位置与tsɿ⁵⁵相同，类似于汉语的"相当"、"特别"、"极"、"太"等。例如：

khia⁵³mɔ³¹　　特别多　　　　khia⁵³mɔ³¹mɔ³³　　特别坏
特别 多　　　　　　　　　特别　不 好

jo³¹mɔ³³thuɯ³¹sʅ³¹ta⁵⁵mo⁵⁵khia⁵³mo⁵⁵e³³.　　这座山高极了。
山　一　座　高　特别　高

ŋa⁵⁵la̠³¹ta̠³¹khia⁵³ku⁵⁵muɯ³¹.　　我爱极了唱歌。
我 歌　极　唱 爱

ŋa⁵⁵xe³⁵la̠³¹ta̠³¹thuɯ³¹ma⁵⁵khia⁵³kɔ³¹jo³¹luɯ³³.　　我最喜欢听这首歌。
我 这　歌　一 首　最　喜欢　（语）

tsʅ̠³¹na̠³³ɔ³¹xo⁵⁵khia⁵³mɔ³¹e³³.　　今年的雨水太多了。
今年　雨水　特别 多

thuɯ³¹tɕiŋ⁵⁵khia⁵³lv̠³¹ji⁵⁵pa⁵³.　　一斤就足够了。
一　斤　很　够　（语）

e⁵⁵phv̠³³lv̠⁵⁵khuɯ³³tshu⁵⁵sʅ⁵⁵po³³khia⁵³po³³e³³.　　那个寨子里的人太有钱了！
那 村寨　的　人　富　太 富

jɔ³¹tsa³¹ɔ³¹lo⁵⁵khia⁵³lo⁵⁵!　　这里太热了！
这里　热 太 热

khia³³ma³³sɔ³⁵pa⁵³!　　那么少！
那么　少（语）

（三）tsʅ³³"更"，常用于差比句中。例如：

tsʅ⁵⁵tɕhɿ³¹mi⁵⁵kuɯ³³pi³¹v̠⁵⁵kuɯ³³tsʅ³³mɿ⁵⁵.　　自己做的比买的更好吃。
自己　做 的 比买 的 更 好吃

ȵi⁵⁵tsa̠³³kɔ³¹kɿ³³, thv̠⁵⁵tsv̠⁵⁵tsʅ³³kɔ³¹kɿ³³.　　坐着累，站着更累。
坐　累　站　更 累

ŋa⁵⁵nɔ³⁵a̠³¹tha̠³¹tsʅ³³mo⁵⁵ ji³¹khɔ³¹ŋɔ³⁵ a̠³¹tha̠³¹ tsʅ³³mo⁵⁵.
我 你 上面　更 高　他　我　上面 更高
我比你高，他比我更高。

（四）tsɣ⁵⁵相当于汉语的"最"，表达的程度最深。例如：

ŋɔ³¹v̠³³ɕɿ³¹kɔ³¹ɔ³¹ko⁵⁵lia⁵⁵ji⁵⁵khɔ³¹ta⁵⁵mo⁵⁵tsɣ⁵⁵mo⁵⁵.
我 三 个 里面　他　高　最 高
我们三个人里面他最高。

tshaŋ³¹tɕaŋ³³nɔ³¹tsuŋ³³kɔ³¹kuɯ³³ta⁵⁵mo⁵⁵tsɣ⁵⁵mo⁵⁵kuɯ³³lo⁵⁵po³¹pɔ³¹mɔ³³.
长江　·（话）中国　的 高　最（叠）的 河　（叠）大
长江是中国最长的河流。

pi³¹tɤŋ⁵⁵lɿ⁵⁵kɤ³¹nɔ³¹juŋ³¹naŋ³¹tsɣ⁵⁵mi⁵⁵tv̠³³kuɯ³³tsɔ³¹tsa⁵⁵.
粉条　　（话）云南　最 名 出 的 吃食

粉条是云南最常见的食品之一。

ŋa⁵⁵jɔ³¹n̩i⁵⁵tsŋ⁵⁵tsu³³e³³tsɣ⁵⁵kɔ³¹jɔ³¹kɯ³³jɔ³¹mi³¹a⁵⁵lɿ³³.

我　孩子　很有　　最喜欢　的　小女儿

我有很多孩子，最喜欢的是小女儿。

需要说明的是，有些形容词不能与上述的副词搭配。比如本身带有程度意义的状态形容词以及由带否定词根的复合形容词。例如下面的搭配都是不合语法的（详见"形容词"一节）：

tsŋ⁵⁵ti⁵⁵kɿ³³tɔ³¹kɣ³¹　　很弯弯曲曲*　　tsɣ⁵⁵to³¹tsu³¹tsu³¹　　最直直的*

很　弯弯曲曲　　　　　　最　直直的

khia⁵³ma³¹ka̩³¹　　特别丑*　　tsŋ⁵⁵ma³¹na̩³¹　　很浅*

特别　不好看　　　　　很　不深

（五）ʂŋ⁵⁵（lɯ³¹）ma⁵⁵"这么"、thi⁵⁵（lɯ³¹）ma⁵⁵"那么"、xɔ⁵⁵lɯ³¹"多少"在形容词、动词以及动词性短语前既可以做代词，也可以做表达程度、状态的副词。例如：

ji³¹khɔ³¹nɔ³⁵thi⁵⁵ma³³mɔ̩³³, nv⁵⁵ji³¹khɔ³¹thi⁵⁵ma³³mɔ³¹mɔ̩³³.

人家　你　那么　好　你　人家　那么　不　好

人家对你那么好，你对人家那么不好。

ʂŋ⁵⁵lɯ³¹ma³³mɔ³¹kɯ³³xɔ³¹mɔ³¹tsɔ³¹ki⁵⁵tshv⁵⁵.　　　这么多的饭吃不完。

这么　　多的饭不吃完能

thi⁵⁵ma⁵⁵xɯ³¹kɯ³³lɯ³¹ŋa⁵⁵xa⁵⁵mɔ³¹mu⁵⁵su³³ku³³.　　那么大的船我都没见过。

那么　大的船我都不看见过

xɔ⁵⁵lɯ³¹tɕhɣŋ³¹tsa³³e³³!　　　　那么有钱！

多少　钱　有

nv⁵⁵ma³¹ʂŋ³¹la̩³¹ŋa⁵⁵nɔ³⁵tsu⁵⁵xɔ⁵⁵lɯ³¹kɔ³¹jɔ³¹lɯ³³!　你知道我有多想你啊！

你不知道　我　你　多么　想　（语）

（六）ɔ³¹tsŋ⁵⁵"有点、一点"，也常作ɔ³¹tsŋ⁵⁵ka³¹la³¹"一点儿"。例如：

jɔ³¹n̩i³³a³¹tshv̩³¹ɔ³¹tsŋ⁵⁵tshv̩³¹e³³.　　　　　今天有点冷。

今天　冷　一点冷

ji³¹khɔ³¹ja³³kho⁵⁵ɔ³¹tsŋ⁵⁵to⁵⁵mɯ³¹ŋe³³.　　　他有点爱抽烟

他　烟　有点抽爱

nv⁵⁵ɔ³¹kɿ⁵⁵ɔ³¹tsŋ⁵⁵kɿ⁵⁵.　　　　　你有点瘦了。

你瘦　有点瘦

ɔ³¹phi³¹ɔ³¹tsŋ⁵⁵xɯ³¹ji⁵⁵pa⁵³.　　　　这个价钱有点高了。

价格　一点贵（貌）

nv⁵⁵tshu⁵⁵tsʅ⁵⁵mɔ³¹mi⁵⁵khe̠³¹.　　　　　　　这个人有点太过分了。

这　　人　很　不做会

xe³⁵ŋɔ³¹kɯ³³ɔ³¹tsʅ⁵⁵ny̠³³mɔ³³.　　　　　　　这是我的一点心意。

这　我　的　一点　心脏

ji³¹khɔ³¹xɿ³³ji³¹khɔ³¹a³³pa³¹ɔ³¹tsʅ⁵⁵xa⁵⁵mɔ³¹tv⁵⁵.

他　跟他　　爸爸　一点都　不像

他跟他爸爸长得一点儿也不像。

ŋa⁵⁵ja⁵⁵ɔ³¹tsʅ⁵⁵xa⁵⁵mɔ³¹mi⁵⁵mɯ³¹.　　　　　　我一点儿也不想去干活。

我　活　一点都　不做　想

ŋa⁵⁵pi³¹jɔ³¹to³¹ɔ³¹tsʅ⁵⁵ka³¹la³¹sʅ³¹pe̠³³khe³¹lɯ³³.　　我碧约话只会说一点。

我　碧约话　一点儿　　只说会（语）

（七）xa³³na³¹ma³³ "不太"、"不怎么"。一般只在否定句中使用，需要
与否定副词同时出现。例如：

sʅ³¹pɯ⁵⁵ɔ³¹sʅ³¹xa³³na³¹ma³³mɔ³¹mi⁵⁵.　　　　　　柿子不太好吃。

柿子　　　不怎么　不　好吃

ji³¹khɔ³¹xa⁵⁵na³¹ma⁵⁵tso³¹ji³³ji³³.　　　　　　　他不太聪明

他　　不怎么　　聪明

mɿ⁵⁵lu⁵⁵ŋa⁵⁵xa³³na³¹ma³³mɔ³¹tso³¹mɯ³¹lɯ³³.　　　我不怎么爱吃蘑菇。

蘑菇　我　不怎么　　不吃　想（人）

ji³¹khɔ³¹xa³³na³¹ma³³jɔ³¹n̠i⁵⁵n̠i⁵⁵jɔ³¹tsu⁵⁵mɔ³¹mi⁵⁵mɯ³¹ŋe³³.

他　　怎么也　孩子　小（受）不　喜欢　（语）

他不太喜欢小孩子。

ju³³ŋɯ³³fv³³　nɔ³¹ji³¹khɔ³¹jɔ³¹tsa³¹xa³³na³¹ma³³ma³¹ɕi³¹kuaŋ³³.

开始　时候（话）他　　这里　　不怎么　　不　喜欢

开始的时候他还不大适应这里。

nv⁵⁵a³¹maŋ³¹thɯɯ³³xa³³na³¹ma³³mɔ³¹tsɔ³¹e³³.　　　这里不经常吃馒头。

你（话）馒头　不怎么　　不　吃（语）

（八）tsɤ⁵⁵ "越……越……"。强调程度的逐级加深。例如：

tsʅ⁵⁵mɔ³¹ma³³kɯ³³ŋe̠³¹mɿ⁵⁵tsɤ⁵⁵tɕhi³³tsha³³pa⁵³tsɤ⁵⁵mɔ̠³³e³³.

很　多（状）的　夫妻　越　吵架（连）越　好

很多夫妻越吵架越亲。

sa³³tv³³ɔ³¹nɯ³³tsɤ⁵⁵nɯ³³　pa⁵³tsɤ⁵⁵mɿ⁵⁵e³³.　　　　苞谷越嫩越好吃。

苞谷　嫩　越（叠）（连）越　好　吃

二　时间副词

时间副词主要用来修饰动词，表示动作行为发生、进行的时间和频率。大多数用在谓语之前。常见的有：jɔ³¹mɯ⁵⁵sɿ³¹ "刚刚"、ja̠ ³¹sɿ³³fv⁵⁵ "刚才"、kɔ³³xo³¹ "以前"、ka³³nv³³ "以后"、thɯ³¹n̠i³³kɔ³³sv³³ "天天、每天" 等。

（一）jɔ³¹mɯ⁵⁵sɿ³¹ "刚刚"。例如：

ji³¹khɔ³¹jɔ³¹mɯ⁵⁵sɿ³¹jɔ³¹ji³³sɿ³¹nv⁵⁵tshaŋ⁵³ti³³thɯ³³ .

　他　　刚刚　　　走 去 才 你 快（状）追

他刚刚走，你赶快追吧。

ji³¹khɔ³¹jɔ³¹mɯ⁵⁵sɿ³¹tɿ⁵⁵ji³³.　　　　　　　　他刚刚回去了。

　他　　刚刚　　　回去

ji³¹n̠i³³jɔ³¹xo⁵⁵jɔ³¹mɯ⁵⁵sɿ³¹xo⁵⁵.　　　　　　昨天刚下过雨。

　昨天 雨　刚刚　　　　下

kɔ³¹pa̠³³jɔ³¹mɯ⁵⁵sɿ³¹mi⁵⁵mɔ̠³³.　　　　　　这些粑粑刚刚做好。

　粑粑　　刚刚　　做 好

（二）ja̠ ³¹sɿ³³fv³³ "刚才"。例如：

nv⁵⁵ja̠ ³¹sɿ³³fv³³tɿ³¹kɯ³³sɔ³¹kɔ³¹xo⁵⁵tsa⁵⁵v⁵⁵thɔ³¹　　pɿ⁵³?

　你 刚才　　看 的 书　　哪里　放（貌）（语）

你刚才看的书放在哪儿了。

ŋa⁵⁵ja̠ ³¹sɿ³³fv³³sɔ³¹kɔ³¹tshv̠ ³³kɔ³³ŋɯ³³.　　　　我刚才在写作业。

　我　刚刚　　作业 写（体）（语）

ji³¹khɔ³¹ja̠ ³¹sɿ³³fv³³khɯ⁵⁵ji³³pa⁵³.　　　　　刚才他去过了。

　他　刚才　　到 去（体）

ji³¹khɔ³¹ja̠ ³¹sɿ³³fv³³tha³¹tsu³³ji³³sɿ³¹, jɔ³¹mɯ⁵⁵xɔ⁵⁵/³¹ji³³phi³¹　kɯ³³ma³¹sɿ̠ ³¹la̠ ³¹?

　他　　刚刚　　还 在（体）现在　哪 去（貌）（引）不　知道

他刚刚还在，现在去哪了？

（三）kɔ³³xo³¹ "以前"、ka³³nv³³ "以后"。例如：

ɔ⁵⁵v³³kɔ³³xo³¹thɯ³¹o⁵⁵mu⁵⁵su³³ku³³.　　　　　咱们以前见过一面。

　我们 以前 一 次 看　过

nv⁵⁵kɔ³³xo³¹la̠ ³¹ta̠ ³¹ɕɔ³⁵ku³³mɔ³¹ɕɔ³⁵ku³³?　　以前你学没学过唱歌？

　你 以前 歌　学过 没 学 过

ka³³nv³³la⁵⁵va̠ ³¹!　　　　　　　　　　　　　　以后来吧！

　以后　来（语）

ɔ⁵⁵v³³kɔ³³xo³¹mi³¹ku³³pa⁵³.　　　　　　　　我们先前就说了。

　我们 先　说 过（体）

nv⁵⁵kɔ³³xo³¹mi³¹!　　　　　　　　　　你先说!

你　先　　说

ɔ³³v³³kɔ³³xo³¹tsɔ³¹pa⁵³.　　　　　　　　我们先开始吃了。

我们　先　　吃（体）

nv⁵⁵kɔ³³xo³¹jo³¹ŋa⁵⁵ka³³nv³¹lɣ³³.　　　　你先走，我后来。

你　先　走　我　后　来

（四）na³⁵ma̱³¹na̱³¹ma³³ "早早地"，主要指据说话时间较近的时间段内发生的事情。xɔ⁵⁵mu⁵⁵ɲi³³ "很早以前（就）"，指的是据说话时间较远的时间段内发生的事情。例如：

ji³¹kho³¹na³⁵ma̱³¹na̱³¹ma³³lɣ³³ji⁵⁵pa⁵³.　　　　他早就来了。

他　　早早地　　　　来（体）

ji³¹kho³¹na³⁵ma̱³¹na̱³¹ma³³ti⁵⁵li³¹pa⁵³jo³¹mɯ⁵⁵ti⁵⁵kɯ³³ji³³kɔ³¹ji⁵⁵pa⁵³.

他　　早早地　　　　回去（连）现在　回（引）　能（体）

他早就回去了，现在该到家了。

xo³¹na³⁵ma̱³¹na̱³¹ma⁵⁵mi³³pa⁵³.　　　　　　饭早就熟了。

饭　早早地　　　　熟（体）

ji³¹kho³¹na³⁵ma̱³¹na̱³¹ma⁵⁵ji³¹tsa̱³³.　　　　他早已睡了。

他　　早早地　　　　睡

ji³¹kho³¹ja⁵⁵mi⁵⁵na³⁵ma̱³¹na̱³¹ma⁵⁵ɕaŋ³¹tho³¹ŋe³³pa⁵³.　　他早准备好工作了。

他　　工作　早早地　　　想（貌）（语）（体）

xui⁵⁵khe³³kɯ³³tshu⁵⁵na³⁵ma³¹na̱³¹ma³³la⁵⁵/³³ji⁵⁵pa⁵³. 开会的人早就来了。

会　开　的　人　　早早地　　　来　（语）

jɔ³¹v³³xɔ⁵⁵mu⁵⁵ɲi³³kɣ³³tɕhi³¹tshɣ³³ji⁵⁵pa⁵³.　　　他们早就插过秧了。

他们　很早就　谷子　插（体）

jɔ³¹v³³xɔ⁵⁵mu⁵⁵ɲi³³sɔ³¹kɔ³¹tsv³⁵kɔ³³ji⁵⁵pa⁵³.　　他们早就在上课了。

他们　很早就　　书　读（体）（体）

（五）xa⁵⁵ma³³xa⁵⁵、xɔ³¹mu³³ŋɯ³³xa³³ "迟早"。例如：

xɔ³¹mu³³ŋɯ³³xa³³thɯ³¹ɲi³³nɔ³¹jɔ³¹mi³¹mi⁵⁵tsɔ³¹ji³³tsu³³　ŋe³³.

迟早　　　一　天（话）女儿　结婚　去（体）（语）

女儿迟早有一天要嫁人。

ji³¹kho³¹xa⁵⁵ma³³xa⁵⁵au⁵⁵xui³¹tɕhi³³tsu³³ŋe³³!　　　他迟早会后悔的!

他　　迟早　　后悔（貌）（体）（语）

xe³⁵jɪ⁵⁵kho⁵⁵thɯ³¹jɪ⁵⁵xa⁵⁵ma³³xa⁵⁵o³¹phi³¹tsu³³　ŋe³³. 这间屋子迟早要卖掉。

这　屋子　一　间　迟早　卖（貌）（体）（语）

nv⁵⁵xɔ³³mu³³ŋɯ³³xa³³thɯ³¹n̠i³³nɔ³³jɿ⁵⁵to⁵⁵pɯ³³tsɔ³¹tsu³³ŋe³³.

你 早晚 一 天 你 家 分吃 （体）（语）

迟早有天要分家。

nv⁵⁵xa³³ma³³xa³³thɯ³¹jɿ⁵⁵to⁵⁵pɯ³³tsɔ³¹tsu³³ŋe³³.　　　你迟早要离开家。

你 迟早 家 分 吃（体）（语）

（六）sɿ³¹ "还"，表示动作还在进行中。例如：

ji³¹khɔ³¹xɔ³¹tsɔ³³kɔ³³ŋe³³　　sɿ³¹，tha³¹la³¹tu³³khɯ³³thɔ³¹sɿ³¹.

他 饭 吃 在（语）还 一会儿 等 （貌）再

他还在吃着饭，等会。

ji³³khɔ³¹ɔ³¹mu³³tsɿ³¹kɔ³³　　ji³³sɿ³¹.　　　　　　　　他还在洗澡。

他 洗澡 （体）（貌）还

ŋa⁵⁵xɔ³¹tsɔ³¹kɔ³³ŋɯ³³　sɿ³¹.　　　　　　　　　　　我还在吃饭。

我 饭 吃 （体）（语）还

三 频率副词

频率副词表示动作行为进行的频率。

（一）thɯ³¹n̠i³³kɔ³³sv³³ "天天"，"每天"；

ɔ⁵⁵v³³thɯ³¹n̠i³³kɔ³³sv³³sɔ³¹kɔ³¹tv³⁵mɯ³⁵.　　　　　咱们要经常读书。

咱们 天天 书 读（貌）

jɔ³¹v³³thɯ³¹n̠i³³kɔ³³sv³³jɔ³¹mɔ³³a³¹　sɔ³¹pɔ̠³³tsɔ³¹li³³ ji³³.

他们 常常 山 （方）肉 打 吃 去（貌）

他们常常上山打猎。

ŋɔ³¹v³³thɯ³¹n̠i³³kɔ³³sv³³lo⁵⁵pɔ³¹a³¹ŋɔ³¹sɔ³¹n̠e³¹ji³³.

我们 天天 河里（方）鱼 捉 去

我们常常到河里去捞鱼。

ji³¹khɔ³¹a³¹pa³¹thɯ³¹n̠i³³kɔ³³sv³³na⁵⁵pɿ³³.　　　　　他爸爸常常生病。

他 爸爸 常常 病 厉害

ŋa⁵⁵thɯ³¹n̠i³³kɔ³³sv³³sɔ³¹kɔ³¹tv̠³⁵kɯ³³kɔ³¹jɔ³¹thɔ³¹.　我一直想读书。

我 一直 书 读（引）想 （貌）

ji³¹khɔ³¹thɯ³¹n̠i³³kɔ³³sv³³ŋɔ³⁵pa⁵⁵mi⁵⁵la³¹.　　　　他一直在帮我。

他 一直 我 帮 做（人）

ji³¹khɔ³¹thɯ³¹n̠i³³kɔ³¹sv³³ka³³nu³³sɿ³¹le³³.　　　　　他老是迟到。

他 一天 天天 后面 才 来

juŋ³¹nan³¹kɯ³³tshu⁵⁵thɯ³¹n̠i³³kɔ³¹sv³³sɿ³¹phi³³tsɔ³¹e³³.

云南 的 人 经常 辣椒 吃

云南人常吃辣椒。

tsๅ⁵⁵"很"也可以与状语助词搭配，用作表达频率的副词。例如：

ji³¹khɔ³¹tsๅ⁵⁵ti³³ma³³ka³³lɯ³³sๅ³¹le³³.　　　　　　　　他老是迟到。

他　老（状）（状）后面　才　来

nv⁵⁵tsๅ⁵⁵ti³³ma³³　　ɔ³¹pu³³ɔ³¹mɔ³³kɯ³³to³¹ma³¹na⁵⁵tๅ³¹.

他　老（状）（状）　　父母　　　的　话　不　听

他老是不听父母的话。

现代碧约话中，汉语借词ɕiŋ³³tshaŋ³¹"经常"也可以替代上述固有的频率副词使用。例如：

ŋa⁵⁵ɕiŋ³³tshaŋ³¹ma³³ju³¹mɔ³³tʂๅ³¹tɛ⁵³li³³.　　　　　　　我经常去山上采药。

我　经常　地　山上　药　找　去

（二）thɯ³¹n̠i³³na⁵⁵n̠i³³"有时"。例如：

ji³¹khɔ³¹thɯ³¹n̠i³³na⁵⁵n̠i³³ŋɔ³¹v³³tsu⁵⁵tๅ³¹la³³khȩ³¹.　他有时会过来看望我们。

他　　有时　　　我们（受）看　来会

jo³¹mo³¹thɯ³¹n̠i³³na⁵⁵n̠i³³jo³¹n̠i⁵⁵sv³³tsๅ³¹khɯ³³tsๅ³³khȩ³¹ji³³.

老人　有时　　　孩子　像　生气　　会（貌）

老人有时也很孩子气。

（三）thɯ³¹o⁵⁵xa⁵⁵"永远"。例如：

ji³¹khɔ³¹thɯ³¹o⁵⁵xa⁵⁵mɔ³¹lɣ³³pa⁵³.　　　　　　　　　他永远不来了。

他　　永远　　不来（语）

ŋa⁵⁵ja³³kho³¹thɯ³¹o⁵⁵xa⁵⁵tsๅ³³pɔ³¹mɔ³¹tu⁵⁵.　　　　　　我永远也不喝酒了。

我　烟　永远　　酒　不　喝

ji³¹khɔ³¹ja̠³³tɕhi³¹thɯ³¹o⁵⁵xa⁵⁵mɔ³¹to⁵⁵kha³¹ji⁵⁵pa⁵³.　他永远也不敢吸毒了。

他　鸦片　永远　　不　抽　敢　（体）

sa³³mɔ³³li³³thɯ³¹o³³xa⁵⁵ma³¹tv̠³³la⁵⁵/³³pa⁵³.　　　　　　狼再没出现过。

狼　　再　　　不　出　来　（体）

（四）tsɛ⁵³、sๅ³¹"再"。例如：

a³¹tshv̠³¹tsɛ⁵³tshv̠³¹pa⁵³ɔ³¹tɕhๅ⁵⁵kɔ³¹tʂๅ³¹ti³³.　　　　　再冷就要穿棉袄了。

冷　再　（叠）（连）羽毛　衣服　穿

tsɛ⁵³thɯ³¹khɣ³³xi⁵⁵la⁵⁵/³¹!　　　　　　　　　　　　　　再来一碗！

再　一　碗　拿来

nv⁵⁵tsɛ⁵³thɯ³¹phv⁵⁵mi³¹.　　　　　　　　　　　　　　　你重说一遍。

你　再　一　遍　说

ɔ⁵⁵v³³tsɛ⁵³thɯ³¹phv⁵⁵mi⁵⁵!　　　　　　　　　　　　　我们重新做吧！

我们　再　一　遍　做

ŋa⁵⁵thɯ³¹khɤ³¹tsɔ³¹tsu³³sɿ³¹.　　　　　　我再吃一碗饭。

我　一　碗　吃　要　还

nv⁵⁵thɯ³¹taŋ³³ji³³tsu³³sɿ³¹.　　　　　　你再去一趟。

你　一　躺　去　要　还

nv⁵⁵ŋɔ³⁵tsɛ⁵³thɯ³¹o⁵⁵pa³¹mi³³la³¹sɿ³¹!　　你再帮我一次吧!

你　我　再　一　次　帮助（人）再

nv⁵⁵ŋɔ³⁵ tsɛ⁵³ɔ³³sɿ³³thɯ³¹sɿ³¹pi³¹la³¹　sɿ³¹.　你再给我一个果子吧。

你　我　再　果子　一个　给（人）再

ŋa⁵⁵tsɛ³¹po³³tsɿ³³ŋɔ³¹sɿ³¹tsɔ³¹kɔ³¹sɿ³¹.　　我还能吃下五个包子。

我　还　包子　五个　吃　能　还

四　范围副词

范围副词表示动作行为、性状涉及的范围大小。常见的有 xa⁵⁵ma³³mi³¹xa⁵⁵ "至少"、 xa⁵⁵ma³³xa⁵⁵ "偏偏、唯独"、 ji⁵⁵tsu³¹ma⁵⁵ "都" 等。

（一）xa⁵⁵ma³³mi³¹xa⁵⁵ "至少"。例如：

ŋɔ³¹sɔ³¹thɯ³¹mo⁵⁵xa⁵⁵ma⁵⁵mi³¹xa⁵⁵n̠ȩ³¹tshɯ⁵⁵ɕiŋ³³tsa³³e³³.

鱼　这条　至少　　　二　十　斤　有（语）

这条鱼至少也有二十公斤。

nɔ³³v³³xa⁵⁵ma⁵⁵mi³¹xa⁵⁵n̠ȩ³¹kɔ³¹mi⁵⁵mɯ³¹e³³.

你们　至少　　　二　个　想　要（语）

你们至少需要两个人。

（二）xa⁵⁵ma³³xa⁵⁵ "偏偏、唯独"。例如：

ji³¹khɔ³¹xa⁵⁵ma³³xa⁵⁵ŋɔ³⁵to³¹ma³¹na⁵⁵tɿ³¹.　　他偏偏不听我的话。

他　　偏偏　　我的话　不　听

ɔ³¹v³³ji⁵⁵tsu³¹ma⁵⁵li³³ ji³¹khɔ³¹xa⁵⁵ma³³xa⁵⁵mɔ³¹li³³.　我们都去，唯独他不去。

我们　都　　去　他　偏偏　　不去

现代碧约话中，汉语借词 tɕu³³ "就" 常常可以代替 xa⁵⁵ma³³xa⁵⁵ 出现在句中。例如：

ji³¹khɔ³¹tɕu³³ŋɔ³⁵to³¹ma³¹na⁵⁵tɿ³¹.　　　　他就是不听的我的话。

他　就　我话　不　听

（三）ji⁵⁵tsu³¹ma⁵⁵ "都"。例如：

a³³pa³¹ɔ³¹mɔ³³ji⁵⁵tsu³¹ma⁵⁵la⁵⁵ji⁵⁵pa⁵.　　父母都来了。

爸爸　妈妈　都　　来（体）

ŋɔ³¹v³³ji⁵⁵tsu³¹ma⁵⁵nɔ³⁵tsu⁵⁵tɿ³¹mɯ³¹lɯ³³.　我们都很想见到您。

我们　都　　你（受）看　想（语）

ji⁵⁵tsu³¹ma⁵⁵na⁵⁵tɪ³¹, ji⁵⁵tsu³¹ma⁵⁵khɪ³³sɳ̩³¹phi³⁵　pa⁵³.　　　大家一听，全吓傻了。
大家　听　都　　　　害怕死（貌）（体）

v⁵⁵lạ³¹thɯ³¹ma⁵⁵mi⁵⁵mɔ̣³³mɯ³¹pa⁵³, ji⁵⁵tsu³¹ma⁵⁵a³³pa³¹kɯ³³kɔ³¹ŋe³³pa⁵³.
生意　一　笔　做好　想（连）都　　　　爸爸　的　力气　是（语）
这笔生意能做成，全靠父亲的关系。

jaŋ³¹ji³³seŋ³³kɯ³³lạ³¹khẹ³³ji⁵⁵tsu³¹ma⁵⁵tsɳ⁵⁵tɕhɪ³¹ɕɔ³⁵kɯ³³.
杨医生　的　手艺　全　　　自己　学　的
杨医生的医术全部是自学的。

五　否定副词

否定副词主要修饰动词或形容词，表示否定、阻止等。其位置一般在动词、形容词之前。常见的有 mɔ³¹/ ma³¹ "不、没"；thɔ³¹/tha³¹ "别、不要"等。（详见"否定范畴"）例如：

nv⁵⁵tsɛ⁵³thɔ³¹mi³¹o³³, ji³¹khɔ³¹sɳ̩³¹lạ³¹ji⁵⁵pa⁵³.　　　你不用再说了，他懂了。
你　再　别　说（语）他　　知道（体）

ji³¹khɔ³¹mɔ³¹jo³¹tsu³³ŋe³³pɪ⁵³?　　　　　他不走了吗？
他　　不　走（体）　（语）

thɯ³¹pẹ³¹phi³¹kɯ³³ɕaŋ³³tsɳ̩³¹jɔ³¹mɯ⁵⁵xa⁵⁵mɔ³¹tɤŋ⁵³ti⁵⁵sɪ³¹.
摔　坏（貌）的　箱子　　现在　还　没　修　回还
摔坏的箱子现在还没有修。

mɔ³¹mɔ̣³³kɯ³³tshu⁵⁵xo³³lɯ³¹la⁵⁵xa⁵⁵ŋa⁵⁵mɔ³¹khɪ³³la³³.
不　好　的　人　多少　来　都　我　不　怕（人）
来多少敌人我也不害怕。

ji³¹khɔ³¹sɔ³¹kɔ³¹mɔ³¹tv³⁵, pɔ³³tsɳ̩³¹xa⁵⁵mɔ³¹tɪ³¹.　　　他不学习，连报纸也不看。
他　书　不　读　报纸　都　不　看

nv⁵⁵nạ³¹ma³¹nạ³¹ma³³mɔ³¹ti³³la⁵⁵xa⁵⁵kɔ³¹e³³.　　　你不必早回来。
你　早早　　（状）不　回来　也　可以

ji³¹khɔ³¹mɔ³¹le³³sɪ³¹.　　　　　他还没有来。
他　　没　来　还

ŋa⁵⁵nv⁵⁵n̢i³³mi³¹kɯ³³mɔ³¹na³³tɪ³¹.
我　你（施）说　的　不　听
我不相信你说的。

sɪ³¹pɯ⁵⁵ɔ³¹sɪ³¹ɔ³¹nu⁵⁵mɔ³¹nu⁵⁵sɪ³¹.　　　柿子没红。
柿子　　　红　没（叠）（体）

nv⁵⁵nạ³¹nạ³¹tɪ³³tɪ³³ma³³thɔ³¹pẹ³¹!　　　你不要啰嗦！
你　啰嗦　　（状）别　说

nɔ³¹v̩³³ji³¹khɔ³¹tsu⁵⁵thɔ³¹mi³¹pi̠³¹!　　　　　　你们别告诉他呀!

你们　他　（受）别　说　给

六　语气副词

语气副词主要修饰动词或形容词，表示不同的语气和感情。常见的例如：

（一）nɔ³¹ "倒是"。常与形容词搭配，形成"形容词+ nɔ³¹+形容词"的结构，用在转折复句的前一分句中。例如：

thv̩³¹lv⁵⁵pi³¹jɔ³¹pi³¹jɔ³¹tɔ³¹ʂ̩³¹nɔ³¹ʂ̩³¹la³¹e³³, ma³¹pe³¹khe³¹.

墨江人　　　碧约　话　懂倒是懂　（语）不　说　会

很多墨江人碧约话懂倒是懂，但是不会说。

ji³¹khɔ³¹mo̠³³nɔ³¹mo̠³³e³³, a⁵⁵xa⁵⁵　nɔ³¹tu³³tu³³e³³.

他　好　是　好　　　但是　　笨

他好是好，就是有点笨。

tɿ³¹　nɔ³¹tɿ³¹kɔ³¹/³³mo̠³³a⁵⁵xa⁵⁵mɔ³¹ti³³kɔ³¹/³³mo̠³³.

看　倒是　好看　　　但是　不　穿　能　好

好看倒是好看，就是穿着不舒服。

kɿ³¹nɔ³¹kɔ³¹kɿ³³a⁵⁵xa⁵⁵ɕɔ³⁵kɯ³³tsu⁵⁵kɔ³¹mo̠³³.　　　　累是累，但是学得很高兴。

累是　累　　但是　学　得　高兴

mo⁵⁵nɔ³¹mo⁵⁵a⁵⁵xa⁵⁵tɕhv̩³³khɛ³³ji³³pa⁵³kɔ³¹e³³.　　　　远是远，不过可以开车去。

远　是　远 但是　车　开　去 的话　能

ŋa⁵⁵ɔ³¹kɿ⁵⁵nɔ³¹kɿ⁵⁵a⁵⁵xa⁵⁵kɔ³¹nɔ³¹tsa³³.　　　　我瘦是瘦，但有力气。

我瘦　是　瘦 但是　力气　有

tsɔ³¹nɔ³¹tsɔ³¹pa⁵³a⁵⁵xa⁵⁵mɔ³¹tsɔ³³pv̩³³la³³.　　　　吃倒是吃了，但不饱。

吃是　吃　了　但是　没　吃　饱（人）

mi⁵⁵nɔ³¹mi⁵⁵a⁵⁵xa⁵⁵mi⁵⁵kɯ³³phi³⁵ŋe³³.　　　　干是在干，就是干得慢。

干（话）干　但是　干（补）慢　是

tŋ⁵⁵xua³³tɯ³¹nɔ³¹tɯ³¹　pa⁵³a⁵⁵xa⁵⁵mɔ³¹tɯ³¹³³thɔŋ³³kɔ³¹e³³.

电话　打（话）打（体）但是 不　打　通　能

电话打是打了，不过打不通。

ji³³nɔ³¹　ji³³pa⁵³　a⁵⁵xa⁵⁵ji³¹khɔ³¹tsu⁵⁵nɔ³¹mɔ³¹mu⁵⁵su³³.

去（话）去（体）但是 他　（受）（话）不 看见

去倒是去了，但没见到他。

ji³¹khɔ³¹nɔ³¹mo̠³³nɔ³¹mo̠³³e³³, a⁵⁵xa⁵⁵nɔ³¹tu³³tu³³e³³.

他　（话）好　　是　好 但是　笨

他好是好，就是有点笨。

（二）tseŋ³³ma³³ "真的"、"难道"。表达惊奇的语气。例如：

ji³¹khɔ³¹tseŋ³³ma³³ti³³la⁵⁵tsu³³ŋe⁵³?	他真的要回来啦？
他　　真的　　　来（体）（语）	

tseŋ³³ma³³nv⁵⁵ŋe⁵³!	真的是你啊！
真的　　你（语）	

nv⁵⁵¹tseŋ³³ma³³ji³¹khɔ³¹kɯ³³a⁵⁵mɔ³³ŋe⁵³?	你真的是他亲妈啊？
你　真的　　他　　的　妈妈（语）	

ji³¹khɔ³¹tseŋ³³ma³³ʂɿ⁵⁵ma⁵⁵mi⁵⁵tsu³³ŋe⁵³?	他真要这么做啊？
他　　真的　　这么　做（体）（语）	

tseŋ³³ma³³nv⁵⁵n̩i³³mi³¹tv̩³³tɕhi³¹ŋe⁵³?	难道是你说出去的？
难道　你（施）说出（貌）（语）	

nv⁵⁵tseŋ³³ma³³ma³¹ʂɿ³¹la̩³¹ŋɔ³¹tsh̩³¹khi⁵⁵xɔ⁵⁵lɯ³¹tsɿ³³kɔ³³kɯ³³?	
你　难道　　不　知道　我　生气　多少　（体）（语）	
你难道不知道我当时有多生气吗？	

tseŋ³³ma³³nv⁵⁵ji³¹khɔ³¹tsu⁵⁵tɕhɤŋ³¹mɔ³¹pi³¹ŋe⁵³?	难道你没给人家钱？
难道　　你他　（受）钱　没　给（语）	

（三）xa⁵⁵ma³³xa⁵⁵ "一定"。例如：

nv⁵⁵xa⁵⁵ma³³xa⁵⁵la⁵⁵mɯ³¹e³³!	你一定要来！
你　一定　　来要	

ŋa⁵⁵xa⁵⁵ma³³xa⁵⁵la⁵⁵tsu³³.	我一定来。
我　一定　　来（体）	

ŋa⁵⁵xa⁵⁵ma³³xa⁵⁵nɔ³³to⁵⁵a³¹　li³³tsu³³.	我一定到你家去。
我　一定　　你家（方）去（体）	

nv⁵⁵xa⁵⁵ma³³xa⁵⁵mɔ̩³³ti³³kɔ³¹jɔ³¹thɔ³¹lɛ⁵³!	你一定要好好记住啊！
你　一定　　好（状）记　（貌）（语）	

ŋa⁵⁵⁵xa⁵⁵ma³³xa⁵⁵kɔ³¹jɔ³¹thɔ³¹　o³³!	我一定记住！
我　一定　　想　（貌）（语）	

（四）pha⁵⁵和汉语借词khɔ³¹neŋ³¹ "可能" 都可以用作"可能、也许"，两者在句中可以替换使用。现代碧约话中使用汉语借词更为常见。例如：

ji³¹khɔ³¹khɔ³¹neŋ³¹na⁵⁵na⁵⁵phi³⁵pa⁵³.	他可能是生病了。
他　　可能　病生（貌）（语）	

ji³¹khɔ³¹pha⁵⁵na⁵⁵pi³¹kɔ³³e³³.	他可能是生病了。
他　可能病　给（体）	

ji³¹khɔ³¹pha⁵⁵mɔ³¹lɤ³³ji⁵⁵pa⁵³.　　　　　　　他可能不能来。

他　　可能　不　来（体）

jɔ³¹n̠i⁵⁵pha⁵⁵jo³¹phi̠³¹phi³⁵pa⁵³.　　　　　孩子可能走丢了。

孩子　　可能　走　丢（貌）（体）

a⁵⁵mɔ³³lo⁵⁵pɔ³¹a³¹pa⁵⁵lia⁵⁵kɔ³¹tʂm̠³¹je³³tʂm̠³¹.

妈妈　河边（方）旁边　衣服　　搓洗

妈妈可能在河边洗衣服。

ji³¹khɔ³¹pha⁵⁵ma³¹la⁵⁵khe̠³¹pa⁵³!　　　　　他怕是来不了啦！

他　　可能不来　能（体）

ŋa⁵⁵nɔ³⁵tsu⁵⁵pha⁵⁵ma³¹pa⁵⁵mi⁵⁵khe̠³¹pa⁵³.　　我怕是不能帮你了。

我　你（受）可能　不　帮　做　能　（体）

tɿ³¹thɤ⁵⁵tɕhi³¹la³³　　kɯ³³ji³¹khɔ³¹pha⁵⁵tʂn̠³¹khi⁵⁵tsŋ³³tsu³³ŋe³³.

看（貌）（貌）（貌）（引）他　怕是　　生气　（体）（语）

他看样子是怕是要大发脾气了。

（五）tɕu³³ "本来"。tɕu³³来源于汉语借词"就"。两者在句中可以替换使用。例如：

ɕɿ⁵⁵khɔ³¹tɕu³³mɔ³¹e³³ tshu⁵⁵thɯ³¹khi⁵⁵mi⁵⁵pe̠³¹le³³sɿ³¹.

事情　　就多（语）人　一　群　做　坏　来还

事情本来就多，还有人添乱。

ji³¹khɔ³¹tɕu³³mɔ³¹sɔ³¹ŋe³³.　　　　　　他本来就不穷。

他　　本来　不　穷（语）

ŋa⁵⁵tɕu³³li³³mɯ³¹kɯ³³ŋɯ³³.　　　　　　我本来是想去的。

我　本来去　想（引）（人）

（六）xa⁵⁵、tha³³ "都"，表达让步、转折语气副词，两者在表达这一语气时可以互换使用。例如：

nv⁵⁵ji³¹khɔ³¹tsu⁵⁵tha³³ma³¹sɿ̠³¹la̠³¹kɯ³³le³⁵.　　连他都不认识。

你他　　（受）都　不　认识　（引）（语）

ji³¹khɔ³¹tɿ³¹tha³³mɔ³¹tɿ³¹nv³³e³³.　　　　　连看都不想看。

他　　看　都　不　看爱

ŋa⁵⁵tɕhɤŋ³¹thɯ³¹fɤŋ³³ma³¹tsa³³.　　　　　我连一分钱都没有。

我　钱　一　分　没有

jo³¹mɔ³³a³¹ɔ³¹pɿ³³thɯ³¹pɿ³¹ma³¹te⁵³.　　　山上连草都不长。

山　（方）草　一　根　不　找

ji³¹khɔ³¹xɿ³³ji³¹khɔ³¹a³³pa³¹ɔ³¹tsm̠⁵⁵xa⁵⁵mɔ³¹tv⁵⁵ŋe³³.

他　　（连）他　爸爸　一点　都　不　像（语）

他跟他爸爸长得一点儿也不像。

nv⁵⁵tshɯ⁵⁵khue³¹tha³³ma³¹tv̩³³tshv⁵⁵kɯ³³le⁵³?　　　　十块钱你都给不起啊？

你　十　块　都　不　出　能（语）（语）

nv⁵⁵ʂɿ⁵⁵lɯ³¹tha³³mɔ³¹xi⁵⁵tv̩³¹kɔ³¹kɯ³³le⁵³?　　　　这么一点你都拿不动啊？

你　这么　都　不　拿　出　能（引）（语）

tso³¹phɔ³¹ɕu³³tso³¹phɔ³¹, to³¹tha³³ma³¹pe̩³¹khe̩³¹.

傻　　就　傻　　　话　都　不　说　会

傻子就是傻子，话都不会说。

（七）se³³“才”、sɿ³¹“只”表达现实不及预期的语气。例如：

nv⁵⁵jɔ³¹mɯ⁵⁵se³³jɿ⁵⁵kho⁵⁵a³¹ti⁵⁵lv³³.　　　　你现在才回家。

你　现在　才　家　（方）回来

ʂɿ⁵⁵ma⁵⁵mi⁵⁵se³³xo³¹e³³.　　　　这样做才对。

这么　做　才　对（语）

ʂɿ⁵⁵lɯ³¹ma⁵⁵mi⁵⁵phi³¹ko³¹phi³¹ʂɿ⁵⁵lɯ³¹sɿ³¹pi³¹.　　　　干了这么久才给这点钱。

这么　　　做（貌）工资　这些　　只给

（八）xa⁵⁵“怎么”，表达对事实的不满。例如：

nv⁵⁵xa⁵⁵tv̩³³ji³³tsu³³kɯ³³　ŋɔ³⁵tha³³mɔ³¹mi³¹pi³¹.

你　怎么　出去（体）（引）我　都　不　说　给

真是的，你出门也不跟我说一声。

七　情状副词

情状副词表示动作行为的情状、方式。常见的有：

（一）tshu³¹ja⁵⁵、tsu³³tho³¹“一起”。例如：

a³³pa³¹a⁵⁵mɔ³³tshu³¹ja³³kɛ³³tsɿ³¹kaŋ³¹li³³.　　　　爸爸妈妈一起去赶集。

爸爸　妈妈　一起　街　赶去

ŋa⁵⁵a³³pa³¹tsu⁵⁵tsu³³tho³¹tho³¹xɿ³³kɛ³³tsɿ³¹kaŋ³¹li³³.　　　我跟着爸爸去赶集。

我　爸爸（受）一起　（貌）（连）集　赶去

ɔ⁵⁵v³³ne̩³¹kɔ³¹tshu³³ja³³mi⁵⁵mɯ³¹ŋɯ³³!　　　　咱们俩一起做这件事吧！

咱们　两个　一起　做（貌）（人）

（二）tɯ³¹ji⁵⁵“故意”。例如：

nv⁵⁵tɯ³¹ji⁵⁵ma³³ŋɔ³⁵phi³³lo³³phi³¹　la³³ŋɯ³³.　　　你故意撞倒我。

你　故意（状）我撞　倒（貌）（人）（语）

nv⁵⁵tɯ³¹ji⁵⁵ma³³ŋɔ³⁵ma̩³³tho³¹kɯ³³ŋɯ³³mɔ³¹ŋɯ³¹?　　　你是不是故意瞒着我的？

你　故意　地　我　瞒着　的　是不是

你是不是故意瞒着我的？

八 副词的句法功能

副词的功能主要在句中充当状语。一般置于被修饰、限制语的动词、形容词前面。

nv^{55}ji^{31}khɔ^{35}tsu^{55}khv^{55}pi̠^{31}, ji^{31}khɔ^{31}xa^{55}ma^{33}xa^{55}la^{55}tsu^{33}.

你 他 （受）叫 给 他 一定 来（体）

你叫他，他一定会来。

jɔ^{31}ȵi^{55}thɯ^{31}ȵi^{33}kɔ^{33}sv^{33}ȵi^{55}pɪ^{33}. 孩子常常哭得厉害。

孩子 常常 哭 厉害

ŋɔ^{35}tsu^{55}nv^{55}tha^{33}ma^{31}s̩^{31}la̠^{31}kɯ^{33} le^{53}? 我你都不认识啦？

我（受）你 都 不 知道 （引）（语）

有的副词在句中有关联作用，常用来连接两个动词或者形容词。如：

pe̠^{33}nɔ^{31}pe̠^{31}a^{55}xa^{55}mɔ^{35}mi^{55}ji^{33}. 说是说了，就是不去做。

说 倒是 说 但是 不 做 去

mɪ^{55}nɔ^{31}mɪ^{55}, a^{55}xa^{55}mɔ^{35}ti^{33}mɔ^{31}tsɔ^{31}kɔ^{31}e^{33}.

好吃倒是 是 好吃 但是 多（状）不能 吃

好吃是好吃，就是不能多吃。

mi^{31}tha̠^{31}a^{31}tshɣ^{31}tsɣ^{33}tshɣ^{31}pa^{53}, kɔ^{31}tsɣ^{33}ma^{31}tsa^{33}.

天 冷 越（叠）（连）力气 越 没 有

天越冷，人越没力气。

jɔ^{31}ȵi^{55}tsɣ^{33}tshu^{31}pa^{53}tsɣ^{33}tsha^{55}. 孩子越跑越快。

孩子 越 跑（连）越 快

个别副词也可以置于被修饰词之后。例如频率副词s̩^{31}"只、还"：

ŋa^{55}thɯ^{31}khɣ̠^{31}tsɔ^{31}tsu^{33}s̩^{31}. 我再吃一碗饭。

我 一 碗 吃 要 还

nv^{55}thɯ^{31}taŋ^{33}ji^{33}tsu^{33}s̩^{31}. 你再去一趟。

你 一 躺 去 要 还

第八节 连词

连词是起连接作用的词，可以连接词、词组或者句子，表示所连接的成分存在着某种语法关系。

一 连词的语法特征

连词是虚词。连词的语法特征主要有：具有连接功能；不表示实在的词汇意义，只表示语法意义和语法关系，不能充当句子成分；不能单独用来回答问题；大多不能重叠使用。

　　碧约话连词表示的语法关系有并列、承接、选择、递进、因果、假设、条件、让步、转折等。有的连词可以用于表示多种语法关系。如：xɿ³³，既能表示并列关系的"和"义，又能表示顺承关系的"……之后"义，还能表示因果关系"因为"义。

二　连词用法举例

　　（一）xɿ³³ "和"。用来连接两个并列的成分，包括词与词、词组与词组。用在被连接的成分之间。不能用来连接句子。例如：

nv⁵⁵xɿ³³ji³¹khɔ³¹	你和他
你　和　他	
tsv³³tɿ⁵⁵xɿ³³khɔ̧³¹jɔ̧³¹	筷子和碗
筷子　和　碗	
ŋɔ³³to⁵⁵sa⁵⁵tv³³xɿ³³ŋa³³sɿ³¹khɔ³³thɔ³¹o³³.	我家种了玉米和芭蕉。
我　家　玉米　和　芭蕉　种（貌）（语）	
tɕhɿ⁵⁵ji³¹tɕhɿ⁵⁵tɯ³¹ŋa⁵⁵xa⁵⁵khȩ³¹.	割谷和打谷我都会。
谷　割谷　打　我　都　会	
jɔ³¹n̩i³³xɿ³³ji³³sv³¹ŋa⁵⁵jɿ⁵⁵kho⁵⁵a³³mɔ³¹tsu³³e³³.	今天和明天我都不在家。
今天　和　明天　我　家　（方）不　在（语）	

　　（二）xɿ³³ "……之后"。

用于连接两个动词，表示两个动作先后发生。用于两个动词之间。例如：

nv⁵⁵thv⁵⁵tsv⁵⁵la³³xɿ³³mi³¹!	你站起来说吧！
你　站　来　后　说	
ŋa⁵⁵ti⁵⁵ji³³phi³¹xɿ³³tɕu³³ti⁵⁵la⁵⁵pa⁵³.	回去之后又来了。
我　回去（貌）后　就　回来（体）	
nv⁵⁵tshaŋ⁵³ti³³thv⁵⁵la³³xɿ³³ja⁵⁵mi⁵⁵kɔ³³ji⁵⁵pa⁵³.	你快起来去干活吧。
你　快（状）（貌）后　工作（体）（体）	
nv⁵⁵jɿ⁵⁵kho⁵⁵a³¹kɔ³¹nɔ³¹ti³³　xɿ³¹tsɛ⁵³ti⁵⁵la⁵⁵!	你回家休息一下然后再来！
你　家　（方）休息（引）后　再　回来	
ɔ⁵⁵v³³sɔ³¹kɔ³¹mi⁵⁵ki⁵⁵xɿ³¹tsɛ⁵³xo³¹tsɔ³¹!	我们做完作业后再吃饭！
我们　书　做　完　后　再　饭　吃	
ji³¹khɔ³¹xo³¹tsɔ³¹phi³¹　xɿ³³jo³¹ji⁵⁵pa⁵³.	他吃完饭走了。
他　　饭　吃（貌）后　走（体）	

ji³³sʋ³¹tʂhʋ³³tsu³³xɿ³³khue³³mɪŋ³¹li³³tsu³³.　　　　明天我坐汽车去昆明。

明天　车　坐　后　昆明　　去（体）

ŋa⁵⁵kɔ³¹tʂhɿ³¹ti³³xi³³ji³³kʋ³¹tʋ³³ji⁵⁵pa⁵³.　　　　我穿好衣服出门了。

我　衣服　穿　后　门　出　　（体）

v³¹tsa³³tsɔ³¹ki³³xɿ³³ji³¹tsa³¹ji⁵⁵pa⁵³.　　　　　猪吃完就睡。

猪食　吃　完　就　睡　去（语）

现代的碧约话中，汉语借词tɕu³³ "就" 经常可以与xɿ³³替换使用，连接连续发生的两个动作或事件。例如：

ji³¹khɔ³¹ɔ³¹lʋ³¹lʋ³¹la³³pa⁵³　tɕu³³uɯ⁵⁵ja⁵⁵ji³³pa⁵³.　　　　他天刚亮就去田里了。

他　　天亮（貌）（连）就　田　去（体）

nv⁵⁵ji³³phi³⁵　pa⁵³　tɕu³³thɔ³¹ti⁵⁵la³¹！　　　　你要是去了就别回来了！

你　去（貌）（体）就　别　回来

ji³¹khɔ³¹xo³¹mɔ³¹tsɔ³¹ma³³　tɕu³³jo³¹ji⁵⁵pa⁵³.　　　　他饭也没吃就走了。

他　　饭　不　吃（状）就　走（体）

（三）xa⁵⁵ "又"。例如：

用于连接形容词或动词，表示并列关系。例如：

ji³¹khɔ³¹tɕ̣³¹kẹ³³xa⁵⁵kẹ³³ɔ³¹tʂhʋ⁵⁵xa⁵⁵tʂhʋ⁵⁵.　　　　他又矮又胖。

他　　矮　又（叠）胖　又（叠）

na³³ua³¹mi³³tʂhɔ³¹a³¹ɔ³¹lo⁵⁵xa⁵⁵lo⁵⁵ɔ³¹tsɯ⁵⁵xa⁵⁵tsɯ⁵⁵.

西双版纳 天气（话）热 又（叠）潮湿 又（叠）

西双版纳又热又潮湿。

xe³⁵ma⁵⁵tsaŋ³¹ɔ³¹tʂhɿ⁵⁵xa⁵⁵tʂhɿ⁵⁵xɯ³¹xa⁵⁵xɯ³¹.　　　　这石榴又大又甜。

这 石榴　甜　又（叠）大 又 大

xe³⁵tʂhu⁵⁵thɯ³¹kɔ³¹tsɔ³¹xa⁵⁵tsɔ³¹tʂhʋ⁵⁵ji³¹xa⁵⁵ji³¹tsạ³³tʂhʋ⁵⁵.

这 人　一　个 吃 又 吃 能 睡 又 睡　能

xɔ³⁵tsa⁵⁵na⁵⁵kɯ³³tʂhu⁵⁵sv³³mɔ³¹tv⁵⁵e³³.

哪里 病 的 人 像 不 像（语）

这个人又能吃又能睡，哪里像是生病了。

ɕɔ³⁵tɕu³³mɔ̣³³ma³³mɔ̣³³ti³¹ɕɔ³⁵，ni³³jạ³¹xa⁵⁵taŋ⁵⁵kɔ³⁵tɕhʋŋ⁵¹xa⁵⁵ʂɿ³¹mɯ³¹.

学 就 好（状）好（状）学 时间 又 耽搁 钱　又 花 要

要学就好好地学，免得浪费时间浪费钱。

（四）mɔ³¹tʂhɿ⁵⁵……xa⁵⁵ "也……也，不仅……也，不仅……而且也"。

表示递进关系。例如：

ji³¹khɔ³¹pi³¹jɔ³¹tɔ³¹pẹ³¹khẹ³¹kɯ³³mɔ³¹tʂhɿ⁵⁵，ɔ³¹ja⁵⁵kɯ³³tɔ³¹xa⁵⁵pẹ³¹khẹ³¹.

他　 碧约话 说 会（引）不止　其他 的话 还 说 会

他不仅会说碧约话，还会说很多其他语言。

ji³¹khɔ³¹ka³¹kɯ³³mɔ³¹tʂʰ̩⁵⁵tʂʰu⁵⁵xa⁵⁵tsɿ⁵⁵mɔ̰³³.

他　漂亮的 不仅　　人　也　很　好

她不但漂亮，人也好。

jɔ³¹tsa³¹kɯ³³tʂʰu⁵⁵ma³¹tʂʰʋ³¹mi⁵⁵mɯ³¹mɔ³¹tʂʰ̩⁵⁵tɔ³¹jɿ³¹xa⁵⁵mi⁵⁵mɯ³¹.

这里 的 人 朋友　做　想 不仅　客人 也 做　想

这里的人不仅和善还很热情好客。

jɔ³¹mi³¹jɔ³¹n̠i⁵⁵tsɔ³¹ji³³ji³³kɯ³³mɔ³¹tʂʰ̩⁵⁵xa⁵⁵khia⁵³ka̰³¹.

女儿 孩子　　　　（引）不止　还 很 好看

小姑娘不仅聪明而且漂亮。

xe³⁵kʋ³¹tʂʰa̰³¹thɯ³¹phaŋ³¹mɿ⁵⁵mɔ³¹tʂʰ̩⁵⁵xa⁵⁵tɿ³¹kɔ³¹mɔ³³.

这 菜　　 一 盘 好吃 不止　还 好看

这盘菜不光好吃还好看。

（五）thɯ³¹pja³³……thɯ³¹pja³³、ji³³tsɤ³³……ji³³tsɤ³³ "一边……一边" 表示并列关系。主要用在动词前连接两个动词或动宾词组，表示一个动作行为与另一个动作行为同时进行。例如：

ji³¹khɔ³¹thɯ³¹pja³³n̠i⁵⁵thɯ³¹pja³³mi³¹.　　　　　　她边哭边说。

她　　一 边 哭 一 边 说

ŋa⁵⁵thɯ³¹pja³³mi³¹thɯ³¹pja³³tʂʰʋ³³.　　　　　　我一边说一边写。

我 一 边 说 一 边 写

thɯ³¹pja³³xo³¹tsɔ³¹thɯ³¹pja³³tɔ³¹tha³¹pḛ³³.　　　不要一边吃饭一边说话。

一 边 饭 吃 一 边 话 别 说

ji³¹khɔ³¹ji³³tsɤ³³jo³¹tiŋ³³xua³¹ji³³tsɤ³³tɯ³¹.　　　他一边打电话一边走。

他　一边 走 电话 一边　打

ji³¹khɔ³¹thɯ³³pja³¹（nɔ³¹）sɔ³¹kɔ³¹tʋ³⁵, thɯ³³pja³¹ja⁵⁵mi⁵⁵.

她　　一边　　　书 读 一边　 工 做

她边读书边打工。

a³¹jḛ³¹ thɯ³³pja³¹（nɔ³¹）v³³tʂʰu³³tu⁵⁵thɯ³³pja³¹（nɔ³¹）sɔ³¹kɔ³¹tɿ³¹.

爷爷 一边　　　　水　喝 一边　　　　书 看

爷爷边喝茶边看报。

ŋa⁵⁵sɔ³¹kɔ³¹ti³³kɔ³³kɯ³³ji³¹tɕʰɿ³¹phi³⁵pa³¹.

我 书　看着（状）睡着　（体）

（六）ji³¹tsɤ⁵⁵la³³pi⁵³……ji³¹tsɤ⁵⁵ "越来……越……" 表示程度的加深或者进程的推进。例如

nɔ³¹kɯ³³tʂhu⁵⁵na⁵⁵ji³¹tsɣ⁵⁵la³³pa⁵³ji³¹tsɣ⁵⁵mɔ³¹. 你的病人越来越多。

你 的 病 人 的 越 来 越 多

nɔ³¹kɯ³¹li³¹mɔ³³ji³¹tsɣ⁵⁵la³³pa⁵³ji³¹tsɣ⁵⁵kạ³¹ji³³pa⁵³.

你 的 孙女 越 来 越 漂亮

您的孙女越来越漂亮了。

a³³pa³¹ɔ³¹mɔ³³ji³¹tsɣ⁵⁵la³³pa⁵³ji³¹tsɣ⁵⁵jo³¹mo³¹mo³¹le³³pa⁵³.

爸爸 妈妈 越 来 越 老 （貌）（体）

父母越来越老了。

nv⁵⁵tsɣ⁵⁵kạ³¹sɿ⁵⁵pa³¹ji³¹khɔ³¹tsɣ⁵⁵sạ³¹to⁵⁵. 你越笑，他越不好意思。

你 越 笑 （连）他 越 害羞

（七）ma⁵⁵sɿ⁵⁵ "还是，或是"。用来连接并列的词，表示选择关系。例如：

nv⁵⁵lɔ³¹sɿ³³ma³³sɿ³³ɕo³⁵sɣŋ³³？ 你是老师还是学生？

你 老师 还是 学生

ke³³tsɿ³¹kaŋ³¹n̠i³³ja³¹ji³³sɿ³¹ma³³sɿ³³sa³³phe³¹？

赶集 日子 明天 还是 后天

赶集的日子是明天还是后天？

ŋa⁵⁵ja³³mɔ³³khɯ³³mɔ³¹jo³¹ma³³sɿ³³khɯ³³jo³¹jo³¹？ 我是走大路还是抄小道？

我 路 大路 走 还是 小路 走

xe³⁵nɔ³¹ tsa⁵⁵n̠i⁵⁵ma³³sɿ³³mɯ³⁵tsɿ³¹？ 这是韭菜还是麦子？

这 （话）韭菜 还是 麦子

ji³¹khɔ³¹nɔ³¹a⁵⁵tɕe³¹ma³³sɿ³³nɿ³¹mɔ³³？ 她是你姐姐，还是你妹妹？

他 （话）姐姐 还是 妹妹

sɔ³¹la⁵⁵jɔ³¹ma³³sɿ³³sɿ⁵⁵pɔ³¹jo³¹, ɔ⁵⁵v³³a³³pa³¹a³¹mɔ³³tsu⁵⁵mɔ³¹mo⁵⁵tɿ⁵⁵mɔ̠³³e³³.

贫穷 还是 富裕 我们 父母 （受）不 忘记 好

无论贫穷还是富贵，我们都不能忘了孝顺父母。

（八）jɔ⁵⁵mɯ³³、xa⁵⁵kɔ³¹ "或者"、"要么"。例如：

用来连接并列的词，表示选择关系。例如：

va³¹sɔ³¹tsɔ³¹xa⁵⁵kɔ³¹nv³¹sɔ³¹tsɔ³¹xa⁵⁵kɔ³¹. 吃猪肉或者牛肉都行。

猪 肉 吃 或者 牛 肉 吃 或者

ɕɔ³¹tʂaŋ³³xa⁵⁵kɔ³¹ɕɔ³¹uaŋ³¹xa⁵⁵kɔ³¹khv⁵la³¹！ 去把小张或小王叫来！

小 张 或者 小王 或者 叫来

jɔ³¹n̠i³³li³³xa⁵⁵kɔ³¹ji³³sv³¹li³³ xa⁵⁵kɔ³¹, nɔ³⁵tsa³³ŋɯ³³pa⁵³.

今天 或者 明天 或者 你 有 是 （语）

今天去或者明天去，随便你。

（九）pa⁵³ "如果……的话"、"只要……的话，（就）……"。用于假设复句和条件复句中。位于两个分句之间，一般直接放在前一分句的动词之后。例如：

nv⁵⁵ji³³muɯ³¹pa⁵³, ji³³kɔ³³ji⁵⁵pa⁵³.　　　你想去的话，就去吧！
你去 想 的话 去（体）（体）

ɔ³¹xo⁵⁵xo⁵⁵pa⁵³，tɕu³³mɔ³¹ji³³pa⁵³.　　　下雨的话就不去了。
下雨　 的话就 不 去（体）

nv⁵⁵mi⁵⁵muɯ³¹pa⁵³ xi⁵⁵ji³³/³¹pa⁵³.　　　想要的话，拿去吧！
你想 要 的话拿去（语）

ŋa⁵⁵nɔ³⁵ma³¹pa⁵⁵mi⁵⁵pa⁵³, ŋɔ³⁵nɣ³³mɔ³³mɔ³¹tsu³³kɔ³¹mɔ̩³³pa⁵³.
我你 不 帮助 的话 我 心里　 不 好 受　　（体）
如果我不帮你的话我心里也难受。

tsɛ⁵³ɔ³¹xo⁵⁵mɔ³¹xo⁵⁵pa⁵³, tsɔ³¹tsa⁵⁵li̩³³ṣ̩³¹tsu³³ŋe³³pa⁵³.
再 雨　 不 下 的话 庄稼　 干死（体）　（体）
如果再不下雨的话，庄稼就要干死了。

nv⁵⁵tsɛ⁵³mɔ³¹na⁵⁵tɿ³¹pa⁵³, ŋa⁵⁵nɔ³⁵mɔ³¹mi⁵⁵muɯ³¹pa⁵³.
你 再 不 听　 的话 我 你 不 要 想（体）
你再这样不听话，我就不要你了。

xɔ³⁵la³³khe̩³¹pa⁵³ŋɔ³⁵tsu⁵⁵kɣ̩³¹tsha̩³¹thuɯ³¹tsɿ³¹pa⁵⁵v̩⁵⁵ti⁵⁵la³¹la³¹.
方便 会 的话 我（受）蔬菜 一 把 帮 买 回来（人）
方便的话就帮我买一把蔬菜回来吧！

nv⁵⁵mɔ³¹pa⁵⁵mi⁵⁵pa⁵³, ŋa⁵⁵mɔ³¹mi⁵⁵mɔ̩³³kɔ³¹.
你 不 帮 做 的话 我 不 做 好 能
如果不是你帮忙，我们麻烦就大了。

部分情况下，khia⁵³可以与pa⁵³替换使用，也表达"如果……的话"的意义。但相比较pa⁵³，khia⁵³的语气较轻。例如：

ṣ̩⁵⁵ma⁵⁵ɔ³¹xo⁵⁵xo⁵⁵ti³³khia⁵³, mi⁵⁵pa̩³³pa̩³³khɔ³¹tsu³³ŋe³³pa⁵³.
这么 雨 下（引）的话 山 崩　 下 （体）（体）
如果再这样下雨的话，山可能会滑坡。

（十）mɔ³¹ŋuɯ⁵⁵pa⁵³ "不然（的话）"。例如：

tshaŋ³¹ti³³jo³¹, mɔ³¹ŋuɯ³³pa⁵³tṣ̩³¹tɔ³³tɕhi³³tsu³³ŋe³³pa⁵³.
快 地走 不然（的话）迟 到　 就要 了
快点走吧，不然要迟到了。

to³¹na⁵⁵tɿ³¹, mɔ³¹ŋuɯ³³pa⁵³ŋa⁵⁵nɔ³⁵ suɯ³¹mɔ³¹nuɯ³³kɔ³³tsu³³ŋe³³pa⁵³.
话听　 不然（的话）我 你 带 不 玩 （体）（体）

ka⁵⁵li³³mo̧³³ti³³kɿ³³tɿ³³pa⁵³, ma³¹ŋɯ³³pa⁵³na⁵⁵ tsu³³ŋe³³pa⁵³.

被子　好（状）盖好（体）不然（的话）生病（体）（体）

盖好被子，不然会生病的。

a⁵⁵çi³¹ɔ³¹tsɿ⁵⁵tsɔ³¹, ma³¹ŋɯ³³pa⁵³ja⁵⁵mɔ³³mȩ³¹la³³.

多　点　吃　不然（的话）路　饿（人）

吃多点，不然路上会饿的。

（十一）xa⁵⁵ "即使……也"。例如：

ɔ³¹xo⁵⁵xa⁵⁵　mɔ³³xɯ³¹xa⁵⁵　ŋa⁵⁵lɣ³¹khȩ³¹.

雨　即使 大 大　即使 我　来 会

即使雨再大，我也一定会来。

ji³¹sa⁵³ji³¹nɯ⁵⁵xa⁵⁵ tsaŋ³³nɔ³¹suaŋ³³lo³¹mo̧³³e³³.

亲兄弟　　　即使 账（话）算 明 好

即使是亲兄弟，也要明算账。

（十二）a⁵⁵xa⁵⁵ "但是"。例如：

xe³⁵phv³³lv³³thɯ³¹sɿ³¹xɯ³¹nɔ³¹xɯ³¹e³³a⁵⁵xa⁵⁵ɔ³¹tʂm̩⁵⁵mɔ³¹tʂm̩⁵⁵.

这 西瓜　一　个 大 倒是 大　但是　　甜 不（叠）

这个西瓜大倒是大，但不甜。

tsɔ³¹nɔ³¹tsɔ³¹pa⁵³a⁵⁵xa⁵⁵mɔ³¹tsɔ³³pɣ³³e³³.　　　　　　　吃倒是吃了，但不饱。

吃 倒是 吃（体）但是 不 吃 饱

ji³¹khɔ³¹n̩i³³tso⁵⁵kɯ³³mɔ³¹ŋe³³xa⁵⁵, a⁵⁵xa⁵⁵ji³¹khɔ³¹n̩i³³tso⁵⁵kɯ³³sv³³mo̧³³e³³.

她　生　的 不是 虽然 但是 她　生　的　像 好

虽然他不是她亲生的，但是她对他跟自己的孩子一样。

ŋa⁵⁵ji³¹khɔ³¹taŋ⁵⁵jiŋ⁵⁵phi³¹pa⁵³, a⁵⁵xa⁵⁵ŋa⁵⁵mɔ³¹li³³.

我 他　答应　（貌）（体）但是 我 没 去

虽然我答应他了，但是我还是没去。

a⁵⁵jȩ³¹jo³¹mo³¹mo³¹, a⁵⁵xa⁵⁵tshu⁵⁵mo̧³³.　　　　　　　爷爷虽然老了，但身体很好。

爷爷 老　变　但是 人 好

（十三）xɿ³³ "（因为……）所以" "由于"。用来连接因果复句，位于两个分句之间。例如：

ŋa⁵⁵na⁵⁵xɿ³³　kɔ³¹ ɔ³¹tsɿ⁵⁵xa⁵⁵ma³¹tsa³³.

我 病 因为 力气 一点 都 没 有

我由于生病，全身没力气。

nɔ³¹kɯ³³çi³³khɔ³¹ŋɯ⁵⁵xɿ³³ ŋɔ³⁵tsu⁵⁵tsha³³la³¹　pa⁵³.

你 的　事情　是 因为 我（受）骂（人）（体）

由于你的原因，我挨骂了。

pi³¹khɔ³³tsɔ³¹mɔ³¹phi³¹xɹ³³, ɔ³¹phv³¹na⁵⁵.

螃蟹　　吃 多（貌）因为　肚子　疼

由于螃蟹吃多了，　所以肚子疼。

ji³¹khɔ³¹lo⁵⁵pi³¹tɕhi³¹tsɔ³¹xɹ³³, ji³¹khɔ³¹tshɯ⁵⁵khɣ̩³¹kɯ³³lɔ³¹kɛ³¹kɛ³¹ji⁵⁵pa⁵³.

他　　偷窃 骗 吃 因为 他　十　年　的　劳改　　（体）

因为犯偷窃罪，他被判十年劳改。

ji³¹khɔ³¹a³¹phe̯³¹na⁵⁵xɹ³³, ja³³khɔ³¹mɔ³¹to⁵⁵ŋe³³pa⁵³.

他　　肺　病 因为 烟　　不 抽（体）

因为他得了肺病，所以不能抽烟了。

mɹ⁵⁵zo³¹zo³¹xɹ³³ ŋa⁵⁵la⁵⁵phi³⁵pa⁵³.

迷路　　因为 我 来 迟（语）

因为迷路了，所以我来晚了。

sɔ³¹kɔ³¹tv³⁵mɯ³¹xɹ³³, a³³pa³¹ŋɔ³⁵tɣŋ³³lɔ³¹v⁵⁵la³¹　pa⁵³.

书　读　想 因为 爸爸 我　电脑　买（人）（语）

因为学习的需要，爸爸给我买了一台电脑。

ji³¹khɔ³⁵kv³¹sɔ³¹xɹ³³ ŋa⁵⁵e⁵⁵pɹ³¹lɹ³¹thɯ³¹kɔ³¹tsu⁵⁵ņe̯³¹tshɯ⁵⁵khue³¹v⁵⁵pi³¹.

他　　同情 因为 我 你 乞丐 一　个（受）二 十　　块 弄 给（体）

pa⁵³.　　　出于同情，我给了那个乞丐二十块钱。

kv³¹sɔ³¹xɹ³³ji³¹khɔ³¹thɯ³¹khɣ̩³¹kɔ³³su³³ji³¹khɔ⁵³lɣ³¹pɹ⁵⁵ta³³tsɔ³¹li³³pi³¹o³³.

内疚 因为 他　一年　　每　他　　坟　上 吹　去 给（语）

出于内疚，他每年都去他的坟上扫墓。

ji³¹khɔ³¹ɔ³¹tshv̩⁵⁵tshv̩⁵⁵la³³kɯ³³khɹ³³xɹ³³, mɔ³⁵ti³³mɔ³¹tsɔ³¹kha³¹.

他　　胖　　（貌）的 怕 因为　多（状）不 吃 敢

为了减肥，他吃得很少。

thɣ̩³¹lv⁵⁵tshu⁵⁵sɹ̩⁵⁵po³³po³³la³³ pi³¹　ti³³　　xɹ³³.

墨江　　人 富裕　　（貌）给（引）因为

tʂɹ̩³¹mɔ³³thɯ³¹khɹ³³thɯ³¹khɣ̩³¹kɔ³³su³³n̩i⁵⁵mɔ³¹tsu³³v⁵⁵tɯ⁵⁵tsɔ³¹e³³.

县官 一年　　一 年 每　太阳 节 献饭 吃

（为了）为了让墨江人富起来，政府每年都举办太阳节。

nv⁵⁵ji³¹khɔ³⁵tsu⁵⁵taŋ⁵⁵jɪŋ⁵⁵pi³¹, ji³¹kɔ³¹xa⁵⁵thɯ³¹n̩i³³kɔ³³sv³³thɔ³¹pi³³mi³¹la³¹.

你 他 （受）答应 给 他　　每天　　　别（使）说 来

你就答应他吧！省得他三天两头过来劝。

（十四）"动词+mɔ³¹+动词+xa⁵⁵"、"xa⁵⁵ma⁵⁵+动词+xa⁵⁵""怎么……都"

"不管……都"、"无论……也"。例如：

ŋa⁵⁵xa⁵⁵ma⁵⁵mi³¹xa⁵⁵,　ji³¹khɔ³¹ma³¹na⁵⁵tɪ³¹.

我　怎么　说　不管　他　　不　听

不管我怎么劝，他都不听。

tsɔ³¹kɔ³¹mɔ³¹tsɔ³¹kɔ³¹xa⁵⁵,　ɔ³¹mɪ³¹a³³　thv³³kɪ³¹tsɔ³¹ŋe³³.

吃　能　不　吃　能　不管　嘴　（话）塞　进　吃（语）

不管能不能吃，他都往嘴里塞。

nv⁵⁵na⁵⁵tɪ³¹mɔ³¹na⁵⁵tɪ³¹xa⁵⁵,　ŋa⁵⁵nɔ³⁵mi³¹pi̠³¹tsu³³.

你　听　不　听　不管　我　你　说　给（体）

不管你信不信，我都要告诉你。

nv⁵⁵xɔ³⁵mi⁵⁵mɔ³³jo³¹khɯ⁵⁵je³³xa⁵⁵,　ŋa⁵⁵nɔ³⁵tsu⁵⁵tɕ⁵³ti⁵⁵/³¹la⁵⁵/³¹tsu³³.

你　天涯海角　　走　到（语）不管　我　你（受）找　回　来　（体）

无论你走到天涯海角，我都要把你找回来。

xa⁵⁵ma⁵⁵sɔ³¹xa⁵⁵,　ɔ⁵⁵v³³mi⁵⁵mɔ̠³³phi³¹tsu³³.

无论　　难　　我们　做　好　（貌）（体）

无论有多难，我们都要做好。

xa⁵⁵ma⁵⁵mi⁵⁵xa⁵⁵,　mɔ³¹mi⁵⁵mi³³kɔ³¹.　　　　　　　怎么煮都不熟。

怎么　做　　　不　做　熟　能

xa⁵⁵ma⁵⁵tsɔ³¹xa⁵⁵,　mɔ³¹tsɔ³¹ki⁵⁵kɔ³¹.　　　　　　　怎么吃都吃不完。

怎么　吃　　不　吃　完　能

ŋa⁵⁵xa⁵⁵ma⁵⁵tsɔ³¹xa⁵⁵,　ɔ³¹tshv⁵⁵mɔ³¹tshv⁵⁵la³³　khe̠³¹.

我　怎么　吃　　　胖　不　（貌）（貌）会

我怎么吃都不会胖。

（十五）thɯ³¹phv³³xɪ³³mɔ³⁵ti³¹ "一个劲儿地"、thɯ³¹n̠i³³kɔ³¹ma³³ "一天到晚地"。例如：

ŋa⁵⁵thɯ³¹phv³³xɪ³³mɔ³¹/³⁵ti³¹tsɔ³¹.　　　　　　　我一个劲儿地吃。

我　一　个劲　　地　吃

ji³¹khɔ³¹thɯ³¹phv⁵⁵xɪ³³mɔ³⁵ti³¹tshɪ³¹.　　　　他一个劲儿地咳嗽。

他　　一个劲　多　咳

thɯ³¹n̠i³³kɔ³³ma³³tsɔ³¹kɔ³³e³³.　　　　　　　一天到晚地吃。

一天到晚　　吃（着）

（十六）pa⁵³ "只要"。例如：

nv⁵⁵mɔ³¹n̪i⁵⁵pa⁵³，ŋa⁵⁵nɔ³⁵thaŋ³¹v⁵⁵la³¹ŋɯ³³.

你 不 哭只要 我 你 糖 买来（语）

只要你不哭，我就给你买糖吃。

tɕhi⁵⁵pha⁵⁵la̠³¹pha⁵⁵mi⁵⁵tsɔ³¹pa⁵³，sɿ⁵⁵po³³po³³la³³tsu³³ ŋe³³pa⁵³.

勤快 　 做 吃只要 富 变（貌）（体）（体）

只要勤劳的话，就会富起来。

ji³¹khɔ³⁵tsu⁵⁵mi³¹thi³³ tɕhi³¹pa⁵³，ŋa⁵⁵n̪i⁵⁵mɯ³¹lɯ³³.

他 （受）说（貌）（貌）只要我 哭 想 （语）

只要一说起他，我就想哭。

ŋa⁵⁵ɕaŋ³¹pa⁵³，ŋa⁵⁵ɕu³³sɔ³¹kɔ³¹tɪ³¹.

我 闲只要 我 就 书 看

只要有空，我就看书学习。

ji³¹khɔ³¹tsɿ⁵⁵po³¹ti³³tu³³ pa⁵³ ɕu³³pv̠³³ŋe³³.

他 酒 　 喝 只要 就 醉（语）

他只要一喝酒就醉。

ji³¹khɔ³¹thɯ³¹n̪i³³kɔ³¹sv³³ɔ³¹lɣ³¹ti³³lɣ³¹la³³ 　 pa⁵³，tɕu³³nɪ³¹le³³.

他 一 天 每 亮 天（貌）只要 就 醒（貌）

他每天只要天一亮就醒。

ja̠³³tɕhi³¹ti³³tu⁵⁵tsɔ³⁵ 　 pa⁵³，jiŋ³¹ɕu³¹fa³⁵le³³.　　　　　鸦片只要一抽就上瘾。

鸦片 　 喝（貌）的话 瘾 就 发（貌）

（十七）pa³³lia³³nɪ³³ "为了"。例如：

a³³pa³¹ɔ³¹mɔ³¹ja⁵⁵mi⁵⁵tv̠³³ji³³kɯ³¹ jɔ³¹n̪i⁵⁵pa³³lia³³nɪ³³.

爸爸 妈妈 活做 出去（引）孩子 为了

父母出门打工挣钱都是为了孩子。

ɔ⁵⁵v̠³³kɯ³³mɔ̠³³kɯ³³n̪i³³ja³¹pa³³lia³³nɪ³³，xɔ⁵⁵lɯ³¹kɯ³³mɔ̠³³kɯ³³tshu⁵⁵sɿ⁵⁵phi³¹pa⁵³.

咱们 的 好 的 日子 为了 　 　 多少 的 好 的 人 死（貌）（体）

为了我们的幸福生活，多少人牺牲了。

mi³¹tha̠³¹a³¹va̠³¹mi⁵⁵tshɔ³¹jɔ³¹khɔ³³a³³kɯ³³tshu⁵⁵kha³³tsu³³kɯ³³tshu⁵⁵n̪i³³

天 上 地 上 　 的 人 所有 的 人 日

ja³¹ku³³mɔ̠³³pi̠³¹ti³³ pa³³lia³³nɪ³³，pi̠³¹jɔ³¹kɯ³³sɔ³¹kɔ³¹tv̠³³tsu³³ 　 kɯ³³ ŋɯ³³.

子过 好 给（引）为了 　 碧约 的 书 出（体）（引）（语）

为了人类的文明发展，要把碧约话整理成书。

第九节　助词

一　结构助词

结构助词是帮助实词短语构成各种结构关系的词。它只表示语法意义，没有实在的语义，不能单独使用。碧约话的结构助词可以从语法作用上分为话题助词、宾语助词、施事助词、工具助词、定语助词、方所状语助词、情态状语助词、从由助词等。分述如下：

（一）话题助词nɔ³¹和a³¹

碧约话的句子为了突出话题，使用助词nɔ³¹或a³¹用在话题成分后面，表明前面的成分是话题。话题助词既可以置于主语、状语、定语之后，也可以置于从句之后，但话题成分必须在句子的前部。（话题助词nɔ³¹和a³¹的区别详见"话题句"）例如：

tɯ⁵⁵xua³³nɔ³¹tɯ³¹/³³thɔŋ³³mɔ³¹tɯ³¹/³³thɔŋ³³?　　　　电话打通没有？

电话 （话）打 通　不　打　通

xe³⁵thɯ³¹n̥e̠³¹khɤ³¹nɔ³¹v̩⁵⁵la̠³¹tsɤ⁵⁵mɔ̠³³.　　　　这两年的生意越来越好。

这 一 二　年 （话）生意 越　好

a³¹mɔ³³a³¹ji³¹kho̠³¹jɔ³¹tsu³³kɔ³¹jɔ³¹thɔ³¹e³³sn̩³¹.　　　妈妈还在担心她的孩子。

妈妈（话）小娃娃　　担心 （体）还

jɔ³¹n̠i³³ŋa⁵⁵nɔ³⁵xɪ³³pa³¹ji³¹, tsɛ³³thɯ³¹o⁵⁵a³¹nv⁵⁵thɯ³¹kɔ³¹jo³¹!

今天 我 你 和　去　再　一　次（话）你 一 个　走

今天我陪你去，下一次你就一个人去吧！

sɔ³¹kɔ³¹mɔ³¹tɤ³⁵kɔ³³xo³³kɯ³³ŋa⁵⁵a³¹xa̠³¹to³¹ma³¹pe̠³¹khe³¹jɔ³¹mɯ⁵⁵a³¹pe³¹. khe³¹.

书　没 读 之前 （引）我 汉族 话 不 说 会 现在 （话）说 会

上学前我不会说汉话，现在会说了。

（二）宾语助词tsu⁵⁵

用在宾语的后面，表示前面的成分是宾语。例如：

ji³¹kho³¹n̠i³³　　　ŋɔ³⁵tsu⁵⁵ mi³¹pi³¹.　　　　　　是他告诉我的。

他　（施）我（受）说 给

ŋa⁵⁵n̠i³³n̠i⁵⁵tṣ̩³¹tsu⁵⁵　　　tʂhv³³pau³¹a³¹sn̩³¹thɯ³¹ma³³v⁵⁵pi³¹.

我（施）弟弟 （受）　书包　新　一 个 买给

我送给弟弟一个新书包。

nv⁵⁵ji³¹kho³⁵mi³¹pi³¹ŋa⁵⁵tshan⁵³ti³³　　ti⁵⁵ji³³tsu³³ŋɯ³³pa⁵³.

你 他　　说给 我 快 （状）回去 （体）（体）

你告诉他我很快就回去。

ji³¹khɔ³¹ŋɔ³⁵tsu⁵⁵　ja⁵⁵mɔ³³a³¹pa³³lia³³tu³³khu⁵⁵thɔ³¹　la³¹　ti³³mi³¹ᐟ³⁵.

他　　我（受）路　　旁边　　等　　（貌）（人）（引）说

他让我在路边等他。

ji³¹khɔ³¹ŋɔ³⁵　tsu⁵⁵sɔ³¹kɔ³¹thɯ³¹peŋ³¹v̩⁵⁵pi̠ ³¹.　　　　他给我一本书。

他　　我（受）书　一　本　给

jaŋ³¹lɔ³¹sɿ³³ŋɔ³⁵　tsu⁵⁵　pi³¹jɔ³¹to³¹thi⁵⁵pi̠³¹.　　　　杨老师教我碧约话。

杨老师　　我（受）碧约话　教　给

nv⁵⁵jɔ³¹n̠i⁵⁵tsu⁵⁵　ɔ³¹mi⁵⁵thɯ³¹mi⁵⁵mi⁵⁵pi̠ ³¹.　　　　请你给孩子取个名字。

你　孩子（受）名字　一　个　起给

ŋa⁵⁵n̠i³³tʂʰɿ³¹tsu⁵⁵pha̠³¹na̠ ³³ti ³¹pi̠ ³¹.　　　　我给弟弟穿鞋子。

我　弟弟（受）鞋子　　穿给

tɔ³¹jɿ³³tsu⁵⁵v̩⁵⁵tshɣ ³¹tshaŋ³¹ti³³ɕi⁵⁵pi̠ ³¹!　　　　快给客人上茶!

客人（受）水　快　（状）倒给

ji³¹khɔ³¹tsu⁵⁵thɯ³¹la̠ ³¹pi̠³¹　tɿ³¹!　　　　让他看一眼吧!

他　　（受）一下（使）看

a³³pa³¹ja³¹jo³³tsu⁵⁵tɯ³¹ji⁵⁵pa⁵³.　　　　爸爸打了儿子。

爸爸　儿子（受）打　（体）

a³¹kɔŋ³³n̠i³¹li³¹mɔ³³　tsu⁵⁵tsa³³li³³tsa³³phi³¹pi̠ ³¹.　　外公给孙女压岁钱。

外公（施）孙女　（受）压岁钱　　　给

（三）施事助词n̠i³³

用在充当施事者的名词、代词后面，表示或强调动作行为是由该施事者发出的。例如：

nɔ³⁵tsu⁵⁵ ji³¹khɔ³¹n̠i³³ke̠ ³¹tsɔ³¹phi³¹xa⁵⁵ma³¹sɿ̠ ³¹la³¹!

你（受）他　（施）骗吃　（貌）都　不　知道

你被他骗了都不知道!

pɔ³¹li³¹ŋa³³n̠i³³　tɯ³¹pe̠ ³¹ŋɯ³³.　　　　玻璃是我打碎的。

玻璃　我（施）打　破　（语）

ji³¹khɔ³¹n̠i³³　ŋɔ³⁵ɕɿ⁵⁵tsɔ⁵⁵thɯ³¹pa³¹pha⁵⁵pi̠ ³¹.　　他借给我一把斧头。

他　　（施）我　斧头　一把　借给

khɯ³¹mɔ³³n̠i³³khɯ³¹jɔ³¹tʂʰɿ⁵⁵je̠³¹phi³⁵　pa⁵³.　　狗妈妈把小狗叼起来带走了。

狗　妈（施）狗小　叼走（貌）（体）

ja³³mɔ³³n̠i³³　xɯ³¹ti³³kɯ³¹ja ³³v̩³³thɯ³¹tsɿ³¹khɔ³³ji⁵⁵pa⁵³.

母鸡　（施）大　的　鸡蛋　一个生（体）

母鸡生了一个双黄蛋。

ŋa⁵⁵n̩i³³　kv̩³¹tsha̱³¹a³¹ka³³tsɔ³¹ki⁵⁵　phi³⁵pa⁵³.　　　　我把剩菜吃完了。

我（施）菜　　剩　　吃　完（貌）（体）

fv̩³³tsha̱³¹a⁵⁵n̩i⁵⁵n̩i³³tʂ̩m̩⁵⁵thɔ³¹ji⁵⁵pa⁵³.　　　　老鼠被猫抓住了。

老鼠　　　猫（施）叼（貌）（体）

a⁵⁵n̩i⁵⁵pɔ³³ʂ̩⁵⁵n̩i³³ja̱³³tsu³³thɔ̱³¹ʂ̩³¹ŋe³³.　　　　是黄鼠狼咬死鸡的。

黄鼠狼　　（施）鸡（受）咬　死

ji³¹khɔ³¹n̩i³³tʂ̩³¹thɯ⁵⁵n̩i⁵⁵tsa̱³³pe³¹phi³⁵pa⁵³.　　　他坐坏了凳子。

他　　（施）凳子　　坐　坏（貌）（体）

tshu⁵⁵jo³¹mo³¹ja̱³³khɔ³¹thɯ³¹kɯ³¹to⁵⁵ji⁵⁵pa⁵³.　　　老人吸了一口烟。

老人　　　烟　　一　口　抽　（体）

（四）工具助词n̩i³³

用在工具名词的后面，表示动作行为是凭借该工具名词进行的。如：

mi³¹sv̩³¹n̩i³³　mi³¹tsɔ³¹thv̩³¹.　　　　　　　　用松明子点火。

松明子（工）火　　点

mo⁵⁵nu³¹mo⁵⁵ki⁵⁵　n̩i³³phɿ³³mɔ³³teŋ⁵³kɯ³³ŋe³³.　　用牛皮崩鼓。

牛　　牛　皮（工）鼓　　崩　　的　是

ji³¹khɔ³¹pɔ³³tʂ̩³¹n̩i³³　tsa⁵⁵tsɿ³³ɔ³¹tɕhi⁵⁵tiŋ⁵⁵ji⁵⁵pa⁵³.　他拿报纸垫了一下桌腿。

他　　　报纸（工）桌子　腿　　垫　（体）

nɔ³¹v̩³³tɕhvŋ³¹n̩i³³ŋɔ³⁵mɔ³¹v̩⁵⁵jɔ³³tshv̩³³e³³.　　　你们别以为用钱能收买我。

你们　钱　（工）我　不　买　到　能

ja̱³³phi⁵⁵n̩i³³v̩⁵⁵tɯ⁵⁵tsɔ³¹.　　　　　　　　用大公鸡祭祀。

公鸡（工）祭祀　吃

（五）定语助词

kɯ³³用在做定语的名词、代词、形容词、动词或动宾短语等后面，表示前面的成分是定语。

1. 用在名词后面。例如：

ja⁵⁵mɔ³³kɯ³³lv̩³³mɔ³³　　　　　　　　　　路上的石头

路　　的　石头

a³³pa³¹kɯ³³tshau³¹xɛ³⁵　　　　　　　　　　爸爸的草鞋

爸爸　的　草鞋

2. 用在代词后面的如：

jɔ³¹v̩³³to⁵⁵kɯ³³tɕhi³¹mɔ³³　　　　　　　　别人家的媳妇

别人 家　的　媳妇

ŋa⁵⁵kɯ³³kɔ³¹tʂm̩³¹　　　　　　　　　　　　我的衣服

我　的　　衣服

ji³¹khɔ³¹kɯ³³jɔ³¹n̩i⁵⁵　　　　　　　他们的孩子

他们　的　孩子

若两个成分联系紧密，kɯ³³可以省略。如：

ŋɔ³³pa³¹ŋɔ³³mɔ³³　　　我爸妈　　ji³¹khɔ³¹a⁵⁵mɔ³³　　他妈妈

我　爸　我　妈　　　　　　　他　　妈妈

ji³¹khɔ³¹kɯ³³ma̠³³phɯ³¹　她的脸　　ɔ⁵⁵v̠³³phv³³lv⁵⁵　　我们寨子

他　　　的　脸　　　　　我们　寨子

3. kɯ³³用在动词定语和名词中心语之间的，如：

tɛ⁵³la³³kɯ³³tɕhɣŋ³¹　　挣的钱　　v⁵⁵kɯ³³kv̠³¹tsha̠³¹　买来的菜

挣　来　的　钱　　　　　　买　的　菜

tshv³³kɯ³³va̠³¹　　　养的猪　　tv̠³¹kɯ³³kɔ³¹tʂh̩³¹　补的衣服

养　的　猪　　　　　　　补　的　　衣服

lv⁵⁵kɯ³³kv̠³¹tsha̠³¹　炒的菜　　mi⁵⁵kɯ³³xo³¹　　　做的饭

炒　的　菜　　　　　　做　的　饭

4. kɯ³³还可以加在动词短语和被限定的名词之间。如：

mɯ³¹n̩i³¹v⁵⁵kɯ³³tshu⁵⁵　　　　　买东西的人

东西　买　的　人

a⁵⁵je̠³¹mi³¹kɯ³³to³¹　　　　　　爷爷说的话

爷爷　说　的　话

va̠³¹mɔ³³tso⁵⁵kɯ³³va̠³¹jɔ³¹　　　母猪下的猪崽

猪　母　生　的　猪　小

mo⁵⁵nu³¹tɕhi³¹kɯ³³mo⁵⁵tɕhi³¹　牛拉的屎

牛　　拉　的　牛屎

ɔ³¹s̩³³tɯ³¹thɔ³¹kɯ³³nɔ³¹tsv³³　　金耳环

金　打成　的　耳环

（六）状语助词

1. 方所时间状语助词a³³。在句中经常发生音变，由中平调变低降调。用在地点或时间等名词后面，表示动作行为在这个地点、处所、时间发生或完成的。如：

nɔ⁵³pja³³a³³　nv⁵⁵ji³³mɔ³¹ji³³?　　　你去不去那里了？

那边　（方）你去　不　去

a⁵⁵mɔ³³po³³to³¹a³¹tsu³³e³³.　　　　妈妈在厨房

妈妈　厨房　（方）在

ŋa³³jo³¹phɔ³¹kha³³a³¹tsu³³e³³.　　　　　　　　鸟在笼子里。

鸟　笼子　（方）在

ŋa⁵⁵jɔ³¹sɿ³¹tsɿ³³a³¹tsu³³e³³.　　　　　　　　鸟在树上。

鸟　树　（方）在

2. 情态状语助词。ti³³（ti³¹）和ma³³都是常见的情态状语助词。一般用在状语和动词之间，表示前面的成分是修饰动词的状语。ti³³在句中常常发生音变，由中平调变低降调。例如：

nv̩⁵⁵tshaŋ⁵³ti³¹jo³¹!　　　　　　　　　　　你快点儿走！

你　快（状）走

ŋɔ³³v̩³³ŋȩ³¹kɔ³¹mȩ³³mȩ³³ti³³　pa⁵⁵tsha³³muɯ³⁵!

我们　两　个　好（状）好（状）帮（貌）（貌）

我俩互相好好地帮助吧！

ŋa⁵⁵thuɯ³¹phv̩⁵⁵xɿ³³mɔ³⁵ti³³tsɔ³¹.　　　　　　我一个劲儿地吃，胃很难受。

我　一　个劲　（状）吃

ji³¹khɔ³¹thuɯ³¹phv̩⁵⁵xɿ³³mɔ³⁵ti³¹tsh̩³¹.　　　　他一个劲儿地咳嗽。

他　　一个劲　多（状）咳

ke³³tsɿ³¹a³¹tshu⁵⁵mɔ³¹ti³¹tsue³³.　　　　　　街上有许多人。

街　（方）人　多（状）有

ji³¹khɔ³¹thuɯ³¹ɳi³³ma³³　xo³¹mɔ³¹tsɔ³¹xɿ³³　xo³¹mȩ³¹sɿ³¹tsu³³　ŋe³³　pa⁵³.

他　　一　天（状）饭没　吃（连）饿饭（貌）（体）（语）（体）

他一天没吃饭快饿死了。

jɔ³¹v̩³³ɕi³¹ɕi³¹xuaŋ³³xuaŋ³³ma³³jo³¹ji³³pa⁵³.　　他们高高兴兴地走了。

他们　喜喜　欢欢　（状）走去（体）

khaŋ⁵³tɕi³¹kɔ³¹ma³³tsɔ³¹pa⁵³　nɔ³¹ɔ³¹phv̩⁵⁵na⁵⁵khȩ³¹/³⁵.

乱糟糟　　（状）吃的话（话）肚子　疼　会

乱吃会肚子痛的。

（七）从由助词

ɳi³³用在名词、代词或形容词等后面，表示动作行为发起于某个时间点、某段时间、某个地点、方位等。碧约话的从由格助词需要同时出现在表示起点的词语和表示终点的词语后。例如：

thv̩³¹lv̩⁵⁵a³¹　ɳi³³khue³³mɿŋ³¹a³¹　ɳi³³kuɯ³³thuɯ³¹ɳi³³jo³¹muɯ³¹e³³je³¹?

墨江（方）（从）昆明　（方）（从）（引）一　天　走　要　（语）

从昆明到墨江要走一天吗？

ŋa⁵⁵xe³⁵thuɯ³¹lɔ³³ɳi³³　tse⁵³thuɯ³¹lɔ³³thv̩³¹lv̩⁵⁵a³¹tsu³³e³³.

我　这　一　月（从）再　一　月　墨江（方）在

从这个月到下个月我都在墨江。

phɣ³¹lɣ³³tshɣ³³tsʅ³¹a³¹　n̩i³³　kɔ³¹khɔ³¹le³³　pa⁵³.　　　西瓜从车上滚下来。

西瓜　　车子　（方）（从）掉（貌）（貌）（体）

ji³¹khɔ³¹lɔŋ³¹pa³³a³¹　n̩i³³ke³¹tsʅ³¹kaŋ³³le³³pa⁵³.　　他从龙坝过来赶集。

他　　　龙坝（方）（从）街　　赶　来（体）

ŋa⁵⁵pɯ³⁵tɕiŋ³³a³¹　n̩i³³lɣ³³　ŋɯ³³.　　　　　　　我是从北京来的。

我　北京　（方）（从）来　是

（八）人称助词

碧约话的人称助词一般位于句子末尾，用来标明主语的人称、动作的方向以及动作的受事者等。常见的有下面几种：

1. la³³，第一人称助词。表明动作或感受是由说话人自己发出或感觉到的。既可以单独使用，也可以与第一人称代词同时出现。例如：

a³¹mu⁵⁵xi⁵⁵la⁵⁵/³¹la³³　ŋɯ³³.　　　　　　　　　等下我拿来（给你）。

一会　拿　来　（人）（语）

ŋa⁵⁵a³¹ʂʅ³¹ʂʅ³¹kɯ³³phi³¹pau³³kɔ³³jɔ³³/³¹la³³ pa⁵³.　　我捡到一个新包。

我　新　　　的　皮包　　捡到　（人）（体）

tsɔ³¹nɔ³¹tsɔ³¹pa⁵³a⁵⁵xa⁵⁵mɔ³¹tsɔ³³pɣ³³la³³.　　　　吃倒是吃了，但不饱。

吃是　吃　了　但是　没　吃　饱（人）

n̩ɛ³¹khɣ³¹tsɔ³¹pa⁵³　pɣ³³la³³pa⁵³.　　　　　　　（我）吃两碗就饱了。

两　碗　吃（体）饱（人）（体）

mɔ³¹mɔ³³kɯ³³tshu⁵⁵xɔ⁵⁵lɯ³¹la⁵⁵xa⁵⁵ŋa⁵⁵mɔ³¹khʅ³³la³³.

多　大　　的　人　多少　来　都　我　不　怕（人）

来多少敌人我也不害怕。

ŋɔ³¹v³³ja⁵⁵mɔ³³jɔ³¹tshɣ³³phi³¹　la³³pa⁵³.　　　　我们走错了路。

我们　路　　走　错　（貌）（人）（体）

2. la³¹，第一人称助词，表明说话人是动作的受事者。例如：

a³¹mu⁵⁵fv⁵⁵nv⁵⁵ŋɔ³⁵xi⁵⁵la³¹.　　　　　　　　等下你拿给我。

一会　　你　我　拿（人）

nɔ³³v³³ɕi⁵⁵kɔ³¹ta̠³³la³³　xʅ³³　pa⁵⁵mi⁵⁵la⁵⁵　la³¹.　　你们上来三个人帮（我）。

你们　三个　上来　（连）帮　做　来　（人）

nv⁵⁵n̩i³³ŋɔ³⁵mi⁵⁵khʅ³³phi³¹　la³¹　pa⁵³.　　　　你吓我一跳。

你（施）我　做　吓（貌）（人）（体）

v⁵⁵tshɣ³¹n̩i³³thaŋ⁵⁵na⁵⁵phi³¹la³¹　pa⁵³.　　　　烫伤了自己。

水　　（工）烫　伤（貌）（人）（体）

ji³¹khɔ³¹n̩i³³ŋɔ³⁵la̠³¹ta̠³¹thɯ³¹tau⁵⁵tɕɔ³³la³¹　pa⁵³.　他教我一首歌。

他　（施）我　歌　一　首　教（人）（体）

ŋɔ³⁵tsu⁵⁵ji⁵⁵kv³³po³³n̠i³³ja³³phv³³phi³¹la³¹ pa⁵³.　　　　我被门槛绊倒了。

我（受）门槛　　（施）绊倒（貌）（人）（体）

3. lɯ³⁵ 用于第一人称单数或复数做宾语的陈述句句尾，多用于使动态的句子中。例如：

ji³¹khɔ³¹n̠i³³ŋɔ³⁵ tsu⁵⁵thɯ³¹phv⁵⁵thɯ³¹phv⁵⁵ti³³pa⁵⁵mi⁵⁵lɯ³⁵.

他　（施）我（受）一　遍　一　遍（状）帮助　（人）

他一遍一遍地帮我。

ŋa⁵⁵mɔ³³ŋɔ³⁵tsu⁵⁵kɔ³¹tʂh̠³¹pa⁵⁵jɛ³³tʂh̠³¹lɯ³⁵.　　　　妈妈帮我洗衣服。

我 妈 我（受）衣服　帮 洗　（人）

ŋa⁵⁵mɔ³³ŋɔ³⁵tsu⁵⁵kɔ³¹tʂh̠³¹pi³³jɛ³³tʂh̠³¹lɯ³⁵.　　　　妈妈让我洗衣服。

我 妈　我（受）衣服（使）洗　（人）

ji³¹khɔ³¹ŋɔ³⁵tsu⁵⁵nɔ³⁵tsha³¹pi ³¹ti³³mi³¹lɯ³⁵.　　　　他让我骂你。

他　我（受）你　骂　给（引）说（人）

a³³pa³¹ŋɔ³¹v³³n̠e ³¹kɔ³¹sɔ³¹kɔ³¹pi³³tv³⁵li³³lɯ³⁵.　　　　爸爸让我俩去读书。

爸爸 我俩　　个 书（使）读 去（人）

ço³¹tsaŋ³³ŋɔ³⁵tsu⁵⁵tɕhvŋ³¹pi³³ti⁵⁵ti³³ thɯ³³kɔ³³lɯ³⁵.

小张　我（受）钱（使）还（引）催　（体）（人）

小张催我赶紧还钱。

ma³¹tshv̠³¹n̠i³³ŋɔ³⁵tsu⁵⁵tshu⁵⁵ thɯ³¹kɔ³¹pi³³te⁵³　kɔ³³lɯ³⁵.

朋友　（施）我（受）人 一　个（使）找（貌）（人）

朋友托我打听一个人。

jo³¹v³³ŋɔ³⁵v³¹tɯ³¹tshv̠³³thɔ³¹kɯ³³　tsu⁵⁵kạ³¹ʂ̠⁵⁵lɯ³⁵.

他们　我 光头　剃　（貌）（引）（受）笑　（人）

他们笑我剃了一个光头。

（九）引语助词

当主谓、述宾短语等较复杂的成分作为一个整体，充当句子的某个主语、定语、宾语时，通常需要使用引语标记kɯ³³或ti³¹进行引导，以与句子的其他成分区别开。例如：

ŋa⁵⁵ma³¹ʂ̠ ³¹lạ ³¹kɯ³³mɔ³¹ŋɯ³³.　　　　不是我不明白。

我 不 明白（引）不 是

ji³¹khɔ³¹ŋɔ³⁵tsu⁵⁵ma³¹taŋ⁵⁵jɪŋ⁵⁵ti³¹ma³¹tɕhi³³khe ³⁵.　　他不会不答应我的。

他　我（受）不 答应（引）不　会 能

i³¹khɔ³¹mɔ³¹ly³³ti³¹ma³¹ tɕhi³³kha³¹/³³e³³.　　　　他不敢不来。

他　　不来（引）不 会 敢

ji³¹khɔ³¹nv⁵⁵tɕhvŋ³¹tsa³³e³³ti³¹ti³¹tho³¹ ŋe³³.　　　　他看上你的钱。

他　你 钱 有　（引）看（貌）（语）

ji³¹khɔ³¹mi³¹nɔ³¹mi³¹kɯ³³ŋɔ³⁵tsu⁵⁵ pa⁵⁵mi⁵⁵la³³tsu³³ti³¹　ŋe³³ a⁵⁵xa⁵⁵mɔ³¹la⁵⁵.

他　　说　是　说（引）我（受）帮　做　来　要（引）（语）但是　没　来

他说是说要来帮助我，可是还是没来。

e⁵⁵la̠³¹ta̠³¹thɯ³¹tau⁵⁵tsɿ⁵⁵mɔ³¹ku⁵⁵kɔ³¹mɔ̠³³kɯ³³ŋe³³.

那歌　　一　首　很　不　唱　能　好（引）（语）

那是一首很难唱好的歌。

二　语气助词

语气助词是用在句中表示停顿和句末表达语气的虚词。碧约话语气词的选择经常与句子的人称和时态相关联。部分语气助词与体助词、结构助词同形同体，例如pa⁵³既是表示陈述语气的助词，也是表示完成时态的体助词；ŋɯ³³既是表达判断语气的助词，也是表达第一人称做主语的人称助词。碧约话的语气助词非常丰富。主要有陈述语气、判断语气、疑问语气、祈使语气等等。分述如下：

（一）陈述语气助词

1. pa⁵³，多用于完成时态的句子中，表达陈述语气。例如：

ɔ³¹mo⁵⁵ji³³sv̠³¹ke³³tsɿ̠³¹ŋe³³pa⁵³.　　　　　　　　明天是赶集的日子。

明天　　　　赶集　是（语）

a³³, ɔ³¹phv³¹na⁵⁵kɯ³³mɔ³¹kɔ³¹　la³³ pa⁵³!　　　哎哟，我肚子疼死了！

啊　肚子　疼　得　不　行（人）（语/体）

ŋa⁵⁵nɔ³⁵tsɿ³¹kɔ³¹jɔ³¹la³³　pa⁵³.　　　　　　　　我很想你。

我　你　很　想　（人）（语）

nv⁵⁵ŋɔ³⁵tsu⁵⁵mɔ³¹pa⁵⁵mi⁵⁵mɯ³¹pa⁵³ ŋa⁵⁵paŋ⁵⁵fa³¹tsɿ⁵⁵tɕhɿ³¹tsɛ⁵³tsu³³pa⁵³.

你　我（受）不　帮　做　想　的话 我　办法　　自己　　再　有（语）

你不肯帮我的话，我就只好自己想办法了。

pa⁵³还常用在祝福语的结尾，表达对对方的感谢和祝福。例如：

ŋɔ³⁵ɕe³¹ɕe³¹pa⁵³!　　　　　　　　　　　　　太感谢你了！

我　谢谢（语）

mɔ̠³³pa⁵³!　　　　　　　　　　　　　　　　辛苦你了！

好（语）

jɔ³¹n̠i⁵⁵thɯ³¹kɔ³¹tso⁵⁵pa⁵³!　　　　　　　　　祝你早得贵子！

孩子　一个　　生（语）

tshaŋ⁵³ti³³mɔ̠³³ti³³　la³³ pa⁵³!　　　　　　　祝你早日康复！

快点　好（状）（貌）（语）

ɔ³¹ji³³mo⁵⁵ma³³tsu³³ji³³　　pa⁵³!　　　　　　　　祝长寿!

生命 长（状）在（貌）（语）

2. e³³，多用于进行时态句子中，表示对某一事实的陈述。例如：

ji³¹khɔ³¹n̠i⁵⁵kɔ³³　　e³³.　　　　　　　　　　他正在哭。

他　　哭　（体）（语）

ji³¹khɔ³¹tɕhvŋ³⁵suaŋ⁵³kɔ³³　　e³³.　　　　　　他正在数钱。

他　　钱　　算　（体）（语）

ɔ³¹nv⁵⁵lia⁵⁵xɔ⁵⁵lɣ³³kɔ³¹kɔ³³　　e³³.　　　　　外面正在下雹子

外面　　雹子　下（体）（语）

（二）判断语气助词ŋɯ³³和ŋe³³，来源于判断动词ŋe³³。用于句尾表示判断语气。在第一人称做主语的句尾用ŋɯ³³，此外用ŋe³³。例如：

ji³¹khɔ³¹mo⁵⁵nv³¹tshv⁵⁵li³³kɔ³³ŋe³³.　　　　　　他去放牛。

他　牛　　放　去（体）（语）

ŋa⁵⁵¹ja³¹sɿ³³fv³³sɔ³¹kɔ³¹tshv³³kɔ³³ŋɯ³³.　　　　我刚才在写作业。

我　刚才　　作业　写　（体）（语）

ŋa⁵⁵mɔ³¹kɔ³¹jɔ³¹m̠ɔ³³ŋɯ³³sɿ³¹.　　　　　　　我还没想好。

我 没想　好　（语）还

a³³je̠³¹ji³¹kv³¹ma³¹tv³³ŋe³³sɿ³¹.　　　　　　　爷爷还没出门。

爷爷　门　没出（语）还

　ji³¹khɔ³¹sɔ³¹tsɔ³¹mɯ³¹ŋe³³.　　　　　　　他想吃肉。

他　肉 吃 想（语）

（三）疑问语气助词

1. pɿ⁵³用在以第二、三人称做主语的完成时态的句子中，表达对已发生情况的疑问。例如：

nv⁵⁵me̠³¹la³³pɿ⁵³?　　　　　　　　　　　你饿了吗?

你 饿（貌）（语）

nv⁵⁵xo³¹tsɔ³¹pɿ⁵³?　　　　　　　　　　你吃饭了吗?

你 饭 吃（语）

ji³¹khɔ³¹xo³¹tsɔ³¹ji³³　pɿ⁵³?　　　　　　他吃饭了吗?

他　　饭 吃（貌）（语）

ji³¹khɔ³¹mɔ³¹ti³³la³³ tsu³³ ŋe³³pɿ⁵³?　　　　他不回来啦?

他　 不 回来 （体）（语）（语）

nɔ³³v³³mi⁵⁵ki⁵⁵phi³¹pɿ⁵³?　　　　　　　你们做完了吗?

你们　做 完（貌）（语）

jɔ³¹v³³ja⁵⁵mi⁵⁵ki⁵⁵phi³¹　ji³³　　pɿ⁵³?　　　　　　他们工作做完了吗？

他们　工作　完（貌）（貌）（语）

nv⁵⁵kɔ³³xu³¹mi³¹ku³³kɯ³¹to³¹mɔ³¹ki⁵⁵kɔ³¹la³³pɿ⁵³?

你之前　说　过　的话　不　记得（貌）（语）

你难道不记得之前怎么说的了？

ja³³phi⁵⁵xɔ⁵⁵lɯ³¹phv⁵⁵ti⁵⁵phi³⁵　pɿ⁵³?　　　　　　鸡叫了几次了？

公鸡　多少　次　叫（体）（语）

tɕhyŋ³¹ɔ³¹su⁵⁵ȵi³³tɕhi³¹ji³¹phi³⁵pɿ⁵³?　　　　　　钱被谁偷走了啊？

钱　谁　（施）偷　走（体）（语）

2. ŋɛ⁵³用于非完成时态的疑问句中，在部分语境下带有一定的质疑或感叹的语气。例如：

nv⁵⁵mɔ³¹li³³tsu³³ŋɛ⁵³?　　　　　　　　　　　　你不去吗？

你　不　去（体）（语）

nv⁵⁵xa⁵⁵tsu³¹mi³¹kɔ³³ŋɛ⁵³?　　　　　　　　　　你在做什么？

你　什么　做（体）（语）

mo⁵⁵nv³¹tshv⁵⁵ji³³ŋɛ⁵³?　　　　　　　　　　　你去放牛了吧？

牛　　　放　去（语）

nv⁵⁵xa⁵⁵tsu³¹mi⁵⁵kɔ³³ŋɛ⁵³?　　　　　　　　　　你在做什么？

你　什么　做（体）（语）

nv⁵⁵xɔ⁵⁵tsa³³li³³kɔ³³ŋɛ⁵³?　　　　　　　　　　你要去哪呢？

你　哪里　去（体）（语）

ŋa⁵⁵nɔ³⁵xɔ⁵⁵lɯ³³phv⁵⁵mi³¹se³³nv⁵⁵sɿ³¹la³¹ŋɛ⁵³?

我　你　多少　遍　说　才　你知道　（语）

我要跟你说多少遍你才明白呢？

nv⁵⁵xɔ⁵⁵mu⁵⁵fv⁵⁵li³³tsu³³ŋɛ⁵³?　　　　　　　你什么时候去？

你　什么时候　去（体）（语）

在需要表达更强烈的疑问语气时，可以被ŋɛ⁵⁵ja³¹替换。例如

xe³⁵v⁵⁵nv³¹ɔ³¹su⁵⁵kɯ³³ŋɛ⁵³?　　　　　　　　这水牛是谁的？

这　水牛　谁　的（语）

xe³⁵v⁵⁵nv³¹ɔ³¹su⁵⁵kɯ³³ŋɛ⁵⁵　ja³¹?　　　　　　这水牛（到底）是谁的呢？

这　水牛　谁　的　（语）（语）

nv⁵⁵ȵe³¹kɔ³¹ɔ³¹su⁵⁵thɯ³¹kɔ³¹xɯ³¹ŋɛ⁵³?　　　你俩谁大一些？

你　俩个谁　一　个　大（语）

nv⁵⁵ȵe³¹kɔ³¹ɔ³¹su⁵⁵thɯ³¹kɔ³¹xɯ³¹ŋɛ³³ja³¹?　你俩（到底）谁大一些呢？

你　俩　个　谁　一　个　大（语）（语）

3. $pu^{33}lo^{31}$用于征求别人意见的、试探的语气。例如：

$ɔ^{31}xo^{33}mɔ^{31}xo^{33}tshɿ^{33}sɿ^{31}pu^{33}lo^{31}$? 雨还没停吧？

雨　不　下　停　还（语）

$nv^{55}mɔ^{31}tsɔ^{31}pʋ^{33}sɿ^{31}pu^{33}lo^{31}$? 你没吃饱吧？

你　没　吃　饱　还（语）

$nv^{55}tsɿ^{55}tɕhɿ^{31}xa^{33}mɔ^{31}ji^{33}muɯ^{31}pu^{33}lo^{31}$? 你自己也不想去吧？

你自己　也　不　去　想　（语）

$ɕi^{55}pa^{33}tsa^{33}xo^{31}tsa^{33}sɿ^{31}pu^{33}lo^{31}$? 锅里还有饭吧？

锅　　里　饭　有　还（语）

4. le^{53}用在第二人称单数或多数做主语的句中，含有征求意见的语气。使用le^{53}做语气词时说话人对提问的答案多有自己的推测。例如：

$nv^{55}li^{33}muɯ^{31}le^{53}$? 你愿意去吧？

你　去　愿意（语）

$nv^{55}li^{33}le^{53}$? 你去吧？

你　去（语）

$nɔ^{31}v^{33}xa^{55}li^{33}le^{53}$? 你们也去吧？

你们　也　去（语）

$nv^{55}me^{31}le^{53}$? 你饿吧！

你　饿（语）

$nv^{55}jɔ^{31}muɯ^{55}thuɯ^{31}saŋ^{33}tsu^{33}kɔ^{33}mə̠^{33}le^{53}$? 你最近好吧？

你　最近　一　阵　舒服　　（语）

$nv^{55}mo^{55}nv^{31}tshv^{55}ji^{33}le^{53}$? 去放牛吧？

你　牛　　放　去（语）

$jɔ^{31}v^{33}tsu^{55}xa^{55}\ pi^{33}li^{33}le^{53}$? 也给他们去吧？

他们（受）也（使）去（语）

（四）祈使语气助词

1. ma^{33}，表达号召语气的语气助词。例如：

$xo^{31}tsɔ^{31}ma^{33}$! 吃饭啦！

饭　吃（语）

$ɔ^{55}v^{33}nuɯ^{33}kɔ^{33}ji^{33}ma^{33}$! 一起去玩吧！

我们　玩　去（语）

$jɔ^{31}ma^{33}$! 走吧！

走（语）

$ɔ^{55}v^{33}ji^{31}khɔ^{31}tsu^{55}mɔ^{31}pi^{33}jɔ^{31}ma^{33}$! 咱们不给他走啦！

我们　他　（受）不　给　走（语）

ŋɔ³¹v³³ v³³pha⁵⁵ma³³！　　　　　　　　　我们交换吧！

我们　交换　（语）

2. o³³表示祈使或命令语气的语气助词。例如：

nv⁵⁵thɔ³¹mi⁵⁵o³³！　　　　　　　　　　你不要做了！

你别　做（语）

jo³³tsa⁵⁵thɔ³¹tsu³³thɔ³¹　o³³！　　　　　不要在这里了！

这里　　别　在（貌）（语）

xe³⁵v³¹lv⁵⁵thɯ³¹tɕhi̱³³ji³¹khɔ³¹tsu⁵⁵　pi³³khɣ³³o³³！　这帽子给他戴！

这　帽子　一　顶　他　（受）（使）戴　（语）

nv⁵⁵jo³¹o³³！　　　　　　　　　　　　你走吧。

你走（语）

va̱³¹tsa³³pi³³tsɔ³¹ji³³o³³！　　　　　　　你去喂猪！

猪食　（使）吃去（语）

3. va̱³¹对第二人称表示请求、催促或命令的语气助词。例如：

ŋɔ³¹v³³tsu⁵⁵xo³¹thɯ³¹phi⁵⁵pi³³tsɔ³¹la³¹　va̱³¹！　给我们一顿饭吃吧！

我们（受）饭　一　顿　（使）吃（人）（语）

nv⁵⁵ja⁵⁵mɔ³¹mi⁵⁵pa⁵³xo³¹thɔ³¹tsɔ³¹va̱³¹！　你不干活儿就别吃饭了！

你活不　做完　饭别吃（语）

nv⁵⁵lo³¹khɿ⁵⁵tu⁵⁵va̱³¹！　　　　　　　你喝茶吧！

你茶　喝（语）

nv⁵⁵tsaŋ³¹ti³³tsɔ³¹va̱³¹！　　　　　　　你快吃呀！

你快　（状）吃（语）

nv⁵⁵lɔo³¹sɿ³³kɯ³³tu³¹na⁵⁵ti³¹va̱³¹！　　　你要听老师的话呀！

你　老师　的　话　听（语）

nɔ⁵⁵ji³¹khɔ³¹tsu⁵⁵thɔ³¹phiŋ³¹tsɔ³¹va̱³¹！　你们别怪她了！

你　她　（受）别　怪　吃（语）

nv⁵⁵ji³¹khɔ³¹tsu³³mi³¹ji³³pi̱³¹va̱³¹！　　　你去求求他吧！

你　他　　说　去　给（语）

nv⁵⁵ji³¹khɔ³¹tsu³³pa⁵⁵mi⁵⁵ji³³pi̱³¹va̱³¹！　你去帮他吧！

你　他　　帮　做　去　给（语）

三　体助词

体助词用在动词或兼有动词性质的形容词后面，表示动作行为所进行的时间阶段。碧约话的体助词主要有将行体助词tsu³³、进行体助词kɔ³³、已行体助词ji³³pa⁵³、完成体助词pa⁵³和曾行体ku³³、khɯ³³。(详见"动词的体")
例如：

1. 将行体助词tsu³³。例如：

ŋa⁵⁵sɔ³¹mu³³fv³³ke³¹tsʅ³¹kaŋ³¹li³³tsu³³ŋɯ³³pa⁵³.　　　　我一会儿赶集去。

我　等一会　　街上　赶　去（体）（体）

ŋa⁵⁵mɔ³¹ji³³tsu³³　　pa⁵³.　　　　　　　　　　　　　我不去了。

我　不　去（体）（体）

nv⁵⁵mi⁵⁵tsɔ³¹ji³³tsu³³ŋe³³pa⁵³.　　　　　　　　　　你要嫁人了。

你　结婚　　去（体）（体）

jɔ³¹v³³ khuŋ⁵⁵miŋ³¹li³³tsu³³ŋe³³pa⁵³.　　　　　　　他们就要去昆明了。

他们　昆明　　　去（体）（体）

nɪ³¹mɔ³³thɯ³¹khɣ³¹pu³³la³³　tsu³³ji⁵⁵pa⁵³.　　　　　妹妹要满周岁了。

妹妹　一　岁　满（貌）（体）（体）

2. 进行体助词kɔ³³。例如：

ŋa⁵⁵sɔ³¹kɔ³¹ti³¹kɔ³³ŋɯ³³.　　　　　　　　　　　　我在看书。

我　书　　看（体）（语）

ŋa⁵⁵jɔ³¹mu⁵⁵thɯ³¹saŋ³³tshɣ³³ɕɔ³⁵kɔ³³ŋɯ³³.　　　　我最近在学开车。

我　最近　一　阵　车　学　在（语）

ŋa⁵⁵sɔ³¹kɔ³¹mɔ³¹tɪ³¹kɔ³³ŋɯ³³.　　　　　　　　　　我没在看书。

我　书　　没　看（体）（语）

nv⁵⁵jɔ³¹mɯ⁵⁵a³³xa⁵⁵tsu³¹tɣŋ⁵³kɔ³³ŋɛ⁵³?　　　　　你现在在做什么？

你　现在　（话）什么　做（体）（语）

jɔ³¹v³³mo⁵⁵nv³¹ʂʅ³¹tsɔ³¹mɯ³⁵ti³³　tɣŋ⁵³kɔ³³ŋe³³.　他们正在为杀牛做准备。

他们　牛　　杀　吃（貌）（引）做（体）（语）

ji³¹khɔ³¹ɯ⁵⁵ja⁵⁵tsa³³ja⁵⁵mi⁵⁵kɔ³³ŋe³³.　　　　　他在田里干活儿呢。

他　　田　里　活　做（体）（语）

3. 已行体助词ji⁵⁵pa⁵³。例如：

lɣ³³mɔ³³to³³lo³³sʅ³³lo³³ ji⁵⁵pa⁵³.　　　　　　　　石头被磨圆了。

石头　　圆圆　磨（叠）（体）

ji³¹khɔ³¹ȵi⁵⁵ʂʅ³¹ji⁵⁵pa⁵³.　　　　　　　　　　　他哭死过去了。

他　　哭死（体）

jɪ⁵⁵kho⁵⁵ma³¹tshɣ³¹thɯ³¹kɔ³¹lɣ³³ji⁵⁵pa⁵³.　　　　家里来了一个亲戚。

家里　亲戚　　一个　来　（体）

ɔ³¹tshɣ⁵⁵tshɣ⁵⁵kɯ³³tshu⁵⁵tɕhɣŋ³¹tɕhi³¹ji⁵⁵pa⁵³.　　胖子的钱被偷了。

胖胖　　　的　人　钱　偷　（体）

mi³¹tha̱³¹na̱³³ji⁵⁵pa⁵³, a⁵⁵xa⁵⁵ɔ³¹xo⁵⁵mɔ³¹xo⁵⁵.　　　　天阴了，可是没下雨。

天　　黑（体）但是　雨　没下

xe³⁵jɔ³¹n̩i⁵⁵thɯ³¹kɔ³¹ɔ³¹lo⁵⁵lo⁵⁵kɔ³³ji⁵⁵pa⁵³.　　　　这孩子发烧了。

这 孩子　一 个 热热的 （体）（体）

4. 完成体助词pa⁵³。例如：

jɪ⁵⁵kho⁵⁵jɔ³¹v³³　n̩i³³mi³¹tsɔ³¹thv̩³¹ti³⁵pa⁵³.　　　房子被他们点着了。

房子　　他们（施）火　点　　（体）

ŋa⁵⁵thɯ³¹tshaŋ⁵³ji³¹tsa̱³³xɪ³³nɪ³¹la⁵⁵pa⁵³.　　　我睡了一阵，醒了。

我 一 阵　睡着 （连）醒来（体）

e⁵⁵ɯ⁵⁵lu⁵⁵thɯ³¹mo⁵⁵thɯ³¹la̱³¹xɪ³³ɔ³¹pɪ³³tsa³³sv̩³³kɪ³³li³³pa⁵³.

那 蛇　一 条　一 下（连）草 里　爬 进去 （体）

那条蛇不一会儿就爬进草丛里去了。

ŋa⁵⁵nɔ³⁵mu³³la³³　　pa⁵³.　　　　　　　我看到你了。

我 你 看 （人）（语）

5. 曾行体助词ku³³、khɯ³³。例如：

ɔ³³v³³thɯ³¹o⁵⁵mu³³su³¹ku³³.　　　　　　我们见过一次。

我们 一　次 见　（体）

nv⁵⁵mɔ³¹mi⁵⁵ku³³pɪ⁵³?　　　　　　　　你没做过吗？

你 没　做 （体）（语）

ŋa⁵⁵pɯ³⁵tɕ ɪŋ³³a³¹khɯ³³li³³　ku³³pa⁵³.　　　我去过北京。

我　北京　（方）到 去 （体）（体）

a³³pa³¹xo³¹tsɔ³³khɯ³³pɪ⁵³?　　　　　　爸爸饭吃过了吗？

爸爸 饭　吃 （体）（语）

第十节　貌词

一　体和貌的区别和联系

由于"貌"和"体"在一些语言中界线不清，因而存在"貌"和"体"在某一语言中究竟应该分立或不分立的两种对立意见。[1]主张分立的认为，"貌"代表"面"，表示非过程，强调动作的立体存在；而体是指动作或事件在某一时间段内所进行的进程或状态。[2]哈尼语碧约话有着较为丰富的体貌范畴，相比较体而言，貌范畴更为丰富。碧约哈尼语体和貌的对立不仅

---

① 参阅戴庆厦《景颇语参考语法》，中国社会科学出版社 2012 年版。

② 参阅李泽然《哈尼语动词的体和貌》，《语言研究》2004 年 6 月第 24 卷第 2 期。

表现在语法意义上，还体现以下几个方面：

1. 貌词附着在动词之后，而体助词则多出现在句子的末尾。例如：

已行体：a⁵⁵mɔ³³kʋ³¹tsha³¹o³¹ji³³ pa⁵³.　　　　　　　妈妈去卖菜了。

　　　　妈妈　菜　　卖（体）（体）

获得貌：

　　　　ji³¹n̠i³³ pʋ³¹tsa³³la³³ti³³kʋ³¹ jɔ³³　ti⁵⁵la³³pa⁵³.

　　　　昨天　无意中　（状）找（貌）回来（体）

　　　　昨天无意中找到的。

上例中，表示完成体的体助词ji³³pa⁵³依附于整个句子，表现"妈妈去卖菜"这个动作已经发生并仍在持续；而貌词jɔ³³依附于动词"找"，表示这个动作的结果。

2. 表示貌的词大多由动词虚化而来，貌的语义与动词本义有一定的关联；而体助词一般看不出其来源。例如：

ŋa⁵⁵a³¹s̠ı³¹s̠ı³¹v⁵⁵kɯ³³phi³¹pau³³phi³¹phi³¹ ji⁵⁵pa⁵³. 我新买的包丢了。

我　新　　买　的　皮包　　丢（貌）（体）

貌词phi³¹是由动词"丢"转化而来，除了由紧元音变为松元音外，其他音节结构不变。phi³¹在这句话中表示结果变化貌，也是由动词"丢"的原意抽象得来。类似的比如：

A. ŋa⁵⁵a³¹s̠ı³¹s̠ı³¹kɯ³³phi³¹pau³³kɔ³³jɔ³³⁄³¹la³³ pa⁵³. 我捡到一个新包。

　　我　新　　的　皮包　　捡（貌）（人）（体）

B. tɕhʋŋ³¹ŋa⁵⁵s̠ı³¹ki⁵⁵　phi³¹ ji⁵⁵pa⁵³.　　　　　　钱被我花光了。

　　钱　我 花（貌）（貌）（体）

A句中jɔ³³作为动词使用是"得到"的意思，在句中置于动词kɔ³³"捡"之后，调值由中平变为低降调，表示获得貌。B句中ki⁵⁵作为动词使用是"完"的意思，在句中置于动词s̠ı³¹"用（钱）"之后，表示极限貌。

虽然貌词由动词虚化而来，但是不同的貌词虚化的程度有所不同：有的虚化程度较低，例如表示结果完成貌的phi³¹、表示结果获得貌的jɔ³³等等；有的虚化程度较高，来源的动词不能确定，例如估量貌的mu⁵⁵、重行貌的pɹ³³等。

二　貌词的特点

（一）貌词大多是单音节词，只有个别貌词是双音节词。没有三音节或三个音节以上的貌词。例如：单音节貌词有thɔ³¹、phi³¹、thi⁵⁵、tsɔ³⁵等等；双音节貌词有 sv³³tv⁵⁵、tɕhi³³la³¹等。

（二）貌词不能单独作谓语。在句中使用时必须与置于谓词之后。例如：

ɔ⁵⁵v³³jɔ³¹khɔ³¹tsu⁵⁵mɔ̩³³ma³³pa⁵⁵mi⁵⁵mɯ³¹!　　　　咱们好好地帮助他吧！

我们　他　（受）好地　帮　做（貌）

jɔ³¹mɯ⁵⁵nɔ³¹ɔ³¹lo⁵⁵lo⁵⁵　la³³ji⁵⁵pa⁵³.　　　　最近热起来了。

最近　（话）热　（貌）（体）

部分貌词还可与产生它的动词一起连用，例如：

ŋa⁵⁵tshɣ³³phi̩³¹phi³¹pa⁵³.　　　　　　　　我把车丢掉了。

我　车　丢（貌）（体）

e⁵⁵thɯ³¹kɔ³¹tsu⁵⁵tsɣ̩³³ti³³phɔ³¹thɿ⁵⁵thɯ³¹n̩ȵe̩³¹thɿ⁵⁵thɿ⁵⁵thɿ⁵⁵phi³¹.

那　一　个　（受）狠狠　脚趾　一　两　下　踢（貌）（貌）

那个人被狠狠地踢了几脚。

（三）貌词经常和体助词同时出现在句子中。貌词一般位于动词之后，体助词之前。例如：

sɔ³¹kɔ³¹ŋa⁵⁵v⁵⁵ tɕhi⁵⁵ phi³¹ pa⁵³.　　　　书我已经收藏起来了。

书　我藏　（貌）（貌）（体）

ŋa⁵⁵tshɣ³³phi̩³¹phi³¹pa⁵³.　　　　　　　我把车丢了。

我　车　丢（貌）（体）

（四）两个或两个以上的貌词经常连用。例如：

ji³¹khɔ³¹mi³¹tsɔ³¹khɔ̩³¹fv³³a³¹la̩³¹tsu⁵⁵tɔ̩³¹thɿ⁵⁵　phi³¹.

他　柴　砍　时候手　（受）砍（貌）（貌）

他砍柴的时候砍着手了。

pi³¹khɯ⁵⁵pi³¹tsv³¹pi³¹khɯ⁵⁵sɿ⁵⁵ki⁵⁵　phi³¹ ji³³ xɿ³³ ʂɿ⁵⁵ phi³¹ji³³pa⁵³.

蚕　　　死　吐（貌）（貌）（貌）（连）死（貌）（体）

蚕吐尽了丝死去了。

（五）同一个貌词可以表达不同语法意义。例如thɔ³¹既可以表达静止貌又可以表达主观的计划、愿望或者动作结果的放置貌。

thɔ³¹表达静止貌：

jɔ³¹ȵi⁵⁵ji³¹khɔ³¹kɯ³³a⁵⁵mɔ³³tsu⁵⁵tu³³khu⁵⁵thɔ³¹ ŋe³³.　孩子正在等他妈妈。

孩子　他　的　妈妈　（受）等　（貌）（语）

thɔ³¹表示计划、愿望貌：

ŋa⁵⁵nɔ³⁵tsu⁵⁵mɔ³¹mi³¹pi̩³¹ti³¹kɔ³¹jɔ³¹　thɔ³¹ŋɯ³³.　　我本来不打算告诉你。

我　你（受）不说　给　的　想　（貌）（语）

thɔ³¹表示结果放置貌：

nɔ³¹v³³mi³¹tsɔ³¹jɔ³¹tsa⁵⁵v⁵⁵thɔ³¹.　　　　　你们把柴放在这里吧！

你们　柴　这里　放（貌）

（六）貌词不能受到副词的修饰，也不能重叠。在语流中经常发生语音的弱化。例如：phi³¹常常与表示过去时态的体助词ji³³连读，合音为phi³⁵。

ŋa⁵⁵n̠i³³tshʏ̠³³kɯ³³ja³³ʂɿ⁵⁵ phi³⁵pa⁵³. 我养的鸡死了。

我（施）养 的 鸡 死（合）（体）

tɕhi³³"起"也常与ji³³合音为tɕhi³⁵，例如：

ji³¹khɔ³⁵tsu⁵⁵mi³¹ thɿ⁵⁵ tɕhi³⁵ pa⁵³ ŋa⁵⁵n̠i⁵⁵mɯ³¹lʏ³³.

他 （受）说（貌）（合）（体） 我 哭 想 来

只要一说起他，我就想哭。

综合以上六点，可以看出貌词虽然来自动词，但已经没有了动词的特点。貌词不能够单独做谓语，也不能重叠或受到副词的修饰，并且在语流中常常发生语音弱化。种种特征表明：碧约话的貌词虽然残留了动词的词义，但是已经不具备实词的特点，成为了虚词的一种。

三 貌词的类别

（一）结果貌

表示动作行为或性质状态变化的结果。常见的有：

1. phi³¹：变化貌。表示动作行为发生后与先前的状态相比发生了一定的变化。是动词phi³¹"丢"的虚化。例如：

tɿ³¹ phi³¹ ji⁵⁵ pa⁵³. （他）看了。

看（貌） （体）

nv⁵⁵kɔ³³xɔ³¹a³³ xe³⁵ɕɿ³³khɔ³¹ʂɿ³³lɯ³¹ɕi⁵⁵phi³¹ tɕhi³³thɔ³¹kuaŋ³¹.

你先 （方）这事情 一些 丢（貌）（貌）别 管

你先把这些事放下别管。

ŋa⁵⁵tshʏ³³v⁵⁵ phi³¹phi³⁵pa⁵³. 我把车子弄丢了。

我 车 弄 丢（貌）（体）

nv⁵⁵ŋɔ³⁵xe³⁵tɕhɿ⁵⁵khɯ⁵⁵ɔ³¹phv⁵⁵thɯ³¹khɯ³³kɔ⁵⁵phi³¹ la³¹.

你 我 这 头发 白 一 根 拔 （貌）（人）

你帮我把这根白发拔掉。

ji³¹khɔ³¹kɯ³³tɕhʏŋ³¹kɔ³³lɛ³³phi³¹ji⁵⁵pa⁵³. 他的钱丢了。

他 的 钱 丢 （貌）（体）

ɔ³¹nv³³mi³³khi³³phi³¹ji⁵⁵pa⁵³. 他们做完了。

他们 做 完 （貌）（体）

ŋa⁵⁵pɯ³⁵tɕiŋ³³a³³ ti⁵⁵li³³phi³¹pa⁵³. 我回北京了。

我 北京 （方）回来（貌）（体）

ji³¹khɔ³¹n̠i³³pha³¹li³³kha³³phi³¹phi³⁵ pa⁵³. 他把落叶扫掉了。

他 （施）叶子 扫 掉（貌）（体）

ŋɔ³³to⁵⁵ji³¹n̠i³³tɕhɪ⁵⁵tɯ³¹ki⁵⁵　　phi³⁵　pa⁵³.　　　　　我家昨天就割完稻子了。

我家　昨天　谷子　割（貌）（貌）（体）

ji³¹khɔ³¹n̠i⁵⁵ki⁵⁵　phi³⁵　pa⁵³.　　　　　　　　　他哭过了。

他　　哭（貌）（貌）（体）

jo³¹mɔ³¹kɯ³³sɪ³³tsŋ⁵⁵tɔ̠³³ki⁵⁵　phi³⁵　pa⁵³.　　山上的树被砍光了。

山上　　的　树　砍（貌）（貌）（体）

2. jɔ³³：获得貌，表示动词发生后获得了所期望的结果。来自动词jɔ³³
"接"。

ŋa⁵⁵thɣ³¹lv⁵⁵ke³³tsŋ³¹a³³a³¹sŋ³¹sŋ³¹kɯ³³ɕɪ³³khɔ³¹khia⁵³ɕɔ³⁵jɔ³³　pa⁵³.

我 墨江　　　（方）新　　的　事情　很　学（貌）（体）

我在墨江学到了很多新东西。

nɪ³¹mɔ³³xɔ³³mo⁵⁵mi⁵⁵n̠i³³mi⁵⁵mɯ³¹kɯ³³pha̠³¹na̠³³v⁵⁵　jɔ³³　pa⁵³.

妹妹　哪长　开始从　想　要　的　鞋子　买（貌）（体）

妹妹买到了想要了很久的鞋子。

ji³¹n̠i³³ pɣ³¹tsa³³la³³ti³³kɣ³¹　jɔ³³　ti⁵⁵la³³pa⁵³.　　昨天无意中找到的。

昨天　无意中　地找　（貌）回　来了

3. tɕhi³³la³¹：完成貌。可能是借自汉语的"起来"。表示在外力的作用
下达到某种结果。

tso³¹li⁵⁵li⁵⁵mɔ³³xɯ³¹khɪ³³pa⁵³sŋ³³tsŋ⁵⁵tsŋ⁵⁵jɔ³³tsu⁵⁵ko⁵⁵tshɣ³³tɕhi³³/³¹la³¹ji⁵⁵pa⁵³.

风　　　大大　太（连）树　　小　（受）拔出（貌）　　（体）

风太大，树苗被拔起来了。

xe³⁵tɣ³¹tɣ³³tɕhi³³la³³xɪ³³o³¹kho⁵⁵thɯ³¹kho⁵⁵thiɛŋ³¹thɣ⁵⁵　ti⁵⁵tɕhi³³la³¹.

这挖　出　起　来　后洞　一　个　填　（貌）回（貌）

挖出来后把这个洞填起来。

ji³¹khɔ³¹tsu⁵⁵na⁵⁵tɪ³¹na⁵⁵tɪ³¹xɪ³³　pi³³mi³¹tɣ³³tɕhi³³la³¹.

他　　（受）问　问　（连）（使）说出（貌）

一直问到他说出来为止。

mi⁵⁵tɣ³³tɕhi³³la³¹/³⁵pa⁵³.　　　　　　　　　　　做出来了。

做出（貌）　（体）

ji³¹khɔ³⁵tsu⁵⁵mi³¹　thɪ⁵⁵　tɕhi³³la³¹pa⁵³, ŋa⁵⁵n̠i⁵⁵mɯ³¹　lɯ³³.

他　（受）说（貌）（貌）　（体）我哭（貌）（人）

只要一说起他，我就想哭。

kɔ³¹jɔ³¹thɣ⁵⁵tɕhi³¹la³³kɯ³³mɔ³¹ti³³ɕɪ³³khɔ³¹mɔ³¹mi⁵⁵sŋ³¹ŋa⁵⁵ja³⁵tshaŋ⁵³ti³³

想　（貌）（貌）　的　多　的　事情　没做　还我床快（状）

thv⁵⁵la⁵⁵pa⁵³.

起 来（体）

想起还有很多事没做，我赶紧起床了。

m³¹ᐟ³³thv⁵⁵tɕhi³¹la³³pa⁵³nv⁵⁵ŋɔ³⁵kɯ³³a⁵⁵tɹ³³ŋe³³. 　算起来，你还是我叔叔。

说 （貌）（貌）的 话 你 我 的 叔叔 是

4. thv⁵⁵：实现貌。源自动词"站"，常与tɕhi³¹la³¹ "起来"连用，表示动作完成后达到某一目标或状态。

xe³⁵tʏ³¹tʏ³³tɕhi³³la³³xɹ³³o³¹kho⁵⁵thɯ³¹kho⁵⁵thieŋ³¹thv⁵⁵ti⁵⁵tɕhi³¹la³¹.

这 挖 出 起 来 后 洞 一 个 填 （貌）回（貌）

挖出来后把这个洞填起来。

tɔ³¹jɹ³³la³³tsu³³ŋe³³pa⁵³, jɹ⁵⁵kho⁵⁵a³³tshaŋ⁵³ti³³mɯ³¹n̩i³¹v⁵⁵thv⁵⁵tɕhi³¹la³¹.

客人 来（体）是（体）屋子 （话）快 （状）东西 收 （貌）（貌）

客人要来了，快把屋子收拾好。

tɹ³¹thv⁵⁵tɕhi³¹la³³kɯ³³xe³⁵phv³³lv⁵⁵thɯ³¹phv³³kɯ³³tshu⁵⁵sɹ⁵⁵po³³khia⁵³po³³e³³.

看（貌）（貌）（引）这 村子 一 个 的 人 富 很（叠）（语）

看起来这个村的人生活很富裕。

nv⁵⁵thi⁵⁵ma⁵⁵ta⁵⁵mo⁵⁵mo⁵⁵ti³³thɹ⁵⁵ thv⁵⁵tshv⁵⁵lɛ⁵³? 你能踢到那么高吗？

你 那么 高 （叠）踢（貌）（貌）能 （语）

nɔ³³kɯ³³a³¹la̠³¹e⁵⁵jo³¹kho³³a³³ v⁵⁵phv³³thv⁵⁵khɯ³³tshv⁵⁵ŋe⁵³?

你 的 手 那 上面 （方）够 （貌）（貌）能（语）

你的手能够到那上面吗？

5. tsɔ³⁵：关系貌。可能借自汉语的"着"。表示主动与某事物发生关系。例如：

nv⁵⁵tɹ³¹tsɔ³⁵ thɔ³¹kɯ³³kɔ³¹tʂn̩³¹thɯ³¹tɕhi̠³³v⁵⁵ji³³va̠³¹!

你 看（貌）（貌）的 衣服 一 件 买 去（语）

你去买看上的那件衣服吧！

ŋa⁵⁵pʏ̠³¹tsa³³la³³ti³³ji³¹kho³⁵tsu⁵⁵thɯ³¹phv³³na⁵⁵tɹ³¹tsɔ³⁵.

我 无意 （状）他 （受）一 次 问 （貌）

我无意中问过他一次。

ja̠³³tɕhi³¹ti³³tu⁵⁵tsɔ³⁵pa⁵³ nɔ³¹ jiŋ³¹ɕu³³fa³⁵le³³. 鸦片只要一抽就上瘾。

鸦片 只要抽（貌）（体）（连）瘾 就 发（貌）

6. thɔ³¹：结果放置貌。表示动作行为结果的放置。例如：

xe³⁵tɕhʏŋ³¹ɔ³¹tʂɹ̩³¹nv⁵⁵kɔ³¹xo³¹xi⁵⁵thɔ³¹ va̠³¹! 这点儿钱你先拿上吧！

这 钱 一点 你 先 拿 （貌）（语）

nv⁵⁵kɔ³³xo³¹a³³xe³⁵ɕɿ³³khɔ³¹ʂ̩³³lɯ³¹phi̠³¹thɔ³¹xɿ³³thɔ³¹kuaŋ³¹.

你 先 　(方)这 事情　这些 放 （貌）（连）别 管

你先把这些事放下别管。

ji³¹khɔ³¹tsa⁵⁵tsɿ³³a³³tɕhɤŋ³¹thɯ³¹tsɿ³¹v⁵⁵thɔ³¹ 　xɿ³³ na³³phv³³phv³³tɕu³¹jo³¹ji⁵⁵pa⁵³.

他 　桌子 （方)钱 一 叠 方（貌）（连）转身 　就 走（体)

他在桌上放下一沓钱转身就走了。

ŋa⁵⁵khɯ³¹e⁵⁵ʂ̩³³tsɿ⁵⁵a³¹va̠³¹kɔ⁵⁵pha̠³¹thɔ³¹. 　　我把狗拴在那棵树下了。

我 狗 那 树 　下面 拴 　（貌)

nv⁵⁵xe³⁵tʂm̩³¹ŋɔ³¹thɯ³¹fɤŋ³³tshv̩³³ta̠³³thɔ³¹. 　　你把这笔账记上吧！

你 这 账 　一 份 写 上（貌)

nv⁵⁵kha³¹la³³kɯ³³tshu⁵⁵kɯ³³ɔ³¹mi⁵⁵tshv̩³³ta̠³³thɔ³¹.

你 所有 来 的 人 的 名字 写上（貌)

你要把每一个来的人的名字记录下来。

7. to³³：触碰貌。是动词to³³"动"的虚化。常用在祈使句中，与否定词thɔ³¹（tha）"别"共现，表示禁止外界力量对某事物产生影响。

xe³⁵a³¹ji³³kɔŋ⁵⁵thɯ³¹ma³³ɔ³¹phi³¹tsɿ³¹xɯ³¹e³³, nv⁵⁵thɔ³¹thɿ⁵⁵ to³³.

这 花 瓶子 一个 价钱 很 大 （语)你 别 碰（貌)

这个花瓶很贵的，你别碰着。

xe³⁵pha⁵⁵thɯ³¹tɕhe³³ŋa⁵⁵mi⁵⁵tsu³³nv⁵⁵thɔ³¹xi⁵⁵to³³.

这 布 一 块 我 要 会 你别拿（貌)

这块布是我要的，你别拿走。

xe³⁵khɯ⁵⁵me³³thɯ³¹khɯ⁵⁵teŋ⁵⁵tsa³³e³³, nv⁵⁵xa³³ma³¹xa³³thɔ³¹thɿ⁵⁵to³³.

这 线 　一 根 　电 有（语)你 无论如何 　别 碰（貌)

这根线有电，你千万别拉（动)。

8. phu³¹：遭遇貌。来源于动词thɯ⁵⁵phu³¹"遇见"。表示事情在没有预料的情况下发生。例如：

ŋa⁵⁵kv̩³¹ɳi⁵⁵kv̩³¹tsha̠³¹tsa³³pi³¹mɔ³³tsɔ³¹phu³¹lɯ³³. 　我在青菜里吃到虫了。

我 菜 青 蔬菜 　里 虫 　吃（貌)（人)

ji³¹khɔ³¹jo³¹mɔ³³ka³³nv³³lia³³a³³s̩³³tsɿ⁵⁵khɔ³³thɔ³¹fv³³phv⁵⁵tv̩³¹tv̩³¹/³³phu³¹ji⁵⁵pa⁵³.

他们 　山 　后面 （方)树 种 （貌)时 财宝 挖 　（貌) （体)

他们在山后面种树时挖着财宝了。

9. ki⁵⁵：完尽貌。源于动词ki⁵⁵"完"。表示在数量上达到一定的上限。例如：

tɕhɤŋ³¹thɯ³¹fɤŋ³³sɿ³¹tsa³³kɯ³³tha³³ʂ̩³¹ ki⁵⁵ phi³¹ ji³³pa⁵³.

钱 一 分 还有 的 都 花 （貌)（貌)（貌)（体)

最后一分钱也花光了。

xe³⁵ja⁵⁵mɔ³³thɯ³¹khɯ⁵⁵jo³¹ki⁵⁵　　phi³¹ji³³pa⁵³.　　　　这条路走到头儿了。

这 路　　一　条　走（貌）（貌）（貌）了

pi³¹khɯ⁵⁵pi³¹tsv̩³¹pi³¹khɯ⁵⁵sɿ⁵⁵ki⁵⁵　phi³¹　　ji³³　xɿ³³　ʂ̩⁵⁵phi³¹ji³³pa⁵³.

蚕吐　　　　丝　　吐（貌）（貌）（貌）（连）死（貌）（体）

蚕吐尽了丝死去了。

10. ʂ̩³¹：结果极限貌。表示一定的状态达到极限，是动词ʂ̩⁵⁵"死"的虚化。例如：

ji³¹khɔ³¹tsḭ³¹khi⁵⁵tsɿ³³ʂ̩³¹ji³³pa⁵³.　　　　　　气死他了。

他　生气　　（貌）（体）

khia⁵³kɔ³¹ɕiŋ³³　ʂ̩³¹　　lɯ³³.　　　　　　　　　（我）高兴得要死。

特别 高兴　　（貌）（人）

ʂ̩⁵⁵ma⁵⁵ɔ³¹lo⁵⁵lo⁵⁵kɯ³³mi³¹thḁ³¹ja⁵⁵mi⁵⁵ tshu⁵⁵ɔ³¹lo⁵⁵lo⁵⁵ʂ̩³¹ la³³　tsu³³ŋe³³pa⁵³.

这么　热　　　的 天气　活干 人　热　　（貌）（貌）（体）是（体）

在这么热的天干活要把人热死了。

nv⁵⁵thɯ³¹n̠i³³kɔ³³mɔ³³mi³¹, ji³¹khɔ³¹tɕhi⁵⁵ʂ̩³¹tsu³³ŋe³³pa⁵³.

你 一天到晚　　说　他　羞（貌）（体）是（体）

你不停地说他，他都要羞死了。

ji³¹khɔ³¹tsḭ³¹khi⁵⁵tsɿ³³ʂ̩³¹　phi³⁵　pa⁵³khɔ³¹jɔ³¹xa³³tɯ³³pe³¹phi³⁵　pa⁵³.

他　生气　　（貌）（合）（体）碗　都　摔（破）（合）（体）

他气极了把碗都摔碎了。

pɯ³⁵tɕiŋ³³a³¹tshv̠³¹tshv̠³¹ja³¹a³¹tshv̠³¹tshv̠³¹ʂ̩³¹le³³.

北京　冷　　　日子 冷　　　（貌）（貌）

北京的冬天冷极了。

11. ʂ̩⁵⁵：固化貌。也由动词ʂ̩⁵⁵"死"虚化而来，相比较ʂ̩³¹的虚化程度更弱。表达被外力强行固定在某一状态。例如：

ji⁵⁵kv³³a³³ŋḁ³³ʂ̩⁵⁵　phi³⁵pa⁵³.　　　　　　门被卡住了。

门　（话）卡（貌）（貌）

tshuŋ³³fv³³a³³kha³³ʂ̩⁵⁵phi³⁵pa⁵³.　　　　窗户被卡住了。

窗户　（话）卡（貌）（貌）

kɔ³¹tʂḭ³¹ji⁵⁵kv³³n̠i³³kia³⁵　ʂ̩⁵⁵phi³⁵　pa⁵³.　　衣服被门缝夹住了。

衣服　门　（施）卡（貌）（合）（体）

ŋa⁵⁵jɔ³¹v³³ʂ̩⁵⁵ phi³⁵　pa⁵³.　　　　　　　鸟被扣住了。

鸟　扣（貌）（貌）（体）

12. thɿ⁵⁵：接触貌。表示动作发生的同时与某物体产生接触。来自动词"碰"。例如：

e⁵⁵thɯ³¹kɔ³¹tsu⁵⁵tsɣ³³ti³³phɔ³¹thɿ⁵⁵thɯ³¹n̩e̱³¹thɿ⁵⁵thɿ⁵⁵　thɿ⁵⁵phi³¹.
那　一　个　（受）狠狠　脚趾　一　两　下　踢　（貌）了
那个人被狠狠地踢了几脚。

khɯ³¹jɔ³¹pɿ⁵⁵tshɣ³¹/³⁵la³¹xɿ³³thɯ³¹thɔ̱³¹thɔ̱³¹thɿ⁵⁵　phi³¹.
狗　小扑（貌）来（连）一　口　咬　（貌）（貌）
小狗扑上来就咬一口。

ɔ³¹tɕhi⁵⁵tsa⁵⁵tsɿ³³tsu⁵⁵tɯ³¹thɿ⁵⁵　phi³¹　la³³　pa⁵³.
脚　桌子　（受）碰（貌）（貌）（人）（体）
腿不小心碰到桌子了。

ŋa⁵⁵ji⁵⁵kɣ³³tsu⁵⁵ṿ³¹khɿ³¹thɣ³¹thɿ⁵⁵la³³　　pa⁵³.　　　　我不小心撞到门上了。
我　门　（受）头　磕（貌）（人）（体）

ji³¹khɔ³¹la̱³¹ja̱³³ja̱³³fṿ⁵⁵a³¹pa³³lia³³kɯ³³tshu⁵⁵tɯ³¹thɿ⁵⁵　phi³⁵　pa⁵³.
他　手挥　时　旁边　的　人　打（貌）（貌）（体）
他挥手时打着旁边的人了。

ŋa⁵⁵kɣ³¹tsha̱³¹ji³³kɯ³³fṿ⁵⁵a³¹la̱³¹tsu⁵⁵ji³³　thɿ⁵⁵　phi³¹　la³¹pa⁵³.
我　菜　切　的　时候手　（受）切（貌）（貌）（人）（体）
我切菜的时候切着手了。

ji³¹khɔ³⁵tsu⁵⁵ṿ⁵⁵tshɣ³¹tɕhaŋ⁵⁵thɿ⁵⁵　phi³¹　ji⁵⁵pa⁵³.　　　他被水呛到了。
他　（受）水　　呛　（貌）（貌）（体）

ŋɔ³⁵ji³³sɿ³³pɔ³¹mɔ³¹n̩i³³ti³³thɿ⁵⁵　　phi³¹　pa⁵³.　　　　我被蜜蜂蜇着了。
我　蜜蜂　　（施）蜇（貌）（貌）（体）

a³¹la̱³¹ji³³kɣ³³n̩i³³tɕia³⁵thɿ⁵⁵　phi³⁵pa⁵³.　　　　　手被门夹着了。
手　门　（施）夹　（貌）（合）（体）

ṿ³³khi³¹ji³³kɣ³³a³³tṿ³¹thɿ⁵⁵　phi³⁵pa⁵³.　　　　　头撞着门了。
头　门　（方）撞　（貌）（合）（体）

13. ta̱³³：保留貌。来源于动词ta̱³³"上"。表示动作结果的保留。

ŋɔ³³kɯ³³sɔ³¹kɔ³¹tsa⁵⁵tsɿ³³a³³ṿ⁵⁵ta̱³³　　thɔ³¹　va³¹.　　我的书请你放到桌子上吧！
我　的　书　桌子　放（貌）（貌）（语）

nṿ⁵⁵kha³³la̱³³kɯ³³tshu⁵⁵kɯ³³ɔ³¹mi³³tshɣ³³ta̱³³tɕhi³³
你　所有来的　人　的　名字　写　（貌）（貌）
你要把每一个来的人的名字记录下来。

tui⁵⁵liaŋ³¹ji⁵⁵kɣ³³a³³thi³⁵　ta̱³³.　　　　　　　　　把对联贴到门上。
对联　门　（方）贴　（貌）

14. phv^{33}：颠倒貌。来源于形容词nɔ^{55}phv^{33}"相反的"。例如：

tso^{31}li^{55}li^{55}mɔ^{33}khɿ^{33}　pa^{53}sʅ^{33}tsɿ^{55}tsɿ^{55}jɔ^{31}tsu^{55}li^{55}phv^{33}phi^{35}pa^{53}.

风　　　大　太　（体）树　　　　小（受）刮　翻（貌）（体）

风太大，树苗被拔起来了。

mɿ^{55}pa̠^{33}n̠i^{33}jɿ^{55}khɔ^{55}tsu^{55}pa̠^{33}phv^{33}　phi^{35}pa^{53}.　　　　崩山把房子压倒了。

崩山　（施）房子　（受）压　翻　　（貌）（体）

15. tɕhi^{33}：位移貌。表示动作发生后宾语的位置发生了变化。例如：

sɔ^{31}kɔ^{31}ŋa^{55}　v^{55}tɕhi^{33}　phi^{31}pa^{53}.　　　　　　书，我已经收起来了。

书　我　收（貌）（貌）（体）

nv^{55}kha^{33}la^{33}kɯ^{33}tshu^{55}kɯ^{33}ɔ^{31}mi^{55}tshv̠^{33}ta̠^{33}tɕhi^{33}.

你　所有来的　人　的　名字　写　上（貌）

你要把每一个来的人的名字记录下来。

nv^{55}kɔ^{33}xo^{31}a^{33}　xe^{35}ɕi^{33}khɔ^{31}sʅ^{33}lɯ^{31}phi^{31}phi^{31}tɕhi^{33}thɔ^{31}kuaŋ^{31}.

你　先　　（方）这事情　　一些　丢（貌）（貌）别　管

你先把这些事放下别管。

sʅ^{55}po^{33}phv^{55}ji^{55}tsu^{31}ma^{55}lv̠^{31}pɿ^{55}tsa^{33}tv̠$^{31/33}$tɕhi^{33}　thɔ^{31}.

地主　银子　全部　　　坟地　里　埋　（貌）（着）

地主把银子都埋藏在坟地里。

xe^{35}sa^{33}tv̠^{33}sʅ^{33}lɯ^{31}ji^{55}tsu^{31}ma^{55}tshv̠^{33}　tɕhi^{33}　phi^{31}.

这　玉米　一些　全部　　收藏（貌）（貌）

这些玉米都要脱粒收起来。

xe^{35}pi^{31}li^{55}pa^{31}la^{33}kɯ^{33}mu^{31}n̠i^{31}sʅ^{33}lɯ^{31}ji^{55}tsu^{31}ma^{55}v^{55}tɕhi^{33}　phi^{31}!

这　乱七八糟　　的　东西　一些　全部　收（貌）（貌）

把这些乱七八糟的东西都收起来！

（二）态势貌

表达动作行为的态势。指出动作行为以什么态势进行。常见的有：

1. thɔ^{31}：静止貌。来自动词thɔ^{31}"咬"的虚化。强调动作行为保持某种状态。例如：

ji^{33}khv̠^{33}v^{33}phu^{33}thɔ^{31}e^{33}.　　　　　　门开着。

门　　开　　（貌）

tshu^{31}thu^{31}a^{33}ɔ^{31}phu^{31}thɿ^{35}thɔ^{31}e^{33}.　　　　墙上贴着照片。

墙上　　　照片贴　（貌）

ji^{31}khɔ^{31}ɔ^{31}tɯ^{33}tɯ^{33}ti^{33}tɯ^{31}tshɔ^{31}tshɿ̠^{33}thi^{31}　thɔ^{31}.　他紧紧地拽着绳子。

他　紧紧　地　绳子　拽（貌）（貌）

ji³¹khɔ³¹nɔ³¹v³³tsu⁵⁵tu³³khu⁵⁵thɔ³¹ ŋe³³.　　　　　　他正在等你们。

他　　你们（受）等　　（貌）（语）

nv⁵⁵xa³³ma³³xɿ³³tɿ³¹khɔ³¹tɿ⁵⁵khɔ³¹thɔ³¹?　　　　　　你为什么在发呆？

你　为什么　　发呆　　　（貌）

ji³¹khɔ³¹xo³¹tsɔ³¹kɔ³¹e³³sɯ³¹,　tha³¹la³¹tu³³khu⁵⁵thɔ³¹sɿ³¹.

他　　饭　吃　在　还　一会儿　等　（貌）还

他还在吃饭，等会。

a⁵⁵mɔ³³a³³ji³¹khɔ³¹jɔ³¹tsu³³kɔ³¹jɔ³¹ thɔ³¹ e³³ sɿ³¹.

妈妈　　小娃娃　　　担心　（貌）（语）还

妈妈还在担心着她的孩子。

ŋa⁵⁵ji³¹khɔ³¹kɯ³³ɕau³³ɕi³¹tu³³khu⁵⁵thɔ³¹sɿ³¹.

我　他　　的　消息　　等待　（貌）还

我还在等着他的消息。

a³¹je³¹ji³³tsɯ³³thɯ³³ji³³tsɯ³³ŋɔ³¹kɯ³³ɔ³¹mi³³tsu³³khv⁵⁵thɔ³¹.

爷爷　一边　追　一边　我　的　名字（受）叫（貌）

爷爷一边追，一边叫着我的名字。

ŋɔ³v³³kɔ³³xo³¹tsɔ³¹thɔ³¹.　　　　　　　　　　　我们先吃着。

我们先饭吃（貌）

ŋa⁵⁵ji³¹khɔ³³kɯ³³a³¹la³¹tsu³³tsɿ³³thi³¹thɔ³¹　　mɔ³¹phi³¹.

我　他　　的　手（受）拽（貌）（貌）不　放

我拉着他的手不放。

2. kɔ³³：进行貌。表示动作或某状态正在进行之中。

ŋa⁵⁵sɔ³¹kɔ³¹ti³¹kɔ³³　　kɯ³³ji³¹tɕhɿ³¹phi³⁵pa⁵³.　　我看着书就睡着了。

我　书　看（貌）（状）睡着　　（貌）（体）

ji³¹khɔ³¹jo³¹kɔ³¹jo³¹kɔ³³　pa⁵³ lu³³ji³³phi³⁵pa⁵³.　他走着走着就晕倒了。

他　走着走（貌）（连）昏倒（貌）（体）

a³³pa³¹xo³¹tsu³³kɔ³³kɯ³³jɔ³¹v³³ȵi³³khv̩³³tv̩³³ji³³phi³⁵　　pa⁵³.

爸爸　饭吃（貌）（状）他们　　叫　出去（貌）（体）

爸爸吃着饭就被叫出去了。

kɔ³³既可以做体助词也可以做貌词。与thɔ³¹相比，kɔ³³的强调语气不及thɔ³¹明显。例如：

nv⁵⁵thɯ³¹tshv³³mɔ³¹mi⁵⁵ma³³thɔ³¹tsu³³thɔ³¹.　　　　别老是闲着不做事。

你　一样　　不做（引）别　闲（貌）

nv⁵⁵thɯ³¹tshv³³mɔ³¹mi⁵⁵ma³³thɔ³¹tsu³³kɔ³³.　　　　别老是闲着不做事。

你　一样　　不做（引）别　闲（貌）

相比较第二句，第一句thɔ³¹更能强调说话人对说话对象的"闲着"状态的不满。

3. kɔ³³e³³：起始貌。一般用在完成时态的句子中，表示变化已经开始并将持续下去。例如：

ŋa⁵⁵to⁵⁵jɔ³¹muɯ⁵⁵n̩i³³tɕhɪ⁵⁵　tuɯ³¹kɔ³³e³³pa⁵³.　　　　　我家开始收稻谷了。

我家　现在　（从）谷子　割　（貌）（体）

xɔ³¹saŋ³³tɔ³¹kɔ³³kɔ³³e³³pa⁵³.　　　　　　　　　　和尚开始念经了。

和尚　祷告　（貌）（语）

ɔ³¹nv⁵⁵lia⁵⁵n̩i³³kɔ³¹kɔ³³e³³ pa⁵³.　　　　　　　　　外面开始下雪了。

外面　　雪　下　（貌）（体）

ji³¹khɔ³¹khɪ³¹kɔ³³e³³pa⁵³.　　　　　　　　　　　　他开始害怕了。

他　　怕　（貌）（体）

4. la³³：正向趋向貌。表示动作行为或者状态向正常方向演变、发展。是动词la⁵⁵"来"的虚化。例如：

ŋa⁵⁵jɔ³¹mo³¹mo³¹la³³　pa⁵³.　　　　　　　　　　　我老了。

我　老　　　（貌）（体）

ʂɿ⁵⁵ma⁵⁵mi³¹kuɯ³³tshu⁵⁵mɔ³¹la³³　pa⁵³，ji³¹khɔ³¹tɕuɯ³³na⁵⁵tɿ³¹ŋe³³.

这么　说　的　人　多（貌）（体）　他　　就　　听　（语）

这么说的人多了，他也就相信了。

ɔ³¹xo⁵⁵xo⁵⁵la³³　tsu³³ŋe³³　pa⁵³！　　　　　　　要下雨啦！

雨　　（貌）（体）（语）（体）

jɔ³¹muɯ⁵⁵a³³ɔ⁵⁵v³¹ʂɿ⁵⁵pɔ³³pɔ³³　　la³³tsu³³ŋe³³pa⁵³.　　这下我们要发财了。

现在　　　我们　富　（叠）（貌）（体）（体）

nɪ³¹mɔ³³thuɯ³¹khʐ³¹pu³³la³³　　　tsu³³ji³³pa⁵³.　　　妹妹要满周岁了。

妹妹　一　岁　满　（貌）　（体）（体）

la³³"来"经常与表示起始貌的kɔ³³e³³连用，表述某一自然现象将要发生或事物发展、演变的趋势。例如：

a̰³¹ji³³ji³³la³³kɔ³³e³³pa⁵³.　　　　　　　　　　　花就要开了。

花　开　（貌）（貌）（体）

ɔ³¹xo³³xo³³la³³　　kɔ³³e³³　pa⁵³.　　　　　　　快下雨了。

雨　下　（貌）　（貌）（体）

tɕhɪ⁵⁵mi³³la³³　　kɔ³³e³³　pa⁵³.　　　　　　　稻谷快成熟了。

谷　熟　（貌）（貌）（体）

xo³¹mi³³la³³　　kɔ³³e³³　pa⁵³.　　　　　　　饭快要好了。

饭　熟　（貌）（貌）（体）

mi³¹tha̠³¹ɔ³³lo⁵⁵lo⁵⁵la³³kɔ³³e³³pa⁵³.　　　　　天气快要热了。

天气　　热　　（貌）（貌）（体）

tɕhɿ⁵⁵phv⁵⁵tsɔ³¹khi⁵⁵la³³kɔ³³e³³pa⁵³.　　　　　米快要吃完了。

米　　　吃完　（貌）（貌）（体）

ȵi⁵⁵mɔ³³tv̠³³la³³　　kɔ³³e³³pa⁵³.　　　　　太阳快要出来了。

太阳　　出　（貌）（貌）（体）

ŋɔ³⁵ɔ³¹lo⁵⁵lo⁵⁵sɿ̠³¹la³³　　kɔ³³e³³pa⁵³.　　　　　我要热死了。

我　　热　死（貌）（貌）（体）

5. ji³³：反向趋向貌。是表示从高处往低处的趋向动词ji³³ "去" 的虚化。表示动作行为向衰亡、败落、减少等不好的方向演变。例如：

mo⁵⁵nv³¹ɔ³¹kɿ⁵⁵kɿ⁵⁵kɔ³¹ji³³　pa⁵³.　　　　　牛瘦（下去）了。

牛　　瘦　　下（貌）（体）

nɔ³¹kɯ³³ŋɔ³¹sɔ³¹sɿ̠⁵⁵tsu³³ŋe³³ji³³pa⁵³.　　　　　你的鱼快要死了。

你的鱼　　死要　（貌）（体）

xe³⁵a³¹ji³³thɯ³¹ji³³ɔ³¹jɔ³¹jɔ³¹ji³³　pa⁵³.　　　　　这朵花快蔫了。

这花　一　朵蔫　（貌）（体）

6. khɔ³³：自上而下貌。来源于动词khɔ³³ "下（蛋）"，表示动作的发生的方向是从高处往低处。例如：

nv⁵⁵kha³³la³³kɯ³³tshu⁵⁵kɯ³³ɔ³¹mi⁵⁵tshv̠³³khɔ³³ thɔ³¹.

你 所有来 的 人 的 名字　写（貌）（貌）

你要把每一个来的人的名字记录下来。

khɔ³³常与表示从高处往低处的趋向动词lɤ³³ "来" 连用，强调动作自上而下的态势。例如：

ɔ³¹sɿ³¹kɔ³³khɔ³³lɤ³³ji⁵⁵pa⁵³.　　　　　果子掉下来了。

果子掉　下 来（体）

a³¹ji³³v⁵⁵tshv̠³¹ji³³khɔ³³lɤ³³ji⁵⁵pa⁵³.　　　　　花朵顺着水漂下来了。

花　水　　流（貌）来（体）

mi³¹tha̠³¹ȵi³³ŋa̠³³tɕhi⁵⁵thɯ³¹khɯ⁵⁵kɔ³³khɔ³³lɤ³³ji⁵⁵pa⁵³.

天上 （从）羽毛　一 根 掉（貌）来（体）

天上飘下来一根羽毛。

7. le³³：自下而上貌。是趋向动词la⁵⁵ "来" 的虚化。表示动作或状态处在渐进的发展过程中。例如：

ɔ³¹xo⁵⁵xo⁵⁵ le³³.　　　　　雨大起来。

雨　下（貌）

n̠i⁵⁵mɔ³³ta̠³³le³³　　pa⁵³　ɔ⁵⁵v̠³³ja⁵⁵mi⁵⁵mɯ³¹pa⁵³!

太阳　升　（貌）（体）我们 活 做 （貌）（语）

太阳升高了，我们开始干活吧！

n̠i⁵⁵mɔ³³lv̠³³le³³pa⁵³.　　　　　　　　　　太阳正午。

太阳　出　（貌）（体）

xe³⁵nɔ³¹tsv̠³³thɯ³¹tui⁵⁵kɔ³¹le³³phi³¹ku³³tsɿ⁵⁵mo⁵⁵e³³　pa⁵³.

这 耳环　一　对 丢失 （貌）的 很 久（语）（体）

这对耳环丢了很久了。

ja³³tɕhi³¹ti³³tu⁵⁵tsɔ³⁵pa³³na³¹　jin̠³¹ɕu³³fa³⁵le³³.　　　鸦片只要一抽就上瘾。

鸦片　　抽吃 的话　瘾就 发（貌）

pɯ³⁵tɕin̠³³a³¹tshv̠³¹tshv̠³¹ja³¹a³¹tshv̠³¹tshv̠³¹sɿ³¹ le³³.

北京　冷　　日子冷　　　（貌）（貌）

北京的冬天要冻死人了。

8. kɿ³³：自外而内貌。源自趋向动词ki̠³¹"进去"。表示动作的方向是由外到内。例如：

tshɔ̠³¹me̠³¹ɕi⁵⁵pa̠³³tsa³³thɔ³¹pɿ³³kɿ³³, khɔ̠³¹jɔ̠³¹tsa³³pɿ³³kɿ³³.

盐　　铁锅 里 别 放（貌）碗　 里 放（貌）

盐不要放到锅里，放到碗里。

sɿ⁵⁵po³³phv̠⁵⁵ji⁵⁵tsu³¹ma⁵⁵lv̠³¹pɿ⁵⁵tv̠³¹/³³kɿ³¹thɔ³¹.

富人　财宝 全　　坟　埋　（貌）（貌）

地主把银子都埋藏在坟地里。

9. tɿ³：尝试貌。表示尝试性行为的貌范畴。来自动词tɿ³¹"看"的虚化。在句中经常重叠使用。例如：

ŋa⁵⁵thɯ³¹xaŋ³¹tsɔ³¹tɿ³¹la³³sɔ³³.　　　　　　　我来尝一口。

我　一　口 吃 看来（语）

xe³⁵kv̠³¹tshɯ⁵⁵thɯ³¹jin̠³³nv̠⁵⁵tsɔ³¹tɿ³¹tɿ³¹.　　　　这种酸菜你尝尝看！

这酸菜　　一种　 你 吃 尝尝

n̠i³³ja³¹n̠e̠³¹thi³¹thɔ³¹, nv̠⁵⁵n̠e̠³¹thi³¹mi⁵⁵tɿ³¹tɿ³¹.

机会抓 （貌）（貌）　你 抓 住 做 看看

你要抓住最后的机会试一次。

10. tshv̠³¹：定向运动貌。表示动作沿一定的方向向目标体运动。当表示动作由远及近的方向时，常与趋向动词la⁵⁵"来"（变读为la³¹）连用；当表示动作由近及远时，常与动词pi³¹"给"连用。例如：

khɯ³¹jɔ̠³¹pɿ⁵⁵tshv̠³¹/³⁵la³¹　 xɿ³¹thɯ³³thɔ̠³¹thɔ̠³¹thɿ⁵⁵ phi³¹.

狗　小 飞（貌）（貌）（连）一 口　咬（貌）（貌）

小狗扑上来就咬了一口。

phɯ⁵⁵tshɣ³¹la³¹.　　　　　　　　　　　　趴上来。（向说话人）

趴　（貌）来

na⁵⁵pɿ³³tsɿ³³tshɣ³¹pi³¹.　　　　　　　　　　（向某人）甩鼻涕。

鼻涕　甩　（貌）给

ço³¹tsaŋ³³ço³¹li³¹tsu⁵⁵thi³¹kho³¹thɯ³¹pɿ⁵⁵thi³¹tshɣ³¹pi³¹.

小张　小李（受）唾沫　一　口吐　（貌）给

小张朝小李吐了一口唾沫。

tshɣ³¹表示动作的方向时，与同样表示动作方向的ta̠³³和kho³³有一定区别。例如：

A. jo³¹tshɣ³¹la³¹　　　走上来　　　　B. jo³¹ta̠³³la³¹　　　　走上来

　　走　（貌）来　　　　　　　　　　　走　（貌）来

A 相比较 B，动作发生得更缓慢。

11. thi³¹：依附貌。由动词thi³¹"抱"虚化而来。表示动作对动作对象存在依附关系，强调动作是附着发生在某一客体上。在句中常与貌词tho³¹连用。例如：

ɲi³³ja̠³¹ne̠³¹thi³¹tho³¹,　　nv⁵⁵ne̠³¹thi³¹mi⁵⁵tɿ³¹tɿ³¹.

机会　抓（貌）（貌）　你抓　（貌）做（貌）

你要抓住最后的机会试一次。

tɿ⁵⁵kho³¹thɯ³¹khɯ⁵⁵xi⁵⁵la³¹tɿŋ³¹　thi³¹　tho³¹.　　拿一根棍子撑住。

棍子　一　根　拿来顶　（貌）（貌）

jo³¹ɲi⁵⁵a⁵⁵mɔ³³tsu⁵⁵pe̠³³thi³¹　tho³¹　xɿ³³a³¹la̠³¹mɔ³¹phɿ³¹mɯ³¹.

孩子 妈妈　（受）抱（貌）（貌）（连）手　不　松（貌）

孩子抱住妈妈不愿放手。

tsɔ³³phi̠³¹mɣ̠³³thi³¹　tho³¹　ti³¹　tɯ³¹.　　　　　抓着辫子打。

辫子　抓（貌）（貌）（状）　打

12. tsha³³：互动貌，动词的互动态表示动作行为在不同主体之间相互进行。

jɔ³¹v³³kuaŋ³¹pɯ³⁵tsha³³kɔ³³ŋe³³.　　　　　　他们正在聊天。

他们　聊天　（貌）（体）（语）

ŋɔ³¹v³³sɿ³³ça³³ma³³ti³³paŋ⁵⁵tsha³³ŋɯ³³！　　　我们经常互相帮助吧！

我们　经常　地帮（貌）（语）

pɪŋ³³thɯ³¹khɿ⁵⁵tʂaŋ⁵⁵xɔ³¹tɯ³¹/³³tsha³³kɔ³³ŋe³³.　　士兵们在战斗。

士兵　一　群　战壕　打（互）（体）（语）

ŋ̣e³¹kɔ³¹ma³³tsu³⁵tsha³³ji³³pa⁵³.　　　　　　　两人扭打在一起。

两个　　人　扭（貌）（体）

ji³³sa³³ji³³nɯ³³tɯ³¹tsha³³kɔ³³e³³.　　　　　　哥哥弟弟在打架。

哥哥　弟弟　打（貌）（体）

jɔ³¹v³³n̠e³¹khɔ³¹kɔ³¹jɔ³¹tsha³³ji³³pa⁵³.　　　　他俩喜欢上了对方。

他们　两个　　喜欢　（貌）（体）

thɯ³¹kɔ³¹thɯ³¹kɔ³¹thɔ³¹pi³³tsha³³.　　　　　不要互相攀比。

一　个　一　个　别　比（貌）

ja³¹ma³³a³¹s̠³¹jɔ³¹mi³³/³¹a³¹s̠³¹mɯ³¹n̠i³¹v⁵⁵pi³¹tsha³³.

新郎　　　　　　新娘　　东西　（使）给（貌）

新郎和新娘互换了礼物。

ŋa³³ji³¹khɔ³¹xɪ³³la̠³³ta̠³¹ku⁵⁵tsha³³.　　　　　我跟他对歌。

我　他　（连）歌　唱（貌）

ŋɔ³¹v³³ne³¹khɔ³¹ma³¹tʂhv³¹mi⁵⁵mɯ³⁵.　　　　我们两个交朋友。

我们　两个　　朋友　交（貌）

ji³¹khɔ³¹n̠e³¹kɔ³¹ma³³mi⁵⁵mɯ³⁵.　　　　　　他们俩相爱。

他们　　两个　　爱（貌）

ŋɔ³¹v³³n̠e³¹khɔ³¹v⁵⁵pha⁵⁵mɯ³⁵?　　　　　　我们俩换行不行？

我们　两个　交换　（貌）

（三）态度貌

表示说话者对动作行为所持的态度，有表示意志和愿望的，有表示估计的，也有表示打算的。常见的有：

1. mɯ³⁵ 共动貌。表示号召、劝某人做某事，多用于表达自己或他们将要一起参与某事。例如：

ɔ³¹v³³tu³¹tsɯ⁵⁵tɕhi³³mɯ³⁵.　　　　　　　　我们打一个赌。

我们　赌咒　（貌）（貌）

nv⁵⁵ŋɔ³⁵tsu⁵⁵pa⁵⁵　kɔ³¹jɔ³¹la³¹mɯ³⁵!　　　　你也帮我想想吧！

你　我（受）（体）想　（人）（貌）

ŋa⁵⁵v⁵⁵tshv³¹pa⁵⁵tʂh̠⁵⁵ji³³mɯ³⁵.　　　　　我去帮着抬水吧

我　水　帮　抬　去（貌）

ɔ⁵⁵v³³ thɯ³¹ja³³ji³¹mɯ³⁵!　　　　　　　　　我们一起走吧！

我们　一　起　去（貌）

nɔ³³kɯ³³a⁵⁵kɔ̠³³xɪ³³ thɯ³¹ja³³ji⁵⁵kho⁵⁵a³³ti⁵⁵ji³³mɯ³⁵!

你　的　哥哥（跟）一起　家　（方）回去（貌）

跟你哥哥一起回家吧！

ka³³nv³³a³³ŋɔ³¹v³³sͻ³¹ɕa³³ma³³ti³³teŋ⁵⁵xua³³tuɯ³¹tsha³³muɯ³⁵.
以后（话）我们 经常　　　地 电话　　打（貌）（貌）
以后我们经常通电话吧。

ɔ³¹muɯ⁵⁵thuɯ³¹saŋ³³tɕhi³⁵pa⁵³jɪ⁵⁵to⁵⁵a³³lɔ³¹khɪ⁵⁵tshɔ³³muɯ³⁵ji⁵⁵pa⁵³.
最近　　一阵　　起（连）家（话）茶叶 做（貌）（体）
最近家里要开始做茶叶了。

ɔ³¹v³³mi³³ma³³thɔ³¹kuɯ³³ɔ³¹mu³³tsͻ³¹ji³³muɯ³⁵.　　　我们约好去游泳。
我们 说 好（貌）的 游泳 去（貌）

ŋa⁵⁵nɔ³⁵tsu⁵⁵ji³³muɯ³⁵ti³¹mi³¹mɔ³³thɔ³¹kuɯ³³.　　　我跟你说好一起去的。
我 你（受）去（貌）的 说 好（貌）的

2. thɔ³¹：计划貌。表示主观的愿望、计划或打算。例如：

ŋɔ³¹v³³mi³¹/³³ma³³thɔ³¹kuɯ³³khue³³mɪŋ³¹a³³ li³³ muɯ³⁵ti³¹kuɯ³³, ji³¹khɔ³¹mɔ³¹
我们 说　好（貌）的 昆明　　（方）去（貌）（引）（引）他 不

li³³pa⁵³.　　　我们明明说好要一起去昆明的，他又不去了。
去（貌）

ŋa⁵⁵nɔ³⁵tsu⁵⁵mɔ³¹mi³¹pi³¹ti³¹kɔ³¹jɔ³¹ thɔ³¹ŋuɯ³³.　　　我本来不打算告诉你。
我 你（受）不 说 给 的 想 （貌）（语）

ti³¹jɪŋ³¹ɔ⁵⁵v³³tsu⁵⁵sͻ³¹phi³¹muɯ³¹ti³¹kɔ³¹jɔ³¹thɔ³¹ ŋe³³.
敌人　我们（受）死（貌）想（引）想 （貌）（语）
敌人企图消灭我们。

3. pɪ³³：重行貌。表示超过正常频率地做某一动作或发生某种行为。多用于描述不好的习惯或行为。例如：

ji³¹khɔ³¹a³¹pa³¹thuɯ³¹ɳi³³kɔ³³sv³³na⁵⁵pɪ³³.　　　他的爸爸病入膏肓。
他　 爸爸 每天　　　病（貌）

jɔ³¹ɳi⁵⁵thuɯ³¹ɳi³³kɔ³³sv³³ɳi⁵⁵pɪ³³.　　　孩子总是哭得厉害。
孩子 每天　　　哭（貌）

4. thi³⁵：意外貌。表示原以为动作行为已经发生，后来发现并没有。例如：

ŋa⁵⁵kɔ³¹jɔ³¹thɔ³¹kuɯ³³ji³¹khɔ³¹ji³³pa⁵³ a⁵⁵xa⁵⁵mɔ³¹ji³³thi³⁵sͻ³¹.
我 想　（貌）的 他　去（体）但是 没 去（貌）还
我以为他去了，原来还没有去呀！

ŋa⁵⁵kɔ³¹jɔ³¹kuɯ³³nɔ³¹v³³ji³¹tsa³³ji³³pa⁵³, a⁵⁵xa⁵⁵mɔ³¹ji³¹tsa³³thi³⁵sͻ³¹!
我 想 的 你们 睡 （体） 但是 没 睡　（貌）还
我认为你们已经睡了，原来还没有睡！

5. mu⁵⁵：估量貌。表达说话人对某一定量的估计。例如：

xe³⁵sɔ³¹sɿ³³luɯ³¹thuɯ³¹ȵe̠³¹lɔ³³tsɔ³¹　mu⁵⁵lɣ̩³¹ji³³sɿ³¹.

这肉些　　一　两月吃（貌）够（貌）还

这点儿肉还可以吃俩月。

jɿ⁵⁵to⁵⁵pi³¹kɯ³³tɕhɤŋ³¹ȵe̠³¹lɔ³³sɿ³¹mu⁵⁵lɣ̩³¹ji³³sɿ³¹.

家　给的　钱　两月花（貌）够（貌）还

家里给的钱够花两个月。

xo³¹a³¹ka³³tshu⁵⁵ȵe̠³¹kɔ³¹tsɔ³¹mu⁵⁵lɣ̩³¹ji³³sɿ³¹.

饭剩下人　两个　吃（貌）够（貌）还

剩下的饭还够两个人吃的。

a³¹sɿ̠³¹v⁵⁵kɯ³³tshɤ³³ji³¹khɔ³¹thuɯ³¹tshaŋ³¹nɯ³³kɔ³³kɔ³³mu⁵⁵lɣ̩³¹ji³³sɿ³¹.

新　买的　车　他　　一阵　玩　　　（貌）够（貌）还

新买的车够他开心好一阵了。

jo³¹tɿ³¹tɿ³¹sɿ³¹, pɯ³⁵tɕ/ɕ³³ji³¹khɔ³¹thuɯ³¹lɔ³³tshu³¹mu⁵⁵lɣ̩³¹ji³³　sɿ³¹.

走看看仅　北京　他　　一月跑（貌）够（貌）还

光是逛逛，北京就够他跑一个月了。

第十一节　拟音词

拟音词是模拟某种声音或音响的词。碧约话拟音词的主要特征是以双音节和四音节为主，三音节的很少。双音节和四音节的拟音词在构词上讲究韵律，具有叠音、谐韵等韵律特征。

一　拟声词的分类

（一）叠音：两个相同音节叠合。例如：

sa³¹sa³¹sa³¹sa³¹	嚓嚓（在枯叶中动物走动声）
kɔŋ³¹kɔŋ³¹	咕咕（喝水声）
pɿ³³pɿ³³	哗哗（蚊子叫声）
ueŋ³³ueŋ³³	嗡嗡（苍蝇叫声）
phua³³phua³³	啪啪（拍手）
sua³¹sua³¹	沙沙（翻书纸或写字的声音）
sa³¹sa³¹	窸窸窣窣（小雨声）
ueŋ³¹ueŋ³¹	呼呼（大风声）
kɔŋ³¹kɔŋ⁵³tiŋ³³tiŋ³³	喔喔（公鸡叫声）
tɔŋ³¹tɔŋ³¹tɔŋ³¹	咚咚当当（跑动的脚步声）
tɔŋ³¹tɔŋ³¹tɔŋ³¹	果实等掉落的声音

eŋ³³eŋ³⁵　　　　　　　　　　小声哭

aŋ³⁵aŋ³⁵　　　　　　　　　　大声哭

kaŋ³⁵kaŋ³⁵　　　　　　　　　嘎嘎（大鹅的叫声）

（二）四音格词

tɔŋ³³lɔ³³tɔŋ³³lɔ³³　　　　　　大铜铃声

tɪŋ³³lɪŋ³³taŋ³¹laŋ³¹　　　　　　铃铛声

sɔ³³le³³sɔ³³le³³　　　　　　　小铃铛声

pi³¹pɔ³¹pi³¹pɔ³¹　　　　　　　噼啪（枪、鞭炮）

tʂm̩³¹tʂhua³¹tʂm̩³¹tʂhua³¹　　很多人跑步的声音

kɔ³¹ti⁵⁵kɔ³¹tɔ³¹　　　　　　　母鸡下蛋的声音

ʂn̩³¹ʂua³¹ʂn̩³¹ʂua³¹　　　　　扫地的声音

tɕhi⁵⁵khʋ̩³¹tɕhi⁵⁵khʋ̩³¹　　　　簸簸箕的声音

xua³¹la³¹xua³¹la³¹　　　　　　水开了的声音

kha³¹tsha³¹kha³¹tsha³¹　　　　夹夹（嚼食声）

fv³¹lo³¹fv³¹lo³¹　　　　　　　吸吸（吸汤水声）

二　拟音词的句法功能

（一）充当状语。例如：

ja̠³³mɔ³³ja̠³³xɪ⁵⁵kɔ̠³⁵kɔ̠³⁵ti³³ mo⁵⁵kɔ³¹ŋe³³.　　　　母鸡在鸡舍里咕咕地叫。
母鸡　　鸡舍　咕咕　（状）叫（体）

khɯ³¹ɔ³¹nv⁵⁵lia⁵⁵kɔŋ³⁵kɔŋ³⁵ti³¹lo⁵⁵kɔ³¹ŋe³³.　　　狗在外面汪汪地叫着。
狗　　外面　　汪汪　（状）叫（体）

mjaŋ³¹mjaŋ³¹mo⁵⁵kɔ³¹ŋe³³.　　　　　　　　　（羊）咩咩地叫。
咩　咩　叫（体）

ji³¹khɔ³¹v⁵⁵tshʋ̩³¹a⁵⁵kɔŋ³¹tɔŋ³⁵ti³³tɯ⁵⁵kɪ³¹ji³³pa⁵³.
他　水　　扑通（状）跳　进　去（体）
他"扑通"一声跳进水里。

ji³¹khɔ³¹xua³¹ti³³mo³³tso³¹ko⁵⁵tʋ̩³³la³³.　　　　他刷地拔出刀来。
他　　刷（状）刀　拔　出来

jɔ³¹n̩i⁵⁵xɯ³³lɯ³³xɯ³³ti³³ka̠³¹ʂɪ⁵⁵to³¹mɔ³¹mi³¹.　　小孩嘻嘻哈哈地不答话。
小孩　嘻嘻哈哈　（状）笑　话不说

xi³³li³³xa³³la³³ma³³xɯ³⁵　ti³³ka̠³¹ʂɪ⁵⁵.　　　　哈哈地大笑。
哈哈　　（状）大　（状）笑

lo⁵⁵pɔ³¹v⁵⁵tshʋ̩³¹ji⁵⁵kɔ³¹kɯ³³xua³¹xua³¹ti³³mo⁵⁵kɔ³¹e³³.
小河　水　　流　（补）哗哗　（状）叫（貌）

小河流水哗啦啦。

ja³³v³³çi⁵⁵pa³³tsa³³tsɿ̩³¹tsɿ̩³¹ti³³tɕɛŋ³³thɔ³¹e³³.　　　　　　　鸡蛋在锅里滋滋地煎着。

鸡蛋　　　锅　里　滋滋　（状）煎（体）

ji³¹khɔ³¹e⁵⁵tsa³¹ja³³ko⁵⁵po³¹tuŋ³³tu⁵⁵kɯ⁵⁵kv̩³¹lv̩³¹kv̩³¹lv̩³¹ti³³mo⁵⁵thɔ³¹e³³.

他　　那里　烟　水　抽　呼呼噜噜　　　（状）响（体）

他在那儿呼呼地抽水烟。

e⁵⁵ɔ³¹tshv⁵⁵tshv⁵⁵kɯ⁵⁵tshu⁵⁵xo⁵⁵lu⁵⁵xo⁵⁵lu⁵⁵na⁵⁵kho⁵⁵mo⁵⁵thɔ³¹e³³.

那胖　　　　的　人　呼呼噜噜　　呼噜　响　（体）

那个胖子在呼呼地打呼噜。

ŋa³³jo³¹ɔ³¹jɔ³¹sɿ̩³³tsɿ⁵⁵la̩³¹ja³³a³³tsɿ̩³¹li³³tsa³¹la³³ma³³　mo⁵⁵kɔ³¹ŋe³³.

小鸟　　　树枝　小　叽叽喳喳　（状）叫（体）（语）

小鸟在枝头叽叽喳喳地叫。

ji³¹khɔ³³e⁵⁵tsa³¹thɯ³³lɿ⁵⁵lɿ⁵⁵lu³³lu³³ti³³tsɿ³³kɔ³¹　　ŋe³³.

他　那里　哔哩哔哩　　　（状）吹（体）（语）

他在那哔哩哔哩地吹笛子。

拟音词做状语时，也可以放在句首。例如：

tɿŋ³³liŋ³³taŋ³¹laŋ³¹,　v⁵⁵nv³¹a³¹sa³¹jɔ³¹ti³³jɔ³¹ki̩³¹la³³.

叮叮当当　　　　　　水牛　慢慢　（状）走 过来

叮叮当当，水牛慢慢走了过来。

ua³¹ti³³thɯ³¹thɯ⁵⁵,　jɿ⁵⁵kho⁵⁵tso³¹li⁵⁵li⁵⁵lo³³phi³⁵pa⁵³.

哔地 一 声　　房子　风　倒（貌）（体）

哔地一声，房子被风刮倒了。

（二）充当定语。例如：

mi³¹tsɯ³¹ku³¹lɔŋ³¹lɔŋ³¹khi³⁵xɿ³³jɔ³¹ȵi⁵⁵tsu⁵⁵khɿ³³ȵi⁵⁵phi³⁵　pa⁵³.

雷声　轰隆　　响（连）小孩　（受）吓 哭（貌）（体）

轰轰的雷声吓哭了孩子。

tshuŋ³³fv³³ɔ³¹nv⁵⁵lia⁵⁵sua³¹sua³¹ti³³ɔ³¹xo⁵⁵xo⁵⁵kɔ³³e³³.

窗外　　外面　沙沙　（状）雨　　（体）

窗外响起了沙沙的雨声。

第四章 构词法

碧约话的词从结构上看，可分为单纯词与合成词两类。单纯词只包含一个有意义的成分，有单音节的，也有多音节的。合成词都是多音节的，以双音节词居多。合成词的构词方法主要有两种：一种是复合式构词法，即用两个或两个以上的词（或词根）构成新词的方法。这种构词法是碧约话的主要构词手段。另一种是附加式构词法，即用词（或词根）加附加成分构成新词的方法。这种构词法多用于构成名词、形容词。在这两种构词法之外，还有多层式构词和屈折式构词，都比较少见。下面，将对这几类构词法一一举例描述。

第一节 复合式构词法

复合词大多由两个语素构成，其中一个语素如果来自其他双音节词，一般只取该双音节词的一个语素。例如：$fv^{33}pr^{55}$ "飞鼠" 的 fv^{33} 来自 $fv^{33}tsha^{31}$ "老鼠"，pr^{55} 是 "飞" 的意思。根据复合词两个语素关系的不同，可分为并列式、修饰式、支配式、补充式、重叠式等五种。其中修饰式和重叠式较多，另外三种较少。

一 并列式

只有名、动、形三种语素能进入这种结构，以 "名+名" 组合的居多。从语素的类别及意义上看，又可分以下几类。

1. 名词性语素+名词性语素=名词

两个名语素并列组成名词。名词的意义大多是两个语素相加的意义，但也有少数是相关的意义。例如：

$sı^{55}nuı^{55}$	棕色	$ŋɔ^{31}tsh^{33}nı^{55}po^{55}$	虾
黄 黑		鱼 蚱蜢	
$po^{33}lɔ^{33}ɲi^{55}mɔ^{33}$	向日葵	$a^{33}pa^{31}ɔ^{31}mɔ^{33}$	父母
月亮 太阳		父亲 母亲	

li^{31}phi^{55}li^{31}te^{55}　　　后代　　　　　a^{55}jɿ^{31}tʂhɿ^{33}mɣ^{33}　　　妯娌

孙子　重孙　　　　　　　　　　　　大的　小的

ma^{31}tshv̩^{31}mi^{33}li^{33}　　　亲友　　　　　tɕhɿ^{55}na̱^{33}tɕhɿ^{55}phv^{55}　　紫米

朋友　　亲戚　　　　　　　　　　　黑米　　白米

lɔ^{31}jɔ^{31}　　　　　　擂钵

皿　棒

2. 动词性语素+动词性语素=名词

sa^{33}khv̩^{31}　　　　小秤　　　　　jɔ^{33}tɯ^{55}　　　　席子

称　叫　　　　　　　　　　　　　　捆　展开

tʂɿ^{33}tha^{31}　　　　梯子　　　　　tʂua^{31}tʂhv^{31}　　　十字镐

支　上　　　　　　　　　　　　　　挖　锄

n̠i^{55}ko^{55}　　　　　织布机　　　　ka^{55}phv^{31}　　　　扑箕（捕鸟）

织　纺　　　　　　　　　　　　　　按　扑

ja^{33}pha^{55}　　　　扫帚　　　　　tsɔ^{31}tsa^{55}　　　　饲料

捆　扫　　　　　　　　　　　　　　吃　有

3. 动词性语素+动词性语素=动词

n̠e^{31}tsh̩^{31}　　　　锁（门）　　　mi^{55}mu^{31}　　　　想要

捏　掐　　　　　　　　　　　　　　做　要

二　修饰式

由中心语素和修饰性语素组成。修饰式是几种构词手段中最能产的。大多构成双音节词，也有部分三音节、四音节词。按构词语素的不同，又可以分为以下几类：

1. 名词修饰性语素+名词中心语素。例如：

na^{55}ɯ^{55}　　　　　清鼻涕　　　　ɕi^{55}tɕhi^{31}　　　　锈

鼻　水　　　　　　　　　　　　　　铁　屎

n̠i^{55}khɯ^{55}　　　　光线　　　　　xo^{55}sɿ^{31}　　　　　雨点

日　线　　　　　　　　　　　　　　雨　点

tʂɿ^{55}kho^{55}　　　　酒窝　　　　　mu^{31}tɕhi^{31}　　　　马粪

酒　洞　　　　　　　　　　　　　　马　粪

lv^{31}tshv^{31}a^{31}ke̠^{31}　　贝壳　　　　　ɔ^{31}po^{33}pi^{31}mɔ^{3}　　竹虫

螺丝　　壳　　　　　　　　　　　　竹　　虫

pɔ^{31}tʂɿ^{31}　　　　蜂王　　　　　sa^{55}lo^{31}v̩^{31}khi^{31}　　力肺散（药名）

蜂　官　　　　　　　　　　　　　　鸟　头

o⁵⁵to⁵⁵a³¹nʮ³³　　　核桃仁　　　　sʅ³³tsʅ⁵⁵mɔ⁵⁵te̠³³　　大树瓜

核桃　仁　　　　　　　　　　　树　瓜

mɔ⁵⁵teŋ³³a³¹tsʅ³³　　南瓜子　　　　kʮ³³nʮ³¹xo³¹　　　糯米饭

南瓜　子　　　　　　　　　　糯米　饭

ja³¹jo³³ma̠³¹tshʮ³¹　伴郎　　　　　tshu⁵⁵ja³¹jo³³　　　男人

儿子 朋友　　　　　　　　　　人　儿子

jɿ⁵⁵kho⁵⁵fʮ³³tsha̠³¹　银鼠　　　　　mi⁵⁵va³¹　　　　　抵御

家　　鼠　　　　　　　　　　土 下面

me̠³³kho⁵⁵　　　　碓皿　　　　　　ko³¹phi³¹　　　　　工钱

碓　洞　　　　　　　　　　　力气 价钱

na⁵⁵pi⁵⁵pha⁵⁵tɕhi³¹　手绢　　　　　lo³¹khi⁵⁵　　　　　裤脚

鼻涕　布　　　　　　　　　　裤子 踝

2. 名词中心语素+名词修饰语素。例如：

a³¹ji³³kʮ³¹tsha³¹　　菜花　　　　　kʮ³¹tsha³¹ɔ³¹tshʮ³³　油菜

花　菜　　　　　　　　　　　菜　油

3. 名词中心语素+名词类称语素。例如：

khu³³pu³¹kʮ³¹tsha³¹　菠菜　　　　　pɿ³³tshɯ⁵⁵ɔ³¹sʅ³¹　酸荚

菠菜　菜　　　　　　　　　　酸荚　果

sʅ³¹jɔ³¹a³¹ji³³　　桃花　　　　　khe̠³¹se̠³³ɔ³¹tsʅ⁵⁵　刺桶树

桃　花　　　　　　　　　　　刺桶　树

4. 名词中心语素+修饰性形容词语素。如：

jɔ³¹mi³¹a³¹sʅ³¹　　新娘　　　　　ma̠³³na³³　　　　瞳孔

女儿 新　　　　　　　　　　眼　黑

ja⁵⁵mɔ³³tɔ̠³¹kʮ³¹　弯路　　　　　thuŋ³¹ɔ³¹sʅ⁵⁵　　黄铜

路　弯　　　　　　　　　　　铜　黄

ŋɔ³¹pi³¹kho³¹lo³¹　胖头鱼　　　　ɔ³¹po⁵⁵ɔ³¹khɔ³¹　苦竹

鱼　空　　　　　　　　　　　竹子　苦

5. 修饰性形容词语素+名词中心语素。例如：

a³¹tshʮ³¹tshʮ³¹sʅ³¹　鸡皮疙瘩　　pi³³to³¹v⁵⁵nv³¹　野牛

冷　　　　颗粒　　　　　　野　牛

6. 名词中心语素+量词性语素。如：

tɕhɿ⁵⁵khɯ⁵⁵　　　头发　　　　　na⁵⁵sʅ³¹　　　　人中

毛　根　　　　　　　　　　　鼻　颗

phɔ̠³¹sʅ³¹　　　　脚趾

脚　颗

7. 名词中心语素+修饰性动词语素。修饰语素有在前和在后两种词序，以在后的居多。例如：

fɣ³³pɹ⁵⁵	飞鼠	mo⁵⁵nɣ³¹v⁵⁵tɯ⁵⁵	供牛
鼠　飞		牛　祭	

个别词语的修饰性动词语素在名词中心语素前。例如：

tsɿ³³po³¹	吹火筒
吹　筒	

三　支配式

由被支配的名语素和支配的动语素构成。一般支配的动词语素在后。例如：

ȵi⁵⁵tsho³¹	戒指	o³¹tsho³¹	笠帽
指　套		头　罩	
ti³³ku³³	二胡	li⁵⁵ka³¹	扇子
木头 拉		风　扇	
sɔ³¹pɔ³³	打猎	ŋɔ³¹tsʰɿ⁵⁵	渔网
肉　打		鱼　拉	

也有个别的词支配的动词语素在前。例如：

lo³¹tɕʰɿ⁵⁵	臼
擂　谷	

四　补充式

由动词性语素和补充性语素构成，补充性语素可以是形容词性语素、动词性语素或名词语素。动词性语素在前，补充性语素在后。例如：

pɔ³³pha³³	水瓢	je³¹khɣ³¹	锯镰
爆　半		割　弯	
na⁵⁵tɹ³¹mɔ³³	悦耳	hɣ³³ɕi⁵⁵	伞
听　好		撑　阴凉	
ji³¹ȵi⁵⁵	打瞌睡	khv⁵⁵luŋ³¹	集中
睡　日		叫　拢	
pi³¹ti⁵⁵	还	je³³tʂʰɿ³¹	洗
给　回		搓 干净	

五　主谓式

由主语素和谓语素构成。这种构词形式的能产度较低。例如：

ȵi⁵⁵tsha⁵⁵tshɤ³¹	天晴	nɣ³³mɔ³³na⁵⁵	伤心
阳光　　强		心脏　　疼	
nv³¹tshɯ³¹	犁	çɿ⁵⁵ta⁵⁵	火锥子
牛　犁		铁　长	
a⁵⁵mɣ³¹tsaŋ³¹ko³³lɔ³³	螳螂	ta⁵⁵pɿ³¹tshu³³lu³³	蜻蜓
前腿　　站立		鼻子　突出	
va̠³¹na⁵⁵	猪瘟		
猪　病			

六　重叠式

重叠式分为部分语素的重叠式和整词的重叠式，以部分重叠较为常见。部分重叠式分为名词性或形容词性语素重叠。

1. 名词性语素重叠：

名词性语素重叠往往重叠双音节名词的第一个音节，构成 ABAC 结构。如：

ȵi⁵⁵mɔ³³ȵi⁵⁵tsu⁵⁵	日晕	ŋɔ³¹sɔ³³ŋɔ³¹v³³	鱼子
太阳（叠）圈		鱼　（叠）蛋	
ja⁵⁵mɔ³³ja⁵⁵ta̠³¹	上坡	ke̠³³tɕʰe̠³³ke̠³³khɔ³¹	梅子
山　（叠）上		李子　（叠）苦	
mɿ⁵⁵tshɔ³¹mɿ⁵⁵nɯ⁵⁵	红土	ɯ⁵⁵ja⁵⁵ɯ⁵⁵ pɣ³¹	水田
土　（叠）红		泥巴（叠）稀	
tɿ⁵⁵khɔ³¹tɿ⁵⁵na̠³³	深山老林	tɕe̠³¹tɕi³³tɕe̠³¹na̠³³	荸荠
木头（叠）黑		根　（叠）黑	
ke̠³³tɕʰe̠³³ke̠³³khɔ³¹	苦李子	ma̠³³phɯ³¹ma⁵⁵pa̠³¹	疤脸
李子　（叠）苦		脸　（叠）疤	
ma⁵⁵tsaŋ³¹ma⁵⁵tshɯ⁵⁵	酸石榴		
石榴　（叠）酸			

部分情况下，重叠也会发生在名词的第二个音节，与形容性语素构成 ABBC 的格式。例如：

ua̠³¹pi³³pi³³/³¹khɔ³¹	苦笋	kv³¹tshɯ⁵⁵tshɯ⁵⁵khɣ³¹	干酸菜
笋子　（叠）苦		酸菜　　（叠）干	
la̠³¹nɿ³³nɿ³³ja³³	指纹	ɔ³¹tsɿ⁵⁵tsɿ⁵⁵pa⁵⁵	龅牙
手指（叠）纹		牙　（叠）龅	

ɔ³¹tsʅ³³tsʅ³¹li³¹	齿缝	a⁵⁵ȵi⁵⁵ȵi⁵⁵pv̩³¹	野猫
齿　（叠）缝		猫　（叠）野	
na⁵⁵nv̩⁵⁵nv̩⁵⁵sʅ³¹	乳头	ɯ⁵⁵ŋa³³ŋa³³phv̩⁵⁵	白秧鸡
乳房（叠）颗		秧鸡（叠）白	
ua̠³¹pi̠³³pi̠³¹khɔ³¹	苦笋	pɔ³³lɔ³³lɔ³³tso⁵⁵	月晕
笋　（叠）苦		月　（叠）圈	

在日常交流中，ABAC、ABBC重叠式经常被缩略成双音节词AC、BC。如：

mʅ⁵⁵tshɔ³¹mʅ⁵⁵na³³	黑土	可以缩略为：mʅ⁵⁵na³³	黑土
土地　（叠）黑			土黑
la̠³¹nʅ³³nʅ³³ja³³	指纹	可以缩略为：nʅ³³ja³³	指纹
手指（叠）纹			指纹

2. 形容词性语素重叠：

重叠后表示程度加深。带前缀的形容词重叠词根语素，没有前缀的形容词重叠第二个语素。两种情况均构成ABB格式。例如：

| ɔ³¹ȵi⁵⁵ȵi⁵⁵ | 绿油油 | ta̠³¹pe³¹pe̠³¹ | 破破烂烂 |
| （缀）绿（叠） | | 烂　破（叠） | |

（形容词性语素的重叠情况详见"形容词"一节。）

相比较部分重叠，整词重叠式较为少见。多为单音节名词语素重叠或形容词语素重叠。例如：

| ti̠³¹ti̠³¹ | 小孩的粪便 | na̠³¹na̠³¹ | 早晨 |
| 屎屎 | | 早早 | |

第二节　附加式构词

附加式构词主要指使用前缀或后缀构词。在藏缅语族语言中，哈尼语与彝语、缅语一样，属于形态不发达的语言。因此附加式构词并不是很普遍，主要出现在部分名词、形容词中。

一　前缀

前缀的一般不改变词根的意义，与词根构成新词后往往表示与词根意义相关的新词。

1. 前缀a³¹多出现在以下几类名词中：

表示植物，例如：

| a³¹pi̠³¹ | 芽 | a³¹tsʅ³³ | 果核 |

a³¹ji³³	花	a³¹nɣ³³	果仁

表示身体，例如：

a³¹la³¹	手	a³¹tsɣ³¹	腰
a³¹tsɣ³¹	脊椎	a³¹phe³¹	肺

2. 前缀ɔ³¹多出现在以下几类名词中：

用在表示植物名词词根前，例如：

ɔ³¹po⁵⁵	竹子	ɔ³¹nɪ⁵⁵	穗
ɔ³¹pɪ³³	草	ɔ³¹sɿ³¹	果子

用在表示身体部位名词词根前，例如：

ɔ³¹tshɿ³¹	胆	ɔ³¹phv³¹	腹
ɔ³¹ji³¹	骨	ɔ³¹tɕhi⁵⁵	脚

3. 前缀a⁵⁵或a³³。常用在亲属名词词根前。例如：

a³³pa³¹	父亲	a⁵⁵tɪ³³	叔父
a³³tu³¹	姑母	a⁵⁵ne³³	祖母

4. 与形容词性词根结合的前缀有a³¹和ɔ³¹。例如：

a³¹kha³³	硬	ɔ³¹tshɣ³¹	冷
ɔ³¹lo⁵⁵	热	a³¹sɿ³¹	新

二　后缀

常见的后缀有mɔ³³、phɔ³¹、phi⁵⁵、tsu³¹、ni³³等。一般只与名词性词根结合。

1. 后缀mɔ³³用在动物、人物词根后表示阴性。例如：

pi³³mɔ³³	母鸭	mi³¹tshɿ³¹mɔ³³	寡妇
nɪ³¹mɔ³³	妹妹	mu³³mɔ³³	母马

用在其他名词词根后表示"大"或者地位"高"的意思。例如：

ɯ³³lu³³lu³³mɔ³³	大蛇	tʂɿ³¹mɔ³³	官员
khɔ³¹jɔ³¹ju³¹mɔ³³	大碗	la³¹mɔ³³	大拇指

2. 后缀phɔ³¹、phi⁵⁵用在动物、人物词根后表示阳性。例如：

jo³¹phɔ³¹	岳父	tɕhɯŋ⁵⁵tɕa³³phɔ³¹	亲家公
ja³³phi⁵⁵	公鸡	tɕhɿ³¹phɔ³¹	公羊

3. tsu³¹、ni³³ 后缀：加在人称代词后表示人数较多。例如：jɔ³¹v³³ni³³ "他们那些人"、nɔ³¹v³³tsu³¹ "你们这些人"。

4. jɔ³¹后缀：加在名词词根后表示名词的小。双音节的名词语素在附加该类后缀时，经常需要重叠第二个音节或使第二个音节脱落再附加后缀。

例如ɯ⁵⁵lu⁵⁵ "蛇" 加上表示 "小" 的后缀jɔ³¹，有两种方式：一是重叠第二个音节lu⁵⁵，再附加词缀构成ɯ⁵⁵lu⁵⁵lu⁵⁵jɔ³¹ "小蛇"；二是取第一个音节与后缀连用，构成ɯ⁵⁵jɔ³¹ "小蛇"。相比较前一种方式更为常见。（有关mɔ³³和jɔ³¹后缀的使用详见 "名词"）

碧约话的名词后缀大多是由实词虚化而来，仍带有一定的实词义。例如mɔ³³来自a⁵⁵mɔ³³ "母亲"，既有 "阴性" 又有 "大" 义。相似的情况还有jɔ³¹、phɔ³¹等。这些语素不能独立使用，只固定出现在名词或名词词根后，因此出现了一定程度的语法化。在判定他们是后缀还是语素时，本文暂归入后缀一类。

三　词缀与词根结合的紧密度分析

以上这些词缀受词根音节和词缀来源的制约，与词根结合的紧密程度存在差异。结合程度紧密的，构成复合词后词缀不能省略。例如ɔ³¹tsɿ⁵⁵ "树" 在作为语素构成新词时，ɔ³¹前缀不能被省略。比如：

tuŋ³¹tsuŋ³³⁵ɔ³¹tsɿ⁵	格棕	sɿ³³sa³³ɔ³¹tsɿ⁵⁵	毛木树
格棕　树		毛木　树	
mi³¹pha³³ɔ³¹tsɿ³³	板蓝根	thuŋ³¹ju³¹ɔ³¹tsɿ⁵⁵	桐油树
板蓝　树		桐油　树	

结合较松的，在构成其他复合词时，容易与前缀分离，省略前缀，用词根与别的词根组成复合词。例如a³¹l̩a³¹ "手" 在作为语素构成新词时，一般省略词缀a³¹：

l̩a³¹tha³¹	右手	l̩a³¹mu⁵⁵	手背
手右		手背	
l̩a³¹ȵi⁵⁵	手指	l̩a³¹khɯ⁵⁵	手纹
手指		手线	

第三节　其他构词方式

其他构词方式主要有屈折式构词、多层式构词以及配音构词等。这些构词方式相对能产性较低。分别举例如下：

一　屈折式构词

碧约话中屈折式构词的情况较少，主要出现在代词中。例如：
ŋa⁵⁵ "我"，主格。
ŋ³³ "我的"，领格。

ŋe³³ "是"，主语是第二、三人称。

ŋuɯ³³ "是"，主语是第一人称。

二 多层式构词

由多个语素按多层关系构成。例如：

v³¹khɿ³³tshɤ³³tha³³　　剃头刀　　　　tɕhi⁵⁵nuɯ⁵⁵la³¹nuɯ⁵⁵　　蜈蚣
头　剃　快　　　　　　　　　　脚　红　手　红

tɿ³¹kɔ³¹mɔ³³　　好看　　　　　　tsu³³kɔ³¹mɔ³³　　　　舒服
看 得 好　　　　　　　　　　在 得 好

na⁵⁵ko⁵⁵tsha³³　　牛绳　　　　　ja³³po⁵⁵tɿ³¹　　　　卜鸡卦
鼻 绳 骂　　　　　　　　　　鸡 腿 看

sɔ³¹thuɯ⁵⁵paŋ³¹　　砧板
肉 枕 板

三 配音构词

部分形容词是由词根与配音音节构成的。例如：

na³³tsha³³kɛ³¹　　黑魆魆的　　　phv⁵⁵tsʅ³³ta³¹　　　　白生生的
黑 （配音）　　　　　　　　白 （配音）

此外，碧约话中还有一定数量的四音格词，主要以 ABCD、ABAC 式居多。AABB 和 ABCB 式较少。例如：

ABCD 式：ti⁵⁵kɿ³³tɔ³¹kv³¹　　弯弯曲曲　　tu³¹mi⁵⁵lʅ⁵⁵phv³³　　翻筋斗

AABB 式：n̩i⁵⁵n̩i⁵⁵tsʰn̩³³tsʰn̩³³　犹豫　　khɿ³³khɿ³³tsv³¹tsv³¹　恐惧

ABAC 式：tshɔ⁵⁵phi³¹tshɔ⁵⁵khua³¹　粗糙　　mɔ³¹phɔ³¹mɔ³¹na⁵⁵　平安

ABCB 式：a⁵⁵ny³³mi³¹ny³³　　谷桿箫　　tɕhɿ⁵⁵thv³¹la³¹thv³¹　笨拙

四 汉语借词对构词产生的影响

汉语借词进入碧约话后，部分词语可以成为构词语素，与固有语素共同构成新词。例如：

khuɯ⁵⁵me³³thuan³¹　　线团　　　　muɯ³⁵tsʅ³¹ v³¹lv⁵⁵　　草帽
线（固有）团（借）　　　　　麦子（借）帽子（固有）

此外，汉语借词进入碧约话后，还会套用碧约话的语法规则产生新词。例如tsa⁵⁵tsʅ³³（桌子）thuɯ³¹（一）tsʅ³³（张）"一张桌子"就是在借用名词tsa⁵⁵tsʅ³³"桌子"后，套用反响型量词反响后一音节的语法规则，产生了新的量词tsʅ³³。

汉语借词借入碧约话后，会通过改变自身结构的方式与固有词保持一致。如植物名词有"植物名称+类称"的构词结构，借入汉语的植物名词时，也会在其后加上相应的类称名词。如：saŋ³³tsa³³（山楂）ɔ³¹sɹ³¹（果）"山楂"一词中，saŋ³³tsa³³是汉语借词，ɔ³¹sɹ³¹是碧约话的"果子"。

第五章　句法

第一节　短语

碧约话的短语有并列短语、修饰短语、述宾短语、述补短语、连谓短语、数量短语等。分述如下：

一　并列短语

（一）并列短语的类型

碧约话有大量的并列短语。其中主要有：名词与名词并列、动词与动词并列、形容词与形容词并列、数量词与数量词并列。不同的词类不能并列。

1. 名词与名词并列。例如：

nɔ³¹po⁵⁵na⁵⁵mɪ⁵⁵　　耳朵鼻子　　　　tsɔ³¹li⁵⁵ɔ³¹xo⁵⁵　　　风雨
耳朵　鼻子　　　　　　　　　　　　风　雨

a³¹lạ³¹ɔ³¹tɕhi⁵⁵　　手脚　　　　　　mi³¹thạ³¹mi⁵⁵tshɔ³¹　天地
手　　脚　　　　　　　　　　　　天　　地

ɔ³¹tshɳ³¹tshɳ³¹tɕhi⁵⁵　肝胆　　　　　ɔ³¹mo⁵⁵ɔ³¹jɔ³¹　　　老婆孩子
肝　　胆　　　　　　　　　　　　老婆　孩子

ɔ³¹pɪ⁵⁵jạ³³　　鸡鸭　　　　　　　　tsɔ³¹ka³¹tsɔ³¹phɔ³¹　傻子哑巴
鸭　鸡　　　　　　　　　　　　　傻子　哑巴

ko⁵⁵ko⁵⁵ma³³mɣ³³　舅父舅妈　　　　a⁵⁵tɿ³³ɕɔ³¹mɔ³³　　　叔叔婶婶
舅父　　舅妈　　　　　　　　　　叔叔　婶婶

2. 动词与动词并列

只有少数动词可以直接和动词并列，大部分动词并列使用时后必须加助词kɯ³³ "的" 构成名物化结构或者用连词连接。例如：

ji³³la⁵⁵/³³　　来回　　　　　　　　tsɔ³¹tu⁵⁵　　　　　吃喝
去来　　　　　　　　　　　　　　吃　喝

tsɔ³¹kɯ³³tu⁵⁵kɯ³³　吃的喝的　　　lv⁵⁵kɯ³³tsha³¹kɯ³³　炒的煮的
吃　的　喝　的　　　　　　　　　炒的　煮的

ka³¹kɯ³³ʂ̩⁵⁵n̠i⁵⁵kɯ³³　　　　　　　　笑的哭的

笑　的　哭　　的

ji³¹khɔ³¹la³¹ta³¹ku⁵⁵ju³³ko³¹tɯ⁵⁵tɯ⁵⁵　　　他在台上又唱又跳。

他　　唱歌　又　　跳舞

3. 形容词与形容词并列。音节结构相同的可以直接并列，音节结构不同的常用连词连接。例如：

ta⁵⁵mo⁵⁵mo⁵⁵ju³³xɯ³¹　　　　　　　高大

高　　　　又　大

ɔ³¹khɔ³¹xa⁵⁵khɔ³¹ɔ³¹phɪ⁵⁵xa⁵⁵phɪ⁵⁵　　又苦又涩

苦　　又（叠）涩　又（叠）

tso³¹ji³³ji³³ju³³ka³¹　　　　　　　又聪明又漂亮

聪明　　又 漂亮

xɯ³¹kɯ³³n̠ɯ³³kɯ³³ɕɪ³³khɔ³¹　　　　大小事

大 的 小　的 事 情

phɔ³¹tʂ̩⁵⁵khɯ³³jɔ³¹n̠ɯ⁵⁵kɯ³³ɔ³¹tʂ̩⁵⁵tʂ̩⁵⁵，　khɯ³³mɔ³³xɯ⁵⁵kɯ³³mɔ³¹ tʂ̩⁵⁵.

甘蔗　　根　小 细　的 甜　　　根　大 粗 的　不　甜

甘蔗细的甜，粗的不甜。

4. 数量词与数量词并列。例如：

thɯ³¹n̠e³¹　　　　　一二　　　　n̠e³¹ji³³ɕɪ⁵⁵ji³³　　　两朵三朵

一　　二　　　　　　　　　两朵　　三朵

thɯ³¹ja⁵⁵n̠e³¹ja⁵⁵　一百两百　　　khv³¹kɔ³¹ʂ̩³¹kɔ³¹　　六个七个

一百　　两百　　　　　　　　六 个 七 个

5. 代词与代词并列，可以加连词，也可以不加。

ŋa⁵⁵xɪ³³nv⁵⁵　　你和我　　　　nɔ³¹v³³jɔ³¹v³³　　　你们他们

我 和 你　　　　　　　　你们　他们

jɔ³¹tsa³¹e⁵⁵tsa³¹　这里那里　　　ŋɔ³¹v³³xɪ³³jɔ³¹v³³　我们和他们

这里　那里　　　　　　　我们　和 他们

xe³⁵ʂ̩³³lɯ³¹e⁵⁵a³¹lɯ³¹　这些和那些

这些　　　那些

xe³⁵jɪŋ³³e⁵⁵jɪŋ³³　　这几种和那几种

这 种 那种

nv⁵⁵n̠e³¹kɔ³¹jɔ³¹v³³n̠e³¹kɔ³¹　你们俩和他们俩

你 两个　他们 两个

有三个词并列的短语中，如用连词xɪ³³"和"连接，连词置于第一个词的后面。例如：

nv⁵⁵xɿ³³ŋa⁵⁵、ji³¹khɔ³¹　　　　　　你、我和他

你　和　我　　他

tshɔ³¹mȩ³¹xɿ³³ɔ³¹tshv⁵⁵、lɔ³¹khɿ⁵⁵　油、盐和茶

盐　　　和　油　茶

xa³³ɳi³¹xɿ³³jau³¹tɕa³³、a³¹xa³¹　哈尼、瑶族和汉族

哈尼　和　瑶族　　汉族

（二）并列成分的先后顺序

并列成分的顺序受两种规则的制约：一是语音规则。语音规则是第二音节的元音舌位必须高于第四音节的元音舌位。例如：jɔ³¹mi³¹ja³¹jo³³"男女（女男）"由ja³¹mi³¹"女"和ja³¹jo³³"男"并列构成，第二音节的元音是 i，第四音节的元音是 o，i 的舌位比 o 的舌位高。因此，这个并列结构jɔ³¹mi³¹"女"在ja³¹jo³³"男"之前。

第二个规则是语义规则。受语义规则制约的，并列结构的前一成分意义相对后一成分更重要。如果与语义规则与语音规则产生了冲突，通常会选择遵循语义规则。例如：mi³¹tha³¹mi⁵⁵tshɔ³¹"天地"，第二个元音是a，第四个音节的元音是ɔ，a的舌位比ɔ³¹低，但是mi³¹tha³¹"天"相对于mi⁵⁵tshɔ³¹"地"更重要。因此mi³¹tha³¹在mi⁵⁵tshɔ³之前。例如：

1. 语音规则

tso³¹li⁵⁵ɔ³¹xo⁵⁵　　风雨　　　　　ɔ³¹mo⁵⁵ɔ³¹jo³¹　　　　老婆孩子

风　　雨　　　　　　　　　老婆　孩子

ɔ³¹tsɿ³¹tsɿ³¹tɕhi⁵⁵　肝胆　　　　tʂɿ³¹thɯ³¹tsa⁵⁵tsɿ³³　桌子板凳

肝　　胆　　　　　　　板凳　　桌子

ɔ³¹pɿ⁵⁵ja³³　　　鸡鸭　　　　khɯ³¹ja³³　　　　　鸡狗

鸭　鸡　　　　　　　　　狗　鸡

a³¹ŋa⁵⁵ɔ³¹pɿ⁵⁵　鸭鹅　　　　jo³¹ɳi⁵⁵jɔ³¹kha³³　大人小孩

鸭　鹅　　　　　　　　　孩子　大人

ta⁵⁵tɿ³³ta⁵⁵mɔ³³　伯伯伯母　　ɔ³¹tshv⁵⁵tshɔ³¹mȩ³¹　油盐

伯伯　伯母　　　　　　　油　盐

mi³¹tɕi⁵⁵pɔ³³lɔ³³　星星月亮　　ɔ³¹mi³¹a³¹la⁵⁵　　嘴舌头

星星　月亮　　　　　　　嘴　舌头

ɔ³¹tsɿ⁵⁵a³¹la⁵⁵　牙齿和舌头　ɔ³¹tsɿ³³tsɿ³³a³¹pha⁵⁵pha⁵⁵ 重和轻

牙齿　舌头　　　　　　　重　　轻

to³¹pɿ⁵⁵ta⁵⁵mo⁵⁵　长短

短　　长

2. 语义规则

tsɔ³¹tu⁵⁵	吃吃喝喝	kɔ³¹tʂhɪ³¹lo³¹tho³¹	衣裤
吃　喝		衣服　裤子	
v⁵⁵nv³¹mo⁵⁵nv³¹	水牛黄牛	la³¹tha³¹la³¹mẹ³¹	左右
水牛　黄牛		右　　左	
khɔ³¹jɔ³¹tsv³³tɪ⁵⁵	碗筷	tshɔ³¹mẹ³¹sɿ³¹phi⁵⁵	盐辣子
碗　　筷子		盐　　辣椒	
a⁵⁵kɔ³³a⁵⁵tɕẹ³¹	哥哥姐姐	mi³¹xɯ³¹mɔ³³nɯ⁵⁵	大老婆小老婆
哥哥　姐姐		大老婆　小老婆	
tɕhɿ⁵⁵phv⁵⁵sa³³tv³³	白米苞谷	pi³¹jɔ³¹pv̩⁵⁵tv̩³³	碧约人和布都人
白米　　苞谷		碧约　布都	
tʂɿ³³pɔ³¹ja³³kho³¹	酒烟	ɔ³¹tɕhi³¹ɯ³¹tshɯ⁵⁵	屎尿
酒　烟		屎　尿	
tshɔ³¹mẹ³¹ɔ³¹tshv⁵⁵lo³¹khɪ⁵⁵	油盐茶	a³¹la³¹ɔ³¹tɕhi⁵⁵	手脚
盐　　油　茶		手　脚	
mi⁵⁵lo³¹tsɔ³¹phɪ³³tshv̩³¹tɕhi³³	雷和闪电	mo⁵⁵phɔ³¹mo⁵⁵mɔ³³	公牛母牛
雷　　　闪电		公牛　母牛	

当第二元音和第四元音相同时，在语义原则不冲突的情况下，可以有两种读法。例如：

pɔ³³lɔ³³ɲi⁵⁵mɔ³³	月亮太阳	ɲi⁵⁵mɔ³³pɔ³³lɔ³³	太阳月亮
月亮　太阳		太阳　月亮	
a³¹tha³¹a³¹va³¹	上下	a³¹tha³¹a³¹va̤³¹	下上
上　　下		下　　上	

二　修饰短语

碧约话的修饰结构短语由修饰语与中心语成分构成。中心语由名词、动词、形容词、数量词等担任，其中出现频率最高的是名词中心语。修饰语由名词、动词、形容词、数量词、副词等充当。修饰结构短语可以按中心语分为三类：名词作中心语的修饰结构，动词作中心语的修饰结构，形容词作中心语的修饰结构。分述如下：

（一）名词作中心语的修饰结构短语

能作修饰语的有名词、代词、形容词、动词、数量词以及各类短语等。名词、代词、数量词、动词修饰语在中心语之前，形容词修饰语在中心语的前后均有。例如：

1. 名词修饰名词

名词修饰语在中心之前。二者之间除结合紧的不加定语助词kɯ³³外，一般要加定语助词kɯ³³ "的"。例如：

so³¹ko³¹ɕaŋ³³tsʅ³¹	纸箱子		ja³³so³¹	鸡肉
纸　箱子			鸡肉	
va³¹ɔ³¹tshv⁵⁵	猪油		tshɔ³¹me³¹tv³¹kho⁵⁵	盐井
猪油			盐　井	
tr³¹kho⁵⁵tʂ³¹thɯ⁵⁵	木头凳子		lɣ³³mɔ³³tɕɿ³³kv³¹	石头桥
木头　凳子			石头　桥	
tr⁵⁵kho³¹phḁ³¹na̠³³	木鞋		jo³¹mɿ⁵⁵kɯ³³xui⁵⁵khɛ³³	今晚的会议
木　鞋			今晚　的 会议	
ɔ³¹sɿ³³n̩i⁵⁵tsho³¹	金戒指		tr³¹mɔ³³jɿ⁵⁵kho⁵⁵	木头房子
金　戒指			木头　房子	
lo³¹sɿ³³kɯ³³so³¹ko³¹	老师的书		jo³¹mɯ⁵⁵kɯ³³ɕɿ³³kho³¹	现在的事情
老师　的 书			现在　　的 事情	

当作修饰成分的名词是单音节名词，中心名词是双音节名词时，即使两者结合紧密，也会使用助词kɯ³³配合双音节化。例如：

phv⁵⁵kɯ³³lɯ⁵⁵khv³³ 银项圈		ɕi⁵⁵ kɯ³³jɿ⁵⁵kv³³	铁门
银　　 的 项圈		铁　 的 门	

2. 代词修饰名词

修饰名词的代词包括人称代词、指示代词、疑问代词。

（1）人称代词修饰名词时，修饰语均在前。领格形式的代词既可以使用助词kɯ³³，也可以不用。例如：

ŋo³¹（kɯ³³）ko³¹tʂʅ³¹我的衣服		no³¹（kɯ³³）ɕo³⁵sʏŋ³³	你的学生
我　的　 衣服		你　的　 学生	
ŋo³¹（kɯ³³）lo³¹sɿ³³ 我的老师		no³¹（kɯ³³）ma³¹tshv³¹	你的朋友
我　的　 老师		你　的　 朋友	
jo³¹v³³kɯ³³tsuŋ³³ko³¹ 他们的祖国		ŋo³¹kɯ³³jo³³/³¹pho³¹	我的岳父
他们　的 祖国		我　的　 岳父	
nv⁵⁵n̠e̠³¹ko³¹kɯ³³jɿ⁵⁵kho⁵⁵		你俩的房间	
你们俩　 的 房间			
ji⁵⁵tsu³¹ma³³kɯ³³ɕɿ³³kho³¹		大家的事	
大家　　的 事情			
ŋo³¹kɯ³³pi³⁵phi³¹ji⁵⁵pa⁵³.		我的笔丢了。	
我 的　笔 丢（体）			

nɔ³³v³³kɯ³³ma³¹tshɣ³¹ti⁵⁵li³³pa⁵³.　　　　　　你们的朋友们全回去了。

你们　　的　　朋友　　　回去（体）

jɔ³¹v³³kɯ³¹jɔ³¹n̩i⁵⁵ɕɔ³⁵thaŋ³¹a³³khɯ³³li³³pa⁵³.　他们的孩子们去上学了。

他们　　的　孩子　　学校　（方）到　去（体）

中心语是缩减形式的称谓的，只出现在代词修饰"父亲"、"母亲"的情况下，例如：ŋɔ³¹kɯ³³a³³pa³¹、ŋɔ³¹a³³pa³¹和ŋa⁵⁵pa³¹均可以表达"我爸爸"，ŋɔ³³kɯ³³a⁵⁵mɔ³³、ŋɔ³¹a⁵⁵mɔ³³和ŋa³³mɔ³³均可以表达"我妈妈"，在口语中，省略中心语的形式较为常用。

（2）指示代词修饰名词时，单数一般居于名词之前，复数居于名词之后。例如：

xe³⁵kɔ³¹tʂn̩³¹　　　　这衣服　　　e⁵⁵jo³¹mɔ³³　　　　　　那山

这　衣服　　　　　　　　　　那　山

e⁵⁵tshu⁵⁵mɔ³³e³³　　这人不错　　xe³⁵v⁵⁵tshɣ³¹ɔ³¹tʂn̩⁵⁵tʂn̩⁵⁵　这水很甜

这　人　好　　　　　　　　这　水　甜　（叠）

e⁵⁵sn̩³¹jɯ³¹ɔ³¹sn̩³¹a³¹lɯ³¹　那些桃子　xe³⁵sa³³tv³³sn̩³³lɯ³¹　　　这些玉米

那　桃子　　一些　　　　　这　玉米　一些

e⁵⁵ɯ⁵⁵lu⁵⁵thɯ³¹mo⁵⁵fɣ³³tshạ³¹thɯ³¹mo⁵⁵tsu⁵⁵thɔ³¹sị³¹phi³⁵pa⁵³.

那　蛇　一　条　老鼠　一　只（受）咬　死　（貌）（体）

那条蛇咬死了老鼠。

e⁵⁵sɔ³¹thɯ³¹tɕhe³³nv⁵⁵tsɔ³¹mɔ³¹tsɔ³¹？那块肉你吃不吃？

那肉　一　块　你　吃不　吃

（3）疑问代词修饰名词，通常要在疑问代词和名词之间加助词kɯ³³"的"。例如：

ɔ³¹su⁵⁵kɯ³³v³¹lv⁵⁵？　　　　　谁的帽子？

谁　　的　帽子

ji³¹khɔ³¹xa⁵⁵ma⁵⁵kɯ³³tshu⁵⁵？　　他是怎样的人？

他　　怎么　的　人

nv⁵⁵xɔ³³tsa⁵⁵kɯ³³tshu⁵⁵？　　　你是哪里人？

你　哪里　的　人

3. 形容词修饰名词时，位于名词前后的均有。位于名词之后不需要使用助词。例如：

mu³¹tɔ³³pa³¹　　　　　花马　　tshu⁵⁵mɔ³³　　　　　　好人

马　花　　　　　　　　　　人　好

jo³¹mɔ³³ta⁵⁵kau³³kau³³　高山　　ja⁵⁵mɔ³³tɔ³¹kɣ³¹　　　弯路

山　高　　　　　　　　　路　弯

v³¹lv⁵⁵ɔ³¹nɯ⁵⁵ 　　　红帽子　　ɔ³¹pɿ³³ɔ³¹ɲi⁵⁵ 　　　　绿草

帽子　红　　　　　　　　　　　草　绿

kɔ³¹tʂʰɿ³¹ɔ³¹nɯ⁵⁵ 　　　红衣服　　tshu⁵⁵sɿ⁵⁵po³³ 　　　　　人口多

衣服　红　　　　　　　　　　　人　多

tshu⁵⁵tsɔ³¹ji³³ 　　　　聪明人　　tshu⁵⁵ɔ³¹tshv⁵⁵tshv⁵⁵ 　　胖子

人　聪明　　　　　　　　　　　人　胖

a⁵⁵mɔ³³kɯ³³a³¹la̱³¹a³¹sa³³sa³³. 妈妈粗糙的双手。

妈妈　的　手　粗糙

nv⁵⁵ŋɔ³⁵xe³⁵tɕʰɿ⁵⁵kʰɯ⁵⁵ɔ³¹phv⁵⁵tʰɯ³¹kʰɯ³³ko⁵⁵phi³¹la³¹.

你 我 这 头发 白 一 根 拔 （貌）（人）

你帮我把这根白发拔掉。

部分单音节形容词置于双音节名词之后时，被修饰的名词重叠后一音节，以形成四音节结构。例如：

kv³¹tsha̱³¹tsha̱³¹ka³³ 　　剩菜　　　tʂɿ³¹tʰɯ⁵⁵tʰɯ⁵⁵jɔ³¹ 　　小凳子

菜 　　（叠）剩　　　　　　　　凳子　（叠）小

或者在被修饰词和修饰词之间加上量词构成四音节结构。例如：

kɔ³¹tʂʰɿ³¹tɕhi³³mɔ³³ 　　棉大衣

衣服 　件 大

位于中心名词之前的形容词多为三音节或多音节结构，通常需要使用助词kɯ³³连接。例如：

ɔ³¹ɲi⁵⁵ɲi⁵⁵kɯ³³ɔ³¹pɿ³³¹ 　　绿油油的草

绿油油 　的 草

tshɯ⁵⁵tɯ⁵⁵pɔ̱³³kɯ³³ɔ³¹sɿ³¹ 　酸溜溜的果子

酸溜溜 　　　的 果子

ɔ³¹na³³na³³kɯ³³ma̱³³phɯ³¹ 黑黑的脸　ɔ³¹ɲi⁵⁵ɲi⁵⁵kɯ³³mi³¹tha̱³¹ 蓝蓝的天

黑黑　的 脸　　　　　　　蓝蓝 　的 天

to³¹tsu³¹tsu³¹kɯ³³ja⁵⁵mɔ³³ 直直的路　ɔ³¹nɯ⁵⁵nɯ⁵⁵kɯ³³kɔ³¹tʂʰɿ³¹ 红的衣服

直 　的 路　　　　　　　　红红 　的 衣服

tsɔ³¹ji³³ji³³kɯ³³tshu⁵⁵ 聪明人　ɔ³¹tshv⁵⁵tshv⁵⁵kɯ³³tshu⁵⁵ 胖子

聪明 　的 人　　　　　　胖乎乎 　的 人

ka̱³¹ma⁵⁵ka̱³¹kɯ³³taŋ⁵⁵pɔ³¹li⁵⁵ɔ³¹nɯ⁵⁵ 漂亮的红蜻蜓。

美 　的 蜻蜓 红

ɔ³¹phi³¹po³³kɯ³³lɯ⁵⁵kʰv³³ɔ³¹sɿ³³ 　　昂贵的金项链

昂贵 　的 项链 金

tsʰ³¹tɕi³³mi³³tsʅ³³kɯ³³jɔ³¹n̩i³³　　　　　讨厌的小孩

讨厌　　　　　　的　小孩

并不是所有的三音节形容词都可以置于名词之前。个别只能置于名词之后。例如：

lɯ⁵⁵kʰo³³ta³³tɕʰi³³tɕʰi³³　　　　尖领

领子　　尖尖的

lɯ⁵⁵kʰo³³to³¹tʰv³¹tʰv³¹　　　　圆领

领子　　圆圆的

部分三音节形容词需要与助词ma³³连用后才能修饰名词。例如：

ma̱³³pʰɯ³¹po³¹lɿ⁵⁵lɿ⁵⁵ma³³ɔ³¹nɯ⁵⁵nɯ⁵⁵　　热乎乎的红脸蛋

脸蛋　　热乎乎　（助）　红

ka̱³¹li⁵⁵tsʰv⁵⁵ma³³kɯ³³tsʰu⁵⁵!　　　　　漂亮的人儿！

漂亮　　　（助）　的　人

nɔ³³tv³³lv³³ma³³kɯ³³jɔ³¹n̩i³³!　　　　可爱的小孩！

可爱　　（助）　的　孩子

由于受到汉语的影响，现代碧约话中，部分双音节词也可以直接置于名词之前，但这样的情况较为少见。例如：

sɿ⁵⁵po³³ji³³to⁵⁵　　　　　有钱人家　　　ɔ³¹n̩i⁵⁵kɔ³¹tʂʰ³¹　绿衣服

有钱　人家　　　　　　　　　绿　衣服

ta⁵⁵mo⁵⁵mo⁵⁵xɯ³¹tsɔ³³pʰɿ³¹　长长的粗辫子

长长　　　粗　辫子

4. 动词修饰名词时置于名词之前，动词与名词之间通常要加助词kɯ³³"的"。例如：

kʰɔ³³kɯ³³kɣ³¹tsʰa̱³¹　　　种的菜　　　lɣ³³ki̱³³kɯ³³tsʰu⁵⁵　磨刀的人

种　的　菜　　　　　　　磨刀　的　人

tsʰɣ³³te̱³¹kɯ³³va̱³¹　　　养的猪　　　tɣ³¹kɯ³³tʂʰ³¹　　采的药

养　　的　猪　　　　　　采　的　药

tv³⁵kɯ³³sɔ³¹kɔ³¹　　　读的书　　　jaŋ³³kɯ³³sɔ³¹　　腌的肉

读　的　书　　　　　　腌　的　肉

xe³⁵pʰa⁵⁵kɯ³³tɕʰvŋ³¹.　　　这是借的钱。

这　借　的　钱

v⁵⁵tv̩³¹kʰɿ⁵⁵la̱³³kɯ³³v⁵⁵tsʰv̩³¹.　这是井里打的水。

井　　打　来　的　水

ŋa⁵⁵kʰɔ̱³¹kɯ³³mi³¹tsɔ³¹.　　　这是我砍的柴。

我　砍　的　柴

ji³¹khɔ³¹xua³³kɯ³³xua³³.　　　　　　那是他画的画。
他　　画　　的　　画

5. 数词或数量词组修饰名词时位于名词之后，顺序为"名+数+量"。例如：

lo⁵⁵pɔ³¹thɯ³¹khɯ⁵⁵　　一条河　　　　ŋa³³jo³¹ȵe³¹mo⁵⁵　　两只鸟
河　　一　　条　　　　　　　　鸟　　两　　只

sɔ³¹kɔ³¹ŋɔ³¹tsaŋ⁵⁵　　五张纸　　　　ja³³v³³tshɯ⁵⁵kɔ³¹　　十个鸡蛋
纸　　五　　张　　　　　　　　鸡蛋　　十　　个

tshu⁵⁵ȵe³¹ɕɿ⁵⁵kɔ³¹　　两三个人　　　ja³³ŋɔ³¹kho³¹mo⁵⁵　　五六只鸡
人　　两　　三　　个　　　　　　鸡　　五　　六　　只

xe³⁵thɯ³¹jɿ⁵⁵tʂ̩³¹thɯ³¹ja⁵⁵（mo⁵⁵）ɔ³¹tɕi³¹tshʋ³³thɔ³¹ŋe³³.
这　一　家　羊　一　百　头　多　养　（貌）（语）
这一家养了一百多头羊。

数词做"夜"、"年"、"月"、"天"等时间名词的定语时，直接置于名词之前。例如：

thɯ³¹ȵi⁵⁵　　　一天　　　　　　thɯ³¹me³¹khe̠³³　　　一夜
一　天　　　　　　　　　　　一　夜

thɯ³¹khʋ³¹　　一年　　　　　　thɯ³¹lɔ³³　　　　　一月
一　年　　　　　　　　　　　一　月

thɯ³¹mɿ⁵⁵　　一晚上　　　　　thɯ³¹ɕa³³tsu³³　　　一下午
一　晚上　　　　　　　　　一　下午

6. 短语结构作修饰语时均在名词之前，中间要加助词kɯ³³"的"。例如：

mɯ³¹ȵi³¹v⁵⁵kɯ³³tshu⁵⁵.　　　　　　　　　买东西的人。
东西　买　的　人

ŋɔ³¹v³³lɔ³¹sɿ³³mi³¹kɯ³³to³¹na⁵⁵tɿ³¹mɔ³³e³³.　　我们要听老师说的话。
我们　老师　说　的　话　听　好

ŋɔ³¹v³³pi³¹jɔ³¹ɕɔ³¹xɔ³³mɔ³³kɯ³³v³¹lʋ⁵⁵ka̠³¹ma³³ka̠³¹.
我们　碧约　小姑娘　的　帽子　漂亮
我们碧约姑娘的漂亮小帽。

xe³⁵a³¹ʂ̩³¹ʂ̩³¹kɯ³³lʋ³³kɯ³³jɔ³¹mi³³lɔ³¹sɿ³³.　　新来的年轻女教师。
这　新　的　来　的　女孩　老师

（二）动词作中心语的修饰结构短语

动词作中心语时，修饰成分有名词、形容词、动词、代词、数量词、副词等。多置于动词前。例如：

1. 名词作动词的修饰语时，表示动作行为的处所、时间、工具等。

例如：

ji³³sʮ³¹ji³³　　　　　　　　　　　　明天去

明天　去

ɔ³¹nv⁵⁵lia⁵⁵tu³¹khu⁵⁵thɔ³¹　　　　　　外面等

外面　　　等　（貌）

çɿ⁵⁵tso⁵⁵n̠i³³khɤ³¹　　　　　　　　　用斧头砍

斧头（工）砍

nv⁵⁵n̠e³¹tɪŋ³¹la³³tsu³³la⁵⁵va³¹!　　　你两点左右来吧!

你　两点　　左右　来（语）

如果表示动作行为的起始地点或时间，要在状语成分后面加表"从、由"的助词。例如：

ŋa⁵⁵nuɯ³³fv⁵⁵　n̠i³³ju³³sʅ³¹la³¹e³³.　　我从小就知道。

我　小　时候（从）就　知道

ŋa⁵⁵lo³³so³³a³¹　n̠i³³　lɤ³³　ŋɯ³³.　　我是从元江来的。

我　元江　（方）（从）来　是

如果表示动作行为凭借的工具，要在名词后加工具格助词n̠i³³。例如：

çɿ⁵⁵tso⁵⁵n̠i³³khɤ³¹　用斧头砍　　　　mo³³tso³¹n̠i³³ji³¹　用刀割

斧头（工）砍　　　　　　　　　刀　（工）割

sɔ³¹kɔ³¹n̠i³³ʂɿ³³　　用纸擦　　　　　a³¹la³¹n̠i³³tɯ³¹　用手打

纸　（工）擦　　　　　　　　　手　（工）打

khɤ³¹jɤ³¹n̠i³³v⁵⁵tshʮ³¹khʮ³¹　用碗舀水

碗　　（工）水　舀

ɔ³¹mɪ³¹n̠i³³tsɿ³³　　　用嘴巴吹火

嘴巴（工）吹

phɔ³¹tʂʮ⁵⁵ɔ³¹mɪ³¹n̠i³³tu⁵⁵.　甘蔗啃着吃。

甘蔗　嘴　（工）啃

2. 代词作动词的修饰语。如：

xa⁵⁵na³¹ma⁵⁵ji⁵⁵?　　　　　怎么去?

怎么　　去

nv⁵⁵xɔ³³tsa⁵⁵n̠i³³la⁵⁵ŋe⁵³?　你从哪里来?

你　哪里　（从）来（语）

ji³¹khɔ³¹xa⁵⁵ma⁵⁵xɿ³³lɤ³³ŋe⁵³?　他究竟为什么要来呢?

他　　为什么　　来（语）

3. 形容词作动词的修饰语。形容词很少直接修饰动词，一般要重叠后才能充当动词的修饰语，形容词和动词之间需要助词ma⁵⁵或者ti³¹连接。

例如：

tsha⁵⁵tsha⁵⁵ti³¹li⁵⁵　快点儿去　　　　a³¹sa³¹jɔ³¹ti³¹tsɔ³¹　　　　　　慢慢吃

快点　（状）去　　　　　　　慢慢　（状）吃

a³¹sa³¹jɔ³¹ti³¹jo³¹　慢悠悠地走　　　to³¹tsu³¹tsu³¹ma⁵⁵thv⁵⁵tsv⁵⁵　直直地站

慢悠悠（状）走　　　　　　　直直　　　（状）站

ɔ³¹ko⁵⁵ko⁵⁵ti³¹ku⁵⁵tsɹ³¹　　　　牢牢地捆住

牢牢　　（状）捆住

ɔ³¹tɯ⁵⁵thɯ⁵⁵ti³¹ne̞³¹thɔ³¹　　紧紧地捏住

紧紧　　（状）捏（貌）

ŋɔ³¹v³³to³¹tʂɹ̩³¹mɔ³⁵ti³¹tsa³¹.　　我们家有很多药材。

我们　家　要　多（状）有

4. 副词作动词的修饰语，主要表示动作行为的程度、频率、范围、否定、语气等。例如：

ji³¹khɔ³¹ŋɔ³⁵tsu⁵⁵ma³¹ɕaŋ⁵⁵ɕiŋ⁵⁵.　　他不相信我。

他　　我（受）不　相信

ŋa⁵⁵xo³¹mɔ³¹tsɔ³¹sɹ̩³¹.　　　我还没吃饭。

我 饭　没 吃 还

ji³¹khɔ³¹khe̞³³mi⁵⁵ŋe³³pa⁵³.　　他已经很努力了。

他　　会　做（语）（语）

ji³¹khɔ³¹kɔ³¹khia⁵³tɤ³³ji⁵⁵pa⁵³.　他很出力气了。

他　　力气 很 出 （体）

ŋa⁵⁵sɹ̩³¹ɕa³³ma³³li³³.　　　我经常去。

我 经常　　去

ji³¹khɔ³¹thɯ³¹khɤ³¹kɔ³³sv³³tsa³³li³³tsɔ³¹fv⁵⁵ji³¹khɔ³¹jɹ⁵⁵kho⁵⁵a³¹ti⁵⁵jɹ⁵⁵.

他　　一　年　每　过年　时 他　家 （方）回家

他每年过年时都回家。

ji⁵⁵tsu³¹ma⁵⁵tɯ³¹sɹ̩³¹phi³⁵pa⁵³.　　全部消灭了。

全部　　打 死（貌）（体）

5. 动词作动词的修饰语，常表示伴随动作发生的状态、动作的方式等。通常需要使用助词xɹ³³、ti³¹等连接两个动作。

ŋa⁵⁵ji³¹tsa³³thɔ³¹xɹ³³ tvŋ⁵⁵sɹ̩⁵⁵tɹ³¹.　　我躺着看电视。

我 睡觉（貌）（状）电视 看

ji³¹khɔ³¹a³¹la³¹la³¹ja³³ja³³xɹ³³ka³¹sɹ̩⁵⁵.　她笑着招手。

她　　手 招 （状）笑

ji³¹khɔ³¹ja⁵⁵mɔ³³jau³¹ti³¹jo³¹.　　　　　　他绕路走。

他　　路　　绕（状）走

phɔ³¹tʂʅ⁵⁵tʂʅ̩³¹xɿ³³tu⁵⁵.　　　　　　　甘蔗要削着吃。

甘蔗　　削（连）喝

（三）形容词作中心语的修饰结构

充当形容词修饰语的，主要是副词、代词、数量词。

1. 副词修饰形容词，位于形容词之前。例如：

mɔ³¹tɿ³¹kɔ³¹mɔ³³　不好看　　　ma³¹na³³tɿ³¹kɔ³¹mɔ³³　　不好听

不　好看　　　　　　　　不　好听

tsɿ⁵⁵mɔ³¹　　　　　很多　　　　tsɤ⁵⁵kạ³¹　　　　　　　最美

很　多　　　　　　　最　美

当被修饰的形容词是 ABB 式三音节时，副词位于重叠音节之间。

a³¹pɤ³¹khia⁵³pɤ³¹　很臭　　　ɔ³¹khɤ³¹mɔ³¹khɤ³¹　　　不软

臭　特别（叠）　　　　软　不（叠）

个别副词位于形容词后。例如：

nɔ³¹kuɯ³³ɤ³¹thẹ³³ta⁵⁵mo⁵⁵mo⁵⁵khɿ³³pa⁵³.　你的包头巾太长。

你　的　包头巾　长　　　太（语）

2. 代词修饰形容词。常见的是指示代词ʂɿ⁵⁵ma⁵⁵ "这么"、thi⁵⁵ma⁵⁵ "那么"作修饰语，修饰说明形容词的程度。例如：

ʂɿ⁵⁵ma⁵⁵mɔ³¹　　　这么多　　　thi⁵⁵ma⁵⁵mɔ³¹　　　那么多

这么　多　　　　　　　那么　多

va̠³¹thuɯ³¹mo⁵⁵ʂɿ⁵⁵ma⁵⁵xuɯ³¹e³³pa⁵³.　那头猪这么大了。

猪　一　头　这么　大　（语）

n̠i⁵⁵tʂʅ³¹thi⁵⁵ma⁵⁵ta⁵⁵mo⁵⁵mo⁵⁵ŋe³³.　弟弟那么高了。

弟弟　这么　高　　　（语）

3. 量词修饰形容词。能够之间修饰形容词的主要是度量衡量词。例如：

thuɯ³¹tɕiɳ⁵⁵tsʅ³³　一斤重　　　thuɯ³¹tʂʅ³⁵mo⁵⁵　　一尺长

一　斤　重　　　　　　一　尺　长

nẹ³¹li³³na̠³¹　　　一丈深　　　thuɯ³¹thu⁵⁵mo⁵⁵　　一揸长

一　丈　深　　　　　一　揸　长

（四）量词作中心语的修饰结构

量词的修饰成分主要有数词，其位置都在量词之前。指示代词作量词的修饰成分时必须带数词。例如：

thuɯ³¹kɔ³¹　　　　　一个　　　　thuɯ³¹pha̠³¹　　　　一片

一　个　　　　　　　一　片

thɯ³¹sɿ³¹	一颗	thɯ³¹tui⁵⁵	一对
一　颗		一　　对	
xe³⁵thɯ³¹kɔ³¹	这个	e⁵⁵thɯ³¹kɔ³¹	那个
这　一　个		那　一　个	
e⁵⁵thɯ³¹khɯ⁵⁵	那根（线）	e⁵⁵thɯ³¹tiau⁵⁵	那首（歌）
那　一　根		那　一　首	

三　述宾短语

碧约话的述宾短语由动词和宾语组成，宾语在动词之前。充当宾语的成分主要是：名词、代词、名词化的动词或形容词、体词性短语等。

（一）述宾短语的结构类型

1. 名词做宾语。这种宾语是支配短语中最常见的。例如：

xo³¹tsɔ³¹	吃饭	pi³¹khɔ³³nɛ³¹	捉螃蟹
饭　吃		螃蟹　捉	
kɔ³¹tʂhɿ³¹tv̩³¹	补衣服	ja⁵⁵mi⁵⁵	耕田
衣服　补		田　耕	
mi³¹sv̩³¹thi³¹	点松明子	mi⁵⁵tshɔ³¹kha̩³³	扫地
松明子　点		地　　扫	
nɔ³¹tɕhi³¹khɔ̩³¹	挖耳朵	na⁵⁵nv⁵⁵nɛ³³	挤奶
耳朵　挖		奶　挤	
ɔ³¹pɿ³³ji³³	割草	ke³³tsɿ̩³¹kaŋ³¹	赶集
草　割		街　　赶	

2. 代词做宾语。例如：

jɔ³¹v³³tsu³³kɛ³¹tsɔ³¹	欺骗他们	ŋɔ³⁵tsu⁵⁵mi³¹la³¹	告诉我
他们　　骗　吃		我（受）说（人）	
ɔ³¹tshu³¹tɿ³¹	看别人	jɔ³¹tsa³¹la⁵⁵	来这里
别人　看		这里　来	
xa⁵⁵tsu³¹pi̩³¹	给什么	e⁵⁵tsa³¹li⁵⁵	去那里
什么　给		哪里　去	

3. 数量短语做宾语。例如：

thɯ³¹khv̩³¹tsɔ³¹	吃一碗	nɛ³¹tɕhi³³ti³³	穿两件
一　碗　吃		两件　穿	
nɛ³¹tiau⁵⁵ku⁵⁵	唱两首	thɯ³¹nɛ³¹to³¹tsha̩³³	骂几句
两　首　唱		一　两　句　骂	

4. 名词性短语做宾语。例如：

a⁵⁵kɔ̩³³kɯ³³sɔ³¹kɔ³¹xi⁵⁵.　　　　　　　拿哥哥的书。

哥哥　的　书　拿

ɔ³¹tɕhi⁵⁵tʂɿ³¹v⁵⁵tʂhʋ̩³¹ɕi³³phi³¹.　　　　倒洗脚水。

脚　洗　水　倒（貌）

tsɿ⁵⁵tɕhɿ³¹kv³⁵la³³kɯ³³mɿ⁵⁵lu⁵⁵o³¹li³³.　卖自己采的菌子。

自己　采（貌）的　菌子　卖去

ɔ³¹mɔ³³ti³¹kɯ³³kɔ³¹tʂhɿ³¹v⁵⁵li³³pi̩³¹ŋɯ³³.　买妈妈穿的衣服。

妈妈　穿　的　衣服　买　去　给（人）

5. 名物化短语做宾语。动词和形容词一般不能直接做宾语，做宾语时，
需要加上名词化助词kɯ³³ "的"。例如：

ɔ³¹nɯ⁵⁵nɯ⁵⁵kɯ³³mi⁵⁵, ɔ³¹n̪i⁵⁵n̪i⁵⁵kɯ³³mɔ³¹mi⁵⁵.　要红的，不要绿的。

红　的　要　绿　的　不要

ke³³tsɿ̩³¹ji³³xɿ³³tsɔ³¹kɯ³³v⁵⁵.　　　　　　上街买吃的。

街　去（连）吃的　买

pɔ³³lɔ³³n̪i⁵⁵mɔ³³a³¹tʂɿ³¹mi³³kɯ³³mi⁵⁵tsu³³ɔ³¹tɕn̪³¹kɯ³³mɔ³¹mi⁵⁵.

葵花籽　籽　熟　的　要　想　生　的　不　要

葵花籽要炒好的，不要生的。

6. 动词做宾语。例如：

tsɔ³¹mɯ³¹e³³　　爱吃　　tsɔ³¹pɿ³³　　　　能吃

吃　爱　　　　　　　　吃　能

mɯ³⁵xɔ³³ɕɔ³⁵　　学诊脉　ka̩³¹ʂɿ⁵⁵pɿ³³　　想笑

脉　号　学　　　　　　笑　想

7. 述宾短语做宾语，经常与名物化助词kɯ³³搭配使用。例如：

la̩³¹ta̩³¹kɯ⁵⁵kɯ³³ɕɔ³⁵ 学唱歌　ja⁵⁵kho⁵⁵tʂhɯ³¹kɯ³³ɕɔ³⁵　学犁田

歌　唱　的　学　　　　田　耕　的　学

tʂɿ³³pɔ³¹tu⁵⁵mɯ³¹　爱喝酒　lo⁵⁵pɔ³¹kv³¹kɯ³³khɿ³³lɯ³³　怕过河

酒　喝爱　　　　　　河水　过　的　怕（人）

ja³³kho³¹to⁵⁵pɿ³³　喜欢抽烟　v⁵⁵la̩³¹mi⁵⁵kɯ³³ɕɔ³⁵　学做生意

烟　抽喜欢　　　　　生意　做　的　学

to³¹pe̩³³pɿ³³　　爱说话　mɔ³¹tʋ³⁵mɯ³¹la³³　不喜欢读书

话　说爱　　　　　不　读 喜欢（人）

8. 双宾语。带双宾语的谓语动词多含"给予"义。例如：

tɔ³¹jɿ³³tsu⁵⁵ja̩³³kho³¹thɯ³¹kɔ⁵⁵ v³³ pi̩³¹.　给客人一支烟。

客人（受）烟　　一　支（使）给

nɪ³¹mɔ³³khɔ̩³¹jɔ̩³¹thɯ³¹khv³¹ v³³ pi³¹.　　给妹妹一个碗。

妹妹　碗　　　一　个　（使）给

a⁵⁵kɔ̩³³tʂɪ³³pɔ³¹thɯ³¹fv³¹.　　　　给哥哥一瓶酒。

哥哥　酒　　一　瓶

ŋɔ³⁵la̩³¹ta̩³¹thɯ³¹tiau⁵⁵tɕɔ³³la³¹.　　教我一首歌。

我　歌　　一　首　教（人）

（二）述宾短语的语义类型

从语义上看，述宾短语的宾语可分为受事、结果、凭借、处所、等同、比较、数量等不同的语义类别。

1. 受事宾语：宾语表示动作或行为直接涉及的人或事物。例如：

tɕhɪ⁵⁵tɯ³¹　　打谷子　　　　a³¹la̩³¹tsɪ³¹　　　　　洗手

谷子　打　　　　　　　手　洗

ɔ³¹mɔ³³kɔ³³jɔ³³　想念妈妈　　ji⁵⁵tsu³¹tsu⁵⁵ma³³ɕi³³ɕi³³　感谢大家

妈妈　想念　　　　　　大家　　　谢谢

2. 结果宾语：宾语是动作产生的结果。例如：

kɔ³¹tʂʰɪ³¹kv³¹　缝衣　　　　ɔ³¹kho⁵⁵tv³¹　　　　挖洞

衣服　缝　　　　　　　洞　挖

xo³¹tsha̩³¹　煮饭　　　　　tɯ³¹tshɔ³¹ʂɪ³³　　　搓绳子

饭　煮　　　　　　　　绳子　搓

3. 凭借宾语：宾语表示动作所凭借的事物。例如：

ka⁵⁵li̩³³kɪ³³tɪ³³　盖被子　　　phɯ³¹tɪ³¹tɪ³¹　　　照镜子

被子　盖　　　　　　镜子　照

mi³¹lɪ⁵⁵lɪ⁵⁵　烤火　　　　v⁵⁵tshɣ³¹kiau³³　　　浇水

火　烤　　　　　　　水　浇

4. 处所宾语：宾语表示动作行为发生或涉及的处所。例如：

thɣ³¹lv⁵⁵ji³³　去墨江　　　ɕɔ³⁵thaŋ³¹ji³³　　　去学校

墨江　去　　　　　　学校　去

mjau⁵⁵faŋ³¹la⁵⁵　来庙里　　lo⁵⁵pɔ³¹kv³¹　　　过河

庙　　来　　　　　　河　过

5. 等同宾语：宾语与主语在意义上等同或大致等同。例如：

ŋa⁵⁵tshueŋ⁵⁵tsaŋ³¹mi⁵⁵thɔ³¹ŋɯ³³.　我当村长

我　村长　　做（貌）（语）

nv⁵⁵mɔ̩³³tshu⁵⁵mi⁵⁵.　　你装好人。

你　好　人　做

6. 比较宾语：宾语表示比较的对象。例如：

a⁵⁵tɕɕ³¹sv³³tv⁵⁵　　　　　　　像姐姐

姐姐　像

ŋa⁵⁵nv³³sv³³khia⁵³tɕu³³ji³³pa⁵³.　　我要是你的话，就去。

我　你　像　的话　就　去（语）

7. 数量宾语：宾语是行为涉及的数量。例如：

thɯ³¹kɔ³¹tsɔ³¹　　吃一个　　　　thɯ³¹tsɿ⁵⁵tv³¹　　挖一棵

一个　吃　　　　　　　　　　一　棵　挖

nɕ³¹tsɿ⁵⁵khɔ³³　　栽两株　　　　thɯ³¹tiau⁵⁵ku⁵⁵　　唱一曲

两　株　栽　　　　　　　　　　一　曲　唱

（三）一类特殊的述宾短语——宾动同形

碧约话的述宾短语中有一种特殊的类型，即动词与双音节宾语的某一音节相同，并只能与该宾语搭配使用。这种三音节的宾动同形结构有 ABB 型和 ABA 型两种，以 ABB 型更为常见。

ABB 型宾动同形短语的结构是：双音节名词 AB+单音节动词 B。例如：

ɔ³¹xo⁵⁵xo⁵⁵　　　　下雨　　　　mi⁵⁵pa⁵⁵pa⁵⁵　　崩山

雨　下　　　　　　　　　　　崩山　崩

nɔ³¹po³¹po³¹　　　　耳聋　　　　tsɔ³¹ka³¹ka³¹　　哑巴（男）

聋子　聋　　　　　　　　　　哑巴　哑

a³¹ji³³ji³³　　　　　开花　　　　tsɔ³³phɿ³¹phɿ³¹　　编辫子

花　开　　　　　　　　　　　辫子　编

ɳi⁵⁵tsho³¹tsho³¹　　戴戒指　　　ɯ³¹tshɯ⁵⁵tshɯ⁵⁵　　解小便

戒指　戴　　　　　　　　　　小便　解

ABA 型宾动同形短语很少。其构成形式是：双音节名词 AB+单音节动词 A。例如：

tv³¹tsho⁵⁵tv³¹　　打补丁

补丁　打

宾动同形短语的宾语的语义类型与普通述宾结构有所不同。常见的有工具宾语、结果宾语、当事宾语、受事宾语等。

（1）工具宾语

常用的工具名词基本可以类推出这一结构，有非常强的能产性。例如：

ja⁵⁵khi⁵⁵khi⁵⁵　　围篱笆　　　lv³³pɿ⁵⁵pɿ⁵⁵　　　堆石头

篱笆　围　　　　　　　　　　石头　堆

ja⁵⁵mɔ³³mɔ³³　　　簸簸箕　　　tɕhi⁵⁵the³³the³³　　绑绑腿

簸箕　簸　　　　　　　　　　绑腿　绑

phɯ³¹tɿ³¹tɿ³¹	照镜子	li⁵⁵ka̠³¹ka̠³¹	扇扇子
镜子　照		扇子　扇	

（2）受事宾语

ɔ³¹mi³³mi³³	取名	tv̠⁵⁵tso⁵⁵tv̠³¹	补补丁
名字　取		补丁　补	
mu³¹tshu³¹tshu³¹	唱丧歌	ɔ³¹tsho³¹tsho³¹	打记号
丧歌　唱		记号　打	
sv̠³¹thi̠³¹thi̠³¹	打结子	n̠i⁵⁵phɯ⁵⁵phɯ⁵⁵	念咒语
结子　打		咒语　念	

（3）结果宾语

ja³³v³³v³³	孵鸡蛋	sɔ³¹khv³¹khv³¹	做肉干
鸡蛋　孵		肉干　做	
ko³¹pa³³pa³³	做粑粑	xa⁵⁵tɕhi³¹tɕhi³³	打喷嚏
粑粑　做		喷嚏　打	
ke̠³¹tho̠³¹tho̠³¹	刻木刻	ka⁵⁵ka̠³¹ka̠³¹	出痘
木刻　刻		痘痘　出	

（4）当事宾语

常见于表示自然现象和身体动作的词。例如：

tu³¹lɔ³¹lɔ³¹	结巴	me̠³¹khe̠³¹khe̠³¹	天黑
结巴　结		晚上　黑	
tsɔ³¹li⁵⁵li⁵⁵	刮风	tv̠³¹tsho⁵⁵tsho⁵⁵	衣服破了
风　刮		补丁　破	
mɪ⁵⁵lv̠³³lv̠³³	地震	ɔ³¹xo⁵⁵xo⁵⁵	下雨
地震　震		雨　下	

（5）处所宾语

lo³³mɔ³³mɔ³³	牛滚塘	tɕi³³kv³¹kv³¹	过桥
牛塘　滚		桥　过	
ɔ³¹ɕi⁵⁵ɕi⁵⁵	乘凉		
阴凉　乘			

汉语借词也能按碧约话的"宾动同形"模式构成宾动结构。如：
mɪ⁵⁵zv³¹zv³¹"迷路"即是由汉语借词mɪ⁵⁵zv³¹"迷路"依据该形式类推仿造的。

四　述补短语

述补短语由中心语和补语组成，补语多位于中心语的后面，说明动作行为的结果、趋向等。做动词补语的主要是动词、形容词、助词等。分述如下：

1. 动词做补语，补充说明动作行为的结果。例如：

ti³³jaŋ³³　　　　推开　　　　　　tɯ³¹/³³sɿ³¹　　　　打死
推 开　　　　　　　　　　　　　打 死

thɿ⁵⁵na⁵⁵　　　　踢疼　　　　　　lo³³pe³¹　　　　　摔烂
踢 疼　　　　　　　　　　　　　摔 烂

tɕhe³³pe³¹　　　　戳破　　　　　　tshɣ³³pe³¹　　　　抄错
戳 破　　　　　　　　　　　　　抄 错

2. 助词做补语，补充说明动作行为的状态、性质、结果、程度等。做补语的助词主要是体助词，如ki⁵⁵"完"、thɔ³¹"着"、thi³¹"住"、jɔ³³"到"、tsɔ³⁵"着"例如：

ti³¹ki⁵⁵　　　　看完　　　　　　tsɔ³¹ki⁵⁵　　　　吃完
看 完　　　　　　　　　　　　　吃 完

te⁵³jɔ³³　　　　找到　　　　　　thɿ⁵⁵tsɔ³⁵　　　　踢到
找 到　　　　　　　　　　　　　踢 到

tɯ³¹thɿ⁵⁵　　　（无意识）打着　　tɯ³¹tsɔ³⁵　　　　（有意识）打着
打 着　　　　　　　　　　　　　打 着

3. 形容词做补语时，不同音节结构的形容词与动词的位置不同。部分形容词做补语是需要使用补语助词kɯ³³。（详见"述补结构"）

li³³khɣ³³　　　　晒枯　　　　　　khɔ³¹lɣ³¹　　　　砍够
晒 枯　　　　　　　　　　　　　砍 够

tsha³¹/³³mi³³　　　煮熟　　　　　　sɿ³¹/³³tha³³　　　　磨快
煮 熟　　　　　　　　　　　　　磨 快

lo³³tɕhɿ³³　　　（骨头）摔断　　　tɣŋ⁵³mɔ³³　　　　修好
摔 断　　　　　　　　　　　　　修 好

ɔ³¹tɯ⁵⁵ko⁵⁵phɔ³¹tɯ⁵⁵ 绑紧　　　ɔ³¹ni⁵⁵vɣ³³ni⁵⁵　　　染绿
紧 绑　　（叠）　　　　　　　　绿 染（叠）

tsɔ³¹kɯ³³pɣ³³　　吃得饱　　　　　mi⁵⁵kɯ³³mɔ³³　　做得好
吃 得 饱　　　　　　　　　　　　做 得 好

五　连谓短语

根据是否使用语法标记，碧约话的连谓短语可分为两类：零标记的；加非结束谓语标记的。零标记的连谓短语，各谓词直接组合连用；有标记的连谓短语，连谓项间使用非结束谓语标记。（详见"连动结构"）

1. 零标记的连谓短语。例如：

xo³¹mi⁵⁵tsɔ³¹　　　　　　做饭吃　　　　tʂɿ³³pɔ³¹sa³¹tu⁵⁵　　　酿酒喝

饭　做　吃　　　　　　　　　　　　酒　烤　喝

tɕhɿ⁵⁵phv⁵⁵thv³³tsɔ³¹　　　啄吃米　　　　ki³¹tv̩³¹v̩⁵⁵ji³³　　　　去买玉石

米　　　啄　吃　　　　　　　　　玉石　买　去

2. 带标记的连谓短语。常见的标记是助词xɿ³³或pa⁵³。例如：

v⁵⁵nv³¹v⁵⁵ji³³xɿ³³ja⁵⁵mi⁵⁵tsɔ³¹.　　　　　　买牛耕地。

牛　买去（连）耕地 吃

tsa⁵⁵tsɿ³³tsu³³lo³³lo³³xɿ³³la̩³¹ta̩³¹ku⁵⁵.　　　围着桌子唱歌。

桌子　围着　　（连）歌　　唱

ɔ³¹mɔ³³khɔŋ⁵³thɯ³¹sɿ³¹tsɔ̣³¹xɿ³³tɕhɿ⁵⁵phv⁵⁵pi³³ki³³.　妈妈编一个背箩装米。

妈妈　背箩 一 只 编（连）米　（使）进

ŋɔ³¹v³³xo³¹tho³¹thɿ⁵⁵xɿ³³tsa³³li³³tsɔ³¹.　　　我们春粑粑过年。

我们 粑粑　春（连）过年

tshu⁵⁵jo³¹mo³¹jo³¹jo³¹pa⁵³kɔ³¹nɔ³¹.　　　　老人走走停停。

人　老　走走（连）休息

a⁵⁵n̦i⁵⁵n̦i³³fv̩³³tsha³¹tsu⁵⁵n̦ɛ̩³¹n̦ɛ̩³¹pa⁵³nɯ⁵⁵kɔ³³.　小猫把老鼠捉了放，放了捉。

小猫（施）老鼠　（受）捉 捉（连）玩

零标记的连谓短语在个别情况下可以与有标记的短语相互替换使用。例如：

ɔ³¹xo⁵⁵xɔ⁵⁵xɔ⁵⁵pa⁵³tʂ̩ɿ̩⁵⁵li³³.　　　　　　　雨下下停停。

雨　下 下（连）停

ɔ³¹xo⁵⁵xɔ⁵⁵xɔ⁵⁵tʂ̩ɿ̩⁵⁵tʂ̩ɿ̩⁵⁵.　　　　　　雨下下停停。

雨　下 下 停 停

有些连谓结构是由副词tsɤ⁵⁵“越”重复使用而构成的。例如：

tsɤ⁵⁵pɿ⁵⁵pa⁵³tsɤ⁵⁵mo⁵⁵　　　　　　　　越飞越高

越　飞（连）越 高

tsɤ⁵⁵tshu³¹pa⁵³tsɤ⁵⁵mo⁵⁵　　　　　　　越跑越远

越　跑（连）越　远

tsɤ⁵⁵tsɔ³¹pa⁵³tsɤ⁵⁵tsɔ³¹mɯ³¹　　　　　越吃越想吃

越　吃（连）越 吃 想

tsɤ⁵⁵kɔ³¹jɔ³¹pa⁵³tsɤ⁵⁵ɕi³¹xaŋ³³　　　　越想越高兴

越　想　（连）越 高兴

六　数量短语

1. 碧约话属于量词丰富的语言。在短语结构中，数词和量词的结合是强制性的，二者必须同时出现。例如：

ko³¹ȵi⁵⁵thɯ³¹tsɿ³¹　　一把青菜　　　mu³¹thɯ³¹jɯ³³　　　　一种马

菜青　一　把　　　　　　　　马　一　种

ji³³mi³³thɯ³¹tsɿ³¹　　一串葡萄　　　khɔ³¹ʂɿ³³thɯ³¹o⁵⁵　　　一次考试

葡萄　一　串　　　　　　　　考试　一　次

ji³¹khɔ³¹pɣ³³ti³³tʂɿ⁵⁵pɔ³¹thɯ³¹kuŋ⁵⁵tu⁵⁵ki⁵⁵phi³⁵pa⁵³.　他喝了满满一瓶的酒。

他　满的酒　　一　瓶　喝　完（貌）（体）

ji³¹khɔ³¹ŋɔ³¹tshɯ⁵⁵li³¹kɯ³³ja⁵⁵mɔ³³jo³¹phi³⁵pa⁵³.　　他走了足足有五十里的地。

他　　五十　里　的　地　走（貌）（体）

2. 数量短语的句法功能

（1）数量短语做主语

e⁵⁵ɔ³¹tshɣ⁵⁵tshɣ⁵⁵kɯ³³thɯ³¹kɔ³¹ŋɔ³³kɯ³³a³³pa³¹ŋe³³.　胖胖的那个是我爸爸。

那　胖胖　　的　一　个　我　的　爸爸　是

ʂɿ⁵⁵phi³¹kɯ³³e⁵⁵thɯ³¹mo⁵⁵ŋa⁵⁵ma³¹ɕi³¹xuaŋ³³kɯ³³.　死的那一只是我不喜欢的。

死（貌）的　那　一　只　我　不　喜欢　　的

tɕhɿ⁵⁵khɯ⁵ta⁵⁵mo⁵⁵phi³¹thɔ³¹kɯ³³e⁵⁵thɯ³¹kɔ³¹ji³¹khɔ³¹kɯ³³jo³¹mi³¹ŋe³³.

头发　长　编　着　的　那　一　个　他　的　女儿　是

梳着长辫子的那个是他女儿。

（2）数量短语做宾语。

thɯ³¹tueŋ³³thɯ³¹ti⁵⁵ʂɿ⁵⁵tɕiŋ⁵⁵ŋe³³.　　　　　　一吨是一千斤。

一　顿　一　千　斤　是

ŋɔ³¹khue³¹pha⁵⁵la³¹.　　　　　　　　　　　借（我）五块钱。

五　块　借（人）

xe³⁵mu³¹thɯ³¹jɯ³³thɯ³¹o⁵⁵ne̠³¹ja³³tɕiŋ⁵⁵thɔ³⁵tshɣ⁵⁵.　这种马一次能驮两百斤。

这　马　一　种　一　次　两百斤　驮　能

ŋa⁵⁵thɯ³¹ka³³a³¹tha³³mɔ³¹khɯ³³ji³³ku³³.　　　我什么地方都没去过。

我　一　处　　都　没　去　　过

（3）数量短语做状语。数量短语做状语置于动词之前，表示动作持续的时间、发生的频率等。

ɔ³¹xo⁵⁵ɕɿ³¹ȵi⁵⁵xo⁵⁵phi³¹xa⁵⁵mɔ³¹ tʂɿ⁵⁵li³³.　　雨下了三天没停。

雨　三　天　下（貌）（连）没有　停

no³¹v³³thɯ³¹la̱³¹ko³¹no³¹!　　　　　　　　你们休息一会儿！

你们　一　下　休息

ŋo³³kɯ³³tsɣ̱³¹pha̱³¹thɯ³¹tho⁵⁵thɯ³¹lo³³o³¹tɕi³¹kɣ̱³¹phi³¹.

我　的　腰带　　一　副　一月　多　绣　（貌）

我的一副腰带绣了一个多月。

ŋa⁵⁵a³¹xa̱³¹to³¹ɕɿ³¹khɣ̱³¹ɕo³⁵phi³⁵pa⁵³　a⁵⁵xa⁵⁵pe̱³¹kɯ³³mo³¹mo̱³³.

我　汉语　话　三年　学（貌）（体）但是　说（补）不　好

我虽然学了三年汉语，还是说不好。

3. 数量短语的语义功能

数量短语的原始功能是计量。在语言发展的过程中，量词的功能逐渐向计量以外的功能扩张。碧约话属于量词较为发达的语言，数量短语除了具有计量功能外还具有指代、转指等功能。

（1）数量短语的指代功能

指数量短语能够单独充当名词性短语的核心，转指某个特定的事物、动作或事件。

ŋa⁵⁵xe³⁵thɯ³¹tɕhi̱³³v⁵⁵mɯ³¹.　　　　　　　　我想买这件。

我　这　一　件　买想

e⁵⁵thɯ³¹khv̱³¹ji³¹kho³¹mo³¹tso³¹.　　　　　　他没吃那碗。

那　一　碗　他　　没吃

nv⁵⁵a³¹sɿ̱³¹thɯ³¹tɕhi̱³³ti³³.　　　　　　　　你穿那件新的吧。

你　新　一　件　穿

a³¹tha̱³¹thɯ³¹lo³³e⁵⁵thɯ³¹o⁵⁵mi⁵⁵kɯ⁵⁵　mo̱³³e³³.　上个月那次，做得不错。

上面　一　月　那一　次　做得　好

（2）数量短语的转指功能

指的是数量短语在句中表达的并非所指的单位，而是一个虚化的量。例如thɯ³¹ɲi³³"一天"通常表示不定时，其语法意义大致相当于"迟早"或"经常"。

nv⁵⁵xo³³mu³³（fv̱³³）ŋɯ³³xa³³thɯ³¹ɲi³³no³¹jo³¹tsu³³ŋe³³.　你迟早会离开的。

你　什么　时候　　都　一　天（语）走要（语）

ji³¹kho³¹ko³¹xo³¹fv⁵⁵a³³thɯ³¹o⁵⁵ko³¹sv³³tsɿ³³po³¹tu⁵⁵ŋe³³.　他以前经常喝酒。

他　　以前时　一　次　每　酒　喝（语）

thɯ³¹o⁵⁵"一次"也有类似用法，其语法意义大致相当于"每次"。例如：

thɯ³¹o⁵⁵ko³³sv³³mi⁵⁵mo̱³³e³³.　　　　　　　　次次都要做好。

一次　每　　做好

类似的例子还有：

thuɯ³¹ȵɛ³¹tɔ³³xɿ³³ɔ³¹po⁵⁵xɔ³¹tɕi³¹tɕhɿ³³khɔ³¹tɕhɿ³³phi³⁵pa⁵³.

一　　两砍　（连）竹子　好几　　段　　砍　　断（貌）（语）

三两下就把竹子砍成了几截。

phi³¹li³¹pha³¹la³¹ma³³tha³¹la³¹xɿ³³kʋ³¹tsha³¹tʂhɿ³¹so⁵⁵phi³⁵ pa⁵³.

稀里哗啦　　　　地　一　　下（连）菜　　　洗　干净（貌）（体）

稀里哗啦几下就把菜洗干净了。

kha⁵⁵ȵi³³a³³thuɯ³¹o⁵⁵xa³³nɔ³⁵xɿ³³mɔ³¹ji³³mɔ³¹la⁵⁵pa⁵³.

所有天　一　　次　都　你　跟　不　去　不　来（体）

以后永远不跟你来往了。

thuɯ³¹ȵɛ³¹phʋ⁵⁵tshɿ⁵⁵tɕu³³tshɿ⁵⁵khɛ³³pa⁵³.　　拉几下就拉开了。

一　　两　　次　拉　就　拉　开（体）

七　比况短语

比况标记sʋ³³、sʋ³³tʋ⁵⁵ "似的、一样"与表示喻体的名词或短语连接组成。例如：

ŋɔ³¹sɔ³¹sʋ³³	鱼似的	ke³sʋ³³kɯ³³ɔ³¹jo³¹nɯ³³	像针一样（细）
鱼　像		针　像　的　小　细	
mi⁵⁵lo³¹tsɔ³¹phɿ³³sʋ³³	闪电似的	mu³¹sʋ³³pɔ³³tʋ³³	箭也似的
闪电　　　像		箭　打　像	
pɿ⁵⁵kɔ³³kɯ³³sʋ³³	飞也似的		
飞　　的　像			
tshu⁵⁵jo³¹jo³¹kɯ³³sʋ³³	发疯似的		
疯　　　　的　像			

八　方位短语

方位短语由名词加方位词构成。方位词位于名词之后表示以该名词为参照的空间、时间位置，具有名词特征。例如：

phʋ³³lʋ⁵⁵tsa³³	村里	ɯ⁵⁵tsha⁵⁵tsa³³	汤里
村　里		汤　里	
v⁵⁵tshʋ³¹tsa³³	水里	ɕaŋ³³tsɿ³¹tsa³³	柜子里
水　里		柜子　里	
jɿ⁵⁵kho⁵⁵ɔ³¹kho⁵⁵lia⁵⁵	屋子里	jo³¹mɔ³³nɔ⁵⁵pja³³	山那边
屋子　里面		山　那边	

ja⁵⁵mɔ³³ɔ³¹ko³³lia³³　　　　　　　　　　路中间

路　　　中间

ji³¹tsa³³tsu³³kɯ³³kɔ³³xo³¹　　　　　　　睡觉之前

睡觉　要　的　前面

xo³¹tsɔ³¹tsu³³kɯ³³kɔ³³xo³¹　　　　　　吃饭之前

饭　吃　要　的　　前面

tsɔ³³tsɿ³³tsa³³thi³¹ti⁵⁵thɯ³¹pa³¹tsa³³.　　桌子上有把钥匙。

桌子　　上钥匙　一　把　有

xe³⁵jo³¹mɔ³³thɯ³¹sɿ³¹e⁵⁵jo³¹mɔ³³thɯ³¹sɿ³¹ɔ³¹ko³³lia³³lo⁵⁵jo³¹thɯ³¹khɯ⁵⁵ tsa³³e³³.

这　山　一　座那山　　一　做　之间　　河小　一　条　有（语）
这座山和那座山之间有条小河。

九　兼语短语

碧约话的兼语短语的基本语法形式是 N+V₁+ V₂。其中，N 是 V₁ 动作的受事者，也是 V₂ 动作的发出者，其后需要带宾格助词tsu⁵⁵。V₁ 指向句子的主语（可能不出现），V₂ 指向句子的宾语 N。例如：

ji³¹khɔ³¹tsu⁵⁵khv⁵⁵la³¹.　　　　　　　　喊他来。

他　（受）　叫　来

ji³¹khɔ³¹tsu⁵⁵pi³³ki³¹/³³va̠³¹.　　　　　　让他过去。

他　（受）让　过去

ɔ³¹su⁵⁵tsu⁵⁵pi³³ji³³?　　　　　　　　　派谁去？

谁　（受）让　去

ɔ³¹pɿ⁵⁵lo⁵⁵pɔ³¹a³¹ka̠³¹ki³¹/³³ji³³.　　　　　赶鸭子下水。

鸭子　河里（方）赶　进　去

ji³¹khɔ³¹tsu⁵⁵tshɯ⁵⁵xɿ³¹ɕaŋ³³pi³¹mi⁵⁵mɯ³⁵.　选他当乡长。

他　（受）选（连）乡长　　做　想

ji³¹khɔ³¹tsu⁵⁵khv⁵⁵li³³xɿ³³nɔ³⁵tsu⁵⁵mɯ³⁵tsɿ³¹ji³¹pa⁵⁵ji³¹lɤ³³la³¹.

他　（受）　叫去（连）你（受）麦子　割　帮　去来（人）
求他帮你割麦子。

tshu⁵⁵thɯ³¹kɔ³¹khv⁵⁵li³³va̠³¹pa⁵⁵ʂɿ⁵⁵/³¹lɯ³¹.　喊人帮着杀猪。

人　　一个喊　去猪　帮杀　（人）

部分嵌套主谓短语的述宾短语也可以表达与兼语短语同样的意义，但句法结构不同。试比较：

A 兼语短语：ji³¹khɔ³¹tsu⁵⁵xo³¹khv⁵⁵tsɔ³¹la⁵⁵ᐟ³¹　　　　　叫他来吃饭。

　　　　　他　　（受）饭　叫　吃来

　　　　　　　　　N　　　V₁　V₂

B 嵌套短语：ji³¹khɔ³¹tsu⁵⁵xo³¹tsɔ³¹la⁵⁵ti³³khv⁵⁵pi³¹　　　　叫他来吃饭。

　　　　　他　　（受）饭　吃来（引）叫给

　　　　　──N──────　　V₂　　V₁──

　　　　　主谓短语──────────

　　　　　　　　　　述宾短语

　　并不是所有的兼语短语都可以与这种嵌套短语表达相同的意义。当 V₁ 是"请"、"派"等词语时，只能使用兼语短语。当 V₁ 是心理动词时，只能使用嵌套结构。例如：

ŋa⁵⁵n̠i³³ji³¹khɔ³⁵tsu⁵⁵khv⁵⁵la³¹ŋɯ³³.　　　　　我请他来。

我（施）他　（受）叫来（人）

tshueŋ⁵⁵tsaŋ³¹nɔ³⁵tsu⁵⁵pi³³li³³.　　　　　　村长派你去。

村长　　你（受）使去

ji³¹khɔ³¹la⁵⁵kɯ³³ŋa⁵⁵sɿ³¹la³¹lɯ³³.　　　　　我知道他来。

他　来（引）　我知道　（人）

tshueŋ⁵⁵tsaŋ³¹nv⁵⁵li³³ti³³kɔ³¹jɔ³¹ŋe³³.　　　　村长希望你去。

村长　　　你去（引）希望（语）

第二节　句法成分

　　碧约话的基本句法成分有主语、谓语、宾语、定语、状语和补语等 6 种。基本句法成分中主语和谓语是主干成分，宾语、定语、状语、补语是次要成分。

一　主语

　　主语是谓语陈述的对象，一般位于谓语之前，是句子的主干成分。

　　（一）充当主语的成分

　　充当主语的一般是体词性成分，如名词、代词、名物化结构、数量短语、修饰短语、并列短语、述宾短语、述补短语和主谓短语等。

　　1. 名词充当主语

　　普通名词、专有名词、方位名词和时间名词做主语。

　　（1）普通名词做主语。例如：

ji³¹khɔ³¹tsu⁵⁵jv⁵⁵kv³¹thɔ̠³¹xɪ³³kha³¹ji³¹kha⁵⁵thɯ⁵⁵pɯ³¹ŋe³³.

他　　（受）蚊子　咬　得　到处　　　　抓　（语）

蚊子咬得他到处乱抓。

（2）专有名词做主语。例如：

tsuŋ³³kɔ³¹ŋɔ³¹tshɯ⁵⁵khɔ³¹jɪ³³kɯ³³tshu⁵⁵tsu³³.　　　中国有五十六个民族。

中国　　五十　　　六　家的　人　有

thɣ̠³¹lv⁵⁵mɔ̠³³kɯ³³mi̠⁵⁵mɔ³³e³³.　　　　　　　墨江是个好地方。

墨江　　好　的　地方　（语）

（3）方位名词做主语。例如：

a³¹thạ³¹jɪ⁵⁵jɔ³¹ŋe³³，a³¹vạ³¹po³³to³¹ŋe³³.　　　上面是卧室，下面是厨房。

上面　卧室（语）　下面　厨房（语）

kha⁵⁵jɪ³¹kha⁵⁵thɯ⁵⁵tshu⁵⁵tsu³³.　　　　　　　到处是人。

到处　　　　　人　有

kɔ³³xo³¹lia³³ŋɔ³³to⁵⁵ŋe³³.　　　　　　　　前面是我家。

前面　　我　家　是

（4）时间名词做主语。例如：

tshɯ̠³¹nạ³³nɛ̠³¹ti⁵⁵sɪ⁵⁵xɪ³³tshu⁵⁵ɕɪ⁵⁵khɣ³¹ŋe³³.　今年是二〇一三年。

今年　　两　千　（连）十　三　年　是

jɔ³¹mɯ⁵⁵tɕi³¹s̩³¹seŋ³¹xɪ³³ŋɔ³¹tshɯ⁵⁵fvŋ³³.　　现在九点五十了。

现在　　九　　点（连）五十　　分

ji³³sɣ̠³¹khɣ³¹s̠³¹ŋe³³pa⁵³.　　　　　　　　明天就是新年了。

明天　年　新　是　（体）

2. 代词充当主语

人称代词、泛指代词、疑问代词和指示代词等做主语。

（1）人称代词做主语。例如：

ŋa⁵⁵kɔ³¹tʂʰɯ̠³¹thɯ³¹tɕi⁵⁵v⁵⁵la³¹pa⁵³.　　　我买了一套衣服。

我　衣服　一　套　买来（体）

nv⁵⁵ŋɔ³⁵phɔ³¹thɪ⁵⁵thɪ⁵⁵na⁵⁵phi³⁵pa⁵³.　　　你踢疼我了。

你　我　脚　踢（貌）疼　（貌）（体）

nv⁵⁵mi³¹kɯ³³xo³¹ŋe³³pa⁵³.　　　　　　　你说得对。

你　说　的　对　是（语）

（2）泛指代词做主语。例如：

ji⁵⁵tsu³¹ma⁵⁵xo³¹tsɔ³¹ji³³!　　　　　　　大家去吃饭吧！

大家　　饭　吃　去

（3）疑问代词做主语。例如

khue³³mɪŋ³¹a³¹ɔ³¹su⁵⁵li³³pɪ⁵³?　　　　　　谁去昆明了？

昆明　　（话）谁　去（语）

xɔ³³mu³³fv³³thɣ³¹lv⁵⁵kɔŋ³³ɕɔ³³tshɣ³³tsa³³pɪ⁵³?　什么时候墨江也有公交车了？

什么时候　墨江　　公交　　车　有（语）

（4）指示代词做主语。例如：

xe³⁵ʂɿ³³luɯ³¹ji⁵⁵tsu³¹ma⁵⁵pe̠³¹ji³³thɔ³¹kuɯ³³ŋe³³!　这些都是坏掉的！

这些　　　全　　　　坏去了　的　是

e⁵⁵ŋɔ³³kuɯ³³tshɣ³³mɔ³¹ŋe³³.　　　　　　　那不是我的车。

那　我　的车　　不　是

3. 数词充当主语

表示日期的数词能单独做句子的主语。例如：

khɣ³¹ʂɿ³¹thuɯ³¹tshuɯ⁵⁵khɔ³¹ja³¹tsa³³li³³tsa³³jɔ³¹ ŋe³³.　正月十五是元宵节。

新年　　一　十　　五　　日过年　小年　是

thuɯ³¹ja⁵⁵ma³³nɔ³¹tshuɯ⁵⁵ma³³kuɯ³³tshuɯ⁵⁵fvŋ⁵⁵.　　一百是十的十倍。

一百　　个（话）十　个　的　十　　倍

thuɯ³¹pa⁵⁵li⁵⁵mɔ³¹tɕhi⁵⁵pa⁵³.　　　　　　　气消了一半。

一　　半　没　气　（体）

5. 短语充当主语

（1）同位短语做主语。例如：

nv⁵⁵jo³¹mo³¹mo³¹lv³¹xɔ⁵⁵luɯ³¹tsa³³?　　　你老人家高寿？

你　老人　　　　多少　有

ŋɔ³³vʑ³³tɕi³¹faŋ⁵⁵jun³³mɔ³¹thɪ⁵⁵tɔ³¹kɔ³¹mɣŋ³¹ŋe³³.　我们解放军不是好惹的。

我们　解放军　　不　碰　动能　　（语）

ɔ⁵⁵vʑ³³kuŋ³³jeŋ³¹kɔ³¹ɕa³³kuɯ³³ji⁵⁵sɿ⁵⁵ŋe³³.　　我们工人是国家的主人。

我们　工人　国家　的　主人　是

（2）数量短语充当主语。例如：

thuɯ³¹mi³¹lɣ³¹ma³¹lɣ³?　　　　　　　　一米够不够？

一米　　够不　够

thuɯ³¹tueŋ³³thuɯ³¹ti⁵⁵sɿ⁵⁵tɕiŋ⁵⁵ŋe³³.　　　一吨是一千斤。

一顿　　　一　千　斤　（语）

thuɯ³¹tɕiŋ⁵⁵tshuɯ⁵⁵lɔŋ³¹ŋe³³.　　　　　　一斤是十两。

一斤　　十两　　是

thuɯ³¹lɔ³³ɕɪ³¹tshuɯ⁵⁵n̠i³³ŋe³³.　　　　　　一个月三十天。

一　月　三十　　天　是

thɯ³¹khv³¹tshɯ⁵⁵n̠ɛ³¹lɔ³³ŋe³³.　　　　　　　　　　　一年十二个月。
一年　　十二　　　月

有对比关系的复句中，数量结构后要加话题助词nɔ³¹。

thɯ³¹kɔ³¹nɔ³¹n̠i⁵⁵tv³³la³³mia⁵³li³³，thɯ³¹kɔ³¹nɔ³¹n̠i⁵⁵kɔ³³ji³³mia⁵³ji³³.
一　个（话）东　　面　去　一　个（话）西　　面　　去
一个朝东走，另一个朝西走。

（3）指量短语充当主语。例如：

数量短语与指示代词连用构成指量短语，在句中能做主语。例如：

xe³⁵khɯ⁵⁵xɯ³¹，e⁵⁵khɯ⁵⁵nɯ⁵⁵.　　　　　　　　　　　这根（棍子）粗，那根细。
这根　粗　那根细

xe³⁵thɯ³¹mo⁵⁵mɔ³¹mɔ̠³³e³³，e⁵⁵thɯ³¹mo⁵⁵mɔ̠³³e³³.　　这只（羊）不好，那只好。
这　一　只　不　好　　那　一　只　好

xe³⁵thɯ³¹sŋ³¹ta⁵⁵mo⁵⁵tsŋ⁵⁵mo⁵⁵ŋe³³.　　　　　　　　　这座山真高。
这　一　座　高　　很　　（叠）

e⁵⁵thɯ³¹kɔ³¹tsŋ³¹mɔ³³ŋe³³.　　　　　　　　　　　　　那个人是当官的。
那　一　个　官　　是

xe³⁵thɯ³¹saŋ³³lɔ³¹khɪ⁵⁵sŋ³¹tshɔ³³.　　　　　　　　　这一阵只加工茶叶。
这　一　阵　茶叶　只做

xe⁵⁵thɯ³¹kɔ³¹ŋɔ³³mɔ³³ŋe³³.　　　　　　　　　　　　这是我妈妈。
这　一个　我　妈妈　是

e⁵⁵tsa³¹tshɯ⁵⁵thɯ³¹kɔ³¹xa³³mɔ³¹ji³³kha³¹e³³.　　　　那里没人敢去。
那　人　一个　都　不　去　敢

（4）修饰短语充当主语。例如：

jɔ³¹mɪ⁵⁵kɯ³³pɔ³³lɔ³³ to³³lo³³tsŋ⁵⁵lo³³ŋe³³.　　　　　　今晚的月亮真圆。
今晚　的　月亮　圆　　很　（叠）

xe³⁵ço³¹xɔ³³mɔ³³sŋ³³lɯ³¹thɯ³¹kɔ³³sv³¹tŋ³¹kɔ³¹mɔ̠³³e³³.　这些姑娘个个都好看。
这　姑娘　　这些　每个　　好看　　（语）

ço³⁵svŋ³³thɯ³¹kɔ³¹la³³kɔ³¹tshau³³tshaŋ³¹a³¹khɯ³³li³³pa⁵³.
学生　一个半个　　操场　（方）去（体）
有些学生到操场去了。

ka̠³¹ma⁵⁵ka̠³¹kɯ³³v³¹lv⁵⁵a³¹　çɔ³¹xɔ³³mɔ³³tsŋ⁵⁵tɕhɪ³¹mi⁵⁵kɯ³³ŋe³³.
漂亮　　　　的　帽子（话）小姑娘　自己　　做　的　是
漂亮的帽子是姑娘自己做的。

xe³⁵va̠³¹thɯ³¹mo³³tsu⁵⁵ɔ³¹tɯ⁵⁵tɯ⁵⁵ti³¹kɔ⁵⁵phɔ³¹phi³⁵pa⁵³.
这　猪　一头（被）紧紧　地　捆住（貌）（体）

这头猪被紧紧地捆住了。

la̠³¹ta̠³¹kɯ⁵⁵kuɯ³³çɔ³¹xɔ³³mɔ³³ji³¹khɔ³¹a³³tɕe̠³¹ŋe³³. 唱歌的那个姑娘是他姐姐。

唱歌　　的　姑娘　　他　　姐姐　是

ji³¹n̠i³³la̠³³kuɯ³³tshu⁵⁵thuɯ³¹kɔ³¹çiŋ⁵⁵tsaŋ³¹ŋe³³. 昨天来的那个人是县长。

昨天　来　的　人　一　个　县　长　　是

（5）并列短语充当主语。例如：

a³³pa³¹ɔ³¹mɔ³³khɔ³¹tshuɯ⁵⁵khɣ³¹tsa³¹la̠³³tsu³³ŋe³³pa⁵³. 爸爸妈妈快六十岁了。

爸爸　妈妈　六十　　岁　有　快　（体）（体）

sɔ³¹tʂ̩³³pɔ³¹thuɯ³¹tsa⁵⁵tsṇ³³ma³³ke̠³³ta̠³³thɔ³¹e³³pa⁵³. 酒肉摆满了桌子。

肉　酒　一　桌子（状）摆　（貌）（体）

khɔ̠³¹jɔ̠³¹tsʋ³³tɹ⁵⁵xa³¹ma³¹tsa³³. 碗筷都没有。

碗　　筷　都　没　有

tshɔ̠³¹me̠³¹s̩³¹phi⁵⁵a³³tɕi³³ɔ³¹tʂ̩³³pɪ³³kɪ³³. 盐和辣椒多放一点儿。

盐　　辣椒　多　一点　放进

çɔ³¹xɔ̠³¹tsṇ³³çɔ³¹xɔ³³mɔ³³ji⁵⁵tsu³¹ma⁵⁵ɔ³¹nv⁵⁵lia⁵⁵kɔ³¹mɔ³³mɔ³³tsɔ³¹kɔ³³ ji⁵⁵pa⁵³.

小伙子　小姑娘　都　　　外地　打工　　吃　（体）（体）

年轻人们都去外地打工了。

（6）主谓短语充当主语。例如：

主谓短语加名物化标记构成名物化短语后做主语。例如：

ɔ³³v³³phv³³lv⁵⁵mɯ³⁵tsṇ³¹khɔ³³kuɯ³³a³¹tha̠³¹kuɯ³³tʂ̩³¹mɔ³³n̠i³³puɯ⁵⁵pi̠³¹ŋe³³.

我们村　麦子　种　的　上面　的　官（施）分给　是

我们村种麦子，是县里的安排。

ŋa⁵⁵ue³³ju³¹çɔ³⁵kuɯ³³ŋɔ³³kuɯ³³a³³pa³¹n̠i³³mi³¹ŋe³³. 我学外语，是我爸爸的意思。

我　外语　学　的　我　的爸爸（施）说　是

（7）方位短语充当主语。例如：

e⁵⁵pja³³n̠i⁵⁵mɔ³³tɣ³³la³¹pa⁵³.那边出太阳了。

那边　太阳　出来　（体）

tsho³¹thɔ³¹a³³tshu⁵⁵phuɯ³¹kɔ⁵⁵tshuɯ³¹thɔ³¹e³³. 墙上挂着照片。

墙上　（方）照片　挂　　着

jo³¹mɔ³³a³³ja̠³³khɔ³¹khɔ³³thɔ³¹e³³. 山上种着烟叶。

山上　（方）烟叶　种　着

po³³tɔ³¹a³³ɔ³³nɪ⁵⁵nɪ³¹tɣ³³la³¹ji⁵⁵pa⁵³. 厨房里飘出来浓浓的香味。

厨房　（方）香　　出来　（体）

5. 名物化结构充当主语

动词、形容词、述宾短语不能直接做句子的主语，而是先加名物化标记构成名物化结构后，才能充当句子的主语。常用的名物化标记有kɯ³³、pa⁵³。

（1）动词名物化结构做主语。例如：

ka³¹ʂɿ⁵⁵kɯ³³pi³¹n̠i⁵⁵kɯ³³tsɣ⁵⁵mɔ³³.　　　　　　笑比哭好。
笑　　　的　比哭的　更　好

to³¹tɿ³¹to³¹tɿ³¹pa⁵³tsɣ⁵⁵mɔ³³e³³.　　　　　　活动活动有好处。
活动　活动 的话 更 好（语）

lɿ⁵⁵kɯ³³pi³¹tshạ³¹kɯ³³tsɣ⁵⁵mɿ⁵⁵.　　　　　　烤的比煮的更好吃。
烤　的 比煮　的　更 好吃

tsɿ⁵⁵tɕhɿ³¹mi⁵⁵kɯ³³pi³¹v⁵⁵kɯ³³tsɣ⁵⁵mɿ⁵⁵.　　　　自己做的比买的更好吃。
自己　做　的 比买 的　更 好吃

jɔ³¹mɯ⁵⁵tsɔ³¹kɯ³³tsa³³ti³³kɯ³³tsa³³，xa⁵⁵tshu³³xa⁵⁵mɔ³¹tɕi³³kɔ³¹je³³.
现在　吃的有穿　的　有　什么　　不　急　得（语）
现在吃的也有，穿的也有，什么都不缺。

（2）形容词名物化结构做主语。例如：

ɔ³¹khɔ³¹khɔ³¹kɯ³³ɔ³¹mu⁵⁵tsu⁵⁵tɣ⁵⁵mɔ³³ŋe³³.　　苦的对身体好。
苦　　　　的 身体 （受）更 好（语）

ta⁵⁵mo⁵⁵mo⁵⁵kɯ³³a⁵⁵kɔ³³ŋe³³，tɕ³¹kɛ³³ kɛ³³kɯ³³n̠i⁵⁵tʂɿ³¹ŋe³³.
高　　　　的 哥哥 是 矮　　　的 弟弟 是
高的是哥哥，矮的是弟弟。

ɔ³¹phɣ⁵⁵phɣ⁵⁵kɯ³³sɔ³¹lɔ³¹ŋe³³ɔ³¹ʂɿ⁵⁵ʂɿ⁵⁵kɯ³³tɕhɿ⁵⁵ŋe³³.
白　　　　的 棉花 是 黄　　的 谷子 是
白的是棉花，黄的是谷子。

（3）述宾短语做主语。述宾短语一般不能直接做主语，需要与引语助词kɯ³³搭配形成名物化结构后做句子的主语。例如：

jɔ³¹n̠i⁵⁵tshɣ³³kɯ³³tsɿ⁵⁵kɔ³¹kɿ³³ŋe³³.　　　　　养孩子很辛苦的。
孩子　养（引）很 辛苦 （语）

kuŋ³³sɿ³³thɯ³¹ma⁵⁵khɛ³¹kɯ³³tɕhɣŋ³¹xɔ⁵⁵lɯ³¹mi⁵⁵mɯ³¹ja³¹？
公司　一家 开（引）钱　多少 要　　（语）
开一家公司需要多少钱？

tho³³la³³tɕi³³thɯ³¹ma³³v⁵⁵kɯ³³ŋɛ³¹ti⁵⁵ʂɿ⁵⁵mi⁵⁵mɯ³⁵.
拖拉机　一 台 买（引）两 千 要 想
买一台拖拉机要两千块钱。

v⁵⁵ki⁵⁵phɿ³³mɔ³³tɯ³¹kɯ³³tshueŋ³³tsa³³kɯ³³tʂɿ³¹mɔ³³ŋe³³.
牛皮鼓　　 打（引）村　 里的 官　是

打牛皮鼓的是村长。

ŋa⁵⁵jɔ³¹mi³¹ja³¹jo³¹khɪ³³thɔ³¹kɯ³³a³³pa³¹ɔ³¹mɔ³³tsu⁵⁵kɔ³¹jo³¹khɛ³¹mɯ³¹ŋe³³.

我 女儿 儿子 做（貌）（引）爸爸 妈妈 （受）想 会 要（语）

做子女的应该孝顺父母。

（4）主谓短语做主语

主谓短语不能直接做主语，需要与助词搭配后形成名物化结构后置于句首，充当句子的主语，形成"主谓短语+kɯ³³/ti³¹+谓语"的结构。例如：

ŋa⁵⁵ma³¹sʅ³¹la̠³¹kɯ³³mɔ³¹ŋu³³.　　　　　　不是我不明白。

我 不 明白（引）不 是

ji³¹khɔ³¹ŋɔ³⁵tsu⁵⁵ma³¹taŋ⁵⁵jɪŋ⁵⁵ti³¹ma³¹tɕhi³³khɛ³⁵.　　他不会不答应我的。

他 我（受）不 答应 （引）不 会

ji³¹khɔ³¹mɔ³¹lɣ³³ti³¹ma³¹tɕhi³³kha³¹/³³e³³.　　　他不敢不来。

他 不 来（引）不 会 敢

（二）主语的语义类型

从主语和谓语的意义关系上看，主语可分为三种：

1. 施事主语。这种主语是动作、行为的发出者。例如：

ŋa⁵⁵ji³¹khɔ³⁵tsu⁵⁵sʅ̠³¹la̠³¹.　　　　　　　我认识他。

我 他 （受）认识

jo³¹vɣ³³ji⁵⁵tsu³¹ma⁵⁵mi³¹tsɔ³¹khɔ̠³¹ji³³pa⁵³.　　他们都去砍柴了。

他们 都 柴 砍 去（体）

2. 受事主语。这种主语是动作、行为的承受者。例如：

pi³¹khɔ³³ji⁵⁵tsu³¹ma⁵⁵ŋe̠³¹ki⁵⁵phi³⁵pa⁵³.　　　螃蟹都被捉光了。

螃蟹 都 捉光（貌）（体）

jo³³vɣ³³to⁵⁵kɯ³³jɪ⁵⁵kho⁵⁵jo³¹vɳ̍³³phi̠³³phi³⁵pa⁵³.　　他们家的屋子被人烧了。

他们家 的 房子 他们那些 烧 （貌）（体）

sʅ⁵⁵ma⁵⁵mɔ̠³³kɯ³³ɕɪ³³khɔ³¹nɔ³¹nv⁵⁵thɔ³¹phi̠³¹le⁵³.　这样的好事你可别错过了。

这样 好 的 事情 （话）你 别 丢 （语）

jɪ⁵⁵kho⁵⁵tshv³³mɔ̠³³phi³⁵pa⁵³.　　　　　　房子盖好了。

房子 盖 好（貌）（体）

xe³⁵ɯ⁵⁵ja⁵⁵sʅ̠³³lɯ³¹jɪ⁵⁵tsu³¹ma⁵⁵ji³¹khɔ³¹ȵi³³tshv³³（kɯ³³）ŋe³³.

这 田 些 全 他 （施） 的 是

这些田全是他种的。

3. 当事主语。这种主语既不是施事，也不是受事，而是判断、描写、说明的对象。例如：

jɔ³¹ni⁵⁵thɯ³¹kɔ³¹tso⁵⁵kuɯ³³mʅ³³e³³.　　　　　只生一个孩子好。

孩子　一　个　生　的　好

xe⁵⁵ɕɿ³³khɔ³¹thɯ³¹ma⁵⁵ji³¹khɔ³⁵tsu⁵⁵ thɔ³¹phiŋ⁵⁵tsɔ³¹.　这件事不能怪他。

这　事情　一　件　他　（受）别　怪　吃

ŋɔ³³to⁵⁵va̠³¹thɯ³¹mo⁵⁵tshu³¹phi̠³¹phi³⁵pa⁵³.　　　我家丢了一头猪。

我　家　猪　一　头　跑　丢（貌）（体）

ŋa⁵⁵ne̠³¹khv³¹tsɔ³¹pa⁵³pv³³la³³ pa⁵³.　　　　　我吃两碗就饱了。

我　两　碗　吃（连）饱（人）（体）

二　谓语

谓语是对主语加以说明的成分。一般位于宾语之后、句子的后半部分。

（一）充当谓语的成分

谓语一般由动词、形容词充当。此外，名词、量词短语、主谓短语、名物化短语等也都可以充当谓语。

1. 动词做谓语。例如：

ɔ³¹su⁵⁵sɔ³¹kɔ³¹v⁵⁵mi⁵⁵mɯ³⁵？　　　　　　谁要买书？

谁　　书　买　想要

ŋa⁵⁵ɕɔ³⁵thaŋ³¹khɯ³³li³³pa⁵³.　　　　　　我去上学了。

我　学校　　去　　（体）

2. 形容词做谓语。例如：

xo³¹ɔ³³nɿ⁵⁵nɿ⁵⁵.　　　　　　　　　　　饭香喷喷的。

饭　香香　的

mɿ³¹khv̠³³ɔ³¹nɯ⁵⁵nɯ⁵⁵.　　　　　　　　嘴巴红红的。

嘴巴　红　（叠）

xe³⁵khɯ⁵⁵xɯ³¹, e⁵⁵khɯ⁵⁵nɯ⁵⁵.　　　　　这根（棍子）粗，那根细。

这　根　粗　那　根　细

xe³⁵thɯ³¹mo⁵⁵mɔ³¹mʅ³³e³³, e⁵⁵thɯ³¹mo⁵⁵mʅ³³e³³.　这只不好，那只好。

这　一　只　不　好　那　一　只　好

3. 名词/名词性短语作谓语。例如：

tsʅ̠³¹ne̠³³ɕɿ⁵⁵khv̠³¹na̠³¹ja³¹mu³¹khv̠³¹.　　今年蛇年，明年马年。

今年　　蛇年　明年　马　年

ŋa⁵⁵thv̠³¹lv⁵⁵kuɯ³³tshu⁵⁵, ji³¹khɔ³¹khue³¹mɿŋ³¹kɯ³³tshu⁵⁵.

我　墨江　的　人　他　昆明　的　人

我是墨江人，他昆明人。

4. 数词/数量短语做谓语。例如：

jɔ³¹ɲi³³ŋẹ ³¹lɔ³³kɯ³³ŋẹ ³¹ja³¹.　　　　　今天二月初二。

今天　二月　的　二　天

pɯ³¹tshe⁵⁵thɯ³¹khue³¹sɔ³¹khɔ³¹ŋẹ ³¹khue³¹.　白菜一元，黄瓜两元。

白菜　　　一　元　黄瓜　两　元

5. 主谓短语做谓语，构成主谓谓语句。例如：

xe³⁵thɯ³¹kɔ³¹nɣ ³³mɔ³³mɔ ³³.　　　　　这个人心肠好。

这　一　个　心　好

nɔ³¹po³¹po³¹kɯ³³tshu⁵⁵khẹ ³¹sɣ ³¹xɯ³¹.　　耳背的人嗓门大。

耳背　　　　的　人　嗓门　大

e⁵⁵tshɣ³³thɯ³¹ma⁵⁵ji³¹khɔ³¹a⁵⁵tɿ³³pha⁵⁵ji³³pa⁵³.　那辆车他叔叔借走了。

那　车　一　辆　他　　叔叔　借　走（体）

6. 偏正短语做谓语。例如：

ji³¹khɔ³¹tsɿ³³tsɔ³¹tshɣ⁵⁵.　　　　　　他很能吃。

他　　很　吃　能

ke³³tsɿ ³¹a³³tshu⁵⁵mɔ³¹khɿ³³pa⁵³.　　　市场上的人多极了。

市场　（方）人　多　太　（语）

lɔ³¹sɿ³³a³³sɿ ³¹sɿ ³¹la⁵⁵kɯ³³tsɿ⁵⁵mɔ ³³e³³.　　新来的老师很好。

老师　新　　　来的　很　好

7. 名物化短语做谓语。例如：

ŋa⁵⁵kɣ ³¹tshạ ³¹o³¹kɯ³³, ji³¹khɔ³¹va ³¹sɿ ³¹kɯ³³.　我卖菜的，他杀猪的。

我　菜　卖　的　　他　猪　杀　的

ŋa⁵⁵sɔ³¹kɔ³¹tɕɔ³¹kɯ³³（ŋɯ³³）.　　　我是教书的。

我　书　教　的　是

tɕhɣŋ³¹ŋɔ³³kɯ³³mɯ³¹ni³¹nɔ³³kɯ³³.　　　钱我的，东西你的。

钱　我　的　东西　你　的

nɿ³¹mɔ³³kɔ³¹tʂḥ³¹nẹ ³¹kɯ³³ɕɔ³⁵ŋe³³.　　妹妹学裁缝的。

妹妹　衣服　裁　　学　的

（二）谓语的语义类型

根据充当谓语的成分以及表达语义的不同，可以把谓语分为叙述性谓语、描写性谓语、判断性谓语和说明性谓语。

1. 叙述性谓语。多出现于动词谓语句中。例如：

ɲi⁵⁵tɣ ³³pja³³ɲi⁵⁵mɔ³³tɣ ³³ɲi⁵⁵kɔ³³pja³³ɔ³¹xo⁵⁵xo⁵⁵.　东边出太阳，西边下雨。

东边　　太阳　出　西边　　雨　下

jɔ³¹mɪ⁵⁵ts̩³³pɔ³¹tu⁵⁵kɯ³³ma³¹tsa³³.   今晚没有酒喝。

今晚　酒　喝　的　没有

ɔ³¹pɪ³³tsa³³ɯ⁵⁵lu⁵⁵thɯ³¹mo⁵⁵sv³³tv̩ ³³la³¹.   草里爬出一条蛇来。

草　里　蛇　一　条　爬　出来

2. 描写性谓语。多出现于形容词性谓语句中。例如：

e⁵⁵jɔ³¹n̩i⁵⁵thɯ³¹kɔ³¹ti³¹kɔ³¹sɔ³¹e³³.   那个孩子长得丑。

那孩子　一个丑　（语）

xe³⁵khɔ ³¹jɔ ³¹thɯ³¹khv³¹mɔ³¹xɯ³¹mɔ³¹nɯ⁵⁵.   这个碗不大不小。

这碗　　一个　不大不小

ji³¹khɔ³¹kɯ³³ma̩ ³³ts̩ ³³xɯ³¹/³⁵ xɯ³¹ ³⁵ ti³¹ŋe³³.   他的眼睛大大的。

他　的　眼睛　大　　大　的

xe³⁵pha ³¹na ³³thɯ³¹tsɔ³¹tɔ ³¹pe ³¹pe ³¹khɪ³³pa⁵³.   这双鞋子太破了。

这鞋子　一双破　　太（体）

3. 判断性谓语。从与主语的语义关系上看，判断性谓语可以分为以下两种：

（1）对主语的类属、性质和状态等做出判定。多用于名词谓语句和判断句中。例如：

xe³⁵pi³¹jɔ³¹ɕɔ³¹xɔ³³mɔ³³kɯ³³tsa ³¹mi ³¹ŋe³³.   这是碧约姑娘的裙子。

这碧约姑娘　的裙子是

ŋɔ³³kɯ³³sɔ³¹kɔ³¹ji³¹khɔ³¹tsa³³ŋe³³.   我的书在他那儿。

我的书　他　那（语）

nv⁵⁵pi³¹jɔ³¹tshu⁵⁵mɔ³¹ŋe⁵³？   你不是碧约人吧？

你碧约人　不是

ŋɔ³³n̩i⁵⁵ts̩ ³¹tsh̩ ³¹ne ³³tshɯ⁵⁵khɔ³¹khv ³¹tsa³³.   我弟弟今年十六岁了。

我弟弟　今年　十六岁有

（2）对主语的存在、所属情况等做出说明，多用于存现句。例如：

ji⁵⁵kv³³a³³ɔ³¹pɪ³³pɪ³³kɯ³³ja⁵⁵mɔ³³thɯ³¹khɯ⁵⁵tsa³³.   门口有一条长满杂草的路。

门（方）竹笋的路　一条有

tsa⁵⁵tsɪ³³a³¹mu³³lia³³a⁵⁵n̩i⁵⁵thɯ³¹mo⁵⁵tsu³³e³³.   桌子下面有一只猫。

桌子下面猫　一只有

va ³¹mɔ³³thɯ³¹mo⁵⁵sɔ³¹xe ³¹tshɯ⁵⁵tɕiŋ⁵⁵tsa³³.   一头母猪有七八十公斤。

母猪　一头七八十斤有

a³³pa³¹v̩³¹khɪ³¹a³³v̩³¹lv⁵⁵thɯ³¹tɕhi³³khv̩ ³³thɔ³¹xɪ³³   爸爸头上戴一顶帽子。

爸爸头上（方）头一顶戴（貌）（状）

ɔ³¹tɕhi⁵⁵a³³tshau³¹xɛ³⁵thɯ³¹tsɔ³¹ti³¹thɔ³¹.

脚 （方）草鞋 一 双 穿（貌）

爸爸头上戴着帽子，脚上穿着草鞋。

jo³¹mɔ³¹a³³ua³¹pi³¹tsʅ⁵⁵mɔ³¹e³³. 山上有很多竹笋。

山 （方）竹笋 很 多

三 宾语

宾语是动作承受者或者与行为、状态相关的对象。碧约话的宾语位于谓语之前。

（一）充当宾语的成分

名词、代词、动词、形容词、数量短语、指量短语、偏正短语、并列短语、主谓短语、同位短语、方位短语、"的"字短语等都可以充当宾语。

1. 名词做宾语。例如：

lian³¹sʅ³¹n̠i³³tɕhʅ⁵⁵pʅ³³tui³³po³³phi³⁵pa⁵³. 粮食堆满仓。

粮食 （施）粮仓 堆 满（貌）（体）

tsa³³li³³tsɔ³¹fv⁵⁵ja̠³³ʂʅ³¹tsɔ³¹. 过年杀鸡吃。

过年 时鸡 杀 吃

tshu⁵⁵jo³¹mo³¹ja̠³³kho³¹thɯ³¹kɯ³¹to⁵⁵. 老人抽了一口烟。

人 老人 烟 一 口 抽

2. 代词做宾语。例如：

thɯ³¹saŋ⁵⁵mɔ³¹mu⁵⁵su³³, nv⁵⁵xɔ³³ji³³phi³⁵ ŋɛ⁵³?

一 阵 没 看 你 哪 去（貌）（语）

很久不见，你到哪里去了？

ji³¹khɔ³¹tsu⁵⁵tha³¹tsha̠³³pi³¹o³³. 别骂他了。

他 （受）别 骂 给（语）

3. 动词做宾语。动词做宾语时，谓语动词多为心理动词或能愿动词。例如：

ŋa⁵⁵ɔ³¹mo⁵⁵tsʅ³¹ma³¹tsʅ³¹mɯ³¹ la³³. 我不喜欢洗澡。

我 洗澡 不（叠）喜欢（人）

nɪ³¹mɔ³³nɯ⁵⁵kɔ³³tv̠³³ji³³mɯ³¹e³³. 妹妹想出去玩。

妹妹 玩 出去 想 （语）

ji³¹khɔ³¹ja̠³³ma³¹ʂʅ³¹kha³¹e³³. 他不敢杀鸡。

他 鸡 不 杀 敢（语）

ŋa⁵⁵mɔ³¹mi⁵⁵kɔ³¹ e³³. 我不能去做。

我 不 做 能（语）

4. 形容词做宾语。形容词不能直接做宾语。需要先加名物化标记构成名物化结构后，才能充当句子的主语。常用的名物化标记为kɯ³³。例如：

çɔ³¹xɔ³³mɔ³³ji⁵⁵tsu³³ma⁵⁵ka⁻³¹ma³³ka⁻³¹kɯ³³mi⁵⁵mɯ³¹ŋe³³.　　姑娘个个爱漂亮。

姑娘　　个个　　漂亮　（引）想　（语）

ŋa⁵⁵ɔ³¹tshv⁵⁵tshv⁵⁵kɯ³³khɪ³³lɯ³³.　　　　　　　我怕胖。

我　胖　　（引）怕（语）

ɔ³¹tshv⁵⁵tshv⁵⁵kɯ³³tshu⁵⁵ɔ³¹lo⁵⁵lo⁵⁵kɯ³³　tsu³³ khɪ³³,　tshu⁵⁵ɔ³¹kɪ⁵⁵a³¹a³¹tshv⁻³¹

胖　　（叠）的　人　热　　的　要　怕　　人　瘦　（话）冷

tshv⁻³¹kɯ³³tsu³³khɪ³³.

的　要　怕

胖人怕热，瘦人怕冷。

5. 短语做宾语。

（1）数量短语做宾语。例如：

ŋɔ³¹v³³thɯ³¹la⁻³¹ta⁻³¹ku⁵⁵.　　　　　　　　　我们唱一首。

我们　一　首　唱

tshɪ⁻³¹na̠³³ne̠⁻³¹ti⁵⁵sɪ⁵⁵xɪ³¹tshɯ⁵⁵çɪ⁵⁵khy⁻³¹ŋe³³.　　今年是二〇一三年。

今年　　两千　（连）十　三　年　是

jɔ³¹mɯ⁵⁵tçi³¹sɪ̠³¹sen³³xɪ³¹ŋɔ³¹tshɯ⁵⁵fvŋ³³.　　现在九点五十了。

现在　　九　时辰　（连）五十　分

pɯ³¹tshe⁵⁵thɯ³¹tçiŋ⁵⁵ti³¹o³¹thɯ³¹tsɪ⁵⁵thɯ³¹tsɪ⁵⁵mɔ³¹o³¹.　　白菜卖斤不卖棵。

白菜　　一　斤　地卖一　棵一　棵不　卖

ŋɔ³¹v³³phv³³lv⁵⁵ŋɔ³¹tshɯ⁵⁵ne̠⁻³¹jɪ⁵⁵.　　　　　　我们寨子有五十二户。

我们　寨子　五十　　二户

ŋa⁵⁵thɯ³¹tshv³³xa³³mɔ³¹tsɔ³¹mɯ³¹la³³.　　　　我什么东西都不想吃。

我　一　样　都　不吃　想　（人）

（2）指量短语做宾语。例如：

ŋa⁵⁵xe³⁵thɯ³¹jɪŋ³³v⁵⁵tsu³³.　　　　　　　　我也要买这一种。

我　这　一　种　买要

nv⁵⁵xe³⁵thɯ³¹mo⁵⁵pi³³tsɔ³¹.　　　　　　　你喂这一只吧。

你　这　一　只　（使）吃

nv⁵⁵e⁵⁵thɯ³¹khv³¹tsɔ³¹.　　　　　　　　　你吃那一碗。

你　那　一　碗　吃

（3）偏正短语做宾语。例如：

nv⁵⁵a³³pa³¹nɔ³¹ji³¹khɔ³¹kɯ³³a⁵⁵çu³³（ŋe³³）.　　你父亲是他舅舅。

你　爸爸（话）他　的　舅舅　是

khɯ³¹a³¹na̠³³khɯ³¹ɔ³¹sŋ⁵⁵tsu⁵⁵thɔ̠³¹.　　　　　　黑狗咬黄狗。

狗　黑　狗　黄　（受）咬

ŋɔ³³to⁵⁵jɿ⁵⁵khɔ̠⁵⁵a³¹s̠ŋ³¹ma³³tshv³³thɔ³¹ŋe³³.　　我家的房子是新盖的。

我 家 房子 新 （叠）地盖 成 的

（4）并列短语做宾语。例如：

tsa⁵⁵tsŋ³³a³³khɔ̠³¹jɔ³¹tsv³³tr⁵⁵tsa³³.　　　　　桌子上有筷子和碗。

桌子 （方）碗 筷子 有

tshɔ̠³¹me³¹xɿ³³sŋ³¹phi⁵⁵ŋa⁵⁵v⁵⁵ti⁵⁵la³¹pa⁵³.　　盐和辣椒我都买回来了。

盐 和辣椒 我 买 回来（体）

ŋa⁵⁵ɔ³¹nɯ⁵⁵xɿ³³ɔ³¹n̠i⁵⁵mi⁵⁵mɯ³¹lɯ³³.　　　　我喜欢红色和绿色。

我 红 和 绿 想要 （语）

（5）主谓短语做宾语。

主谓短语做宾语时，有以下两种语序：

一是"主谓短语+kɯ³³/ti³¹⁽³³⁾+主语+谓语"的句法结构。例如：

ji³¹khɔ³¹nv⁵⁵tɕʰvŋ³¹tsa³³e³³ti³¹/³³tr³¹thɔ³¹ŋe³³.　　他看上你有钱。

他 你 钱 有 （引）看（貌）（语）

ŋa⁵⁵ɔ³¹tshu³¹jɔ³³v³³n̠i³³tɿŋ⁵³khɔ̠³³kɯ³³tsŋ⁵⁵na⁵⁵tɿ³¹nv⁵⁵lɯ³³.

我 别人 （施）三弦 拉 （引）很 喜欢 爱（人）

我很喜欢听别人拉三弦。

二是"主语+谓语+kɯ³³/ti³¹⁽³³⁾+主谓短语"的句法结构。当主谓短语较长时，多使用这一语序。例如：

ŋa⁵⁵kɔ³¹jɔ³¹kɯ³³ji³¹khɔ³¹mɔ³¹la⁵⁵mɯ³¹e³³.　　　我估计人家不肯来。

我 想 （引）他 不 来 想（语）

ji³¹khɔ³¹mi³¹nɔ³¹mi³¹kɯ³³ŋɔ³⁵tsu⁵⁵pa⁵⁵mi⁵⁵la³³tsu³³ti³¹ŋe³³,　a⁵⁵xa⁵⁵mɔ³¹la³³.

他 说 是 说（引）我（受）帮 做 来 要（引）（语）但是 没 来

他说是要来帮助我，可还是没来。

ŋa⁵⁵s̠ŋ³¹la³¹kɯ³³nv⁵⁵jɔ³¹mɯ⁵⁵thɯ³¹n̠e̠³¹n̠i³³ɔ³¹ts̠ŋ³³mɔŋ³³e³³.

我 知道 （引）你 现在 一 两 天 有点 忙

我知道你这两天忙。

ŋa⁵⁵nɔ³⁵kɔ³¹jɔ³¹kɯ³³sɔ³¹kɔ³¹ty³⁵kɯ³³thɯ³¹n̠i³³thɯ³¹n̠i³³ti³¹tsɣ⁵⁵mɔ̠³³la³³ pi³¹.

我 你 想 （引）书 读 的 一 天 一 天 地 越 好（貌）给

我希望你学习越来越好。

6. 述宾短语做宾语。谓语动词多是心理动词或能愿动词。例如：

xa³³n̠i³¹tshu⁵⁵ja̠³¹jɔ³³ji⁵⁵tsu³¹ma⁵⁵ts̠ŋ³³pɔ³¹tu⁵⁵mɯ³⁵e³³.

哈尼 人 男人 都 酒 喝 想

哈尼族的男人都喜欢喝酒。

ɕɔ³¹xɔ³¹tsʅ³³ɕɔ³¹xɔ³³mɔ³³ji⁵⁵tsu³¹ma⁵⁵la̠³¹ta̠³¹ku⁵⁵nv³³e³³.

小伙子　小姑娘　　　　都　　　歌　唱　爱

青年男女个个都爱唱歌。

ji³¹khɔ³¹kv³¹tɕiŋ⁵⁵khuaŋ³¹nv³³e³³.　　　　　他爱讲故事。

他　　故事　讲　爱

7. 方位短语作宾语。例如：

ɕɔ³¹xɔ³¹tsʅ³³ɕɔ³¹xɔ³³mɔ³³ji⁵⁵tsu³¹ma⁵⁵ɔ³¹nv⁵⁵lia⁵⁵khɯ³¹li³³pa⁵³.

小伙子　　　小姑娘　都　　　外地　去　　（体）

年轻人都去外地了。

xɔ⁵⁵lɯ³¹kɯ³³suaŋ³³pau³³thv³¹lv⁵⁵a³¹la³³ku³¹ji⁵⁵pa⁵³.

很多　的　双胞　墨江　　来　过（体）

很多双胞胎都来过墨江。

8. 名物化结构做宾语。例如：

jɔ³¹phv³³lo³³a³¹tɕhe̠³¹tɕhe̠³¹kɯ³³thɔ³¹tsɔ³¹.　　　坐月子别吃凉的。

月子　凉　　　的　别　吃

ŋa⁵⁵ɔ³¹nɯ⁵⁵nɯ⁵⁵kɯ³³mɔ³¹mi⁵⁵.　　　　　　我不喜欢红的。

我　红　　　的　不要

ŋa⁵⁵xe³⁵ta⁵⁵mo⁵⁵mo⁵⁵kɯ³³mi⁵⁵mɯ³⁵, nv⁵⁵e³³tɔ³¹pɿ⁵⁵pɿ⁵⁵kɯ³³xi⁵⁵ji³³.

我这长　　　的　想要　你那短　　的　拿去

我要这根长的，你拿那根短的（棍子）。

（二）双宾语

有的动词可以带两个宾语，构成双宾语。双宾语的两个宾语，指人的为间接宾语，指物的为直接宾语。碧约话的双宾语结构中，间接宾语位于直接宾语之前，双宾语经常与"给"字句共现，或与使动结构连用。例如：

ji³¹khɔ³¹ŋɔ³⁵tɕhɤŋ³¹pha⁵⁵pi̠³¹.　　　　　　他借给我钱。

他　我　钱　借给

ŋa⁵⁵ji³¹khɔ³⁵ŋɔ³¹sɔ³¹thɯ³¹mo⁵⁵v³³pi̠³¹.　　　我送给他一条鱼。

我　他　鱼　一条　送给

nv⁵⁵ji³¹khɔ³⁵xo³¹thɯ³¹khv³¹pi̠³¹tsɔ³¹.　　　　你给他一碗饭吃吧！

你　他　饭　一碗　（使）吃

ji³¹khɔ³¹tɔ³¹ji³³tsu⁵⁵lɔ³¹khɿ⁵⁵thɯ³¹lo³¹ɕi³³pi̠³¹.　他端给客人一杯茶。

他　客人（受）茶　一杯　倒给

a⁵⁵kɔ̠³³ŋɔ³⁵phɔ³¹tʂhɿ⁵⁵thɯ³¹khɯ⁵⁵v⁵⁵pi̠³¹.　　哥哥买给我一根甘蔗。

哥哥　我　买　甘蔗　一根　买给

ŋɔ³¹v³³ji³¹khɔ³⁵tsu⁵⁵a³¹tɕ³¹tɕ³¹kɯ³³le³³feŋ⁵⁵khv⁵⁵pi³¹. 我们都叫他活雷锋。

我们 他 （受）活 的 雷锋 叫 给

个别情况下，如果句尾使用了指向间接宾语的助词，则不需要使用"给"字句。例如：

A: phv³³lv⁵⁵ŋɔ³³to⁵⁵thɯ³¹mo⁵⁵pɯ⁵⁵pi³¹e³³. 村里分给我家一头牛。

　村里 我家 一 头 分 给

B: phv³³lv⁵⁵ŋɔ³³to⁵⁵thɯ³¹mo⁵⁵pɯ⁵⁵lɯ³³/³⁵. 村里分给我家一头牛。

　村里 我家 一 头 分 （人）

上例中 A 和 B 句的意思相同，B 句由于使用了表示第一人称的助词 lɯ³³/lɯ³⁵，不需要再使用动词pi³¹ "给"。

类似的还有：

ji³¹khɔ³¹ŋɔ³⁵tsu⁵⁵pi³¹jɔ³¹to³¹thɿ⁵⁵pi³¹/lɯ³⁵. 他教我碧约话。

他 我（受）碧约 话 教 给 （人）

ji³¹khɔ³¹ŋɔ³⁵nv⁵⁵kɯ³³ɕi³³khɔ³¹mi³¹pi³¹/lɯ³⁵. 他告诉我你的事情。

他 我 你 的 事情 说 给 （人）

ji³¹khɔ³¹ŋɔ³⁵tsu⁵⁵a³¹ji³³thɯ³¹po⁵⁵v³³pi³¹/lɯ³⁵. 他送我一盆花。

他 我（受）花 一 盆 给 （人）

（三）宾语的语义类型

根据宾语与动作行为的关系及其在句子中的位置，可以把宾语分为受事宾语、施事宾语、与事宾语、工具宾语、处所宾语、数量宾语、判断宾语等类。

1. 受事宾语。宾语是动作的支配、承受对象。例如：

ŋɔ³¹v³³khɔ³¹ɕɔ³¹ɕaŋ⁵⁵ɕiŋ⁵⁵mu³¹e³³. 我们应该相信科学。

我们 科学 相信 想

ŋa⁵⁵jɔ³¹ȵi³³tɕhɿ⁵⁵khɯ⁵⁵ȵi³³pa⁵³. 我今天剪了头发。

我 今天 头发 剪 （体）

ji³¹khɔ³¹va³¹ʂ³¹kɔ³³ŋe³³. 他在杀猪。

他 猪 杀 在（语）

2. 施事宾语。宾语是动作的发出者。宾语为施事宾语的句子。例如：

ŋɔ³¹v³³phv³³lv⁵⁵ɕɿ³¹jɿ⁵⁵phɯ⁵⁵tv³³ji³³phi³⁵pa⁵³. 我们村搬出去了三户人家。

我们 村子 三 家 搬 出去（貌）（体）

xe³⁵tɕɿ⁵⁵kv³¹thɯ³¹khɯ⁵⁵tshv³³mɔ³¹kv³¹khe³⁵. 这座桥不能过车。

这 桥 一 座 车 不 过 能

xe³⁵xo³¹thɯ³¹ɕi⁵⁵pa³³tshu⁵⁵ŋɔ³¹kɔ³³tsɔ³¹tshv⁵⁵. 这一锅饭够五个人吃。

这 饭 一 锅 人 五 个 吃 能

phv³³lv⁵⁵tsa³³ta³³ҫɔ³⁵sɤŋ³³thɯ³¹kɔ³¹tɤ ³³la³³pa⁵³.　　　　村里有了一个大学生。

村　　　里　大学生　一　个　出　来（体）

3. 当事宾语。既非受事宾语，又非施事宾语，宾语是动作关涉的对象。细分起来，有以下几类：

① 表工具的宾语。宾语是动作行为凭借的工具。例如：

ŋa⁵⁵tʂhɤ³³mɔ³¹tsʅ³¹khҽ ³¹la³³.　　　　　　我不会开摩托。

我　车　不　　骑　会（人）

ji³¹khɔ³¹tʂhɤ³³mɔ³¹tsʅ³¹khҽ ³¹e³³ .　　　　他不会开摩托。

他　　车　不　　骑　会

nv⁵⁵mu³¹tsʅ ³¹khҽ ³¹mɔ³¹tsʅ ³¹khҽ ³¹?　　　你会不会骑马？

你　马　骑　会　不　骑　会

ji³¹khɔ³¹thɯ³¹a³¹la ³¹tʂ̩m³¹n̩i³³su³³po³³thɔ³¹ŋe³³pa⁵³.　他的手擦满了药。

他　　　一手　药（工）擦　满（貌）（语）

② 表处所的宾语。宾语是主语所在的位置、范围。例如：

ji³¹khɔ³¹ɔ³¹tshu³¹jɿ⁵⁵tɔ⁵⁵a³³tsu³³e³³.　　　　他在别人家里。

他　　别人　　家　（方）在

ki ³¹tɤ ³¹tҫhɿ⁵⁵phv⁵⁵thuŋ³⁵tsa³³kɔ³³ki ³¹/³³phi³⁵pa⁵³.　手镯掉进米缸里了。

手镯　米缸　　　　　里　掉　进　（貌）（体）

ŋa⁵⁵ji³³sɤ ³¹pɯ³⁵tҫiŋ³³a³³ti⁵⁵li³³tsu³³ŋɯ³³pa⁵³ .　我明天回北京。

我 明天　北京　（方）回去（体）（语）

ji³¹khɔ³¹/³⁵ji³³sɤ ³¹pɯ³⁵tҫiŋ³³a³³ti⁵⁵li³³tsu³³ŋe³³　pa⁵³ . 他明天要回北京。

他　　　明天　北京　（方）回　（体）（语）（体）

③ 表存在的宾语：

e⁵⁵ɔ³¹kho⁵⁵lia⁵⁵ŋɔ³¹sɔ³¹tsu³³e³³.　　　　　那里面有鱼。

那 里面　　鱼　有

jo³¹mɔ³³a³³va ³¹thɯ³¹thɯ³¹mo⁵⁵tsu³³e³³.　　山里有一只野猪。

山　（方）野猪　一　只　有

④ 表示时间的宾语。例如：

xe³⁵sɔ³¹kɔ³¹thɯ³¹peŋ³¹ҫɿ⁵⁵khɤ ³¹tshɤ ³³phi³¹.　　这本书写了三年。

这 书　一　本　三　写　了

ji³¹khɔ³¹ŋɔ³³tɔ⁵⁵a³³ŋҽ ³¹n̩i³³ja ³¹phi³¹.　　　他在我家住了两天。

他　我家（方）两天　住　了

ji³¹khɔ³¹thɯ³¹su³³seŋ³³n̩i⁵⁵tsa ³³pa⁵³tҫu³³jo³¹pa⁵³.　他坐了一个小时就走了。

他　一　小时　坐　（体）就　走（体）

ɔ³¹xo⁵⁵ɕɪ⁵⁵n̩i⁵⁵xo⁵⁵phi³⁵xa⁵⁵mɔ³¹tʂ̩⁵⁵li³³.　　　雨下了三天没停。

雨　　三天　下　了　还　没　停

ŋa⁵⁵ji³¹khɔ³¹tsu⁵⁵thuɯ³¹sɔ³¹tu³³khu⁵⁵xa⁵⁵mɔ³¹mu⁵⁵su³³.　我等了一下午也没等到。

我　他　（受）一下午　等　　还　没　见到

⑤ 判断宾语。即判断句中的宾语。例如：

thv̩³¹lv̩⁵⁵kɯ³³e⁵⁵pja³³nɔ³¹lo³¹sɔ³¹ŋe³³.　　　墨江的那边是元阳。

墨江　的　那边　是　元阳　是

ji³¹khɔ³¹ŋɔ³³to⁵⁵kɯ³³tshu⁵⁵ŋe³³.　　　　他是我家亲戚。

他　　我家　的　亲戚　是

⑥ 表目的的宾语。例如：

ɕɔ³¹xɔ³¹tsn̩³³ɕɔ³¹xɔ³³mɔ³³tɕʰɤŋ³¹tɛ⁵³/³³ji³¹pa⁵³.　年轻人去挣钱了。

小伙子　　小姑娘　　钱　找　去　了

ŋɔ³¹v̩³³khue³³mɪŋ³¹a³³lɔ³¹khɪ⁵⁵ɔ³¹li³³pa⁵³.　　我们去昆明卖茶叶。

我们　昆明　　（方）茶　卖　去　了

⑦ 类别宾语。宾语与主语所表示的意义等同或大致等同。如：

ji³¹khɔ³¹tui⁵⁵tsaŋ³¹taŋ³³ŋe³³，ŋa⁵⁵tui⁵⁵jun³¹mi⁵⁵ŋe³³.　他当队长，我是队员。

他　　队长　当　　　我　队员　做

ŋa⁵⁵nɔ³³kɯ³³ma³³mɤ³¹ŋɯ³³.　　　　　我是你的小姨。

我　你　的　小姨　是

四　定语

定语是修饰或限制名词、代词的成分，主要表示中心语的性质、状态、特点或领属、类别、时间、处所、数量和范围。定语大多在中心语之前，也有在后的，出现的条件不同。

（一）充当定语的成分

名词、代词、形容词、动词以及量词短语、指量短语、述宾短语、主谓短语等在句中能充当定语。

1. 名词做定语。名词居中心语之前，当做定语的名词与中心词关系不太紧密时，需要使用定语助词kɯ³³联系两者；反之则不需要。例如：

xe³⁵lv̩³³mɔ³³tɕɪ³³kv̩³¹thuɯ³¹khu⁵⁵n̩i³³ja³¹mɔ³¹e³³pa⁵³.　这座石头桥有很多年了。

这　石头　桥　　一　条　　日子　多　（体）

jɔ³¹n̩i³³mi³³tha³¹tsn̩⁵⁵mɔ³³e³³.　　　　今天的天气好极了。

今天　天气　　很　好

jun³¹naŋ³¹kɯ³³mi³¹ɕɪŋ⁵⁵li⁵⁵kv̩³¹khia⁵³mɪ⁵⁵　e³³.　云南的米线特别好吃。

云南　的　米线　　很　好吃（语）

jɔ³¹ɲi³³sa³³tv³³ja⁵⁵khu⁵⁵kɯ³³ɔ³¹pɿ³³mu³¹li³³tsu³³ŋe³³.　　今天要除玉米地的草。

今天　玉米　地　　　的草　除　去（体）

nɔ³³pja³³ŋɔ³³to⁵⁵kɯ³³ja⁵⁵khu⁵⁵.　　　　　　　　那边是我家的地。

那边　我家的　地

thv̩³¹lv̩⁵⁵ke³³tsṇ̍³¹a³¹tshu⁵⁵tsṇ³³mo³¹xɿ³³mɔ³¹o⁵⁵li³³kɔ³¹e³³.

墨江　　　　　（方）人　很　多　（连）不　进去　能

墨江的集市人太多挤不进去。

2. 代词做定语。

（1）人称代词做定语。人称代词居中心语之前。例如：

ji³¹khɔ³¹pi³⁵a³¹ṣ̩³¹v̩⁵⁵thɔ³¹ŋɯ³³.　　　　　　他的笔是新买的。

他　　笔新　买的　是

e⁵⁵khɯ³¹thɯ³¹mo⁵⁵ŋɔ³³to⁵⁵kɯ³³ŋe³³.　　　　那只狗是我家的。

那狗　一　只　我家的　是

（2）指示代词做定语。指示代词多居中心语之前。例如：

ŋa⁵⁵xe³⁵ɔ³¹jɔ³¹nɯ⁵⁵kɯ³³tsɔ³¹nv⁵⁵e⁵⁵xɯ³¹kɯ³³tsɔ³¹.

我这小　小的吃　你那大　的吃

我吃这个小的，你吃那个大的。

（3）疑问代词做定语。疑问代词居中心语之前，有的疑问代词需要与定语助词kɯ³³连用，有的不需要。例如：

ja³¹sv̩³³xa⁵⁵ma⁵⁵kɯ³³tshu⁵⁵ŋɔ³⁵tɛ⁵³la⁵⁵ŋe⁵³?　　刚才什么人来找我？

刚才　什么　的　人我　找　来（语）

ɔ³¹su⁵⁵kɯ³³tshṇ̍³¹khɯ³³ɕi³³tsɣ⁵⁵tsṇ̍⁵⁵ŋe⁵³?　　　谁的脾气最大？

谁　的　脾气　　最很（语）

xe³⁵thɯ³¹jɪŋ³³xa⁵⁵tɕi³¹tʂṇ̍³¹ŋe⁵³?　　　　这是一种什么药？

这　一　种　什么　药（语）

xɔ³³xua³³fe³¹thɯ³¹jɪŋ³³tsɣ⁵⁵o³¹kɔ³¹mɔ̩³³ŋe⁵³?　　哪一种化肥卖得最好？

哪　化肥　一种　最　卖　能好（语）

（4）泛指代词做定语。例如：

ji⁵⁵tsu³¹ma⁵⁵kɯ⁵⁵ɕɿ³¹khɔ³¹ɔ³¹su⁵⁵xa⁵⁵kɔ³¹　tv̩³³mɯ³¹e³³.　　大家的事谁都要出力。

大家　　　的事情　谁　都　力气出要

（5）反身代词做定语。例如：

tsṇ̍⁵⁵tɕhɪ³¹kɯ³³pha̩³¹na̩³³ti³¹kɔ³¹mɔ̩³³mɔ³¹ti³¹kɔ³¹mɔ̩³³.

自己　　的鞋子　穿得好　不　穿得好

tsṇ̍⁵⁵tɕhɪ³¹ɔ³¹tɕhi⁵⁵sṇ̍³¹ṣ̩³¹la̩³¹.

自己　脚　只　知道

自己的鞋子不和脚，只有脚知道。

tsɿ⁵⁵tɕhɿ³¹to⁵⁵kɯ³³ɕi³³khɔ³¹tha³³mɔ³¹mi⁵⁵ki⁵⁵，ɔ³¹tshɯ³¹to⁵⁵kɯ³³thɔ³¹kuaŋ³¹ji³³?

自己　家　的　事情　都　不　做　完　别人　家　的　别　管　去

自己家的事情都处理不完，哪能管别的？

3. 形容词作定语。形容词多居中心语之后。例如：

nv⁵⁵tshu⁵⁵mɔ̩³³thɯ³¹kɔ³¹ŋe³³.　　　　　　你是一个好人。

你　人　好　一　个　（语）

jo³¹mɔ³³a³³lv̩³³mɔ³³sɿ³¹mɔ³³thɯ³¹sɿ³¹tsa³³.　　山上有块大石头。

山上（方）石头　　大　一　块　有

形容词也可以位于中心语之前做定语，但需在形容词和中心语之间加定语助词kɯ³³。例如：

ŋa⁵⁵xe³⁵mɔ³¹so⁵⁵kɯ³³kɔ³¹tʂh³¹thɯ³¹tɕhi̩³³je³³ɕi³¹　phi³¹　tsu³³　ŋɯ³³.

我　这　不　干净　的　衣服　　一　只　洗　干净（貌）（体）（人）

我一定要把这件脏衣服洗干净。

tʂh³³tha ³¹a³¹sɿ̩³¹tv̩³³kɯ³³khia⁵³tɿ³¹kɔ³¹mɔ̩³³ŋe³³.

大楼　　新　盖　的　很　气派　　（语）

新盖的那座大楼气派得很。

4. 动词做定语

动词不能直接修饰名词，一般需要与定语助词kɯ³³连用对中心词进行修饰。部分动词还需要与表示状态持续的貌词thɔ³¹连用后再与助词kɯ³³进行搭配。动词做定语可置于中心语前或中心语后。

（1）动词居中心语之前。例如：

li³³kɯ³³tshu⁵⁵thɯ³¹kɔ³¹tha³³mɔ³¹ti⁵⁵la³³e³³.　　　　去的人一个都没回来。

去　的　人　一　个　都　没　回来

phi³¹kɯ³³sɔ³¹pi³¹tsha ³¹kɯ³³sɔ³¹a³¹tha̩³¹tsɤ⁵⁵mɯ⁵⁵e³³.　烤的肉比煮的更好吃。

烤　的　肉　比　煮　的　肉　（比）更　好　吃。

v⁵⁵thɔ³¹kɯ³³ȵi³³ja ³¹mo⁵⁵khɿ³³xɿ³³sɿ̩³¹ȵi³³phi³⁵pa⁵³.

放（貌）的　日子　长　太（连）死　臭　（连）

因为放的时间太长，都馊了。

sɔ³¹pɔ̩³³kɯ³³tshu⁵⁵mɔ³¹xɿ³³,

肉打　的　人　多　（连）

jo³¹mɔ³³kɯ³³ja ³³ɳɔ̩³¹thɯ³¹ȵi³³thɯ³³ȵi³³ti³¹mɔ³³tsu³³e³³pa⁵³.

山上　的　野鸡　一天　一　天　地　没　有　了

打的人太多，山上就渐渐没有了野鸡。

（2）动词居中心语之后。例如：

ja⁵⁵mɔ³³a³¹s̩ʅ³¹tɣ³³kɯ³³tsʅ⁵⁵khuaŋ³³ŋe³³.　　　　新修的那条马路宽得很。

路　新　修　的　很　宽　（语）

ja³³tshɣ³³thɔ³¹kɯ³³jɔ³³pa⁵³s̩ʅ³¹tsɔ³¹jɔ³³pa⁵³o³¹.　　养的鸡要么杀了吃要么卖。

鸡　养（貌）的　要么　杀　吃　要么　买

5. 数量短语做定语。居中心语之后。例如：

thɯ³¹s̩ʅ³³la³³s̩ʅ³¹a³¹thɔ³¹ɕɿ⁵⁵ɔ³¹tsʅ⁵⁵ŋe³³.　　　　有些树是松树。

一些　　　　（话）松树　　是

ŋɔ³³kɯ³³suɯ³¹pjɔ³³n̩e³¹feŋ³³tsha⁵⁵khɿ³³phi³⁵pa⁵³.　我的表快了两分钟。

我　的　手表　　两分钟　　（貌）（体）

xe³⁵phv³³lv⁵⁵thɯ³¹phv³³ta³³ɕɔ³¹sɣŋ³³ɔ³¹tsʅ³³tsu³³e³³.

这　村子　　一　个　大学生　　几个　有

这个村里有好几个大学生。

6. 指量短语做定语。中心语位于指量短语中间。例如：

e⁵⁵lɔ³¹khɿ⁵⁵a³¹lɯ³¹xi⁵⁵（li³³）（xɿ³³）o³¹li³³kɔ³¹ji⁵⁵pa⁵³.

那茶叶　一些　拿　走　连　卖去能（体）

那些茶叶可以拿去卖了。

xe³⁵ɯ³³ja⁵⁵thɯ³¹pe̩³¹ɔ³¹su⁵⁵to⁵⁵kɯ³³ŋɛ⁵³?　　　这片田是谁家的?

这　田　一　片　谁　家　的（语）

e⁵⁵tshɣ³³thɯ³¹ma³³ji³¹khɔ³¹a⁵⁵kɔ̩³³tsʅ³¹ji³³pa⁵³.　那辆车他哥哥骑走了。

这　车　一　辆　他　哥哥　骑去（体）

xe³⁵tsa⁵⁵tsʅ³³thɯ³¹tsʅ³³ɔ³¹ko⁵⁵tsʅ⁵⁵ko⁵⁵ŋe³³.　　这张桌子真结实。

这　桌子　一　张　结实　很（叠）（语）

e⁵⁵ŋa³³xi⁵⁵thɯ³¹xi⁵⁵ŋa³³v³³tsa³³.　　　　　　那个鸟窝里有鸟蛋。

那鸟窝　一　个　鸟　蛋　有

7. 主谓短语做定语。主谓短语居中心语之前，二者之间加定语助词kɯ³³。例如：

ji³¹khɔ³¹tshɣ³³kɯ³³va³¹ɔ³¹tshv⁵⁵tsʅ⁵⁵tshv⁵⁵ŋe³³.　　他养的猪特别肥。

他　　养　的　猪肥　　很（叠）（语）

ŋa⁵⁵ji³¹khɔ³¹xua³³kɯ³³xua³³mi⁵⁵mɯ³¹lɯ³³.　　　我喜欢他画的画。

我　他　画　的　画　想　要（人）

ji³¹khɔ³¹ɔ³¹mɔ³³n̩i³³tsha³³kɯ³³kv³¹tsha³¹tsʅ⁵⁵tsɔ³¹mɯ³¹.

他　　妈妈（施）煮　的　蔬菜　　很　吃　想

他很想吃妈妈做的菜。

8. 述补短语做定语。述补短语居中心语之前，二者之间加定语助词kɯ³³。例如：

ji³¹khɔ³¹tshɣ³³xɯ³¹kɯ³³khɯ³¹ji³¹khɔ³¹tsu⁵⁵tsu⁵⁵tsṇ⁵⁵mɔ³³e³³.

他　　养　　大　的　狗　他　　（受）　跟　很　好

他养大的狗跟他有感情。

e⁵⁵a³¹lɯ³¹ti³¹ku³³kɯ³³kɔ³¹tʂṇ³¹.　　　　　　　　　那些是穿过的衣服。

那　些　　穿过的　衣服

9. 述宾短语做定语。述宾短语居中心语之前，二者之间加定语助词 kɯ³³。例如：

to³¹pe̠³³kɔ³³kɯ³³tshu⁵⁵thɯ³¹kɔ³¹ŋɔ³¹v³³tʂṇ³¹mɔ³³ŋe³³.

话　讲（体）的　人　一　　个　我们　村长　是

正在讲话的这个人是我们的村长。

ɕɔ³⁵nv³³kɯ³³tshu⁵⁵na⁵⁵tɹ³¹nv³³ŋe³³.　　　　　　　爱学习的人常常爱提问。

学　爱　的　人　提问　爱　是

e⁵⁵sɔ³¹kɔ³¹tsɣ⁵⁵tv̠³⁵khe̠³¹kɯ³³ɕɔ³⁵sɤŋ³³lo³¹sṇ³³kɯ³³jɔ³¹ɲi⁵⁵ŋe³³.

那　书　　最　读　会　的　学生　老师　的　孩子　是

那个成绩最好的学生是老师的孩子。

10. 偏正短语做定语。偏正短语多居中心语之前，定语和中心语之间加定语助词kɯ³³例如：

ŋa⁵⁵ʂ̩⁵⁵ma⁵⁵mo⁵⁵kɯ³³tɯ³¹tshɔ³¹mi⁵⁵mɯ³⁵.　　　　我要这么长的绳子。

我　这么　长　　的　绳子　要　想

ji³³xɹ³³ŋɔ³³to⁵⁵kɯ³³mu³¹tshṇ⁵⁵la³¹.　　　　　　把我家的马牵来。

去（连）我家的　马　　拉　来

thi⁵⁵ma⁵⁵xɯ⁵⁵kɯ³³sɔ³¹kɔ³¹nv⁵⁵tv̠³⁵ki⁵⁵　phi³⁵　pɹ⁵³?

那么　　厚　的　书　　你　读（貌）（貌）（语）

那么厚的书你也看完了？

11. 方位短语做定语。方位短语居中心语之前，二者之间加定语标记 kɯ³³。例如：

o³¹mi³³pja³³kɯ³³jɹ⁵⁵jɔ³¹pi³¹o³¹pi³¹kɯ³³ɲi⁵⁵tsha⁵⁵mɔ̠³³e³³.

南门边　的　房间　比　北方　的　阳光　　好

南面的房间比北面的阳光好。

la̠³¹me̠³¹kɯ³³lo³¹tɕhi⁵⁵ta⁵⁵mo⁵⁵mo⁵⁵la̠³¹tha̠³¹kɯ³³to³¹pɹ⁵⁵pɹ⁵⁵.

左边　的　裤腿　长　　右边　的　短

左边的裤腿长，右边的裤腿短。

12. 同位短语做定语。方位短语居中心语之前，二者之间加定语标记 kɯ³³ "的"。例如：

e⁵⁵ɔ⁵⁵v̩³³ji⁵⁵tsu³¹ma⁵⁵kɯ³³ɕɿ³³khɔ³¹.   那是咱们大家的事情。

那 咱们 大家   的   事情

ŋɔ³¹v̩³³pɯ³¹ɕɪŋ⁵⁵kɯ³³n̩i³³ja³¹thɯ³¹n̩i³³thɯ³¹n̩i³³ti³¹mɿ³³la³³pa⁵³.

我们 百姓   的 日子 一天   一天 （状）好 来（体）

我们老百姓的日子越来越好。

（二）定语的语义类型

碧约话定语与其中心语在意义方面的关系有以下几种：

1. 表示领属关系的。有的定语标记可以省略。例如：

e⁵⁵jo³¹mɔ³¹thɯ³¹kɔ³¹ŋɔ³³kɯ³³a⁵⁵je̩³¹e³³.   那个老人是我的爷爷。

那老人 一 个 我 的 爷爷 是

nɔ³³pa³¹ ɕɿ⁵⁵tu³¹la³¹khe̩³³ŋe⁵³?   你爸是铁匠吗？

你 爸爸 铁 打 手艺 （语）

ŋɔ³³kɯ³³ma³¹tshv̩³¹ji⁵⁵tsu³¹ma⁵⁵la³¹ji⁵⁵pa⁵³.   我的朋友都来了。

我 的 朋友 全   来（体）

2. 表限定关系的。

（1）表示时间限定的。例如：

tsh̩³¹ne̩³³kɯ³³tɯ³¹tsɔ³¹tsɿ⁵⁵mɔ³³e³³.   今年的收成好极了。

今年 的 收成 很 好

ji³¹ne̩³³ʂ̩³³ne̩³³kɯ³³ɕɿ³³khɔ³¹nɔ³¹ji³¹ne̩³³ʂ̩³³ne̩³³kɯ³³ki³¹ji³³pi³¹o³³.

很久以前 的 事情（话）很久以前 的 完 去 给（语）

过去的事情就让它过去吧。

（2）表示地点处所限定的。例如：

ŋa⁵⁵ji³³tsɔŋ³³kɯ³³lɔ³¹sɿ³³.   我是一中的老师。

我 一中 的 老师

sɿ³³tsɿ⁵⁵la³¹ja³³kɯ³³a³¹ji³³ji⁵⁵tsu³¹ma⁵⁵ji³³la³³pa⁵³.   树枝上的花都开了。

树 枝丫 的 花   全部   开 来（体）

jɔ³¹tsa³¹kɯ³³tshu⁵⁵la³¹tsha⁵⁵tsɿ⁵⁵tsha⁵⁵.   这里的人很勤劳。

这里 的 人 勤劳 很（叠）

thv̩³¹lv⁵⁵ke³³tsɿ³¹kɯ³³mi³¹tha̩³¹khia⁵³mɿ³³e³³.   墨江的气候特别好。

墨江   的 气候 特别 好

（3）表示其他

ji³¹khɔ³¹mi⁵⁵ku³³kɯ³³ɕɿ³³khɔ³¹ji³¹khɔ³¹tsɿ⁵⁵tɕhɿ³¹kuaŋ³¹.

他   做 过 的 事情 他   自己 管

他做过的事他自己负责。

ma³¹tshʋ³¹pi³¹kɯ³³a³¹ji³³kɔŋ³³n̠e³¹ma³³.　　　　　　朋友送的两只花瓶。

朋友　　给　的　花　　瓶　两　只

3. 表示修饰关系的。如事物性状、属性等。例如：

ɔ³¹nui³³nɯ³³kɯ³³sa³¹tʋ³¹tsʏ⁵⁵mɪ⁵⁵e³³.　　　　　　嫩的玉米最好吃。

嫩　　　　的　玉米　最　好吃

ŋa⁵⁵ʂɿ⁵⁵ma⁵⁵mo⁵⁵kɯ³³tʂɿ³³tha³¹sɿ³¹mi⁵⁵tsu³³.　　　我只要这么长的梯子。

我　这么　　长　的　梯子　　只　想　要

（三）多层定语的语序问题

多重定语指两个或两个以上的定语按一定的顺序同时限定中心词，不同定语离中心语的距离远近不一。多层定语的一般次序是：

（1（2（3（4（5（6（7 ＋ 中心词 ＋ 8）9）

（1）表示领属关系的词语

（2）表示时间、处所的词语

（3）动词性词语和主谓短语

（4）指示代词

（5）状态形容词

（7）性质形容词

（8）性质形容词（后置）

（9）量词短语（后置）

例如：

ʂɿ³¹n̠i³³la³³kɯ³³ka̠³¹ma⁵⁵ka̠³¹kɯ³³lɔ³¹sɿ³¹thui³¹kɔ³¹suaŋ³³ʂu³¹thɪ⁵⁵kɯ³³ŋe³³.

前天　来　的　漂亮　　　的　老师　一　个　数学　　教　的　是

前天刚来的那个漂亮的老师是教数学的。

a³¹tha̠³¹to³¹pe³³thɔ³¹kɯ³³ka̠³¹ma⁵⁵ka̠³¹kɯ³³ɕɔ³¹xɔ³¹tsɿ³³thui³¹kɔ³¹ŋɔ³³v³³

上面　话　讲　着　的　帅气　　　的　小伙子　一　　个　我们

tshe³¹tshui⁵⁵tʋ³³la³³kɯ³³tui³³tsaŋ³¹ŋe³³.

才　选　出来　的　队长　是

在上面讲话的帅气的小伙子是我们刚选出来的队长。

ji³¹khɔ³¹ŋɔ³⁵tshɛ³¹tsɔ³¹mɔ³³kɯ³³v³¹tshʋ³¹thui³¹tɕhi³¹pha⁵⁵pi³¹.

他　　我　才　编　好　的　斗笠　一　顶　借　给

他把一顶才编好的斗笠借给我用了。

ŋɔ³³v³³ɕiŋ⁵⁵a³¹ɕɪ³¹tshui⁵⁵khʋ³¹ji³³tsɔ³¹phi³⁵kɯ³³mɔ³³kɯ³³ji³³seŋ³³thui³¹kɔ³¹.

我们　县（话）三十　年　医　吃了　的　好　的　医生　一　个

tɛ⁵⁵piau³¹tshui⁵⁵tʋ³³tɕhi³³li³³pa⁵³.

代表　选　出　去（体）

我们县的一位有三十年工作经验的优秀医生被选为代表了。

tɕhiŋ³³tshɿ³¹pi̠³¹kɯ³³e⁵⁵ja³³phi⁵⁵ɔ³¹phv̩⁵⁵na̠³³na̠³³thɯ³¹phɿ⁵⁵kɔ³³sv̩³³tɿ⁵⁵.
亲戚　　　给　的　那公鸡　一只　早上　　每天　　　　叫
亲戚送的那只雪白的大公鸡每天早上都打鸣。

ji³¹khɔ³¹ŋɔ³³ɕɔ³⁵sv̩ŋ³³kɯ³³a̠³³pa³¹kɯ³³ma³¹tshv̩³¹.
他　我　学生　的　爸爸　的　朋友
他是我学生的父亲的朋友。

ɯ⁵⁵po⁵⁵a̠³³a³¹ji³³ji³³kɯ³³a³¹ji³¹ɔ³¹nɯ⁵⁵ɔ³¹phv̩⁵⁵ɔ³¹sɿ⁵⁵.
田埂（方）花　开　的　花　红　的　白的　　黄的
田埂上开满了红的白的黄的花。

ji³¹khɔ³¹tshɿ̠³¹ne̠³¹ŋɔ³¹v̩³³taŋ³³ue³¹a³¹la³³ kɯ³³ma³¹tshv̩³¹a³¹sɿ̠³¹ŋe³³.
他　今年　我们　单位（方）来的　朋友　　新　是
他是今年才来我们单位的新同事。

ɕiŋ³³ueŋ³¹pe̠³³kɯ³³e⁵⁵jɔ³¹mi³¹thɯ³¹kɔ³¹ɯ³¹thɯ⁵⁵tsɿ⁵⁵na⁵⁵tɿ³¹kɔ³¹mɔ³³e³³.
新闻　说　的　那女儿　一个　声音　很　听　能　好
播新闻的那位女士声音很好听。

ji³¹khɔ³¹tsɿ̠³¹kɯ³³mu³¹thɯ³¹mo⁵⁵ji³¹khɔ³¹a⁵⁵kɔ̠³³to⁵⁵kɯ³³ŋe³³.
他　骑　的马　一匹　他　哥哥　家的　是
他骑的那匹马是他哥哥家的。

ji³¹n̠i³³ŋɔ³⁵lɔ³¹khɿ⁵⁵pa⁵⁵ɔ³¹kɯ³³thɯ³¹kɔ³¹ŋɔ³³n̠i⁵⁵tsɿ̠³¹ŋɯ³³（ŋe³³）.
昨天　我　茶叶　帮　卖　的　一　个　我　弟弟　是　（语）
昨天来帮我卖茶叶的那个人是我的弟弟。

jo³¹mɔ³³v̩³¹khɿ³¹a̠³³thv̩⁵⁵tsv̩³³thɔ³¹kɯ³³kɔ³¹tsh̠ɿ³¹ɔ³¹n̠i³³ti³¹thɔ³¹kɯ³³
山　　顶上（方）站　着　的　衣服　蓝色　穿　着　的
ka̠³¹ma⁵⁵ka̠³¹kɯ³³to⁵⁵mo⁵⁵li³³mɔ³³kɯ³³ɕɔ³¹xɔ̠³¹tsɿ̠³³ɔ³¹su⁵⁵ŋɛ⁵³?
好看　　的　高大　　　的　小伙子　谁　（语）
站在山顶上穿蓝色衣服的那个帅气的高个子小伙子是谁？

nv̩⁵⁵ŋɔ³⁵xe³⁵tɕhɿ⁵⁵khɯ⁵⁵ɔ³¹phv̩⁵⁵thɯ³¹khɯ³³ko⁵⁵phi³¹la³¹.
你　我　这　头发　　白　一　根　拔（貌）（人）
你帮我把这根白发拔掉。

五　状语

状语是修饰或限制谓语的成分，主要说明动作行为的状态、性质、程度、范围、时间、处所、趋向和方式等。

（一）充当状语的成分

充当状语的成分主要有副词、形容词或形容词短语、动词、名词、代词、数量短语等。

1. 副词做状语。副词最主要的语法功能是修饰形容词、动词或动词性短语。例如：

nɣ⁵⁵xa³³ma³³xɿ³³ju³³ɔ³¹tʂhɣ⁵⁵tʂhɣ⁵⁵la³³ŋe⁵³?　　　　你怎么又胖了？

你　怎么　　又　胖　　（貌）（语）

ŋa⁵⁵xa³³nɔ³³v³³xɿ³³ thɯ³³thɔ³¹ji³³mɯ³⁵lɯ³³.　　　　我也想跟你们一起去。

我　也　你们（连）跟　　去（貌）（人）

ŋa⁵⁵nɔ³⁵tsu⁵⁵tɕu³³ki³¹la³³xɿ³³pa⁵⁵mi⁵⁵la³³laŋ³³ŋɯ³³.　　我马上就过来帮你。

我　你（受）就　过来（连）帮助　来（人）（语）

ji³¹khɔ³¹（ja³¹sɣ³³）tʂhɛ³¹la⁵⁵ji⁵⁵ju³³jɔ³¹ji⁵⁵pa⁵³.　　　他刚来又走了。

他　　　刚刚　才　来　就　走（体）

ŋɔ³¹v³³kɯ³³ja⁵⁵mi⁵⁵sɿ³¹ça³³ma³³ti³¹ɔ³¹nɣ⁵⁵lia⁵⁵ji³³mi⁵⁵mɯ³⁵.

我们　的　工作　经常　　（状）外面　去　做（貌）

我们的工作需要经常出差。

ji³¹khɔ³¹jɿ³¹mɿ⁵⁵thɯ³¹mɿ⁵⁵mɔ³¹ji³¹tsa³³mɔ³³e³³.　　　　他昨晚一夜都没睡好。

他　　昨晚　一　夜　不　睡　　好

2. 形容词做状语。形容词居中心语之前。

（1）性质形容词修饰中心语时大多可以不加状语标记。例如：

ji³¹khɔ³¹v³¹lv⁵⁵ta³¹pa³³khɣ³³thɔ³¹e³³.　　　　　　　　他歪戴着帽子。

他　帽子　歪　　戴　　（貌）

a³¹thɣ³¹thɣ³¹ja³¹la⁵⁵/³³ji⁵⁵pa⁵³，ɔ³¹li⁵⁵li⁵⁵ja³¹ mo⁵⁵ji³³ɕe³¹?

冷　　季节来（体）　暖和　季节　远去（语）

冬天来了，春天还会远吗？

（2）状态形容词多加状语助词ma³³、ti³¹（ti³³）。例如：

ji³¹khɔ³¹kɯ³³pi³⁵a³¹sɿ³¹sɿ³¹ma³³v⁵⁵kɯ³³.　　　　　　他的笔是新买的。

他　　的笔新　（状）买的

jɔ³¹v³³ɕi³¹ɕi³¹xuaŋ³³xuaŋ³³ma³³jɔ³³ji³³pa⁵³.　　　　　他们高高兴兴地走了。

他们　喜喜　欢欢　（状）走去（体）、

e⁵⁵a⁵⁵mɣ³¹thɯ³¹mo⁵⁵sɿ³³tsɿ⁵⁵a³³nɔ³³phv³³lɣ³³ma³³phɯ³³tʂhɯ³¹thɔ³¹e³³.

那猴子　一头　树　（方）反　　（状）挂　　　（貌）

那只猴子倒挂在树上。

ŋa⁵⁵lɔ³¹/³⁵ti³¹　ki³³kɔ³¹kɯ³³nv⁵⁵ŋɔ³⁵tɕʰɤŋ³¹mɔ³¹pi̱³¹la³¹　pa⁵³.

我　清楚（状）记得（引）你　我　钱　　没　给（人）（体）

我清清楚楚地记得你没给我钱。

ji³¹kʰɔ³¹ji³¹kʰɔ³¹tsu⁵⁵tsv̩³³ti³¹pa̱³¹ʂ̩³³tʰɯ³¹tɯ³¹tɯ³¹.

他　　他　　（受）狠（状）巴掌　一　下　打

他狠狠地打了他一巴掌。

ji³¹kʰɔ³¹la̱³¹tsʰa⁵⁵tsʰa⁵⁵ti³¹tʰɯ³¹ne̱³¹tsṇ³³tsʰv̩³³.　　　　他毛糙地写了几个字。

他　　毛糙　　（状）一　两　字　写

kʰaŋ⁵³tɕi³¹kɔ³¹ma³³tsɔ³¹pa⁵³　nɔ³¹ɔ³¹pʰv̩⁵⁵na⁵⁵kʰe̱³¹/³⁵.

乱糟糟　　（状）吃的话（话）肚子　疼　会

乱吃会肚子痛的。

当形容词是重叠式时，状语助词可以置于重叠音节之间。例如：

jo³¹mo³¹jo³¹ṇi⁵⁵pa³³lia³³nɪ³³a³³pa³¹ɔ³¹mɔ³³ma³³kɔ³¹kʰa³³ma³³kʰa³³

孩子们　　　　为了　　　爸爸　妈妈　　努力　（状）（叠）

kɔ³¹mo³³mo³³tsɔ³¹ji⁵⁵pa⁵³.　　　　为了孩子，父母们努力地挣钱。

打工　　吃（体）

nv⁵⁵nɔ³³kɯ³³nɪ³¹mɔ³³tsu⁵⁵mɔ̱³³ma⁵⁵mɔ̱³³　sɯ³³　tsu³³ .

你　你　的　妹妹　（受）好　（状）（叠）照顾　要

你要好好地照顾你的妹妹。

3. 动词或动词短语做状语。表示动作行为的方式。两个动词之间常以助词xɪ³³相连接。例如：

nv⁵⁵kɔ³³lɤ³³xɪ³³pe̱³³ŋa⁵⁵nɔ³⁵mɔ³¹kɔ³¹（tsʰv̩⁵⁵）la³³.

你　下来（连）说　我　你　不　听　能　（人）

你下来说，我听不见。

la̱³¹tv̩³¹ʂ̩³³lɤ³³　xɪ³³　ne̱³¹!　　　　　　　　挽起袖子捞！

袖子　卷　来（状）捞

ji³¹kʰɔ³¹ɔ³¹xo⁵⁵tʰɔ³⁵tʰɔ³⁵xɪ³³ji⁵⁵kv̩³¹tv̩³³ji³³pa⁵³.　　　他冒着雨出门了。

他　　雨　淋（貌）（状）门　出　去（体）

çɔ̱³¹xɔ̱³¹tsṇ³³mɔ³¹kʰɪ³³ma³³lɔ³¹mɔ̱³³ʂ̩³¹pʰi³⁵pa⁵³.

小伙子　　　不　怕（状）老虎　死（貌）（体）

小伙子勇敢地杀死了老虎。

jɔ³¹ṇi⁵⁵to³¹tɯ⁵⁵tɯ⁵⁵tʰɔ³¹　xɪ³³ka̱³¹ʂ̩⁵⁵tv̩³³ji³³pa⁵³.

孩子　蹦　　（貌）（状）笑　出去　（体）

孩子们连蹦带跳，嘻嘻哈哈地出去了。

4. 时间名词做状语。时间名词在句中作状语，不加状语标记。例如：

jɔ³¹v³³n̠e ³¹kɔ³¹jɔ³¹n̠i³³ma³¹la³³tsu³³ŋe³³　　pa⁵³.　　　　　他们俩今天不来了。

他们　两个　今天　不　来（体）　（体）

ŋa⁵⁵ji³³sv̩³¹puɯ³⁵tɕiŋ³³a³³ti⁵⁵li³³　tsu³³　ŋɯ³³pa⁵³.　　我明天回北京。

我　明天　北京　（方）回去（体）　（体）

ŋɔ³¹v³³na ³³na ³³thuɯ³¹phɿ⁵⁵kɔ³¹sv³³xe ³¹ʂ̩³¹seŋ³³ja⁵⁵mi⁵⁵li³³.

我们　早上　一　天　每　八　点　工作　去

我们每天早上八点钟上班。

ŋa⁵⁵xɔ³¹ɕi⁵⁵n̠i³³mɔ³¹tsɔ³¹pa⁵³.　　　　　　　　　我三天没吃饭了。

我　饭　三　天　没　吃（体）

5. 述宾短语做状语。多表示动作的方式，除表示工具的状语外，述宾短语后需要使用状语助词。例如：

jɔ³¹v³³kɔ³¹tʂ̩ɿ³¹mɔ³¹ti³¹ma³¹lo⁵⁵pɔ³¹tsa³³ɔ³¹mo⁵⁵tsɿ³¹thɔ³¹　e³³.

他们　衣服　没　穿（状）河　里　洗澡　（貌）（语）

他们光着身子在河里洗澡。

ji³¹khɔ³¹jɔ³¹n̠i⁵⁵pa⁵⁵xɿ³³lɔ³¹khɿ⁵⁵tshɔ³³ji⁵⁵pa⁵³.　　她背着孩子出去采茶叶。

她　孩子　背（助）茶叶　采　（体）

a³³pa³¹tshv³³khe ³¹xɿ³³sa³³tv³³ɔ³¹ji⁵⁵pa⁵³.　　　　爸爸开车出去卖玉米。

爸爸　车　开（连）玉米　卖（体）

6. 方位短语做状语。方所名词不能直接做状语，要与方位助词a³¹连用。例如：

ɕiŋ⁵⁵tshuɯ³³thi³³a³¹　v³³thɔ³¹　ŋe³³.　　　　　　　把信放在抽屉里。

信　抽屉　（方）放（貌）（语）

ɕɔ³⁵svŋ³³thuɯ³¹khɿ⁵⁵ɕɔ³⁵thaŋ³¹tsa³³sɔ³¹kɔ³¹tv̩³⁵kɔ³³e³³.

学生　一　群　学校　里　书　读（体）（语）

学生们正在学校里学习。

ŋa⁵⁵jɔ³¹mɔ³³a³³lɔ³¹mɔ³³thuɯ³¹mo⁵⁵tsu⁵⁵thuɯ⁵⁵phu³¹lv³³.

我　山上　（方）老虎　一　只（受）遇到　（助）

我在山上遇到一只老虎。

v⁵⁵nv³¹ke³³tsɿ ³¹a³³tsʰɿ⁵⁵li³³xɿ³³　ɔ³¹tsɔ³¹li³³pa⁵³.　　水牛被拉到街上去卖。

水牛　街上　（方）拉去（连）卖吃　去（体）

ji³¹khɔ³¹tseŋ⁵⁵fv³¹a³³ja⁵⁵pi³¹　mi⁵⁵li³³ji⁵⁵pa⁵³.　　他被安置到政府里工作。

他　政府　（方）活（使）做去（体）

7. 代词做状语。代词居中心语之前。例如：

nv⁵⁵n̠e ³¹kɔ³¹xɔ³³muɯ³³fv³³la⁵⁵kuɯ³³ŋe⁵³?　　　　你们俩什么时候来的？

你　两个　什么时候　来　的（语）

xe³⁵ɔ³¹sɿ³¹thɯ³¹sɿ³¹tsu⁵⁵pi³¹jɔ³¹to³¹xa⁵⁵ma⁵⁵khv⁵⁵?

这　果子　一　只（受）碧约　话　怎么　叫

这个果子碧约话怎么说？

ɔ³¹pi³¹a³¹pa⁵⁵kɯ³³tshu⁵⁵xa⁵⁵ma⁵⁵xɿ³³jɿ⁵⁵to⁵⁵phɯ⁵⁵je³¹ phi³¹?

隔壁　　　的　人　怎么　　家　搬　（语）（貌）

隔壁邻居为什么搬家了？

ŋa⁵⁵sɿ⁵⁵ma⁵⁵ji³¹khɔ³⁵mi³¹pi̠ ³¹kɯ³³.　　　　　　　　我是这样给他说的。

我　这么　他　　说给　的

8. 数量短语做状语。数量短语常用重叠式，并加状语标记ti³³。例如：

nɔ³¹v³³thɯ³¹kɔ³¹thɯ³¹kɔ³¹ti³³　ji³³.　　　　　　你们一个一个地去。

你们　的　个　一个　（状）去

ŋa³³jo³¹thɯ³¹tshaŋ³¹thɯ³¹tshaŋ³¹ti³³　la̠ ³¹me̠ ³¹pja³³pɿ⁵⁵ji⁵⁵pa⁵³.

鸟儿　一　群　一　群　（状）北　　边　飞（体）

鸟儿一群一群地往北飞。

ji³¹khɔ³¹ja̠ ³¹sɿ³³thɯ³¹la̠ ³¹la³³mja⁵³ju³³jo³¹ji⁵⁵pa⁵³.　　　他刚来又走

他　　刚刚　一下　来　（连）又　走（体）

ŋa⁵⁵nɔ³⁵thɯ³¹la̠ ³¹tɿ³¹la³³ŋɯ³³.　　　　　　　　　我顺路来看看你。

我　你　一　来　看　来（人）

ji³¹khɔ³¹thɯ³¹la̠ ³¹xɿ³³tsuaŋ³³phy̠ ³³mja³¹jo³¹ji⁵⁵pa⁵³.　他突然转身离开了。

他　　一下（状）转身　　（连）走（体）

9. 其他短语做状语。其他短语如主谓短语、偏正短语、并列短语、名
物化小句等也能做谓词中心语的状语。多加状语助词，有的也可不加。
例如：

ŋa³³tɕhi³¹thɯ³¹phi³³mi³¹tha̠ ³¹ȵi³³kɔ³³khɔ³³ly³³.

鸟　粪　一　堆　天上　（从）掉下　来

一摊鸟粪从天上掉了下来。

nv⁵⁵xe³⁵thɯ³¹v³¹khɿ³¹a³¹　ȵi³³　tɔ̠ ³¹py̠ ³³a³¹khɯ³³ti³¹thɯ³¹phv⁵⁵tɿ³¹.

你　这　一　头　（方）（从）尾巴　（方）到（状）一　遍　看

你先把这个从头到尾看一遍。

ji³¹khɔ³¹xɔ³³tsa⁵⁵ȵi³³tshy̠ ³³la³³kɯ³³mɔ³³teŋ³³ŋɛ³¹?　　他到哪儿摘来的南瓜？

他　　哪里（从）摘　来　的　南瓜（语）

tshu⁵⁵kha³³tsu³³kɯ³³ma³³mi³¹ ³⁵e³³thy̠ ³¹lv⁵⁵ke³³tsɿ̠ ³¹mɔ̠ ³³e³³.

人　所有　的（状）说　墨江　　　好

人人都说墨江好。

ki³¹tv̩³¹nɔ³¹phv⁵⁵　n̩i³³tɯ³¹thɔ³¹ ŋe³³.　　　　　　镯子是用银子打的。

镯子　（话）银子（工）打（貌）是

phv³³ji³³phv³³la³³ma³³ja³³　　　　　　　　　来回翻

翻　去翻　来（状）翻

ji³¹khɔ³¹a³¹la³¹pi⁵⁵li³³ᐟ⁵⁵pa³³la⁵⁵ᐟ³³ma³³ pe³³.　　他手舞足蹈地说。

他　　手　飞去 飞 来　（状）说

ji³¹khɔ³¹ma³³phɯ³¹ɔ³¹mɯ³³mɯ³³ti³³jo³¹ki̩³³la³¹.　　他脸色阴沉地走进来。

他　脸　　　灰黑　（状）走进

jɔ³¹tsa³¹kɯ³³kui³¹tɕi³¹khia⁵³ji⁵⁵ʂ̩⁵⁵n̩i³³tɔ³¹ji³³tsu⁵⁵tʂ̩³³pɔ³¹v⁵⁵tɯ⁵⁵pi̩³¹.

这里　的　规矩　按照客人（施）主人（受）酒　敬　给

按这里的习俗，客人要给主人敬酒。

ts̩⁵⁵mɔ³¹ma³³pe̩³¹li³³phi³⁵ pa⁵³.　　　　　　　坏了大半。

更　多 地 坏 去（貌）（体）

ji³¹khɔ³¹ŋɔ³⁵kha³³mu⁵⁵su³³ma³³ŋɔ³⁵tɕu³³tɕhvŋ³¹sa⁵⁵le³³.

他　我　每 看见　（状）我 就 钱　要（语）

他每次一见面就缠着我要钱。

（二）状语的语义类型

状语从不同方面对中心语进行修饰或限制。根据状语的功能，可以把状语分为描写性状语和限制性状语。

1. 描写性状语

描写性状语是对动作或动作者动作时的情态进行修饰描写。语义上表示动作行为的状态、方式以及人物的情态等。例如：

nɔ³³kɯ³³ɔ³¹mu⁵⁵jiŋ⁵⁵ke³³a³¹sa³¹jɔ³¹ti³¹tsɔ³¹ᐟ³³mɔ̩³³.

你　的　身体　应该　慢慢　（状）吃　好

你的身体应该慢慢地调养。

ji³¹khɔ³¹tʂ̩³¹ji³³tsɯ³³tshv⁵⁵pa⁵³ji³³tsɯ³³ɯ³¹thɯ⁵⁵xɯ³⁵ti³³la̩³¹ta̩³¹ku⁵⁵.

他　羊　一 边 放　（连）一 边 嗓门　大（状）歌　唱

他一边放羊，一边高声唱歌。

jɔ³¹n̩i⁵⁵ti³¹pi³³thɔ³¹pa³³ma³³ᐟti³¹jo³⁵la³¹.

孩子　摇摇摆摆　（状）　走 来

孩子摇摇摆摆地走起路来。

2. 限制性状语

限制性状语主要从时间、范围、对象、目的、处所、程度、否定、方式、数量和语气等方面，对句子或中心语加以限制。例如：

ji³¹khɔ³¹pv³¹tsa³³na³³ma³³ɕɿ³³khɔ³¹thɯ³¹ma³³sɿ̩³¹la̩³¹phi³¹.

他　　　　无意中　　（状）事情　一　件　知道（貌）

他无意中知道了这件事。

ji³¹khɔ³¹mɔ³¹kɔ³¹nɔ³³ma³³vɿ³¹khɿ³¹thv³³ji⁵⁵pa⁵³.　　　　他一个劲儿点头说是。

他　　不　停顿（状）头　　点　（体）

ŋa⁵⁵ji³¹khɔ³⁵tsu⁵⁵nɣ̩³³mɔ³³tsa³³ɳi³³kɔ³¹jɔ³¹lɯ³³.　　　我打心眼里喜欢他。

我 他　（受）心　　里（从）喜欢（人）

nv⁵⁵tseŋ³³ma³³li³³tsu³³ŋe⁵³?　　　　　　　　你真的要去吗？

你　真（状）去（体）（语）

ŋa⁵⁵tɯ³¹jɿ⁵⁵ma⁵⁵nɔ³⁵tɕhɿ⁵⁵na̩³³v⁵⁵pi ³¹.　　　　我特地给你买了紫米。

我 特意 （状）你 紫米　买给

ji³¹khɔ³¹a³¹tsɣ³¹la̩³¹kɣ³¹kɣ³¹thɔ³¹　　xɿ³³nɔ³⁵pja³³thv⁵⁵tsv⁵⁵thɔ³¹.

他　　腰　　手　　弯（貌）（状）那边 站　　　（貌）

他双手叉腰地站在那里。

kɔ³¹tʂɦ³¹ɔ³¹to⁵⁵to⁵⁵ti³³　tiŋ³³thɔ³¹.　　　　　衣服要整整齐齐地叠好。

衣服　整整齐齐（状）叠（貌）

ji³¹khɔ³¹ʂɿ̩³¹ɕa³³ma³³tʂɿ̩³³pɔ³¹tu⁵⁵.　　　　　　他经常喝酒。

他　　经常　　酒喝

ɯ³¹thɯ⁵⁵ɔ³¹jɔ³¹nɯ⁵⁵ti³³pe̩³³ɔ³¹tshɯ³¹jɔ³¹v³³kɔ³¹lo³³sɔ³³.

声音　小　小（状）说 别人　他们 会 听见（语）

小点声说，别人会听见的。

ɔ³¹xo⁵⁵xo⁵⁵la⁵⁵pa⁵³　lɔ³¹khɿ⁵⁵li̩³³thɔ³¹kɯ³³tshaŋ⁵³ti³³xi⁵⁵ti⁵⁵ji³³.

雨　下　来（连）茶叶　晒着　的 快（状）拿回 去

天要下雨了，赶快去收晒的茶叶。

kha⁵⁵thɯ⁵⁵mo³¹thɯ⁵⁵ma³³ɔ³¹tɕhi³¹ji³¹tshɯ⁵⁵thɔ³¹tshɯ⁵⁵. 不能随地大小便！

到处　　　　　（状）粪　尿　别　撒

（三）多重状语

多重状语指两个或两个以上的状语按一定的顺序同时修饰谓语，每个状语在语义上都与中心语存在修饰关系。不同词类的词语做状语时离中心语的距离远近不一。其语序一般为：

时间/地点名词（短语）+副词+形容词+中心语

例如：

xɔ⁵⁵lɯ³¹kɯ³³te⁵⁵pjau³¹ji³¹fv⁵⁵kɔ³¹nɔ³¹thɔ³¹ja ³¹a³³ ji⁵⁵tsu³¹ma⁵⁵mɔ̩³³ma³³

许多　的 代表　昨天 休息 着 地方（方）全部　　热情

　　　　　　　　　（时间）（地点）　　　（副词）　（形容词）

mǫ³³ti³¹ji³¹khɔ³⁵xɿ³³pe̞³³tsha³³kɔ³³e³³.

（状）　他　和　说　（貌）（体）

许多代表昨天在休息室里都热情地同他交谈。

ŋa⁵⁵ji³¹n̩i³³khue³³mɯŋ³¹a³³n̩i³³　tsɛ³¹ti⁵⁵lɣ³³m̩ɯ⁵³.　　　　　我昨天才从昆明回来的。

我　昨天　昆明　（方）（从）才　回　来　（人）

ji³¹khɔ³¹jo³¹mɔ³³v̩³¹khɿ³¹a³³　tsha⁵⁵ma⁵⁵tsha⁵⁵tshu³¹li³³.　他飞快地向山顶跑去。

他　　山　头　　（方）快（助）（叠）跑　去

va̩³¹thuɯ³¹tɿ⁵⁵na̩³³a³³kha⁵⁵thuɯ⁵⁵mo³¹thuɯ⁵⁵ma³³jo³¹kɔ³³e³³

野猪　　林子（方）到处　　　　　　　（状）走（体）

野猪悠闲自在地在林子里到处逛。

当多层状语的词类或结构类似时，通常使用不同的状语助词进行搭配。例如：

ji³¹khɔ³¹thuɯ³¹kɔ³¹ti³¹thuɯ³¹o⁵⁵ma³¹ji³¹tsa̩³³ku³³e³³.

他　　一　个（状）一　次　没有　睡　过（语）

他从来没有自己一个人睡过觉。

（四）多层状语

多层状语是指有两个或两个以上的状语嵌套起来修饰同一个动词。不同层次的状语会使用不同的状语助词，内层的状语通常使用ma³³、ti³¹ᐟ³³作为助词或者不用助词，外层的状语通常使用xɿ³³。例如：

nv⁵⁵ɔ³¹kɔ³¹a³¹li³³ma³³tɿ³¹　xɿ³³　tsɛ⁵³mu⁵⁵su³³kɔ³¹ji⁵⁵pa⁵³.

你　仔细　（状）看（状）才　看到　能　（体）

```
┌──────────────────┐
│    第一层状语      │
└──────────────────┘
    ┌──────────────────┐
    │    第二层状语      │
    └──────────────────┘
```

你要仔细看才能发现。

ji³¹khɔ³¹lv̩³³mɔ³³tsa³³nuɯ³¹thɔ³¹　xɿ³³ɔ³¹sɿ³¹tshv̩³³jo³³.

他　　石头　上　踩（貌）（状）果子　采　到

他踩在石头上摘到了果子。

ji³¹khɔ³¹a³¹jo³¹mɔ³³a³³tshu³¹ᐟ³³li³³xɿ³³ma̩³³tsu³³tɕhi³¹la¹³.

他　（话）山　（方）跑　去（状）躲　　起来

他跑到山里躲起来。

ʂɿ³³tsɿ⁵⁵a³¹mu³³lia³³jo³¹ᐟ³³ji³¹xɿ³¹ɔ³¹xo⁵⁵xo⁵⁵ɕi³³ɕi³³.　　　　　走到树下躲雨。

树　下　　走　去（状）雨　躲

六　补语

补语是位于动词、形容词之后，对动词、形容词起补充、说明作用的成分，在句中居中心语之后。

（一）充当补语的成分

能充当句子补语的主要有动词或动词性短语、形容词、副词或副词短语、四音格词、主谓短语和并列短语等。

1. 动词做补语。例如：

ji³¹khɔ³¹na⁵⁵n̠i⁵⁵phi³⁵pa⁵³.　　　　　　　　　　　他疼哭了。

他　疼　哭（貌）（体）

sɿ³³tsɿ⁵⁵tso³¹li⁵⁵li⁵⁵lo³³phi³⁵pa⁵³.　　　　　　　　树被风吹倒了。

树　风　吹倒（貌）（体）

tshu⁵⁵tsɿ⁵⁵mɔ³¹khɿ³³xɿ³³ŋa⁵⁵mɔ³¹suan⁵⁵jiŋ³¹kɔ³¹la³³　pa⁵³.

人　很　多极（连）我不算　赢能（人）（话）

人太多了，我都数不过来了。

ɯ⁵⁵nɯ³³nɯ³³xɿ³³tɕɿ³³kvɿ³ɔ³¹jɔ³¹nɯ³³tɕhɿ³³phi³⁵pa⁵³.　　洪水冲断了小桥。

洪水　发（连）桥　小　冲　断（貌）（体）

ji³¹khɔ³¹mɔ³¹thv³³la³³tshv⁵⁵.　　　　　　　　　　　他起不来床。

他　不　起来　能

jɔ³¹n̠i⁵⁵n̠i³³sɿ³³tsɿ⁵⁵a³³ɔ³¹sɿ³¹tsɯ³¹lɯ³¹lɯ³¹khɔ³³phi³⁵　pa⁵³.

孩子　（施）树（方）果子摇　　　掉　（貌）（体）

孩子把果子从树上摇下来了。

2. 形容词做补语。例如：

表示述语的结果、程度、可能等意义。例如：

ɔ³¹xo⁵⁵kɔ³¹tʂhɿ³¹ɔ³¹tsɯ⁵⁵xo⁵⁵tsɯ⁵⁵ji⁵⁵pa⁵³.　　雨淋湿了衣服。

雨　衣服　湿　淋（叠）（体）

nv⁵⁵xe³⁵va³⁵tsɿ³¹sɿ³³lɯ³¹tʂhɿ³¹ɕɿ³¹　phi⁵³.　　你去把这些袜子洗干净。

你　这　袜子　一些　洗　干净（貌）

ŋa⁵⁵ɔ³¹tɕhi⁵⁵jɔ³¹na⁵⁵phi³¹　la³¹　pa⁵³.　　我走得脚疼。

我　脚　走疼（貌）（助）（体）

liaŋ³¹sɿ³¹n̠i³³tɕhɿ⁵⁵pɿ³³tui³³po³³phi³⁵　pa⁵³.　　粮食堆满仓。

粮食　（工）谷堆　堆　满（貌）（体）

ji³¹khɔ³¹tsɔ³¹/³³pv̩³³phi³⁵pa⁵³.　　他吃饱了。

他　吃　饱（语）

3. 貌词做补语。表示动作行为或性质状态变化的结果、态势等。例如：

ŋa⁵⁵v̩³¹khɿ³¹na⁵⁵sɿ³¹phi³¹pa⁵³.　　我头痛死了。

我头　痛　死（貌）（体）

ji³¹khɔ³¹tshu⁵⁵thɯ³¹kɔ³¹mɔ³¹mo̠³³ʂ̩⁵⁵ phi³⁵pa⁵³.　　　　他这个人真是坏透了。

他　　人　　一　个　不　好（貌）（貌）（体）

ji³¹khɔ³¹xo³¹tsɔ³¹ki⁵⁵phi³⁵pa⁵³.　　　　　　　　他吃完了饭。

他　　　饭　吃　完（貌）（体）

xe³⁵mu³¹n̠i³¹ʂ̩³³lu³¹tshan⁵³ti³³vˠ⁵⁵thˠ⁵⁵tɕhi³¹la³¹.　快把这些东西都收拾起来。

这 东西　　一些　快快地 收拾　起　来

4. 短语做补语。包括述补短语、述宾短语、主谓短语等。多数情况下需要使用补语助词kɯ³³。例如：

ji³¹khɔ³¹man³¹kɯ³³vˠ³¹ma³¹ma³¹ʂ̩³¹ji⁵⁵pa⁵³.　　　他忙得晕头转向。

他　　忙　（补）头晕　　　（貌）（体）

ɔ³¹ji⁵⁵kɯ³³kɯ³³tsˠ⁵⁵mo̠³³e³³.　　　　　　　　生活得更好。

生活 过 （补）更 好（语）

jɔ³¹n̠i⁵⁵xɯ³¹ᐟ³³la³³kɯ³³tsɿ⁵⁵tshan⁵³ŋe³³.　　　　孩子长得真快啊。

孩子 大 （貌）（助）很 快 （语）

n̠i³³ja³¹kɯ³³kɯ³³tsɿ⁵⁵sɔ³¹e³³.　　　　　　　　生活过得很艰难。

生活　过（补）很 难（语）

ŋa⁵⁵kɔ³¹tɯ³³tɯ³³kɯ³³mɔ³¹mo̠³¹e³³.　　　　　　我跳舞跳得不好。

我　舞　跳（补）不　好（语）

ji³¹khɔ³¹na⁵⁵kɯ³³（xɪ³³）n̠i⁵⁵kɔ³¹ ji³³pa⁵³.　　　他疼得哭起来。

他　疼（补）（连）哭（体）（体）

ŋa⁵⁵sɔ³¹kɔ³¹tɪ³¹kɯ³³（xɪ³³）kɔ³¹kɪ³³phi³¹la³³ pa⁵³. 我看书看累了。

我　书　看（补）（连）累　（貌）（助）（体）

ji³¹khɔ³¹a³¹tshˠ³¹tshˠ³¹kɯ³³（xɪ³³）ɔ³¹tsɯ³¹tsɯ³¹ʂ̩³¹ ji⁵⁵pa⁵³.

他　　冷　　　（补）（连）哆嗦　打（貌）（体）

他冷得直打哆嗦。

4. 四音格词做补语

四音格词是碧约话的一个重要语言单位，具有各种词性的句法功能。在述补结构中，四音格词经常充当补语，表示述语的情状。述语和补语之间加补语助词kɯ³³，四音格词后加助词ma³³。

e⁵⁵jɔ³¹n̠i⁵⁵ja⁵⁵mɔ³¹jɔ³¹kɯ³³ti³¹pi³¹thɔ³¹pa³³ma³³.　那孩子走得摇摇摆摆。

那 孩子　路　　走（补）摇摇摆摆　　（助）

mu³¹n̠i³¹vˠ⁵⁵thɔ³¹ kɯ³³ n̠i⁵⁵phi⁵⁵na⁵⁵phˠ³³ma³³.　东西摆得乱七八糟。

东西　　摆（貌）（补）乱七八糟　　（助）

tsɿ³³tshˠ³³kɯ³³tɪ³¹ji³³tɔ³¹jɔ³¹ma³³.　　　　　　字被写得歪歪扭扭的。

字　写（补）歪歪扭扭　（助）

tsho³¹tho³¹a³³jɔ³¹n̠i⁵⁵xua³¹kɯ³³xua³³li⁵⁵pa³¹ta³³ma³³.

墙　　（方）孩子　画（补）花花绿绿　　（助）

墙上被孩子们涂得花花绿绿的。

çi⁵⁵kɯ³³khɯ⁵⁵n̠ɪ³³tɕi³³kɯ³³ti³¹ki⁵⁵ta³¹kv̠³¹ma³³.

铁　的　线　拧　（补）弯弯曲曲　　（助）

铁丝被拧得弯弯曲曲。

（二）补语的语义类型

根据补语的语义特点，述补结构可分为以下几种类型：

1. 结果补语

补语是述语动作产生的结果。补语多由动词、动词性短语和形容词、形容词性短语充当。例如：

ji³¹khɔ³¹na⁵⁵tɪ³¹lo³¹ji⁵⁵　　pɪ⁵³?　　　　　　　　他听清楚了吗？

他　听　清（体）（语）

jɔ³¹v̠³³ni³³tsa⁵⁵tso⁵⁵pɔ̠³³ki⁵⁵phi³⁵pa⁵³.　　　　　人们把麻雀都打光了。

人们　　麻雀　打　光（貌）（体）

2. 趋向补语

e⁵⁵jɔ³¹mi³¹thɯ³¹kɔ³¹ɔ³¹tshu³¹n̠i³¹na⁵⁵tɪ³¹ji³³phi³⁵　pa⁵³.

那姑娘　一　个别人（施）娶　去（貌）（体）

那个姑娘已经被别人娶走了

sa³³mɔ³³li³³tʂn̠ ³¹xɪ⁵⁵a³³tshu³¹/³³kɪ ³¹/³³ li³³phi³⁵　pa⁵³.

狼　　　羊圈（方）跑　进　去（貌）（体）

狼跑进羊圈里去了。

ja̠ ³¹jo³¹jɔ³¹n̠i⁵⁵thɯ³¹kɔ³¹sa³¹khɯ⁵⁵khɯ⁵⁵tui³³n̠i³³tho⁵⁵tv̠ ³³lɤ³¹.

男孩　小　一　个稻草　　堆（从）钻　出　来

一个男孩子从草垛里钻出来。

nv⁵⁵xa³³ma³³xa³³nɔ³³kɯ³³sɔ³¹kɔ³¹tv̠ ³⁵kɯ³³feŋ³³su³¹tv̠ ³⁵ta ³³tɕhi³¹　li³¹mɯ³¹ŋe³³.

你　无论如何　你的书　读的分数　读上（貌）（貌）（语）

你一定要把学习成绩提高上去。

3. 程度补语

ji³¹khɔ³¹thɯ³¹n̠i³³ma³³　xo³¹mɔ³¹tsɔ³¹xɪ³³　xo³¹me ³¹n̠ ³¹tsu³³　ŋe³³　pa⁵³.

他　一　天（状）饭没　吃（连）饭饿（貌）（体）（语）（体）

他一天没吃饭快饿死了。

ji³¹khɔ³¹la ³¹ta̠ ³¹ku⁵⁵kɯ³³mɔ̠ ³³khɪ³³pa⁵³.

他　歌　唱（补）好　极（体）

她的歌唱得好极了！

ŋa⁵⁵na⁵⁵（kɔ³³）kɯ³³tsɣ⁵⁵mɔ̠³³e³³　pa⁵³.　　　　　我的病好多了。

我　病　　（补）　更　好（语）（体）

v⁵⁵la̠³¹mi⁵⁵kɯ³³khia⁵³mɔ̠³³e³³.　　　　　　　　生意做得红红火火。

生意　做（补）特别　好（语）

a³¹na̠³³mi³¹tʂ̠³³sv³³na̠³³e³³.　　　　　　　　　　黑得像煤一样。

黑　煤　　像　黑（语）

4. 可能补语

ji³¹khɔ³¹mi⁵⁵mɔ̠³³tshv⁵⁵e³³.　　　　　　　　　他能做得好。

他　　做好能　（语）

ŋa⁵⁵la³³kɔ³¹e³³mɔ³¹la³³kɔ³¹e³³?　　　　　　　我能不能来？

我　来能　不　来能

ji³¹khɔ³¹mɔ³¹tsɔ³¹/³³pɣ³³tshv⁵⁵e³³.　　　　　　他吃不饱。

他　　不吃　饱能

碧约话的补语的结构类型、语法化程度、受否定副词修饰的情况以及句法和语义的关系等情况也比较复杂。（详见"述补结构"一节）

第三节　句类

根据句子的语气，句子可分为陈述句、疑问句、祈使句和感叹句四类。

一　陈述句

（一）陈述句的结构类型

1. 肯定式陈述句。如：

jɔ³¹mɯ⁵⁵a³³ɔ³¹lo⁵⁵lo⁵⁵ja̠³¹ŋe³³pa⁵³.　　　　　现在已经是夏天了呀。

现在　（话）热　日子是（语）

ɯ⁵⁵ja⁵⁵tsa³³kɯ³³tɕhɿ⁵⁵mi³³pa⁵³.　　　　　　田里的谷子成熟了。

田　里的　谷子熟（语）

xe³⁵khɯ³¹thɯ³¹mo⁵⁵sa³³mɔ̠³³li³³sv³³tv⁵⁵ŋe³³.　　这条狗长得像狼。

这狗　一　条　狼　　像　（语）

ji³¹khɔ³¹mɯ³¹n̠i³¹tɕhi³¹kɯ³³ɕɿ³³khɔ³¹mi³¹tɣ³³la³³　pa⁵³.

他　　东西　偷　的事情　说　出（貌）（体）

他偷东西的事被传出来了。

nɔ³³tʂh⁵⁵sɿ³¹ma³¹kha̠³¹mɔ̠³³e³³.　　　　　　　你的扣子没扣好。

你扣子　没扣　好

2. 否定式陈述句

一般要在谓语前加上否定词mɔ³¹、thɔ³¹。如：

thɤ³¹lv⁵⁵ke³³tsŋ³¹a³³tshŋ³¹ŋe³³ŋi³³mɔ³¹kɔ³¹ku³³sŋ³¹.　　墨江今年还没下过雪。

墨江　　　　　（方）今年　　雪　没　下　过还

xe³⁵thɯ³¹ma³³xa³³na³¹ma³³mɔ³¹mɔ̩³³e³³.　　　　这个不太好。

这　一　个　不怎么　　不好

ji³³jiŋ³³tsa³³ja³³kho⁵⁵mɔ³¹to⁵⁵kɔ³¹ŋe³³.　　　　在医院里不能吸烟。

医院　里　烟　　不　吸　能（语）

ŋa⁵⁵xe³⁵thɯ³¹to³¹tsɛ⁵³xa³³mɔ³¹mi³¹ku³³ŋɯ³³.　　我根本就没讲过这句话。

我　这　一　句　再　都　没　说过（语）

xe³⁵sv³³kɯ³¹ŋɔ³¹v³³mɔ³¹mi⁵⁵mɔ̩³³kɔ³¹la³³.　　　这种样式我们做不好。

这　像　的　我们　　做　不能（人）

还可以用双重否定来表示肯定的意思。双重否定句有的比单纯肯定语气委婉。如：

ŋa⁵⁵mɔ³¹ji³³mɯ³¹ku³³mɔ³¹ŋɯ³³.　　　　　　我没有不想去的意思。

我　不　去　想　（引）不是

nv⁵⁵tɕhvŋ³¹ma³¹tsa³³kɯ³³mɔ³¹ŋe³³.　　　　　你又不是没有钱。

你　钱　没　有（引）不是

有的比单纯肯定语气强烈。如：

mɔ³¹na⁵⁵tɿ³¹ji³¹xa³³sŋ³¹la³¹ŋe³³, ji³¹khɔ³¹mɔ³¹ji³³kɯ³³mɔ³¹ŋe³³.

不问　去　都　知道（语）他　不去（引）不会

不用问都知道他不会不去的。

ŋa⁵⁵xe³⁵ja⁵⁵mɔ³¹mi⁵⁵ki⁵⁵xa³³ma³³xa³³pa⁵³mɔ³¹kɔ³¹nɔ³¹.我不做完这些工作不休息。

我　这些工作　做完　怎么　　的话　不休息

（二）陈述句的语义类型

1. 判断句

ɔ³¹mɔ⁵⁵ji³³sɤ³¹ji³¹khɔ³¹kɯ³³tso⁵⁵ɳi³³ŋe³³.　　　明天是他的生日。

明天　　　他　　的生日　是

jaŋ³¹ji³³seŋ³³ɳi³³ji³¹khɔ³¹tsu⁵⁵ji³³mɔ̩³³pi³¹e³³.　　是杨医生把他治好的。

杨医生　（施）他　（受）医　好给

ŋa⁵⁵xe³⁵tʂhŋ³¹thɯ³¹jɯŋ³³tsɔ³¹xɿ³³mɔ̩³³la³³ŋɯ³³.　　我是吃这种药把病治好的。

我　这药　一　种　吃（连）好（人）（语）

2. 评述句

xe³⁵thɯ³¹kɔ³¹v³¹khɿ³¹tsŋ⁵⁵mi⁵⁵kɔ³¹mɔ̩³³e³³.　　　这个人头脑很灵活。

这　一　个　头　很　做　能　好

tɕhi³¹tsɔ³¹kɯ³³ɕi³³khɔ³¹xa³³ma³¹xa³³mɔ³¹mi⁵⁵kɔ³¹.　　偷盗的事绝对不能做。

偷　吃　的　事情　怎么都　　不　做能

ŋɔ³¹v³³liaŋ³¹sl̩³¹mɔ̩³³ti³³v⁵⁵tɕhi³³me³⁵mɔ³¹pi³³kha³³ji³³mɯ³¹e³³.

我们　粮食　好　地　收 起（连）不 让 流失 了 要

我们应该节约粮食，杜绝浪费。

3. 叙述句

ŋa⁵⁵kɔ³¹ki³³la³³pa⁵³　ji³¹tsa³³li³³tsu³³pa⁵³.　　　我困了，去睡觉了。

我　困　（人）（体）睡觉　去（体）（体）

jo³¹mɔ³³a³³la̩³¹ta³¹kɯ⁵⁵pa⁵³ɯ³¹thɯ⁵⁵ɕi³³ti⁵⁵ly³³e³³.　　在山上唱歌有回声。

山上（方）歌　　唱　（连）声音　返回　来

ŋa⁵⁵ji³¹khɔ³¹tsu⁵⁵jɔ³⁵kɯ³³jo³¹mɔ³³a³³sɔ³¹pɔ̩³³ ji³³mɯ³⁵.

我　他　　（受）约的　山　　（方）肉 打 去（貌）

我约了他一起去山上打猎。

二　疑问句

疑问句是指使用疑问语气、用于问询或质疑的句子。以下从表示疑问的手段、结构类型和语用功能三个方面对疑问句进行分析。

（一）表示疑问的手段

表示疑问语气除了使用疑问语调外，还可以使用语气词、疑问词、肯定加否定的结构形式、插入语等四种手段。

1. 使用语气助词表示疑问。

nv⁵⁵ji³³mɯ³¹ŋɛ⁵³?　　　　　　　你想去吗？

你　去 想（语）

ji³¹khɔ³¹nɔ³⁵pa⁵⁵mi⁵⁵mɯ³¹ŋɛ⁵³?　　　他肯帮你吗？

他　　你 帮助　想　（语）

thy³¹lv⁵⁵ke³³tsl̩³¹sl̩³¹ɕa³³ma³³ti³³ɔ³¹xo⁵⁵xo⁵⁵ŋɛ⁵³?　　墨江经常下雨吗？

墨江　　　　经常　（状）雨　下（语）

ɔ³¹sl̩³¹thɯ³¹jɪŋ³³ml̩³³ŋɛ⁵³?　　　　　这种果子好吃吗？

果子　一样　好（语）

nv⁵⁵xa⁵⁵ma⁵⁵mi⁵⁵tsu³³ŋɛ⁵³?　　　　　你准备怎么办呢？

你　怎么　做（体）（语）

2. 使用肯定加否定形式。例如：

nɔ³¹v³³ji³³pɪ⁵³ma⁵⁵sl̩⁵⁵mɔ³¹ji³³?　　　你们去了没有？

你们 去（体）还是　没　去

ji³¹khɔ³¹xo³¹mi⁵⁵mɔ̩³³e³³pɪ⁵³ ma⁵⁵ʂɪ⁵⁵mɔ³¹mi⁵⁵mɔ̩³³e³³？　他做好饭了没有？

他　　饭做好　（体）还是　没做好

tsa̠³¹mi̠³¹tɪ³¹kɔ³¹mɔ̩³³mɔ³¹tɪ³¹kɔ³¹mɔ̩³³？　　　　裙子好看不好看？

裙子　　好看　　　不　好看

nv⁵⁵tsɔ³¹tɪ³¹tɪ³¹va̠³¹tshɔ̩³¹me̠³¹xɪ³³sɪ³¹phi⁵⁵lv̠³¹mɔ³¹lv̠³¹？　你尝尝看，盐和辣子够不够？

你吃看看（语）盐　　和辣椒够　不　够

3. 使用疑问代词。如：

ji³¹khɔ³¹ɔ³¹su⁵⁵？　　　　　　　　　　　他是谁？

他　　谁

xɔ³³mu³³fv³³ɕɔ³⁵thaŋ³¹li³³tsu³³？　　　　时候去上学？

什么时候　学校　去　要

xe³⁵tsɔ³¹kɯ³³ʂɪ³³lɯ³¹xɔ³⁵tsa³³la⁵⁵kɯ³⁵？　　哪里来的这些吃的？

这吃的　这些　　哪里来的

xɔ³³kɯ³³thɯ³¹kɔ³¹tsɪ⁵⁵ka̠³¹ŋɛ⁵³？　　　　哪一个更漂亮呢？

哪的　一个　很漂亮（语）

4. 用插入语ma³¹sɪ̠³¹la̠³¹"不知道"位于句尾表示"不知道"。如：

jɔ³¹v³³xɔ³³mu³³fv³³ji³³jɔ³¹mi⁵⁵tsɔ³¹ti³¹ma³¹sɪ̠³¹la̠³¹？

他们　什么时候　　结婚　（引）不知道

不知道他们准备什么时候结婚？

a⁵⁵mɔ³³ȵi³³ŋɔ³¹v³³tsu⁵⁵xa⁵⁵tɕi³¹mɪ³¹kɯ³³mi⁵⁵thɔ³¹pi̠³¹kɯ³³ti³¹　ma³¹sɪ̠³¹la³¹？

妈妈（施）我们（受）什么　好吃的做（貌）给（引）（引）不知道

不知道妈妈给我们做了什么好吃的？

（二）疑问句的分类

按照疑问域的范围的不同，疑问句可分为是非问句、特指问句、选择问、反问句四类。

1. 是非问疑问句

nv⁵⁵ɕɔ³⁵thaŋ³¹ji³³ŋɛ⁵³？　　　　　　　　你去学校吗？

你　学校　去（语）

ŋɔ³¹v³³tsu⁵⁵thɯ³¹o⁵⁵pa⁵⁵mi⁵⁵，kɔ³⁵e³³je³¹？　帮我们一次，好吗？

我们（受）一次　帮做能　（语）

nv⁵⁵a⁵⁵mɔ³³ȵi⁵⁵na⁵⁵tɪ³¹pɪ⁵³？　　　　　　你娶老婆了吗？

你　老婆（施）娶　（语）

pi³¹jɔ³¹la̠³¹ta̠³¹na⁵⁵tɪ³¹kɔ³¹mɔ̩³³e³³je³¹？　　碧约调子好听吗？

碧约调子听　好　（语）

nv⁵⁵jo³¹mɔ³³ta³³li³³xɿ³³lɔ³¹mɔ³³tuɯ³¹li³³kha³³le⁵³?　　　你敢去山上打老虎吗？

你　山上　上去（连）老虎　打去敢（语）

nv⁵⁵mɔ³¹la⁵⁵tsu³³ŋɛ⁵³?　　　　　　　　　　　　　你不来了？

你　不　来（体）（语）

ji³¹khɔ³¹kuŋ³³tshaŋ³¹a³³ja⁵⁵mɔ³¹mi⁵⁵ji³³tsu³³ŋɛ³³pɿ⁵³?　他不去工厂干活儿了？

他　　工厂　　（方）不　做去（体）　（语）

nv⁵⁵xo³¹tha³³mɔ³¹tsɔ³³tsu³³pɿ⁵³?　　　　　　　你饭都不吃了？

你饭　都　不　吃（体）（语）

xe³⁵tshu⁵⁵thuɯ³¹kɔ³¹nɔ³³kuɯ³³ɔ³¹mɔ³³mɔ³¹ŋɛ⁵³?　这个人不是你的妈妈吗？

这　人　　一　个你的　妈妈　不　是

va̱³¹thuɯ³¹mɔ³¹sɿ⁵⁵ŋɛ⁵³　sa³³?　　　　　　　野猪还没死吗？

野猪　　没　死（语）（语）

2. 特指问句

xe³⁵sɿ³³luɯ³¹xa⁵⁵tɕi³¹ŋɛ⁵³?　　　　　　　　　这些是什么？

这　一些　什么　是

xɔ⁵⁵luɯ³¹tɕhyŋ³¹thuɯ³¹tɕiŋ³³?　　　　　　　多少钱一斤？

多少　钱　　一　斤

nv⁵⁵kɔ³¹jɔ³¹xɔ⁵⁵mu³³kɔ³¹mi⁵⁵muɯ³¹ŋɛ⁵³?　　你需要多少个工人？

你工人　多少　个要　想　呢

ɔ³¹mo⁵⁵ji³³sɿ̱³¹xo³¹xɔ⁵⁵mu³³kɔ³¹tsɔ³¹la⁵⁵tsu³³ŋɛ⁵³?　明天几个人来吃饭？

明天　　　饭多少　个　吃来要（语）

xɔ³³kuɯ³³thuɯ³¹pe̱³¹nɔ³³to⁵⁵kuɯ³³ɯ⁵⁵ja⁵⁵ŋɛ⁵³?　哪一块田是你家的？

哪　的一块　你家的田　（语）

xa⁵⁵ma⁵⁵se³³ɔ³¹ki⁵⁵ɔ³¹phv⁵⁵pi³³phv⁵⁵la³³　ŋɛ⁵³?　怎么才能把皮肤变白呢？

怎么　才皮肤白　（使）白（貌）（语）

ja³³po⁵⁵xa⁵⁵ma⁵⁵tɿ³¹ŋɛ⁵³?　　　　　　　　　卜鸡卦是怎么看的？

卜鸡卦　怎么　看（语）

nv⁵⁵xɔ³³mu³³fv³³ja⁵⁵mi⁵⁵ji³³ŋɛ⁵³?　　　　　你什么时候参加工作的？

你　什么时候　工作　去（语）

nv⁵⁵xɔ³³kuɯ³³thuɯ³¹ni³³khue³³mɯŋ³¹a³³li³³ŋɛ⁵³?　你哪天去的昆明？

你　哪的　一　天　昆明　（方）去（语）

nv⁵⁵xa³³ma⁵⁵xɿ³³jɔ³¹muɯ⁵⁵sɿ³¹tv̱³³ji³³ju³³ti⁵⁵la³³ŋɛ⁵³?　你为什么刚出去就回来了？

你为什么　刚　　出去　就　回来（语）

为什么你刚出去又回来了？

ŋɔ³⁵tsu⁵⁵tɛ⁵³kɯ³³xa³³tshu³³ɕɹ³³khɔ³¹tsa³¹e³¹?　　　　找我有什么事吗?

我（受）找 得 什么　事情　有

3. 选择问句

选择问句分两种，一种是指句中提出两种或几种选择项，供听话人选择，疑问域在选择项上。例如：

nv⁵⁵thv̩³¹lv⁵⁵ke³³tsɹ³¹a³³li³³ma⁵⁵ʂɹ⁵⁵lo³³sɔ³³li³³?　　你是去墨江，还是去元江?

你 墨江　　　（方）去 还是　元江　去

nv⁵⁵va³¹sɔ³¹v⁵⁵ma⁵⁵ʂɹ⁵⁵nv³¹sɔ³¹v⁵⁵?　　　　你要买猪肉，还是买牛肉?

你 猪 肉 买 还是　牛肉　买

nv⁵⁵xɔ³³mu³³fv³³ti⁵⁵lv³³ŋɛ⁵³? ɔ³¹mo⁵⁵ji³³sv̩³¹、sa⁵⁵phɛ³³、a³¹na³³e³³ma⁵⁵ʂɹ⁵⁵

你 什么时候　回来（语）明天　　　　　后天　　大后天　还是

jɔ³¹n̩i³³ɕa³³tsu³³?

今天　下午

你什么时候回来? 明天、后天、大后天还是就今天下午?

一种是谓语中心使用肯定与否定的并列形式，对方可选用肯定或否定形式来应答，也叫正反问句。正反问句往往有多种方式提问。例如"碧约话你会不会说?"可以有以下三种方式提问：

pi³¹jɔ³¹tɔ³¹nv⁵⁵pɛ³³khɛ³¹ma³¹pɛ³³khɛ³¹?　　　碧约话你会不会说?

碧约 话 你 说 会 不 说　会

pi³¹jɔ³¹tɔ³¹nv⁵⁵pɛ³³ma³¹pɛ³³khɛ³¹?　　　　　碧约话你会不会说?

碧约 话 你 说　不 说　会

pi³¹jɔ³¹tɔ³¹nv⁵⁵pɛ³³khɛ³¹ma⁵⁵ʂɹ⁵⁵ma³¹pɛ³³khɛ³¹?

碧约 话 你 说 会　还是　不 说　会

碧约话你会说还是不会说?

又如：

xe³⁵v⁵⁵la̩³¹thuɹ³¹ma³³nv⁵⁵mi⁵⁵mɔ³¹mi⁵⁵?　　　这笔生意你做不做?

这 生意 一 笔 你 做 不 做

xe³⁵v⁵⁵la̩³¹thuɹ³¹ma³³nv⁵⁵mi⁵⁵ma⁵⁵ʂɹ⁵⁵mɔ³¹mi⁵⁵?　　这笔生意你做还是不做?

这 生意　一 笔 你 做 还是　不 做

ji³¹khɔ³¹na⁵⁵kɯ³³mɔ³¹mɔ̩³³la³³e³³sa³³?　　　他的病还没有好?

他　病（引）不 好 （貌）（语）

ji³¹khɔ³¹na⁵⁵kɯ³³mɔ̩³³mɔ³¹mɔ̩³³?　　　　　　他的病好没好?

他　　病（引）好 不 好

ji³¹khɔ³¹na⁵⁵kɯ³³mɔ̩³³la³³mɔ³¹mɔ̩³³la³³?　　　他的病好了没有?

他　　病（引）好（貌）不 好（貌）

ji³¹khɔ³¹la⁵⁵kɯ³³mɔ̩³³ma⁵⁵ʂ̩⁵⁵mɔ³¹mɔ̩³³　　　　　　他来好还是不好？

他　　来（引）好　还是　不　　好

ji³¹khɔ³¹la⁵⁵kɯ³³mɔ̩³³mɔ³¹mɔ̩³³？　　　　　　　　他来好不好？

他　　来（引）好不　好

xe³⁵ja⁵⁵ji̠³¹tsa̠³³kɯ³³tsu³³kɔ³¹mɔ̩³³ma⁵⁵ʂ̩⁵⁵mɔ³¹tsu³³kɔ³¹mɔ̩³³？

这床 睡觉 （引）舒服　　还是　不　舒服

这床睡得舒服还是不舒服？

xe³⁵ja⁵⁵ji̠³¹tsa̠³³kɯ³³tsu³³kɔ³¹mɔ̩³³mɔ³¹mɔ̩³³？　　这床睡得舒不舒服？

这床 睡　（引）舒服　　不　舒服

ji³¹khɔ³¹mi⁵⁵kɯ³³mɔ̩³³mɔ³¹mɔ̩³³？　　　　　　　他做得好不好？

他　　做（补）好　不　好

ji³¹khɔ³¹mi⁵⁵mɔ̩³³tshv⁵⁵mɔ³¹mi⁵⁵mɔ̩³³tshv⁵⁵？　　他能不能做好？

他　　做好能　不做　好能

（四）反问句

用疑问的语气表达肯定的观点。通常在陈述句后加mɔŋ³¹ŋɛ⁵³ "不是吗"
或者只用ŋɛ⁵³。例如：

ji³¹khɔ³¹lu⁵⁵pi³¹mi⁵⁵tsɔ³¹kɯ³³nɣ⁵⁵mɔ³³kuaŋ⁵⁵kɯ³³mɔŋ³¹ŋɛ⁵³？

他　　贼　做吃（引）心脏　宽　（引）不　是

他是做贼心虚，不是吗？

nv⁵⁵ji³¹khɔ³⁵tsu⁵⁵thi⁵⁵ma⁵⁵kɔ³¹jɔ³¹ŋɛ⁵³？　　　你难道就那么喜欢他？

你　他（受）那么　　喜欢（语）

ŋa⁵⁵xo³¹mɛ̩³¹ʂ̩³¹tsu³³ŋɛ³³pa⁵³ xa⁵⁵ma⁵⁵ja⁵⁵mi⁵⁵ŋɛ⁵³？

我 饿　死（体）（体）怎么　活做（语）

我都饿死啦，还怎么干活？

nv⁵⁵tsɣŋ³³ma³³tshv̠³³ki⁵⁵phi³¹ŋɛ³³ pi⁵³？　难道你已经写完了？

你 真的　　写　完（貌）（语）（语）

ji³¹khɔ³¹ŋɔ³¹ti⁵⁵sɿ⁵⁵ɕiŋ³³xi⁵⁵jɔ³³.——ŋɛ⁵³？ 他中了五千万的大奖。——是吗？

他　　五千　万　拿到　是

nv⁵⁵mi⁵⁵mɯ³¹kɯ³³tɕu³³ʂ̩³³tɕhvŋ³¹mvŋ³¹ŋɛ⁵³？

你　想要的　就是钱　不　是

你想要的不就是钱吗？

（三）疑问句的交际类别

交际中，疑问句并不一定都含有疑问信息，因而，可以按照疑问信息
的有无、疑问程度的高低把疑问句分为以下三类：

1. 有疑而问。

发话人提出疑问，并且对这个问题没有倾向性答案，希望得到解答。
这是疑问句的主要用法。如：

nɔ³¹v³³to⁵⁵kɯ³³ja³³o³¹（tsɔ³¹）tsu³³ŋɛ⁵³?　　　　　你们家的鸡卖吗？

你们　家　的鸡 卖 吃　　要（语）

xe³⁵xa⁵⁵tɕi³¹tʂʰɿ³¹?　　　　　　　　　　　这是什么药？

这　什么　药

2. 有惑而问。

提问者对问题已有倾向性答案，但不能确定，需要回答人证实。如：

xe³⁵ja⁵⁵nv⁵⁵n̩i³³mi⁵⁵kɯ³³ŋɛ⁵³?　　　　　　这活儿是你干的吧？

这 活 你（施）做 的 是

xe³⁵mɿ⁵⁵lu⁵⁵tʰɯ³¹jɪŋ³³tsɔ³¹kɔ³¹je³¹?　　　　这种蘑菇能吃吧？

这 蘑菇 一 种 吃 得（语）

nv⁵⁵n̩i³³ji³¹kʰɔ³⁵tsu⁵⁵tɯ³¹kɯ³³ŋɛ⁵³?　　　是你打的他吧？

你（施）他 （受）打 的 是

nv⁵⁵xe³⁵tsa³¹kɯ³³tsʰu⁵⁵mɤŋ³¹ŋɛ⁵³?　　　你不是本地人吧？

你 这里　 的 人 不　是

3. 无疑而问

问话者对某一问题没有疑问，选用疑问语气表达是为了加强表达效果，
不需要受话者回答，也叫反诘句。多适用特指疑问句或选择疑问句。如：

nv⁵⁵xa⁵⁵ma⁵⁵ji³¹kʰɔ³⁵tsu⁵⁵pi³¹ta³³ŋɛ⁵³?　　　你怎么比得上人家呢？

你 怎么 他　（受）比上（语）

xe³⁵tɕʰɤŋ³¹mɔŋ³¹ŋɔ⁵³xa⁵⁵tsʰu³³ŋɛ⁵³?　　　这不是钱是什么？

这 钱 不 是 什么 是

ji³¹kʰɔ³¹mɔ³¹mi³¹pa³³ŋa⁵⁵xa⁵⁵ma⁵⁵sɿ³¹la̩³¹kʰe̩³¹ŋɛ⁵³?

他　　 不 说的话 我 怎么　 知道 会 （语）

他不说，我怎么会知道呢？

tʰɔ³¹mi³¹! nv⁵⁵xa⁵⁵tsʰu³³sɿ³¹la̩³¹?　　　　　别多嘴，你知道什么？

别 说　 你 什么　 知道

ji³¹kʰɔ³¹mi³¹pa⁵³ji³¹kʰɔ³¹xa⁵⁵tsʰu³³ŋɛ⁵³?　　　他来说，他算什么？

他　说的话 他　　什么　是

ŋa⁵⁵xɔ³³mu³³fv³³mi³¹ku³³kɯ³³ji³¹kʰɔ³⁵tsu⁵⁵sɿ³¹la̩³¹ŋɛ⁵³?

我 什么时候　说过（引）他 　（受）知道（语）

我什么时候说认识他啊？

ji³¹khɔ³¹xa⁵⁵tshu³³（kɯ³³）mɔ̰³³kɯ³³tshu⁵⁵ŋɛ⁵³!　　　他装什么好人！

他　什么　的　好　的　人　是

ji³¹khɔ³¹xa⁵⁵tshu³³kɯ³³sɿ⁵⁵po³³ŋɛ⁵³!　　　　　他算什么有钱人！

他　什么　的　有钱　是

三　祈使句

祈使句是表示希望和请求、劝诫和命令的句子。根据语气的不同，祈使句又可分为请求类祈使句、叮嘱类祈使句、劝阻类祈使句和命令类祈使句四类。

（一）请求类祈使句

语气舒缓，在句尾词语调拉长，句末多带语气词lo³¹或laŋ²²，一般有主语，也可以省略。如：

nv⁵⁵nɣ³¹mɔ̰³³, tɕhɤŋ³¹ɔ³¹tʂɿ³³ŋɔ³⁵tsu⁵⁵pi³¹la³¹.　　行行好，给点钱吧。

你 心 好　钱 一点 我（受）给（人）

e⁵⁵tsv³³tɿ⁵⁵thɯ³¹khɯ⁵⁵ŋɔ³⁵tsu⁵⁵pi³¹la³¹.　　　把那根筷子递给我吧。

那 筷子 一 根 我（受）给（人）

ŋa⁵⁵nɔ³⁵tsu⁵⁵mo⁵⁵nv³¹pa⁵⁵tshv⁵⁵laŋ³³ŋɯ³³.　　　我来帮你放牛吧。

我 你（受）牛　帮 放（人）（语）

nv⁵⁵ŋɔ³⁵tsu⁵⁵mo⁵⁵nv³¹pa⁵⁵tshv⁵⁵la³¹.　　　　你来帮我放牛吧！

你 我（受）牛　帮 放（人）

（二）叮嘱类祈使句

nv⁵⁵mɔ̰³³ti³³ tɿ³¹va̰³¹.　　　　　　　　你要好好看呀。

你 好（状）看（语）

thɔ³¹mo⁵⁵tɿ⁵⁵va̰³¹!　　　　　　　　　别忘记呀！

别　忘记（语）

nv⁵⁵mɔ̰³³ma³³na⁵⁵tɿ³¹va̰³¹!　　　　　　你就老实点吧！

你 好 （状）听话 （语）

nv⁵⁵ji³¹khɔ³⁵xɿ³³mɔ̰³³ma³³mi⁵⁵tsɔ³¹va̰³¹!　　你可要跟他好好过日子呀！

你 他　跟 好（状）做 吃（语）

（三）劝阻类祈使句

nv⁵⁵thv⁵⁵la³³ xɿ³¹thv⁵⁵tsv⁵⁵thɔ³¹!　　　你站起来！

你 起来（连）站　　（貌）

nv⁵⁵mɔ³¹mɔ̰³³kɯ³³tha³¹pḛ³³!　　　　　别乱说啦！

你 别 说（引）别 说

mɔ³¹ti³³ thɔ³¹tu⁵⁵vạ³¹! 别喝太多！

多（状）别 喝（语）

（四）命令类祈使句

语调短促，句末不带语气词。如：

xi⁵⁵la³¹! 拿来！

拿 来

thɔ³¹tɤŋ⁵³tsha³³! 别闹！

别 闹（互）

tsha⁵⁵tsha⁵⁵ti³³la⁵⁵! 快点！

快 （状）来

nɤ⁵⁵tɕhɤŋ³¹pị³¹ti⁵⁵vạ³¹! 你把钱还来！

你 钱 给 回（语）

nɤ⁵⁵nɔ³³kɯ³³jɔ³¹ɳi⁵⁵mɔ³³ti³³khɿ⁵⁵tsɔ³¹le⁵³! 你好好管管你的小孩！

你 你 的 小孩 好（状）管教（语）

（五）建议类祈使句

ɔ³¹xo⁵⁵xo⁵⁵ɕi³³ɕi³³la⁵⁵sɿ³¹! 赶紧来躲雨吧！

雨 下 躲 来（语）

nɤ⁵⁵xe³¹tʂɿ⁵⁵sɔ³¹kɔ³¹mɔ³¹ti³³tɤ³⁵sɿ³¹! 你还是多读些书吧！

你 还是 书 多（状）读（语）

四 感叹句

感叹句是表达喜悦、赞赏、惊讶、愤怒、厌恶、惧怕和无奈等不同情感的句子。以下从感叹句结构特点和感叹句所表达的感情类别两个方面对其进行分析。

（一）感叹句的结构特点

1. 使用叹词

e³¹ja³¹, tsɔ³¹kɯ³³xo³¹tsa³³tɕu³³mɔ³³e³³! 哎呀，有饭吃就行！

哎呀 吃 的 饭 有 就 好

xa³³xa³³ŋa⁵⁵tsɿ⁵⁵ti³³tsu³³kɔ³¹mɔ³³lɯ³³pa⁵³. 哈哈，我高兴。

哈哈 我 很（状）高兴 好（人）（语）

a³¹mu⁵⁵, ʂɿ⁵⁵ma⁵⁵xɯ³¹kɯ³³! 哎呀，那么大呀！

哎呀 那么 大（语）

a³¹, ɳi³³ja³¹ku⁵⁵kɯ³³thi⁵⁵ma⁵⁵sɔ³¹kɯ³³! 唉，日子过得那么难啊！

哎 日子 过（补）那么 难（语）

e⁵³, ɔ³¹tshv³³! nv⁵⁵ŋe⁵³!　　　　　　　　哎呀，是你呀，大嫂！

哎　大嫂　　你（语）

ŋe⁵³? ji³¹khɔ³¹tsɣŋ³³ti³³ʂ̩⁵⁵ma⁵⁵mi³¹le³⁵?　　咦？他真的这样说啊。

咦　他　　真是　这么　说（语）

eŋ³³xe³⁵ŋɔ³³kuɯ³³mɔ̞³³kuɯ³³ja³¹jo³³ŋuɯ³³!　　嗯，这才是我的好儿子呀！

嗯这我的　好　的儿子（语）

eŋ³³xe³⁵ŋɔ³³kuɯ³³a³³ɕaŋ³¹ŋuɯ³³!　　　　　嗯，这才是我的宝贝呀！

嗯这我　的宝贝　（语）

2. 使用表示感叹语气的助词

ɔ³¹tshu³¹jo³³v³³tsɿ⁵⁵mɔ̞³³e³³!　　　　　　　人家太好了！

人　别人　很　好

puɯ³⁵tɕiŋ³³thi⁵⁵ma⁵⁵xuɯ³¹kuɯ³³le³⁵!　　　北京那么大啊！

北京　　那么　大（语）（语）

nv⁵⁵jo³¹muɯ⁵⁵mɔ̞³³e³³pa⁵³ŋe³³　xa⁵⁵tɕu³¹xa³³　tsa³³ji³³pa⁵³!

你　现在　好　　（体）（语）什么　就　什么　有（体）

你现在好啦，啥都不缺啦！

 tshaŋ⁵³ti³³tɿ³¹! jo³¹tsa³¹so⁵⁵ti³¹thuɯ³¹mo⁵⁵tsu³³e³³!　快看，这里有只孔雀！

快　看看　　这里　孔雀　一　只　有（语）

3. 使用程度副词

e³¹　ɔ³¹phi³¹thi⁵⁵ma⁵⁵xuɯ³¹kuɯ³³le⁵³!　　哎呀，那么贵啊！

哎呀钱　　那么　　贵（语）（语）

e³¹khia⁵³thaŋ⁵⁵kuɯ³³!　　　　　　　　　　哎呀，太烫了！

哎呀　烫（语）

e³¹ja³¹ʂ̩³³luɯ³¹ma³³a³¹pha⁵⁵mɔ³¹pha⁵⁵kuɯ³³!　哎呀，真不轻啊！

哎呀　这么　轻　　不（叠）（语）

khia⁵³mo⁵⁵kuɯ³³!　　　　　　　　　　　　太远了！

特别　远（语）

xe³⁵jo³¹ni⁵⁵thuɯ³¹kɔ³¹khia⁵³kv³¹sɔ³¹ji⁵⁵pa⁵³!　这个小孩太可怜了。

这　小孩　一　个　特别　可怜　（语）

4. 感叹句结构简短

感叹句大多是形容词做谓语的非主谓句。如：

khia⁵³mɔ̞³³e³³!　　　　　　　　　　　　　好极了！

特别　好

khia⁵³kɔ³¹kɿ³¹luɯ³³!　　　　　　　　　　　太累人了！

太　　累　（语）

khia⁵³mɔ³¹nɪ⁵⁵kɔ³¹mɔ³³!　　　　　　　　　难闻！

特别　不　闻　好

（二）语义特点

1. 表示惊叹。如：

nv⁵⁵jɔ³¹ɲi⁵⁵tsu³³mɛ⁵³?　　　　　　　　　你有小孩啦？

你　小孩　有（语）

nv⁵⁵jɔ³¹ɲi⁵⁵tsu³³ŋɯ³³pɪ⁵³?　　　　　　　你有小孩啦？

你　小孩　有　（语）（语）

nv⁵⁵ŋɔ³¹tshɯ⁵⁵khɣ³¹tsa³³mɛ⁵³?　　　　　你都有五十岁啦？

你　五十　岁　有（语）

ta⁵⁵pɪ³¹tshu³³lu³³xɯ³³ti³¹thɯ³¹mo⁵⁵!　　　好大一只蝴蝶啊！

蝴蝶　　大（状）一　　只

ji³¹khɔ³¹khia⁵³mi⁵⁵tɣ³³ŋe³³!　　　　　　　他太不简单了！

他　　很　做　出（语）

e⁵³nɔ³¹v³³xa⁵⁵ma³³xɪ³¹lɣ³³ŋa⁵³!　　　　　　哦！你们怎么来了！

哦　你们　怎么　　来（语）

ʂɪ⁵⁵ma⁵⁵ŋɯ³³thi³⁵!　　　　　　　　　　　是这样的呀！

这么　　是（语）

2. 表示赞叹。如：

xe³⁵kv³¹tshɯ⁵⁵xa⁵⁵ma⁵⁵ʂɪ⁵⁵lɯ³¹ma⁵⁵mɪ³³e³³ja³¹!　　这酸菜怎么这么好吃！

这　酸菜　　怎么　这么　（状）好吃（语）

3. 表示哀叹。如：

e³¹nv⁵⁵tsɪ⁵⁵kɔ³¹kɪ³³ji⁵⁵pa⁵³!　　　　　　　哎，你太累了！

哎 你 太 累　（体）

ŋa⁵⁵tsɪ⁵⁵kɔ³¹kɪ³³lɯ³³.　　　　　　　　　　我太累了！

我 很 累　（语）

e³¹, ʂɪ⁵⁵ma⁵⁵kɯ⁵⁵ɲi³³ja³¹xɔ³³mu³³ja³¹ki⁵⁵tsu³³kɯ³³ma³¹ʂɪ³¹la³¹!

唉　这样　的　日子　多少　天　完 要（引）不　知　道

唉，这样的日子不知道还要熬多久！

e³¹, ji³¹khɔ³¹kɯ³³na⁵⁵thɯ³¹ɲi³³thɯ³¹ɲi³³ ti³³ tsɣ³³na⁵⁵e³³.

唉　他　　的 病 一　天　一　天　（状）更　重

唉！他的病一天比一天重了。

4. 表示感叹。如：

xe³⁵ja⁵⁵mɔ³³tsꞋ⁵⁵mo⁵⁵e³³!　　　　　　　　　　这路真长啊！

　这　路　　很　长

xe³⁵jɔ³¹n̠i⁵⁵to³¹tsꞋ⁵⁵na⁵⁵tꞋ³¹/³⁵e³³!　　　　　　这孩子真乖啊！

这　孩子　话　很　听

ɔ³¹xo⁵⁵ʂꞋ⁵⁵ma⁵⁵xɯ³¹kɯ³³!　　　　　　　　　雨这么大啊！

雨　　这么　　大（语）

5. 表示厌恶。如：

ʂꞋ⁵⁵ma⁵⁵mi⁵⁵kɯ³³tsꞋ⁵⁵mɔ³¹mɔ̠³³e³³!　　　　　这么做真是太不像话了！

这么　　做（引）很　不　好

ŋa⁵⁵xa⁵⁵ma³¹xa⁵⁵mɔ³¹ɕaŋ⁵⁵ɕiŋ⁵⁵kha³¹la³³!　　我简直不敢相信！

我　怎么样　　不　相信　　敢（人）

ny̠³³mɔ³³ny̠³³kv̠³¹tsꞋ⁵⁵kv̠³¹e³³!　　　　　　　这么狠心！

心脏　狠　　很（叠）

ʂꞋ⁵⁵ma⁵⁵ma⁵³e³³tsha³¹kɯ³³!　　　　　　　　这么小气！

这么　（状）小气（语）

xe³⁵kui³³tɕu³³ʂꞋ³³lɯ³¹nv⁵⁵ma³¹ʂꞋ³¹la̠³¹la⁵³?　　这些规矩你都不知道啊？

这　规矩　　一些　你　不　知道（语）

ji³¹khɔ³¹jɔ³¹mɯ⁵⁵tshu⁵⁵ sv³³tha³³mɔ³¹tv⁵⁵e³³pa⁵³!

他　　　现在　人　　像　都　不　想　（语）

他现在，混得不像个人样！

6. 表示幸灾乐祸。如：

a³¹mɛ⁵³e³³! ji³¹khɔ³¹mɔ³¹kɔ³¹ji⁵⁵pa⁵³!　　　哼哼，这次他完蛋了！

哼哼　　　他　　不　行（体）

a³¹mɛ⁵³e³³! ji³¹khɔ³¹tsu⁵⁵tsha̠³¹pi̠³³pa⁵³!　　哈哈，他被骂了！

哈哈　　　他　（受）骂　给　（体）

7. 表示醒悟或提醒：如：

je³¹! nv⁵⁵ŋɯ³³thꞋ³⁵!　　　　　　　　　　　哦！原来是你呀！

哦　你　是（语）

xe³³je³¹! nv⁵⁵nɔ³¹ji³¹khɔ³¹kɯ³¹ja̠³¹jo³³ŋɯ³³thꞋ³⁵!

哦　　你（话）她　的　儿子　是　（语）

哦，原来你是她的儿子啊！

tshaŋ⁵³ti³³va̠³¹! phi³⁵la̠³¹phi³⁵ pa⁵³!　　　　快点呀！要迟到了！

快　（状）（语）迟（貌）（貌）（体）

8. 表示责怪和鄙视。如：

ue⁵³, nv⁵⁵xa³³xɔ³³luɯ³¹ma³³mɔ̣³³kɯ³³tshu⁵⁵mʏŋ³¹ŋe³³!

哼　你　怎么　　　　好　的　人　不　是

哼，你也好不到哪儿去！

nv⁵⁵nɔ³¹tshu⁵⁵tha³³mʏŋ³¹ŋe³³!　　　　　　　　　你不是人！

你（话）人　都　不　是

thɔ³¹kɔ³¹jɔ³¹tsɔ³¹thɔ³¹.　　　　　　　　　　你哪吃得上。

别　想　吃　着

thɔ³¹kɔ³¹tha³³mɔ³¹kɔ³¹jɔ³¹kɔ³¹ŋe³³!　　　　　想得美！

别　想　都　不　想　　　（语）

ɔ³¹tshu³¹jɔ³³v³³thuɯ³¹pa³³ɲi³³ti³³nɔ³⁵tsu⁵⁵tu³³khu⁵⁵pa⁵³!

别人　　　　一　半　天（状）你（受）等　　（体）

人家都等你半天了！

第四节　单复句

一　单句

单句又称简单句，是由词或短语构成的具有独立语调的句子，与复句相对，且只有一个核心。单句可以从语气和结构两个角度进行分类。

（一）单句的语气类型

1. 陈述句

ŋa⁵⁵tɕi³¹ʂ̩³¹seŋ³³ju³³kɔ³¹kɿ³¹la³³　pa⁵³.　　　　　我九点就困了。

我　九　点　就　困（貌）（体）

thʏ³¹lv⁵⁵ke³³tʂ̩³¹ŋɔ³¹lɔ³³ɔ³¹lo⁵⁵lo⁵⁵ja³¹khuɯ³³le³³　pa⁵³!

墨江　　　　五月　热　日子　去（貌）（体）

墨江五月份已经是夏天了啊！

ji³¹khɔ³¹tsu⁵⁵tʂ̩³³pɔ³¹mɔ³¹pi³³tu⁵⁵ki⁵⁵pa⁵³mɔ³¹kɔ³¹.　　　不给他喝完不行。

他　（受）酒　不　给　喝　完　的话　不行

ji³¹khɔ³¹jo³¹nɔ³¹jo³¹ja³³muɯ³¹tsu³³sv³³ŋe³³.　　　他未必不想离开。

他　走（话）走开　想　要　像

2. 疑问句

ji³¹khɔ³¹tsṇ³¹ne³³xɔ⁵⁵luɯ³¹khʏ³¹tsa³³kɯ³³ti³³　nv⁵⁵ʂ̩³¹la³¹le⁵³?

让　今年　多少　岁　有（引）（引）你　知道　（语）

你知道他今年几岁了吗?

nv⁵⁵ŋɔ³³kɯ³³to³¹thɯ³¹to³¹na⁵⁵tʂ³¹mɯ³¹le⁵³?　　　　你能不能听我一句啊!

你 我 的 话 一 句 听 愿意（语）

nɔ³³lɔ³¹ʂ³³xɔ³³kɯ³³thɯ³¹n̩³³thy̠³¹lv⁵⁵ke³³tʂ̩³¹a³¹ly³³ŋɯ⁵³?　你老师哪天来墨江?

你 老师 哪 的 一天 墨江 （方）来（语）

你老师哪天来墨江?

ɕaŋ³³tseŋ⁵⁵fv³¹xɔ⁵⁵tsa⁵⁵ŋɛ⁵³?　　　　　　　县政府在哪儿?

县政府 哪里 （语）

nɔ³³kɯ³³v⁵⁵la̠³¹mi⁵⁵kɯ³³mɔ̠³³mɔ³¹mɔ̠³³?　　　　你的生意做好不好?

你 的 生意 做（补）好 不 好

nv⁵⁵tɕʏŋ³¹ʂ̩³¹kɯ³³tsa⁵⁵ma³¹tsa³³?　　　　　你还有钱花吗?

你 钱 花 的 有 没有

3. 祈使句

nɔ³³v³³tɕhi³³tha³¹tsu³³phv⁵⁵ji³³!　　　　　愿你们白头到老!

你们 头发 一起 白 （貌）

lɔ³³pe̠³³mi⁵⁵tshɔ³¹thɔ³¹thi³¹!　　　　　　　不准随地吐痰!

痰 地上 别 吐

jɔ³¹tsa³¹ɯ³¹thɯ⁵⁵xɯ³¹ti³³thɔ³¹kv³³!　　　　不得在这里大声喧哗!

这里 声音 大（状）别 出

tsha⁵⁵jɔ³¹!　　　　　　　　　　　　　快滚!

快 走

nv⁵⁵tʂ̩⁵⁵tɕhɿ³¹tɿ³¹tɿ³¹!　　　　　　　　　你自己看看!

你 自己 看看

4. 感叹句

tshaŋ⁵³ti³³tɕhi³³!　　　　　　　　　　　救命啊!

快 （状）救

a³³sv³³khia⁵³tʂ̩⁵⁵mɔ̠³³e³³!　　　　　　　那该多好哇!

那 特别 很 好

（二）单句的结构类型

句子的结构类型简称句型。它是从句子整体结构角度，观察分析句子后得到的结果。碧约话单句从结构的角度可以分为主谓句和非主谓句。

1. 主谓句

（1）动词谓语句：例如：

kɔ³¹tʂ̩³¹ti³¹pe̠³¹phi³⁵pa⁵³.　　　　　　　　衣服磨破了。

衣服 穿 破（貌）（体）

ȵi⁵⁵tsha⁵⁵mi⁵⁵tshɔ³¹a³³tshv³¹thɔ³¹e³³.　　　　　　　阳光照着大地。

阳光　　　大地　（方）照（体）（语）

ŋɔ³¹v³³ko³³xɯ³¹a³³ xe³⁵ɕɿ³³khɔ³¹thɯ³¹ma³³pe³³ku⁵⁵.　　我们以前说过这个事。

我们　　以前（方）这 事情　　一 个 说（体）

（2）形容词谓语句：由形容词或形容词短语充当谓语。例如：

xa³³ȵi³¹fv⁵⁵ȵi³¹khia⁵³mi⁵⁵khe³⁵.　　　　　　　　哈尼妇女很能干。

哈尼 妇女　 很 做 会

to³¹pɪ⁵⁵pɪ⁵⁵ ti³³ pe³³.　　　　　　　　　　　　说话要简洁些。

短短　（状）（说）

tsh̩³¹ne³³kɯ³³ɔ³¹xo⁵⁵ji³¹ne³³kɯ³³a³¹thạ³¹a⁵⁵ɕi³¹mɔ³¹e³³.

今年　　的 雨水 去年　 的 多　 更　 多

今年的雨水比去年多。

（3）名词谓语句：由名词或名词性短语充当谓语。例如：

ne³¹kɔ³¹thɯ³¹jɪ⁵⁵.　　　　　　　　　　　　　两人一个房间。

两个　一 间

tshu⁵⁵jo³¹mo³¹xẹ³¹tshɯ³¹khv³¹la³³ pa⁵³.　　　　老人已经八十岁了。

人　 老　 八 十　 年　（貌）（体）

（4）主谓谓语句：由主谓短语充当谓语。例如：

① 大主语是受事，小主语是施事。

e⁵⁵kv³¹tshạ³¹thɯ³¹jiŋ³³ŋa⁵⁵ɔ³¹mi⁵⁵mɔ³¹khv⁵⁵khẹ³¹la³³. 那道菜我叫不上名字。

那 菜　　 一 道 我 名字　不 叫 会（人）

xe³⁵ɕɿ³³khɔ³¹thɯ³¹ma³³ji⁵⁵tsu³¹ma⁵⁵mi⁵⁵mɯ³¹e³³.　　这件事大家都赞成。

这　事情 一 件 大家　　做 想

xo³¹thɯ³¹xaŋ³¹ji³¹khɔ³¹xa⁵⁵mɔ³¹tsɔ³¹.　　　　　一口饭他也不吃。

饭 一　 口 他　都 不 吃

② 大主语是施事，小主语是受事。

ji³¹khɔ³¹xo³¹thɯ³¹xaŋ³¹xa⁵⁵mɔ³¹tsɔ³¹.　　　　　他一口饭都不吃。

他　 饭 一 口　都 不 吃

ŋa⁵⁵xɔ⁵⁵lɯ³¹tsɿ³³pɔ³¹tu⁵⁵tshv⁵⁵.　　　　　　　我多少酒都能喝。

我 多少 酒　喝 能

ŋa⁵⁵tsa⁵⁵tsɿ³³xa⁵⁵s̩³³pa⁵³ mi⁵⁵tshɔ³¹xa⁵⁵khạ³³pa⁵³. 我桌子也擦了，地也扫了。

我 桌子　 也 擦（体）地　　也 扫（体）

③ 大主语和小主语有领属关系。

xe³⁵thɯ³¹khɔ³¹nɣ³³mɔ³³mọ³³e³³.　　　　　　　这个人心肠好。

这　一 个 心脏　好

ji³¹khɔ³¹mi³¹kɯ³³thɯ³¹jɪŋ³³mi⁵⁵kɯ³³thɯ³¹jɪŋ³³.　　　　他一向口是心非。

他　　说的　一　样　做的　一　样

④ 小主语与大主语有包含关系。

ɔ⁵⁵v³³ŋɛ³¹kɔ³¹thɯ³¹kɔ³¹thɯ³¹kɔ³⁵a³³thɔ³¹ji³³?　　　　咱们两个，谁跟谁啊？

咱们 两个　一 个　一 个（语）别　割

ji⁵⁵tsu³¹ma⁵⁵thɯ³¹kɔ³¹thɯ³¹tsaŋ³¹.　　　　　　　大家一人一袋。

全部　　　一 个 一 袋

thɯ³¹phv³³lv⁵⁵ma³³kɯ³³tshɯ³¹nv⁵⁵mi³¹kɯ³³na⁵⁵ti³¹.　　全村的人，我就听你的。

一 村　（状）的 人 你 说 的 听

xe³⁵ɕɿ³³khɔ³¹ɕɿ³¹ma³³ŋɛ³¹ma³³mi⁵⁵mɔ³³phi³⁵pa⁵³.　　　这三个问题，两个都解决了。

这 问题　三 个 两个　说 好（貌）（体）

2. 非主谓句

非主谓句不能分析出主语和谓语两个直接成分。有的只有主语，有的只有谓词。例如

（1）名词性非主谓句。例如：

lɔ³¹mɔ³³!　老虎!　　　　　　　　　老虎

ŋɔ³³kɯ³³jɔ³¹mi³¹!　　　　　　　　　我的亲闺女啊!

我 的　女儿

（2）动词性非主谓句。例如：

ŋe⁵³!　　　　　　　　　　　　　是的!

是

ti⁵⁵la³³ji⁵⁵pa⁵³!　　　　　　　　　回去!

回去 （体）

mi³¹tsɔ³¹ti³¹le³³　pa⁵³!　　　　　　　失火啦!

火　　点（貌）（体）

a³¹sa³¹jɔ³¹ti³³　jo³¹!　　　　　　　　走好!

慢慢 （状）走

（3）形容词性非主谓句。例如：

mɔ³³e³³　　　　　　　　　　　　好!

好（语）

tshaŋ⁵³ti³¹jo³¹!　　　　　　　　　快点!

快 （状）走

二　复句

复句是由两个或两个以上的单句形式组成。根据各分句间的地位关系，

复句可分为联合复句和偏正复句两大类，每一类下又分若干小类。

（一）联合复句

1. 并列复句

（1）并列平举

sı⁵⁵po³³po³³kɯ³³nɔ³¹mɔ³¹tsɔ³¹sɯ³¹kɔ³¹ma³¹po³³la³³ ŋe³³,

财富　　的（话）不　吃　舍得　（状）富（貌）（语）

sı̣³¹la³³kɯ³³xa⁵⁵ji³³tsɣ³³ji³³tsɣ³³ti³³ sı̣³¹la̠³¹la³³ ŋe³³.

知道　的　也一点　一点　（状）知道（貌）（语）

财富是累积起来的，经验也是累积起来的。

thɣ̠³¹lv⁵⁵ke³³tsı̣³¹mi⁵⁵mɔ³³tsu³³kɔ³¹mɔ̠³³tshu⁵⁵xa⁵⁵ma³¹tshɣ³¹po³³la³³khe³¹.

墨江　　　　地方　舒服　　　人 也 朋友　　多（貌）能

墨江风景又好，人们又热情。

ji³¹khɔ³¹thɯ³¹pja³³nɔ³¹tɕhɣŋ³¹tɛ⁵³mɯ³¹a⁵⁵xa⁵⁵kɔ³¹ma³¹tɣ³³mɯ³¹.

他　　一　方面（话）钱 找　想　　但是　累 不　出　想

他一方面想多挣钱，一方面又不愿意辛苦工作。

a⁵⁵ne̠³³ȵi⁵⁵xa⁵⁵ja̠³¹khe̠³¹a³¹ji̠³³xa⁵⁵kɣ³¹khe̠³¹.

奶奶　布 也 织　会 花　　都 绣　会

奶奶会织布又会绣花。

mi³¹tsɯ³¹tsɯ³¹la³³ tsɔ³¹li⁵⁵li⁵⁵la³³ɔ³¹xɔ⁵⁵xo⁵⁵la³³tsu³³ŋe³³pa⁵³.

打雷　　（貌）刮风　（貌）下雨　（貌）（体）（体）

打雷了，刮风了，快下雨了。

thɣ̠³¹lv⁵⁵ke³³tsı̣³¹a³¹lɔ³¹khı⁵⁵khia⁵³tsa³³tɕhı⁵⁵na̠³³tɕhı⁵⁵phv⁵⁵xa⁵⁵tsa³³.

墨江　　　（方）茶叶　特别　有 紫米　　　　　也　有

墨江既盛产茶叶，又盛产紫米。

ji³¹khɔ³¹tshu⁵⁵xa⁵⁵tsı⁵⁵ka̠³¹ɯ³¹thɯ⁵⁵xa⁵⁵khia⁵³mɔ̠³³.

他　　人　也 很 漂亮 嗓子　也　特别　好

她人长得漂亮，又有一副好嗓子。

ji³¹khɔ³¹jɔ³¹ȵi⁵⁵pa⁵⁵thɔ³¹　xı³³lɔ³¹khı⁵⁵tshɔ³³.

她　孩子　背（貌）（状）茶叶　采

她背着孩子采茶叶。

jɔ³¹v³³thɯ³¹pja³³tṣı̣³¹po³³to⁵⁵thɯ³¹pja³³to³¹pe̠³³.

他们　一边　酒　喝 一 边　话 说

他们边喝酒，边说话。

ji³¹khɔ³¹thɯ³¹la̠³¹khia⁵³tshu³¹/³³tɣ³³ji³³thɯ³¹la̠³¹khia⁵³tshu³¹/³³ki̠³¹ti⁵⁵la⁵⁵/³³.

他　一 会　跑　出 去 一　会　　跑　进 回 来

他一会跑出去，一会跑进来。

xe³⁵ji³¹khɔ³¹thɯ³¹kɔ³¹thɯ³¹la̱³¹khia⁵³tsɿ⁵⁵mo̱³³e³³thɯ³¹la̱³¹khia⁵³tsɿ⁵⁵mo̱³¹ mo̱³¹.

这 他 　一 个 一下 很 特别好 　 一下 　特别 很 不 好

他这个人有时好得很，有时候又坏得很。

有些并列关系的复句不加任何关联词语，靠语义关系显示其并列关系。

例如：

ja³¹jo³³tɕʮŋ³¹tɛ⁵³ŋe³³jo³¹mi³¹jɿ⁵⁵to⁵⁵tso⁵⁵tsɔ³¹ŋe³³. 　　　　　男人挣钱，女人持家。

男人 　钱 　找 （语）女人 家 　　　 吃（语）

v⁵⁵nv³¹nɔ³¹v⁵⁵nv³¹, mo⁵⁵nv³¹nɔ³¹mo⁵⁵nv³¹, sɿ³¹la̱³¹mɯ³⁵e³³.

水牛（话）水牛 　黄牛 （话）黄牛 　　知道 （貌）

水牛是水牛，黄牛是黄牛，要分清楚。

lɔ³⁵tsɿ³³xɯ³¹mɔ³¹n̠i³¹n̠ɯ⁵⁵. 　　　　　　　　　　　　　骡子大，驴子小。

骡子 　大 驴子 　小

xe³⁵jɿ⁵⁵thɯ³¹jɿ⁵⁵o³¹ki⁵⁵pa⁵³, e⁵⁵thɯ³¹jɿ⁵⁵xa⁵⁵o³¹ki⁵⁵.

这 家 　　家卖 完（体）那 一 　家 也 卖 完

这家卖完了，那家也卖完了。

ji³¹khɔ³¹phv³³lv⁵⁵tsa³³mo̱³³kɯ³¹tui³³tsaŋ³¹ŋe³³jɿ⁵⁵to⁵⁵tsa³³mo̱³³kɯ³³ja³¹jo³³ŋe³³.

他 村 　里好 的 队长 　 是 家 里 好 的 儿子 是

他在村里是能干的队长，回家是孝顺的儿子。

（2）并列对举。前后两个分句的意义相对或相反。例如：

ji³¹khɔ³¹mɔ³¹la⁵⁵kɯ³³mɤŋ³¹ŋe³³, ŋa⁵⁵mɔ³¹la⁵⁵kɯ³³ŋɯ³³.

他 　 不 来（引）不 是 　我 不 来（引）是

并不是他不来，而是我不来。

ji³¹khɔ³¹ŋɔ³⁵tsu⁵⁵mɔ³¹sɯ³¹mɯ³¹kɯ³³mɤŋ³¹ŋe³³.

他 　我（受）不 带 想 （引）不 是

ŋa⁵⁵nɔ³¹mɔ³¹li³³mɯ³¹ （la³³） kɯ³³ŋɯ³³.

我（话）不 去 想 　（人）（引）是

不是他不带我，是我不想去。

ŋa⁵⁵tsɔ³¹ka̱³¹thue³³thɔ³¹kɯ³³mɔ³¹ŋɯ⁵⁵, ŋa⁵⁵tseŋ³³ma³³ma³¹sɿ³¹la̱³¹ŋɯ³³.

我 傻 　装（貌）（引）不 是 　我 真的 　 不 知道 （语）

我不是在装傻，我是真不明白。

ŋa⁵⁵mɔ³¹li³³mɯ³¹kɯ³³mɯ³¹ŋɯ³³, sɿ³¹seŋ³³ma³³tsa³³xɿ³³ŋɯ³³.

我 不 去 想（引）不 　是 　时间 没有 （连）是

我不是不愿意去，而是没时间去。

ji³¹khɔ³¹sɔ³¹mɔ³¹pɔ̩³³tsɔ³¹li³³muɯ³¹kɯ³³mɤŋ³¹ŋe³³，jo³¹mɔ³³a³³pi³³tɕi³¹mɔ³¹tsu³³

他　　肉不打吃去想（引）不是　山上（方）野兽　不有

xɿ³³　ŋe³³.

（连）（语）

他不是不想去打猎，是现在山上没有野物可以打了。

ŋa⁵⁵ɕɔ³³tsaŋ³¹mɔ³¹ŋɯ³³lɔ³¹sɿ³³ŋɯ³³.　　　　　　我不是校长，只是老师。

我　校长　不　是老师是

ŋa⁵⁵khue³³mɪŋ³¹mɔ³¹li³³sɿ³³mau³¹ji³³tsu³³ŋɯ³³.

我　昆明　　不去普洱　去（体）（语）

我不是要去昆明，而是要去普洱。

ŋa⁵⁵ja⁵⁵mɔ³¹mi⁵⁵muɯ³¹kɯ³³mɔ³¹ŋɯ⁵⁵v³¹khɪ³¹tsɿ⁵⁵na⁵⁵xɪ³³　mɔ³¹tsu³³kɔ³¹mɔ̩³³.

我　活不做　想（引）不是　头　很疼（连）不舒服

我不是不想干活儿，只是头晕不舒服。

有的并列对举复句不用关联词语。例如：

kʋ̩³¹tshạ³¹a⁵⁵tɕi³¹ɔ³¹tʂɿ³³tsɔ³¹vạ³¹sɔ³¹ɔ³¹tshv⁵⁵sɔ³¹ɔ³¹tʂɿ³³tsɔ³¹.

蔬菜　更　一点吃猪肉肥　肉一点　吃

多吃蔬菜，少吃肥肉。

ŋa³³jo³¹pɪ⁵⁵khẹ³¹a⁵⁵xa³³jạ³¹mɔ³¹pɪ⁵⁵khẹ³¹.　　　　　鸟会飞，鸡不会飞。

鸟　　飞会但是鸡不飞会

2. 选择复句

各分句分别叙述不同的情况，从中选取一种。选择复句分句间存在以下三种选择关系：

（1）未定选择

① 陈述式选择

nv⁵⁵ji³³xa⁵⁵kɔ³¹ji³¹khɔ³¹ji³³xa⁵⁵kɔ³¹.　　　　　　你去或者他去，都可以。

你去或者　他　去或者

jo³¹ȵi³³li³³ xa⁵⁵kɔ³¹ji³³sv³¹li³³xa⁵⁵kɔ³¹，nɔ³⁵tsa³³ŋɯ³³ pa⁵³.

今天 去或者 明天 去或者　你有 （语）（语）

今天去或者明天去，随便你。

② 疑问式选择

nv⁵⁵mo⁵⁵tɪ⁵⁵phi³⁵kɯ³³ma⁵⁵ʂɿ⁵⁵tɯ³¹jɪ⁵⁵ma⁵⁵ma³¹la⁵⁵kɯ³³？

你 忘记（貌）（引）还是 故意（状）不 来（引）

你是忘了，还是故意不来？

ŋɔ³³kɯ³³suɯ³¹pjɔ³¹tsha⁵⁵kɯ³³ma⁵⁵ʂɿ⁵⁵nɔ³³kɯ³³suɯ³¹pjɔ³¹phi³⁵kɯ³³？

我 的 手表　快（引）还是　你 的 手表慢　（引）

是我的表快了？还是你的表慢了？

va³¹ʂɿ³¹tsɔ³¹ma⁵⁵ʂɿ⁵⁵ja³³ʂɿ³¹tsɔ³¹?　　　　　　杀猪吃还是杀鸡吃？

猪　杀　吃　还是　　鸡　杀　吃

nv⁵⁵tʂɿ³³pɔ³¹tʂʰ⁵⁵tu⁵⁵ma⁵⁵ʂɿ⁵⁵pʰi³¹ɕu³¹tu⁵⁵?　　你喝甜酒还是喝啤酒？

你　酒　甜　喝　还是　啤酒　　喝

ji³¹kʰɔ³¹mi³¹kɯ³³mɔ̥³³ŋɛ⁵³ma⁵⁵ʂɿ⁵⁵ŋa⁵⁵mi³¹kɯ³³mɔ̥³³ŋɛ⁵³?

他　说　（补）对（语）还是　我　说　（补）对（语）

是他说得对，还是我说得对？

nɔ³³to⁵⁵tsa³³nɔ³³pa³¹nɔ³³mɔ³³mi³¹kɯ³³to³¹na⁵⁵tʂ³¹ma⁵⁵ʂɿ⁵⁵nɔ³³mɔ³³nɔ³³pa³¹

你家里你爸爸你妈妈　的　话听　　还是　你妈妈你爸爸

mi³¹kɯ³³to³¹　na⁵⁵tʂ³¹?

说　的　话　听

你家你爸听你妈的还是你妈听你爸的？

（2）二者选一

ja³³pa⁵³nv⁵⁵ji³³ja³³pa⁵³ŋa⁵⁵ji³³.　　　　　　　　要么你去，要么我去。

要么　你去　要么　我　去

ji³¹kʰɔ³¹ɯ⁵⁵ja⁵⁵mɔ³¹mi⁵⁵kɔ³¹　　pa⁵³ji⁵⁵to⁵⁵a³³　kɔ³¹nɔ³¹tʰɔ³¹e³³.

他　田　　不做（貌）的话家（方）休息　（貌）

他不是在田里干活儿，就是在家休息。

ja³³pa⁵³lɔ³¹mɔ³¹ȵi³³tɕʰi³³tsɔ³¹pʰi³¹, ja³³pa⁵³lɔ³¹mɔ³³tsu⁵⁵tɯ³¹ʂɿ³¹pʰi³¹.

要么　老虎（施）吃　　（貌）　要么　老虎　（受）打死　（貌）

或者被老虎吃掉，或者把老虎打死。

ja³³pa⁵³ji³¹kʰɔ³¹ŋɔ³⁵tɛ⁵³la³³ ja³³pa⁵³ŋa⁵⁵ji³¹kʰɔ³⁵tɛ⁵³ji³³.

要么　他　　我　找来　要么　我　他　　找去

要么叫他来找我，要么我去找他。

表示限选关系的复句也可以不用关联词语。例如：

e⁵⁵ja³³tʰɯ³¹mo⁵⁵mɔ³¹ʂɿ⁵⁵pʰi³¹pa⁵³, ɔ³¹tsʰu³¹jɔ³³v³³ȵi³³tɕʰi³¹tsɔ³¹pʰi³⁵pa⁵³.

那鸡　一　只　不是　死（貌）（语）别人　　（施）偷　吃（貌）（语）

那只鸡不是死了，就是被人家偷了。

ji³¹kʰɔ³¹a³³tɕe³¹kɯ³³to⁵⁵tsu³³e³³, a⁵⁵kɔ̥³³kɯ³³to⁵⁵tsu³³e³³.

他　姐姐　的　家　在　　哥哥　的　家　在

他不是在他姐姐家，就是在他哥哥家。

（3）已选

前后分句列出两项选择，可以先取后舍，也可以先舍后取。

① 先舍后取

jɔ³³v³³tsu⁵⁵tɕhu³¹a³¹tha̠³¹tsɿ⁵⁵tɕhɿ³¹tsu⁵⁵tɕhu³¹ti³³.

别人（受）求　不如　　自己　（受）求（引）

与其求人，不如求己。

sɿ̠³¹la̠³¹kɯ³³sɿ̠³¹la̠³¹tɕhi³³a³¹tha̠³¹nɔ³¹ɔ³¹tshv³¹tsu⁵⁵na⁵⁵tɿ³¹.

知道 的　知道 装 比　　你 别人 （受）听

与其不懂装懂，还不如多开口问。

ȵi⁵⁵tsa̠³³thɔ³¹xɿ³³me̠³¹sɿ̠³¹kɯ³³a³¹tha̠³¹thv⁵⁵la³³xɿ³³tɯ³¹tsɔ³¹.

坐　　着（连）饿 死 的 不如　　起来 （连）打 吃

与其坐等饿死，不如起而反抗。

nv⁵⁵thɯ³¹ȵi³³kɔ³³sv³³mɔ³¹tv³⁵pa⁵³a³¹tha̠³¹ja⁵⁵khɔ⁵⁵khɔ³³tsɔ³¹ji³³.

你 一天到晚　　　不 读的话不如 地　种 吃 去

你与其去读书，还不如种地算了。

nv⁵⁵thɯ³¹ȵi³³kɔ³³sv³³ɕiŋ³¹thɔ³¹pa⁵³ a³¹tha̠³¹tv̠³³ji³³xɿ³³ kɔ³¹mo³³mo³³tsɔ³¹ ji³³.

你 每天　　　闲（貌）的话不如 出去 （连）打工　　吃 去

你每天在家里这么闲着，还不如出门打工去。

nv⁵⁵sɿ̠⁵⁵ma⁵⁵mi⁵⁵kɯ³³khia⁵³phi³⁵khɿ³¹phi³⁵pa⁵³, a³¹tha̠³¹ji³¹khɔ³¹mi⁵⁵kɯ³³sv³³

你 这么　 做（引）太　慢　极（叠）（语）不如　　他　 做 的 像

ɕɔ³⁵ji³³.
学 去

你这么做太慢了，还不如学他那么做。

nv⁵⁵thɯ³¹tshv³³ja⁵⁵mi⁵⁵kɯ⁵⁵ma³¹tsa³³a³¹tha̠³¹ŋɔ³⁵xɿ³³v⁵⁵la̠³¹mi⁵⁵tsɔ³¹ji³³mɯ³⁵.

你 一 样 工作 的 没有 不如 我 和 生意 做 吃去（貌）

你反正也没事做，倒不如跟我一起做生意。

② 先取后舍

ŋa⁵⁵ji⁵⁵kho⁵⁵o³¹tsɔ³¹sɯ³³kɔ³¹lɯ³³ jɔ³¹ȵi⁵⁵tsu⁵⁵sɔ³¹kɔ³¹mɔ³¹pi³³tv³⁵ti³³ mɔ³¹sɯ³³kɔ³¹.

我 房子 卖 吃 舍得 （语）孩子（受）书　不（使）读（引）不 舍得

我宁可把房子卖了，也不能让孩子辍学。

ɔ³¹mɔ³³tsɿ⁵⁵tɕhɿ³¹mɔ³¹tsɔ³¹phɯ³¹ma³³xa⁵⁵jɔ³¹ȵi⁵⁵tsu⁵⁵mɔ³¹pi³³me̠³¹thɔ³¹.

妈妈 自己　不 吃 舍（状）也 孩子 （受）不（使）饿（貌）

妈妈宁愿自己不吃，也不能让孩子饿着。

ŋa⁵⁵tsɿ̠⁵⁵tɕhɿ³¹a⁵⁵ɕi³¹ɔ³¹tsɿ̠³³mi⁵⁵xa⁵⁵ ɔ³¹tshu³¹jɔ³³v³³thɔ³¹pi³³mi⁵⁵.

我 自己 多 一点 做 也 别人　　别（使）做

我宁可自己多干点儿，也不能把活儿推给别人。

ŋa⁵⁵ti⁵⁵ji³³kɯ³³a⁵⁵çi³¹ɔ³¹tsɿ³³phi³⁵ xa⁵⁵ja⁵⁵ɔ³¹mo⁵⁵ji³³sɣ̠³¹xa⁵⁵mɔ³¹pi³³khɯ³³.

我　回去　的　多　一点　晚　也　工作　明天　　也　不　（使）到

我宁可晚点儿回去，也不把工作留到明天。

3. 解说复句

分句间具有解释、说明或总分的关系。解说复句有总说句与分说句，二者之间是解说关系，而分说句与分说句之间是并列关系。解说复句一般不使用关联词语。除了一般式外，还有前总后分和前分后总两种语法形式。

（1）一般式。第二个分句是第一个分句的进一步解释。例如：

ji³¹khɔ³¹khia⁵³mɔ̠³³kɯ³³çɔ³⁵sɣŋ³³thɯ³¹kɔ³¹ŋe³³ xɔ³³mu³³xa³³la̠³¹mɔ³¹tɯŋ³¹tɯ̠³¹khɔ³³ŋe³³.

他　很　好　的　学生　一个　是　每次　都 第一名　考（语）

他是个优秀的学生，每次都考第一名。

ji³¹khɔ³¹tsɿ⁵⁵mɔ̠³³kɯ³³ji³³seŋ³³ji³³mɔ̠³³kɯ³³na⁵⁵kɯ³³tshu⁵⁵mɔ³¹suan⁵⁵khe̠³¹.

他　　很好的医生　治好的病的人不算　能

他是个好医生，治好的病人不计其数。

thɣ̠³¹lv⁵⁵ke³³tsɿ̠³¹kɯ³³mi³¹tha̠³¹tsɿ⁵⁵tsu³³kɔ³¹mɔ̠³³, khia⁵³ma³³mɔ³¹lo⁵⁵khe̠³¹

墨江　　　　　的　天气　很　舒服　　　特别（状）不　热　会

khia⁵³ma³³ma³¹tshv̠³¹khe̠³¹.

特别（状）不　冷　会

墨江的气候特别好，不会特别热或者特别冷。

（2）先总说，后分述。例如：

xe³⁵va̠³¹ne̠³¹mo⁵⁵thɯ³¹mo⁵⁵khɔ³¹phɔ³¹ thɯ³¹mo⁵⁵khɔ³¹mɔ³³.

这　猪　两头　一　头公　　　一　头　母

这两头猪，一头公，一头母。

e⁵⁵ji³¹mɔ³³ne̠³¹mɔ³³ne̠³¹kɔ³¹, thɯ³¹kɔ³¹nɔ³¹ɔ³¹tshv⁵⁵tshv⁵⁵thɯ³¹kɔ³¹nɔ³¹

那　姐妹　　　两　个　一　个（话）胖　　　一　个（话）

ɔ³¹kɿ⁵⁵kɿ⁵⁵ŋe³³.

瘦（叠）（语）

那两个姐妹，一个胖，一个瘦。

ji³¹khɔ³¹jɔ³¹mi³¹ne̠³¹kɔ³¹tsu³³ŋe³³thɯ³¹kɔ³¹nɔ³¹khue³³mɯŋ³¹mi⁵⁵tsɔ³¹li³³

她　　女儿　两个　有（语）一　个（话）昆明　　嫁　去

thɯ³¹kɔ³¹nɔ³¹sɿ³³mau³¹mi⁵⁵tsɔ³¹ji³³.

一　个（话）普洱　嫁　　去

她有两个女儿：一个嫁到昆明，一个嫁到普洱。

ni⁵⁵mɔ³³v⁵⁵tɯ⁵⁵tsɔ³¹çɔ̠³¹xɔ̠³¹tsɿ̠³³çɔ̠³¹xɔ̠³¹mɔ³³pi³¹tsha̠³³tsɿ⁵⁵mɔ³¹e³³. mi⁵⁵

太阳节　　　小伙子　　小姑娘　　比（貌）很多　　磨

mi⁵⁵tɕhu³³tɯ³¹kɯ³³tsu³³、ko³¹tɯ³³tɯ³³tsha̠³³kɯ³³tsu³³、tʂ̩³³po³¹tu⁵⁵tsha̠³³kɯ³³
鞭　　　打　的　有　　跳舞　　比　的　有　　喝酒　　比　　的

tsu³³、me̠³¹ko³¹su³³ko³¹kɯ³¹tsu³³.
有　　黑　　擦　　的　有

太阳节年轻人很多活动：有的比赛磨鞭，有的比赛跳舞，有的比赛喝酒，有的比赛摸黑脸。

（3）前分后总式。例如：

na̠³¹na̠³¹fv⁵⁵o³¹tɕhi⁵⁵li³¹tɕhi⁵⁵tsa³³，mju³¹sʏ³³la⁵⁵fv⁵⁵o³¹tɕhi⁵⁵ne̠³¹tɕhi⁵⁵tsa³³，
早上　时　腿　　四条　有　　中午　　时　腿　　两条　　有

me̠³¹khe̠³³fv⁵⁵o³¹tɕhi⁵⁵ɕi³¹tɕhi⁵⁵tsa³³，e⁵⁵no³¹xa⁵⁵tɕi³¹mɯ³¹n̠i³¹ŋe⁵³？
晚上　　时　腿　　三条　有　　那（话）什么　东西　是

早上有四条腿，中午有两条腿，晚上有三条腿，那是什么东西？

ji³¹kho³⁵tsu⁵⁵tho³¹tsha̠³³va̠³¹ ŋo³⁵tsu⁵⁵tsha̠³³，ŋa⁵⁵ji³¹kho³⁵tsu⁵⁵mo³¹mi³¹lo³¹
他　（受）别骂　（语）我（受）骂　　我　他　　（受）不　说清楚

pi³³　ŋe³³.
（使）（语）

不要骂他，骂我吧。我没有给他讲清楚。

ja³³pa⁵³nv⁵⁵la⁵⁵ ja³³pa⁵³no³³kɯ³³n̠i⁵⁵tʂ̩³¹la⁵⁵，ja³³pa⁵³no³³to⁵⁵o³¹tshv³³ŋɯ³³
要么　你来　要么　你　的　弟弟　来　　要么　你家人　　不管

xa³³thɯ³¹ko³¹la⁵⁵.
一　个　来

或者是你来，或者是你弟弟来，反正你家必须要来一个人。

4. 顺承复句

分句按照顺序说明连续动作或相关情况。时间上先后相继，动作上先后相承。

（1）靠语序表达连贯关系的。表示动作、事件在时间或逻辑上存在先后关系。例如：

ŋa⁵⁵jo³¹mɯ⁵⁵sɩ³¹ji⁵⁵kv³³tʏ³³ji³³pa⁵³ji³¹kho³¹xa⁵⁵tʏ³³ji³³pa⁵³.
我　刚刚　　门　出来（体）他　也　出去（语）

我刚出门，他跟着就出去了。

ŋa⁵⁵na̠³³na̠³³a³³ke⁵⁵tʂ̩³¹kaŋ³¹li³³xɹ³³no³³kɯ³³ja̠³³kho³¹v⁵⁵ti⁵⁵la³¹.
我　上午　（方）街上　逛　去（连）你　的　烟　　买回来

我上午去街上，把你要的烟叶买回来了。

ŋa⁵⁵ lʏ³³mo³³sɩ³¹mo³³thɯ³¹sɩ³¹tɕi³³pi̠³¹，va̠³¹thɯ³¹thɯ³¹mo⁵⁵xɯ³⁵jaŋ⁵⁵phi³⁵pa⁵³.
我　石头　大　一　块　扔给　野猪　一　头　吓　跑（貌）（体）

我扔了一块大石头，野猪就吓跑了。

ji³¹khɔ³¹vʅ³¹khɿ³¹pɔ³¹li³¹a³¹　thv³¹thɿ⁵⁵phi³¹　xɿ³³vʅ³¹khɿ³¹ɔ³¹ʂ̩³¹tɕu³³tv̩³³le³³pa⁵³.

他　　头　　玻璃（方）撞（貌）（貌）（连）头　　血　就　出来（体）

他一头撞到玻璃上，头马上出血了。

（2）使用关联词语表达连贯关系的。

kɔ³¹xo³¹ɯ⁵⁵tsha⁵⁵tu⁵⁵ka³¹nv̩³³kv̩³¹tsha³¹tsɔ³¹.　　　　先喝汤，后吃菜。

先　汤　喝后面　菜　吃

a³¹la̠³¹tsʅ³¹　xɿ³³xo³¹tsɔ³¹.　　　　　　　　　　　先洗手，再吃饭。

手　洗（连）饭吃

nv⁵⁵ⁱthɯ³¹tʂɔŋ³³tu⁵⁵ki⁵⁵xɿ³³tsɛ⁵³jo³¹!　　　　　　你喝完这杯再走！

你　这杯　喝完（连）再走

ŋa⁵⁵kɔ³¹tʂ̩³¹ti³³mɔ̠³³xɿ³¹la⁵⁵.　　　　　　　　　我穿好衣服就来。

我　衣服　穿好（连）来

ji³¹khɔ³¹ɔ³¹mɔ³³mɔ³¹tɛ⁵³jɔ³³　xɿ³³n̠i⁵⁵kɔ³¹ji³³pa⁵³.　他找不到妈妈，于是哭了起来。

他　　妈妈　不找到（连）哭（体）（体）

tʂ̩³¹tu⁵⁵pa⁵³ŋa⁵⁵v⁵⁵mɔ³³mɔ³¹na⁵⁵pa⁵³.　　　　　　吃了药我的胃就不疼了。

药　喝（连）我胃　不疼（体）

ŋa⁵⁵tʂ̩³³pɔ³¹tu⁵⁵ki⁵⁵phi³⁵　　pa⁵³ka³³nv̩³³ji⁵⁵tsu³¹ma⁵⁵mo⁵⁵tɿ⁵⁵phi³⁵la³¹　pa⁵³.

我　酒　喝完（貌）（体）后面　全　　　忘记（貌）（人）（体）

我喝完了酒，之后什么都不记得了。

ja̠³¹sv̩³³n̠i⁵⁵tsha⁵⁵tshv̩³¹ŋe³³,　jɔ³¹mɯ⁵⁵ɔ³¹xo⁵⁵xo⁵⁵la³³pa⁵³.

刚刚　太阳　照（语）　现在　雨　下（貌）（体）

刚才还大太阳，现在就下起雨来。

ja³³phi⁵⁵tɿ⁵⁵pa⁵³　ŋa⁵⁵tɕu⁵⁵ja³⁵thv⁵⁵la⁵⁵pa⁵³.　　　公鸡一打鸣，我就起来了。

公鸡　叫（连）我　就　床起来　（体）

ɔ³¹xo⁵⁵xo⁵⁵pa⁵³ɔ̠⁵⁵v³³tɕu⁵⁵mɔ³¹mi⁵⁵pa⁵³.　　　　　一下雨，咱们就收工。

雨　下（连）我们就　不做（体）

nv⁵⁵ji³¹khɔ³⁵tsu⁵⁵tʂ̩³¹pa⁵³tɕu³¹n̠i⁵⁵thv³³la³³.　　　你一抱他他就哭起来。

你　他　（受）抱（连）就　哭起来

ŋa⁵⁵ti⁵⁵la³³pa⁵³kɔ³³xo³¹va̠³¹pi³¹tsɔ³¹xɿ³³ka³³nv̩³³ja̠³³pha⁵⁵kha̠³³xɿ³¹tsɛ⁵³xo³¹mi⁵⁵tsɔ³¹.

我　回来（连）先　猪（使）吃（连）后面地　　扫（连）再饭做吃

我回来之后，先把猪喂了，然后扫了地，最后开始做饭。

5. 递进复句

后一分句表达的意思（如程度、数量、范围等方面）比前一分句更进一层。多数使用关联词语，少数使用关联副词表示。

（1）使用关联词语。

① 一般递进：分为层层推进和反面推进。

层层推进：两个分句都表示肯定。

ji³¹khɔ³¹pe³³khe³¹mɔ³¹tʂɿ⁵⁵mi⁵⁵xa⁵⁵khe³¹.　　　　　　　他不但会说，还会做。

他　　说　会　不但　　做也会

ji³¹khɔ³¹la³¹ta³¹ku⁵⁵khe³¹kɯ³³sɿ³¹mɔ³¹tʂɿ⁵⁵ko³¹tu³³xa⁵⁵/³¹tu³³khe³¹.

他　　歌　唱会（引）还不止　　跳舞　还　跳会

他不但会唱歌，还会跳舞。

ŋa⁵⁵sɔ³¹kɔ³¹tɿ³¹ki⁵⁵phi³¹　kɯ³³　sɿ³¹mɔ³¹tʂɿ⁵⁵xa⁵⁵/³³tɕi⁵⁵thɔ³¹la³³　　pa⁵³.

我　书　　看完（貌）（引）还不但　还　记（貌）（人）（体）

我不但把书看完了，还背了下来。

jɔ³¹mi³¹jɔ³¹n̠i⁵⁵tsɔ³¹ji³³ji³³kɯ³³mɔ³¹tʂɿ⁵⁵xa⁵⁵　³³khia⁵³ka³¹.

姑娘　孩子　聪明　　（引）不　但　还　　很漂亮

小姑娘不仅聪明，而且漂亮。

ji³¹khɔ³¹pha⁵⁵o³¹tsɔ³¹mɔ³¹tʂɿ⁵⁵tʂɿ̠³¹xɿ³³v⁵⁵nv³¹ma³³o³¹tsɔ³¹.

他　　布　卖吃不光　羊　和　牛　　买吃

他不光做布匹生意，还做牛羊生意。

ji³¹khɔ³¹pɯ³⁵tɕɿŋ³³li³³mɯ³¹kɯ³³sɿ³¹mɔ³¹tʂɿ̠⁵⁵ue³³kɔ³¹xa⁵⁵/³³li³³mɯ³¹.

他　　北京　去　想（引）还不但　　外国　还　去　想

他不仅想去北京，还想去外国。

jaŋ³¹lɔ³¹sɿ³³pi³¹jɔ³¹tɔ³¹pe³¹khe³¹kɯ³³mɔ³¹tʂɿ⁵⁵xo³¹n̠i³¹tɔ³¹xa⁵⁵/³³pe³¹khe³¹.

杨　老师　碧约　话说会（引）不但　豪尼　话还　说会

杨老师不仅会说碧约话，还会说豪尼话。

xe³⁵kv³¹tʂha³¹thu³¹phaŋ³¹mɿ⁵⁵kɯ³³mɔ³¹tʂɿ⁵⁵　tɿ³¹xa⁵⁵tɿ³¹kɔ³¹mɔ³³.

这菜　　一　盘　好吃（引）不但看还看　好

这盘菜不光好吃还好看。

ji³¹khɔ³¹la³¹ta³¹mɔ³¹ku⁵⁵khe³¹kɯ³³　mɔ³¹tʂɿ³³ko³¹tu³³mɔ³¹tu³³khe³¹　mɔ³¹

他　　歌　不唱会（引）　不止　　跳舞　不跳会　不

tʂɿ̠³³kv³¹tɕiŋ⁵⁵mɔ³¹khuaŋ³¹khe³¹.

止故事　不　讲　会

他既不会唱歌，也不会跳舞，更不会讲故事。

也有两个分句都是否定的情况：

ŋa⁵⁵ma³¹sɿ̠³¹la³¹kɯ³³mɔ³¹tʂɿ̠⁵⁵lɔ³¹sɿ³¹tha³³ma³¹sɿ̠³¹la³¹.

我　不懂　　（引）不但　老师　都　不　知道

不光我不懂，连老师都不懂。

反面推进：前一分句表示否定，后一分句表示肯定。

ji³¹khɔ³¹tʂn̩³¹khi⁵⁵mɔ³¹tʂn̩⁵⁵ma³³ka³¹ʂn̩⁵⁵ŋe³³.

他　　生气　　　不　但（引）笑　　（语）

他不但不生气，反而笑了。

ji³¹khɔ³¹ja⁵⁵mɔ³¹mi⁵⁵kɯ³³mɔ³¹tʂn̩⁵⁵ma³³tu³¹tɕhvŋ³¹tɕhi³³tsɔ³¹ji⁵⁵pa⁵³.

他　　活　不　做（引）不　但（引）赌钱　　骗　吃（体）

他不但没干活，还去赌博了。

ɔ³¹xo⁵⁵mɔ³¹tʂn̩⁵⁵li³³ma³³tsɤ³³xo⁵⁵/³³pa⁵³tsɤ³³xɯ³¹.

雨　　不但　　（引）越　下　（连）越　大

雨不但没停，还越下越大。

② 衬托递进。前面的分句是后面分句的衬托，重点强调后一分句。例如：

ji³¹khɔ³¹ŋɔ³³kɯ³³ɔ³¹mi⁵⁵ʂn̩³¹la³¹ kɯ³³ʂn̩³³mɔ³¹tʂn̩⁵⁵ɔ³¹mi⁵⁵mi⁵⁵pi⁵⁵pi⁵⁵xa⁵⁵ʂn̩³¹la³¹.

他　　我　的　名字　知道　（引）还　不　但　名字　　小　　都　知道

他不仅知道我的名字，连小名都知道。

ji³¹khɔ³¹ma³¹ʂn̩³¹la³¹ kɯ³³mɔ³¹tʂn̩⁵⁵ŋa⁵⁵tha³³ma³¹ʂn̩³¹la³¹.

他　　不　知道　（引）不　但　我　都　不　知道

别说他不懂，我都不懂。

khue³³miŋ³¹a³¹tha³³mɔ³¹v⁵⁵jɔ³³kɔ³¹kɯ³³thv³¹lv⁵⁵ke³³tsn̩³¹a³³tsɤ³³mɔ³¹v⁵⁵jɔ³³kɔ³¹.

昆明　　（方）都　不　买　到　（引）墨江　　　（引）越　不　买　到　能

昆明尚且买不到，何况墨江呢？

（二）偏正复句

偏正复句由偏句和正句构成。从分句的衔接关系来看，可以分为顺接和转接两种。

1. 顺接的偏正复句

顺接的复句正句和偏句之间语义关系一致。根据分句间的语义关系，又分为因果、目的、条件、假设等四类。

（1）因果复句

偏句说明原因或理由，正句说明结果。因果关系分说明因果和推论因果关系两类。例如：

① 说明因果

pha³¹na³³a³¹ʂn̩³¹ti³¹thɔ³¹　　xɹ³³ji³¹khɔ³¹khia⁵³ɕi³¹xuaŋ³³.

鞋子　　新　穿（貌）（连）他　　特别　高兴

因为穿了新的鞋子，他很高兴。

ŋɔ³³kɯ³³jɔ³¹ɲi⁵⁵pɔ³³lɔ³³ma³¹lʋ³¹ma³³tso⁵⁵xɪ³³ɔ³¹mu⁵⁵mɔ³¹mɔ̧³³.
我　的　孩子　月　　不　足（状）生（连）身体　不　好①
我的孩子因为早产，所以身体不好。

ŋa⁵⁵ɔ³¹tshu³¹jɔ³³v³³kɯ³³to³¹na⁵⁵tɪ³¹xɪ³³phɪŋ⁵⁵tsɔ³¹la³³　pa⁵³.
我　别人　　　的　话　听（连）骗　　吃（人）（体）
我听信别人的话，结果被骗了。

ji³¹khɔ³¹xa³³na³¹ma³³ma³¹la⁵⁵　xɪ³³ŋa⁵⁵ji³¹khɔ³⁵tsu⁵⁵ma³¹sȵ̩³¹la³¹.
他　　不怎么　　不米（连）我　他　　（受）不　知道
他不常来，所以我不认识他。

ji³¹khɔ³¹ja̱³¹jo³³khia⁵³kɔ³³jɔ³³xɪ³³kɔ³³jɔ³³na⁵⁵phi³⁵pa⁵³.
她　　儿子　很　想念（连）想　病（貌）（体）
她非常想念她的儿子，以致生了病。

jo³¹mo³¹mo³¹la³³　xɪ³³thu̱³¹tshv³³mo⁵⁵tɪ⁵⁵kɔ³¹la³³pa⁵³.
老　　（貌）（连）一　样　忘记　能（人）（语）
老了，就经常忘记事情。

ji³¹khɔ³¹tsu⁵⁵a³³pa³³ɲi³³tsha̱³³pi̱³¹xɪ³³ji³¹khɔ³¹a⁵⁵jȩ³¹kɯ³³to⁵⁵a³¹tshu³¹/³³ji³³pa⁵³.
他　　（受）爸爸（施）骂　给（连）他　爷爷　的　家（方）跑　　去（体）
爸爸骂了他，他便跑到爷爷家去了。

ji⁵⁵kv³³kuaŋ³³mo⁵⁵tɪ³³phi³¹xɪ³³tɕhɤŋ³¹jo³¹v³³ɲi³³tɕhi³¹phi³⁵pa⁵³.
门　关　　忘记（貌）（连）钱　别人（施）骗（貌）（体）
门忘记关，钱被偷了。

ji³¹khɔ³¹mɔ³¹ɲi⁵⁵tsa̱³³tɯ⁵⁵xɪ³³lɔ³³sȵ̩³¹phi³⁵pa⁵³.
他　　没做　　稳（连）摔　　（貌）（体）
他没有坐稳，摔下来了。

sȵ̩³³tsȵ̩⁵⁵ɲi³³ɲi⁵⁵tsha⁵⁵tsu⁵⁵tɕhi³¹　xɪ³³e⁵⁵kv̠³¹tsha̱³¹mɔ³¹mɔ̧³³e³³.
树　　阳光　　　（受）遮住（连）那菜　　不　好
树遮住了阳光，菜长不好。

② 推论因果。例如：

nv⁵⁵la⁵⁵phi³¹　pa⁵³　ŋɔ³¹v³³tɕu³³mɔ³¹ji³³pa⁵³.
你　来（貌）的话　我们　就　不　去（体）
既然你来，我们就不去啦。

nv⁵⁵thi⁵⁵ma⁵⁵mɔ³¹mi⁵⁵mɯ³¹pa⁵³，tho³¹ji³³va̱³¹.
你　那么　　不　做　想　的话　别　去（语）
既然你那么不愿意，就别去算了。

ji³¹khɔ³¹mi³¹kɯ³³thi⁵⁵ma⁵⁵mɔ̩³³e³³pa⁵³　, ŋɔ³¹v³³ji³¹khɔ³⁵tsu⁵⁵thɯ³¹o⁵⁵ɕaŋ⁵⁵ɕiŋ⁵⁵ŋɯ³³.

他　　说（补）那么好　　的话　我们　他　　（受）一　回　相信（语）

既然他说得那么好，我们就信他一回吧。

ji³¹khɔ³¹ɔ³¹kɿ⁵⁵tsɿ⁵⁵kɿ⁵⁵　　phi³⁵pa⁵³, ji³¹khɔ³¹kɯ³³ja⁵⁵mi⁵⁵kɔ³¹kɿ³³xɿ³³.

他　　　瘦　很（叠）（貌）（语）他　　的　工作　累　（连）

他瘦了很多，可见工作很累。

ji³¹khɔ³¹xe³⁵e⁵⁵ti³³tɛ⁵³xɿ³³　mɔ³¹li³³mɯ³¹.

他　　这　那　的再（连）不　去　想

他找了这么多理由，可见多么不想去。

有的因果关系复句可以不用关联词语，靠语义表达因果关系。例如：

xo³¹a³¹khạ³³tsɿ̩⁵⁵khạ³³, v⁵⁵tshv̩³¹pi³¹ki³³sɔ³¹phi³⁵pa⁵³.

饭　硬　　很（叠）水　　放进　少（貌）（体）

饭太硬了，水放少了。

nv⁵⁵tsɿ̩³¹mɔ³³mi⁵⁵thɔ³¹ŋɔ³³v³³tsu⁵⁵ɕɿ³³khɔ³¹pa⁵⁵mi⁵⁵la³¹.

你　干部　做（貌）我们（受）事情　帮　做（人）

你是干部，就要为大家做事。

mi³¹thạ³¹mẹ³¹khẹ³³khẹ³³la³³　pa⁵³mɔ³¹mu⁵⁵su³³kɔ³¹e³³thɯ³¹nạ³¹ti³³tɿ⁵⁵ji³³.

天　黑　　　　（貌）（体）不　看见　能　　一　早（状）回去

天黑了看不见，早点儿回去。

ji³¹khɔ³¹tsu⁵⁵mi⁵⁵nɿ³¹lɔ³¹sɔ³¹ti³³　ŋa⁵⁵ɔ³¹tɕhi⁵⁵pha⁵⁵ti³¹　jo³¹.

他　　（受）弄醒　怕　（状）我　脚　　慢　（状）走

怕吵醒他，我放轻脚步走。

ji³¹khɔ³¹nɔ³⁵ma³¹ne³³faŋ³¹pa⁵³nv⁵⁵ji³¹khɔ³⁵tsu⁵⁵thɔ³¹tɕhu³³pi³¹.

他　　你　不　理会　的话你　他　　（受）别　求　　给

人家既然不理你，你又何必去求他。

（2）目的复句

偏句提出一种动作行为，正句说明其目的。目的主要有两类：一类是要达到的目的，即正面目的；一类是要避免的目的，即反面目的。

① 正面目的复句

A. 目的＋行为

tɕhv̩ŋ³¹tɛ⁵³　mɯ³⁵xɿ³³ji³¹khɔ³¹khue³³miŋ³¹a³³khɯ³³li³³pa⁵³.

钱　找　想（连）他　昆明　（方）到　去（体）

为了挣钱，他去了昆明。

pi³¹jɔ³¹tɔ³¹ɕɔ³⁵mɯ³⁵xɿ³³ŋa⁵⁵thv̩³¹lv⁵⁵ke³³tsɿ̩³¹a³¹lv³³ŋɯ³³.

碧约　话　学　想（连）我　昆明　　　（方）来（语）

为了学碧约话，我来到墨江。

va³¹s̩³¹ muɯ³⁵xɿ³³ji³¹khɔ³¹mo³³tso³¹thɯ³¹pa³¹v⁵⁵pa⁵³.

　猪　杀　想（连）他　　刀　　一　把　买（体）

为杀猪，他买了一把刀。

ɔ³¹mu⁵⁵tsu³³kɔ³¹mʑ̩³³muɯ³⁵xɿ³³thɯ³¹ȵi³³kɔ³³sv³³tshɯ³¹ŋe³³.

　身体　舒服　　　想（连）每天　　　　跑（语）

为了身体健康，他每天都跑步。

ja³¹jo³³sɔ³¹kɔ³¹tv³⁵kuɯ³³pa³³lia³³nɿ³³jɔ³¹v³³mɔ³¹tsɔ³¹suɯ³¹kɔ³¹mɔ³¹tu⁵⁵suɯ³¹kɔ³¹.

　儿子　书　　读（引）为了　　他们　不　吃　舍得　　不　喝　舍得

为了儿子读书，他们省吃俭用。

B. 行为+目的

ji³¹khɔ³¹sɔ³¹kɔ³¹mʑ̩³³ma³³mʑ̩³³tv³⁵kuɯ³³　nɔ³¹　　çɔ³⁵xɿ³³jo³¹mɔ³³ȵi³³tʏ³³li³³

　他　　书　　好（状）好　读（引）（连）学（连）大山　（从）出来

tsu³³ti³¹　xɿ³³.

要（引）（连）

他好好学习，是为了以后走出大山。

ji³¹khɔ³¹tshʏ³³v⁵⁵kuɯ³³nɔ³¹,　jɔ³¹ȵi⁵⁵tsu⁵⁵çɔ³⁵thaŋ³¹a³³sɔ³¹kɔ³¹tv³⁵sɔ³³li³³tsu³³xɿ³³.

　他　　车买（引）（连）孩子（受）学校（方）书　　读送　去要（连）

他买了车，是为了送孩子上学。

ji³¹khɔ³¹sɔ³¹ta⁵⁵mo⁵⁵kɔ⁵⁵tshɯ³¹mo⁵⁵nɔ³¹,　khɯ³¹ȵi³³tsɔ³¹la⁵⁵sɔ³¹ti³¹khɿ³³xɿ³³ŋe³³.

　他　　肉高　挂　　　（叠）（连）狗（施）吃来　防止　怕（连）（语）

他把肉挂得很高，怕被狗吃了。

③ 反面目的。

nv⁵⁵thɯ³¹na³¹la⁵⁵ŋa⁵⁵nɔ³⁵mɔ³¹tu³³khu⁵⁵kɔ³¹la³³.

　你　一　早　来　我　你　不　等　　能（人）

你要早些来，免得我等你。

nv⁵⁵mɔ³¹ji³³mʑ̩³³e³³,　a³³pa³¹ɔ³¹mɔ³¹ȵi³³nɔ³⁵thɔ³¹pi³³kɔ³¹jɔ³¹.

　你　不　去　好　　　爸爸　妈妈（施）你　不（使）担心

你不去也好，省得爸爸妈妈担心。

nv⁵⁵xe³⁵sɔ³¹kɔ³¹thɯ³¹peŋ³¹ji³¹khɔ³¹tsu⁵⁵v³³pi³¹,　ŋa⁵⁵mɔ³¹ji³³pa⁵³.

　你　这　书　　一　本　她　（受）给　　我　不　去（语）

你把这本书带给她，省得我再跑一趟。

（3）条件复句

偏句提出一种条件，正句说明满足这一条件后的结果。从分句间的语义关系可以分为充分条件、必要条件和无条件三种。

① 充分条件。

nv⁵⁵ji³³pa⁵³ŋa⁵⁵tɕuu³³ji³³.　　　　　　　只要你去，我就去。

你 去 的话 我就 去

pi³¹jɔ³¹tshu⁵⁵thuɯ³³phu³¹pa⁵³ŋa⁵⁵pi³¹jɔ³¹to³¹pe̞³³khe̞³¹.

碧约 人　遇到　　只要我 碧约 话 讲 会

只要遇到碧约族，我就会讲碧约话。

jɔ³¹ɲi⁵⁵tv³⁵muu³¹pa⁵³, ŋa⁵⁵ji³¹khɔ³⁵tsu⁵⁵ji⁵⁵tsu³¹ma⁵⁵pi³³tv³⁵ta³³li³³tsu³³.

孩子 读　想　的话 我 他　　（受）全　　　给 读 上去 要

只要孩子愿意，我就让他一直读下去。

nv⁵⁵ɕɔ³⁵muu³¹pa⁵³, xɔ³³muu³³fv³³xa⁵⁵/³³kɔ³¹e³³.

你 学 想 只要 什么时候 都　能

只要你想学，什么时候都来得及。

ji³¹khɔ³¹mi⁵⁵muu³¹kuu³³xa³³ma³³xa³³mi⁵⁵mo̞³³kɔ³¹e³³.

他　做　想　的 无论如何 做好　能

只要是他想做的，就一定能做到。

tɕhɿ⁵⁵pha⁵⁵la̱³¹pha⁵⁵mi⁵⁵tsɔ³¹pa⁵³sɿ⁵⁵po³³po³³la³³tsu³³ŋe³³pa⁵³.

勤劳　　　　　做 吃 的话 富裕　（貌）（体）（体）

只要勤劳的话，就会富起来。

② 必要条件

nv⁵⁵mi³¹pa⁵³ji³¹khɔ³¹tshɛ³¹na⁵⁵tɿ³¹.　　　　　只有你说，他才听。

你 做 的话 他　才　听

nv⁵⁵khv⁵⁵ji³³se⁵³ji³¹khɔ³¹la⁵⁵khe̞³¹.　　　　只有你去请，他才肯来。

你 叫 去 才 他　来　会

jo³¹mɔ³³tv̩³¹thv⁵⁵se⁵³sɿ³¹ xɔ³¹tshv³³tshe³¹ki³³lv³³khe̞³¹/³⁵.

山　挖 通 只有　火车　才　进来 能

只有把山打通，火车才能开进来。

xɔ³¹tsɔ³¹phi³¹se³³ko³¹ tsa³³xɿ³³ja⁵⁵mi⁵⁵ji³³la³³.　把饭吃了，才有力气干活。

饭 吃（貌）才 力气 有（连）工作 去（人）

ji³¹khɔ³¹na⁵⁵xɿ³³mɣŋ³¹ŋa⁵³, xa³³ma³³xa³³la⁵⁵khe̞³¹/³⁵.

他　病（连）除非　　怎么样 都 来 会

除非他病了，否则他一定会来的。

e³⁵tʂn̩³¹thuu³¹jŋ³³tɛ³⁵phv³¹xɿ³³mɣŋ³¹ , ŋa⁵³ji³¹khɔ³¹mɔ³¹ji³³mo̞³¹kɔ³¹e³³.

那 药　一 种 找到（连）除非 我 他　不 医 好 能

除非找到那种药，不然他的病治不好。

③ 无条件

ji³¹khɔ³¹xɔ³³tsa⁵⁵ji³³tha³³ sɔ³¹kɔ³¹xi⁵⁵thɔ³¹ŋe³³.　　他无论走到哪里都带着书。
他　　哪里　走　都　书　　带（貌）（语）

xa⁵⁵ma⁵⁵kɯ³³ɔ³¹su⁵⁵ji³¹khɔ³⁵tɕhɣŋ³¹pha⁵⁵li³³xa⁵⁵,　ji³¹khɔ³¹ji⁵⁵tsu³¹ma⁵⁵pha⁵⁵pi³¹.
不管　的　谁　他　钱　借去　　他　　全　　借　给
不管谁找他借钱，他都借。

nv⁵⁵xa⁵⁵ma⁵⁵mi³¹xa⁵⁵ji³¹khɔ³¹ma³¹na⁵⁵tɹ³¹.　不管你怎么说，他都不听。
你　怎么　说　他　　不听

xa⁵⁵ma⁵⁵kɯ³³tshu⁵⁵nɔ³³tɔ⁵⁵a³³v⁵⁵nv³¹pha⁵⁵la⁵⁵xa⁵⁵,　ji⁵⁵tsu³¹ma⁵⁵thɔ³¹pha⁵⁵pi³¹.
不管　　人　你家（方）水牛借　来　　全　　　别　借　给
不管谁来家里借水牛，都不借。

thɣ³¹lv⁵⁵ke³¹tsɹ̩³¹a³³ xɔ³¹tsa⁵⁵jo³¹khɯ³³a³³pi³¹jɔ³¹tshu⁵⁵mu⁵⁵su³³kɔ³¹e³³.
墨江　　　　（方）哪里　走　到（方）碧约　人　看见　　能
在墨江，不管走到那都能看到碧约人。

nv⁵⁵ji³¹mɔ³¹ji³³xa⁵⁵ŋa⁵⁵ji³³tsu³³.　　　　　　不管你去不去，我都要去。
你去　不去　都　我　去要

nv⁵⁵xa³³ma³³xa³³tɛ⁵³phv³¹mɔ³¹tɛ⁵³phv³¹nv⁵⁵tɛ⁵³tɹ³¹tɹ³¹.
你　不管　　找到　不找　到　你　找　看看
不管找不找得到，你都应该去找找看。

xɔ⁵⁵lɯ³¹tɕhɣŋ³¹sɹ̩³¹ti³¹xa⁵⁵/³³mɔ³¹kuaŋ³¹ ji³¹khɔ³⁵tsu⁵⁵ji³¹mɔ³³e³³.
多少　钱　花（引）都　不　管　他　（受）医好
不管花多少钱，都要把他治好。

tsɔ³¹kɔ³¹mɔ³¹tsɔ³¹kɔ³¹xa³³ɔ³¹mɹ³¹a³³thv³³ki³¹tsɔ³¹e³³.
吃能　不　吃能　都　嘴　里　塞　进　吃
不管能不能吃，他都往嘴里塞。

nv⁵⁵xɔ⁵⁵/³⁵mi⁵⁵mɔ³³jo³¹khɯ³³je³³xa⁵⁵/³³ŋa⁵⁵nɔ³⁵tsu⁵⁵tɛ⁵³ti⁵⁵la³¹tsu³³.
你　哪　地方　走　去　也　都　我　你（受）找　回来　要
无论你走到天涯海角，我都要把你找回来。

nv⁵⁵xɔ³⁵ji³³pa⁵³ ŋa⁵⁵nɔ³⁵tsu⁵⁵ tho³¹ ji³³tsu³³.
你　哪去　的话　我　你（受）跟　去要
不管你去哪里，我也跟着你去。

xɔ⁵⁵mu³³khɣ³¹ki³/³³phi³¹xa³³ŋa⁵⁵jɔ³¹tsa³¹mɔ³¹mo⁵⁵tɹ⁵⁵khɛ³¹.
多少　年　过　去　都　我　这里　不　忘记　会
不管过了多少年，我都不会忘记这里的。

（4）假设关系

偏句提出假设，正句说明在这一假设情况下出现的结果。

nv⁵⁵tsu³³e³³pa⁵³tɕu³³mɚ³³e³³pa⁵³. 　　　　　　　要是你在，就好了。
你　在　　的话就　好　（语）

ŋa⁵⁵nv³³sv³³khia⁵³tɕu³³ji³³pa⁵³. 　　　　　　　我要是你的话，就去。
我　你　像（连）就　去（语）

nv⁵⁵ŋɔ³¹lɔ³³a³³la⁵⁵pa⁵³ȵi⁵⁵mɔ³³v⁵⁵tɯ⁵⁵tsɔ³¹kɯ³³mu⁵⁵su³³kɔ³¹pa⁵³.
你我　五月来的话太阳　供奉　吃　的　看　能（语）
要是你五月来，就能参加太阳节了。

nv⁵⁵ma³¹na⁵⁵tɿ³¹mɯ³¹pa⁵³ɔ⁵⁵v³³pi³¹tshạ³³tɿ³¹tɿ³¹！
你　不　相信　想　的话　我们比（貌）看看
你不信，我们比比啊！

jɔ³¹ȵi³³a³³mɔ³¹nɯ⁵⁵kɔ³³ji³³pa⁵³tɕu³³mɚ³³e³³.
今天　　没　玩　去的话就　好（语）
要是今天没去玩就好了。

nv⁵⁵mi⁵⁵mɯ³¹pa⁵³tɕu³³pi³¹laŋ³³　ŋɯ³³.
你　喜欢　　的话就　给　（人）（语）
你要是喜欢，就给你吧。

ji³¹khɔ³¹mɔ³¹la⁵⁵pa⁵³ŋa⁵⁵tɕu³³ji³¹khɔ³⁵tsu⁵⁵tɛ⁵³ji³³.
他　　不　来的话我就　他　（受）找去
他不来的话，我就去找他。

ɔ³¹xo⁵⁵mɔ³¹xɯ³¹pa⁵³ŋa⁵⁵tɕu³³la⁵⁵. 　　　　　　要是雨不大，我就来。
雨　　不大　的话我就　来

ji³¹khɔ³¹kɯ³³to³¹na⁵⁵tɿ³¹pa⁵³ŋɔ³¹v³³pa⁵³tɕu³³xɯɯ³¹ji⁵⁵pa⁵³.
他　　的　话听　的话我们早就　赢　（体）
要是听他的，我们早就赢了。

nv⁵⁵mɔ³¹mi³¹mɯ³¹pa⁵³ŋa⁵⁵nɔ³⁵tsu⁵⁵pa⁵⁵pe³³ laŋ³³ŋɯ³³.
你不　说　想的话我你（受）帮说　（人）（语）
你不想说的话，我来帮你说。

nv⁵⁵tsɯ⁵³ma³¹pe³³pa⁵³phi³⁵tsu³³ŋe³³pa⁵³！ 　　　　你要是再不说，就太晚了！
你　再　不说的话迟（体）　（体）

tsɛ⁵³mɔ³¹jo³¹pa⁵³ɔ³¹xo⁵⁵xo⁵⁵la³³　tsu³³ŋe³³pa⁵³！ 　　再不走就要下雨啦！
再　不走的话雨　下（貌）（体）（体）

mɚ³³kɯ³³ȵi³³ja³¹mi⁵⁵mɯ³¹pa⁵³kɔ³³xo³¹a³³paŋ⁵⁵fa³¹mi⁵⁵tʋ³³la³³.
好　的　日子做想的话先　（方）办法　想出来

要想过上好日子，必须先想办法。

ŋa⁵⁵xe̠ ³¹ʂ̩³¹seŋ³³tsu³³ma³¹la³³pa⁵³nv⁵⁵tsɿ⁵⁵tɕhɿ³¹ji³³pa⁵³.

我　八　点　　在　没　来　的话　你　自己　　去　吧

我要是八点钟还没来你就自己去吧。

ŋa⁵⁵mo⁵⁵tɿ⁵⁵phi³¹la³³　pa⁵³　nv⁵⁵ŋɔ³⁵thɯ³¹to³¹mi³¹la³¹？

　我　忘记（貌）（人）的话　你我　一　声　说（人）

我要是忘了的话，你提醒我一声好吗？

ŋa⁵⁵va̠ ³¹thɯ³¹mo⁵⁵pɪŋ⁵⁵phɔ̠ ³¹pa⁵³tsɔ³¹pa⁵³ji ³¹tsa̠ ³³，ji ³¹tsa̠ ³³pa⁵³tsɔ³¹tsɿ⁵⁵mɔ̠ ³³e³³！

　我　猪　一　只　变（貌）的话　吃（连）睡觉　　睡　　完　吃　很　好

我要是能变成一只猪，光吃吃睡睡多好啊！

khv̠ ³¹li⁵⁵pɔ³³lɔ³³khɯ³³ ³⁵li³³pa⁵³ko³¹phi³¹xi⁵⁵jɔ³³kɔ³³ji⁵⁵pa⁵³.

年底　　月　　　到　　去　的话　工资　拿到　能　（体）

到年底就能拿到工资了。

2. 转接的偏正复句

正句与偏句之间存在语义上的矛盾对立、不一致的关系。根据偏句和正句间的语义关系，又可分为单纯转折和让步转折两类。

（1）单纯转折关系

ɔ³¹phi³¹xɯ³¹nɔ³¹xɯ³¹a⁵⁵xa⁵⁵khia⁵³ka̠ ³¹e³³.　　　　　　　贵是贵，但很漂亮。

价钱　大（话）大　但是　很　好看

ŋa⁵⁵pi̠ ³¹pa⁵³　ji³¹khɔ³¹mɔ³¹mi⁵⁵.　　　　　　　我给了，他就是不要。

我　给（体）但是　不　要

ŋa⁵⁵li³³mɯ³¹ŋɯ³³，a⁵⁵xa⁵⁵ʂ̩³¹seŋ³³ma³¹tsa³³xɿ³³ ŋɯ³³.

我　去　想　（语）但是　时间　　不　有（连）（语）

我想去，只是没时间呀。

tɪŋ⁵³ji³¹khɔ³¹nɔ³¹khɔ̠ ³³khe̠ ³¹a⁵⁵xa⁵⁵xa³³na³¹ma³³mɔ³¹khɔ̠ ³³khe̠ ³⁵.

三弦　　（话）弹　会　但是　不怎么　　不　弹　会

三弦他会弹是会弹，但是不大熟练。

ji³¹khɔ³¹pi³¹jɔ³¹tshu⁵⁵ŋe³³a⁵⁵xa⁵⁵pi³¹jɔ³¹to³¹ma³¹pe̠ ³³khe̠ ³¹.

他　　碧约　人　是　但是　碧约　话　不　说　会

他是碧约族，可是不会讲碧约话。

ji³¹khɔ³¹ji³³nɔ³¹ji³³　pa⁵³　a⁵⁵xa⁵⁵tha³¹la³¹khia⁵³ti⁵⁵la³³pa⁵³.

　他　去（话）去（话）但是　一会　特别　回来（体）

他去是去了，但一小会儿就回来了。

nv⁵⁵ji³¹khɔ³¹tɿ³¹ji⁵⁵pa⁵³，ji³¹khɔ³¹xa³³ma³³xa³³nɔ³³kɯ³³ɔ³¹mɔ³³ŋe³³.

你　她　　看去（语）　她　毕竟　　你的　妈妈　是

你应该去看看她，她毕竟是你的亲生母亲。

ji³¹khɔ³¹mi³¹nɔ³¹mi³¹kɯ³³ŋɔ³⁵tsu⁵⁵ pa⁵⁵mi⁵⁵la⁵⁵tsu³³ti³¹ ŋe³³a⁵⁵xa⁵⁵mɔ³¹la³³.

他　说（话）说（引）我（受）帮助　来　要（引）（语）但是 不来

他说是说要来帮助我，可是还是没来。

（2）先让步再转折关系，相反意味很重。

偏句提出一个姑且承认的事实，正句提出与之相对的结论。可分为一般让步和假设让步两种。

① 先说事实再让步

ji³¹khɔ³¹ɔ³¹tshv⁵⁵nɔ³¹tshv⁵⁵ a⁵⁵xa⁵⁵ɔ³¹kɔ⁵⁵tsʅ⁵⁵kɔ⁵⁵.　　他胖是胖，但是很结实。

他　胖　（话）（叠）但是 结实 很（叠）

pe³³kɯ³³nɔ³¹sui³¹pɪŋ³³ma³³tsɔ³¹mɯ³⁵ti³³, a⁵⁵xa⁵⁵kv̩³¹tsha³¹mɔ³¹ti³¹tvŋ⁵³thɔ³¹ŋe³³.

说　（话）随便　（状）吃 想（引）但是 菜　多（状）做（貌）（语）

说是随便吃一顿，其实做了很多菜。

ji³¹khɔ³¹khv̩³¹ɔ³¹jɔ³¹nɯ⁵⁵xa³¹a⁵⁵xa⁵⁵kɔ³¹tsʅ⁵⁵kha³³ŋe³³.

他　岁数小　小　　但是　力气　有（语）

他虽年纪小，但是力气大。

mi³¹nɔ³¹mi³³kɯ³³ ŋɔ³⁵tsu⁵⁵ tɕɿ³⁵la⁵⁵tsu³³ti³³a⁵⁵xa⁵⁵ma³¹la⁵⁵.

说（话）说（引）我（受）接 来 要（引）但是 没有来

说是来接我，其实没有。

ŋa⁵⁵ɕɿ³¹phv⁵⁵suaŋ⁵⁵pa⁵³a⁵⁵xa⁵⁵suaŋ⁵⁵tshv³³phi³¹pa⁵³.

我 三 遍 算（体）但是 算 错（貌）（体）

我虽然数了三遍，但还是出错了。

lɔ³¹sʅ³³mɔ³¹tsu³³xa³³jɔ³¹v̩³³ni³³sɔ³¹kɔ³¹tv³⁵kɔ³³　ŋe³³.

老师 不 在 尽管 他们　书　读（体）（体）

尽管老师不在，但他们也在念书。

ji³¹khɔ³¹mu⁵⁵su³³phi³¹xa³³ a⁵⁵xa⁵⁵mɔ³¹mu⁵⁵su³³la³³ti³³tvŋ⁵³thɔ³¹.

他　看见（貌）虽然 但是 没 看见　（引）做（貌）

他虽然看见了，却装着没看见。

ŋa⁵⁵ji³¹khɔ³⁵tsu⁵⁵tɔ³¹li³¹mi³¹pi³¹ a⁵⁵xa⁵⁵ji³¹khɔ³¹ŋɔ³³tɔ³¹ma³¹na⁵⁵tʅ³¹.

我 他 （受）道理 说给 但是　他 我的 话 不　听

我虽然给他讲道理，但他不听我的。

ji³¹khɔ³¹thɯ³¹ɲi³³thɯ³¹tɔ³¹mɔ³¹mi³¹xa⁵⁵nɣ³³mɔ³³tsa³³ xa⁵⁵tshv³³tha³³sʅ³¹la³¹ŋe³³.

他　一天　一 句不 说但是心脏 里 什么　都 知到（语）

别看他成天不说话，心里什么都明白。

çɿ³³khɔ³¹mi⁵⁵ki⁵⁵tsu³³ŋe³³pa⁵³，ji³¹khɔ³¹tɕu³³mɔ³¹mi⁵⁵pa⁵³.

事情　做　完（体）（体）他　就　不　做（体）

事情都到后头了，他倒不干了。

ɔ³¹tshu³¹jɔ³³v³³tɕi³⁵sɿ³¹tsu³³ŋe³³pa⁵³ji³¹khɔ³¹ɔ³¹tsɿ³³xa³³mɔ³¹kɔ³¹jɔ³¹e³³.

别人　　　急（貌）（体）（体）他　一点　都　不　担心

别人着急得要命，他倒一点儿也不担心。

tsa⁵⁵tso⁵⁵ɔ³¹jɔ³¹nɯ⁵⁵xa³³ɔ³¹tshɿ³¹ɔ³¹v³³nɔ³¹ji⁵⁵tsu³¹ma⁵⁵tsa³³.

麻雀　　小小　但是　肝　肠（话）都　　有

麻雀虽小，五脏俱全。

ji³¹khɔ³¹piŋ³¹sɿ³¹phi³¹çiŋ³³tsɿ⁵⁵mɔ³³e³³，jɔ³¹ni³³nɔ³¹jɔ³¹v³³ni³³tɯ³³thɿ⁵⁵phi³¹xɿ³³.

他　平时　脾气　很　好　　今天（话）他们　逗（貌）（貌）（连）

他平时脾气很好的，今天他们惹他着急了。

ji³¹khɔ³¹la⁵⁵tsu³³　　ti³³　　ŋe³³，a⁵⁵xa⁵⁵tsɿ⁵⁵maŋ³¹ŋe³³.

他　来（体）（引）（语）但是　很　忙（语）

他本来要来的，只是太忙了。

ji³¹khɔ³¹ɔ³¹tshu³¹jɔ³³v³³kɯ³³a³¹tha³¹tso³¹ji³³mɔ³¹ji³³ŋe³³，a⁵⁵xa⁵⁵tsɿ⁵⁵mi⁵⁵khe³¹ŋe³³.

他　别人　　的 上面　聪明　不（叠）（语）不过 很 做会（语）

他不比别人聪明，不过更加努力罢了。

② 先假设再让步。

nv⁵⁵ŋɔ³⁵mɔ³¹khv⁵⁵xa³³/⁵⁵ŋa⁵⁵la⁵⁵tsu³³.　　　　　即使你不请我，我也会来。

你 我 不 请 但 我 来 要

ŋa⁵⁵sɿ³¹la³¹xa³³/⁵⁵ŋa⁵⁵nɔ³⁵tsu⁵⁵mɔ³¹mi³¹pi³¹.　　　即使我知道，我也不会告诉你。

我 知道 但是 我 你（受）不 说 给

nv⁵⁵ŋɔ³⁵tsu⁵⁵v⁵⁵pi̠³¹xa³³/⁵⁵ŋa⁵⁵mɔ³¹mi⁵⁵.　　　　就是你送给我，我也不要。

你 我（受）送给 但是 我 不 要

xa⁵⁵ma⁵⁵tɿ³¹kɔ³¹mɔ̠³³xa³³/⁵⁵ŋa⁵⁵mɔ³¹mi⁵⁵mɯ³¹la³³.　就算再好看，我也不喜欢。

多么 好看 但 我 不 想 要（人）

nv⁵⁵mɔ³¹mi³¹xa³³nɔ³¹e³³mi³¹/³³tsu³³kɯ³³ŋa⁵⁵sɿ³¹la³¹la³³ pa⁵³.

你 不说 即使（连）说 要 的 我 知道（人）（语）

即使不说话，我也明白你的意思。

ji³¹khɔ³¹ŋɔ³⁵tsu⁵⁵tɕu³¹xa³³ŋa⁵⁵ma³¹taŋ³¹jɿŋ⁵⁵pi̠³¹.

他　我（受）就 都 我 不 答应 给

就是他求我，我也不会答应。

a⁵⁵mɔ³³tsu⁵⁵v⁵⁵pi̠³¹xa⁵⁵ji³¹khɔ³¹mɔ³¹tsɔ³¹sɯ³³kɔ³¹ŋe³³.

妈妈（受）给　但 她　　不 吃 舍得　（语）

即使给妈妈送去，她也不舍得吃。

ji³¹khɔ³¹tsŋ⁵⁵tɕhɿ³¹sɔ³¹kɔ³¹mɔ³¹tv³⁵muɯ³¹xa³³ji³³khɔ³¹a³³pa³¹mɔ³¹kɔ³¹e³³.

他　　自己　书　　不　读　想　即使他　爸爸　不　行

即使他想辍学，他父亲也不会允许。

tɕhɤŋ³¹mɔ³¹lɤ̠³¹xa³³ŋɔ³¹v³³tuɯ⁵⁵lɤ̠³¹pi̠³¹.

钱　　不　　够　的话我们　凑　够　给

哪怕钱不够，我们也要凑出来。

多重复句。例如：

ŋɔ³¹v³³xa³³ma³³kuɯ⁵⁵ɕɿ³³khɔ³¹tɿ³¹xa³³，thuɯ³¹pja³³sɿ̠³¹thɔ³¹tɿ³¹：mɔ̠³³kuɯ³³

我们　无论　的　事情　看　　一　边　仅不　看　好　的

tɿ³¹mɔ³¹tʂh³³mɔ³¹mɔ̠³³kuɯ³³xa³³tɿ³¹muɯ³¹.　sɿ̠⁵⁵ma⁵⁵se⁵³sɿ̠³¹，mɔ̠³³kuɯ³³paŋ⁵⁵fa³¹

看　不止　不好　的　也　看要　　这么　　只有　好　的　办法

tsɛ⁵³tɛ⁵³jɔ³³.

才　找　到

我们无论看什么事情，都要全面地看。不但要看好的方面，也要看坏的方面。只有这样，才能找到处理问题的正确办法。

ŋa⁵⁵pi³¹jɔ³¹tshu⁵⁵tsɿ̠⁵⁵kɔ³¹jɔ³¹luɯ³³，v³¹nv⁵⁵tɕhɿ⁵⁵pha⁵⁵la̠³¹pha⁵⁵ma³³mi⁵⁵khe̠³¹

我　碧约　人　和　喜欢　（语）他们　勤劳　　　　得　做　会

tsɔ³¹ji³³xa³³ji³³mɔ³¹tʂh³³ma³³nɤ̠³³mɔ³¹xa³³tsɿ̠⁵⁵mɔ̠³³e³³.

聪明　还（叠）不止　地　心　　也　很　好

我很喜欢哈尼族人民，因为他们不但勤劳、聪明，而且心地善良。

第六章　一些特殊的结构和句型

第一节　话题范畴

　　话题范畴是碧约话的一个重要的语法特征。其凸显话题的方式，一是使用语气词、重音。二是使用助词作为话题标记。在碧约话中，名词、代词、动词、量词、数词、形容词、名物化结构、短语、小句等都可以作为话题成分出现在句首。分述如下：

一　充当话题的成分

（一）名词话题句

1. 一般名词做话题：

khɯ³¹nɔ³¹ji⁵⁵kv³³a³³kɔ⁵⁵pha³¹thɔ³¹.　　　　　狗在门口拴着。

狗（话）门（方）拴　　（貌）

xe³⁵tɕʰɤŋ³¹nɔ³¹a³¹mɔ³³ ȵi³³pi³¹kɯ³³.　　　　这钱是妈妈给的。

这 钱　（话）妈妈（施）给　的

ja⁵⁵nɔ³¹thɯ³¹o⁵⁵xa³³mɔ³¹mi⁵⁵ki⁵⁵kɔ³¹e³³.　　　活儿是永远做不完的。

活（话）一 回　都　不 做　完 能

2. 专有名词做话题：

jaŋ⁵³ji³³seŋ³³nɔ³¹pi³¹jɔ³¹ŋe³³.　　　　　　　杨医生是哈尼族碧约人。

杨医生　　（话）碧约 是

lo³³so³³nɔ³¹xɔ³¹tsa⁵⁵ŋɛ⁵³?　　　　　　　　元江在哪里？

元江　（话）哪里（语）

suaŋ³³pau³³v⁵⁵tɤ³¹nɔ³¹kɔ³³xo³¹（lia³³）ŋe³³.　　双胞井就在前面。

双胞　井　（话）前面　　　（语）

3. 时间名词做话题：

na³³na³³nɔ³¹ji³¹khɔ³¹la⁵⁵ji⁵⁵pa⁵³.　　　　　上午他来了。

上午　（话）他　来（体）

jɔ³¹mɯ⁵⁵nɔ³¹xɔ³³lɯ³¹ʂɳ³¹seŋ³³ŋe³³pɿ⁵³.　　　现在几点了？

现在　（话）多少　时辰　是（语）

nv⁵⁵jo³¹tsu³³fv³³nɔ³¹ tsɔ³¹kɯ⁵⁵ɳe³¹tshɳ³¹mɔ³³le⁵³.

你 走 要 时候（话）门锁 锁 好（语）

你走的时候把门锁好。

xe³⁵thɯ³¹ɳe³¹lɔ³³nɔ³¹ji³¹khɔ³¹a³¹a³¹ʂ³¹ʂ³¹kɯ³³⁵çi³¹kɔ³¹tsɳ⁵⁵çɔ³⁵jɔ³³phi³⁵pa⁵³.

这 一 二 月（话）他 （话）新 的 事情 新 学 得（貌）（语）

这几个月里她学习了很多新东西。

ju³³ŋɯ³³fv³³ nɔ³¹ji³¹khɔ³¹jɔ³¹tsa³¹xa³³na³¹ma³³ma³¹çi³¹kuaŋ³³.

开始 时候（话）他 这里 不怎么 不 喜欢

开始的时候他还不大适应这里。

thɯ³¹ɳi³³na³⁵fv⁵⁵ nɔ³¹pi³¹jɔ³¹jɔ³¹tsa³¹phɯ⁵⁵la⁵⁵ji⁵⁵pa⁵³.

很久 时候（话）碧约 这里 搬 来（体）

很多年以前哈尼族就搬到这里来了。

ɳi⁵⁵mɔ³³v⁵⁵tɯ⁵⁵tsɔ³¹fv³³ nɔ³¹ji⁵⁵tsu³¹ma⁵⁵ke³³tsɳ³¹a³³nɯ⁵⁵kɔ³³la⁵⁵ji⁵⁵pa⁵³.

太阳 献 吃 时候（话）全 街上 （方）玩 来（语）

太阳节的时候大家一起上街庆祝。

4. 方位、处所名词做话题：

ji³³lo³³jo³¹mɔ³¹nɔ³¹xɔ³³tsa⁵⁵ŋɛ⁵³? 哀牢山在哪里？

哀牢 山 （话）哪里 （语）

kɔ³³xo³¹（lia³³）nɔ³¹ŋɔ³³to⁵⁵ŋe³³. 前边是我家。

前面 （话）我 家 是

lɑ³¹me³¹pja³³kɯ³³phv³³lv⁵⁵nɔ³¹xue³¹xue³¹tshɔŋ³³ti³¹khv⁵⁵ŋe³³.

北边 的 村子 （话）回回 冲 （引）叫 （语）

北边是回回冲村。

thy³¹lv⁵⁵kɯ³³e⁵⁵pja³³nɔ³¹lo³¹so³¹ŋe³³. 墨江的那边是元阳。

墨江 的 那边 元阳 是

（二）名物化结构话题句

1. 形容词名物化结构做话题：

ɔ³¹nɯ⁵⁵nɯ⁵⁵kɯ³³nɔ³¹mɔ³¹ti³¹kɔ³¹mɔ³³. 红的不好看。

红 的（话）不 好看

ɔ³¹tshɯ⁵⁵tshɯ⁵⁵kɯ³³nɔ³¹ŋa⁵⁵tsɤ⁵⁵mi⁵⁵mɯ³⁵ 酸酸的东西我最喜欢。

酸 的（话）我 最 喜欢

2. 动词名物化结构做话题：

jɔ³¹mɯ⁵⁵mɯ⁵⁵kɔ³³kɯ³³nɔ³¹xa⁵⁵tshɯ³¹ɳa³³jo³¹ŋɛ⁵³? 正在叫的是什么鸟？

现在 叫（体）的（话）什么 鸟 （语）

mo⁵⁵nʋ³¹tshv⁵⁵kɯ⁵⁵tshu⁵⁵nɔ³¹xɔ³³ji³³pɿ⁵³?   放牛的去哪儿了？

牛　　放　的　人（话）哪里去（语）

kʋ³¹tshạ³¹o³¹kɯ³³nɔ³¹ŋɔ³³kɯ³³a⁵⁵jẹ³¹ŋɯ³³.   卖菜的是我爷爷。

菜　　卖　的（话）我的　爷爷　是

ji³¹khɔ³¹jɔ³¹v³³xɿ³³tshu³³tho³³li³³kɯ³³nɔ³¹ŋa⁵⁵ŋɯ³³.   今天跟他们一起去的是我。

他们　　　　和　一起　　的（话）我 是

jɔ³¹mɯ⁵⁵sɿ³¹ti³¹kɯ³³nɔ³¹ji³¹khɔ³¹kɯ³³phạ³¹na³³ŋe³³.   刚才穿的是他的鞋。

刚刚　　　穿的（话）他　的　鞋子　是

tsʏ⁵⁵ɕi³¹xuaŋ³³kɯ³³nɔ³¹jɔ³¹n̩i⁵⁵ŋe³³.   最高兴的是孩子。

最　高兴　　的（话）孩子 是

ko³¹tɯ³³tɯ³³kɯ³³nɔ³¹ji³¹khɔ³¹kɯ³³jɔ³¹mi³¹ŋe³³.   跳舞的是他女儿。

跳舞　　　的（话）他　的　女儿　是

ji³¹khɔ³¹tu⁵⁵kɔ³³kɯ³³   nɔ³¹phi³¹ɕu³¹ŋe³³.   他喝的是啤酒。

他　　喝（体）的（话）啤酒　是

（三）代词话题句

1. 人称代词做话题：

a³³pa³¹nɔ³¹tṣɿ³¹mɔ³³mi⁵⁵（ŋe³³）.   爸爸是做领导的。

爸爸（话）官　　做　是

ji³¹khɔ³¹nɔ³¹ji³³seŋ³³（ŋe³³）.   他是看病的。

他　（话）医生　是

ji³¹khɔ³¹nɔ³¹ja⁵⁵mɔ³³jɔ³¹tshv³³phi³¹ji⁵⁵pa⁵³.   他走错路了。

他　（话）路　　走　丢（体）

2. 指示代词做话题：

xe³⁵nɔ³¹ŋɔ³³v³³tsɿ⁵⁵tɕhɿ³¹jɔ³³mɯ³¹kɯ³³tɕhʏŋ³¹.   这是我们应得的钱。

这（话）我们 自己　得　想　的　钱

xe³⁵nɔ³¹ŋɔ³³kɯ³³mɔ³¹ŋɯ³³.   这不是我的。

这（话）我的　不　是

xe³⁵nɔ³¹ja³¹sɿ³³fv³³tshv³³kɯ³³ɔ³¹sɿ³¹.   这是才摘的果子。

这（话）刚刚　摘　的　果子

xe³⁵ṣɿ³³lɯ³¹nɔ³¹thʏ³¹lv⁵⁵ke⁵³tṣɿ³¹a³³o³¹li³³tsu³³ŋe³³.   这些都是要拿去墨江卖的。

这 一些（话）墨江　　（方）卖（体）是

jɔ³¹tsa³¹nɔ³¹pi³¹jɔ³¹phv³¹lv⁵⁵ŋe⁵³mɔ³¹ŋe⁵³.   这里是不是碧约村寨？

这里（话）碧约 村子　是　不是

e⁵⁵nɔ³¹　xa⁵⁵tɕi³¹a³¹ji³³ŋɛ⁵³?　　　　　　　那是什么花？

那（话）什么　花　　是

jɔ³¹tsa³¹nɔ³¹ŋ³³v³³phv³³lv⁵⁵kɯ³³ja³³tv̩³¹.　　这里是我们村的边界。

这里　（话）我们 村子　的　边界

（四）形容词话题句

形容词可以名物化（形容词+结构助词kɯ³³）后做话题，也可以直接做话题。相比较名物化形容词做话题更为常用。是否使用助词kɯ³³不影响句子的合法性。下例中形容词后的kɯ³³都可加可不加。例如：

a³¹khạ³³tsɤ⁵⁵khạ³³kɯ³³nɔ³¹ɔ³¹tshɯ⁵⁵tsɤ⁵⁵tshɯ⁵⁵.　　越是硬的，越酸。

硬　越 硬　的（话）酸　 越 酸

ta⁵⁵mo⁵⁵mo⁵⁵kɯ³³nɔ³¹a⁵⁵kɔ̣³³ŋe³³, te̩³¹kẹ³³ kẹ³³kɯ³³ȵi⁵⁵tsa̩³¹ŋe³³.

高　　　　 的（话）哥哥 是　矮　　　 的　弟弟 是

高的是哥哥，矮的是弟弟。

ɔ³¹phv⁵⁵phv⁵⁵kɯ³³nɔ³¹sɔ³¹lɔ³¹ŋe³³ɔ³¹sɿ⁵⁵sɿ⁵⁵kɯ³³tɕi⁵⁵ŋe³³.

白　　　　的（话）棉花　 是　黄　　 的　谷子 是

白的是棉花，黄的是谷子。

（五）动词或动词性结构话题句

动词可以名物化（动词+结构助词kɯ³³"的"）后做话题，也可以直接做话题。但以名物化动词做话题更为常用。是否使用助词kɯ³³不影响句子的合法性。例如：

jɔ³¹mɯ⁵⁵tsɔ³¹kɯ³³nɔ³¹tsa³³ti³³kɯ³³tsa³³, xa⁵⁵tshu³³xa⁵⁵mɔ³¹tɕi³³kɔ³¹je³³.

现在　 吃 的（话）有 穿 的　有　什么　　 不 急 得（语）

现在吃的也有，穿的也有，什么都不缺。

lɿ⁵⁵kɯ³³nɔ³¹　 pi³¹tshạ³¹kɯ³³tsɤ⁵⁵mɿ⁵⁵.　　　　烤的比煮的更好吃。

烤　的（话）煮　 的　更 好吃

tsɿ⁵⁵tɕhɿ³¹mi⁵⁵kɯ³³ nɔ³¹　 pi³¹v⁵⁵kɯ³³tsɤ⁵⁵mɿ⁵⁵.　　自己做的比买的更好吃。

自己　 做　的　（话）比 买 的　更 好吃

（六）短语话题句

1. 数量结构或数量名结构做话题：

thɯ³¹mo⁵⁵nɔ³¹khɔ³¹phɔ³¹thɯ³¹mo⁵⁵nɔ³¹khɔ³¹mɔ³³.　　一个公的，一个母的。

一 只 （话）公　 一 只 （话）母

thɯ³¹khue³¹nɔ³¹ju³³thɯ³¹khue³¹.　　　　　　　一块钱就一块钱吧。

一 块 （话）就 一 块

thɯ³¹khɯ⁵⁵nɔ³¹ɔ³¹sɿ³³thɯ³¹khɯ⁵⁵nɔ³¹ɔ³¹phv⁵⁵.　　一只是金的，一只是银的。

一 只 （话）金的 一 只 （话）银的

nv⁵⁵a³¹thɯ³¹o⁵⁵la³³o⁵⁵nɔ³¹　khia⁵³kɿ³³tɕɔ³³tsɔ³¹ŋe³³.
您啊 一 回两回（话）太　计较　　吃（语）
您啊，有时候太斤斤计较了。

2. 指（量）名结构做话题：

xe³⁵thɯ³¹ma³³nɔ³¹thv̩³¹lv̩⁵⁵ke³³tsɿ̩³¹li³³ kɔ³³ ŋe³³.　　　这一辆是去墨江的。
这 一 辆（话）墨江　　　　去（体）是

e⁵⁵thɯ³¹mo⁵⁵nɔ³¹ŋɔ³³to⁵⁵kɯ³³ŋe³³.　　　　　　那一头是我家的。
那 一 头（话）我 家 的　是

e⁵⁵jo³¹mo³¹nɔ³¹ɔ³¹su⁵⁵ŋɛ⁵³?　　　　　　　　那个老人是谁？
那 老人（话）谁　是

e⁵⁵tsa⁵⁵tsɿ̩³³thɯ³¹tsɿ̩³³nɔ³¹ɔ³¹tɕhi³³ɕɿ³¹tɕhi³³tsa³³.　那张桌子有三条腿。
那 桌子 一 只（话）腿　三 腿　有

xe³⁵tʂh̩³¹thɯ³¹jɿŋ³³nɔ³¹su³³kɯ³³ŋe³³.　　　　　这种药是用来擦的。
这 药 一 种（话）擦 的　是

xe³⁵sɿ³¹phi⁵⁵nɔ³¹nɔ³¹to⁵⁵n̩i³³ li³³kɯ³³ŋe⁵³?　　　这辣椒是你家晒的吗？
这 辣椒 （话）你家（施）晒 的（语）

xe³⁵mɿ⁵⁵lu³³thɯ³¹jɿŋ³³nɔ³¹tsɔ³¹kɔ³³mɔ³³.　　　　那种菌子吃起来味道好！
那 菌子 一 种（话）吃 能 好

xe³⁵ʂ̩³¹mo³¹kɔ³¹nɔ³¹ŋa⁵⁵mɔ³¹mu⁵⁵su³³kɯ³³la³³.　这几个人我都没见过。
这　 几 个（话）我 没见　（体）（助）

xe³⁵khɯ⁵⁵me³³thɯ³¹khɯ⁵⁵nɔ³¹ta⁵⁵mo⁵⁵mɔ³¹mo⁵⁵to³¹pɿ⁵⁵mɔ³¹pɿ⁵⁵ma³³mɔ³³ŋɛ⁵³?
这 线　　 一 根（话）长　 不（叠）短　 不（叠）（状）好（语）
这根线长短合适吗？

3. 定中结构做话题：

ŋɔ³³kɯ³³a³³pa³¹ɔ³¹mɔ³³nɔ³¹pi³¹jo³¹ŋe³³.　　　　我的父母都是碧约人。
我 的 爸爸 妈妈（话）碧约 是

e⁵⁵tsa³¹ nɔ³¹ŋa⁵⁵ji³³kɯ³³ pa⁵³.　　　　　　　那地方我去过了。
那 地方（话）我 去（体）（体）

nɔ³³to⁵⁵kɯ⁵⁵ɔ³¹tɕhi³¹lo³³to³¹nɔ³¹xɔ³³tsa⁵⁵ŋɛ⁵³?　你家的厕所在哪里？
你家 的 屎　 坑　（话）哪里（语）

jo³¹mɔ³³kɯ³³ja̩³³n̩ɔ̩³¹ja⁵⁵khi³³a³³pɿ⁵⁵ki̩³³li³³ji⁵⁵pa⁵³.
山上　的 鸡（话）院子　（方）飞 进去 （体）
山上的野鸡飞进院子了。

ŋɔ³³kɯ³³tshv̩³³nɔ³¹jo³¹v³³n̩i³³tɕhi³¹phi³⁵pa⁵³!　　　我的车被人偷了！
我 的 车（话）他们　　 偷 （貌）（体）

ji³¹nȩ³³sʅ³³nȩ³³kɯ³³ɕɿ³³khɔ³¹nɔ³¹ji³¹nȩ³³sʅ³³nȩ³³kɯ³³ki³¹ji³³pi³¹o³³.

以前　　　　的　事情　（话）以前　　　　的　过去　给（语）

过去的事情就让它过去吧。

xe³⁵jɿ⁵⁵khɔ⁵⁵thɯ³¹jɿ⁵⁵kɯ³³ji⁵⁵sʅ⁵⁵xa⁵⁵tsu³¹jɿ⁵⁵to⁵⁵？

这　房子　一　间　的　主人　什么　　姓

这栋房子的主人姓什么？

ka³¹ma⁵⁵ka³¹tɕhɿ⁵⁵khɯ⁵⁵tsɔ³³phɿ³¹nɔ³¹n̩ᵢ³³phi³¹phi³⁵pa⁵³　mɔ³¹sɯ³³kɔ³¹la³³pa⁵³.

美（状）美　绳子　　　辫子　　（话）剪　丢（貌）的话　不　舍得　（助）（语）

辫子这么好看，剪掉太可惜了。

4. 动宾结构做话题。

tsa³¹kɯ⁵⁵kɯ⁵⁵nɔ³¹ji³¹khɔ³¹n̩ᵢ³³kɯ⁵⁵kɯ³³tsɤ⁵⁵lv̩³³e³³.

秋千　打（话）他　　（施）打　　（补）最　厉害

打秋千，他当然是最厉害的。

pɿ⁵⁵ja³¹ja³¹nɔ³¹mɔ³¹mȩ³³e³³.　　　　　　　　　　　　　睡在野外不安全。

野外　睡　（话）不　好

pɿ⁵⁵ja³¹ja³¹nɔ³¹khɿ³³　lɯ³³.　　　　　　　　　　　　睡在野外（我）挺害怕。

野外　睡　（话）害怕（人）

ɯ⁵⁵ja³³ja³³kɯ³³　nɔ³¹ɔ³¹mu⁵⁵tsu⁵⁵tsʅ⁵⁵mȩ³³e³³.　　游泳对身体好。

游泳　　　的　（话）身体（受）很　好

（七）从句话题句

1. 顺承关系从句做话题：

nv⁵⁵nɿ³¹la⁵⁵pa⁵³　nɔ³¹　ŋɤ³⁵ja³⁵khv⁵⁵thv⁵⁵la⁵⁵.　　　你睡醒了叫我起来。

你　醒来（连）（话）我　床　叫　起来

ŋa⁵⁵kɔ³¹jɔ³¹thv³³la³³pa⁵³　nɔ³¹nɔ³⁵tsu⁵⁵mi³¹pi³¹　laŋ³³ŋɯ³³.

我　想　　起来　　（连）（话）你（受）说　给（人）（语）

我想起来了，就告诉你。

2. 表假设关系从句做话题：

nv⁵⁵ji³¹khɔ³⁵tsu⁵⁵ɕaŋ⁵⁵ɕiŋ⁵⁵nɔ³¹tsɔ³¹ka³¹ka³¹ji⁵⁵pa⁵³！

你　他　（受）相信　　你　傻　　　　（体）

你信他，你就犯糊涂了！

ɔ³¹xo⁵⁵xo⁵⁵xɯ³¹pa⁵³　nɔ³¹　ŋa⁵⁵nɔ³⁵tɕɿ³⁵lv̩³¹laŋ³³ŋɯ³³.　雨下大了我就来接你。

雨　下　大（连）（话）（我）你　接　来　（人）（语）

tsʅ³³pɔ³¹mɔ³¹tsa³³pa⁵³　nɔ³¹ŋa⁵⁵mɔ³¹li³³pa⁵³.　　　　没酒喝我就不去了。

酒　不　有（连）（话）我　不　去（语）

jɪ⁵⁵jɔ³¹mi⁵⁵tsɔ³¹ji³³pa⁵³　　nɔ³¹kui³³tsɿ³¹sɿ³¹la ³¹muɯ³⁵ŋe³³.

客　　做　吃　去（连）（话）规矩　知道　要（语）

出去做客一定要讲礼貌。

3. 条件关系从句做话题：

nv⁵⁵ji³³pa⁵³　nɔ³¹　ŋa⁵⁵xa³³ji³³.　　　　　　　　只要你去，我也去。

你 去（连）（话）我 也 去

nv⁵⁵tsɤ⁵⁵ka̠ ³¹ʂɿ⁵⁵pa⁵³nɔ³¹ji³¹khɔ³¹xɪ³³sa ³¹to⁵⁵tsɤ⁵⁵ma³¹pe ³³khe̠ ³¹.

你 越 笑　　（连）（话）他 （连）害羞　越 不 说　敢

你越笑，他越不好意思说下去。

ti³³pe̠ ³¹ phi³⁵pa⁵³　nɔ³¹ tɕu³³mɔ³¹mi⁵⁵pa⁵³.　　　　穿烂了就不要了。

穿 坏（貌）（体）（话）就 不 要（体）

4. 因果复句

ji³¹khɔ³¹mɔ³¹tɤ ³³lɤ³³pa⁵³nɔ³¹ ŋa⁵⁵mɔ³¹o⁵⁵li³³khe̠ ³¹.　　他不出来，我进不去。

他　　不 出来（连）（话）我 不 进去 能

ji³¹khɔ³¹ma³¹pe ³³pa⁵³　nɔ³¹ŋa⁵⁵xa⁵⁵ma⁵⁵ʂɿ ³¹la̠ ³¹.　　他不肯说，我怎么知道。

他　　不 说（连）（话）我 怎么　知道

pi³¹jɔ³¹to³¹mi³¹mɔ³¹mi³¹ki⁵⁵kɔ³¹nɔ³¹ɕɔ³⁵xa³³mɔ³¹ɕɔ³⁵ki⁵⁵kɔ³¹.

碧约 话 说 不 说完 能（话）学 都 不 学完 能

碧约话无穷无尽，所以学习也是无止境的。

ɔ³¹nv⁵⁵lia⁵⁵a̠ ³¹thɤ ³¹thɤ ³¹nɔ³¹nv⁵⁵kɔ³¹tʂh ³¹a⁵⁵tɕɤ³¹thuɯ³¹ne̠ ³¹tɕhi ³¹ti³³.

外面　冷　　（话）你 衣服　多　一 两 件 穿

外面冷，你多穿两件衣服。

5. 解说复句

ŋɔ³³to⁵⁵khuɯ³¹ne̠ ³¹mɔ⁵⁵tshɤ ³³thɔ³¹thuɯ³¹mɔ⁵⁵nɔ³¹khuɯ³¹ɔ³¹sɿ⁵⁵thuɯ³¹mɔ⁵⁵nɔ³¹.

我家 狗 两 头 养（体）一 头（话）狗 黄、一 头（话）

khuɯ³¹a³¹na³³.

狗 黑

我家养了两条狗，一条是黄狗，一条是黑狗。

a⁵⁵ne̠ ³³nɔ³¹jɔ³¹n̠i⁵⁵ʂɿ³¹kɔ³¹tso⁵⁵nɔ³¹,　thuɯ³¹kɔ³¹jɔ³¹n̠i⁵⁵fv⁵⁵na⁵⁵tʂɿ ³¹phi³⁵pa⁵³.

奶奶（话）孩子 起 个 生（话）一 个　孩子 时候 病 死（貌）（体）

奶奶生了七个孩子，一个小的时候生病去世了。

二　话题与句子成分的关系

1. 话题大多是句子的主语，也有是宾语或状语的。定语和补语不能做话题。

话题是主语的，例如：

a³¹mɔ³³nɔ³¹ji³¹khɔ³¹jɔ³¹tsu⁵⁵kɔ³¹jɔ³¹thɔ³¹e³³sŋ³¹.　　　　　妈妈牵挂着小娃娃。

妈妈　　小娃娃　　　　担心　（体）还

ŋa⁵⁵nɔ³¹pi³¹jɔ³¹jɔ³¹ŋɯ³³nv⁵⁵nɔ³¹a³¹xa̱³¹jɔ³¹ŋe³³.

我（话）碧约人　是　你　　汉族　人　是

我是碧约人，你是汉族。

a³³pa³¹nɔ³¹ɔ³¹mɔ³³kɯ³¹ a³¹tha̱³¹ŋe³¹khɤ³¹xɯ³¹e³³.　　　爸爸比妈妈大两岁。

爸爸（话）妈妈·　的　上面　两　年　大（语）

话题是宾语的，例如：

kɔ³¹tʂŋ³¹nɔ³¹ŋa⁵⁵je³³ɕi³¹phi³⁵　pa⁵³.　　　　　　　衣服我洗好了。

衣服　（话）我　洗净（貌）（体）

ɔ³¹pɿ⁵⁵nɔ³¹ŋɔ³³ ȵi³³ pi³³tsɔ³¹ŋɯ³³pa⁵³.　　　　　　　鸭子我喂过了。

鸭子（话）我（施）（使）吃（人）（体）

话题是状语的，例如：

jɔ³¹mɿ⁵⁵nɔ³¹pha³³　mɔ³¹ti⁵⁵li³³khe̱³¹pa⁵³.　　　　　　今晚看来是回不去了。

今晚（话）（连）不　回去　能（体）

jɔ³¹ȵi³³nɔ³¹ɕɔ³¹li³¹tsu⁵⁵thɯ⁵⁵phu³¹la³³pa⁵³.　　　　　今天遇到小李了。

今天（话）小李（受）遇到（人）（体）

2. 话题助词常出现于前置的受事宾语之后，而很少用于施事主语之后，例如：

xe³⁵ɕi³³khɔ³¹nɔ³¹ji³¹khɔ³¹xa³³sŋ³¹la̱³¹.　　　　　　　这件事他也知道。

这　事情（话）他　　　也　知道

e⁵⁵tʂhu⁵⁵thɯ³¹kɔ³¹nɔ³¹ŋa⁵⁵mu⁵⁵su³³kɯ³³la³³　pa⁵³.　　那个人我见过。

那人　一　个（话）我　看　（体）（人）（体）

khɔ̱³¹jɔ̱³¹nɔ³¹ji³¹khɔ³¹ȵi³³tɯ³¹/³³li⁵⁵ phi³⁵pa⁵³.　　碗被他给打碎了。

碗　　（话）他　（施）打　碎（貌）（体）

ja³³tʂhŋ³³tʂhŋ³³jɔ³¹nɔ³¹ ja³³phi⁵⁵ji³³mɔ³³ȵi³¹thv³³sŋ³¹phi³⁵pa⁵³.

公鸡　　　小（话）公鸡　　大（施）啄　死（貌）（体）

小公鸡被大公鸡啄死了。

ja³¹jɔ³¹jɔ³¹mi³¹nɔ³¹ji³¹khɔ³¹ji⁵⁵tsu³¹ma⁵⁵mi⁵⁵mɯ³⁵.

男孩　女孩（话）他　全　　　要　想

男孩女孩，他都喜欢。

xe³⁵sɔ³¹kɔ³¹thɯ³¹peŋ³¹nɔ³¹ji³¹khɔ³¹mɔ³¹mi³¹ki⁵⁵kɔ³¹ma³³　tɿ³¹phi³⁵pa⁵³.

这　书　　一　本（话）他　不　说　完能（状）看（貌）（体）

这本书他都看过无数遍了。

只有在施事主语是对比句的对比对象时，才会加话题助词。例如：

a³³pa³¹n̠i³³　nɔ³¹ŋɔ³⁵tsu⁵⁵　sɔ³¹kɔ³¹v⁵⁵pi³¹, a⁵⁵mɔ³³n̠i³³nɔ³¹ŋɔ³⁵tsu⁵⁵kɔ³¹ tʂh̠³¹v⁵⁵pi³¹.

爸爸（施）（话）我（受）书　买给　妈妈（施）（话）我（受）衣　服买给

爸爸给我买书，妈妈给我买衣服。

3. 话题助词可以代替领属定语助词kɯ³³，置于限定词和中心词之间，既表示限定关系又表示强调。

　　xe³⁵tsɿ⁵⁵s̠³³thɯ³¹tsɿ⁵⁵kɯ³³ɔ³¹tshɯ⁵⁵khia⁵³na̠³¹ŋe³³.　　这棵树，根特别深。

　　这　树　　一　棵　的　根　　特别深（语）

　　xe³⁵tsɿ⁵⁵s̠³³thɯ³¹tsɿ⁵⁵nɔ³¹ɔ³¹tshɯ⁵⁵khia⁵³na̠³¹ŋe³³.　　这棵树，根特别深。

　　这　树　　一　棵（话）根　　很　深（语）

类似的例子还有：

　　xe³⁵jɿ⁵⁵kho⁵⁵thɯ³¹jɿ⁵⁵nɔ³¹　kho⁵⁵pɿ³³, tso³¹li⁵⁵n̠i³³li⁵⁵ki⁵⁵phi⁵³ tsu³³ŋe³³pa⁵³.

　　这　屋子　一　栋（话）屋顶　　风　走　吹　完（貌）（体）（体）

　　这栋房子屋顶啊，都快被风吹跑了。

4. 在判断句中，话题助词经常出现，起到增强判断语气的作用。尤其在碧约话的名词谓语句中，判断动词ŋe³³ "是" 常常不出现。受到汉语的影响，许多碧约母语人都误以为出现在主语后的话题助词nɔ³¹就是判断动词 "是"。

例如：

a³³pa³¹nɔ³¹tsɿ³¹mɔ³³mi⁵⁵（ŋe³³）.　　　　　　　爸爸是做领导的。

爸爸（话）领导　做　是

ji³¹khɔ³¹nɔ³¹ji³³seŋ³³（ŋe³³）.　　　　　　　他是看病的。

他　是　医生　　是

ɔ³³v³³nɔ³¹tsɔŋ³³kɔ³¹tshu⁵⁵（ŋɯ³³）.　　　　　我们是中国人。

我们　　中国　人　　是

xe³⁵jɔ³¹n̠i³³nɔ³¹ji³¹khɔ³¹ khɯ³³（ŋe³³）.　　　这孩子是他的。

这　孩子　　他　的　是

tsɔ³¹je³³nɔ³¹ji³¹khɔ³¹n̠i³³pa⁵⁵tshɤ³³laŋ³¹ŋɯ³³.　　作业是他帮我写的。

作业　　他　（施）帮　写（人）是

5. 在对比或解说复句中，话题助词常用在列举项后，即使对话中只出现一个分句，听话者也能明白这只是所指的其中之一。例如：

a³³pa³¹nɔ³¹lɔ³¹sɿ³³ɔ³¹mɔ³³ji³³seŋ³³.　　　　　　爸爸是老师，妈妈是医生。

爸爸（话）老师 妈妈 医生

xe³⁵tʂh̠³¹s̠³³lɯ³¹thɯ³¹jɿŋ³³la³³ jɿŋ³³nɔ³¹tu⁵⁵kɯ³³thɯ³¹jɿŋ³³la³³ jɿŋ³³nɔ³¹su³³.

这　药　一些　有些　　　（话）喝 的 有些　　　（话）擦

这些药，有些是吃的，有些是擦的

nv⁵⁵xua³³kɯ³³nɔ³¹a⁵⁵n̩i⁵⁵sv³¹xa³³mɔ³¹tv⁵⁵lɔ³³mɔ³³sv³³xa³³mɔ³¹tv⁵⁵xa⁵⁵tɕi³¹ŋɛ⁵³?

你画　的（话）猫　　像也不　像老虎　　像也　不　像什么（语）

你画的这个，猫不像猫，老虎不像老虎，算啥呢？

ŋa⁵⁵ɔ³¹tʂn̩³³tʂn̩³³ma³¹nɔ³¹tsu³¹mɔ̠³³luɯ³³. nv³¹tʂʰuɯ⁵⁵tʂʰuɯ⁵⁵mja³¹nɔ³¹mɔ³¹tsu³³mɔ³¹la³³.

我　安静　　（状）（话）在　好（语）　吵闹　　　　（语）（话）不在　不（人）

我喜欢安静的地方，不喜欢吵闹的地方。

ŋa⁵⁵sa³³na̠³³ja⁵⁵tsn̩⁵⁵mi⁵⁵pa⁵³: pɿ⁵⁵tsa³³nɔ³¹pi³³　tsɔ³¹, ja̠³³tsa³³nɔ³¹pi³³tsɔ³¹,

我　上午　事情很做（体）　鸭草（话）（使）吃　　鸡草　（话）（使）吃

va̠³¹tsa³³nɔ³¹tɔ̠³³.

猪草（话）砍

我上午做了很多事，鸭子喂了，鸡喂了，还砍了猪草。

6. 在拷贝式的句子中，主语后经常加话题助词。例如：

thɯ³¹kʰue³¹nɔ³¹ju³³thɯ³¹kʰue³¹. 　　　　　　　　　一块钱就一块钱吧。

一　块　（话）就　一　块

ŋa⁵⁵nɔ³¹ŋa⁵⁵ nv⁵⁵nɔ³¹nv⁵⁵ ŋɔ³⁵kɯ³³thɯ³¹tʂʰv³³xa³³thɔ³¹ɕɔ³⁵.

我（话）我　你（话）你　我　的　　一　样　　都别　学

我是我，你是你，别什么都学我。

mi³¹nɔ³¹mi³¹mi⁵⁵nɔ³¹mi⁵⁵ ji³¹kʰɔ³¹mi⁵⁵mɔ³¹mi⁵⁵thɯ³¹kɔ³¹xa³³ma³¹sɹ̩³¹la³¹.

说（话）说做（话）做　他　　做不做　一　个还　不　知道

说是说，做是做，谁知道他干不干呢？

7. 在有些省略疑问句中，可以在句尾加上话题助词代替疑问语气词。例如：

xe³⁵sɹ̩³³lɯ³¹tʂʰu⁵⁵tsu⁵⁵v⁵⁵pi̠³¹kɯ³³, e⁵⁵a³³lɯ³¹　nɔ³¹?

这　一些　人（受）送给　的　那　一些（话）

这些送人，那些呢？

ŋɔ³³kɯ³³nɔ³¹? 　　　　　　　　　　　　　　我的呢？

我　的（话）

ja̠³³pʰa⁵⁵nɔ³¹? 　　　　　　　　　　　　　　扫帚呢？

扫帚　（话）

8. 在双宾语句中，主语和直接宾语都有做话题的可能，也可以同时作为话题。例如：

a³³pa³¹n̠i³³　　nɔ³¹ŋɔ³⁵tsu⁵⁵ sɔ³¹kɔ³¹v⁵⁵pi³¹. 　　　爸爸给我买书。

爸爸（施）（话）我（受）书　买给

so³¹ko³¹no³¹a³³pa³¹n̩i³³ŋo³⁵tsu⁵⁵　　v⁵⁵pi̱ ³¹.　　　　　　书是爸爸给我买的。

书　（话）爸爸（施）我（受）买给

ŋa⁵⁵e⁵⁵jɔ³¹n̩i⁵⁵thɯ³¹ko³¹tsu⁵⁵ko³¹tʂm̩ ³¹o³¹tʂ̩³³v⁵⁵pi̱ ³¹.

我那 孩子　一　个（受）衣服　一些　买给

我给那个孩子买了一些衣服。

ko³¹tʂm̩ ³¹no³¹ŋa⁵⁵e⁵⁵jɔ³¹n̩i⁵⁵thɯ³¹ko³¹v⁵⁵pi̱³¹.　　　衣服我买给那个孩子了。

衣服　（话）我 那 孩子　一　个 买 给

jaŋ³¹lo³¹s̩³³n̩i³³ŋo³⁵　 tsu⁵⁵pi³¹jɔ³¹to³¹thɹ⁵⁵pi̱³¹.　　杨老师教我碧约话。

杨　老师（施）我（受）碧约　话 教　给

pi³¹jɔ³¹to³¹jaŋ³¹lo³¹s̩³³ŋo³⁵tsu⁵⁵ thɹ⁵⁵pi̱³¹.　　　　碧约话杨老师教我。

碧约　话 杨 老师 我（受）教 给

当间接宾语在一定条件下也可以作为话题置于句首时，常常是在对比句中。例如：

ŋa⁵⁵tsu⁵⁵　no³¹jaŋ³¹lo³¹s̩³³n̩i³³pi³¹jɔ³¹to³¹thɹ⁵⁵pi̱³¹,

我（受）（话）杨老师（施）碧约　话 教 给

ji³¹khɔ³¹tsu⁵⁵no³¹uaŋ³¹lo³¹s̩³³n̩i³³xo³¹n̩i³¹to³¹thɹ⁵⁵pi̱³¹.

他　（受）（话）王老师　（施）豪尼 话 教 给

我由杨老师教碧约话，他由王老师教豪尼话。

9. 在比较复杂的句子结构中，话题根据具体表达需要而定，会有主话题和次话题之分。同一个句子，在不同的语言环境下，会有不同的话题，或同时出现一个以上的话题。例如：

nv⁵⁵no³¹thɯ³¹o⁵⁵la³³o⁵⁵no³¹khia⁵³kɹ³³tɕɔ³³tsɔ³¹ŋe³³.

您（话）有时候　（话）很　计较　吃（语）

您啊，有时候太斤斤计较了。

jo³¹v³³ni³³no³¹e⁵⁵ɕɔ ³¹xɔ ³¹tʂ̩ ³³thɯ³¹ko³¹tsu⁵⁵　no³¹tʂ̩ ³¹mɔ³³pi³³mi⁵⁵　ŋe³³.

大家　（话）那 小伙子　一　个（受）（话）领导　（使）（做）（语）

大家选那个小伙子当村长。

ji³¹khɔ³¹no³¹ŋo³⁵tsu⁵⁵　no³¹thɣ ³¹lv⁵⁵ke³³tʂ̩ ³¹a³³　pi³³li³³（laŋ³³）ŋe³³.

他　（话）我（受）（话）墨江　　　（方）（使）去（人）（语）

他让我去墨江。

三　碧约话话题句的特点

（一）话题结构的标志是在话题之后加话题助词no³¹，但话题助词不具备句法上的强制性，一般都是可加可不加。加了话题助词的句子由于突出话题，所以往往带有比较、强调等语用意义。例如：

ju³³ŋɯ³³fv⁵⁵/³³ji³¹khɔ³¹jɔ³¹tsa³¹xa³³na³¹ma³³ma³¹ɕi³¹kuaŋ³³.

开始　　　　　他　这里　怎么也　　不 习惯

开始的时候他还不大适应这里。

ju³³ŋɯ³³fv⁵⁵/³³nɔ³¹ji³¹khɔ³¹jɔ³¹tsa³¹xa³³na³¹ma³³ma³¹ɕi³¹kuaŋ³³.

开始 时　（话)他　 这里　怎么也　　　不 习惯

开始的时候他还不大适应这里。

（二）碧约话除了常用的话题助词nɔ³¹之外，还有一个单元音助词a³¹常常出现在话题后，充当话题的助词成分。a³¹与nɔ³¹有相同点也有相异点：

相同点是a³¹和nɔ³¹都可以起到突出话题、停顿的左右。例如：

ji³³lo³³jo³¹mɔ³¹a³¹xɔ³³tsa⁵⁵ŋɛ⁵³?　　　　　　哀牢山在哪里？

哀牢山　 （话)哪里（语)

ji³³lo³³jo³¹mɔ³¹nɔ³¹xɔ³³tsa⁵⁵ŋɛ⁵³?　　　　　　哀牢山在哪里？

哀牢山　　 （话)哪里 （语)

相异点有以下几点：

1. a³¹相比较nɔ³¹强调意味不明显。a³¹是一个单音节低降调助词，读音较弱，在语流中常常与前一音节合音，以至于发音者只能感觉到轻微的停顿而难以辨识这个音的存在。因此，a³¹的强调功能没有nɔ³¹突出，在说话者需要刻意强调某个句子成分时，会选用nɔ³¹而不是a³¹。尤其当话题的最后一个音是a时，即使强调意味不明显，只需要停顿，说话者也不会选择使用a³¹。例如：

kɔ³³xo³¹lia³³nɔ³¹ŋɔ³³to⁵⁵ŋɛ³³.　　　　　　　　前边是我家。

前面　 （话)我　家 是

2. a³¹在句子中的句法范围比nɔ³¹小。可以使用a³¹的地方都可以使用nɔ³¹。但是当nɔ³¹出现在分句的句尾、对比句句尾、短语结构之后或两个并列结构之间时，a³¹都不能使用。nɔ³¹可以单独成为句子成分，而a³¹则有依附、黏着或词素化的特点，不能独立做句子成分，只能出现在单个词语之后。下面两句中都不能使用a³¹：

ɔ³¹nv⁵⁵lia⁵⁵a³¹thɣ³¹thɣ³¹nɔ³¹,　nv⁵⁵kɔ³¹tʂm̩³¹a⁵⁵tɕɿ³¹thuɯ³¹nɛ̩³¹tɕhi³¹ti³³.

外面　　冷　　（话)你 衣服　多　一　　两 件 穿

外面冷，你多穿两件衣服。

mɿ⁵⁵nɔ³¹mɿ⁵⁵,　　a⁵⁵xa⁵⁵mɔ³⁵ti³³mɔ³¹tsɔ³¹kɔ³¹e³³.

好吃（话)好吃 但是 多（状)不 吃 能（语)

好吃是好吃，就是不能多吃。

（三）nɔ³¹作为话题助词可以用在复句前一分句的末尾，表示强调这一分句的内容。但是如果是递进复句、目的复句等话语重心在后一分句的复句，话题助词nɔ³¹不能使用。例如：

nv⁵⁵tɕhi⁵⁵tshɣ³³thɯ³¹la̱³¹lɯ³³tɿ³¹tɿ³¹　　ɔ³¹mu⁵⁵ji³³sᶹ³¹mi⁵⁵tsu³³kɯ³³.

你　汽车　　　一　下（人）看看　　明天　　　　要（体）的

你把汽车检查一下，为明天出门做准备。

nv⁵⁵xe³⁵sɔ³¹kɔ³¹thɯ³¹peŋ³¹ji³¹kho³¹tsu⁵⁵　　v̩³³pi³¹　ŋa⁵⁵mɔ³¹ji³³pa⁵³.

你　这　书　　一　本　他　　（受）（使）给　我　不　去（语）

你把这本书带给她，省得我再跑一趟。

（四）话题助词在与施事助词、受事助词、方位助词、定语助词连用时，由于表达的需要，常常取代这些助词，同时发挥两种助词的功能。例如：

a⁵⁵mɔ³³nɔ³¹ŋɔ³³tsu⁵⁵ɔ³¹sɿ³¹　pi³³tshɣ³³xɿ³¹nɿ³¹mɔ³³tsu⁵⁵　pi³³tsɔ³¹ŋe³³.

妈妈（话）我（受）果子（使）摘（连）妹妹　（受）（使）吃（语）

妈妈让我去摘果子给妹妹。

同时，也有部分助词不能与话题助词nɔ³¹同时使用，更不能被替换。例如从由助词n̩i³³、引语助词ti³³，等等。

ŋɔ³³jɔ³¹n̩i⁵⁵nɯ³³fv⁵⁵n̩i³³a³¹kɔŋ³³ʂ̩⁵⁵phi³⁵pa⁵³.

我　小时候　　　（从）外公　死（貌）（体）

我小的时候外公就去世了。

ʂɿ³¹xe̱³¹khɣ³¹tsu³³n̩i³³　ji³¹kho³¹tʂ̩h³¹xi⁵⁵ɕɔ³⁵kɔ³³ji⁵⁵pa⁵³.

七　八　岁　　（从）他　　医术　学（体）（体）

七八岁时他开始学医。

ji³¹kho³¹ɔ³¹su⁵⁵ŋe⁵³　ti³³　ŋa⁵⁵xa³³mɔ³¹na⁵⁵tɿ³¹.　　　　他是谁我都没问。

他　谁　（语）（引）我　都　没　问

thɯ³¹tɕiŋ⁵⁵khia⁵³lɣ³¹ji⁵⁵pa⁵³.　　　　　　　　　一斤就足够了。

一　斤　就　够　（语）

thɯ³¹khue³¹khia⁵³thɯ³¹khue³¹.　　　　　　　　一块钱就一块钱吧！

一　块　就　一　块

ɔ³¹nɯ⁵⁵nɯ⁵⁵kɯ³³xa³³mɔ³¹tsɔ³¹/³³kɔ³¹mɔ̱³³khe̱³⁵.　　红的不一定就好吃。

红　　　的　也　不　吃　得　吃　可能

tsɔ³¹pv̩³³kɔ³¹xa³³kɔ³¹ji⁵⁵pa⁵³.　　　　　　　　能吃饱就不错了。

吃饱　能　就　得（语）

（五）作为一个具有显性话题范畴的语言，碧约话题结构与作为句法成分的主语在语法意义和语法形式上有很多不同。分述如下：

1. 话题结构属于语用范畴，主谓结构属于句法范畴，两者只有在处于主语位置上的成分恰巧需要强调时才会出现重合。例如：

khɯ³¹nɔ³¹ji⁵⁵kv³³a³³kɔ⁵⁵phạ³¹thɔ³¹.　　　　　　　　狗在门口拴着。

狗　（话）门　（方）拴　　（貌）

ji³¹khɔ³¹nɔ³¹ja⁵⁵mɔ³³jo³¹tshv³³phi³¹ji⁵⁵pa⁵³.　　　　　他走错路了。

他　（话）路　　走　错　（貌）（体）

2. 话题有标记，主语没有标记。例如：

ŋa⁵⁵kɔ³¹tʂm̩³¹thɯ³¹tɕi⁵⁵v⁵⁵la³¹pa⁵³.　　　　　　　　我买了一套衣服。

我　衣服　　一套　买来了

thɯ³¹kɔ³¹nɔ³¹n̩i⁵⁵tv̩³³la³³mia⁵³li³³，thɯ³¹kɔ³¹nɔ³¹n̩i⁵⁵kɔ³³ji³³mia⁵³ji³³.

一　个　（话）东　　面　去　一　个　（话）西　　面　去

一个朝东走，另一个朝西走。

3. 主语可以省略，话题结构不可以。例如：

lạ³¹tv̩³¹ʂɿ³³lv̩³³xɿ³³　nẹ³¹！　　　　　　　　　　　挽起袖子捞！（没有主语）

袖子　　卷　来（连）捞

4. 主语可以前置或后置，但话题必须在句首。例如：

tʂm̩⁵⁵jɔ³¹nɔ³¹lɔ³¹mɿ³¹tʂm̩⁵⁵tsɔ³¹phi³⁵pa⁵³.　　　　　豹子捉到一只麂子。

豹子　（话）麂子　捉　吃（貌）（体）

lɔ³¹mɿ³¹n̩i³³　tʂm̩⁵⁵jɔ³¹tsu⁵⁵tʂm̩⁵⁵tsɔ³¹phi³⁵pa⁵³.　　豹子捉到一只麂子。

豹子　（施）麂子　（受）捉　吃（貌）（体）

受事宾语常作话题，必须前置。

ɔ³¹tɕhi³¹tsɔ³¹kɯ³³nɔ³¹khɯ³³mɔ³¹mo⁵⁵tɿ⁵⁵khe³⁵.

屎　　吃　的（话）狗　不　忘记　能

狗改不了吃屎。

5. 一个单句只能有一个主语，但却可以有两个话题。例如：

nv⁵⁵thɯ³¹o⁵⁵nẹ³¹a³³o⁵⁵a³¹khia⁵³kɿ³³tɕɔ³³tsɔ³¹ŋe³³.

你　一次　两　　次（话）特别　计较　吃（语）

您有时候太斤斤计较了。

nv⁵⁵nɔ³¹thɯ³¹o⁵⁵nẹ³¹a³³o⁵⁵nɔ³¹　khia⁵³kɿ³³tɕɔ³³tsɔ³¹ŋe³³.

您　（话）一次　两　　次（话）特别　计较　吃　（语）

您啊，有时候太斤斤计较了。

6. 能够作为话题的句法成分包括主语，还包括宾语和状语，因此从范围大小来看，话题的范围要比主语大得多。（例子见上文"话题与句子成分的关系"）

第二节　述补结构

述补结构语义丰富、语用功能和能产性较强，是碧约话句法结构中的一种重要形式。为了更好地认识碧约话的特征，本文拟在归纳、总结语料的基础上，对述补结构的结构特征和语义类型进行简要分析，并尝试对其类型学特征进行探索。

一　述补结构的构成

述补结构在碧约话中使用频率较高，构成成分丰富。做述语的既可以是动词也可以是形容词；做补语的包括动词、形容词、助词、貌词和部分副词。述语主要以动词为主；做补语主要是动词、形容词；助词能做补语的个数有限，但使用频率较高；个别副词可以做补语。所有补语都位于述语之后。

1. 动词做补语。碧约话中做补语的动词都是自动词，没有使动词。除个别词外，绝大部分都没有虚化。例如：

mi³¹ᐟ³³suŋ³³ 说　顺	说服	tshu³¹ᐟ³³jiŋ³¹ 跑　赢	跑赢
ti̠³³jaŋ³³ 推　开	推开	tuɯ³¹ᐟ³³s̠ɿ³¹ 打　死	打死
thɿ⁵⁵n̠i⁵⁵ 踢　哭	踢哭	pɯŋ⁵⁵phɔ̠³¹ 变　成	变成
tuɯ³¹ᐟ³³tv̠³³ 打　出	打成（首饰）	ti̠³³lo³³ 推　倒	推倒
tshɿ⁵⁵tv̠³³ 抽　出	抽出	na⁵⁵tɿ³¹khiɔ³⁵ 听　懂	听懂
tsɔ³¹ᐟ³³khɿ³³ 吃　怕	吃怕	pɔ⁵⁵phuɯ⁵⁵ 冻　开	冻开
pɔ⁵⁵khɛ³³ 爆　开	炸开	me̠³¹ᐟ³³s̠ɿ³¹ 饿　死	饿死
tshv̠³³te̠³¹ 养　活	养活	lo³³s̠ɿ³¹ 摔　烂	摔烂
tha³¹ᐟ³³thu⁵⁵ 凿　通	凿通	tv̠³¹ᐟ³³thu⁵⁵ 挖　通	挖通

例句：

a⁵⁵mɪ³³ɲi³³taŋ⁵⁵pɔ³¹li⁵⁵pɪŋ⁵⁵phɔ³¹la³¹ji⁵⁵pa⁵³.　　　　水虿（长大）变成了蜻蜓。

　水虿　从　蜻蜓　　变成　来（体）

ji³¹khɔ³¹tsɿ³¹thu⁵⁵ɲi⁵⁵pe³¹phi³⁵pa⁵³.　　　　　　他坐坏了凳子。

　他　　凳子　　坐　坏（貌）（体）

ŋa⁵⁵tɯ³¹tshɔ³¹ji³¹tɕhɿ³³phi³⁵pa⁵³.　　　　　　我割断了绳子。

　我　绳子　　割　断　（貌）（体）

ji³¹khɔ³¹pɔ³¹li³¹tɯ³¹pe³¹phi³⁵pa⁵³.　　　　　　他打破了玻璃。

　他　　玻璃　打　破（貌）（体）

jɔ³¹v³³lo⁵⁵pi³¹tsu⁵⁵tɯ³¹sv³³phi³⁵pa⁵³.　　　　　他们打败了敌人。

　他　　敌人（受）打　输（貌）（体）

sɔ³¹kɯ³³tshu⁵⁵me³¹ʂɿ³¹phi³⁵pa⁵³.　　　　　　　穷人被饿死了。

　穷　的　人　饿　死（貌）（体）

ɔ³¹sɿ³¹lo³³ʂɿ³¹phi³⁵pa⁵³.　　　　　　　　　　　果子摔烂了。

　果子　摔　烂（貌）（体）

ɔ³¹tɕhi⁵⁵ɲi³³tsa⁵⁵tsɿ³³a³³phɔ³¹thɿ⁵⁵thɿ⁵⁵xɿ³³ɔ³¹tɕhi⁵⁵thɿ⁵⁵na⁵⁵phi³¹la³¹pa⁵³.

　脚　　（工）桌子（方）脚趾　踢（连）脚　　踢　疼（貌）（人）（语）

脚踢到桌子腿上，踢疼了。

ji³¹khɔ³¹tsɿ⁵⁵tsɔ³¹tshv⁵⁵e³³.　　　　　　　　他很能吃。

　他　　很　吃　能

2. 助词做补语，可以做补语的主要是部分体助词。例如：

（1）ki⁵⁵"完"做补语表示动作或状态的完成。例如：

tɿ³¹ki⁵⁵　　　　看完　　　　　tsɔ³¹/³³ki⁵⁵　　　　吃完

看　完　　　　　　　　　　　　吃　完

tu⁵⁵ki⁵⁵　　　　喝完　　　　　tv³⁵ki⁵⁵　　　　读完

喝　完　　　　　　　　　　　　读　完

（2）thɔ³¹"着"做补语表示某一动作达到目的或某一状态正在持续。

例如：

ne³¹/³³thɔ³¹　　　抓着　　　　mi³¹/³³mɔ³³thɔ³¹　　　说好

抓　着　　　　　　　　　　说　好　着

tsha³¹/³³thɔ³¹　　　欠着　　　　ti³³thɔ³¹　　　　穿着

欠　着　　　　　　　　　　穿　着

jiŋ⁵⁵thɔ³¹　　　承认　　　　v⁵⁵thɔ³¹　　　　放着

应　着　　　　　　　　　　放　着

3. 貌词做补语。例如：

（1）jɔ³³做补语表示动作结果的获得。例如：

tɛ⁵³jɔ³³	找到		nҽ³¹ᐟ³³jɔ³³	抓得
找　到			抓　得	
ɕɔ³⁵jɔ³³	学到		v⁵⁵jɔ³³	买到
学　到			买　到	

（2）thi³¹做补语表示动作控制在某一状态不变。例如：

nҽ³¹thi³¹	抓住		xi⁵⁵thi³¹	拿住
抓　住			拿　住	
pҽ³³thi³¹	抱住		tɹ³³thi³¹	撑住
抱　住			撑　住	

（3）tsɔ³⁵做补语表示动作发出者在有意识的情况下，与某一物体发生接触。例如：

thɹ⁵⁵tsɔ³⁵	踢到		tɯ³¹ᐟ³³tsɔ³⁵	打着（东西）
踢　到			打　着	
phvŋ³³tsɔ³⁵	碰到		tɕhe³³tsɔ³⁵	刺到
碰　到			刺　到	

（4）thɹ⁵⁵做补语表示在动作发出者在无意识的情况下，与某一物体或人发生接触。

tshuaŋ³¹ᐟ³³thɹ⁵⁵	撞到		tɯ³¹ᐟ³³thɹ⁵⁵	打着
撞　　到			打　着	
tɔ³³thɹ⁵⁵	砍着			
砍　着				

（5）to³³做补语表示移动的状态，常用于否定式。例如：

thɔ³¹thɹ⁵⁵to³³	别碰着		thɔ³¹xi⁵⁵to³³	别拿走
别　碰　动			别　拿　动	
tshɯ⁵⁵to³³	拉动		jɔ³¹ᐟ³³to³³	划动（船桨）
拉　动			划　动	

（6）thv⁵⁵常与tɕhi³¹la³¹连用，表示动作的开始。例如：

thieŋ³¹thv⁵⁵tɕhi³¹la³¹	填起来		tiŋ³³thv⁵⁵tɕhi³¹la³¹	垫起来
填　起　来			垫　起　来	
v⁵⁵thv⁵⁵tɕhi³¹la³¹	收拾（整齐）			
收拾　起　来				

（7）tɕhɹ⁵⁵做补语表示动作的结果含有将某物收藏起来的意义。

v̩⁵⁵tɕhɿ⁵⁵ 收（藏起来） tv̩³¹/³³tɕhɿ⁵⁵ 挖埋（藏起来）

收藏 挖藏

thv̩³³tɕhɿ⁵⁵ 堵（藏起来） tshv̩³³tɕhɿ⁵⁵ （玉米）脱粒（收藏）

堵藏 脱粒藏

（8）phu³¹做补语表示无意中发现、获得某物。例如：

tɛ⁵³phu³¹ 找到 thɯ⁵⁵phu³¹ 碰到

找 到 碰 到

tv̩³¹/³³phu³¹ 挖着

挖 着

貌词做补语的例句：

lv̩³³mɔ³³a³³thɿ⁵⁵thɿ⁵⁵phi³⁵pa⁵³. 踢到石头上了。

石头（方）踢 到（貌）（体）

ja³³tsh̩³³tsh̩³³jɔ³¹tsu⁵⁵ja³³phi⁵⁵ji³³mɔ³³n̩i³³thv̩³³thɿ⁵⁵phi³⁵ pa⁵³.

鸡 小（受）公鸡 大 （施）啄（貌）（貌）（体）

小公鸡被大公鸡啄了。

4. 形容词做补语，动词与补语的搭配有以下几种情况：

（1）单音节形容词做单音节或双音节动词的补语时，形容词直接放在动词后。例如：

li̩³³khv̩³³ 晒枯 khɔ³¹/³³lv̩³¹ 砍够

晒枯 砍 够

tshɔ⁵⁵tshv̩⁵⁵ 烧开 tsu³³pv̩³³ 挤满

烧 开 挤 满

tsha³¹/³³mi³³ 煮熟 sɿ³¹/³³tha³³ 磨快

煮 熟 磨 快

lo³³tɕhɿ³³ 摔断（骨头） tv̩ŋ⁵³mɔ³³ 修好

摔断 修 好

tshv̩³³mɔ³³ 盖好（房子） mi³¹/³³lo³¹ 澄清

盖 好 说 清

tʂh̩³¹/³³so⁵⁵ 洗干净 tɕhe³³pe̩³¹ 戳破

洗 干净 戳 破

tɯ³¹/³³pe̩³¹ 打破（碗） tshv̩³³pe̩³¹ 抄错

打 破 抄 错

lo³³pe̩³¹ 摔烂 tsɔ³¹/³³pe̩³¹ 吃坏（肚子）

摔 烂 吃 坏

（2）带前缀的双音节形容词做动词补语，动词是单音节时，重叠双音节形容词的后一音节，动词加在重叠音节之间。例如：

ko³¹li⁵⁵tɹ⁵⁵li⁵⁵　　　压碎　　　　　a³¹na̠³³li̠³³na̠³³　　　　　　　晒黑了

碎　压（叠）　　　　　　　　　黑　晒　（叠）

ɔ³¹tsɯ³³phi³³tsɯ³³　（露水）打湿了　　ɔ³¹nɯ⁵⁵v̠³³nɯ⁵⁵　　　　　　染红

湿　打（叠）　　　　　　　　　红　染（叠）

ɔ³¹tɯ⁵⁵ku⁵⁵ts̠ɔ³¹tɯ⁵⁵　捆紧　　　　ɔ³¹tɯ⁵⁵ko⁵⁵phɔ³¹tɯ⁵⁵　　　绑紧

紧　捆　　（叠）　　　　　　　紧　绑　　　（叠）

这一形式还可以简化为"动词+形容词单音节词根"的形式。例如：

ko³¹li⁵⁵tɹ⁵⁵li⁵⁵　　　压碎　　　＝　　tɹ⁵⁵li⁵⁵　　　　　压碎

碎　压（叠）　　　　　　　　　压　碎

a³¹na̠³³li̠³³na̠³³　　　晒黑了　　＝　　li̠³³na̠³³　　　　　晒黑

黑　晒（叠）　　　　　　　　　晒　黑

ɔ³¹tɯ⁵⁵ne̠³¹/³³tɯ⁵⁵　抓紧　　　＝　　ne̠³¹/³³tɯ⁵⁵　　　抓紧

紧　抓（叠）　　　　　　　　　抓　紧

　　碧约话的双音节动词较少，与形容词搭配形成述补结构时，通常只取双音节动词的词根。例如"（衣服）洗皱"，不能直接将jɛ³³tʂ̩³¹"洗"置于形容词a³¹tsu³¹tsu³¹"皱"的重叠音节之间，而只能取词根jɛ³³"搓"置于重叠音节中，形成a³¹tsu³¹jɛ³³tsu³¹"洗皱"，其省略式也是jɛ³³tsu³¹。类似的还有ni̠⁵⁵tsa̠³³"坐"，受到形容词性补语修饰时取词根ni̠⁵⁵，形成ni̠⁵⁵（坐）pe̠³¹（烂）"坐烂"、ni̠⁵⁵（坐）pa³³（扁）"坐扁"等。

　　（3）形容词充当补语时，在补语和动词之间可以加补语助词kɯ³³。例如：

tshv̠³³kɯ³³mɔ̠³³　写得好　　　　ji³¹tsa̠³³kɯ³³phi³⁵　睡得晚

写　得　好　　　　　　　　　睡　　得　晚

mi⁵⁵kɯ³³mɔ̠³³　做得好　　　　tsɔ³¹kɯ³³pv̠³³　吃得饱

做　得　好　　　　　　　　　吃　得　饱

　　（4）形容词做补语的例句：

khɔ̠³¹lv̠³¹la³¹　pa⁵³.　　　　　　　（我）砍够（柴）了。

砍　够（人）（体）

v⁵⁵tshv̠³¹tshɔ⁵⁵tshv⁵⁵phi³⁵pa⁵³.　　（水）烧开了。

水　烧　开（貌）（体）

jɔ³¹ni̠⁵⁵tsɔ³¹/³³pv̠³³phi³⁵　pa⁵³.　　孩子吃饱了。

孩子　吃　饱　（貌）（体）

pha⁵⁵ɔ³¹nɯ⁵⁵v̠³³nɯ⁵⁵phi³⁵　pa⁵³.　布染红了。

布　红　弄（叠）（貌）（体）

ŋa⁵⁵v̩³¹thɯ⁵⁵thɯ⁵⁵pa̱³³phi³⁵pa⁵³.　　　　我把枕头压扁了。

我　枕头　　枕　扁（貌）（体）

ɔ³¹xɔ⁵⁵kɔ³¹tʂn̩³¹ɔ³¹tsɯ⁵⁵xo⁵⁵tsɯ⁵⁵ji⁵⁵pa̱³³.　雨淋湿了衣服。

雨　　衣服　湿　　淋（叠）（体）

nv̩⁵⁵thɯ³¹pha̱³³li³³sn̩³³mi³¹mɔ̱³¹e³³.　　　你只说对了一半。

你　一　半　　只　说　对

ŋɔ³¹v̩³³ja⁵⁵mɔ³³jo³¹tshv̩³³phi³¹la³¹　pa⁵³.　我们走错了路。

我们　路　　走　错（貌）（人）（体）

ji³¹khɔ³¹mo³³tso³¹sn̩³¹tha̱³³phi³⁵pa̱³³.　　他把刀磨快了。

他　刀　磨　快（貌）（体）

ji³¹khɔ³¹sn̩³¹phi⁵⁵tho³³li⁵⁵phi³⁵pa̱³³.　　他把辣椒舂碎了。

他　辣椒　舂　碎（貌）（语）

v̩⁵⁵tshv̩³¹n̩i³³thaŋ⁵⁵na⁵⁵phi³⁵　pa̱³³.　　（他）被水烫伤了。

水　　（工）烫　疼　（貌）（体）

5. 副词做补语。做补语的副词常见的只有khɪ³³、sn̩⁵⁵。

mɔ̱³³khɪ³³pa̱⁵³　　　　好极了　　　　　mɔ³¹mɔ̱³³sn̩⁵⁵phi³⁵pa̱⁵³　　坏透了

好极（体）　　　　　　　　　　　坏　　极（貌）（体）

6. 动词、形容词、副词短语做补语。例如：

tshu³¹kɯ³³ a³¹sa̱³¹xa⁵⁵mɔ³¹ku⁵⁵tv̩³³tshv̩⁵⁵.　　跑得喘不上气来。

跑　得　气　都　不　喘　出　能

khv̩³¹sn̩³¹na⁵⁵kɯ³³to³¹ma³¹pe̱³³tv̩³³tshv̩⁵⁵.　嗓子疼得说不出话来。

嗓子　疼　得　话　不　说　出　能

ka̱³¹sn̩⁵⁵kɯ³³ma̱³³pi⁵⁵ka̱³¹sn̩⁵⁵tv̩³³phi³⁵pa̱⁵³.　笑得眼泪直流。

笑　　得　眼泪　笑　　出　（貌）（体）

ja⁵⁵mi⁵⁵kɯ³³kɔ³¹kɪ³³¹sn̩³¹la³³　pa̱⁵³.　　　干活干得特别累。

干活　得　累　　死（人）（体）

ji³¹khɔ³¹tshu⁵⁵thɯ³¹kɔ³¹mɔ³¹mɔ̱³³sn̩⁵⁵phi³⁵pa̱⁵³.　他这个人真是坏透了。

他　　人　一　个　不　好　极（貌）（体）

mɔ̱³³sn̩⁵⁵sn̩³¹phi³⁵　pa̱⁵³.　　　　　　好到顶了。

好　极（叠）（貌）（体）

需要说明的是，如果做述语的词是低降调，无论补语是什么调值，述语一律变低降调为中平调。例如：

tsɔ³¹/³³pv̩³³　吃饱　　　tsha̱³¹/³³mi³³　煮熟

吃　饱　　　　　　　煮　熟

tsha³¹ᐟ³³thɔ³¹　欠着　　　　　　nḛ³¹ᐟ³³tɯ⁵⁵　　　　捏紧

欠　着　　　　　　　　　　捏　紧

二　述补结构的语义类型

从语义上来看，碧约话述补结构的补语可以表示以下几种语义类型。

1. 结果补语，这一类型比较常见。例如：

tsɔ³¹ᐟ³³pɣ³³　吃饱　　　　　　　ko³¹mɔ³³　　　铺好

吃　饱　　　　　　　　　　　铺　好

na⁵⁵tɪ³¹tshu³³　听错　　　　　　jo³¹ᐟ³³tshu³³　　走错（路）

听　错　　　　　　　　　　　走　错

tɪ³¹ᐟ³³tshu³³　看错　　　　　　ti³³phv³³　　　穿反（衣服）

看　错　　　　　　　　　　　穿　反

ji³³tɕhɪ³³　切断　　　　　　　pɯ⁵⁵kɛ³³　　　分清（是非）

切　断　　　　　　　　　　　分　开

tɯ³¹ᐟ³³na⁵⁵　打伤　　　　　　sɔ³³tɕhɪ³³　　　削尖

打　伤　　　　　　　　　　　削　尖

tɣ³¹mɔ³³　补好　　　　　　　çɔ³⁵mɔ³³　　　学好

补　好　　　　　　　　　　　学　好

2. 程度补语。例如：

mɔ³³khɪ³³pa⁵³　　好极了　　　　pɣ³¹n̩i⁵⁵ʂ̩³¹phi³⁵pa⁵³　　臭死了

好　极　了　　　　　　　　臭　死　了

khɪ⁵⁵ʂ̩³¹phi³⁵pa⁵³　气坏了　　　laŋ³¹ʂ̩⁵⁵ʂ̩³¹phi³⁵pa⁵³　　懒得很

气　死　了　　　　　　　　懒　极　死　了

n̩i⁵⁵ʂ̩³¹tshv⁵⁵　　　　　　　哭得要死。

哭　死　得

ji³¹khɔ³¹khia⁵³ma³³ka³¹ʂ̩⁵⁵tshv⁵⁵.　他笑得厉害。

他　特别地　笑　死　得

khɪ⁵⁵ʂ̩⁵⁵li³¹tshv⁵⁵.　　　　　气得很厉害。

气　死去　得

e⁵⁵pja³³ŋa⁵⁵ʂ̩³¹la³¹, ŋa⁵⁵li³³kɯ³³tsɿ⁵⁵mɔ³³e³³.

那边　我知道　　我去得　很　好（语）

那边我熟悉，还是我去好一点儿。

3. 趋向补语。趋向动词以及短语经常与动词连用，补充说明动作行为的趋向。例如：

tʋ³³li³³　　　　出去　　　　　　kɔ³³lʋ³³　　　　下来

出　去　　　　　　　　　　　　下　来

pʋ³¹li³³　　　　臭掉　　　　　　tạ³³li³³　　　　上去

臭　去　　　　　　　　　　　　上　去

kẹ³³ta³³　　　　摆上（碗筷）　　ʂʅ⁵⁵li³³ᐟ³¹　　　死掉

摆　上　　　　　　　　　　　　死　去

phi³⁵ji³³ᐟ³¹　　丢掉　　　　　　khʋ³¹ᐟ³³ki³³　　掺进

丢　去　　　　　　　　　　　　掺　　进

phʅ⁵⁵tʋ³³　　　放出　　　　　　phi³³tʋ³³　　　呕吐

放　出　　　　　　　　　　　　吐　出

　　需要说明的是，当趋向动词做非趋向动词的补语时，"来"和"去"均需要由中平调或高平调变为低降调。例如：

　　A. thɔŋ³¹la⁵⁵　来抬　　　　B. thɔŋ³¹ᐟ³³la³³ᐟ³¹　抬来

　　　抬　来　　　　　　　　　　抬　　来

　　A 是连动结构，所以thɔŋ³¹和la⁵⁵都不需要变调。B 中的"来"是做"抬"的补语，因此需要变中平为低降调；thɔŋ³¹做述语，变低降调为中平调。类似的例子例如：

　　xi⁵⁵la⁵⁵ᐟ³¹　　拿来　　　　tshu³¹ᐟ³³ji³³ᐟ³¹　跑去

　　拿　来　　　　　　　　　　跑　　去

　　当趋向动词短语做补语时，短语的两个音节都要发生变调。做述语的动词如果是低降调一般变为中平调，原来是中平调的一般变成中升调或者不变。例如：

pẹ³¹ᐟ³³khɔ³³ᐟ³⁵ji³³ᐟ³¹　讲下去　　　jo³¹ᐟ³³khɔ³³ᐟ³⁵ji³³ᐟ³¹　走下去

讲　下　去　　　　　　　　　　走　下　去

jo³¹ᐟ³³khʅ³³ᐟ³⁵la⁵⁵ᐟ³¹　走进来　　　ka³¹ᐟ³³tʋ³³ᐟ³⁵ji³³ᐟ³¹　赶出去

走　进　来　　　　　　　　　　赶　出　去

tshu³¹ᐟ³³tʋ³³li³³ᐟ³¹　跑出去　　　　tị³³tạ³³ᐟ³⁵ji³³ᐟ³¹　推上去

跑　出　去　　　　　　　　　　推　上　去

thɯ³³tʋ³³ji³³ᐟ³¹　追出去　　　　thɯ³³khʅ³³ᐟ³⁵la⁵⁵ᐟ³¹　追进来

追　出　去　　　　　　　　　　追　进　来

v⁵⁵tshʋ³¹ji³³kɔ³³lʋ³¹ji⁵⁵pa⁵³.　　　　　　　　　水淌下来了。

水　流　下　来（体）

ʂʅ³³tsʅ⁵⁵a³³ ŋa³³jo³¹thɯ³¹mo⁵⁵pʅ⁵⁵la⁵⁵ᐟ³¹ji⁵⁵pa⁵³.　　树上飞来了一只鸟。

树上（方）鸟　一　只　飞　来（体）

ji³¹khɔ³¹mo³³tso³¹tsʰ⁵⁵tʋ̩³³tɕʰi³¹/³³la⁵⁵/³¹ji⁵⁵pa⁵³.　　　他抽出了刀。

　他　　刀　　　抽出　　起来（体）

4. 可能补语。述语与助词tsʰʋ⁵⁵ "得" 或kɔ³¹ "能" 连用，表示动作或结果是否能实现。例如：

ji³¹khɔ³¹ji ³¹tsa ³³tʰɯ³¹n̩i³³tʰɯ³¹mɪ⁵⁵tsa ³³tsʰʋ⁵⁵.

　他　　睡觉　一　天　一　夜　　睡　得

他太能睡了，一次可以睡一天一夜。

çɔ ³¹xɔ ³¹tsn̩ ³³tsɔ³¹tsʰʋ⁵⁵e³³, tʰɯ³¹kɔ³¹man̩³¹tʋ³¹khɔ³¹sn̩³¹tsɔ³¹tsʰʋ⁵⁵e³³.

　小伙子　　吃得　　　一个　馒头　六　个　吃　得　（语）

小伙子很能吃，一个人能吃六个馒头。

ŋa⁵⁵ji³¹khɔ³⁵tsu⁵⁵çaŋ⁵⁵çiŋ⁵⁵jiŋ³¹tsʰʋ⁵⁵e³³.　　　我相信他能赢。

　我　他　　（受）相信　赢　能

ŋa⁵⁵ji³¹khɔ³¹jɪ⁵⁵tɔ⁵⁵a³³　ji³³kɔ³¹/³⁵je³¹?　　　我能去他家吗？

　我　他　　家　（方）去　能　（语）

ŋa⁵⁵la³³kɔ³¹e³³mɔ³¹la³³kɔ³¹e³³?　　　我能不能来？

　我　来　能　不　来　能

ji³¹khɔ³¹khia⁵³nɯ⁵⁵kɔ³³tsʰʋ⁵⁵, sɔ³¹kɔ³¹tʋ³⁵khe³⁵. 他很能玩，也很能学习。

　他　　特别玩　　能　　书　读　会

ji³¹khɔ³¹mi⁵⁵mɔ̞ ³³tsʰʋ⁵⁵mɔ³¹mi⁵⁵mɔ̞ ³³tsʰʋ⁵⁵?　他做得好做不好？

　他　　做　好　能　不　做　好　能

ji³¹khɔ³¹mɔ³¹tsɔ³¹/³³pʋ̩ ³³ tsʰʋ⁵⁵e³³.　　　他吃不饱。

　他　　不　吃　饱　能

5. 状态补语。表示由于动作、性状而呈现出来的状态。例如：

ji³¹khɔ³¹tsɔ³¹/³³kɯ³³sn̩⁵⁵ti³¹pʋ̩ ³³e³³.　　　吃得特别饱。

　我　吃　得　很　饱（语）

ɔ³¹xo⁵⁵tʰɯ³¹pʰʋ³³xo⁵⁵kɯ³³, ɔ³¹xo⁵⁵xo⁵⁵khia⁵³xɯ³¹, xo⁵⁵tʂn̩⁵⁵kɯ³³tsha³³.

　雨　一　阵　下　得　雨　下　特别　大　雨　停　得　快

那阵雨来得猛，去得快。

ji³¹khɔ³¹mi⁵⁵kɯ³³sn̩⁵⁵ti³¹mɔ̞ ³³e³³.　　　他做得很好。

　他　　做　得　很　　好

nʋ⁵⁵çɪ³³khɔ³¹kɔ³³jɔ³¹kɯ³³sn̩⁵⁵ti³¹tɕiŋ³¹taŋ³³.　你想问题想得太简单了。

　你　事情　想　得　很　简单

jɔ³¹n̩i⁵⁵tʰɯ³¹kɔ³¹mi⁵⁵kɯ³³khia⁵³mɔ̞ ³³e³³.　　这个孩子说得太好了。

　孩子　这　个　说　得　太　好（语）

6. 补语表示动作行为的情态。例如:

tɿ³¹tɿ³¹:动词义为"看看",作为补语时表示动作行为是随意的。例如:

pe³³tɿ³¹tɿ³¹　　　随便说说　　　　　　jo³¹tɿ³¹tɿ³¹　　　随便走走

说　看看　　　　　　　　　　　　走　看看

kɿ³⁵:动词义为"急",作为补语表示动作行为的激烈。例如:

thɯ³³kɯ³³kɿ³⁵phi⁵³　追得急　　　　　jo³¹kɯ³¹kɿ³⁵phi⁵³　走得急

追　急　了　　　　　　　　　　　走　急　了

tsha³³:动词义为"相互",作为补语表示动作是相互的。例如:

mɔ³³tsha³³　　　交好　　　　　　　　tuɿ³¹tsha³³　　　打仗

好　互　　　　　　　　　　　　　　打　互

7. 补语表示动作行为的过程。有的在开始阶段,有的在进行中,有的已经过去了。如:

tɿ³¹kɔ³³　开始看　　tɿ³¹thɔ³¹　看着　　tɿ³¹ku³³　看过　　tɿ³¹ki⁵⁵　看完

看开始　　　　　　看　着　　　　看　过　　　　看完

tsɔ³¹kɔ³³　开始吃　　tsɔ³¹thɔ³¹　吃着　　tsɔ³¹ku³³　吃过　　tsɔ³¹ki⁵⁵　吃完

吃　开始　　　　　吃　着　　　　吃　过　　　　吃　完

三　碧约话述补结构的类型学特征

除了对不同语义类型和词类构成的分类外,根据是否带结构助词kɯ³³,还可以根据动词和补语结合的紧密程度把碧约话的述补结构分为紧密型和松散型两种。结合紧密不能插入其他成分的属于紧密型,可以插入成分的属于松散型。与哈尼语其他支系相似,碧约话的述补结构中这两种方式都普遍存在,并且发展程度相当。这也是哈尼语区别于其他语言的一个特点。例如:

mi⁵⁵mɔ̣³³　　　做好　　　　　　　　mi⁵⁵kɯ³³mɔ̣³³　　　做得好

做好　　　　　　　　　　　　　　做得好

tsɔ³¹/³³pɤ³³　吃饱　　　　　　　　tsɔ³¹/³³kɯ³³pɤ³³　吃得饱

吃　饱　　　　　　　　　　　　　吃　得　饱

tʂhɿ³¹/³³so⁵⁵　洗干净　　　　　　tʂhɿ³¹/³³kɯ³³so⁵⁵　洗得干净

洗　干净　　　　　　　　　　　　洗　得　干净

述补结构的紧密性可以通过是否能插入否定成分来证明。例如:

mi⁵⁵mɔ̣³³　　　做好　　　　　　　　mɔ³¹mi⁵⁵mɔ̣³³　　　没做好

做　好　　　　　　　　　　　　　不　做　好

tsɔ³¹/³³pɤ³³　吃饱　　　　　　　　mɔ³¹tsɔ³¹/³³pɤ³³　没吃饱

吃　饱　　　　　　　　　　　　　不　吃　饱

tʂn̩ ³¹/³³so⁵⁵　　洗干净　　　　　　mɔ³¹tʂn̩ ³¹/³³so⁵⁵　　没洗干净

洗　干净　　　　　　　　　　不　洗　干净

松散型则相反，既可以在其中插入否定成分，还可以插入程度副词。例如：

mi⁵⁵kɯ³³mɔ³¹mɔ̣ ³³　　做得不好　　　mi⁵⁵kɯ³³tsn̩⁵⁵ti³¹mɔ̣ ³³　　做得很好

做　得　不　好　　　　　　　　做　得　很　好

tsɔ³¹/³³kɯ³³mɔ³¹pɣ̩ ³³　吃得不饱　　　tsɔ³¹/³³kɯ³³tsn̩⁵⁵ti³¹pɣ̩ ³³　吃得很饱

吃　得　不　饱　　　　　　　　吃　得　很　饱

tʂn̩ ³¹/³³kɯ³³mɔ³¹so⁵⁵　洗得不干净　　tʂn̩ ³¹/³³kɯ³³tsn̩⁵⁵ti³¹so⁵⁵　洗得很干净

洗　得　不　干净　　　　　　　洗　得　很　干净

　　紧密型和松散型同时存在与哈尼语碧约话较强的分析性有关。藏缅语述补结构的分布与其具体语法的构造有着内在的联系。总的规律是：分析性越强的语言，其述补结构也越发达[①]。碧约话述补结构的黏着式和分析性的在句法和语义上形成了互补关系：表达状态的补语必须使用分析型的结构，其余的使用黏着型；动词、形容词短语等做补语时，必须使用分析型结构。哈尼语作为补语欠发达的藏缅语族的一门语言，通过分析型结构的使用，增强了其述补结构的表现力，丰富了语言的表达。

四　述补语结构的语法化

　　如上文所述，碧约话的述补结构有很大一部分是紧密型，补语和动词结合紧密。在动词做补语的情况下，重心必然在前一个动词上，后一个动词的动词义被削弱，很容易产生语法化。从词类上看，体貌助词本身就由动词虚化而来，动词义大部分已经消失，也不能独立使用，只能附在某一动词后并具有固定性，因此语法化程度最深，例如：

ji³¹khɔ³¹thɔ³¹lɔ³³thɯ³¹mo⁵⁵nɛ̣ ³¹jɔ³³phi³⁵pa⁵³.　　他抓住了一只兔子。

他　　兔子　一只　　抓　到　了

　　其次是趋向动词，尤其是"来"和"去"，广泛出现在动词后，表示动词的趋向和状态而没有实际的动作义，在做补语时音调常常发生变化。

A. ji³¹khɔ³¹ni̥³³ji⁵⁵pa⁵³.　　　　他哭了。

他　　哭（体）

B. a̩ ³¹ji ³³ji ³³la³³kɔ³³ji⁵⁵pa⁵³.　　花就要开了。

花　开　来　将（体）

---

　　① 戴庆厦、邱月：《藏缅语与汉语连动结构比较研究》，《世界汉语教学》2008 年第 2 期。注：戴文将二者分为"黏着型"和"分析型"。

A句中ji³³是ji⁵⁵"去"的语法化，表示"哭"的行为已经发生并将持续下去。B句中la³³是la⁵⁵"来"的语法化，表示"开"的动作即将发生。

一般动词做补语虚化的程度较低，但在碧约话中出现了一个动词 tsɔ³¹"吃"，常常放在另一个动词后，构成述补关系。有的还保留"吃"的词义，大多是与生计、生产方式有关的动词结合；但也有语法化的程度较深的，"吃"的含义已经不明显，做补语用来强调动作行为的完成或获得。（详见第三章第三小节"动词的语法化"）

五　碧约话述补结构与汉语比较

碧约话的述补结构与汉语相比，有同也有异。

相同之处在于：1. 结构类似：都是以动词或形容词为中心词，补语都可以由动词、体貌助词、形容词或短语充当；补语都在动词之后；补语既可以直接与动词连接，也可以通过助词与动词连接。2. 两者的语义有很多重合之处：碧约话和汉语的述补结构都可以表达结果、程度、趋向、状态等。

相异之处在于：1. 碧约话的补语不能够由数量短语、方位短语充当。说明动作的数量、处所的用使用状语。例如：

表数量：

xe³⁵sɔ³¹kɔ³¹thu³¹peŋ³¹ɕɿ⁵⁵khɯ̱³¹tshɯ̱³³phi³¹.　　　　　　这本书写了三年。

这　书　一　本　三年　写（貌）

ɔ³¹xo⁵⁵ɕɿ⁵⁵n̩i⁵⁵xo⁵⁵phi³⁵xa⁵⁵mɔ³¹tʂh̩⁵⁵li³³.　　　　　　雨下了三天没停。

雨　三天　下了还没停

表处所：

ji³¹khɔ³¹a³¹jo³¹mɔ³³a³³tshu³¹/³³li³³xɿ³³ma̱³³tsu³³tɕhi³¹la³¹.

他　（话）山　（方）跑　去（连）躲　起来

他跑到山里躲起来。

sɿ̩³³tsɿ⁵⁵a³¹mu³³lia³³jo³¹/³³ji³³xɿ³³ɔ³¹xo⁵⁵xo⁵⁵ɕi³³ɕi³³.　　　走到树下躲雨。

树　下　走　去（连）雨　躲

2. 汉语表结果补语和可能补语在结构上没有区分的标记，例如"写得好"，既可以表示结果，也可以表示可能。碧约话的结果补语和可能补语分别使用了分析式和黏着式，不会发生歧义，表示可能的助词置于黏着结构之后。例如：

结果补语：

ji³¹khɔ³¹mi⁵⁵kɯ³³mɔ̱³³e³³.　　　　　　他做得好。

他　做得　好（语）

可能补语：

ji³¹khɔ³¹mi⁵⁵mo̠ ³³tshv⁵⁵e³³.　　　　　　　　他做得好。

他　　做好能（语）

3. 相比较汉语，碧约话做补语的短语结构相对简单，较长的短语或小句做补语时常变换作分句。例如：

ka̠ ³¹ʂɿ⁵⁵kɯ³³ma̠ ³³pi⁵⁵ka̠ ³¹ʂɿ⁵⁵tv̠ ³³phi³⁵pa⁵³.　　　　笑得眼泪直流。

笑　得眼泪笑　出（貌）（体）

"眼泪直流"作为一个较长的结构，虽然置于助词kɯ³³后做补语可以被碧约人理解，但更常用的表达方式是将其做如下变换：

ka̠ ³¹ʂɿ⁵⁵xɿ³³ma̠ ³³pi⁵⁵ka̠ ³¹ʂɿ⁵⁵tv̠ ³³phi³⁵pa⁵³.　　　　笑得眼泪直流。

笑　（连）眼泪笑　出（貌）（体）

"笑"与"眼泪直流"改由因果连词xɿ³³连接，"眼泪直流"成为结果分句。从这一点可以看出，虽然哈尼语碧约话相比较藏缅语的其他语言，述补结构更发达，但与汉语相比还有较大差距。碧约话的很多形容词、动词都不能用做补语也证明了这一点，例如"平"在汉语中可以做"铺"、"垫"、"抹"等动词的补语，在碧约话中却不能使用；又如"赢"在汉语中常用在"打"、"跑"等动词后，但在碧约话中也不能用作补语。

综上所述，哈尼语碧约话的述补结构存在紧密型和松散型两种类型，使用范围较广，出现频率高，表达语义也很丰富，是藏缅语族语言中述补结构较发达的一类。同时，碧约话述补结构还在不断地丰富、发展、完善的过程中。虚化是其重要的手段；此外，随着汉语借词的不断进入，一些原本不能做补语的词被汉语借词替换，也发展出了新的补语结构，例如："赢"的固有词xɯɯ³¹不能做补语，今天的碧约话中已经出现了tshu³¹ᐟ³³（跑）jiŋ³¹（赢，汉语借词）"跑赢"这样的结构，弥补了述补结构表达上的不足。

第三节　连动句

连动句是指由连动短语充当谓语的句子。

一　连动句的特点

1. 所有的连动项在语义上都指向同一主语。例如：

nv̠⁵⁵kv̠ ³¹tsha̠ ³¹tʂh³³tsɔ³¹.　　　　　　　你夹菜吃吧。

你菜　　夹吃

ŋa⁵⁵ji̠ ³¹tsa ³³thɔ³¹xɿ³³sɔ³¹kɔ³¹tɿ³¹.　　　我躺着看书。

我　睡觉　着（连）书看

2. 构成连动短语的连动项可以是两项，也可以是三项或更多。例如：

ŋa⁵⁵ɔ³¹mo⁵⁵ji³³sʅ³¹fv³³ɯ⁵⁵ja³³ja³³ji³³tsu³³ŋɯ³³.

我　明天　　　　　游泳　　去要（人）

我明天去游泳。

jɔ³¹ɲi⁵⁵a³³pa³¹tsa³³tɕʰɤŋ³¹sa⁵⁵sʅ³¹ji³³pa⁵³.　　　　小孩找爸爸要钱花去了。

孩子　爸爸　里　钱　要花　去了

nv⁵⁵jɔ³¹tsa³³ɲi⁵⁵tsa³³tʰɔ³¹xɪ³³tiɤŋ³³sʅ³³tɪ³¹tʰɔ³¹　xɪ³³ŋɔ³⁵tsu⁵⁵tu³³kʰu⁵⁵la³¹sʅ³¹.

你那　坐　　着（连）电视　看着　（连）我（受）等　一下

你坐在这里看看电视等我一会儿吧！

ji³¹kʰɔ³¹ɔ³¹mɔ³³tsu⁵⁵mi³¹pi³¹ji³³jɯ³¹a³³piŋ³³tɪ³¹ji³³.

他　　妈妈　（受）说给 医院（方）病 看去

他劝他妈妈去医院看病。

ji³¹kʰɔ³¹na⁵⁵kʰo⁵⁵mu⁵⁵xɪ³³ŋɔ³⁵tsu⁵⁵mi⁵⁵nɪ³¹pʰi³¹pa⁵³.

他　打鼾　　　（连）我（受）弄醒（貌）（体）

他打鼾吵醒了我。

ji³¹kʰɔ³¹jo³¹mɔ³³v³¹kʰɪ³¹tsʰu³¹ta³³li³³xɪ³³li³³la³¹tsʅ³³ji⁵⁵pa⁵³.

他　山　顶　跑　上去（连）号角 吹（体）

他跑上山顶吹响了号角。

nv⁵⁵tsʰaŋ³¹ti³³jɔ³³v³³tsu⁵⁵mi³¹pi³¹ti⁵⁵ji³³.　　　　你快回去报信！

你　快点 地 他们（受）说 给 回去

nv⁵⁵tsʅ³³pɔ³¹tʰɔ³¹tɕʰi³¹v⁵⁵tu⁵⁵li³³!　　　　你不许偷着去打酒喝。

你酒　　不 偷 买 喝去

二　连动结构的类型

根据动词在句中连用形成的结构关系，可以把连动句分为以下几个类型。

（一）并列关系

动词之间的关系是并列的，无主从关系。并列关系又可以分为两种情况：

1. 并列关系的次序按动作的排列。例如：

a³³tɕɛ³¹xɔ³¹tʰɔ³¹tʰɪ⁵⁵tsɔ³¹.　　　　姐姐做粑粑吃。

姐姐　粑粑　做吃

ji³¹kʰɔ³¹tsʅ⁵⁵tɕʰɪ³¹tsʅ³³pɔ³¹sa³¹tu⁵⁵.　　　　他自己烤酒喝。

他　　自己　酒 烤 喝

但是"来"、"去"等趋向动词与其他动词并列使用时，即使是先发生的动作也要放在其他动词之后。除非趋向动词与其他动词间有连词连接。例如：

ji³¹khɔ³¹ɔ³¹s̩³¹pa⁵⁵tshɣ³³ji³³pa⁵³.　　　　　　他去帮忙摘果子了。

他　　果子帮　摘　去（体）

ŋa⁵⁵ji³¹khɔ³⁵khv⁵⁵la⁵⁵ xɪ³³thu³¹ja³³jo³¹.　　　我来叫他一起走。

我 他　　　叫　来（连）一 起 走

ji³¹khɔ³¹phv⁵⁵lv³³a³³xui⁵⁵khɛ³³ji³³pa⁵³.　　　他去村里开会了。

他　　村子（方）开会　去（体）

2. 不同的动词之间没有先后关系。两者融合在一起。例如：

ṣ̩⁵⁵ma⁵⁵mɔ³¹kɯ³³ja⁵⁵xa⁵⁵ma⁵⁵mi⁵⁵xa⁵⁵mɔ³¹mi⁵⁵ki⁵⁵kɔ³¹, ŋɔ³⁵tsu⁵⁵kɔ³¹kɪ³³

这么 多 的　 活 怎么　做 都 不 做 完 能　我（受）累

ṣ̩³¹tsu³³　la³³pa⁵³.

死（体）（人）助

这么多活儿做也做不完都快要把我累死了。

ji³¹khɔ³¹ja⁵⁵mɔ³³n̩i³³phɣ³³lv⁵⁵lo³³ṣ̩³¹kɔ³³lɣ³³xɪ³³tsɪ⁵⁵na⁵⁵ŋe³³.

他　 　山 （从）翻滚　摔　 下来（连）很 疼（语）

他从山上翻滚摔下来，受了重伤。

ja̠³³sɔ³¹ɕi⁵⁵pa̠³³tsa³³mɔ³¹tʂm̩⁵⁵li³³ti³³ phɣ³³lv⁵⁵tsɛ⁵³mi³³kɯ³³lu⁵⁵.

鸡肉 锅　 里 不 停　（状）翻滚　再 熟（补）均

鸡肉在锅里要不停地翻炒才能熟得均匀。

（二）修饰关系

动词之间的关系既有连动关系，又有修饰关系。一个动词修饰另一个动词。一般来讲，修饰动词在被修饰动词之前。例如：

a⁵⁵ne³³ŋɔ³⁵tsu⁵⁵ɔ³¹pi³¹a³¹pa⁵⁵kɯ³³to⁵⁵sɯ³¹/³⁵ji³³.　　　奶奶领我去邻居家。

奶奶 我（受）隔壁邻居 的 家 领 去

jɪ⁵⁵kho⁵⁵a³³n̩i³³mɔ̠³³kɯ³³ɕau³³ɕi³¹mɔ³¹tʂm̩⁵⁵li³³ti³¹mi³¹/³⁵la³³.

家　（方）好 的 消息 不 停　（状）传 来

家里不断传来好消息。

ji³¹khɔ³¹ja⁵⁵mɔ³³jau³¹ti³¹la⁵⁵kɯ³³.　　　　　他绕道来的。

他　 路　 绕（状）来 的

（三）补充关系

两个动词之间的关系既有连动关系，又有补充关系。一个动词补充另一个动词。一般而言，补充动词在被补充动词之后。例如：

ji³¹khɔ³¹v³¹ma³¹na⁵⁵ ma³¹phi³⁵ pa⁵³.　　　　他疼晕了过去。

他　 头 晕 疼（叠）（貌）（体）

lɔ³¹mɔ³³jo³¹mɔ³³a³³tshɯ³¹ti⁵⁵li³³ji⁵⁵pa⁵³.　　　老虎跑回山上去了。

老虎　　山上（方）跑 回 去（体）

tshuŋ³³fv³³kɯ³³sɔ³¹kɔ³¹tsu⁵⁵tshŋ̍⁵⁵pe̩³¹phi³⁵pa⁵³.　窗户上的纸被撕破了。

窗户　　　的 纸（受）撕 破（貌）（体）

ŋɔ³¹v³³ji³¹khɔ³⁵tsu⁵⁵tɕu³³tv̩³³la³¹pa⁵³.　　　我们把他救出来了。

我们 他　　（受）救 出 来（体）

（四）支配关系

两个动词之间的关系既有连动关系，又有支配关系。一个动词支配另一个动词，一般都是后一个动词支配前一个动词。多出现在用"会"、"能"、"要"、"愿意"、"应该"等能愿动词构成的连动结构里。例如：

ŋa⁵⁵ji³¹khɔ³⁵xɹ³³pa³³ji³³mu³¹lɯ³³.　　　我愿意陪他去。

我 他　和 陪 去 愿（人）

ji³¹khɔ³¹tɪŋ⁵³kho̩³³khe̩³¹.　　　　　　他会弹三弦。

他　　三弦　会

ŋa⁵⁵ji³¹khɔ³⁵tsu⁵⁵ŋɔ³¹sɔ³¹ne̩³¹ji³³mu³⁵ti³¹jo³⁵kɯ³³ji³¹khɔ³¹mɔ³¹ji³³mu³¹.

我 他　（受）鱼　捉 去 一起　约　的 他　　不 去 想

我约他去捉鱼他不肯。

ji³¹khɔ³¹jo³¹n̩i⁵⁵tsu⁵⁵mɔ³¹mi⁵⁵khɹ³³.　　　他不想吓到孩子们。

他　　孩子（受）不　想　吓

xe³⁵jo³¹n̩i⁵⁵thɯ³¹khi⁵⁵ji⁵⁵tsu³¹ma⁵⁵ɕɔ³⁵thaŋ³¹a³¹sɔ³¹kɔ³¹tv³⁵li³³mu³¹e³³.

这 孩子　一 些 全部　　学堂（方）书　读 去 想

这些孩子都应该去学校读书。

三　连动句不同动词间的语义关系

不同动词之间存在以下几种语义类型：

1. 动作先后关系：不同连动项表示动作先后发生，先发生的动作在前，后发生的动作在后。例如：

ɔ³¹mɔ³³ji³¹khɔ³⁵tsu⁵⁵sɯ³¹xɹ³³ke³³tsŋ̍³¹a³³kɔ³¹tʂʰŋ̍³¹a³¹sŋ̍³¹o⁵⁵li³³pa⁵³.

妈妈 她　（受）带（连）街　（方）衣服　新 买 去（体）

妈妈带她去街上买了新衣服。

a³¹la̩³¹tʂʰŋ̍³¹xɹ³³xo³¹tsɔ³¹va̩³¹.　　　　　去洗手吃饭。

手　　洗（连）饭 吃（语）

a⁵⁵je̩³¹xo³¹tsɔ³¹ka³³nv³³jo³¹mɔ³¹ta³³ji⁵⁵pa⁵³.　爷爷吃饭后上山了。

爷爷 饭 吃 后　山　上（体）

2.“动作—目的”关系：后一个动作表示前一个动作的目的。例如：

a⁵⁵nɛ ³³ŋɔ³⁵pi³¹jɔ³¹v³¹lv⁵⁵kv ³¹xɿ³³pi³³khv ³³. 　　　奶奶给我缝了哈尼小帽戴。

奶奶　我　碧约　帽子　缝（连）给　带

ji³¹khɔ³¹tɕhvŋ³¹v⁵⁵tɕhi⁵⁵xɿ³¹ji⁵⁵kho⁵⁵tshv³³. 　　　他攒钱盖房子。

他　钱　攒　（连）房子　盖

ji³¹khɔ³¹xo³¹tu³³khu⁵⁵tsɔ³¹thɔ³¹. 　　　　　他等着吃饭。

他　饭　等　吃　（体）

ji⁵⁵tsu³¹ma⁵⁵mi³¹kɔ³³kɯ³³e⁵⁵lɔ³¹mɔ³³thɯ³¹mo⁵⁵xa⁵⁵ma⁵⁵ʂɿ⁵⁵tsɔ³¹.

大家　　　说（貌）（引）那　老虎　一　只　怎么　杀　吃

大家在商量怎样杀掉那只老虎。

3.“方式—动作”关系：前一个动作是后一个动作的方式。例如：

ɕɔ³¹xɔ³³mɔ³³thv ³³ɕɿ⁵⁵thv ³³thɔ³¹xɿ³³ jo³¹kį ³¹la³¹.

小姑娘　　伞　　打（体）（连）走　过　来

小姑娘打着伞走过来。

tshv³³ma³¹tsa³³pa⁵³ ɔ⁵⁵v³³jo³¹/³⁵li³³/³¹mɯ³⁵.

车　没　有　的话　我们　走　去　（貌）

没有车的话，咱们就走去吧。

ji³¹khɔ³¹ŋɔ³⁵tɿ³¹khə ³¹khə ³¹to³¹mɔ³¹mi³¹.

他　我　盯看　　　话　不　说

他死死盯着我不说话。

四　连动句的插入成分

碧约话的连动结构分窄式和宽式两种。窄式连动结构即连动项之间不插入其他成分，宽式连动结构即连动项中间插入了其他成分。

1. 窄式连动句。例如：

ji³¹khɔ³¹ŋɔ³³to⁵⁵xo³¹tsɔ³¹la⁵⁵pa⁵³. 　　　他来我家吃饭。

他　我家　饭　吃　来（体）

a⁵⁵mɔ³³jo³¹mɔ³³a³³tsa⁵⁵pɿ⁵⁵tv ³¹li³³pa⁵³. 　　　妈妈到山上挖野菜去了。

妈妈　山　（方）野菜　挖　去（体）

ni⁵⁵tsɿ ³¹tsho³¹tho³¹phv ³³kį ³¹ji³³pa⁵³. 　　　弟弟翻墙进去了。

弟弟　墙　　翻　出去　（体）

ji³¹khɔ³¹thv⁵⁵tsv⁵⁵thɔ³¹xo³¹tsɔ³¹. 　　　他站着吃饭。

他　站　（貌）饭吃

2. 宽式连动句：

连词xɿ³³连接两个动词：

ji³¹khɔ³¹xo³¹tsɔ³¹phi³¹xɿ³³tv̩³³ji³³pa⁵³.　　　　他们吃饭后出去了。

他　饭　吃（貌）（连）出去（体）

nv⁵⁵tʂm̩³¹tu⁵⁵xɿ³³ji̩³¹tsa̩³³ji³³va̩³¹.　　　　你吃了药去睡吧。

你　药　喝（连）睡觉　去（语）

phv³³lv⁵⁵tsa³³ja̩³³ʂ̩³¹xɿ³³phv³³mɔ³³thv³³tsɔ³¹.　　村子里杀鸡祭竜神。

村　　里　鸡　杀（连）竜神　祭　吃

tshu⁵⁵jo³¹mo³¹jo³¹jo³¹pa⁵³kɔ³¹nɔ³¹.　　　　老人走走停停。

人　老　　走走（连）停

nɔ³¹v̩³³tsu³³tho³¹xɿ³³tv̩³⁵.　　　　　你们跟着读。

你们　跟着　（连）读

还可以连接两个以上的动词，例如：

ŋa⁵⁵faŋ⁵⁵çɔ³¹ki⁵⁵phi³³xɿ³³tshv³³tsn̩³¹xɿ³³a⁵⁵nɛ³³to⁵⁵a³³ji³³pa⁵³.

我　放学　完　了　（连）车骑　（连）奶奶家（方）去

我放了学骑车去奶奶家。

连词xa³³ "又" 或汉语借词ju³³ "又" 也可以用来连接两个动词：

xe³⁵tshu⁵⁵thu̩³¹kɔ³¹tsɔ³¹xa³³tsɔ³¹tshv⁵⁵ji̩³¹xa³³ji̩³¹tsa̩³³tshv⁵⁵.

这　人　一　个吃　也吃能　睡觉　也　睡　能

这个人又能吃又能睡。

nɔ³¹v̩³³mi̩³¹xa³³mi̩³¹ka̩³¹xa³³tsn̩⁵⁵çi³¹xuaŋ³³ŋe³³.

你们　说也　说　笑　也很　高兴　（语）

你们有说有笑很高兴呀！

tsa³³li³³tsɔ³¹la³³pa⁵³, jɿ⁵⁵to⁵⁵a³³va̩³¹ʂ̩³¹ju³³ja̩³¹ʂ̩³¹.

春节　　来（体）家　（方）猪杀　又　鸡　杀

过春节了，家里又杀猪又杀鸡。

五　连动结构的语法化

连动结构的大量使用，使得后一成分有的出现虚化现象，导致语法结构的变化。常见的有以下几个动词：

1. la⁵⁵ "来"，虚化后常常变为低降调或中平调；ji³³ "去"。例如：

ji³¹khɔ³¹tɕʰɿ⁵⁵phv⁵⁵nɛ̩³¹tsaŋ³¹phi³³la⁵⁵/³¹.　　　他背来两袋米。

他　米　　两袋　背　来

ɯ⁵⁵lu⁵⁵ŋɔ³⁵tsu⁵⁵thv̩³³la³³kɔ³³ji³³pa⁵³.　　　蛇要来咬我了。

蛇　我（受）咬　来（体）（体）

jɔ³¹khɔ³¹tsu³³jɿ⁵⁵khɔ⁵⁵a³¹khv̩⁵⁵la⁵⁵/³¹.　　　　把他叫（上）来家里

他　（受）这里　　叫 来

ni̯³¹mɔ³³thɯ³¹khv̩³¹pu⁵⁵la³³tsu³³ji³³pa⁵³.　　　　妹妹要满周岁了。

妹妹　一　岁　满 来 要 去（体）

n̩i⁵⁵tsha⁵⁵tsv³³ki̯³¹la³³tsu³³ŋe³³pa⁵³.　　　　阳光快要照进来了。

阳光　　照 进 来（体）（体）

2. tsɔ³¹ "吃"、tʂʅ⁵⁵ "抬"、tɿ³¹ "看"。例如：

ji³¹khɔ³¹thv̩³¹lv⁵⁵ke³³tsɿ³¹a³³lɔ³¹khɿ⁵⁵o³¹tsɔ³¹li³³. 他来墨江卖茶叶。

他　　墨江　　（方）茶叶 卖 吃 去

mo⁵⁵nv³¹tsu⁵⁵lɔ³¹mɿ³¹n̩i³³tʂʅ⁵⁵tsɔ³¹phi³⁵pa⁵³.　　　　黄牛被豹子吃了。

黄牛（受）豹子　（施）抬 吃（貌）（体）

nv⁵⁵jɔ³¹v̩³³tsu⁵⁵thɿ⁵⁵pi̯³¹tɿ³¹tɿ³¹.　　　　你教教他们看。

你 他们（受）教 给 看看

nɔ³¹v̩³³mɔ̯³³ma³³mɔ̯³³kɔ³¹jɔ³¹tɿ³¹tɿ³¹.　　　　你们好好地想想看。

你们 好（状）好 想　看看

jɔ³¹tsa³¹kɯ³³v⁵⁵tshv̩³¹ɔ³¹tʂʅ⁵⁵tsɿ⁵⁵tʂʅ⁵⁵e³³nɔ³¹v̩³³tu⁵⁵tɿ³¹tɿ³¹.

这里 的 水　甜 很（叠）　你们 喝 看看

这里的水很甜，你们喝喝看。

3. 貌词

ɯ⁵⁵lu⁵⁵ŋɔ³⁵tsu⁵⁵thv̩³³thɿ⁵⁵la³³tsu³³ŋe³³pa⁵³.　　　　蛇快咬到我了。

蛇　我（受）咬（貌）来（体）（体）

ji³¹khɔ³¹kɯ³³ɔ³¹tɕhi⁵⁵tsu⁵⁵fv̩³³tsha̯³¹tɕa³⁵tsɿ³³n̩i³³ŋa̯³³ʂɿ⁵⁵　xa³³ma³¹xa⁵⁵

他　　的　脚　（受）老鼠　夹子（施）夹（貌）无论如何

mɔ³¹kɔ⁵⁵tshv̩⁵⁵kɔ³¹.

不 拔 能 行

他的脚被老鼠夹卡住了，怎么都拔不下来。

e⁵⁵kuŋ⁵⁵thɯ³¹ma³¹thɔ³¹thɿ⁵⁵to³³,　v⁵⁵li⁵⁵phi̯³¹lɔ³³sɔ³³.

那 瓶子 一 个 别 碰 动　弄碎（貌）万一

那个瓶子别碰，小心摔碎了。

六　连动结构与宾语的关系

（一）单宾语句的连动结构

1. 两个动词共同做宾语的谓语。例如：

nv⁵⁵tsɿ⁵⁵tɕhɿ³¹xo³¹ki̯³³tsɔ³¹.　　　　你自己盛饭吃。

你 自己　饭 盛 吃

a^{55}nę^{33}ja^{33}tshʋ^{33}o^{31}tsɔ^{31}.　　　　　　奶奶养鸡卖。

奶奶　鸡　养　卖　吃

a^{33}tɕę^{31}tsa^{31}mį^{31}mi^{55}kɔ^{31}kɔ^{33}e^{33}.　　　　姐姐在做裙子穿。

姐姐　　裙子　　做　穿（体）

ɲi^{55}tsʅ^{31}kɔ^{31}tsɔŋ^{33}khɔ^{31}ta^{33}ji^{55}pa^{53}.　　　弟弟考上了高中。

弟弟　高中　考　上　（体）

2. 动词一与宾语构成支配结构，动词二与该支配结构再构成并列、支配关系。例如：

ŋa^{55}ji^{31}khɔ^{31}tsu^{55}khʋ^{55}ji^{33}.　　　　　我去叫他。

我　他　（受）叫　去

ji^{31}khɔ^{31}ti^{33}ku^{33}kɔ^{55}khę^{31}.　　　　　　他会拉二胡。

他　　二胡　拉　会

nɪ^{31}mɔ^{33}tshɪ^{31}phv^{55}tshɪ^{31}ʂʅ^{31}tsɔ^{31}mɯ^{31}.　妹妹想吃朱栗果。

妹妹　朱栗果　　　　吃　想

a^{55}je^{31}pi^{31}jɔ^{31}la^{31}ta^{31}na^{55}tɪ^{31}nv^{55}.　　爷爷爱听碧约小调。

爷爷　碧约　小调　听　爱

a^{33}pa^{31}ja^{33}mɪ^{55}o^{31}ji^{33}.　　　　　　　爸爸去卖烟叶。

爸爸　烟叶　卖　去

（二）双宾语的连动结构

ŋa^{55}ji^{31}khɔ^{35}tsu^{55}pha^{31}na^{33}thɯ^{31}tsɔ^{31}v^{55}pi^{31}phi^{35}pa^{53}.

我　他　（受）鞋　　一　　双　买　给（貌）（体）

我买了一双新鞋给他。

ji^{31}khɔ^{31}jɔ^{31}ɲi^{55}ni^{33}tsu^{55}thaŋ^{33}pɯ^{55}pi^{31}phi^{35}pa^{53}.

他　　孩子们　（受）糖　分　给（貌）（体）

他把糖分给了孩子们。

第四节　差比句

差比句是一种通过语义关系范畴来定性的句子类型，它表示两个对象在某一属性上的程度差异。这种语义关系在不同语言、方言中可以有不同的表达方法，即差比语义的句法形式可以因语言而异。[①]有关差比句的研究汉语的研究成果较多，包括差比句的构成要素、否定的形式、类型型特点以及差比句的习得等多个方面。相比较汉语，民族语中对某一语言的差比

---

① 刘丹青编著：《语法调查研究手册》，上海教育出版社 2009 年版。

句做专题研究的较少，仅见于藏语、拉祜语、载瓦语、彝语、壮语等语言中。对于哈尼语差比句的研究还没有专门的论述，只零星见于简志等材料中。本文将对碧约话差比句的共时特征进行描写，并尝试分析汉语的接触对碧约话的差比句产生的影响。

一　差比句的基本句式

根据对差比句的语义关系的分析，可把差比句分解成四个基本构成要素：比较主体、比较基准、比较关系词和比较结果。碧约话表示差比的基本句式是"比较主体+比较基准+比较标记+比较结果"。其中，又包括肯定和否定两种类型分述如下：

（一）肯定句

肯定句常见的有两种不同格式。

1. 肯定句的第一类格式：

比较主体+（$kɯ^{33}$）+比较基准+$kɯ^{33}$+比较标记+比较结果

例如：

tʂʅ^{31}sɔ^{31}（kɯ^{33}）mu^{55}sɔ^{31}kɯ^{33}a^{31}thạ^{31}tsɿ^{33}sa^{55}nɿ^{55}. 羊肉比牛肉腥。

<u>　羊　肉　　　　牛　肉　的　（比）更　腥</u>
　比较主体　　　　比较基准　　比较标记比较结果

其中，比较主体之后的$kɯ^{33}$可加可不加，有时为了强调比较主体，会在其后加话题助词$nɔ^{31}$。比较基准后面的$kɯ^{33}$一定要加。这种格式是碧约话差比句最常用的格式。根据充当比较主体和比较基准的短语性质，又可分为如下三种形式。

（1）比较主体和比较基准由动词性短语来充当。例如：

ja^{55}mɔ^{33}jo^{31}kɯ^{33}nɔ^{31}tshy^{33}tsv^{33}kɯ^{33}a^{31}thạ^{31}tsɿ^{33}mɔ^{33}e^{33}. 　走路比坐车好。
　路　　走　（话）车　坐　的　（比）更　好（语）

ky^{31}tshạ^{31}tsɔ^{31} kɯ^{33}sɔ^{31}tsɔ^{31}kɯ^{33}tsɿ^{33}mɔ^{33}e^{33}. 　　　　吃菜比吃肉好。
　菜　　吃　的　肉　吃　的　更　好（语）

nv^{55}pha^{55}kɯ^{33}nɔ^{31}ŋa^{55}pha^{55}kɯ^{33}a^{31}thạ^{31}tsɿ^{33}faŋ^{33}piŋ^{55}e^{33}.
　你　借　的　（话）我　借　的　（比）更　方便　（语）
你借比我借方便些。

（2）比较主体和比较基准由名词性短语来充当。

thy^{31}lv^{55}ke^{33}tsʅ^{31}nɔ^{31}sɿ^{33}mau^{31}kɯ^{33}a^{31}thạ^{31}ɔ^{31}lo^{55}tsɿ^{33}lo^{55}. 墨江比普洱热。
　墨江　　　（话）思茅　的　（比）热　更（叠）

xe^{35}tsa^{31}mị^{31}thu^{31}tɕi^{33}nɔ^{31}e^{55}thu^{31}tɕi^{33}kɯ^{33}a^{31}thạ^{31}tsɿ^{33}tɿ^{31}kɔ^{31}mɔ^{33}.
　这　裙子　一　条　（话）那　一　条　的　（比）更　好看

这条裙子比那条好看。

xe³⁵khɔ̩³¹jɔ̩³¹thɯ³¹khv³¹e⁵⁵thɯ³¹khv³¹kɯ³³a³¹tha̩³¹tsŋ³³xɯ³¹.

这　碗　　一　个　那一　个　的　（比）　更　大

这个碗比那个大。

tshŋ³¹ne̩³³mi³¹tha̩³¹ji³¹ne̩³³kɯ³³a³¹tha̩³¹tsŋ³³mɔ̩³³e³³.

今年　　天气　去年　　的　（比）更　好（语）

今年的天气比去年好。

lo⁵⁵pɔ³¹kɯ³³ŋɔ³¹sɔ³¹lo³¹to³¹kɯ³³³a³¹tha̩³¹tsŋ³³mɹ³³ e³³.

河　的　鱼　塘　的　（比）更好吃（语）

河里的鱼比鱼塘里的鱼好吃。

xe³⁵jɹ⁵⁵kho⁵⁵thɯ³¹jɹ⁵⁵e⁵⁵jɹ⁵⁵kho⁵⁵thɯ³¹jɹ⁵⁵kɯ³³a³¹tha̩³¹ɔ³¹tsŋ³³tsŋ³³mo⁵⁵e³³.

这　房子　一　间那房子　一　间　的　（比）一点　多高（语）

这房子比那房子稍高点儿。

xe³⁵ji³¹khɔ³¹kɯ³³tshɣ³³thɯ³¹ma³³e⁵⁵ɕɹ³¹ma⁵⁵kɯ³³a³¹tha̩³¹ɔ³¹phi³¹tsŋ³³xɯ³¹.

这他　　的　车　一　辆那三辆　的　（比）价钱　更　贵

他的这辆车比那三辆都贵。

jo³¹mɔ³³tɔ³¹pv̩³³kɯ³³ja⁵⁵kho⁵⁵pa⁵⁵phɹ⁵⁵kɯ³³a³¹tha̩³¹ɔ³¹tshv⁵⁵tsŋ³³tshv⁵⁵.

山　　脚　的　地　山坡　的　（比）肥　　更（肥）

山脚下的地比山坡上的肥。

khɯ³¹nɔ³¹po⁵⁵nɔ³¹tshu⁵⁵kɯ³³a³¹tha̩³¹tsŋ³³tha̩³³e³³.　　狗耳朵比人厉害。

狗　　耳朵　（话）人　的　（比）更　快（语）

xe³⁵ja̩³³thɯ³¹jŋ³³e⁵⁵thɯ³¹jŋ³³kɯ³³a³¹tha̩³¹tsŋ³³xɯ³¹/³³la³¹tsha⁵⁵.

这鸡　一　种　那一　种　的（比）　更　大　来　快

这种鸡比那种长得快。

（3）比较主体和比较基准由人称代词来充当。当人称代词作比较基准时，肯定式要使用领格形式。例如：

ŋa⁵⁵nɔ³³kɯ³³a³¹tha̩³¹ɔ³¹tshv⁵⁵tsŋ³³tshv⁵⁵.　　　　我比你胖。

我　你　的　（比）胖　　更　胖

ji³¹khɔ³¹nɔ³³kɯ³³a³¹tha̩³¹ɔ³¹jɔ³¹tsŋ³³nɯ⁵⁵.　　　　他比你小。

他　　你　的（比）　小　更　小

a⁵⁵kɔ̩³³nɔ³¹ji³¹khɔ³¹kɯ³³a³³pa³¹kɯ³³a³¹tha̩³¹ta⁵⁵mo⁵⁵tsŋ³³mo⁵⁵.

哥哥（话）他　　爸爸　的　（比）高　　更（叠）

哥哥比他爸爸都高了。

ji³¹khɔ³¹nɔ³⁵a³¹tha̩³³tsŋ³³sŋ³¹la³¹e³³.　　　　　　他比你聪明。

他　　你　（比）更　聪明

2. 肯定句的第二类格式：

比较基准+kɯ³³+比较关系词+比较主体+比较结果

例如：

e⁵⁵jɪ⁵⁵kho⁵⁵thɯ³¹jɪ⁵⁵kɯ³³a³¹thạ ³¹ xe³⁵jɪ⁵⁵kho⁵⁵thɯ³¹jɪ⁵⁵ ɔ³¹tsʅ³³tsʅ³³mo⁵⁵e³³.

<u>那 房子　一　间　的</u>　（比）　这　房子　　一　间 <u>一点 更　高</u>

比较基准　　　　　　　　关系词　比较主体　　　　　比较结果

这间房子比那间房子高一点儿。

肯定句的两类格式之间可以相互转换，意义保持不变。例如：

第一种：

ja⁵⁵mɔ³³jo³¹kɯ³³tshɣ³³tsv³³kɯ³³a³¹thạ ³¹tsʅ³³mɔ ³³e³³.　　　　　走路比坐车好。

路　　走　　　车坐　的　（比）更　好

第二种：

tshɣ³³tsv³³kɯ³³a³¹thạ ³¹ja⁵⁵mɔ³³jo³¹kɯ³³tsʅ³³mɔ ³³e³³.　　　　　走路比坐车好。

车　坐　的　（比）路　　走　的 更 好

同第一种格式一样，第二类格式的比较主体和比较基准也可以由不同的成分充当。

（1）比较主体和比较基准可以由主谓短语来充当。例如：

ŋa⁵⁵pha⁵⁵kɯ³³a³¹thạ ³¹nɔ³¹　nv⁵⁵pha⁵⁵ kɯ³³tsʅ³³faŋ³³piŋ⁵⁵e³³.你借比我借方便些。

我 借　的　（比）（话）你 借　的　更　方便

ŋa⁵⁵ji³³kɯ³³nɔ³¹a³¹thạ ³¹nv⁵⁵ji³³kɯ³³ɔ³¹tɕɪ⁵⁵ tsʅ³³tɕɪ⁵⁵e³³.　你去比我去近些。

我 去 你（话）比　你 去　　一点 更 近

（2）比较主体和比较基准由名词性短语来充当。例如：

kv̩ ³³tɕhi³¹kɯ³³a³¹thạ ³³jv⁵⁵mɔ³³ta⁵⁵mo⁵⁵tsʅ³³mo⁵⁵e³³.　　　　　稗子比秧苗还高。

秧苗　的　（比）稗子　高　　更（叠）

tshu⁵⁵nɔ³¹po⁵⁵kɯ³³a³¹thạ ³¹khɯ³¹nɔ³¹po⁵⁵tsʅ³³thạ ³³e³³.　　　　　狗耳朵比人厉害。

人 耳朵　的　（比）狗 耳朵　更　快

nɔ³³to⁵⁵kɯ³³ vạ ³¹kɯ³³a³¹thạ ³¹ŋɔ³³to⁵⁵kɯ³³tsʅ³³xɯ³¹.　　　　我家的猪比你家的大。

你 家 的 猪　的（比）我 家 的 更 大

（3）比较主体和比较基准由人称代词来充当。例如：

ji³¹khɔ³¹kɯ³³a³¹thạ ³¹nv⁵⁵ta⁵⁵mo⁵⁵tsʅ³³mo⁵⁵.　　　　　　　你比他高。

他　的　（比）你 高　　更（叠）

nv⁵⁵kɯ³³a³¹thạ ³¹ŋa⁵⁵ɔ³¹tshv⁵⁵tsʅ³³tshv⁵⁵.　　　　　　　我比你胖。

你 的　（比）我 胖　　更 胖

nɔ³³kɯ³³ɔ³¹mu⁵⁵kɯ³³a³¹thạ ³¹ŋɔ³³kɯ³³tsʅ³³mɔ ³³e³³.　　　　我比你身体好。

你 的 身体　的（比）我 的　更　好

xe³⁵ɔ³¹po⁵⁵thɯ³¹khɯ⁵⁵kɯ³³a³¹tha̱³¹e⁵⁵ɔ³¹po⁵⁵thɯ³¹khɯ⁵⁵ta⁵⁵mo⁵⁵tsŋ³³mo⁵⁵.

这竹子　一　根　　的（比）那竹子　一　根　长　　更（叠）

这根竹子比那根长得多。

（二）否定句

碧约话差比句的否定式也有两种形式：

1. 差比句否定式的第一种形式：

比较主体+比较基准+kɯ³³+比较标记+否定副词+比较结果

例如：

e⁵⁵jɿ⁵⁵kho⁵⁵thɯ³¹jɿ⁵⁵xe³⁵thɯ³¹jɿ⁵⁵kɯ³³a³¹tha̱³¹ta⁵⁵mo⁵⁵mɔ³¹　　　mo⁵⁵.

<u>那 房　一　间 这 一　间 的　（比）高　不　　（叠）</u>

比较主体　　　比较基准　　　比较标记　否定副词　比较结果

那间房不比这间高。

又如：

xe³⁵khɔ̱³¹jɔ̱³¹thɯ³¹khv³¹e⁵⁵thɯ³¹khv³¹kɯ³³a³¹tha̱³¹mɔ³¹xɯ³¹.

这 碗　　一　个 那 一 个　的　（比）不 大

这个碗不如那个大。

e⁵⁵sa̱³¹mi̱³¹thɯ³¹tɕhi̱³³xe³⁵thɯ³¹tɕhi̱³³kɯ³³a³¹tha̱³¹mɔ³¹tɿ³¹kɔ³¹mɔ̱³³.

那 裙子　一 条 这 一 条　的　（比）不 好看

那条裙子不比这条好看。

sɔ³¹tsɔ³¹kɔ³¹ȵi⁵⁵tsɔ³¹kɯ³³a³¹tha̱³¹mɔ³¹mɔ̱³³.　　　　吃肉不如吃青菜好。

肉 吃 青菜　吃 的（比）　不　好

ji³¹khɔ³¹ŋɔ³³kɯ³³a³¹tha̱³¹ɔ³¹tshv⁵⁵mɔ³¹tshv⁵⁵.　　　他不比我胖。

他　我 的（比）胖　不（叠）

2. 差比句否定式的第二种形式：

比较主体+比较基准+sv³³+否定副词+比较结果

例如：

ji³¹khɔ³¹ŋɔ³⁵sv³³ɔ³¹tshv⁵⁵mɔ³¹tshv⁵⁵.　　　　　她没我胖。

他　我 像 胖 不（叠）

e⁵⁵sa̱³¹mi̱³¹thɯ³¹tɕhi̱³³xe³⁵thɯ³¹tɕhi̱³³sv³³mɔ³¹tɿ³¹kɔ³¹mɔ̱³³.

那 裙子　一 件 这 一 件 像 不 好看

那条裙子没这条好看。

ŋɔ³³to⁵⁵kɯ⁵⁵va̱³¹nɔ³³to⁵⁵kɯ⁵⁵sv³³mɔ³¹xɯ³¹.　　　　我家的猪没你家的大。

我 家 的 猪 你 家 的 像 不 大

两种否定式相比较，前一种使用得较多。两者表达的意思有细微的差别。例如：

第一种：$a^{33}pa^{31}a^{55}k\rotatebox{}{ɔ}^{33}kɯ^{33}a^{31}tha^{31}ta^{55}mo^{55}mɔ^{31}mo^{55}$.　　　爸爸不比哥哥高。

　　　爸爸　哥哥　的（比）高　不　（叠）

第二种：$a^{33}pa^{31}\ a^{55}kɔ^{33}sv^{33}\ ta^{55}mo^{55}mɔ^{31}mo^{55}$.　　　　爸爸没哥哥高。

　　　爸爸　哥哥　像　高　不（叠）

　　第一种是对"爸爸比哥哥高"的情况的否定，句子想表达的事实可能是爸爸比哥哥矮，或者跟哥哥一样高。第二种是对"爸爸和哥哥一样高"的否定，句子想表达的意思是爸爸比哥哥矮。

二　差比句的比较标记

　　对比较标记的类型和来源的考察是研究差比句的重要方面。从比较标记的角度可以为差比句进行分类。首先，根据差比句是否使用形式标记可以将汉藏语差比句分为有标记和无标记两大类；其次，根据比较标记的位置和语法性质可以将汉藏语差比句分为"前置介词型差比句"和"后置助词型差比句"，其下又可以细分为若干下位类型；再次，根据各种语言使用比较标记的数量可以分为单标记型、双重标记型和三重标记型。[①]下面，我们将从上述三个方面考察碧约话的比较标记的特点。

　　1. 比较标记及其来源

　　碧约话的比较标记由方位词$a^{31}tha^{31}$"上面"虚化而来，在肯定式、否定式中均可使用。在部分情况下，也会使用$a^{31}va^{31}$"下面"作为比较标记。对比两者的使用情况，$a^{31}tha^{31}$含有"上"的方位义，一般出现在顺向比较的句子中，顺向的比较即比较主体和比较基准之间前者存在"胜过"后者之义，比较结果通常使用褒义形容词，如"高"、"大"、"漂亮"等；$a^{31}va^{31}$含有"下"的方位义，一般出现在逆向的比较中，逆向的比较即比较主体和比较基准之间前者存在"不及"后者之义，比较结果通常使用贬义形容词，如"矮"、"穷"、"丑"等。对比下面两个例句：

$ŋa^{55}no^{33}kɯ^{33}a^{31}tha^{31}ta^{55}mo^{55}tsɿ^{33}mo^{55}$.　　　我比你高。

我　你　的（比）高　更（叠）

$ŋa^{55}no^{33}kɯ^{33}a^{31}va^{31}te^{31}kɛ^{33}tsɿ^{33}kɛ^{33}$.　　　我比你矮。

我　你　的（比）矮　更（叠）

在差比句的否定式中，还可以使用sv^{33}作为比较标记。sv^{33}是来源于动词"像"。例子见上文。

　　2. 单标记和双标记的共存

　　通过观察可以发现，碧约话大部分的差比句既能使用单标记又可以使

---

①　参阅邓凤民《汉藏语系语言差比句研究》，中央民族大学，博士学位论文2010年。

用双重标记进行标注。单标记指的是来源于方位词的a³¹tha̠³¹或a³¹va̠³¹是句子唯一的差比标记。使用单标记的句子具有量化的比较结果。例如：

a³³pa³¹no³¹ɔ³¹mɔ³³kɯ³³a³¹tha̠³¹ne̠³¹khv̠³¹xɯ³¹e³³.　　爸爸比妈妈大两岁。

爸爸（话）妈妈　的（比）　两岁　大（语）

上面的例子中ne̠³¹khv̠³¹"两岁"是量化的比较结果，因此只使用一个比较标记a³¹tha̠³¹。

双标记指的是助词型标记和分析性副词标记共现于同一句子中，语义上起到强调比较结果程度的作用。常用的分析型副词有tsɿ³³"更"、a⁵⁵ɕi³¹"多"等。例如：

xe³⁵tɕhɿ⁵⁵thɯ³¹tsaŋ³¹e⁵⁵thɯ³¹tsaŋ³¹a³¹tha̠³¹a⁵⁵/³¹ɕi³¹thɯ³¹fvŋ³³tshŋ³³e³³.

这米　一　袋　那一　袋（比）多　一　倍　重（语）

这袋米比那袋米重一倍。

在双重标记中间还可以加上副词ɔ³¹tʂɿ³³"一点"，例如：

xe³⁵mo³³tso³¹thɯ³¹pa³¹e⁵⁵thɯ³¹pa⁵³kɯ³³a³¹tha̠³¹ɔ³¹tʂɿ³³tsɿ³³tha³³e³³.

这　刀子　一　把那一　把　的（比）一点　更　快

这把刀比那把更快点儿。

nv⁵⁵ji³³kɯ³³nɔ³¹ŋa⁵⁵ji³³kɯ³³a³¹tha̠³¹ɔ³¹tʂɿ³³tsɿ³³tɕɿ⁵⁵e³³.　你去比我去近些。

你　去　的（话）我　去　的（比）　一点　更　近

在日常交际中偶尔也会使用副词tsɣ⁵⁵"越、最"来代替tsɿ³³，表达更强烈的语气。例如：

sɔ³¹thɯ³³kɯ³³khɯ³¹thɔ³¹lɔ³³kɯ³³a³¹tha̠³¹tsɿ³³（tsɣ⁵⁵）tshu³¹tshv⁵⁵.

肉　追的　狗　兔子　的（比）更　　　　跑　能

猎狗比兔子跑得快。

3. 汉语标记"比"的借用

随着汉语pi³¹⁵"比"的借入（借入碧约话后读低降调），碧约话差比句的结构也发生了变化。pi³¹作为碧约话借入的比较标记，与已有的比较关系词a³¹tha̠³¹（a³¹va̠³¹）在句中的关系，有三种情况：

一是pi³¹与a³¹tha̠³¹共现。例如：

kv̠³¹tsha̠³¹tsɔ³¹kɯ³³pi³¹sɔ³¹tsɔ³¹kɯ³³a³¹tha̠³¹tsɿ³³mɔ³³e³³.　　吃菜比吃肉好。

菜　　吃　的　比肉吃　的（比）更　好

二是pi³¹出现，a³¹tha̠³¹不出现。例如：

ji³¹khɔ³¹pi³¹nɔ³⁵kɯ³³ɔ³¹jɔ³¹tsɿ³³nɯ⁵⁵.　　　　　　　　他比你小。

他　比你的　小　更　小

三是a³¹tha̠³¹出现，pi³¹不出现。即差比句的固有结构。例子见上文。

根据碧约人使用的频率来看，第一种最常见，第三种其次，第二种较少。但随着汉语的普及，第二种结构使用得越来越普遍，在年轻人的口语中尤其常见。但相比较碧约人对三种结构的接受程度来看，大家普遍觉得第一种的表达最清晰，也最容易被接受，另外两种都可以听懂，但接受程度不及第一种。

在原则上，无论使用了哪一种比较标记，比较基准后都不能缺少结构助词kɯ³³，但在实际的交际中，由于受到汉语的影响，已经开始出现kɯ³³脱落的现象。

三　等比句

碧约话的等比句与差比句一样，也由比较主体、比较基准、比较关系词和比较结果组成。常见的等比句结构是：

比较主体+比较基准+比较标记+比较结果

例如：

ŋa⁵⁵　　　　nv⁵⁵　　thɯ³¹jaŋ³³　ɔ³¹tshv⁵⁵tshv⁵⁵.　　　　我和你一样胖。
我　　　　你　　　一样　　　胖
比较主体、比较基准、比较关系词、比较结果

tɯ⁵⁵tʂɻ³¹xɪ³³v̩³¹ju⁵⁵nɣ̍³¹kạ̍³¹thɯ³¹jaŋ³³kạ³¹.　　　　　　泥鳅跟鳝鱼一样滑。
泥鳅　和　鳝鱼　　　一样　　滑

tshṇ³¹nẹ³³kɯ³³tɯ³¹tsɔ³¹ji³¹nẹ³³kɯ³³thɯ³¹jaŋ³³mɔ̩³³e³³.
今年　　的　收成　去年　的　一样　好
今年的收成和去年一样好。

jɔ³³pja³³kị³¹ji³³nɔ³³pja³³kị³¹ji³³thɯ³¹jaŋ³³mo⁵⁵.
这边　过去　那边　过去　一　样远
从这边过去和从那边过去一样远。

ji³¹khɔ³¹to⁵⁵ṇi⁵⁵tʂɻ³¹to⁵⁵thɯ³¹jaŋ³³sɔ³¹.　　　　　　　他家跟弟弟家一样穷。
他　家　弟弟　家一　样穷

第五节　传信范畴

一　传信范畴的意义与类型

现有的研究对传信范畴（Evidentiality）①的定义并不统一。较为常见的

---

① Evidentiality 的汉语翻译较多，有译做传证、示证传据、信证、信据或信言等。本文采用常见的"传信"译法。

观点是："传信范畴是标明信息来源的一种语法范畴，其核心为信息的来源和信息的获取途径。"[①]从这个定义出发，传信范畴应该是一种在语言中普遍存在的语法现象，但由于不同语言表达相关语法意义的类型和使用的语法手段不同，研究者在研究某一语言时，对传信范畴所应包含的意义类型和表达方式的认识也有所不同。

在表达意义上，有狭义和广义两种不同的认识。狭义的"传信范畴"仅看重信息的来源；广义的"传信范畴"不仅关注信息的来源，还包括说话者的态度和对信息真实性的确认度等。后者常常与情态、时、体、语气范畴的研究有交叉。在表达方式上，部分研究者认为只有语法化的表达形式才属于传信范畴的范围，相关研究主要集中于形态变化较为丰富的语言，例如维吾尔语、哈萨克语等；部分研究者认为能体现信息来源的词语或结构也属于传信范畴的表达形式，相关研究主要集中于形态变化较少的语言，例如汉语、彝语等；也有部分学者持中立态度，认为语法形式（包括附加成分、虚词、零形式等构成的语法成分）、词汇成分（包括词组或插入语等）都可以视为表达传信范畴的方式，例如有学者认为蒙古语的传信范畴是通过构形词缀、助动词、联系动词、虚词、插入语等混合表达方式得到表现的[②]。

结合前人的研究成果和对相关语料的分析，本文认为传信范畴是说话者用来表达语言信息来源途径的语法、词汇手段的概括。文中有关"传信范畴"的研究范围仅限于信息来源这一狭义的角度。凡是能够表达这一意义的语法、词汇手段均视作"传信范畴"的表达方式。

二　碧约话传信范畴的类型和标记

本文依据常见的分类方法，将信息来源类型分为三类：证实的信息、报告的信息、推断的信息：

（一）证实型传信范畴

证实型是指说话者通过视觉、听觉等感官获得的信息。又可以细分为以下几类：

1. 视觉型信息

nv⁵⁵tɹ³¹thɔ³¹kɯ³³tsɿ⁵⁵kɔ³¹kɹ³¹kɯ³³sv³³tv⁵⁵ŋe³³.　　你看起来很累的样子。
你　看着　的　很累　的　像　（语）

---

① 参阅阿不都热西提·亚库甫《阿尔泰语系语言的传据及其基本类型》，载《阿尔泰语系语言传据范畴的研究》，中央民族大学出版社 2013 年年版。

② 参阅雪艳《蒙古语传据范畴》，载《阿尔泰语系语言传据范畴的研究》，中央民族大学出版社 2013 年版。

ço³¹li³¹tsu⁵⁵tɿ³¹thɔ³¹kɯ³³tshɯ⁵⁵tɕiŋ⁵⁵tshv̩⁵⁵la³³phi³¹kɯ³³sv³³tv⁵⁵ji³³pa⁵³.

小李（受）看着　的　十斤　　　胖　来　了　的　像　（体）

小李看起来又胖了十斤。

a⁵⁵jȩ³¹tɿ³¹thɔ³¹kɯ³³ɔ³¹mu⁵⁵tsŋ³³tsu³³kɔ³¹mɔ̩⁵⁵kɯ³³sv³³tv⁵⁵pa⁵³.

爷爷　看着的　身体　　舒服　　　的　像　（体）

爷爷看起来身体好多了。

kv̩³¹tshạ³¹thɯ³¹phaŋ³¹tɿ³¹thɔ³¹kɯ³³tsŋ⁵⁵mɿ⁵⁵kɯ³³sv³³tv⁵⁵ŋe³³.

菜　　　一　盘　看　着的　很香的　像　（语）

这道菜看起来真好吃！

xe³⁵a³¹ji³³thɯ³¹ji³³tɿ³¹thɔ³¹kɯ³³a³³tɕȩ³¹ɲi³³kv̩³¹kɯ³³sv³³tv⁵⁵e³³.

这　花　一　朵　看着　的　姐姐　（施）绣　的　像

这花看着像是姐姐绣的。

表达视觉型信息通常使用"动作动词+thɔ³¹+kɯ³³"与副词sv³³tv⁵⁵"像"搭配进行表达，部分情况下"动作动词+thɔ³¹+kɯ³³"也可以省略。例如：

xe³⁵pha⁵⁵a³¹ji³³thɯ³¹ji³³xɿ³¹a³¹tȩ³¹tȩ³¹kɯ³³a³¹ji³³sv³³（kɯ³³）

这　布花　　一　朵和活　　　的　花　像　的

thɯ³¹jaŋ³³tv⁵⁵e³³.　　　　　　　　　　　　这朵布花看着跟真的一样。

一　　样　像

2. 听觉型信息。例如：

ŋa⁵⁵kɔ³¹kɯ³³jɔ³¹v³³lạ³¹tạ³¹ku⁵⁵thɔ³¹　ŋe³³.　　我听见他们在唱歌。

我　听　的　他们　歌　唱　（貌）（语）

ɲi⁵⁵tsŋ³¹kɔ³¹kɯ³³a³³pa³¹ɔ³¹mɔ³³tɕhi³³tshạ³³kɔ³³ŋe³³.

弟弟　　听　的　爸爸　妈妈　吵　（貌）（体）（语）

弟弟听见爸爸妈妈在吵架。

jɿ³¹mɿ⁵⁵lo⁵⁵pi³¹pi³¹jɔ³¹ɔ⁵⁵la³³kɯ³³nv⁵⁵kɔ³¹la³³pɿ⁵³?

昨晚　小偷　　进来（引）你　听来（语）

昨天晚上你听见小偷进来了吗？

xe³⁵ɯ³¹thɯ⁵⁵kɔ³¹kɯ³³sŋ³¹lạ³¹kɯ³³sv³³ŋe³³.　　这声音听着好熟悉。

这　声音　听　着知道　的　像（语）

e⁵⁵ɯ³¹thɯ⁵⁵kɔ³¹kɯ³³tshu⁵⁵kɯ³¹ɯ³¹thɯ⁵⁵sv³³mɔ³¹tv⁵⁵e³³.

那声音　　听着人　的　声音　像不像

那声音听起来不像是人在叫。

3. 感知型信息。例如：

xe³⁵a³¹ji³³thɯ³¹jiŋ³³nɿ⁵⁵kɯ³³khia⁵³nɿ⁵⁵kɔ³¹mɔ̩³³e³³.

这花　一　种　闻　的　特别　闻得　好

这种花闻起来特别香。

xe³⁵pha³¹na̠³³thɯ³¹tsɔ³¹ŋa⁵⁵ti³¹kɯ³³ɔ³¹tho³¹ɔ³¹tsɿ³³tho³¹e³³.

这 鞋 一 双 我 穿 的 紧 一点 （叠）

这双鞋我穿着感觉有点儿紧。

e⁵⁵pha⁵⁵thɯ³¹jiŋ³³¹ti³³kɯ³³tɕhi³¹tsha⁵⁵mɔ³¹tu⁵⁵ŋe³³. 那种布穿着不吸汗。

那 布 一 种 穿 的 汗 不 喝（语）

phɔ̠³¹nɛ³¹ta⁵⁵mo⁵⁵mo⁵⁵kɯ³³pha̠³¹na̠³³ti³¹kɯ³³ɔ³¹tɕhi⁵⁵na⁵⁵e³³.

鞋跟 高 的 鞋子 穿 的 脚 疼

高跟鞋穿着脚疼。

xe³⁵pha⁵⁵thɯ³¹jiŋ³³ʂɿ³³tho³¹tsɿ⁵⁵kɯ³³tsu³³kɔ³¹mɔ̠³³e³³. 这种料子摸着真舒服。

这 布 一 种 摸着 很 的 舒服

tʂɿ³¹thɯ⁵⁵ji³¹ja⁵⁵ɔ³¹nɯ³³nɯ³³ti³³ji³¹tsa³³tho³¹kɯ³³tsɿ⁵⁵ji³¹tsa³³kɔ³¹mɔ̠³³e³³.

板凳 床 软软 的 睡觉 着 的 很 睡 着 好

沙发床软软的睡着真舒服。

xe³⁵n̠i⁵⁵tsa³³pha⁵⁵tsa³³pa⁵³, n̠i⁵⁵tsa³³tho³¹kɯ³³tɔ³¹pv̠³³tsɿ³³mɔ³¹na⁵⁵.

这 坐 布 有（体）坐 着 的 屁股 很 不 疼

有了这个垫子，坐着屁股就不疼了。

表达听觉和感知型信息通常使用"动作动词+kɯ³³"这一结构进行表达。从上述例子可以看出，碧约话没有表示证实型传信范畴的语言形式标记，主要通过短语和词语的手段来表示信息的来源。

（二）报道型传信范畴

指说话者通过传闻或民间传说以及第三方的话获得的信息，又可以细分为以下几类：

1. 传闻型信息

传闻型信息又分一手信息和多手信息。一手信息指的是说话人即是信息的直接见证者。碧约话通常使用"人称代词+kɔ³¹（听）+kɯ³³"来表达例如：

ŋa⁵⁵kɔ³¹kɯ³³ji³¹khɔ³¹ʂɿ³¹n̠i³³tɕu³³ti⁵⁵la³³pa⁵³.

我 听 的 他 前天 就 回来 了

（我）听说他前天就回来了。

ŋa⁵⁵kɔ³¹kɯ³³ji³¹khɔ³¹tɕhɤŋ³¹tsɿ⁵⁵phɿŋ⁵⁵tsɔ³¹phi³¹.

我 听 的 他 钱 很 骗 吃（貌）

（我）听说是他在外面骗了人家很多钱。

ŋa⁵⁵kɔ³¹kɯ³³ɔ³¹mo⁵⁵ji³³sv̠³¹fv̠³³tsɿ³¹mɔ³³ŋɔ³¹v̠³³phv̠³³lv̠⁵⁵a³³lɤ³³tsu³³ŋe³³.

我 听 的 明天 大官 我们 村子（方）来（体）（语）

（我）听说明天有领导要来我们村。

ŋa⁵⁵kɔ³¹kɯ³³pi³¹jɔ³¹ɕɔ³¹xɔ³³mɔ³³tɕhi⁵⁵tsɔ³¹fv⁵⁵a⁵⁵kɔ ³³n̠i³³ji⁵⁵kv³³pa⁵⁵tɣ ³³ji³³.

我　听　的　碧约　姑娘　　　嫁人　　时　哥哥（施）门　背　出　去

听说碧约姑娘出嫁时都要由哥哥背出门。

多手信息指的是说话人从别处得来的消息，并非自己见证过。多指民间传闻或者口头流传的故事。常使用的表达方式有mi³¹kɔ³¹kɯ³³kɔ³¹lɯ³³"据说"、mi³¹thɔ³¹kɯ³³"听说的"。例如：

mi³¹kɔ³¹kɯ³³kɔ³¹lɯ³³e⁵⁵tʂm̠³¹tu⁵⁵pa⁵³nɔ³¹thɯ³¹o⁵⁵xa³³mɔ³¹ʂ̠⁵⁵khe³⁵.

说　听　的　（人）那　要　喝　了的话　一　次　都　不　死　会

据说喝了那种药以后可以长生不老。

mi³¹kɔ³¹kɯ³³kɔ³¹lɯ³³e⁵⁵thɯ³¹o⁵⁵ka³³xa³³nv³¹ja ³³phi⁵⁵nɹ⁵⁵po⁵⁵tsu⁵⁵mu⁵⁵su³³pa⁵³tɕu³³

说　听　的　　（人）那　一　次　后面　公鸡　蚂蚱　（受）看　的话　就

tʂm̠⁵⁵tsɔ³¹.

抬　吃

据说从那次以后，公鸡一见到蚂蚱就吃。

thɯ³¹n̠i³³na ³¹ja³³thɯ³¹n̠i³³fv⁵⁵mi³¹thɔ³¹kɯ³³pi³¹jɔ³¹xɹ³³kha̠ ³¹to³³ji⁵⁵to⁵⁵.

很久很久以前　　　　　　　　说　着　的　碧约和卡多　家

phɯ⁵⁵kɔ³³kɯ³³ja⁵⁵mɔ³³a³³jo³¹phɯ⁵⁵phi³⁵pa⁵³.

搬　着　的　路　（方）走　散　（貌）（体）

传说很久以前，碧约和卡多在迁移的路上走散了。

thɯ³¹n̠i³³na ³¹ja³³thɯ³¹n̠i³³fv⁵⁵mi³¹thɔ³¹kɯ³³ pi³¹jɔ³¹kɯ³³ɔ³¹phi³¹sa⁵⁵kha⁵⁵

很久很久　　　　　　　时　说　着　的　碧约　　的　祖先

la⁵⁵pi ³³jɔ ³¹ŋe³³a⁵⁵xa⁵⁵thɯ³¹kɔ³¹xa³³ma³¹ʂ̠ ³¹la̠ ³¹e³³.

龙　　是　但是　一　个　都　不　知道

传说碧约人的祖先是龙，但谁也不能肯定。

thɯ³¹n̠i³³na ³¹ja³³thɯ³¹n̠i³³fv⁵⁵mi³¹thɔ³¹kɯ³³ pi³¹jɔ³¹kɯ³³ɔ³¹phi³¹sa⁵⁵kha⁵⁵

很久很久　　　　　　　时　说　着的　碧约　　的　祖先

la⁵⁵tɕaŋ⁵⁵ɕi³³a³³tsu⁵⁵e³³.

江西　（方）在

传说碧约人的祖先住在江西一带。

2. 常识型信息。常见的表达方式有：na³⁵fv³³mi³¹kɯ³³"很早说的"、na³⁵jo³¹mɔ³¹ni³³mi³¹"俗话说"。例如：

na³⁵fv³³mi³¹kɯ³³ja⁵⁵mɔ³³mo⁵⁵mu³¹kɯ³³kɔ³¹ʂ̠ ³¹la̠ ³¹.

早　时　说　的　路　长　马　的　力气　知道

ȵi³³ja̱³¹mo⁵⁵tshu⁵⁵kɯ³³nɣ³³mɔ³³ʂ̩³¹la̱³¹.

日子　长　人　的　心　　　　知道

俗话说路遥知马力日久见人心。

na³⁵jo³¹mo³¹ȵi³³mi³¹kɯ³³mɔ̱³³kɯ³³tʂʰ̩³¹ɔ³¹kʰɔ³¹ts̩⁵⁵kʰɔ³¹e³³

俗话　　　说的　好　的　药　苦　很　苦

mɔ̱³³kɯ³³to³¹mɔ³¹na⁵⁵tɿ³¹kɔ³¹mɔ̱³³e³³.

好　的　话不　听　　舒服　好

俗话说：良药苦口，忠言逆耳。

3. 转述型信息

指的是说话人通过转述或引用别人的话来进行信息的传递。[1]常见的表达方式是在转述的信息后加mi³¹e³³"说的"指明信息是转述自第三方的。例如：

tʂ̩³¹mɔ³³ŋɔ³⁵mi³¹pi̱³¹kɯ³³ji⁵⁵tsu³¹tsu⁵⁵ma⁵⁵mi³¹pi̱³¹ji³¹kʰɔ³¹ɕɪ³¹ȵi³³ka³³nv³³

村长　我　说　给　的　全部（受）（状）说给　他　　三天　后面

ti⁵⁵lv³¹ti³¹mi³¹e³³.

回来（引）说

村长让我告诉大家他三天后回来。

tʂ̩³¹mɔ³³nɔ³⁵mi³¹pi̱³¹ti⁵⁵li³³xɪ³³pʰv³³lv⁵⁵kɯ³³tshu⁵⁵tsu⁵⁵mi³¹pi̱³¹jo³¹mɪ⁵⁵xui⁵

村长　　你说　给　回去（连）村子　的　人（受）说给　今晚　会

kʰɛ³³mɯ³⁵mi³¹e³³.

开（貌）说

村长让你回去通知村里人今晚开会。

a⁵⁵mɔ³³nɔ³⁵mi³¹pi̱³¹ji³³xɪ³³　jo³¹v³³tsu⁵⁵　mi³¹pi̱³¹jɪ⁵⁵kʰo⁵⁵a³³xo³¹tsɔ³¹ti⁵⁵la³mi³¹e³³.

妈妈　你　说　给　去（连）我们（受）说给家　（方）饭　吃　回来　说

妈妈让你去通知他们回来家里吃饭。

ȵi⁵⁵tʂ̩³¹, a⁵⁵mɔ³³nɔ³⁵tsu⁵⁵ɕɔ³⁵tʰaŋ³¹a³³tshaŋ⁵³ti³³ti⁵⁵li³³ti³¹mi³¹e³³.

弟弟　　妈妈　你（受）学校　（方）快　地　回去（助）说

弟弟，妈妈叫你赶紧回学校。

碧约话的转述型信息与直接引语既有区别也有联系。相同之处在于：两者都在引用或转述的信息后加mi³¹e³³；不同之处在于：引用时需要在说话者后再加上一个mi³¹e³³进行强调，避免产生歧义，转述则不需要。例如：

ɕɔ³¹li³¹mi³¹e³³：ŋa⁵⁵mɔ³¹li³³pa⁵³　ti³¹mi³¹e³³.

小李　说　　我　不　来（体）（引）说

---

① 参阅 Aikhenvald，Alexandra Y.2004 . Evidentiality. Oxford：Oxford University Press. Page 63-66。

小李说："我不来了。"

nɪ³¹mɔ³³<u>mi³¹e³³</u>：ŋa⁵⁵sɔ³¹kɔ³¹mɔ³¹tv³⁵li³³nv³³la³³　ti³¹<u>mi³¹e³³</u>.
妹妹　说　　我　书　　不　读　去　想（貌）（引）说
妹妹说："我不想去上学了。"

ɕɔ³¹xɔ³³mɔ³³<u>mi³¹e³³</u>：nv⁵⁵tshaŋ⁵³ti³³tv̩³³la³³va̩³¹ti³¹<u>mi³¹e³³</u>.
姑娘　　　说　　　你　快　点　出来（语）（引）说
姑娘说："你快点儿出来吧！"

此外，引语表达中置于引用信息之后的mi³¹e³³已经开始发生脱落的现象。

nɪ³¹mɔ³³<u>mi³¹e³³</u>jɔ³¹n̩i³³mɔ³¹tsu³³kɔ³¹mɔ̩³³，ji³¹khɔ³¹sɔ³¹kɔ³¹mɔ³¹tv³⁵li³³mɯ³¹ji⁵⁵pa⁵³.
妹妹　说　　　今天　不　舒服　　　她　书　　不　读　去　想（体）
妹妹说她今天不太舒服，不想去上学了。

ɔ³¹mɔ³³<u>mi³¹e³³</u>ji³¹khɔ³¹jɔ³¹n̩i³³ɕa³³tsu³³jɪ⁵⁵kho⁵⁵a³³ti⁵⁵lv³¹tsu³³ŋe³³.
妈妈　说　　　她　今天　下午　家　　（方）回来（体）（语）
妈妈说她今天下午回家。

a³³pa³¹<u>mi³¹e³³</u>xɔ³³mu³³fv⁵⁵ti⁵⁵la³¹tsu³³　ŋɛ⁵³？
爸爸　说　　什么　时候　回来（体）（语）

a³³pa³¹<u>mi³¹e³³</u>（kɯ³³）ɔ³¹mo⁵⁵ji³³sv̩³¹ti⁵⁵la³¹tsu³³ŋe³³.
爸爸　说　　　（的）　明天　　　　回来（体）（语）
爸爸说什么时候回来？
——说是明天就回来了。

a³³pa³¹mi³¹e³³kɯ³³ja⁵⁵mɔ³³mo⁵⁵khɪ³³pa⁵³，mɔ³¹ji³³pa⁵³.
爸爸　说　　的　路　远　　太（语）　不　去（语）
父亲说路太远，（说）不去了。

当主语或宾语是第一人称或者不会引起歧义时，句子中不会出现mi³¹e³³。例如：

ŋa⁵⁵ji³¹khɔ³⁵tsu⁵⁵na⁵⁵tɪ³¹pi̩³¹："nɔ³³kɯ³³ɔ³¹mi⁵⁵xa⁵⁵ma⁵⁵khv⁵⁵ŋe⁵³？"
我　他　（受）问　给　你　的　名字　怎么　叫（语）
我问她："你叫什么名字？"

ji³¹khɔ³⁵ŋɔ³⁵mi³¹pi̩³¹："ŋa⁵⁵nɔ³⁵tsu⁵⁵mɔ³¹mi³¹pi̩³¹"
他　我说给　　我　你（受）不说给
——他对我说："我不告诉你。"

ji³¹khɔ³⁵ŋɔ³⁵na⁵⁵tɪ³¹lɯ³⁵："nɔ³³kɯ³³ɔ³¹mi⁵⁵xa⁵⁵ma⁵⁵khv⁵⁵ŋɛ⁵³？"
她　我问　（人）你的　名字　怎么　叫（语）
她问我："你叫什么名字？"

ji³¹khɔ³⁵ŋɔ³⁵na⁵⁵tɿ³¹lɯ³⁵ŋɔ³³kɯ³³ɔ³¹mi⁵⁵xa⁵⁵ma⁵⁵khv⁵⁵ŋɛ⁵³.

　他　　我　问　（人）我　的　名字　怎么　叫　（语）

他问我我叫什么名字。

（三）推论型

是指通过观察到的证据（即事件的结果）或者通过逻辑推理、本能推测等途径获得的信息。根据说话者对信息真实性的肯定程度，可以分为以下几类：

1. 猜测型信息。说话人通过既有事实对可能发生的事情做出一定的猜测。例如：

ji³¹khɔ³¹pha⁵⁵mɔ³¹lɤ³³ji⁵⁵pa⁵³　　　　　　　　　　　　他可能不会来。

　他　　怕是　不　来　（语）

tɿ³¹thɤ⁵⁵tɕhi³¹la³³kɯ³³ji³¹khɔ³¹pha⁵⁵tsʮ³¹khi⁵⁵tsɿ³³tsu³³ŋe³³

看(貌)（貌）　的　他　怕是　生气　　（体）（语）

他看样子是怕是要大发脾气了。

ɔ³¹nɯ⁵⁵nɯ⁵⁵kɯ³³xa³³mɔ³¹tsɔ³¹³³kɔ³¹mɔ³³khe³⁵.　　红的不一定就好吃。

　红　　的　都　不　吃　能　好　会

jɔ³¹mɿ⁵⁵nɔ³¹pha⁵⁵mɔ³¹ti⁵⁵li³³khe̠³¹pa⁵³　　　　　　　今晚看来是回不去了。

今晚　话　怕是　不　回去　会　（语）

2. 确认型信息。说话者通过对事实的分析，对某一情况产生了较为肯定的判断。例如：

ji³¹khɔ³¹lu⁵⁵pi³¹mi⁵⁵tsɔ³¹kɯ³³nɤ³³mɔ³³kuaŋ⁵⁵kɯ³³mɤŋ³¹ŋɛ⁵³?

　他　　贼　做　吃　的　心　　空　的　不是（语）

他是做贼心虚，不是吗？

nv⁵⁵mi⁵⁵mɯ³¹kɯ³³tɕu³³ʂɿ³³tɕhɤŋ³¹mɤŋ³¹ŋɛ⁵³?

　你　想　要　的　就是　钱　　不　是（语）

你想要的不就是钱吗？不是吗？

nv⁵⁵xe³⁵tsa³¹kɯ³³tshu⁵⁵mɤŋ³¹ŋɛ⁵³?　　　　　　　　你不是本地人吧？

　你　这里　的　人　不　是（语）

nv⁵⁵thɯ³¹ɲi³³kɔ³³su³³xa³³na³¹ma³³tɤ³³ji³³nɯ⁵⁵kɔ³³mɤŋ³¹ŋɛ⁵³?

　你　平时　　　不怎么　出　去　玩　　不（语）

你平时很少出去玩吧？

xe³⁵tsɿ⁵⁵sɿ³³thɯ³¹tsɿ⁵⁵kɯ³³ɔ³¹tshu⁵⁵khia⁵³na̠³¹ŋe³³.　这棵树，根特别深。

　这树　一　棵　的根　　特别

nv^{55}a^{31}thɯ^{31}o^{55}ŋ̣ɛ^{31}o^{55}nɔ^{31}　khia^{53}kɪ^{33}tɕɔ^{33}tsɔ^{31}ŋe^{33}.

您啊 一 回两回（话）太 计较 吃（语）

您啊，有时候太斤斤计较了。

第六节　否定范畴

否定范畴是指用否定标记表达否定意义的语法范畴。有关藏缅语的否定范畴的研究涉及诸多问题。既有对否定标记的形式、来源和句法功能的研究，也有对相关句法结构和语序的探讨。本节对碧约话否定范畴的讨论，主要针对两个问题：一是对否定标记共时特征的研究，包括语音、语法、语义、语用等方面的特征；二是不同句式中否定标记和其他句法成分的语序关系。

一　否定标记

（一）否定标记的语音特征

碧约话的否定标记与大多数藏缅语语言相同，可以表示一般否定意义的标和禁止标记。一般否定意义的标记为mɔ^{31}"不、没"，禁止标记为thɔ^{31}"别、不要、勿"。由于否定词与被否定成分常常结合紧密，否定标记的语音也会随被否定成分的不同发生变化。常见的变化有ma^{31}和mɔ^{31}、thɔ^{31}和tha^{31}两种。依据被否定词的元音舌位高低不同发生相应变化。举例如下：

舌	元音	mɔ^{31}/ma^{31}	thɔ^{31}/tha^{31}	元音	mɔ^{31}/ma^{31}	thɔ^{31}/tha^{31}
高	i̠ / i ɪ ʅ / ɿ	mɔ^{31}pi^{31}　不给 mɔ^{31}tr̩^{31}　不看 mɔ^{31}tsʅ^{31}　不骑 mɔ^{31}sɿ^{55}　不黄	thɔ^{31}ji^{33}　别去 thɔ^{31}ji^{31}　别割 thɔ^{31}xi^{55}　别拿 thɔ^{31}thɪ^{55}　别教	ɯ u	mɔ^{31}pu^{33}　不满 mɔ^{31}xɯ^{55}　不大 mɔ^{31}nɯ^{55}　不小	thɔ^{31}ku^{55}　别唱 thɔ^{31}tu^{55}　别喝
半高	ẹ e	ma^{31}khẹ^{31}　不会	tha^{31}pe^{33}　别说 thɔ^{31}phe^{31}放水	ɤ o	mɔ^{31}o^{31}　不卖 mɔ^{31}lɤ^{33}　不来	
半低	ɛ	ma^{31}te^{53}jɔ^{33} 没找到	tha^{31}je^{33}　别搓		mɔ^{31}ɕɔ^{35}　不学 mɔ^{31}kɔ^{31} 没听到	thɔ^{31}tsɔ^{31}　别编 thɔ^{31}kɔ^{55}mẹ^{33} 别闭眼
低	a̠ / a	ma^{31}na^{55}tɪ^{31} 不听 ma^{31}kuaŋ^{31} 不管	thɔ^{31}kuaŋ^{31} 别管			
半元音	ɤ̯ / v̩	thɔ^{31}tsɣ^{33} 别摇 thɔ^{31}tɣ^{31} 别挖	mɔ^{31}v̩^{55} 不买		ma^{31}lv̩^{31} 不够 thɔ^{31}v̩^{55}pi^{31} 别给 tha^{31}thɣ^{33} 别跪	tha^{31}tv̩^{31} 别补 tha^{31}tshɣ^{31} 别搭

从上表可以看出，否定词元音的变化与被否定成分的舌位高低有较为

整齐的对应关系。被否定成分的元音为i、ị、ɪ、ɿ、ʅ、ɯ、u、ɤ、o、ɔ时，否定词多使用mɔ³¹、thɔ³¹。被否定成分的元音为e、ẹ、ɛ、a、ạ时，否定词多使用ma³¹、tha³¹。当被否定成分的元音是半元音v、ʋ时，根据语言使用习惯的不同，既有使用mɔ³¹、thɔ³¹否定，也有使用ma³¹、tha³¹否定。

（二）否定标记的位置

1. 否定标记在句中主要作状语且位置固定。一般置于被否定的动词、形容词之前。如果句子出现两个或两个以上动词或能愿动词，也置于这些动词之前。

nv⁵⁵tsɿ³³pɔ³¹thɔ³¹tɕhi³¹v⁵⁵tu⁵⁵li³³！　　　　　你不许偷着去打酒喝。

你　酒　别　偷　买　喝去

ŋa⁵⁵ja³¹sʋ³³fv³³ja³³khɔ³¹mɔ³¹v⁵⁵ji³³.　　　　我刚才没去买烟。

我　刚刚　　烟　　没买去

ji³¹khɔ³¹ɔ³¹jɔ³¹tsɿ⁵⁵nɯ⁵⁵sɯ³¹，mɔ³¹pi³³tsɔ³¹kɔ³¹ji³³sɯ³¹.

他　　小　很　小还　　不（使）吃能去还

他这么小，不能给他吃这个。

nv⁵⁵ji³¹khɔ³⁵tsu⁵⁵pa⁵⁵mi⁵⁵khẹ³¹？　ŋa⁵⁵mɔ³¹pa⁵⁵kɯ³³khẹ³⁵！

你　他　（受）帮做会　　我　不　帮　的　会

你会帮他吗？——我不会的！

nv⁵⁵ji³¹khɔ³⁵tsu⁵⁵jaŋ³¹pi³¹tɕe⁵³？　ŋa⁵⁵mɔ³¹jaŋ³¹pi³¹khẹ³⁵！

你　他　（受）原谅（语）　我　不　原谅　会

你能原谅他吗？——我不可能原谅他的！

nv⁵⁵ŋɔ³⁵tsu⁵⁵mɔ³¹pa⁵⁵mi⁵⁵mɯ³¹pa⁵³　ŋa⁵⁵paŋ⁵⁵fa³¹tsɿ⁵⁵tɕhɿ³¹tsɛ⁵³tsu³³pa⁵³.

你　我（受）不　帮　做　想　的话我　办法　　自己　　再　有（语）

你不肯帮我的话，我就只好自己想办法了。

但也有例外。如被否定成分是三音节形容词重叠式或三音节动词时，其位置在第二个音节之后。例如：

ɔ³¹khʋ³¹mɔ³¹khʋ³¹　　　不软　　　　　tsɿ³¹khi⁵⁵thɔ³¹tsɿ³³　　　别生气

软　　不（叠）　　　　　　　　生　气别　气

重叠式的三音节动词、形容词肯定、否定连用时用"ABC＋ma³¹/mɔ³¹＋C"式。例如：

xe³⁵lʋ³³mɔ³³thɯ³¹sɿ³¹ɔ³¹tsɿ³³tsɿ³³mɔ³¹tsɿ³³？　　　这块石头重不重？

这　石头　一　块　重（叠）不　重

2. 否定标记与副词连用时，只能置于副词之后。例如：

ŋa⁵⁵sɿ³¹ɕa³³ma³³mɔ³¹ji³³.　　　　　　　　　我们不常去。

我们　经常　　不　去

ŋɔ³¹v³³khɯ³¹sa⁵⁵nɿ⁵⁵kv̩³¹ji⁵⁵tsu³¹ma⁵⁵mɔ³¹tsɔ³¹ŋɯ³³.　　　我们都不吃鱼腥草。

我们　鱼腥草　　　　　都　　　　不　吃（语）

ŋa⁵⁵maŋ³¹lɯ³³，xa⁵⁵ma³¹xa⁵⁵mɔ³¹li³¹kɔ³¹.　　　　　我太忙了，肯定不去。

我　太　（语）　怎么　也　不　去　看

jɿ⁵⁵to⁵⁵a³³　tsɿ⁵⁵mɔ³¹sɔ⁵⁵ja³³pha⁵⁵kha³³kɯ³³tshu⁵⁵thɯ³¹kɔ³¹mɔ³¹tsu³³.

家里（方）很　不　干净　扫帚　　扫　的　人　一　　个　没　有

家里这么脏，也没人打扫一下。

3. 否定标记mɔ³¹（ma³¹）和thɔ³¹（tha³¹）的语法、语义功能比较

mɔ³¹（ma³¹）和thɔ³¹（tha³¹）的语法功能，既有相同点，也有不同点。相同之处是，二者都能做状语。不同之处是，两者的语义不同，独立性也有差异。thɔ³¹（tha³¹）的独立性较强，可以单独做句子成分，不出现在固定短语和复合词中；而mɔ³¹（ma³¹）则有依附、黏着的语素化的特点，经常出现在固定短语和复合词中。分述如下：

① mɔ³¹（ma³¹）和thɔ³¹（tha³¹）在句中主要做状语，都置于被否定成分之前。但mɔ³¹（ma³¹）既可以在句中做独立成分，又可以做语素与其他语素结合构成词语，thɔ³¹（tha³¹）不能作为语素构成。例如：

mɔ³¹na̠³¹　　浅　　　　mɔ³¹mo̠³³　　坏

mɔ³¹xɯɯ³⁵　输　　　　mɔ³¹ka̠³¹　　丑

ji³¹khɔ³¹thɯ³¹to³³xa³³mɔ³¹to³³ma³³e⁵⁵tsa³¹n̠i⁵⁵tsa̠³³thɔ³¹.

他　　一　动　都　不　动地　那　　坐　　（貌）

他一动不动地坐在那儿。

xe³⁵v̩⁵⁵tv̩³¹thɯ³¹tv̩³¹tsɿ⁵⁵ma³¹na̠³¹.　　　　　　　这口井很浅。

这　井　一　口　很　不　深

e⁵⁵tshu⁵⁵thɯ³¹kɔ³¹ma³¹ka̠³¹xɿ³³mɔ³¹tɿ³¹kha³¹.

那　人　一　个　丑　（连）不　敢　看

那个人丑得让人不敢看。

mɔ³¹（ma³¹）还经出现在四音格词中，构成固定短语。例如：

mɔ³¹so⁵⁵mɔ³¹ɕi³¹　不干不净　　　mɔ³¹xɯ³¹mɔ³¹nɯ³³　不大不小

不　干　不　净　　　　　　　不　大　不　小

thɯ³¹o⁵⁵mɔ³¹ʂɿ⁵⁵　长生不老　　　ɔ³¹khɯ⁵⁵mɔ³¹tɕhi³³　藕断丝连

一次　不　死　　　　　　　　线　　不　断

Amɔ³¹（ma³¹）既可以做"不"，也可以做"没"使用。具体语义取决于由上下文语境或句子的时态。thɔ³¹（tha³¹）的语义为"别、勿、不要"。多出现在命令句、祈使句中。例如：

ɔ³¹mo⁵⁵ji³³sv̩³¹n̠i³³ja̠³¹ma³¹tsa³³ŋa⁵⁵mɔ³¹ji³³kɔ³¹.

明天　　　时间　没　有　我　不　去　能

明天没时间，我不能去。

ji³¹n̩i³³n̩i³³ja̠³¹ma³¹tsa³³xɿ³³ŋa⁵⁵mɔ³¹ji³³kɔ³¹.

昨天　时间　没　有（连）我　不　去　能

昨天没时间，我没去成。

ɔ³¹mo⁵⁵ji³³sv̠³¹tɩŋ³³jɩŋ³¹tɿ³¹，ɔ³¹su⁵⁵ji³³muɯ³¹?　ŋa⁵⁵ji³³，ji³¹khɔ³¹mɔ³¹ji³³.

明天　　　电影　看　谁　去　想　　我　去　他　　不　去

明天看电影，谁去?——我去，他不去。

ji³¹n̩i³³tɩŋ³³jɩŋ³¹tɿ³¹ɔ³¹su⁵⁵ji³³pɿ⁵³?　　　　　ŋa⁵⁵ji³³pa⁵³ji³¹khɔ³¹mɔ³¹ji³³.

昨天　电影　　看　谁　去（语）　　　　　我　去（体）他　　没　去

昨天看电影，谁去了?——我去了，他没去。

ji³¹n̩i³³ŋa⁵⁵sɔ³¹kɔ³¹mɔ³¹tɿ³¹.　　　　　　昨天，我没看书。

昨天　我　书　没　看

jɔ³¹n̩i³³ŋa⁵⁵sɔ³¹kɔ³¹mɔ³¹tɿ³¹.　　　　　　我今天不看书。

今天　我　书　　不　看

nv⁵⁵thɔ³¹mi⁵⁵!　　　　　　　　　　　你别做!

你　别　做

nɔ³¹v³³thɔ³¹ji³³va̠³¹!　　　　　　　　你们不要去!

你们　别　去（语）

thɔ³¹phi̠³¹phi³¹!　　　　　　　　　　不要放弃!

别　丢（貌）

sɿ³¹phi⁵⁵thɔ³¹pɿ³³kɿ³¹ŋa⁵⁵sɿ³¹phi⁵⁵mɔ³¹tsɔ³¹.　　别放辣椒，我不吃辣椒。

辣椒　别　放　我　辣椒　不　吃

Bmɔ³¹（ma³¹）既可以否定动作动词，还可以否定能愿动词、心理动词、判断动词、存现动词。而thɔ³¹（tha³¹）只能否定动作动词。例如：

mɔ³¹khe̠³¹ 不会　mɔ³¹kɔ³¹ 不能　　mɔ³¹muɯ³¹　不愿意

不会　　　　不能　　　　不愿意

thɔ³¹khe̠³¹ 不会　thɔ³¹kɔ³¹ 不能　　thɔ³¹muɯ³¹　不愿意

别会　　　　别能　　　　别愿意

ŋa⁵⁵tsɿ⁵⁵maŋ³¹luɯ³³，mɔ³¹li³³khe̠³⁵sɿ³¹.　　我很忙，不一定去。

我　很　忙（语）　不去　会　还

二　否定范畴的句法性质

（一）一些特殊句式的否定句

1.判断句的否定式。判断动词ŋe³³（ŋuɯ³³）在肯定式判断句中可以省略，在否定式判断句中不能省略。否定标记置于判断动词前。如：

ŋa⁵⁵ɕɔ³⁵sɤŋ³³ŋɯ³³.　　　　　　　　　我是学生。

我　学生　　是

ŋa⁵⁵ɕɔ³⁵sɤŋ³³mɔ³¹ŋɯ³³.　　　　　　我不是学生。

我　学生　　不　是

ji³¹khɔ³¹va̱ ³¹ṣ̩³¹tsɔ³¹ŋe³³.　　　　　他是杀猪的。

他　　猪　杀　吃　是

ji³¹khɔ³¹va̱ ³¹ṣ̩³¹tsɔ³¹mɔ³¹ŋe³³.　　　他不是杀猪的。

他　　猪　杀　吃　不　是

2. 动补结构的否定式。碧约话的述补结构存在紧密式和松散式两种类型。紧密式的动补结构中，动词与补语没有直接插入成分，否定标记置于动词前。松散式的动补结构中，动词与补语间有助词kɯ³³，否定标记置于动补语的形容词前。

紧密式动补结构的否定句：

ji³¹khɔ³¹tsɔ³¹pɤ̱³³phi³⁵pa⁵³, ŋa⁵⁵mɔ³¹tsɔ³¹pɤ̱³³la³³.　他吃饱了，我没吃饱。

他　　吃　饱（貌）（体）我　不　吃（饱）（人）

xe³⁵ṣ̩⁵⁵lɯ³¹ji³¹khɔ³¹tsɔ³¹pɤ̱³³kɔ³¹, ŋa⁵⁵ mɔ³¹tsɔ³¹pɤ̱³³kɔ³¹la³³.

这　一些　他　吃　饱　能　我　不　吃　饱　能（人）

（这点东西）他能吃得饱，我吃不饱。

nv⁵⁵tɿ³¹ki⁵⁵phi³⁵pa⁵³, ŋa⁵⁵mɔ³¹tɿ³¹ki⁵⁵la³³.　　　　你看完了，我没看完。

你　看　完（貌）（体）我　没　看　完（人）

ji³¹khɔ³¹na⁵⁵tɿ³¹lo³¹ji⁵⁵pa⁵³, ŋa⁵⁵mɔ³¹na⁵⁵tɿ³¹lo³¹la³³.

他　　听　清楚（体）我　没　听　清（人）

他听清楚了，我没听清楚。

松散式动补结构的否定式：

ji³¹khɔ³¹tsɔ³¹kɯ³³tsɿ⁵⁵ti³¹pɤ̱³³ŋe³³, ŋa⁵⁵tsɔ³¹kɯ³³xa³³na³¹ma³³mɔ³¹pɤ̱³³la³³.

他　　吃（补）很　饱（语）我　吃（得）不怎么　　不　饱（人）

他吃得很饱，我吃得不太饱/不怎么饱。

ji³¹khɔ³¹ku⁵⁵kɯ³³mɔ̱ ³³e³³ŋa⁵⁵ku⁵⁵kɯ³³mɔ³¹mɔ̱ ³³e³³.

他　　唱（补）好　我　唱（补）不　好

他唱得很好，我唱得不好。

xe³⁵tsɿ³³thɯ³¹tsɿ³³tshɤ̱ ³³kɯ³³xɔ⁵⁵lɯ³¹ma³³mɔ³¹mɔ̱ ³³.　这个字写得不是很好。

这　字　一　个　写（补）不怎么　　不　好

3. 连动结构的否定式。碧约话的连动结构分窄式和宽式两种。窄式连动结构即连动项之间不插入其他成分，其否定式是将否定标记置于第一个动词前；宽式连动结构连动项之间插入了其他成分，否定标记多出现在第二个动词前。例如：

窄式连动结构的否定式：

ji³¹khɔ³¹xo³¹mɔ³¹tsɔ³¹la⁵⁵.　　　　　　　他没来吃饭。

他　　饭　没　吃　来

ŋɔ³⁵tsu⁵⁵tɕhγŋ³¹thɔ³¹pha⁵⁵la⁵⁵.　　　　别来找我借钱。

我（受）钱　别　借　来

ja³³thɔ³¹phγ³¹tsɔ³¹, lv⁵⁵tsɔ³¹va³¹!　　　鸡别炖着吃，炒着吃吧！

鸡　别　炖　吃　炒　吃（语）

ji³¹khɔ³¹e⁵⁵jɔ³¹ɳi⁵⁵thɯ³¹kɔ³¹mɔ³¹tɕu⁵⁵te³¹.　他没救活那个孩子。

他　　那孩子　一　个　没　救活

宽式连动结构的否定式：

nv⁵⁵thɯ³¹pja³³xo³¹tsɔ³¹pa⁵³thɯ³¹pja³³to³¹tha³¹pe³³.

你　一　　边　范　吃（连）一　边　话　别　说

你不要一边吃饭一边说话。

nv⁵⁵ɔ³¹ɕɪ⁵⁵ɕɪ⁵⁵kɯ³³tha³¹la³¹tsɔ³¹pa⁵³ɔ³¹lo⁵⁵lo⁵⁵kɯ³³tha³¹la³¹thɔ³¹tsɔ³¹ɔ³¹phγ⁵⁵

你　凉　　的　一下　吃（连）热　　的　一　下　别　吃肚子　疼

na⁵⁵khe³¹/³⁵.

会

你别一会儿吃凉的一会儿吃热的，肚子会疼的。

（二）碧约话否定标记的黏着性

本书将碧约话的否定标记归入副词词类，因其与其他副词在句法上有很多共同点，比如在句中主要做状语，都能够修饰动词或形容词且都不能单独成句。但碧约话的否定标记与其他副词的不同之处是，它具有较强的黏着性。这一点在一定程度上改变了否定词的副词特点，使它成为副词中的特殊一类。否定标记的黏着性可以从以下几点看出：

（1）否定标记在语音上会受到否定成分语音的影响。除了上文提到的元音和谐外，当否定标记mɔ³¹位于句尾时，常与句尾的动词、语气词连用，发生语流上的合音。例如：mɔ³¹ŋɯ³³"不是"，在句尾时读作mγŋ³¹ɯ³³。例如：

ŋa⁵⁵lo³¹sɿ³³mγŋ³¹ɯ³³.　　　　　　我不是老师。

我　老师　不是

又如，mɔ³¹与疑问语气词ŋɛ⁵³连用，读作mγŋ³¹ɛ⁵³，mɔ³¹与判断语气词ŋe³³连用。读作mγŋ³¹e³³。例如：

nv⁵⁵ti³³kɯ³³kɔ³¹tʂm̩³¹xɔ³¹kɯ³³thɯ³¹tɕhi̯ ³³xa³³ŋa⁵⁵ɲi³³kv̩ ³¹　thɔ³¹kɯ³³mɣŋ³¹ɛ⁵³?

你 穿 的 衣服 哪 一 件 （连）我（施）缝（貌）的 不 是

你身上穿的衣服哪件不是我做的？

ŋɔ³³v̩³³tɕi³¹faŋ⁵⁵jun³³mɔ³¹thɿ⁵⁵tɔ³¹kɔ³¹mɣŋ³¹e³³.　　我们解放军不是好惹的。

我 们 解放军　 不 碰 动 能 不 是

nv⁵⁵mi⁵⁵mɯ³¹kɯ³³tɕu³³ʂɿ³³tɕhɣŋ³¹mɣŋ³¹ɛ⁵³?

你 想 要 的 就 是 钱 不 是

你想要的不就是钱吗？不是吗？

（2）否定标记与其他状语共同修饰谓词时，否定标记一般情况下都处于最靠近谓词的位置。修饰部分三音节或多音节谓词时，否定标记还可以置于谓词中间。例如：

ji³¹khɔ³¹ŋa⁵⁵xɿ³³thɯ³¹jaŋ³³ta⁵⁵mo⁵⁵mɔ³¹mo⁵⁵.　　她跟我不一样高。

她　　我跟 一样 高 不（叠）

tsɛ⁵³ɔ³¹xo⁵⁵mɔ³¹xo⁵⁵pa⁵³, tsɔ³¹tsa⁵⁵li̯ ³³ʂɿ ³¹tsu³³ŋe³³pa⁵³.

再 雨 不 下 的话 庄稼 干 死（体）（体）

如果再不下雨的话，庄稼就要干死了。

nv⁵⁵tsɛ⁵³thɔ³¹mi³¹o³³, ji³¹khɔ³¹ʂɿ ³¹la ³¹ji⁵⁵pa⁵³.　　你不用再说了，他懂了。

你 再 别 说（语）他　　知道（体）

nv⁵⁵na̯ ³¹na̯ ³¹tɿ³³tɯ³³ma³³thɔ³¹pe̯ ³¹!　　　　　你不要啰嗦地说！

你 啰嗦　　（状）别 说

（3）在一些句子中，即使不是对谓词的否定，否定标记在形式上仍然与谓词结合紧密。例如：

ɔ³¹nɯ⁵⁵nɯ⁵⁵kɯ³³tsɔ³¹kɔ³¹e³³, ɔ³¹ɲi⁵⁵ɲi⁵⁵kɯ³³mɔ³¹tsɔ³¹kɔ³¹e³³.

红　　的 吃 能（语）绿　 的 不 吃 能（语）

红的能吃，绿的不能吃。

ji³¹khɔ³¹xa³³ma³¹xa³³mɔ³¹xi⁵⁵tv̩ ³³tshv⁵⁵e³³.　　他怎么也拿不出来。

他　 怎么也 不 拿 出 能（语）

a⁵⁵kɔ̩ ³³tɿ³¹lo³¹tshv⁵⁵a³³tɕe̯ ³¹mɔ³¹tɿ³¹lo³¹tshv⁵⁵.　　哥哥看得懂，姐姐看不懂。

哥哥 看 懂 能 姐姐 不 看 懂 能

tsɔ³¹nɔ³¹tsɔ³¹pa⁵³a⁵⁵xa⁵⁵mɔ³¹tsɔ³³pv̩ ³³la³³.　　吃倒是吃了，但不饱。

吃 是 吃 了 但是 没 吃 饱（语）

（4）否定标记易与它所否定的成分形成结构、语义相对固定的复合词。否定标记由修饰成分向语素转化，也是其黏着性的表现。例如：

mɔ³¹khɿ³³　　　勇敢　　　　ma³¹na̯ ³¹　　　　　浅

不 怕　　　　　　　　　不 浅

ma³¹tha̠³³	钝	mɔ³¹xo³⁵	错
不 快		不 对	
mɔ³¹so⁵⁵mɔ³¹ɕi³¹ 不干不净		mɔ³¹phɔ³¹mɔ³¹na⁵⁵ 平安	
不 干 不 净		不 傻 不 病	

上面这些例子中，"不××"是形容词××唯一对应的反义词。"不×
×"在语义上是一个整体，而不是对××的否定，应该被看做是一个词而
不是短语。因此，否定标记也应该被看做是一个语素而不再是独立的词。

综上所述，碧约话的否定范畴主要是通过否定标记在句法中的关系来
实现的。否定标记有两个，分为一般否定标记mɔ³¹和禁止标记tha³¹。两者
在句法、语义功能上有相同之处也有差异。否定标记在不同的句法结构中
位置有一定的差异，但总的来说与谓词结合非常紧密，否定标记mɔ³¹还出
现了向语素转化的现象，一定程度上反映出碧约话否定标记的黏着性。

第七章 结语

第一节 碧约哈尼语语法特征小结

以上对碧约哈尼语的共时语法体系进行了较为全面的描写与分析。可以得出碧约话有以下几个显著的语法特征：

一 量词发达

碧约话是一个量词发达型的语言。量词不仅数量众多、种类丰富，而且具有大量的反响型量词。通过对碧约话常用的 2031 个名词逐一考察，发现其中有 173 个名词可以产生反响型名量词。此外，绝大部分单音节动词都可以产生反响型动量词。通过对语料的进一步分析发现，反响型名量词产生于性状、类别量词之前，最初反响双音节名词的第二个音节，随着人们语素辨识能力的提高，出现了反响第一音节词根语素。在个体量词发展的推动下，部分反响词根的量词进一步虚化，最终促使性状、类别量词出现。反响型动量词的产生和发展与语言中的反响型名量词和宾动同形结构有关，两者是促使反响型动量词产生的必要条件，也是推动其发展的语法化和类推机制。

二 分析性特征显著

碧约话是一个具有典型分析型特征的语言。其分析型特征主要体现在靠助词和语序来表达语法意义。虽然部分人称代词有形态变化，但也不完整。部分名词、形容词有前缀或后缀，表示一定的语法意义，但这些"前缀"和"后缀"大部分是半实半虚的，还带有一定的实词义。助词的类别有：结构助词、语气助词、体貌助词等。其中，结构助词尤其丰富。包括话题助词、宾语助词、施事工具助词、定语助词、方所状语助词、情态状语助词、从由格助词等等。功能相似的助词有的还不止一个。例如话题助词有 a^{31} 和 no^{31} 两个，两者都可以做话题标记，但在语义和句法功能上有一定差异。助词在碧约话中是一个封闭的系统，数量不多，但功能强大，大部分助词都是多功能的。例如从 ni^{33} 既可以做施事助词也可以做工具助词、从由助词：

pɔ³¹li³¹ŋa⁵⁵n̠i³³　tɯ³¹pe̠³¹ŋɯ³³.　　　　　　　　　　玻璃是我打碎的。

玻璃　我（施）　打　破　（语）

nɔ³¹v³³tɕhɤŋ³¹n̠i³³ŋɔ³⁵mɔ³¹v⁵⁵jɔ³³tshv³³e³³.

你们　钱　（工）我　不　买到　能

你们别以为用钱能收买我。

phv³¹lv³¹tshv³³tsɿ³¹a³¹　n̠i³³　kɔ³¹khɔ³¹le³³　pa⁵³.　　西瓜从车上滚下来。

西瓜　　车子　（方）（从）掉（貌）（貌）（体）

针对某一助词来说还常有主要功能和次要功能之分，例如助词a³³主要做方位助词，做话题助词是其次要功能：

ŋa⁵⁵jɔ³¹sɿ³¹tsɿ³³a³¹tsu³³e³³.　　　　　　　　　　　鸟在树上。

鸟　　树　（方）在

ji³³lo³³jo³¹mɔ³¹a³¹xɔ³³tsa⁵⁵ŋɛ⁵³?　　　　　　　　哀牢山在哪里？

哀牢山　　（话）哪里（语）

语序的固定也是碧约话分析型特征的表现之一。"主语+宾语+谓语"是碧约话的基本语序类型，其句法和语义的关系是"施事+受事+动作"。当主语与施事、宾语与受事的语序关系一致时，一般不需要使用语法标记；当受事提前做句子主语时，受事或者施事后需要加上语法标记。例如：

nv⁵⁵xɔ³¹tsɔ³¹pɿ⁵³?　　　　　　　　　　　　　　　你吃饭了吗？

你　饭　吃（语）

xɔ³¹nv⁵⁵n̠i³³tsɔ³¹pɿ⁵³?　　　　　　　　　　　　饭你吃了吗？

饭　你（施）吃（语）

碧约话语序的固定性不仅体现在句法中，也体现在构词、短语结构中。在复合式合成词中，语素间是支配关系的都遵循"宾语语素+动词语素"的语序。如：

n̠i⁵⁵tsho³¹　　　　　　戒指　　　　　o³¹tsho³¹　　　　笠帽

指　套　　　　　　　　　　　　　　头　罩

述宾结构的短语，也遵循"宾语+述语"的语序。例如：

nɔ³¹tɕhi³¹khɔ̠³¹　　挖耳朵　　　　na⁵⁵nv⁵⁵ne̠³³　挤奶

耳朵　挖　　　　　　　　　　　奶　挤

即使是从汉语中借入的语素或词语，在进入碧约话后，也会适应固有的语序进行调整。例如：

xui⁵⁵khe³³　　　　　　开会　　　　　ɕaŋ⁵⁵tsau⁵⁵　　照相

会　开　　　　　　　　　　　　　相　照

三　体貌范畴复杂性

碧约哈尼语有较为丰富的体貌范畴。这里所谓的"体"是指动作或事件在某一时间段所进行的进程或状态，"貌"是指动作或事件的具体表现方式。体貌范畴的复杂性，首先表现在体词和貌词的数量上的丰富。相比较而言，貌词比体词数量更多。常见的有结果貌、态势貌和态度貌等。其中每种类别又包含不同语义的貌词。例如结果貌中有表示状态相比发生了一定变化的变化貌phi^{31}，表示动词发生后获得了所期望的结果的获得貌jɔ^{33}，动作完成后达到某一目标或状态的实现貌thv^{55}，等等。

体貌范畴的复杂性，还表现在体和貌的界限有一定的模糊性。两者既有区别也有联系。从语法形式上看，体的语法形式是在动词后加上体助词来实现的，而貌范畴则用貌词、语法化的动词以及动词的重叠形式来表示。表示貌的助词大多从动词虚化而来，而体助词却难以分析其来源。但部分助词既可以做体词，也可以做貌词使用。例如kɔ^{33}做体词时，表示进行体；做貌词时，表示进行貌。

做体词：ŋa^{55}sɔ^{31}kɔ^{31}ti^{31}kɔ^{33}ŋɯ^{33}.　　　　　　我在看书。
　　　　我　书　看　在（语）
做貌词：ŋa^{55}sɔ^{31}kɔ^{31}ti^{31}kɔ^{33}kɯ^{33}ji^{31}tɕhɪ^{31}phi^{35}pa^{53}.　我看着书就睡着了。
　　　　我　书　看着（状）睡着（貌）（体）

从句法位置上看体助词多出现在句尾，而貌词只能紧跟动词之后。但部分貌词既位于句尾，其后也并未出现体词时，只能通过语义进行区别。例如：

ɔ^{31}xo^{55}xo^{55} le^{33}.　　　　　　　　　　雨大起来。
雨　下（自下而上貌）

ja^{31}ma^{33}a^{31}sɹ^{31}jɔ^{31}mi$^{33/31}$a^{31}sɹ^{31}mɯ^{31}n̩i^{31}v^{55}pi^{31}tsha^{33}.　新郎和新娘互换了礼物。
新郎　　　　　新娘　　东西（使）给（互动貌）

四　韵律对语法有制约作用

碧约话的韵律对语法有很强的制约作用。碧约话的韵律与其他语言的不同之处在于，在常见的双声叠韵、双音节化之外，ABB 式的三音节结构对碧约话的词法和句法也有着重要的影响。例如：碧约话中存在大量的 ABB 式的宾动同形结构：

ɔ^{31}xo^{55}xo^{55}　　　下雨　　　　　mi^{55}pa^{55}pa^{55}　　　崩山
雨　下　　　　　　　　　　　　崩山　崩

又如：碧约话的绝大多数的状态形容词都是 ABB 结构：

ɔ³¹tshɯ⁵⁵tshɯ⁵⁵　　　酸酸的　　　　　　ɔ³¹phɿ⁵⁵phɿ⁵⁵　　　涩涩的

此外，双音节形容词在与程度副词、否定副词搭配使用时，也要重叠后一个词根音节：

ɔ³¹nɯ⁵⁵tsɿ⁵⁵nɯ⁵⁵　　很红　　　　　　tạ³¹kv̩³¹tsɿ⁵⁵kv̩³¹　很弯

红　很（叠）　　　　　　　　　　　弯　很（叠）

再如，反响型量词大多反响双音节名词的第二个音节，这与 ABB 式的韵律结构的作用也有一定关系：

sa³³tv³³thɯ³¹tv³³　　一个苞谷　　　　thɯ³¹nẹ³¹nẹ³¹　　　抓一下

苞谷　一个　　　　　　　　　　　　一　下　抓

五　语法化发展的不平衡性

碧约话的语法化发展存在不平衡性。这一特点首先表现在不同词类语法化程度的差异上。语法化虽然广泛出现在各类实词甚至语素上，但相比较而言，动词的语法化是语法化过程中的主要力量。大部分助词都是由动词虚化而来。例如：

表示使动态的助词 pi³³、v⁵⁵ 分别是动词 pi³¹ "给"、弄 "v⁵⁵" 语法化而来：

xe³⁵xɹ³³khɔ³¹ŋɔ³⁵pi³³mi⁵⁵la³¹.　　　　　这件事让我做吧。

这　事情　我（使）做（助）

ɔ³¹su⁵⁵n̩i³³ ji⁵⁵kv³³v⁵⁵pẹ³¹ŋɛ⁵³?　　　　谁把门弄破了。

谁（施）门（使）破（语）

又如在很多藏缅语族语言中，句尾表示人称的助词是由人称代词虚化而来，而碧约话的人称助词是由趋向动词 la⁵⁵ "来" 虚化而来：

tsɔ³¹nɔ³¹tsɔ³¹pa⁵³a⁵⁵xa⁵⁵mɔ³¹tsɔ³³pv̩³³la³³.　吃倒是吃了，但不饱。

吃是　吃　了　但是　没　吃　饱（人）

nɔ³³v³³ɕɹ⁵⁵kɔ³¹tạ³³la³³　xɹ³³　pa⁵⁵mi⁵⁵la⁵⁵ la³¹.　你们上来三个人帮（我）。

你们　三个　上来（连）帮　做　来（人）

语法化发展的不平衡性还表现在：在同一类别的词语中，不同词之间语法化程度有所不同。例如量词 tɕhɿ⁵⁵ "毛" 是由 ɔ³¹tɕhɿ⁵⁵ "毛发" 通过反响的方式得到的，tɕhɿ⁵⁵ 作为 ɔ³¹tɕhɿ⁵⁵ 的词根，带有 "毛" 的词汇意义，后来逐渐扩大使用范围，成为带相同词根的名词 ma³³（脸）tɕhɿ⁵⁵（毛）"眉毛"、na⁵⁵（鼻子）tɕhɿ⁵⁵（毛）"鼻毛" 的共有量词，但仍然带有词汇意义，语法化程度较低。而 sɹ³¹ 是由 ɔ³¹sɹ³¹ "果子" 通过反响的方式得到的量词，经历了程度更深的语法化的过程后脱离了原有的词汇意义，发展成为限定所有圆形或颗粒状事物性状量词。如 pha⁵⁵pɹ⁵⁵（口袋）thɯ³¹（一）sɹ³¹（只）"一只口袋"。

　　此外，即使是同一个词，在不同的句法条件下，语法化的程度也有不同。例如动词tsɔ³¹"吃"常常在其他动词之后，表达与"吃"有关的动作义（如下例 A），但在部分动词后已经完全失去了与词义"吃"的语义联系，语法化程度更深（如下例 B）。

　　A: ja³³tɕhi³¹ti³³tu⁵⁵tsɔ³¹pa³³na³¹ jiŋ³¹ɕu³³fa³⁵le³³.　　鸦片只要一抽就上瘾。

　　　　鸦片　　抽吃　　着了　　瘾就发（貌）

　　B: nɔ⁵⁵ji³¹khɔ³¹tsu⁵⁵thɔ³¹phiŋ³¹tsɔ³¹va̩³¹!　　　　你们别怪她了！

　　　　你　她　　（受）别　怪　吃（语）

第二节　本研究的创新和不足

一　创新点

　　与前人所做研究相比，本书的创新之处主要表现在：

（一）研究对象

　　之前对哈尼语的研究主要集中在人口最多的支系语言——哈尼绿春大寨话的研究上。而对其他支系的方言研究和关注较少。这些方言之间大多不能互相通话，具有各自的特征和研究价值。2007 年赵敏首次对哈尼族卡多支系的卡多话做了比较系统的研究，出版了《墨江哈尼族卡多话参考语法》一书。但碧约支系与卡多支系的方言还存在着相当的差异。本文以碧约支系的语言为研究对象，系统、全面地对碧约话的语法进行力所能及的共时描写和分析。其中，有许多内容是《墨江哈尼族卡多话参考语法》中未涉及的。

（二）研究内容

　　在对碧约哈尼语共时描写的基础上，本文还针对哈尼语的语法特点，做了一些专题研究。与现有的哈尼语研究的成果相比较，本书对一些问题有了新的研究与认识。如反响型量词的发展和演变、动词与形容词的区别与联系、有关体貌关系的认识、话题范畴、述补结构、传信范畴、否定标记、汉语对碧约话语法的影响等等。

（三）语料建设

　　本文注重语料建设。所收集的语料包括：30 多万字的例句、3000 多个词常用词语、4 个民间故事、十多个谜语和 3 首碧约传统诗歌。其中，碧约传统诗歌是首次以国际音标的方式记录，对研究碧约话的历时演变、口语与文学语言的差异等有一定价值。

二　不足之处

本文的研究还存在以下不足之处：

（一）理论深度不够。虽然本文主要是借助结构语言学、功能语言学、语言类型学理论作为理论框架，但对某些语法现象描写得多，解释的得少。在后续研究中，应该加强语言学的理论素养，增强对语言现象的解释力。

（二）部分问题研究不够深入。例如碧约话中具有特点的引语助词、人称助词、存在动词、宾动同形结构等问题只停留在简单的描写层面，未有更进一步的深入分析。这也是我的后续研究需要突破的重点和难点。

（二）碧约话是哈尼语的支系方言中与汉语接触较多的一支。其语言系统借入了大量的汉语成分，这些借入的成分与固有成分既互补，又竞争，对碧约话原有的语言系统产生了影响。但本文对借用成分的分析较为单薄。这也是后续研究目标之一。

附　录

一　民间故事

骗婚

ji³³jɔ³¹mi⁵⁵tsɔ³¹jɔ³¹mi³¹keʰ³¹tsɔ³¹
结婚　　　女儿　　骗

ji³¹nę ³³ʂɿ³³nę ³³fv⁵⁵tshu⁵⁵jo³¹mo³¹thɯ³¹kɔ³¹tsu³³，ji³¹khɔ³¹kạ ³¹li³³tshu⁵⁵
很久很久以前　老人　　　一 个 有　　他　美 很

ti³¹kɯ³³jɔ³¹mi³¹nę ³¹kɔ³¹tsu³³, ji³¹khɔ³¹to³¹thɯ³¹to³¹mi³¹ki⁵⁵: "ŋɔ³³kɯ³³jɔ³¹mi³¹
的 女儿 两个 有　　他　话 一 句 说 完　我 的 女儿

nę ³¹kɔ³¹kɯ³³lo³¹tho³¹khi³³jɔ³¹ɔ³¹su⁵⁵xi⁵⁵jɔ³³tshu⁵⁵pa⁵³, ɔ³¹su⁵⁵v³³pi³¹. " jo³¹
两 个 的 裤子　短裤 谁　拿 得 到 的话 谁（使）给 别人

xe³⁵to³¹thɯ³¹to³¹na⁵⁵tɿ³¹jo³¹mi³¹a³¹, thɯ³¹saŋ³³xɿ³³ɔ³¹, ɕɔ ³¹xɔ ³¹tsɿ ³³ɔ³¹nv⁵⁵lia⁵⁵
这 话 一 句 听到 后　　一 段 后　小伙子　外面

khɔ³¹tɕhi³³thɯ³¹mo⁵⁵pọ ³³la⁵⁵xɿ³³　ji³¹khɔ³⁵kɯ⁵⁵thiɛŋ³³tɕiŋ³¹a³¹tɕɿ³³ki³³tɕhi³³
斑鸠　　 一 只 打 来（连）他 　 的 院子　　（方）投 进

li³¹. ɕɔ ³¹xɔ ³¹tsɿ ³³mi³¹: "ŋɔ³⁵kɯ⁵⁵khɔ³¹tɕhi³³xi⁵⁵li³³la⁵⁵/³³tsu³³. ""e⁵⁵fv³³ŋɔ³⁵
去 小伙子　说　我 的 斑鸠　 拿 进去 （体）现在 我

kɯ³³a³³pa³¹jɿ⁵⁵kho⁵⁵mo³¹tsue³³. mɔ³¹pi³¹o⁵⁵/³³la⁵⁵/³³. " jo³¹mi³¹nę ³¹kɔ³¹ a³¹
的 爸爸 家 不 在 不 给 进来　　姑娘 两 个（话）

ji⁵⁵kv³³tɕɿ³¹tɕɿ³¹ma³³kuaŋ⁵⁵phi³¹thọ³¹. ja³⁵ɕɔ ³¹xɔ ³¹tsɿ ³³thɯ³¹kɔ³¹khɔ³¹tɕhi³³
门　紧紧　地 关 了 着　那 个 小伙子 一 个 斑鸠

ma³¹kɣ ³³e³³. ja³⁵ɕɔ ³¹xɔ ³¹jo³¹mi³¹nę ³¹kɔ³¹tsu⁵⁵khɣ ⁵⁵pi³¹: " nɔ³³v³³la⁵⁵ji⁵⁵kv³³
不 捡　　那 小伙子 姑娘 两 个 （助）喊 给 你们 来 门

pho³¹lɣ³³la³¹, ŋa⁵⁵kɯ³³khɔ³¹tɕhi³³kɣ ³³tɿ³³la³³tsu³³. " jo³¹mi³¹nę ³¹kɔ³¹mi³¹pi³¹
开来（语）我 的 斑鸠　 捡 回来 要　姑娘 两 个 说给

ti⁵⁵: "ŋa⁵⁵kɣ ³³la ³¹ŋu³³, nv⁵⁵thɔ³¹o³³la³³. " e⁵⁵ja ³¹jo³¹thɯ³¹kɔ³¹mi³¹ti⁵⁵: "ŋa⁵⁵tsɿ⁵⁵
回 我 捡 来 给　你 别 进来　那 男人 一 个 说回 我 自

tɕhɿ³¹kɤ³¹ti³³la³³tsu³³ɔ³¹mo³³nv⁵⁵ni³³ŋe̠³¹ʂɿ³¹phi³¹la³³ʂɔ³³. " xe³⁵jɔ³¹mi³¹ŋe̠³¹kɔ³¹
己　捡来　　要　万一　你们　捏死　（貌）（语）这　姑娘　两个

paŋ⁵⁵fa³¹ma³¹tsa³³, ji⁵⁵kɤ³³v³³pho³¹tɕhi³¹la⁵⁵/³³xɿ³¹, ji³¹khɔ³¹tsu⁵⁵pi³¹kɤ³³ti⁵⁵la³³.
办法　没有　门　（使）开　来（连）他　　（助）给捡　回来

ɕɔ̠³¹xɔ̠³¹tsɿ̠³³ju³³mi³¹: "ŋa⁵⁵jɔ³¹xɔ³³tsa⁵⁵pɔ̠³³kɯ³³kɔ̠³³tɕhi³¹lɯ³¹pa⁵³xɔ³³tsa⁵⁵
小伙子　又说　我那里　　打的　斑鸠　　的话哪

tseŋ³¹tsɔ³¹tsu³³. "jɔ³¹mi³¹ŋe̠³¹kɔ³¹tɕu³³mi³¹ti⁵⁵pi³¹: "a³³khia³¹ khɔ³¹tɕhi³³tsha⁵⁵
煮　吃要　姑娘　两个　就　说回给　那样的话　斑鸠快点

ti³³tseŋ³¹ tsɔ³¹. " ɕɔ̠³¹xɔ̠³¹tsɿ̠³³thɯ³¹kɔ̠³¹ɔ³¹tɕhɿ⁵⁵thɯ³¹tɕhɿ⁵⁵thɯ³¹tɕhɿ⁵⁵ti³³a³¹sa³¹
（状）煮吃　小伙子　　一个　羽毛　一　根　　一　根　（状）慢慢

jɔ³¹ti³³ko⁵⁵. jɔ³¹mi³¹ŋe̠³¹kɔ³¹mi³¹pi³¹: "tshaŋ⁵⁵tshaŋ⁵⁵ti³³ko⁵⁵, ŋɔ³³a³³pa³¹ti⁵⁵la³³
（状）拔　姑娘　两个说给　　快快　（状）拔　我爸爸　回来

tsu³³ŋe³³pa⁵³. " ɕɔ̠³¹xɔ̠³¹tsɿ̠³³mi³¹pi³¹: "ŋa³³jɔ³¹pɔ̠³¹tsɔ³¹kɯ³³tshu⁵⁵ɔ³¹tɕhɿ⁵⁵
（体）（体）小伙子　说给　　我鸟打吃的人　羽毛

tsha⁵⁵ti³³ mɔ³¹ko⁵⁵kɔ³¹ŋe³³, tshɣ³¹tɕhi³³la³³xɿ³¹ŋe³³. "
快（状）不　拔能（语）雷　打来会（语）

tha³¹la³¹xɿ³³a³¹, ji³¹khɔ³¹kɯ³³a³³pa³¹ti³³le²¹pa⁵³, jɔ³¹mi³¹ŋe̠³¹kɔ³¹n̪i³³e⁵⁵ŋa³³
一会后　她们的爸爸回来　（体）姑娘　两个（施）那鸟

jɔ³¹pɔ̠³¹kɯ³³tshu⁵⁵tsu⁵⁵ja⁵⁵a³¹mu³³lia³³pi³¹ji³¹tsa̠³³thɔ³¹ŋe³³. ɔ³¹khɔ⁵⁵a³¹a³³pa³¹
打的　人（受）床下面　　给睡觉（貌）（语）她们（话）爸爸

a³¹sa³¹jɔ³¹ti³³jɔ³¹ti⁵⁵la⁵⁵/³³, ti⁵⁵la/³³pa⁵³tɕu³³ji³¹tɕhi³¹phi³⁵pa⁵³. e⁵⁵kɯ³³me̠³¹khe³
慢慢　地走回来　　回来后就　睡着（貌）（体）那个　晚上

ŋa³³jɔ³¹pɔ̠³¹tsɔ³¹tshu⁵⁵thɯ³¹kɔ³¹mi³¹: "khɯ³¹ɕɿ⁵⁵thɔ̠³¹le³³. " jɔ³¹mi³¹ŋe̠³¹kɔ³¹
鸟　打吃人　一　个说　　虱子　咬（语）姑娘　两个

jɔ³¹khɔ³⁵a³³pa³¹n̪i³³ kɔ̠³¹phi³¹lɔ³¹sɔ³¹ti³³khɿ³³xɿ³¹, jɔ³¹v³³ŋa³³jɔ³¹pɔ̠³¹ kɯ³³thɯ³¹
他们　爸爸（施）听（貌）到　怕　因为　他们鸟　打的　一

kɔ³¹tshu⁵⁵ɔ³¹thɯ⁵⁵tha̠³¹tɤ³³ti³³mi³¹pi³¹. ŋa³³jɔ³¹pɔ̠³¹kɯ³³thɯ³¹kɔ³¹ju³³mi³¹
个人声音　别出　说给　鸟　打的　一个　又说

khɯ³¹ɕɿ⁵⁵ji³¹khɔ³⁵tsu⁵⁵thɔ̠³¹le³³pa⁵³. xe³⁵jɔ³¹mi³¹ŋe̠³¹kɔ³¹paŋ⁵⁵fa³¹ma³¹tsa³³,
虱子　他　　（受）要来（体）这姑娘　两个办法　没有

mi³¹: "nv⁵⁵ŋɔ³³v³³kɯ³³ɔ³¹kɔ³³lia³³ji³¹tsa̠³¹la⁵⁵. "lɔ³¹thɔ³¹khi³³jɔ³¹tɕhi³¹phi³¹pa⁵³.
说　你我们的中间　睡　来　裤子　短裤　偷（貌）（体）

ka³³nv³³thɯ³¹n̪i³³ɔ³¹lɣ³¹lɣ³¹la³³fv³³a³¹ ɕɔ̠³¹xɔ̠³¹tsɿ̠³³ lɔ³¹thɔ³¹khi³³jɔ³¹xi⁵⁵thɔ³¹
后来　一　天　天亮　起时（话）小伙子　　裤子　　短裤　拿（体）

xɪ³³ ji³¹khɔ³¹a³³pa³¹tsu⁵⁵na⁵⁵tɪ³¹mi³¹pi³¹："nv⁵⁵mi³¹kɯ³³to³¹suaŋ⁵⁵mɔ³¹suaŋ⁵⁵
（状）他　爸爸（助）听　说　给　你　说　的　话　算　不　算
a³³pa³¹mi³¹："suaŋ⁵⁵." a³³pa³¹mɔ³¹pi³¹mɔ³¹kɔ³¹ma³³, pi̠³¹phi³¹.
爸爸　说　算　　爸爸　不　给　不可以　　给（体）

译文

骗　婚

很久以前，有一个老人，他有两个美丽的女儿。他说过一句话：谁能
来拿到我两个女儿的短裤，我就把她们嫁给他。这句话说完不久，一个小
伙子打到一只斑鸠扔进了老人家的院子里。老人不在家，他的两个女儿紧
紧地关着大门。小伙子捡不到斑鸠，在门后面喊："给我开门吧！我去捡一
下斑鸠！"两个姑娘说："你不能进来，我爸爸不在家。我们给你捡了拿出
来。"小伙子说："不行，我怕你们把它捏死了，必须我自己来捡。"两个姑
娘没办法，只好让他进门了。小伙子又说："我们打猎的人习惯是在哪打到
的在哪煮吃掉。"两个姑娘说："那快点铆把毛拔了煮着吃吧！"小伙子一根
一根慢慢地拔。两个姑娘着急地说："你快点儿拔！我爸爸就要回来了！"
小伙子回答说："我们打鸟的人是不能那么快地拔毛的，会遭到雷劈的。"

不久，姑娘的父亲回来了。两个姑娘赶紧让他睡到床下面。老人走了
很久的路，回家后很快就睡着了。半夜里，打鸟的人说虱子咬他，两个姑
娘怕父亲听见，让他别出声。过一会儿打鸟的人又说虱子在咬他。两个姑
娘没办法，只能让他睡到她们中间。早上起来，小伙子拿着两个姑娘的短
裤去找她们的父亲说："你说话算数吗？"老人只好说："算数"，不得不把
两个女儿给他了。

地主和秀才的故事

sɿ⁵⁵po³³xɪ³³pi³¹jɔ³¹ɕan³³seŋ³³
地主　和　碧约　先生

thɯ³¹n̠i³³na³⁵fv⁵⁵a³¹xa̠³¹sɿ⁵⁵po³³thɯ³¹jɪ⁵⁵tsu³³ji³¹khɔ³¹tɕhʏŋ³¹tsɿ⁵⁵tsa³³sɔ³¹
很久以前　　汉族　地主　一　个　有　他　钱　很　有
kɔ³¹ma³¹sɿ̠³¹la̠³¹. pi³¹jɔ³¹ɕan³³seŋ³³thɯ³¹jɪ⁵⁵tsu³³sɔ³¹kɔ³¹sɿ̠³¹la̠³¹tɕhʏŋ³¹ma³¹
书　不　知道　碧约　先生　一　个　有　书　知道　钱
tsa³³a³¹xa̠³¹sɿ⁵⁵po³³pi³¹jɔ³¹ɕan³³seŋ³³tsu⁵⁵mɔ³¹tɪ³¹tɕhi³¹tshv⁵⁵, ji³¹khɔ³¹pi³¹
没　有　汉族　地主　碧约　先生（受）不　看　起　能　他　碧

jo³¹ɕan³³seŋ³³tsu⁵⁵sʅ ³¹o⁵⁵n̺i⁵⁵ti³¹khɤ⁵⁵pi ³¹. a³¹xa̠ ³¹sʅ⁵⁵po³³sɔ³¹kɔ³¹tshɤ ³³tsu³³
约　先生　　（受）死雾尼（引）叫　给　汉族　地主　书　写　（体）

fv⁵⁵mi⁵⁵mɯ³¹fv⁵⁵pi³¹jo³¹ɕan³³seŋ³³khɤ ⁵⁵la³¹.
时　想　要　时　汉族　地主　　书　来

thɯ³¹khɤ ³¹tsa³³li³³tsɔ³¹tsu³³fv⁵⁵, ji⁵⁵kv³³tsa³³thi³⁵kɯ³³sɔ³¹kɔ³¹pi³³tshɤ ³³la³³.
一　年　过年　（体）时候　门　里　对联　　（使）写　来

pi³¹jo³¹ɕan³³seŋ³³ju³³tshɤ ³³pi ³¹：a³¹tha̠ ³¹kɯ³³thɯ³¹khuɛ³¹, jɿ³³sʅ³³pa³¹tsa³¹ji³³
碧约　先生　　就　写给　　上联　的　一块　　老板嫖客　门

tɤ ³³tɤ ³³ji³³, a³¹va̠ ³¹, mo³¹kɔ³¹la³³pa³¹jo³¹ti⁵⁵la³¹, jo³¹kho³³kɯ³³thɯ³¹khuɛ³¹
出去　　下联　无可奈何　　走　回来　横批　　一　块

jɿ³³sʅ³³pa³¹tsa³¹. ji⁵⁵kv³³a³³thɿ³⁵ka̠ ³¹khɿ³³li³³ka³³nv³³. tsa³³li³³tsɔ³¹xɿ³³, ma³¹tshɤ ³¹
老板嫖客　门　（方）贴上　　以后　　过年　（连）亲朋好友

li⁵⁵li⁵⁵tsa³³li³³tsɔ³¹la³³fv⁵⁵, ji³³tsɯ³³tsɔ³¹/³⁵pa⁵³ji³³tsɯ³³ka̠ ³¹sʅ⁵⁵：khia⁵³ka̠ ³¹sʅ⁵⁵ji⁵⁵
过年　　来　时　一边　吃　（连）一边　笑　　简直　笑死

pa⁵³! a³¹xa̠ ³¹sʅ⁵⁵po³³tshe³¹sʅ ³¹la ³¹：sɔ³¹kɔ³¹mo³¹sʅ ³¹la ³¹kɯ³³khia⁵³khɿ³³pa⁵³!
（体）汉族　地主　才　知道　　书　不　知道　的　太　可怕（语）

e⁵⁵thɯ³¹n̺i⁵⁵kɯ³³ka³³nv³³pi³¹jo³¹ɕan³³seŋ³³tsu⁵⁵sʅ ³¹o⁵⁵n̺i³³ti³¹mo³¹khɤ ⁵⁵kha³¹ji⁵⁵
那　一　天　的　以后　碧约　先生　　（受）死雾尼（引）不　叫　敢（体）

pa⁵³.

译文

地主和秀才的故事

以前有一个地主，他很有钱，但是没有文化，一个碧约秀才，他有文化，但是没有钱。地主是汉族人，他总是看不起碧约人，称呼这个秀才为"死雾尼"（指最下贱的人）。地主需要写书信的时候，都会叫来这个秀才。有一年，要过春节了，地主叫秀才写对联。秀才就写了一副对联，上联是：老板嫖客出门去，下联是：无可奈何回家来。横批是：老板嫖客。贴在门上后，很多人来围观，大家一边读一边笑，地主明白后，特别生气，地主觉得没文化真丢脸，以后的地主对秀才更加尊重了，称呼他"秀才"了。

鸟的故事

ŋaʰ³³jo³¹kɯ³³kv³¹tɕiŋ⁵⁵
鸟的故事

thɯ³¹n̩i³³na³⁵fv⁵⁵, jiŋ³³kɔ³³ŋa̱³³jo³¹kɯ³³tʂɿ³¹mɔ³³ŋe³³, thɯ³¹o³³ji³¹khɔ³¹
很久以前　　　鹦哥　鸟　的　官　是　一　天他

ɔ³¹mɔ³³ʂɿ⁵⁵phi³¹ji³¹khɔ³¹ɔ³¹mɔ³³tsu⁵⁵paŋ⁵⁵tsɔ³¹pi³¹tsu³³kɯ³³ɕaŋ³³paŋ³³kɯ³³khv⁵⁵
妈妈　死（貌）他　妈妈（受）丧事　给（体）的　帮助　的　叫

ji³³. ly̱³¹ŋa̱³¹tsu⁵⁵mo³¹tshv³¹pi³³khv⁵⁵tshu³¹ji³³, ŋa̱³³jo³¹ti³¹kha⁵⁵tsu⁵⁵kɯ³³jiŋ³³
去　乌鸦（受）传丧（使）叫　跑　去　鸟　　　所有　的　鹦

kɔ³³ɔ³¹mɔ³³pa³³paŋ³³tsɔ³¹la³³. ly̱³¹ŋa̱³¹xe⁵⁵kɯ³³ɕɿ³³khɔ³¹mi⁵⁵kɯ³³tsɿ⁵⁵mɔ̱³³. jiŋ³³
哥妈妈帮助吃来乌鸦这的事情做得很好鹦

kɔ³³ji³¹khɔ³¹tsu⁵⁵khua⁵⁵jian³¹pi³¹: nv⁵⁵a³¹ka³³nv³³a³¹thɯ³¹o³³thɯ³¹n̩i³³kɔ³³sv³³
哥他　（受）夸奖　给　你（话）以后（话）　每次

tshu⁵⁵ʂɿ⁵⁵mo³¹tshv³¹khv⁵⁵tshu³¹e³³! ka³³nv³³a³¹ly̱³¹ŋa̱³¹mo⁵⁵pa⁵³ tshv⁵⁵ʂɿ⁵⁵
人　死　丧失　叫　跑（语）以后（话）乌鸦　叫（连）人死

tsu³³ŋe³³pa⁵³ ti³³mi³¹ ŋe³³.
（体）（体）（引）说（语）

　　mɿ³¹jɔ³¹mɔ³¹li³³mɯ³¹, ji³¹kɔ³¹ke̱³¹pi³¹: ŋa⁵⁵pɔ³¹kɔ³¹lɯ³³. jiŋ³³kɔ³³tʂʰɿ³¹
　　鹌鹑　不　去想　他　撒谎说　我　发鸟疾（人）鹦哥生

khi⁵⁵khia⁵³tsɿ³³. nv⁵⁵a³¹ tsu³¹tsu³¹pɛ⁵⁵pɛ⁵⁵ma³³pɔ³¹kɔ³¹ji³³. ka³³nv³³a³¹mɿ³¹jɔ³¹
气很　　你（话）祖祖辈辈　（状）发鸟疾（貌）后来　（话）鹌鹑

thɯ³¹o⁵⁵kɔ³³sv³³ " eŋ³³eŋ³³, eŋ³³" ti³¹mo⁵⁵. pɔ³¹kɔ³¹kɯ³³sv³³.
每天　　　嗯　嗯　嗯（状）叫　发鸟疾　的一样

　　mɿ⁵⁵jɔ³¹to³¹nɯ⁵⁵xa⁵⁵mɔ³¹li³³mɯ³¹. ji³¹kɔ³¹ke̱³¹pi³¹ŋa⁵⁵ɔ³¹v⁵⁵pɔ³¹lɯ³³. jiŋ³³
　　黑头公　　　也不去想　他　撒谎说我肚子拉（人）鹦

kɔ³³mi³¹pi³¹: ka³³nv³³nv⁵⁵a³¹tsu³¹tsu³¹pɛ⁵⁵pɛ⁵⁵ɔ³¹v⁵⁵ po³¹kɔ³¹je³³. ka³³nv³³a³¹
哥说给　以后你（话）祖祖辈辈　肚子拉去（语）从此（话）

mɿ⁵⁵jɔ³¹to³¹nɯ⁵⁵thɯ³¹mo⁵⁵xa⁵³ɔ³¹v⁵⁵ po³¹kɯ³³tɔ̱³¹py̱³³ɔ³¹nɯ⁵⁵nɯ⁵⁵.
黑头公　　　每只　都　肚子拉（补）屁股　红红的

　　tŋ⁵⁵ka̱³¹ka̱³¹tsɿ⁵⁵ka̱³¹ xɿ³¹sɔŋ³³saŋ³³tɔ³¹kɔ³³ɕan³³seŋ³¹mi³¹pi³¹, ji³¹khɔ³¹ɔ³¹
　　红嘴俏　　很　好看（连）司仪　　先生　做给　他　嘴巴

mɿ³¹v³³nɯ⁵⁵kɔ³¹tʂʰɿ³¹ka̱³¹ma⁵⁵ka̱³¹ti³¹ tsa̱³¹mi̱³¹ka̱³¹ma⁵⁵ka̱³¹ti³¹ma⁵⁵to⁵⁵mo⁵⁵
　　弄　红衣服　好看（状）穿　尾巴　好看（状）穿（状）长长

pa⁵³kɔ³¹ thɔ³¹　　xɪ³³jiŋ³³kɔ³³tɪ³¹kɯ³³khia⁵³maŋ³¹ji³³pa⁵³，mi³¹pi̠³¹：nv⁵⁵a³¹thɯ³¹
（状）穿（貌）（连）鹦哥 看（补）很 满意 （语） 说给 你（话）

o⁵⁵kɔ³³sv³³sɔŋ³³saŋ³³pa³³tɕhi³¹tsɔ³¹！
每次　司仪　扮（貌）吃

pɔ³¹kɔ⁵⁵v³¹lv³³kʋ̠³¹tsha̠³¹pi³³tsha³¹la⁵⁵ʴ³³，ji³¹khɔ³¹thɯ³¹ɳi³³kɔ³³sv³³kʋ̠³¹
红头鸟　菜　（使）炒 来　　　　他　　每天

tsha̠³¹pi³³tɔ̠³³：thɔ³³thɔ³³thɔ³³，thɔ³³thɔ³³thɔ³³. jiŋ³³kɔ³³mi³¹pi̠³¹：nv⁵⁵a³¹tsu³¹
（使）剁 咚 咚 咚　咚 咚 咚 鹦哥 说给 你（话）祖

tsu³¹pɛ⁵⁵pɛ⁵⁵ma³³kʋ̠³¹tsha̠³¹tsha³³tsɔ³¹.
祖 辈辈（状）才　炒 吃

ja⁵⁵mɔ³³tsu⁵⁵xo³¹pa⁵⁵khv⁵⁵tsɔ³¹kɯ³³mi³¹pi̠³¹，ja⁵⁵mɔ³³tɔ³¹tsɿ⁵⁵na³³ti³¹，thɯ³¹
母鸡 （受）饭帮 叫 吃 的 做 让 母鸡 话很听 一

tsa⁵⁵tsɿ³³tsa³³thɯ³¹kɔ³¹khv⁵⁵tsɔ³¹pi̠³¹. jiŋ³³kɔ³³khia⁵³maŋ³¹ji³³pa⁵³，mi³¹pi̠³¹：
桌 里 一个 叫吃 让 鹦哥 很 满意 （语）说给

nv⁵⁵a³¹thɯ³¹o⁵⁵kɔ³³sv³³jɔ³¹thɯ³¹khɿ⁵⁵tsu⁵⁵xo³¹sɯ³³tsɔ³¹pi̠³¹. ja⁵⁵mɔ³³thɯ³¹o⁵⁵
你（话）每天　　　孩子 一 群（受）饭 领 吃 给 母鸡 每天

kɔ³³sv³³ja⁵⁵jɔ³¹tsu⁵⁵xo³¹sɯ³³tsɔ³¹pi̠³¹.
小鸡 （受）饭 领 吃

so⁵⁵ti³¹tsu⁵⁵　nɔ³¹kɔ³¹tɯ³¹pi³³tɯ³³kɔ³¹tʂ̩³³ka̠³¹ma⁵⁵ka̠³¹ti³³tsa³¹ka̠³¹
孔雀（受）（话）跳舞（使） 衣服 好看（状）穿 裙子 好看

kɔ̠³¹，ta⁵⁵mo⁵⁵mo⁵⁵ma³³kɔ̠³¹. jiŋ³³kɔ³³xɪ³³ji⁵⁵tsu⁵¹ma⁵⁵kɯ³³tɔ³¹jɪ³³khia⁵³tɪ³¹
穿 长长 （状）穿 鹦哥（连）全部　 的 客人 特别

kɔ³¹mɔ̠³³ŋe³³. so⁵⁵ti³¹khia⁵³ɕi³¹xuaŋ³³ kha⁵⁵thɯ⁵⁵mo³¹thɯ⁵⁵ma⁵⁵tsa̠³¹mi̠³¹pɛ³¹
喜欢 （语）孔雀 特别 高兴 到处　　　　（状）裙子 摆

pi̠³¹. khia⁵³ka̠³¹ xɪ³³pi³¹jɔ³¹kɯ³³tsa̠³¹mi̠³¹so⁵⁵ti³¹kɯ³³tɔ³¹mi³¹sv³³tʋ̠³³ti³¹kʋ̠³¹
给 特别 好看（连）碧约 的 裙子 孔雀 的 尾巴 像 （状）缝

tʋ̠³³sv³³ŋe³³.
补 像（语）

thɔ³¹khɔ³¹lɔ³¹ʂ̩³³lv³¹pɪ⁵⁵mi⁵⁵tshɔ³¹tɛ⁵³ji³³，ji³¹khɔ³¹tshɔ³¹phv³³thɯ³¹ma³³tɛ⁵³
穿山甲　坟 地 找 去 他 蚂蚁窝 一个 找

jɔ³³. ji³¹khɔ³¹mɔ³¹kɔ³¹nɔ³³ma³³tʋ̠³¹thɔ³¹thɯ³¹ʂ̩³³seŋ³³khia⁵³ju³¹tʋ̠³¹mɔ̠³³e³³pa⁵³.
到 他 不 停 （状）挖（貌）　一 小时　才 就 挖 好（体）

jiŋ³³kɔ³³khia⁵³maŋ³¹ji³³pa⁵³mi³¹pi̠³¹：nv⁵⁵tsɤ⁵⁵kɔ³¹kɿ³³pa⁵³thɯ³¹o⁵⁵kɔ³³sv³³xe³⁵
鹦哥 很 满意 （体）说给 你 最 辛苦 （体）永远　 这

tshɔ³¹ki³¹tsu³³jɿ⁵⁵. thɔ³¹khɔ³¹lɔ³¹s̩³³jiŋ³³kɔ³³tsu⁵⁵mi³¹pi³¹﹕ka³³nv³³a³³nɔ³³kɯ³³
蚂蚁　为活　穿山甲　　　鹦哥（受）说给　以后　你的
l̩³¹phi⁵⁵l̩³¹te⁵⁵ma³³xɯ³¹la³³　pi³¹！
子孙后代　　　壮大（貌）祝

ka³³nv³³a³³jiŋ³³kɔ³³kɯ³³ɔ³¹mɔ³³kɯ³³lɣ³¹pɿ⁵⁵thɯ³¹khɣ³¹thɯ³¹khɣ³¹ti³¹xɯ³¹
后来　鹦哥　的　母亲　的　坟墓　一　年　一　年（状）大
la³³pi³¹, tshɔ³¹phv³³thɯ³¹ŋ̩i⁵⁵pi³¹thɯ³¹ŋi⁵⁵xɯ³¹la³³.
（貌）　蚂蚁窝　一　天　比一　天　大（貌）

译文

鸟的故事

很久以前，鹦哥是鸟的领袖，有一次，鹦哥的母亲去世了，准备办丧事，他想叫很多鸟来帮忙，就让乌鸦去发通知：所有的鸟都来鹦哥家来帮忙！乌鸦把这件事办得很好，鹦哥表扬他说：乌鸦，你以后就专门传达丧事吧！

鹌鹑不愿意去，说我这几天在发鸟疾，我不能去。鹦哥很生气，让你以后祖祖辈辈都发鸟疾。从此以后，以后所有的鹌鹑叫的声音都跟发鸟疾一样。

黑头公也不愿意去，他装病说，我拉痢疾，鹦哥说：那好，你们以后祖祖辈辈拉个够！于是，所有的黑头公都有了一个红红的屁股。

红嘴俏因为的长得好看，被安排做司仪，红嘴俏特地涂了口红，穿了长裙子，鹦哥很满意，说你们以后祖祖辈辈都这么打扮吧！

红头鸟被叫来做厨师，他每天剁菜，空空空，空空空，硬哥说：你以后祖祖辈辈都做菜吧！于是，他的后代每天在树上大洞，空空空，空空空……

老母鸡被安排做招呼客人的人，老母鸡尽职尽责，鹦哥说：你这么好，以后就专门做照顾儿女的事情吧！于是，老母鸡每天都到处给孩子们找食。

孔雀被安排做歌舞表演，鹦哥说她打扮得俏俏的，她穿了一条长长的漂亮的裙子，鹦哥很喜欢看，孔雀到处炫耀她的裙子，打开给大家看，被大家竞相模仿。碧约姑娘的裙子也是跟孔雀学的。

穿山甲负责去找坟地，他就选择了一个蚂蚁窝，不停地挖挖挖，终于做好了一个坟。鹦哥很满意地说，你最辛苦，这些白蚂蚁就赏给你做大餐了。于是，穿山甲世世代代以白蚁为食。穿山甲祝福鹦哥的子孙后代兴旺。从此以后，蚂蚁窝也一年比一年高大。

公鸡和斑鸠的故事

jaʰ³³phi⁵⁵xɿ³³kho³¹tɕhi³³
公鸡　和　　斑鸠

ȵa³³phi⁵⁵xɿ³³ kho³¹tɕhi³³ji⁵⁵tsu³¹ma⁵⁵ŋa³³jo³¹, a⁵⁵xa⁵⁵v̩³¹nv̩³³kui³³kui³³ȵi³³ja³¹
公鸡　　和　斑鸠　　都是　　　鸟　　但是　生活　过（补）日子

mɔ³¹thɔŋ³¹. thui³¹khv̩³¹mi³¹tha̠³¹tsɿ⁵⁵kui³³, v̩⁵⁵tshv̩³¹tu³¹ja⁵⁵ma³¹tsa³¹.kho³¹tɕhi³³
不同　　一　年　　天　　很旱　　水　　喝　地方　没　有　斑鸠

ȵa³³xɿ³³sa³³lian³³li³³：ɔ³³v̩³³v̩⁵⁵tv̩³¹thui³¹tv̩³¹tv̩³¹mui³⁵, ȵa³³phi⁵⁵xa⁵⁵ta³¹jɿŋ³³.
鸡　跟　商量　　去　我们　井　一　口　挖（貌）　公鸡　也　答应

ji³¹kho³¹kho³¹tɕhi³³tsu⁵⁵kɔ³³xɔ³¹tv̩³¹. thui³¹pa³¹li³³tv̩³¹ki⁵⁵pa⁵³, ȵa³³phi⁵⁵tsu⁵⁵
他　　斑鸠　　（受）先　挖　一半　挖　完（体）公鸡　（受）

tv̩³¹lv̩³³ti³¹mi³¹pi̠³¹. ȵa³³phi⁵⁵mɔ³¹pa⁵⁵tv̩³¹, kho³¹tɕhi³³ju³¹ji³¹kho³¹tsɿ⁵⁵tɕhi³¹
挖　来（引）说给　公鸡　　不　帮　挖　斑鸠　就　他　　自己

tv̩³¹, v̩⁵⁵tshv̩³¹tv̩³³la̠³¹ja⁵⁵tv̩³¹khui³³, ȵa³³phi⁵⁵ju³¹v̩⁵⁵tshv̩³¹tɕian³¹tu⁵⁵e³³
挖　水　　出　来地方挖到　　公鸡　就　水　　抢　　喝

kho³¹tɕhi³³tshɿ̠³¹khi⁵⁵tsɿ³¹, a⁵⁵xa⁵⁵ja³³phi⁵⁵tsu⁵⁵mɔ³¹tui³¹jɿŋ³¹kɔ³¹, thui³¹pja³³tsv̩⁵⁵
斑鸠　　生气　　　　　但是　公鸡　（受）不　打　赢　能　一　边　坐

thɔ³¹xɿ³³　 tv̩³¹tsui³³pi̠³¹：nv̩⁵⁵tu⁵⁵nɔ³¹tu⁵⁵mui³¹tv̩³¹nɔ³¹tv̩³¹mɔ³¹tv̩³¹mui³¹, nɔ³⁵
（貌）（连）诅咒　给　你　喝倒　喝　想　挖　就　挖　不　挖　　想　你

tshv̩³¹ȵi³¹tɕhi³³pi̠³¹！ja³³phi⁵⁵khia⁵³khɿ³¹xɿ³³thui³¹phv̩⁵⁵tu⁵⁵pa⁵³thui³¹phv̩⁵⁵lui³³tɿ³¹.
雷（工）打　给　公鸡　　特别害怕（连）一　次　喝完　　一　次　抬头　看

a³¹pa³¹lia³³a³³nɿ⁵⁵po⁵⁵thui³¹mo⁵⁵tsu³³, nɿ⁵⁵po⁵⁵ja³³phi⁵⁵tsu⁵⁵mi³¹pi̠³¹：nv̩⁵⁵
边上　（方）蚂蚱　一　只（受）蚂蚱　公鸡　（受）说给　你

pa⁵⁵tv̩³¹se³³sɿ³¹xɔ³¹e³³！ja³³phi⁵⁵kɔ³¹jo³¹：nv̩⁵⁵kho³¹tɕhi³³tsu⁵⁵pa⁵⁵mi³¹pa⁵³, ŋa⁵⁵
帮　挖　才　对（语）公鸡　想　　你　斑鸠　（受）帮　说　的　话　我

nɔ³⁵tsɔ³¹phi³¹ki⁵⁵tsu³³！ka³¹nv̩³³fv̩⁵⁵a³¹ja³³phi⁵⁵nɿ⁵⁵po⁵⁵tsu⁵⁵mu³³su³³pa⁵³ju³¹tsɔ³¹
你　吃（貌）（貌）要　从此以后（话）公鸡　蚂蚱　（受）看　的话就吃

phi³¹.nɿ⁵⁵po⁵⁵kho³¹tɕhi³³tsu⁵⁵pa⁵⁵mi³¹xɿ³¹jo³¹v̩³³ȵe̠³¹kɔ³¹ji³¹sa³¹ji³¹nui³³mi⁵⁵phi³¹
（貌）蚂蚱　斑鸠　　（受）帮　说（连）他们　两个　好兄弟　　　做（貌）

kho³¹tɕhi³³nɿ⁵⁵po⁵⁵tsu⁵⁵thui³¹mo⁵⁵mɔ³¹tsɔ³¹.
斑鸠　蚂蚱　（受）一　只　不　吃

kho³¹tɕhi³³thui³¹o⁵⁵xa⁵⁵mɔ³¹mo⁵⁵tɿ⁵⁵khe̠³¹, thui³¹o⁵⁵ka³³nv̩³³a³¹thui³¹ȵi³³kɔ³³
斑鸠　　一次　都　不　忘记　能　这次　以后（话）　每天

su³³mi³¹: kɔ³¹jɪŋ³¹tʋ³¹pa⁵³kɔ³¹jɪŋ³¹tu⁵⁵……kɔ³¹jɪŋ³¹tʋ³¹pa⁵³kɔ³¹jɪŋ³¹tu⁵⁵……

　说　自己　挖（连）自己　喝　　　　自己　挖（连）自己　喝

译文

公鸡和斑鸠的故事

　　公鸡和斑鸠都是鸟，但是他们的生活方式不同。有一年，天旱，找不到水喝，斑鸠去跟鸡商量挖一口井，公鸡同意了。不过他让斑鸠先挖，斑鸠挖到一半，让公鸡接着挖，公鸡耍赖不肯挖，斑鸠只好继续挖，直到挖出水来。水井就挖好了。

　　公鸡见到水就来抢着喝，斑鸠生气又但又打不过他，只好在一边诅咒说："你等着，你这种好吃懒做的人，雷劈死你！"公鸡很害怕，所以每次喝水的时候，都一边喝一边看天。

　　边上有一只蚂蚱，他在公鸡和斑鸠之间劝架说："斑鸠是对的，你应该帮助斑鸠一起干活儿"。公鸡想，蚂蚱你竟然帮斑鸠！看我吃了你！所以，公鸡看到蚂蚱就吃.因为蚂蚱帮斑鸠说话，从此以后斑鸠永远不吃蚂蚱了。

　　斑鸠一直对这件事耿耿于怀，总是念叨说："自己挖的自己喝……自己挖的自己喝！"

二　碧约传统诗歌

歌颂白鹇鸟

kɔ³¹mɔ³³la³¹ta³¹
白鹇鸟之歌

la³¹ta³¹tshɯ⁵⁵n̩ə³¹ta³¹o⁵³　　　　　　碧约有十二首小调
碧约小调　十二　首

tshɯ⁵⁵n̩ə³¹ta³¹ma³¹ŋa⁵⁵mɔ³¹ku⁵⁵　　　那十二首我不唱
十二　首　我　不　唱

jɔ³¹n̩i³³ku⁵⁵kɯ³³thɯ³¹ta³¹nɔ³¹　　　　今天唱的一首是
今天　唱　的　一　首　是

lo⁵⁵tha³¹kɔ³¹mɔ³³　mi³¹ji³³xɯ³¹　　　河头有名的白鹇鸟
河头　白鹇鸟　名字　流传　大

xa⁵⁵tsu³¹pja⁵³ni³¹mi³¹xɯ³¹/³³kɯ³³　　为什么名声这么大
为什么　原因　名　大　这么

çɿ³⁵kɯ³³thɯ³¹tạ³ku⁵⁵kɔ³³nɯ³³　　　　　　这一首就是唱的它
这　个　一　首　唱　的

lạ³¹tạ³¹ji³³nɔ³¹lạ³¹tạ³¹ji³³　　　　　　换气
thɯ³¹n̠i³³nạ³¹ja³¹³³thɯ³¹n̠i³³fv³³　　　很久很久以前
一　天　早　日子　一天　　时候
tɕhe⁵⁵thạ³¹phv⁵⁵kɯ³³a³³n̠ẹ³¹jɔ³¹v³³　白头发的奶奶
头　前　白　的　奶奶
n̠i³³nɔ³¹na⁵⁵lɣ³³na⁵⁵lɣ³³ti³³　　　　白天病得厉害
白天　病得厉害
mɿ⁵⁵nɔ³¹phɔ³¹lɣ³³phɔ³¹lɣ³³ti³³　　　夜晚也病得厉害
夜晚　病得发抖
jɿ⁵⁵tsu⁵⁵mɔ³¹o⁵⁵kɔ³¹tɕhe³³ma³³　　家里都进不了了
家里面　不　进　能
jo³¹mɔ³³lo⁵⁵khɔ³¹sɿ³¹mɔ³³tsɿ⁵⁵　　山下涧里面的大树下
山　涧　树大树
sɿ³¹mɔ³³tsɿ⁵⁵tsu³³khɔ³³thɔ³¹xɿ³³　靠在大树脚下
大树　下　靠　着
sa³¹nɔ³¹mɔ³¹ku⁵⁵tɣ³¹tshv⁵⁵ma³¹　气都喘不出来了
气　不　喘　出　能
na⁵⁵kɔ³¹na⁵⁵ʂu³¹mɯ³¹ŋɯ³³ma³³　病得不轻了
病　小病　不　是
phɔ³¹kɔ³³phɔ³¹ʂu³¹mɯ³¹ŋɯ³³ma³³　疼也疼得厉害
疼　小疼　不　是
sa³¹nɔ³¹ku⁵⁵li³¹li³¹kɔ³³fv³³　　　喘着微弱的气的时候
气　喘　停　着　时
lo⁵⁵thạ³¹kɔ³¹mɔ³³jɔ³¹v³³ni³³　　　涧头的白鹇鸟
河头　白鹇鸟
tʂhɿ³¹phɿ⁵⁵pi³³tu⁵⁵la³³mɔ³³xɿ³³　叼来涩药喂给老人
药　涩　使　吃　来
tʂhɿ³¹khɔ³¹pi³³tu⁵⁵la³³mɔ³³xɿ³³　叼来苦药喂给老人
药　苦　使　吃　来
tsɣ³¹tsɣ³³la³³pa⁵³tsɣ³¹tsɣ³³mɔ³³　老人越来越好起来了
越　来　越　好

lo⁵⁵tha̱³¹kɔ³¹mɔ³³jɔ³³v³³　　　　　　　涧头的白鹇鸟
河　头　白鹇鸟

tɕhe³³tha̱³¹phv³³kɯ³³a³³ņe³¹jɔ³³v³³　　　看到白发老奶奶好起来了
白发　　　　　　奶奶

na⁵⁵kɔ³¹mɔ³³ti³³na⁵⁵pa⁵³nɔ³¹　　　　　　病彻底地好了
病 彻底　　地 好 了

ɔ³¹tʂh̩³¹li³³pɿ⁵⁵phi³¹xɿ³³　　　　　　　悄悄地飞走了
悄悄　　飞　走了

tɕhe³³tha̱³¹phv³³kɯ³³a³³ņe³¹jɔ³³v³³　　　白发老奶奶
白发　　　　　　奶奶

pa⁵⁵ji³¹pa⁵⁵la³³jɔ³¹v³³tsu⁵⁵　　　　　　叫来左邻右舍的朋友们
左邻右舍　　们

kɔ³¹mɔ³³tɯ⁵⁵ma³³tɯ⁵⁵la³³tɕi³³　　　　　都来学白鹇鸟跳舞
白鹇鸟　跳　　跳 来

kɔ³¹mɔ³³tɯ⁵⁵kɯ³³mu⁵⁵pa⁵³nɔ³¹　　　　看见白鹇鸟跳舞
白鹇鸟　跳舞　看到

kɔ³¹mɔ³³phɯ³¹tsu⁵⁵mu⁵⁵kɯ³³sv³³　　　就像见到白鹇鸟一样
白鹇鸟　样子　　看 一样

sa⁵⁵ɯ³¹ji³³ma³³tɯ⁵⁵kɔ³¹pa⁵³　　　　　世世代代跳下去
世世代代　　跳 下 去

sa⁵⁵ɯ³¹ji³³ma³³mu⁵⁵kɯ³³sv³³　　　　　世世代代见到白鹇鸟一样
世世代代　　见到　一样

phi³¹ ʂ̩⁵⁵ li³¹ tɕhɿ³¹la³³pa⁵³nɔ³¹　　　　代代相承
老人 死 孙子 长大

li³¹tɕhɿ³¹jɔ³³v³³tɯ⁵⁵kɔ³¹ji³³　　　　　代代都跳白鹇舞
孙子 长大　　跳 下去

phi³¹to³¹nɔ³¹tʂh̩⁵⁵ma⁵⁵mi³¹ji³³tɕhɿ³¹　　老祖宗是这么嘱咐的
老辈话　　这么　　说 下 来

phɔ³¹to³¹nɔ³¹tʂh̩⁵⁵ma⁵⁵ku⁵⁵ji³³tɕhɿ³¹　　老祖宗是这么唱的
老祖宗　　这么　　唱 下来

a³³v³¹phi³¹kɔ³¹lɤ³¹kɯ³³ɔ³¹jɔ³³nɔ³¹　　　我们是哈尼人的后代
我们 老祖宗　的　后代

phɔ³¹kɔ³¹lɤ³¹kɯ³³ɔ³¹jɔ³³nɔ³¹　　　　　哈尼人的后代啊
我们 老祖宗　的　后代

a³³v³¹phi³¹to³¹　　　ma³¹na⁵⁵mɔ³¹kɔ³¹ji³³tʂʅ³¹　我们不听祖宗的话是不行的
我们　老祖宗 的话 不 听 不 行　的
phi³¹tsa³³mɔ³¹tsɔ³¹mɔ³¹kɔ³¹ji³³tʂʅ³¹　　　　　不吃老祖宗传的是不行的
祖宗吃的 不吃　不 行 的

草药歌

tʂʅ³¹la³¹ta³¹
草药歌

jɔ³¹n̩i³³ɔ³¹ŋa⁵⁵la̩³¹ta̩³¹ji³³ti³³mi³¹pa⁵³　今天我说的调子是
今天　我 调子　　说

jɔ³¹n̩i³³ku⁵⁵kɯ³³thɯ³¹ta̩³¹nɔ³¹　　今天我唱的调子是
今天 唱 的 一 调　是

jɔ³¹n̩i³³mi³¹thɯ³¹to³¹nɔ³¹　　今天说的内容是
今天 说 一 句 是

thɯ³¹n̩i³³na̩³¹ja³³thɯ³¹n̩i³³fv⁵⁵ti³¹　很久很久以前
一 天 早日 一 天 时候

phi³¹ji³³mi³¹kɯ³³thɯ³¹to³¹nɔ³¹　　祖宗说的话是
祖宗 说 的 一 句 是

tʂʅ³¹kɯ³³to³¹ji³³xa⁵⁵ma⁵⁵pɯ³¹　　药是怎么传给后代的
药　的 话　　怎么 交代

ɕi³³kɯ³³thɯ³¹ta̩³¹ku⁵⁵kɔ³¹ŋɯ³³　唱得就是这一调
这 的 一 首 唱 得 是

phi³¹³⁵ku⁵⁵la̩³¹ɔ³¹to³¹nɔ³¹　　老祖宗唱的一调
祖宗 唱 歌 话 是

phɔ³¹ji³³ku⁵⁵thɯ³¹ma³³nɔ³¹　　老祖宗唱的一首
祖宗 唱 一 首 是

phɔ³¹kɔ³¹na⁵⁵kɔ³¹na⁵⁵pa⁵³nɔ³¹　生病的时候
发白字 疼　　　 时候

thɯ³¹n̩i³³na⁵⁵kɔ³¹na⁵⁵pa⁵³nɔ³¹　有一天发牛疾生病了
一 天　 生病　了

phi³¹n̩i³³mi³¹nɔ³¹xa⁵⁵ma⁵⁵mi³¹　老祖宗是怎么说的呢
祖宗　　 怎么 说

mu⁵⁵nɔ³¹phv⁵⁵thv⁵⁵mɔ³¹kɔ³¹ma³³　翻不了身了
身体 翻　 不 得

khɪ³¹tsu⁵⁵na⁵⁵kɯ³¹la³³ŋɛ⁵³　　　　　　是头疼吗
头　　疼　　　吗

v̩⁵⁵nɔ³¹tɕhe³¹kɔ³¹la³³ŋɛ⁵³　　　　　　肚子疼吗
肚子　疼　　　　吗

la̤³¹ji³³tʂm̩³¹phv̩³¹kɔ³¹kɯ³³nɔ³¹　　　　用手制药
手　药　　　得　的

tʂm̩³¹phv̩³¹tu⁵⁵mɯ³³lv̩³¹ma³³lv̩³¹　　　　制的药够喝了吗
药　　喝够　不　够

mi³¹nɔ³¹ʂɪ⁵⁵ma⁵⁵mi³¹kɔ³¹ji³³tʂm̩³¹　　　祖宗说是这么说的
说　是　这么　说　得

ku⁵⁵nɔ³¹ʂɪ⁵⁵ma⁵⁵ku⁵⁵kɔ³¹ji³³ tʂm̩³¹　　唱也是这么唱的
唱　　这么　　唱

a³³tɕhi³³pa⁵³　（承上启下）

tɪ³¹nɔ³¹tɕhi³³ma³³tɪ³¹tv̩³³pa⁵³　　　　病情诊断出来后
看　疼　　看出

tʂm̩³¹pha̤³¹pu³³tsu⁵⁵la̤³¹ji³³tsm̩³³　　用手把药的叶子采
药　叶子　捧　　手　采

ma̤³³ji³³tɪ³¹thɔ³¹kɔ³¹³³thɔ³¹xi³¹　　　眼睛看好
眼睛　看　准　着

la̤³¹ji³³tsm̩³³kɔ³¹mɔ³¹tʂm̩³³ma³³　　　还用手采好
手　采　　不止

tʂm̩³¹mi⁵⁵tɪ³¹tshɔ³¹jɔ³¹tsu³³fv̩³³　　　看好药的形状
药　形状看好　　的时候

tʂm̩³¹khɔ³¹ tɪ³¹tshɔ³¹jɔ³¹tsu³³fv̩³³　　记好药的味道
药　味道　看好　的时候

sa⁵⁵mi⁵⁵tshɯ³¹ta̤⁵⁵mi⁵⁵lv̩³¹xi⁵⁵　　　找好条锄
上面的　锄　条找好　带

ta⁵⁵mɔ³³mjɔ³¹v̩³¹tshv̩³³thɔ³¹xɪ³³　　　用楔子敲进
植物　楔子　敲　进

o³¹sa³³lo⁵⁵lo³³mi⁵⁵lv̩³⁵xi⁵⁵　　　　　背上黄皮编的背笋
黄　笋笋　背上

ua³¹nɯ⁵⁵kha³¹mi³¹sa³³lv̩³⁵xi⁵⁵　　　用红皮竹编的挎皮挂在肩上
红皮竹　挎皮　挂　拿

tʂʰɯ³¹phi³³tsɿ⁵⁵nɔ³¹tv̩³³ji³³xi⁵⁵　　　　　去挖药了
药　　　树　　　挖　去

tʂʰɯ³¹phi³³pha̠³¹nɔ³¹tshɔ³³ji³³xi⁵⁵　　　去摘叶子
叶子　　　　　　　摘　去

phɔ³¹kɔ³¹la³³kɯ³³thɯ³¹kɔ³¹tsu³³a³¹　　发牛疾的一个
发牛疾　　的　　一　个

na⁵⁵kɔ³¹la³³kɯ³³thɯ³¹kɔ³¹tsu³³a³¹　　生病的一个
生病　　　的　一　个　有

jɿ⁵⁵tsu³³phi³¹ki̠³¹ti⁵⁵lɯ³¹pa⁵³　　　　药采回来以后
家里　背　进来回来　以后

ji³³phi³³pha̠³¹tshɯ³¹kɔ³¹ji³³xi⁵⁵　　　把（背篓）挂上篱笆墙
篱笆　　　　墙　挂

li̠³¹tʂɿ̠³¹li̠³¹mɔ³³jɔ³¹v̩³³tsu³³　　　　孙子孙女们
孙子　孙女　　他们

tɕhi³¹khɔ³¹ɕi⁵⁵lo³¹tʂʰɔ³³pi̠³¹pa⁵³　　给他熬三副苦药
苦药　　三　副　熬　给

tɕhi³¹phi⁵⁵ɕi⁵⁵lo³¹tʂʰɔ³³pi̠³¹pa⁵³　　给他熬三副涩药
涩药　　　三　副　熬　给

v̩⁵⁵nɔ³¹n̠e̠³¹kɔ³¹ji³³lɔ³¹pa⁵³　　　　肚子凉下去了
肚子　凉　下去　了

khɿ³¹tsu³³ɕi³¹khɔ³¹ji³¹lɔ³¹pa⁵³mi³¹⁵⁵kɯ³³nɔ³¹　头也不疼了
头　　不　疼　了　　说　的　是

phi³¹tsɔ³¹to³¹ji³³xa⁵⁵ma⁵⁵pɯ³³　　老祖宗是怎么说得
祖宗　　话　这么　说

phi³¹nɔ³¹mɔ³¹tsu³³ka³³nv̩³³lia³³　　祖宗不在以后
祖宗　不　在　以后

na⁵⁵kɔ³¹tʂʰɯ³¹tshɯ³³sa⁵⁵mɯ³¹kɔ³¹　生病要去找药
生病　药　　找

n̠i³³nɔ³¹ti³³pa⁵³me̠³¹nɔ³¹tɿ³¹　　白天黑夜地看（墙上背篓里的药）
白天　　　黑夜

me̠³¹nɔ³¹ti³³pa⁵³n̠i³³nɔ³¹tɿ³¹　　　黑夜白天地看
夜里　　　白天　看

ɔ³¹phi³¹mɔ³¹tsu³³ka³³nv̩³³lia³³　　祖宗去世以后
祖宗　　不　在　后面

ɔ³¹ phi³¹ma³¹ja̠³¹ka³³nv³³lia³³ 祖宗去世以后
祖宗　不睡　后面
tʂʰ³¹phi⁵⁵tsɿ⁵⁵nɔ³¹tɪ³¹tshɔ³³nv⁵⁵n̠i³¹jɔ³¹tʰɔ³¹tsha̠³¹
药　　好好看　　你　记住
下一代要吧这些要看好了记住了
na⁵⁵nɔ³¹ɕɪ⁵⁵lo³¹tshɔ³³kɔ³³ji³³ 病了就去煮三副喝
病　三　副　煨
phi³¹to³¹nɔ³¹s̠⁵⁵ma³³pɯ³³kɔ³¹ji³³tʂʰ³¹ 老人就是这么说的
祖宗话　这么　说　的

la̠³¹ta̠³¹ɯ³³nɔ³¹la̠³¹ta̠³¹ɯɯ⁵³ 换气

翻天覆地的调子

mi³¹pi³³mi⁵⁵pi³³pi³³kɯ³³la³¹ta³¹
天　地　产生的调子
jɔ³¹n̠i³³ku⁵⁵kɯ³³la³¹ta̠³¹ 今天唱的歌
今天　唱的　歌
tʰɯ³¹n̠i³³na̠³¹ja³³tʰɯ³¹n̠i³³fv⁵⁵ 很久以前
一天　早日一天　时候
ja̠³³jɔ³¹li³¹kɔ³¹li³¹kv³³tʂʰ³³ 四个儿子四个家
儿子　四个　四门　扛
jɔ³¹mi³¹ɕi⁵⁵kɔ³¹ɕi⁵⁵kv³³tʂʰ³³ 三个女儿三个家
女儿　三个　三门　扛
ɔ³¹mɔ³³mɔ³³tɕhi³³mɔ³³mɯ⁵⁵tʂʰ³³tsu³³khɔ³¹ 后妈这么说的
妈妈　小　　这么　说

la̠³¹ta̠³¹ji³³nɔ³¹la̠³¹ta̠³¹ji³³ 换气
ɔ³¹mɔ³³mɔ³³tɕhi³³mɔ³³mɯ⁵⁵mi³¹kɯ³³nɔ³¹ 后妈这么说的
妈妈　小这么　　　说的
jɔ³¹nɔ³¹n̠i³³xɯ³¹kɔ³¹la³³kɔ³¹ 娃娃们一天天地长大了
娃娃　天大
jɔ³¹nɔ³¹tsɿ³³xɯ³¹kɔ³¹la³³kɔ³¹ 娃娃们一天天地长大了
娃娃　天大

mɔ³³sa⁵⁵jɔ³¹ma³³thɯ³¹n̪i³³ja⁵⁵mi⁵⁵kɔ³¹ji³³mɯ³⁵
妈妈 和 女儿　一天　　劳动　　去 一起
妈妈和女儿一起去劳动了。

thɯ³¹n̪i³³ja⁵⁵mi⁵⁵kɔ³¹ji³³kɔ³¹　　　　　　　　去做一天的活
一天　　工 做

thɯ³¹n̪i³³ja⁵⁵tshɯ³¹kɔ³¹ji³³kɔ³¹　　　　　　　去锄一天的地
一天　　工 锄

la̠³¹ta̠³¹ji³³nɔ³¹la̠³¹ta̠³¹ji³³　　　　　　　换气
jɔ³¹ji³³mi³¹nɔ³¹xa⁵⁵ma⁵⁵mi³¹　　　　　　姑娘是怎么说的
姑娘 说　 怎么　说
jɔ³¹ji³³ku⁵⁵nɔ³¹xa⁵⁵ma⁵⁵ku⁵⁵　　　　　　是怎么唱的
姑娘 唱　 怎么　唱
jɔ³¹tʂʰ³¹la³³kɯ³³ɔ³¹mɔ³³jɔ³¹tshv⁵⁵la³³kɯ³³ɔ³¹mɔ³³　对生养她的妈妈说
孩子 养　 的 妈妈 孩子 生 的　妈妈
jɔ³¹n̪i³³a³¹lo⁵⁵mɔ³¹kɔ³¹ma⁵⁵lo⁵⁵kɔ³¹kɔ³¹　　　今天太热了
今天　 热 多　　　 太 热
jɔ³¹tʂʰ³¹ɔ³¹mɔ³³lo⁵⁵lɔ³¹tsa³³ɕɿ⁵⁵ji³³mɯ³¹pa⁵³　我们要一起去乘凉了
我的妈妈　　　热地　　乘凉 一起
mɔ³³ji³³mi³¹nɔ³¹xa⁵⁵ma⁵⁵mi³¹　　　　　妈妈是怎么说的
妈妈 说 的　怎么
mɔ³³ji³³ku⁵⁵nɔ³¹xa⁵⁵ma⁵⁵ku⁵⁵　　　　　妈妈是怎么唱的
妈妈 唱　　怎么　唱
lo⁵⁵tsa³¹tsa³¹ma³³lo⁵⁵　lo⁵⁵mɔ³¹kɔ³¹ma³³lo³³　热得不行了
很热　　　　　　　很热
ja⁵⁵mi⁵⁵tsaŋ³¹mɔ³¹tsɔ³³ji³³sɿ³¹　　　　活计还没做出来
活　　一段　（ki³³）
ja⁵⁵thɯ³¹ɔ³¹ku⁵⁵mɔ³¹tɕhi³³ji³³sɿ³¹　　　活计还没做出一个段落
活 一 段　　 没 断
a³³tɕhi³³pa⁵³　（承上启下）
jɔ³¹nɔ³¹xa⁵⁵ma⁵⁵ji³³ja³¹　　　　　　女儿是怎么说得
女儿　怎么　 说 的
jɔ³¹nɔ³¹xa⁵⁵ma⁵⁵ku⁵⁵ja³¹　　　　　　女儿是怎么唱的
女儿　怎么　 唱 的

jɔ³¹tʂɿ³³la³³kɔ³¹ɔ³¹mɔ³³lo⁵⁵tsa³¹tsa³¹ma³³tsa³¹kɔ³¹

孩子 养　　　妈妈　太　热

ja⁵⁵mi⁵⁵la̠³¹kɔ³¹sɿ³³li³³lɯ³⁵　　　　　　　　做活儿的手很酸了

劳动　手　　酸　了

ja⁵⁵sa⁵⁵la̠³¹kvˇ³¹sɿ³³la³³pa⁵³　　　　　　　　做活儿的手很酸了

劳动　手　　酸　　了

tʂɿ³³ma³³kɔ³¹　　　　　　　　　　　　（姑娘）是这么说的

这么　　说

a³³tɕhi³¹pa⁵³　　　　　　　　　　　　（承上启下）

jɔ³¹tʂɿ³³la̠³¹kɔ³¹ɔ³¹mɔ³³jɔ³¹pu⁵⁵la̠³¹kɔ³¹ɔ³¹mɔ³³ 生养她的妈妈（说）

孩子 养　 的 妈妈 孩子 生　 的　妈妈

ja⁵⁵mi⁵⁵tsaŋ³¹kɔ³¹tsu³³fv³³a³¹　 ja⁵⁵tshɯ³¹ɔ³¹ku³³tɕhi³¹tsu³³fv³³a³¹

活 做 一 段　　　　　 一　个 段落

农活做了一段时间

ɔ³¹kvˇ³¹ja⁵⁵tɕhi³³tṿ³³ji³³mja³¹　　　　　 田边有一个路口

小路　 路口 出去 边上

ɔ³¹kv̠³¹ja⁵⁵kv̠³¹tv̠³¹ji³³mja³¹　　　　　 路口边有条小路

小路 路口　出去 边上

tʂɿ³¹tha̠³¹pu³³ni³³tsu³³e³³　　　　　　　 有一株花叶树

　路上　 花叶树　 有

tʂɿ³¹phv⁵⁵pu³³tsɿ⁵⁵jɔ³¹　　　　　　　　 有一棵大白朱栗树

大白朱栗树

a⁵⁵kɔ³¹mɔ³³sa³³ɔ³¹jɔ³¹xa³³　　　　　　　 我们娘俩

我们　娘们　 几个

tha³¹la³¹tsa⁵⁵ɕɪ⁵⁵kɔ³¹ji³³ma³⁵　　　　　 去那儿乘凉一下

一下 乘凉　去

ɕɪ⁵⁵tshu⁵⁵li³³tsu³³fv³³a³¹ɔ³¹nɪ³³ɕi³¹khɯ⁵⁵tha³¹³³tɕhi³³kɔ³¹

乘凉　去 要 时 尖尖 三 根　 别　 折 能

乘凉的时候不要去折树尖尖

ɔ³¹nɪ³³ɕi³¹sɔŋ⁵³tha³¹khe³¹li³³　　　　　　 树尖尖不要折

尖尖 三叉 别 掰 去

ɔ³¹nɪ³³ɕi³¹sɔŋ⁵³khe³¹pa³³nɔ³¹ɔ³¹nɪ³³mɔ³³mi⁵⁵lv⁵⁵khe̠³⁵

树尖尖　折了　　　　　 树尖尖　 不 长 了

树尖尖折了，树就不长了

to³¹phi³¹ɕɿ³¹soŋ⁵³khe³³pa⁵³nɔ³¹　　　　　　树下的三支折掉了

树　下　三　支　折

to³¹phi³¹tsa⁵⁵ɕɿ⁵⁵ma³¹khẹ³⁵pa⁵³　　　　　　树下就不会凉了

树下　阴凉　不　会　了

jɔ³¹ji³³mi³¹nɔ³¹xa⁵⁵ma⁵⁵mi³¹　　　　　　　姑娘是怎么说的

姑娘　说　怎么　说

jɔ³¹ji³³ku⁵⁵nɔ³¹xa⁵⁵ma⁵⁵ku⁵⁵　　　　　　　姑娘是怎么唱的

姑娘　唱　怎么　唱

jɔ³¹tʂh133lạ³¹kɔ³¹ɔ³¹mɔ³³jɔ³¹pu⁵⁵lạ³¹kɔ³¹ɔ³¹mɔ³³mi³¹nɔ³¹xa⁵⁵ma⁵⁵mi³¹ŋɛ⁵³

孩子　养　的　妈妈　孩子生　的　妈妈　说　怎么　说

生养她的妈妈（说）

tsa⁵⁵ɕɿ⁵⁵mi⁵⁵li⁵⁵mu⁵⁵tsu⁵⁵ɕɿ³¹kɔ³¹ji³³pa⁵³　　　　树荫下身体都凉了

树荫　去身　全　凉　了

jɔ³¹ji³³mi³¹nɔ³¹xa⁵⁵ma⁵⁵mi³¹　　　　　　　姑娘是在怎么说的

姑娘　说　怎么　说

jɔ³¹ji³³ku⁵⁵nɔ³¹xa⁵⁵ma⁵⁵ku⁵⁵　　　　　　　姑娘是在怎么唱的

姑娘　唱　怎么　唱

jɔ³¹tʂh133lạ³¹kɔ³¹ɔ³¹mɔ³³jɔ³¹pu⁵⁵lạ³¹kɔ³¹ɔ³¹mɔ³³　　　生我养我的妈妈

孩子　养　的　妈妈　孩子生　的　妈妈

ŋɔ³¹v³³tsa⁵⁵ɕɿ⁵⁵mi⁵⁵li⁵⁵mu⁵⁵tsu⁵⁵mɔ³¹ɕɿ³¹kɔ³¹ji³³

我　阴凉　身体（受）不凉　得

我在树荫下乘凉身体不会凉

khi³¹tsu⁵⁵ma³¹liaŋ³¹kɔ³¹ji³³lạ³¹　　　　　　头也不会凉

头　不　凉　得

tsa⁵⁵ɕɿ⁵⁵li⁵⁵mi⁵⁵khi³¹tsu⁵⁵mɔ³¹ɕɿ³¹kɔ³¹lạ³³pa⁵³　　树荫下头不会凉

树荫　头　不　凉　得

mu⁵⁵tsu⁵⁵mɔ³¹ɕɿ³¹kɔ³¹lạ³³pa⁵³　　　　　　身体也不会凉

身体　不凉　得

lạ³¹tạ³¹ji³³nɔ³¹lạ³¹tạ³¹ji³³　　　　　　　　换气

kɔ³¹ji³³kɯ³³kɔ³¹thi³¹thi⁵⁵mɔ³³tsa³³e³³　　　　下去有一个竜塘

下去　的山脚　竜塘　大　有

lạ³¹tạ³¹ji³³nɔ³¹lạ³¹tạ³¹ji³³　　　　　　　　换气

thi⁵⁵tsu⁵⁵ma³¹tsɿ³¹ji³³pa⁵³　thi⁵⁵tsu⁵⁵mo³¹tʂʰɿ³¹ji³³pa⁵³　竜塘不能去洗
塘　　不　洗　　　　　塘　　　不　　洗

mo³³ji³³mi³¹nɔ³¹xa⁵⁵ma⁵⁵mi³¹　　　　　　　　　娘是怎么说得呢
娘　　说　怎么　　说

la̱³¹ta̱³¹ji³³nɔ³¹la̱³¹ta̱³¹ji³³　　　　　　　　　　　换气
tsɿ³¹li³³mu⁵⁵tsu⁵⁵ɕɿ³¹tsu³³a̱³¹　　tsɿ³¹li³¹v³¹⁵⁵tsu⁵⁵ɕɿ³¹tsu³³a̱³¹
洗　　身子　凉　　吧　　洗　头　　　凉　了吧
在塘子里洗你的身子凉了你的头也凉了吧？
jɔ³¹ji³³mi³¹nɔ³¹xa⁵⁵ma⁵⁵mi³¹　jɔ³¹ji³³ku⁵⁵nɔ³¹xa⁵⁵ma⁵⁵ku
姑娘　说　　怎么　说　　姑娘　唱　怎么　唱
姑娘是怎么回答的
mu⁵⁵ji³³tsɿ³¹ɕi³¹kɔ³¹tho³¹ni³³khi³¹tsu⁵⁵tsɿ³¹ɕi³¹kɔ³¹tho³¹ni³³
身体　洗　凉　着　了　　头洗　凉　了
身体也洗凉了
sɿ³¹phi³¹³³pha̱³¹nɔ³¹pha³³pi³³lɣ³³　　　　　多依树的叶子流下来
多依　叶子　流　下来
a³¹tɕhi³¹pa⁵³　（承上启下）
jɔ³¹tʂʰɿ³³la̱³¹kɔ³¹ɔ³¹mo³³jɔ³¹pu⁵⁵la̱³¹kɔ³¹ɔ³¹mo³³　生我养我的妈妈
孩子养　的　妈妈　孩子生　的　妈妈
sɿ³¹ma⁵⁵　　la³³v³¹kɔ³¹pi³³li³³
多依叶子　来　漂流
sɿ³¹tshɔ³¹kɛ³³tɣ³¹la³³ji³³sɿ³¹　　　　　多依果也一定漂流下来
多依果　下来
sɿ³¹tshɔ³¹nɣ³³tsu³³kɔ³¹la³³pa⁵³　　　　　心里就想吃了
多依果　心　里
sɿ³¹tɕhe³³tɿ³¹tsɔ³¹li³³tsu³³sɿ³¹　　　　　顺水去找多依的果子
多依果　找　吃　去　要
ʂ³³mi³³tshu⁵⁵tshv³¹tɣ³³li³³pa⁵³　　　　　顺河出去找了
河头　找　　出去
ji³¹nɔ³¹tshɔ³¹phv³¹li³³kɯ³³nɔ³¹　　　　　顺河找的结果是
去　　找（细细地）
lo⁵⁵mi³³tshu⁵⁵tshv³¹tɣ³¹li³³pa⁵³　　　　　顺着找到了河头
河头　找　　出　去了

lo⁵⁵thạ³¹jɔ³¹na³³khɯ³³li³³kɔ³¹　　　　　找到和河头的山上
河头的山上　　去　　找到

sʅ³¹phi³¹tạ³¹ka³³mu⁵⁵thɔ³¹kɔ³¹　看到了多依树上的果子把树都压弯了。
多依　压弯　看　到　了

sʅ³¹phi³¹tạ³³jɔ³¹kɔ³¹³³tho³¹ni³³　　多依树上结着很多果子
多依　树上　结　着

mi³¹jɔ³¹lạ³¹nɔ³¹lạ³¹tsʅ³³pi⁵³　　　女儿的手也短
女儿　手　手臂　短

mi³¹jɔ³¹tɕhi⁵⁵nɔ³¹tɕhi⁵⁵tsʅ³³pi⁵³　脚也短（够不着）
女儿　腿　腿　够

sʅ³¹li³³tạ³¹ka³³mu⁵⁵thɔ³¹ni³³　　看见果子把树压低了
果子　上　压　看　着

sʅ³¹li³³tạ³¹jɔ³¹mu⁵⁵thɔ³¹ni³³　　看见果子把树压弯了
果子　上　压　看　着

mạ³¹nɔ³¹tʅ³³phv⁵⁵thɔ³¹ni³³o³¹　眼睛看得清清楚楚
眼　看　清　着

lạ³¹nɔ³¹v⁵⁵phv⁵⁵mɔ³¹kɔ³¹la³³　手够不着摘
手　够　不着

lạ³¹tạ³¹ji³³nɔ³¹lạ³¹tạ³¹ji³³　　换气

mi³¹jɔ³¹tɕhi⁵⁵nɔ³¹ tɕhi⁵⁵tsʅ³¹pi³¹　女儿的腿短
女儿　脚　小腿　短

mi³¹jɔ³¹lạ³¹nɔ³¹lạ³¹tsʅ³¹pi³¹　女儿的手臂短
女儿　手　手臂　短

tsʅ⁵⁵tsu⁵⁵tạ³³phv⁵⁵mɔ³¹kɔ³¹la³³　不会上树
树　上　树　不能

sʅ³¹lạ³³ma³¹tshv³¹mɔ³¹kɔ³¹la³³　不能摘果子
果子　不　摘　不　行

sʅ³¹tshv⁵⁵a⁵⁵kɔ³¹mu⁵⁵la³³kɔ³¹　看见摘果子的哥哥
果子摘　哥哥　看　到

mu⁵⁵nɔ³¹xa⁵⁵ma⁵⁵mi³¹　哥哥是怎么说的
哥　怎么　说

v⁵⁵thẹ³¹nɔ³¹tsv̩³¹phạ³¹a³³khɣ³³　包着的包头拖到背后。
包头　腰带　拖着

ɔ³¹ku⁵⁵tsʏ̍³¹pʰa̍³¹nɯ³³tsʏ³³kʰʏ³³　　　　　　　中间的腰带拖到后跟
腰　腰带　　脚后跟　踏

jɔ³¹tʂm̩³³la̍³¹kɔ³¹ɔ³¹mɔ³³mi³¹nɔ³¹xa⁵⁵ma⁵⁵mi³¹ja³¹？
孩子 养　 的 妈妈 说　　怎么　 说 的
姑娘的妈妈是怎么说的

sɿ³¹tsʰʏ³³a³³kʰɔ³¹sɿ³¹lʏ³³jɔ³¹sɿ³¹jɔ³¹kɔ³¹kɔ³¹　　　摘果子的哥哥摘下果子
果 摘 阿哥　满枝 摘 下来果 下

n̩i⁵⁵mɔ̩³³sɿ⁵⁵lʏ³³sɿ⁵⁵lʏ³³ti³³　　　　　　　　　　太阳金黄金黄的
太阳　 金黄 金黄　的

n̩i³³tsʏ³³va̍³¹kʰɔ³³ji³³pa⁵³　　　　　　　　　　太阳躲到山后了
坐　　藏　下去 了

n̩i⁵⁵mɔ̩³³pa³³la³³pa³³la³³ti³³　　　　　　　　　太阳歪斜歪斜的
太阳　　 歪歪斜斜的

pa³³la³³lɔ³¹kʰɔ³³ji³³kɔ³ji³³pa⁵³　　　　　　　　要落下去了
斜　落　　去 要

tʰɯ³¹n̩i³³ja⁵⁵mi⁵⁵tʰɯ³¹n̩i³³ja⁵⁵tsʰɯ³¹ti⁵⁵ji³³mɯ³⁵　劳作一天要回去了
一天　劳动　一天　锄地　 回去了

ja⁵⁵mi⁵⁵tsʰaŋ³¹tsɔ³¹n̩i³³　　　　　　　　　　　要做的活儿多着呢
工作　长　着　呢

ja⁵⁵mi⁵⁵ɔ³¹ku⁵⁵tɕʰi³³n̩i³³xa³³　　　　　　　　活儿还没有做到中间
活计　中间　不到中间 还

tɕʰi³³tsu³³mɔ³¹mi⁵⁵lʏ⁵⁵tʰɔ³¹ji³³sɯ³¹　　　　　这块地没有做到头
这块地　 没做　地头（语气）

tɕʰi³³tsu³³mɔ³¹tsʰɯ³¹lʏ⁵⁵tʰɔ³¹ji³³sɯ³¹　　　　这块地还没挖到地头
这块地　没 挖　地头

tɕʰi³³sa³³lʏ⁵⁵ti³³mɯ³¹ji³³sɯ³¹　　　　　　　要挖到头
这（语）头　到头啊

tɕʰi³³tsu³³tsʰɯ³³lʏ⁵⁵mɯ³¹ji³³sɯ³¹　　　　　这块地要挖到地头啊！
这块地 挖　头　要啊

tʰa³¹la̍³¹ja⁵⁵mi⁵⁵tʏ̍³¹li³³ji³³pa⁵³　　　　　　再劳动一下
一下　活做　出去 了

mɔ³³ji³³mi³¹nɔ³¹xa⁵⁵ma⁵⁵mi³¹　　　　　　　母亲是怎么说得
妈妈 说　 的 怎么

mɔ³³nɔ³¹xɔ³¹mi⁵⁵ti⁵⁵li⁵⁵sɔ³¹　　　　　　　妈妈要回去做饭了。
妈妈　饭　做 回去 （语）

mi³¹nɔ³¹mi³¹khɔ̣³¹ti⁵⁵la³¹le⁵³　　　　　拿柴回来呀
姑娘　柴　砍　　回来　（语）

mi³¹nɔ³¹tsa³³sa³³ti⁵⁵la³¹suɯ³¹　　　　　拿猪草回来呀
姑娘　　猪草　　回来　（语）

la̠³¹ta̠³¹ji³³nɔ³¹la̠³¹ta̠³¹ji³³　　　　　换气
jɔ³¹nɔ³³mi³¹khɔ̣³¹ti⁵⁵la³⁵pa⁵³　　　　　姑娘砍柴回来了
姑娘　柴　砍　　回来　了

jɔ³¹nɔ³¹tsa³³sa³³ti⁵⁵la³⁵pa⁵³　　　　　姑娘打猪草回来了
姑娘　　猪草　打　回来　了

mɔ³³³¹ji³³mi³¹nɔ³¹xa⁵⁵ma⁵⁵mi³¹　　　　妈妈是怎么说的
妈妈　说　的　　怎么　　说

mɔ³³³¹ji³³ku⁵⁵nɔ³¹xa⁵⁵ma⁵⁵ku⁵⁵　　　妈妈是怎么唱的
妈妈　　唱　　怎么　　唱

mɔ³¹ji³³xo³¹mi⁵⁵ɔ³¹li⁵⁵lo³¹　　　　　妈妈做的饭热乎乎的
妈妈　饭　做　热

phv³¹ji³³tsha³¹thɔ³¹ɔ³¹ti⁵⁵kho³¹　　　爸爸煮的菜（汤）浓浓的
爸爸　菜　　煮　浓浓的

la̠³¹ta̠³¹ji³³nɔ³¹la̠³¹ta̠³¹ji³³　　　　　换气
mɔ³³³¹ji³³mi³¹nɔ³¹xa⁵⁵ma⁵⁵mi³¹　　　　妈妈是怎么说的
妈妈　说　的　　怎么　　说

mɔ³³³¹ji³³ku⁵⁵nɔ³¹xa⁵⁵ma⁵⁵ku⁵⁵　　　妈妈是怎么唱的
妈妈　　唱　　怎么　　唱

ma³¹tɕe̠³¹tshɔ³³lo⁵⁵thɔ³¹pi³¹pa⁵³　　　把冷水煨热了
不　冷　　煮　热　（语气）

mɔ³¹lo⁵⁵kuɯ³³tshɔ³³tshe̠³¹thɔ³¹pi³¹pa⁵³　不烫的水煨热了
不烫　的　煮　　冷

ja⁵⁵mi⁵⁵kɔ³¹ki³³la⁵⁵thɔ³¹ji³³pa⁵³　　工作累了
活动　累　　　（语气）

ja⁵⁵mi⁵⁵kɔ³¹tɔ³¹la⁵⁵thɔ³¹ji³³pa⁵³　　力气累没有了
做活　力气　用完（语气）

thuɯ³¹phɿ⁵⁵ji³¹khɔ³¹kɔ³³muɯ³¹ji³³pa⁵³　今晚睡觉去了
一　晚上　睡觉　去了

jɔ³¹nɔ³¹ji³¹the̱³¹kɔ³³ji³³pa⁵³ 　　　　　　　姑娘已经睡着了
姑娘　睡着　已经

mɔ³¹nɔ³³ma³¹ji³¹thi³¹kɔ³¹ji³³pa³¹ 　　　　　母亲睡不着
妈妈　不　睡着

jɛ⁵⁵v³³khɯ³¹mɔ³³lɔ⁵⁵kɔ³¹ɕɛ³³ 　　　　　　下寨的母狗叫得凶
下寨　狗　类叫　得凶

jɛ⁵⁵v³³tɕi³¹mɔ³³mo⁵⁵kɔ³¹ɕɛ³³ 　　　　　　下寨的牛马叫得凶
下寨牛　类　叫　得凶

jɔ³¹mi³³ji³¹thɔ³¹mɔ³¹ku⁵⁵kɔ³¹e³³ 　　　　　今天睡不着
今天　睡着　不　行

mi³¹xɯ³¹nv⁵⁵nɔ³¹tɿ³¹ji³³tɿ³¹ 　　　　　　大女儿你去看一看
姑娘大你　　看　一看

jɔ³¹mi³³ lo⁵⁵kɯ³¹thɯ³¹phɿ³³nɔ³¹ 　　　　　今晚上叫得
今天　晚上 叫　的 今晚

lo⁵⁵ɕɿ³³ lo⁵⁵jɔ³¹mɤŋ³¹ɯ³³kɔ³¹ 　　　　　叫法和以往的叫法不一样
叫（连）叫得 不一样

jɔ³¹mi⁵⁵kv⁵⁵kɯ³³thɯ³¹phɿ³³nɔ³¹ 　　　　今晚叫的不一样
今晚 叫　的　一　晚　上

kv⁵⁵xa⁵⁵kv⁵⁵jɔ³¹mɤŋ³¹ɯ³³kɔ³¹ 　　　　　吼声不一样
吼（牛）吼 得 不一样

mi³¹xɯ³¹tɿ³¹kɔ³¹ji³³kɤ³¹nɔ³¹ 　　　　　　大女儿去看了以后
女儿大 看 到 去 到

mi³¹nɔ³¹xa⁵⁵ma⁵⁵mi³¹ja³¹ 　　　　　　　是怎么说的
说　是 怎么　说　的

jɔ³¹tʂhɿ³¹la³³kɯ³³nɔ³¹mɔ³³jɔ³¹pv⁵⁵la³³kɯ³³ɔ³¹mɔ³³　生养我的妈妈
孩子 生　　　　妈妈 孩子 养 的　妈妈

thɯ³¹tshv³³xa⁵⁵nɔ³¹mɔ³¹mu⁵⁵la³³ 　　　　什么都没见到
一　样　都　　没见 到

khɯ³¹phɿ⁵⁵khɯ³¹tshɿ³¹laŋ³³ɯ³³tsɔ³¹ 　　　是疯狗（叫）的吧
狗　疯 狗 疯　吗

tɕhe̱³¹phɿ⁵⁵tɕhe̱³¹tshɿ³¹laŋ³³ɯ³³tsɔ³¹ 　　是疯牛马（叫）的吧
牛　疯 马　疯　　吗

va̱³¹phɿ⁵⁵va̱³¹tshɿ³¹laŋ³³ɯ³³tsɔ³¹ 　　　　猪（叫）的吧
猪　疯 猪 疯　吗

a³¹tɕhi³¹pa⁵³ 　　　　　　　　　　　　　　　转折

jɔ³¹tʂn̩³¹la³³kɯ³³nɔ³¹mɔ³³jɔ³¹pv⁵⁵la³³kɯ³³ɔ³¹mɔ³³ 　生养我的妈妈
孩子 生　　　　　妈妈 孩子 养　的　　妈妈

jɔ³¹xɯ³¹tr̩³¹ji³³phi³¹li³³xa³¹ 　　　　　　　　大儿女去看了
女儿　看 去 过　去

jɔ³¹ku⁵⁵khv⁵⁵ni³¹tr̩³¹ji³³kɔ³¹ 　　　　　　　　叫醒二女儿去看
女儿 中间 叫 醒 看 去

jɔ³¹phv³³ji³³kɯ³³nɔ³¹mɔ³³jɔ³¹tʂn̩³¹ji³³kɯ³³ɔ³¹mɔ³³ 　生养我的妈妈
孩子 养　　的 妈妈 孩子 生　　的　妈妈

thɯ³¹tshv³³xa³³nɔ³¹mɔ³¹mu⁵⁵la³³ 　　　　　　　一样都没看到
一样　都　　没 看 到

khɯ³¹phɿ⁵⁵khɯ³¹tshn̩³¹laŋ³³ɯ³³tsɔ³¹ 　　　　　是疯狗（叫）的吧
狗 疯　狗 疯　吗

tɕhḙ³¹phɿ⁵⁵tɕhḙ³¹tshn̩³¹laŋ³³ɯ³³tsɔ³¹ 　　　　是疯牛马（叫）的吧
牛　疯　马 疯　吗

va̰³¹phɿ⁵⁵va̰³¹tshn̩³¹laŋ³³ɯ³³tsɔ³¹ 　　　　　　猪（叫）的吧
猪　疯 猪 疯

mi³¹ku⁵⁵mi³¹nɔ³¹ʂ̩⁵⁵ma³³mi³¹ 　　　　　　　中间的姑娘是这么说的
姑娘 中间 说　这么　　说

mi³¹ku⁵⁵ku³³nɔ³¹ʂ̩⁵⁵ma³³ku⁵⁵ 　　　　　　　中间的姑娘是这么唱的
姑娘 唱　　这么　唱

jɔ³¹tʂn̩³¹la³³kɯ³³ɔ³¹mɔ³³jɔ³¹pv⁵⁵la³³kɯ³³ɔ³¹mɔ³³ 　生养我的妈妈
孩子 生　　　　妈妈 孩子 养　的　　妈妈

mi³¹nɔ³¹xa⁵⁵ma⁵⁵mi³¹ja³¹ 　　　　　　　　是怎么说的
说　怎么　说

a³¹tha̰³¹khɯ³¹phɿ⁵⁵tshn̩⁵⁵mɯ³¹ji³³sɯ³¹ 　　　　上寨要拉疯狗打扫寨子
上面　狗 疯　拉 要

a³¹va̰³¹tɕhḙ³¹v⁵⁵tshn̩⁵⁵mɯ³¹ji³³sɯ³¹ 　　　　中寨要拉疯牛打扫寨子
中间　牛 疯　拉 要

a³¹nv³³va̰³¹v⁵⁵ tshn̩⁵⁵mɯ³¹ji³³sɯ³¹ 　　　　下寨要拉疯猪打扫寨子
下面　猪 疯　拉 要

jɔ³¹tʂn̩³¹la³³kɯ³³ɔ³¹mɔ³³jɔ³¹pv⁵⁵la³³kɯ³³ɔ³¹mɔ³³ 　生养我的妈妈
孩子 养　　的 妈妈 孩子 生　　的　妈妈

mi³¹nɔ³¹xa⁵⁵ma⁵⁵mi³¹ja³¹ 　　　　　　　　是怎么说的呢
说　怎么　说　呢

mɔ³¹nɔ³¹ji³¹sa⁵⁵mɔ³¹nv⁵⁵la³³　　　　　　妈妈睡不着

妈妈　睡觉　不着

mi³¹nɯ⁵⁵jɔ³¹nɔ³¹tr³¹kɔ³¹ji³³　.　　　　最小的姑娘去看

姑娘 小 小　看 去

mi³¹nɯ⁵⁵mi³¹nɔ³¹xa⁵⁵ma⁵⁵mi³¹　　　　小姑娘是怎么说的

姑娘 小 说　怎么　说

ŋɔ³¹v³³lv³¹tsɔ³¹ta⁵⁵mo⁵⁵jɔ³¹v³³ni³³　　我们又帅又高的哥哥

我们　帅哥哥 高　他

sɿ³¹lv³¹　　　ja³³tsv³³tshu³¹tɕhi³¹fv³³　他顺着结满果子的树找来了

结满果子的树　顺路 找 着

sɿ³¹lv³¹　　　ja³³nɔ³¹ja³³tɕhi³¹fv³³　顺着结满果子的树看到（他）了

结满果子的树　顺路 看 到 了

v³¹the̠³¹nɔ⁵⁵pha̠³¹the̠⁵⁵thɔ³¹ɕi³³　　包着荷包头

包头　翻过来　包 着

ɔ³¹ku³³tsv³¹pha³¹ɯ³¹khɤ³³　　　　扎着的腰带踩到后跟

腰带　　　　后跟

sɿ³¹tshv̠³³la̠³¹ɲi³³ma³¹tshv̠³³　　摘果不用手

果 摘　手 用 不 摘

sɿ³¹tshv̠³³to³¹mɿ³¹ tshv̠³³phi³⁵ɕi³³　　用尾巴摘下来给的

果 摘　尾巴　摘 下了

sɿ³¹tshv̠³³v⁵⁵tsv⁵⁵o⁵⁵thɔ³¹ɕi³³　　摘的果子吃进肚子里去了。

果 摘　肚子 里 进去 了

sɿ³¹tshv̠³³v⁵⁵tsv⁵⁵nv³¹thɔ³¹ɕi³³　　摘的果子吃进肚子里消化。

果 摘　肚子 消化 了

sɿ³¹tshv̠³³a⁵⁵kɔ³³jɔ³¹v³³ni³³　　摘果子的阿哥

果子摘　哥哥 那个

jo³¹mɯ³¹pa⁵³nɔ³¹jo³¹mɯ³¹pa⁵³　走是要（跟阿哥）走了

走 啦　　　走 啦

mɔ³¹jo³¹tɕhi⁵⁵tsv³³khɯ³³thɔ³¹ji³³pa⁵³　不走不行了

不走　脚　到　不 行了

ja⁵⁵v³¹khɯ³¹mɔ³³lo⁵⁵kɯ³³nɔ³¹　　下寨的疯狗叫的就是他了

下寨 狗 疯　叫 的

ja⁵⁵v³¹tɕhe̠³¹mɔ³³mo⁵⁵kɯ³³nɔ³¹　　下寨的疯牛叫的就是他了

下寨 牛 疯　叫 的

ja⁵⁵v³¹va̠³¹mɔ³³mo⁵⁵kɯ³³nɔ³¹　　　　下寨的疯猪叫的就是他了
下寨 猪疯 叫 的
mɔ³¹jo³¹mɔ³¹kɔ³¹kɔ³¹ji³³pa⁵³　　　　　不走是不行了
不走 不 行 了
mɔ³¹ka⁵⁵mɔ³¹kɔ³¹kɔ³¹ji³³pa⁵³　　　　　不走是不行了
不走 不 行 了
jo³¹tʂm̩³¹la³³kɯ³³ɔ³¹mɔ³³mi³¹nɔ³¹xa⁵⁵ma⁵⁵mi³¹ja³¹
孩子养 的 妈妈 说 怎么 说
生孩子的妈妈是怎么说的
ku⁵⁵nɔ³¹xa⁵⁵ma⁵⁵ku⁵⁵ja³¹　　　　　　是怎么唱的
唱 是 怎么 唱 的
jo³¹xu³¹tʂm̩³¹xa³³la³³jaŋ³³tʂm̩³¹　　　　　大女儿是那么生养的。
大 女儿生 那样 生
jo³¹ku⁵⁵tʂm̩³¹xa³³la³³jaŋ³³tʂm̩³¹　　　　　二女儿是那么生养的。
中 女儿生 那样 生
jo³¹nu⁵⁵tʂm̩³¹xa³³la³³jaŋ³³tʂm̩³¹　　　　　小女儿是那么生养的。
小 女儿生 那样 生
mɔ³¹tʂm̩³¹la³³kɯ³³ma³¹tsa³³kɔ³³　　　　　不生的没有
不生 的 没有
mɔ³¹phv³³la³³kɯ³³ma³¹tsa³³kɔ³³　　　　　不养的没有
不生 的 没有
tɕhi⁵⁵lɔ³¹sɿ⁵⁵la³³kɔ³¹pi³³sɯ³¹　　　　　使谷子黄起来
谷子 黄起 使
a³³la̠³³kɔ³¹pa³³thɿ⁵⁵pi³¹tsu³³　　　　　春粑粑 给你
手 粑粑 春 给

la̠³¹ta̠³¹ji³³nɔ³¹la̠³¹ta̠³¹ji³³　　　　　换气
lɯ⁵⁵khv³³lɯ⁵⁵lɪŋ³¹pi³³tsu³³sɯɯ³³　　　　给你项链、妆饰物
项链 妆饰 给
tɕhi³¹tv³¹khɯ⁵⁵lɯ³³pi³³tsu³³sɯɯ³³　　　给你手镯、手链
手镯 手链 给
phv⁵⁵sɿ³¹phv⁵⁵lv⁵⁵pi³³tsu³³sɯɯ³³　　　给你银泡
银泡 银泡 给
jo³¹ji³³mi³¹nɔ³¹xa⁵⁵ma⁵⁵mi³¹　　　　　女儿是怎么说的
女儿 说 的 怎么 说

jɔ³¹　ku⁵⁵nɔ³¹tsu³³mɔ³¹ku⁵⁵　　　　　　中间的姑娘不比她差
姑娘中间　　在 不 中间

jɔ³¹　nɯ⁵⁵nɔ³¹tsu³³mɔ³¹ku⁵⁵　　　　　　最小的姑娘不比她差
最小的　　　在 不 中间

kɔ³¹thɔ³¹kɔ³¹pa³¹thɿ⁵⁵mɔ³¹kɔ³¹　　　　　揉的粑粑不要舂了
揉　 粑粑 舂 不要

lɯ⁵⁵khv³³lɯ⁵⁵lɪŋ³¹mɔ³¹mi⁵⁵pa⁵³　　　　项链、妆饰不要了
项链　 装饰 不要 了

tɕhi³¹tv³¹khɯ⁵⁵lɯ³³tɯ³¹mɔ³¹kɔ³¹　　　　手镯、手链不要了
手镯 手链　　 打 不 及

jɔ³¹tʂhɿ³¹la³³kɯ³³ɔ³¹mɔ³³　　　　　　　生我的妈妈
孩子　 来 的 妈妈

kɔ³¹nɔ³¹ja⁵⁵ma⁵⁵kɔ³¹pa³³nɔ³¹　　　　　想念我的时候
想　 非常　想

ma̱³¹nɔ³¹kɔ³¹ma⁵⁵ma̱³¹pa³³nɔ³¹　　　　　总是梦见我的时候
梦　 非常 梦

khɔ³¹phɯ³¹kha³¹la³³ja³³tshu³³tɿ³¹kɔ³¹la³¹　顺着米糠和灰一路找来
米糠　　 棕灰 路 顺 看到

ṣɿ³¹lo⁵⁵pi̱³¹nɔ³¹ṣɿ³¹tɕhi³³tɕhi³³　　　　过七条涧散七种灰
七 河 给　 七 种 散

ṣɿ³¹ṣɿ⁵⁵ku⁵⁵nɔ³¹ṣɿ³¹tɕhi³³tɕhi³³　　　　过七座山散七种灰
七 山 过　 七 种　散

jɔ³¹nɔ³¹tɕhi³¹khɔ³¹tsha³³la³³ŋɯ³³　　　　姑娘我散七种灰给你啦
姑娘我 散 下　 给你啦

khɔ³¹phɯ³¹tɕhi⁵⁵ja³³tshu⁵⁵kɔ³¹la³¹　　　顺着散糠的脚印找着来
米糠　　 脚印 找 着 来

la̱³¹ta̱³¹ji³³nɔ³¹la̱³¹ta̱³¹ji³³　　　　　换气
khv³¹tʂhɿ³¹nɔ³¹mu⁵⁵la³¹ji³³pa⁵³　　　　一年到头了
年 到　 看 了

mɔ³¹nɔ³¹pha⁵⁵na̱³³ji³³pa⁵³　　　　　　娘去染布了
妈妈　布 染 去了

mɔ³¹ji³³mi³¹nɔ³¹xa⁵⁵ma⁵⁵mi³¹　　　　　妈妈是怎么说的
妈妈　说 怎么 说

xɔ³¹lr³¹ŋɔ³¹tsu⁵⁵na̠³¹na̠³¹ti³³　　　　　　　先给我染布
首先　我　　染　染

jɔ³¹nɔ³¹tʂn̩³¹khɔ³¹ji³³tsu³³ti³³　　　　　娃娃洗干净了要拿这个布包
娃娃　洗　　　去　要　的

mɔ³³nɔ³¹jɔ³¹tsu⁵⁵tr̩³¹ji³³kɔ³¹　　　　　　妈妈去看姑娘
妈妈　姑娘　看去

khɔ³¹phɯ³¹tɕhi⁵⁵ja⁵⁵tshu⁵⁵kɔ³¹ji³³　　　顺着散糠的脚印找去了。
糠　　　脚印　找　去了

kha³¹la⁵⁵tɕhi⁵⁵ja⁵⁵tshu⁵⁵kɔ³¹ji³³　　　沿着散灰的脚印找去了
棕灰　脚印　找　去　了

lo⁵⁵mɔ³¹thaŋ³¹tsu⁵⁵tshu⁵⁵khɯ⁵⁵kɔ³¹　　找到河湾的塘子边
河　水塘　　找　到

mɔ³³nɔ³¹mi³¹nɯ⁵⁵khv⁵⁵kɯ³³nɔ³¹　　　　当娘叫小女儿的时候
娘　　说　小女儿　叫　的

v⁵⁵tshv³¹thi³¹mɔ³³phv⁵⁵thv⁵⁵la³³　　　水突然翻滚起来
水　　塘　　翻滚　起来

mi³¹nɯ⁵⁵jɔ³¹v⁵⁵tv̩³³le³³pa⁵³　　　　小姑娘出来了
姑娘　小　　出　来　了

jɔ³¹mi³¹mi³¹nɔ³¹xa⁵⁵ma⁵⁵mi³¹　　　姑娘是怎么说的
姑娘　说　　怎么　说

jɔ³¹tʂn̩³¹la³³kɯ³³ɔ³¹mɔ³³　　　　　生我的妈妈
孩子　生　的　妈妈

ma³¹tʂn̩³¹mi³¹ti³¹kɔ⁵⁵mi³¹thɔ³¹　　　闭着眼睛
眼睛　闭着　着

jɔ³¹nɔ³¹la̠³¹tshn̩⁵⁵kɔ³¹nɔ³¹ŋɯ⁵⁵　　　姑娘用手拉着
姑娘　手拉　（语气）

mɔ³³nɔ³¹ma̠³¹ku⁵⁵mi³¹kɔ³¹xr³³　　　娘的眼睛没有完全闭上
娘　眼　闭　闭

jɔ³¹ɲi⁵⁵tshn̩⁵⁵ki̠³¹ji³³kɯ³³nɔ³¹　　　姑娘把娘拉进去了
孩子　拉　进　去

a³¹tha̠³¹pvŋ⁵⁵jr⁵⁵mɔ³³　　　　　屋顶是瓦做的
房顶　瓦　房子大

a³¹pa⁵⁵tɕhiaŋ³¹jr⁵⁵mɔ³¹tiɔ³¹　　　墙的用土基砌的
边上　墙　　房子大

jɪ⁵⁵tho⁵⁵tɪ³¹li³¹phv⁵⁵sɿ⁵⁵a³¹nɔ³¹ka̠³¹ma³³ka̠³¹　　　　屋子里金碧辉煌
屋子　看　　银　金　闪　好看

lɯ⁵⁵khv³³lɯ⁵⁵li³¹ka̠³¹ma³³ka̠³¹　　　　　　项链、手链也很好看
项链　　手链　　好看

phv⁵⁵sɿ³¹phv⁵⁵lv³³ka̠³¹ma³³ka̠³¹　　　　　　银泡很好看
银泡　　银泡　　好看

mɔ³¹ji³³mi³¹nɔ³¹xa⁵⁵ma⁵⁵mi³¹　　　　　　妈妈是怎么说的
妈妈　说　的　　怎么　说

phv⁵⁵sɿ³¹phv⁵⁵lv³³mɔ³¹nɔ³¹ji³¹tsɿ⁵⁵ka³¹la³¹ɕɛ⁵⁵li³¹tsu³³　妈妈要拿走一些
银泡　　银泡　　妈妈　一点　　拿　走　要

jɔ³¹ji³³mi³¹nɔ³¹xa⁵⁵ma⁵⁵mi³¹　　　　　　姑娘是怎么说的
姑娘　说　怎么　　说

pi³³jɔ³¹jɪ⁵⁵kho⁵⁵a³³tsa³³kɯ³³nɔ³¹　　　　龙宫里的东西
龙宫　　　　有　的

pi³³jɔ³¹mi⁵⁵kɯ³³ɔ³¹mu³¹ŋe³³　　　　　　龙用的东西
龙　用　的　东西

tshu⁵⁵nɔ³¹mɔ³¹mi⁵⁵la³³khe̠³¹ŋe³³　　　　人是不会用的
人　　不　用　　会

jɔ³¹tʂɦ⁵⁵la³³kɯ³³ɔ³¹mɔ³³　　　　　　生我的妈妈
孩子　生　的　妈妈

ŋɔ³⁵jɔ³¹nɔ³¹xɔ³³pi³¹tsu³³tsa³³　　　　我的娃娃要放它在什么地方
我　娃娃　哪　放　在

mɔ³¹nɔ³¹xa⁵⁵ma⁵⁵mi³¹³⁵ja³¹　　　　　　娘是怎么说的
妈妈　怎么　说　的

tshɯ³¹phɯ⁵⁵tsa³³ti³³phi³¹thɔ³¹tsa³¹　　　放在短蓑衣上
蓑衣　　短的　放　着　在

jɔ³¹ji³³mi³¹nɔ³¹xa⁵⁵ma⁵⁵mi³¹　　　　　　姑娘是怎么说的
姑娘　说　怎么　说

tshɯ³¹phɯ⁵⁵tsa³³ti³³mɔ³¹tsu³³tɕhɛ³¹　　　短蓑衣不能坐
蓑衣　　短　不　放

v⁵⁵tshv³¹tsa³³ja³³tsu³³kɯ³³ŋe³³　　　　只能在有水的地方放着
水　有　地方　在　的

la̠³¹ta³¹ji³³nɔ³¹la̠³¹ta³¹ji³³　　　　　　换气

phi⁵⁵li³¹xo³¹phi⁵⁵lo³¹phi⁵⁵ tsa³³　　　　分饭盆里面能放
搅　　分饭盆　　　　在

xo³¹phi⁵⁵lo³¹phi⁵⁵pi³³tsu³³tɕɛ³¹　　　　就放在分饭盆里面
分饭盆　　　给坐

jɔ³¹mi³¹nɔ³¹xa⁵⁵ma⁵⁵mi³¹　　　　　姑娘是怎么说的？
姑娘　　怎么　说

xo³¹phi⁵⁵lo³¹phi⁵⁵v̩⁵⁵tshv̩³¹kv̩³³kɿ³³tɕhi³¹　把水舀进分饭的盆里
分饭盆　　　　水　　舀　进去

a⁵⁵tɕhi³¹pa⁵³ŋɔ³⁵jɔ³¹nɔ³¹tsu³³tɕɛ³¹pa⁵³　我的娃娃就能活了
这样的话　我　娃娃　坐会

jɔ³¹nɔ³¹v̩⁵⁵tshv̩³¹khi⁵⁵tsu³³pa⁵³　　姑娘要去背水了。
姑娘　水　　背　要

phv̩³¹li⁵⁵khạ³¹tʂhɿ⁵⁵v̩⁵⁵pi³¹tɕhi³¹　妈妈把装水的笆箩拿给她
罐子　背箩　　拿给

o³¹sa³³kha³³tʂhɿ⁵⁵sa³³thɔ³¹xɿ³³　黄皮竹编的笆箩挎在肩上
黄皮竹　背箩　　挎　着

ɯ⁵⁵khi³³v̩⁵⁵tv̩³¹khɯ³³ji³³kɔ³¹　到了舀水的水井
水舀　水井　到　了

xo³³lɯ³¹tɕhi⁵⁵xa⁵⁵mɔ³¹pɯ⁵⁵la³³　舀了很长时间也舀不满这罐水
很多　舀　都　不满

jɔ³¹n̩³³nɔ³¹ŋɔ³³mi⁵⁵ti³¹xa⁵⁵ma⁵⁵kɔ³¹ji³³tsa³³　今天我要怎么办？
今天　　我做得　怎么　　要

ɯ⁵⁵nɔ³¹mɔ³¹tɕhi⁵⁵pɯ⁵⁵kɔ³¹la³³　水打不满
水　不　舀　满

sɿ³¹mɔ³³tsɿ⁵⁵tsu³³ŋa³¹kha³³la³³　大树上飞来一只鸟
大树　树　　鸟来　了

ŋa³¹nɔ³¹xa⁵⁵ma⁵⁵mo⁵⁵ja³¹　鸟是怎么叫的
鸟　　怎么　叫

phv̩³¹li³³to³¹khɔ³¹na⁵⁵tɕhi³³tɕhi³³　罐子底部掉了
罐子　底部　通　掉了

nɔ³⁵jɔ³¹nɔ³¹mɔ³¹tsu³³e³³pa⁵³　你的娃娃不在了
你　娃娃　不　在　了

jɔ³¹ji³³mi³¹nɔ³¹xa⁵⁵ma⁵⁵mi³¹　姑娘是怎么说得
姑娘　说　的　怎么　说

tsɤŋ³³tsɤŋ³³ma³³kɯ³³ŋɯ³³pa³³nɔ³¹　　　　是真的吗？
真真　　　　　的　是

la̠³¹mɔ³³n̠i³³tsu³³ŋa³¹kha³³la³³　　　　鸟落在我的大拇指上
大拇指　　　鸟　落在

thɔ³¹kɔ³¹pɯ³⁵tu⁵⁵kɔ³¹lɯ³¹　　　　来喝口水
口水　汁　喝

la̠³¹ta̠³¹ji³³nɔ³¹la̠³¹ta̠³¹ji³³　　　　换气

jɔ³¹nɔ³¹ji⁵⁵tsu³³o⁵⁵li³³kɔ³¹　　　　姑娘进到家里去了
姑娘　家里　进去　了

jɔ³¹ji³³mi³¹nɔ³¹xa⁵⁵ma⁵⁵mi³¹　　　　姑娘是怎么说的
姑娘　说　　怎么　说

ŋɔ³³jɔ³¹nɔ³¹xɔ³³ji³³pɿ⁵³　　　　我的娃娃去哪了？
我　娃娃　哪　去　了

mɔ³³ji³³mi³¹nɔ³¹xa⁵⁵ma⁵⁵mi³¹　　　　妈妈是怎么说的
妈妈　说　的　怎么　说

nɔ³⁵jɔ³¹nɔ³¹mɔ³¹mu⁵⁵la³³　　　　你的娃娃我没看见
你　娃娃　没　见

xo³¹phi⁵⁵lo³¹phi⁵⁵ŋo³¹sɔ³¹nɔ³¹　　　　分饭盆里面的那条鱼
分饭盆　　　鱼

ŋo³¹mɔ³³tsha³³pe³³pe³³phi³⁵pa⁵³　　　　大鱼被我煮稀饭了
鱼　大　稀饭　煮　了

lo⁵⁵mɔ³³ʂ̩³¹tshɯ⁵⁵ʂ̩³¹jɿ⁵⁵tsa³³　　　　寨子里有七十七家
寨子　七十七　　家　有

ʂ̩³¹tshɯ⁵⁵ʂ̩³¹jɿ⁵⁵v⁵⁵pi̠³¹pa⁵³　　　　七十七家都给了
七　十　七　家　给　了

mi³¹kɔ³¹mɔ³¹ɕiŋ⁵⁵kɔ³¹ma³³ɕiŋ⁵⁵　　　　娘说的话姑娘不相信
说的　不相信　不　相信

jɔ³¹nɔ³¹ʂ̩³¹tshɯ⁵⁵ʂ̩³¹jɿ⁵⁵tsa³³　　　　姑娘去七十七家
姑娘　七十七　　家

ʂ̩³¹tshɯ⁵⁵ʂ̩³¹jɿ⁵⁵na⁵⁵kɔ³¹ji³³　　　　去七十七家问
七十七　　家　问　去

a⁵⁵nv³³thɯ³¹jɿ⁵⁵na⁵⁵kɯ³¹nɔ³¹　　　　问到最后一家
最后　一　家　问　的

pʰɔ³¹mu⁵⁵li⁵⁵ɲe̱³¹kɔ³¹nɔ³¹　　　　　　有兄妹两个
兄　　妹　　两个

a³¹tɕʰi³¹a³³sa³³mi³¹kɯ³³nɔ³¹　　　　哥哥和妹妹
哥哥　妹妹　说　的

a³¹tɕʰi³¹a³³sa³³ɲe̱³¹kɔ³¹nɔ³¹　　　　他两个一起说
哥哥　妹妹　两个人

kʰo⁵⁵pɪ³³tɪ³¹li³³mi³¹tɕʰi⁵⁵mu⁵⁵　　朝房顶看去看得见星星
房顶　看 去 星星　　看

kɯ⁵⁵kɔ³¹jɪ⁵⁵pʰi⁵⁵tɕʰi⁵⁵tʰɔ³¹xɪ³³　用篱枝竿子做的篱笆墙
篙枝　篱笆 做　着的

ŋa⁵⁵pʰa⁵⁵jɪ⁵⁵tsʰy̱³¹tɕʰi⁵⁵tʰɔ³¹xɪ³³　用芭蕉叶盖成的房顶
芭蕉 叶 屋子 盖 做　　　的

sɔ³¹la³³ɔ³¹jɔ³¹ŋɯ³³ma³³ɕe³³　　　是穷人的娃娃
穷　　小　　是

tsʰa³¹pe³³jɪ⁵⁵pʰɪ⁵⁵ɕi³³tsʰɯ³⁵tsʰa³¹　把稀饭倒在篱笆墙上了
稀饭　　篱笆　倒 上

mi³¹nɯ⁵⁵mi³¹nɔ³¹xa⁵⁵ma⁵⁵mi³¹　　姑娘是怎么说的
姑娘 小 说　 怎么　 说

a³¹tɕʰi³¹a³³sa³³ɲe̱³¹kɔ³¹o³¹　　　　哥哥妹妹两个
哥哥　妹妹　两个

xa⁵⁵tsu³¹xo³¹nɔ³¹tsɔ³¹kɔ³¹ŋa⁵³　　吃的什么饭
什么　饭　　吃 的

sɔ³¹la³³ɔ³¹jɔ³¹jɔ³¹v⁵⁵nɔ³¹　　　　我们这些穷娃娃。
穷　 小娃娃　们

tsa⁵⁵tɕʰi³¹tsa⁵⁵tsʰɯ⁵⁵tsɔ³¹kɔ³¹ŋɯ³³　吃酸汤杂菜
酸汤　杂菜　吃 得

jɔ³¹nɯ⁵⁵mi³¹nɔ³¹xa⁵⁵ma⁵⁵mi³¹　　小姑娘是怎么说的
姑娘 小 说　 怎么　 说

tsa⁵⁵tɕʰi³¹tsa⁵⁵tsʰɯ⁵⁵pa⁵⁵tsɔ³¹tsu³³　我和你们一起吃杂菜酸汤
酸汤　　杂菜　 同 吃

a³³tɕʰi³¹a³³sa³³ɲe̱³¹kɔ³¹　　　　　兄妹两个
哥哥　妹妹　两个

ŋɔ³⁵jɔ³¹nɔ³¹mo³¹tsu³³ji³³pa⁵³　　　我的娃娃没有了。
我 娃娃　不 在 了

jɔ³¹mɪ⁵⁵nɔ³¹ŋɔ³³v³³khɔŋ³¹mo⁵⁵ti⁵⁵ti⁵⁵　　　　今天晚上我们的龙要发怒了
今晚　　　我们 龙　大吼大叫

kha̠³¹ka³³ɯ⁵⁵tɯ³¹tɯ³¹tsu³³ma³³　　　　　大鹦鸪要拍打江水
鹦鸪　　水·拍拍·

nv⁵⁵sa³³phɔ³¹mo⁵⁵li⁵⁵li⁵⁵nɔ³¹　　　　　你们兄妹俩
你们　　兄妹

tʂi⁵⁵pɔ³³pv̠³¹li³³o⁵⁵tsu³³thɔ³¹　　　　　你们坐进酒罐里面
　酒　罐　进

thɯ³¹kɔ³¹thɯ³¹sɿ³¹o⁵⁵tsu³³thɔ³¹　　　　一个人装进一个酒坛里
一　人 一　个 进

la̠³¹tsu³³ja̠³³v³³thɯ³¹kɔ³¹thɯ³¹sɿ³¹ȵe̠³¹thɔ³¹xɪ³³
手　　鸡蛋 一　人 一　个 捏　着
　一人手里面捏着一个鸡蛋

ja̠³³jɔ³¹tɕi³³tɕi³³tɕi³³ti³¹mo⁵⁵la̠³³fv³³　　　小鸡叽叽叽地叫的时候
鸡 小 叽叽叽 · 地叫　时候

nɔ³¹v³³ȵe̠³¹kɔ³¹tv̠³³la̠³³kɔ³¹ji³³pa⁵³　　　你们两个出来好了。
你们 两个　出来　得 了

a³³tɕhi³¹a³³sa³³ȵe̠³¹kɔ³¹tʂi⁵⁵pɔ³³pv̠³¹tsu³³tsu³³thɔ³¹kɔ³¹
兄　妹　两个　　酒罐　　路 坐 着

khɔŋ³¹mo⁵⁵ti³³ti³³pa⁵³　　　　　　　龙大声吼叫
龙　　大声 吼叫

kha̠³¹ka³³ɯ⁵⁵tɯ³¹tɯ³¹ji³³pa⁵³　　　　大鹦鸪鸟也拍打着江水
鹦鸪　　水拍　着

mi³¹tha̠³¹mi⁵⁵tsɔ³¹thɯ³¹ka³³tsɿ̠³³ʐv³¹thɔ³¹ji³³pa⁵³　天地合拢在一起
天　地　　一起　拉拢　着

ɯ⁵⁵tsɿ³¹ɯ⁵⁵nɯ⁵⁵nɯ⁵⁵tv̠³¹kɔ³³ji³³pa⁵³　　　紫黑的江水滚滚向前
紫黑 紫红　　滚滚向前

tshu⁵⁵phɯ³¹mɔ³¹mu⁵⁵kɔ³³ji³³pa⁵³　　　　人的影子看不到了
人　影子 不 见 了

tshu⁵⁵thɯ⁵⁵nɔ³¹kɔ³¹kɔ³³ji³³pa⁵³　　　　人的声音听不见了
人 声音　听 不见了

ɯ⁵⁵tsɿ³¹ɯ⁵⁵nɯ⁵⁵lɔ³⁵phi³¹kɔ³¹　　　　　江水退下来。
紫黑 紫红 落 下来

la̠³¹ȵi³¹ja̠³³v³³mo⁵⁵le³³pa⁵³　　　　　　手里的鸡蛋叫起来了。
手　鸡蛋　叫 起来

a³³tɕhi³¹a³³sa³³tv̩³³laɔ³³kɔ³¹　　　　　　兄妹出来了。
兄妹　　　　出来了
jɔ³¹nɯ⁵⁵mi³¹nɔ³¹xa⁵⁵ma⁵⁵mi³¹　　　　小姑娘是怎么说的
姑娘　小　说　　怎么　说
tshu⁵⁵mi³¹tɕhɿ³³khɔ³³ji³³phi³¹ji³³pa⁵³　　人灭绝了。
人　　断　绝　了
nɔ³¹v̩³³ṇe̯³¹kɔ³¹ji⁵⁵jɔ³¹khɔ³³ti⁵⁵mɯ³¹ji³³pa⁵³　你们俩要成为夫妻了。
你们　两个　　谈婚论嫁　　要
a³³tɕhi³¹a³³sa³³ṇe̯³¹kɔ³¹mi³¹nɔ³¹xa⁵⁵xa⁵⁵mi³¹ja³¹
哥哥　妹妹　两个　是　　怎么　说　的
哥哥妹妹两个是怎么说的
thɯ³¹kɔ³¹mɔ³³ṇi³³jɔ³¹tʂhɿ⁵⁵kɔ³¹　　　　一个妈妈生的
一个　　妈妈　孩子　生
ji⁵⁵jɔ³¹xa⁵⁵ma⁵⁵khɔ³¹ti⁵⁵tsa³³?　　　怎么能谈婚论嫁
谈婚论嫁　怎么　能
mi³¹nɯ⁵⁵mi³¹nɔ³¹xa⁵⁵ma³³mi³¹　　　　姑娘是怎么说的
姑娘　说　　怎么　说
mi⁵⁵mɔ³¹tha̯³¹tshu⁵⁵mɔ³¹tsu³³mɔ³¹kɔ³¹kɔ³¹
天地间　　人　没　在　不　行
天地间没有人存在是不行的
phɔ³¹mu⁵⁵li⁵⁵li⁵⁵ji⁵⁵jɔ³¹mɔ³¹khɔ³¹mɔ³¹kɔ³¹e³³ti³³
兄弟姐妹　　谈婚论嫁　不　　不　行了
兄妹不谈婚论嫁是不行了

la̯³¹ta̯³¹ji³³nɔ³¹la̯³¹ta̯³¹ji³³　　　　　换气
nv⁵⁵sa³³ṇe̯³¹kɔ³¹jɔ³¹mɔ³³ṇe̯³¹sɿ̩³¹v³¹khɿ³¹tsa³³
你　两个　山　两座　顶　上
你们两个到两座山的山顶上
lv⁵⁵tɕhi³³thɯ³¹kɔ³¹thɯ³¹sɿ̩³¹tʂhɿ⁵⁵thɔ³¹xi³³　一个人抬着一个磨
磨　一个　一座　抬　着
tshu³¹ja³³kuŋ³¹tʂɿ⁵⁵tɕhi³³ji³³pa⁵³　　　滚在一起合拢的时候
一起　　合拢　　的时候
ji⁵⁵jɔ³¹mɔ³¹khɔ³¹mɔ³¹kɔ³¹ji³³pa⁵³　　　你们不结婚就不行了
谈婚论嫁　不　　不　行　了

a³³tɕhi³¹a³³sa³³kuŋ³¹li³³kɔ³¹   哥哥妹妹滚的结果
哥哥　妹妹　滚　结果

n̥ɛ³¹sɿ³¹kuŋ³¹tʂɿ⁵⁵thɔ³¹ji³³pa⁵³   两个合拢在一起了
两个　合拢　　在一起

phɔ³¹mu⁵⁵li⁵⁵li⁵⁵ji³¹jɔ³¹mɔ³¹khɔ³¹mɔ³¹kɔ³¹ji³³pa⁵³   不结婚是不行了
哥哥妹妹　　结婚　不　　不　行　了

la̱³¹ta̱³¹ji³³nɔ³¹la̱³¹ta̱³¹ji³³   换气
a³³tɕhi³¹a³³sa³³n̥ɛ³¹kɔ³¹   兄妹两个
兄妹　　　　两个

tɕi³¹lɔ³³jɔ³¹tʂm̥³¹kɔ³³lɤ³³kɔ³¹   九个月生下了小孩
九个月 孩子　生 下来

v⁵⁵phv³¹jɔ³¹nɔ³¹tʂm̥³¹kɔ³³lɤ³³   生下来的是葫芦娃娃
葫芦　娃娃　生 下来

jɔ³¹nɔ³¹tʂhi³¹kɔ³¹lɤ³³kɤ³³nɔ³¹   娃娃生下来以后
娃娃　生 下来　以后

tɕi⁵⁵li³¹ɕi⁵⁵tɕhi⁵⁵v⁵⁵phv³¹tɕhi⁵⁵pha³³tɕhi³³kɯ³³nɔ³¹
拉锯　锯子　葫芦　锯开　以后
用锯子把葫芦锯开以后

jɔ³¹nɔ³¹thɯ³¹kɔ³¹mɔ³¹tʂm̥⁵⁵ma³³   娃娃不止一个
娃娃　一个　不　止　的

tshɯ⁵⁵kɔ³¹jɔ³¹xa⁵⁵mɔ³¹tʂm̥⁵⁵ji³³ti³³   十个都不止
十个　　娃娃　都 不 止

v⁵⁵phv³¹tɕi⁵⁵pha³³tɕhi⁵⁵kɤ³³nɔ³¹   葫芦锯开以后
葫芦　锯开　　　以后

jɔ³¹thɯ³¹kɔ³¹thɯ³¹kɔ³¹ti³³tɯ⁵⁵tɤ³¹lɤ³¹ji³³pa⁵³
孩子一个　一个　　地 蹦　出来 了
孩子一个一个地蹦出来了

thɯ³¹kɔ³¹ka³³nv³³thɯ³¹kɔ³¹mi³¹   一个接着一个说
一个　接着　一 个 说

ŋa⁵⁵nɔ³¹pi³¹jɔ³¹   我是碧约人
我　碧约

ŋa⁵⁵nɔ³¹kha̱³¹to⁵⁵   我是卡多人
我　卡多

ŋa⁵⁵nɔ³¹xo³¹n̩i³¹　　　　　　　　　我的豪尼人

我　　豪尼

ŋa⁵⁵nɔ³¹pɯ³¹xɔŋ³¹　　　　　　　　我是白宏人

我　　　白宏

……

la̱³¹ta̱³¹ji³³nɔ³¹la̱³¹ta̱³¹ji³³　　　　　换气

jɔ³¹nɔ³¹li³¹xɯ³¹la³³pa³¹nɔ³¹　　　　娃娃长大以后

娃娃　长大　　以后

jɔ³¹nɔ³¹tsʅ⁵⁵xɯ³¹la³³pa³¹nɔ³¹　　　娃娃长以后

娃娃　长大　　以后

jɔ³¹nɔ³¹ji³³jɔ³¹kɔ³³ji³³pa⁵³　　　谈婚论嫁了

娃娃　结婚　开始

jɔ³¹nɔ³¹ja⁵⁵mi⁵⁵kɔ³³ji³³pa⁵³　　　劳动了

娃娃　做活　开始

jɔ³¹nɔ³¹ja⁵⁵tshɯ³¹kɔ³³ji³³pa⁵³　　开始犁地了

娃娃　锄地　开始

tʂʅ³¹tha̱³¹ta̱³³li³³tɕhi⁵⁵pʅ³³pɯ³³ma³³pɯ³³　谷子满仓

楼上（谷仓）　谷堆　满满　的

va³¹xɿ³³tʅ³¹/³³li³³va³¹jɔ³¹pɯ³³　　　猪圈里都是小猪

猪圈　看看　猪小　满

jɿ⁵⁵kho⁵⁵tʅ³¹li³³pa⁵³　　　　　　看看家里

家里　　看

li³¹tʂʅ³³li³¹mɔ³³ɔ³¹sʅ⁵⁵sa³³　　　　子孙满堂

子孙　　　　很多

mi⁵⁵mɔ³³tha̱³¹tshu⁵⁵nɔ³¹xo⁵⁵lɯ³¹mɔ³³e³³pa⁵³　天底下的人都很幸福。

天底下　　人　　很　　好

创世神话
（米扎扎依与洛基洛依的爱情故事）

jɔ³¹n̩i³³ku⁵⁵kɯ³³thɯ³¹ta̱³¹nɔ³¹　　　　今天唱的一首是

今天　唱　的　一首　是

mi³¹tsa³³tsa³³sʅ³¹tsa³³ji³³,　a⁵⁵tɕi³³lɔ³¹tɕhi³¹lɔ³¹ji³³,　lɔ³¹ji³³jɔ³¹v⁵⁵tsu³³

米扎扎　斯扎依　阿基洛　奇洛依　洛依他们

xe³⁵kɯ³³thɯ³¹ta̠³¹ku⁵⁵kɔ³¹ŋɯ³³　　　　　唱的就是这一调
这　的　一　调　唱　的　是

thɯ³¹n̠i³³na̠³¹ja³¹³³thɯ³¹n̠i³³fv̠³³　　　　很久很久以前
一　天　早日子　一天　时候

ɔ⁵⁵v̠³³xa̠³¹mɔ³³v̠⁵⁵tshv̠³¹sa⁵⁵lo⁵⁵tsa³³　　我们墨江县这个地方
我们　汉　人　水　江　有

sa⁵⁵lo³¹ji³³kɯ³³mi⁵⁵mɔ³³tsa³³　　　　　墨江这个地方啊！
江　的　地方　有

mi³¹ka̠³¹tv̠³¹kɯ³³mi⁵⁵mɔ³³ŋe³³　　　　出美女的地方
姑娘好看　出　的　地方　（语）

mo⁵⁵ka̠³¹tv̠³¹kɯ³³mi⁵⁵mɔ³³ŋe³³　　　　出英雄的地方。
英雄好看　出　的　地方　（语）

thɯ³¹n̠i³³na̠³¹ja³¹³³thɯ³¹n̠i³³fv̠³³　　　很久很久以前
一　天　早日子　一天　时候

mi³¹nɔ³¹tʂʰ⁵⁵ma³³mi³¹ji³³tʂʰ³¹　　　是这么传说的。
说　这么　说下来这

ku⁵⁵nɔ³¹tʂʰ⁵⁵ma³³ku⁵⁵ji³³tʂʰ³¹　　　是这么传唱的。
唱　这么　唱下来这

la̠³¹ta̠³¹ji³³nɔ³¹la̠³¹ta̠³¹ji³³　　　换气
mi³¹ka̠³¹ɔ³¹su⁵⁵ka̠³¹ji³³ja³¹　　这个俏姑娘是谁
姑娘好看　谁　好看　（语）

mo⁵⁵ka̠³¹ɔ³¹su⁵⁵ka̠³¹ji³³ja³¹　　这个英雄是谁
英雄好看　谁　好看　（语）

mi³¹ka̠³¹mi³¹tsɔ³¹tsa³³s̠ɿ³¹tsa³³ji³³jɔ³¹v̠³³ a⁵⁵tɕi³³lo³¹tɕʰi³¹lo³¹ji³³jɔ³¹v̠³³
姑娘好看　米扎扎斯扎　依他们　阿基洛奇洛依他们
好看的姑娘和英雄是米扎扎斯依和阿基洛奇洛依。

mi³¹jɔ³¹a⁵⁵paŋ³¹ts̠ɿ⁵⁵mɔ³³sv̠³³　　这个姑娘像笔直的大树一样
姑娘　壮实　树大　像

a³¹la̠³¹jo⁵⁵thɿ⁵⁵ka̠³¹mɔ³³sv̠³³　　手臂像长长的芋菜秆
手　芋菜秆子　像

ɔ³¹tɕʰi⁵⁵pi̠³¹tv̠³¹ŋa³³tv̠³³sv̠³³　　小腿像芭蕉花
小腿　包　芭蕉花　像

tɕʰi⁵⁵khɯ⁵⁵thɯ³¹khɯ⁵⁵s̠ɿ³¹tsa³³po³³　一根头发装七个饭盒
头发　一根　七　饭盒

ȿ̩³¹tsa³³po³³nɔ³¹tsa³³ji³³tʂn̩³¹　　　　　有七饭盒呀！
七　饭盒　　　有人　说

ma̠³³n̩³¹nɔ³¹ji⁵⁵sn̩³¹tv̩³¹thɔ³¹xɿ³³　　　　眼睛长着像苦炼子仁一样
眼睛　　苦炼子仁　张着

mɿ³¹nɔ³¹tsho⁵⁵lo⁵⁵o⁵⁵thɔ³¹xɿ³³　　　　　嘴巴长得像小酒杯一样
嘴巴　　酒杯　撅着

mi³¹tha̠³¹ta̠³³li³³pɿ⁵⁵khe̠³¹tʂn̩³¹　　　　　上天会飞。
天　　上　　　飞　会（听说）

mi⁵⁵tshɔ³¹kɔ³¹lɤ³³jo³¹khe̠³¹tʂn̩³¹　　　　下地会走
地上　　下来　走　会（听说）

mi³¹tha̠³¹kɔ³¹lɤ³³mi³¹ka̠³¹ŋe³³　　　　　是仙女下凡啊
天上　　下来　姑娘　美

mi³¹jɔ³¹tʂ̩³¹mɔ³¹ŋe³³tʂn̩³¹　　　　　　女中豪杰啊
姑娘　首领　　是

la̠³¹ta̠³¹ji³³nɔ³¹la̠³¹ta̠³¹ji³³　　　　　　换气
a⁵⁵tɕi³³lɔ³¹tɕhi³¹lɔ³¹je³³tiɔ³¹　　　　　阿基洛奇洛依啊
阿基洛奇　洛耶（语）

v̩³¹nɔ³¹li³¹leŋ³³tv̩³³thɔ³¹xɿ³³　　　　　头长得四四方方的
头　四　棱　长着

mo⁵⁵nɔ³¹li³¹faŋ⁵⁵tv̩³³thɔ³¹xɿ³³　　　　块头很大
身体　四方　长着

lɛ³¹tʂɔ³¹a⁵⁵mo⁵⁵ŋe³³ji³³tʂn̩³¹　　　　　风流的小伙子
风流　小伙子　是

mi⁵⁵tv̩³¹a̠³³kɔ³¹³³ŋe³³ji³³tʂn̩³¹　　　　　出名的小伙子
出名的　小伙子　是

tshɤ³¹la̠³³ka̠³¹³³li⁵⁵la̠³³khe̠³⁵tʂn̩³¹　　　冷了会给你温暖
冷　来扇　热　会

lo⁵⁵la̠³³ka̠³¹ɕɿ⁵⁵³¹la̠³³khe̠³¹tʂn̩³¹　　　热了给你阴凉
热　了扇　凉　会

la̠³¹ta̠³¹ji³³nɔ³¹la̠³¹ta̠³¹ji³³　　　　　　换气
a⁵⁵mo⁵⁵　fa³⁵tsa³³kɯ³³ŋe³³　　　　　情哥是很有办法的
情哥哥　办法　有　的

lo⁵⁵mɔ³³tɤ³¹tʂʰ⁵⁵la³³khe̝³¹³⁵tʂʰ³¹　　　　　　会把河水拦住
河　　堵　　起来　会

tsha³¹tʂʰ⁵⁵kaŋ³¹li⁵⁵li⁵⁵khv³³　　　　　　挑盐巴扁担一颠一颠的
盐巴　挑　杆　一颠一颠　地

ma³⁵men³¹v³¹sv⁵⁵lo⁵⁵mɔ³³tsa³³　　　　　　麻木五树河里
麻木　　五　树　河　大　那

jo³¹mɔ³³ɳe̝³¹sɿ³¹tʂʰ⁵⁵thɔ³¹xɿ³³　　　　　　挑着两座大山
山　　两　座　抬　着

tsha³¹tʂʰ⁵⁵kaŋ³¹tʂʰ³¹tɕhɿ³³phi³¹　　　　　扁担挑断了
东西　挑　杆　　挑　断了

mi³¹tsa³¹tsa³³sɿ³¹tsa³³ji³³tiɔ³¹　　　　　　米扎扎斯扎依
米扎　扎斯　扎　依

ɕɪŋ³³fv³¹lo⁵⁵mɔ³³tsa⁵⁵ɯ⁵⁵tsɿ³¹ja³³　　　　在幸福江里洗澡
幸福　江　　里　洗澡

mɔ³¹ɕi³¹tʂʰ⁵⁵so⁵⁵kɔ³¹kɯ³³tsu³³　　　　　把不干净的地方洗干净
不干净洗干净　正　　在

mɔ³¹so⁵⁵tʂʰ⁵⁵ɕi³¹kɔ³¹kɯ³³tsu³³　　　　　把不干净的地方洗干净
不　干净洗干净　　　要

la³¹ta̝³¹ji³³nɔ³¹la̝³¹ta̝³¹ji³³　　　　　　　换气

lo⁵⁵tha̝³¹tsu³³kɯ³¹a⁵⁵ɳi⁵⁵jɔ³¹　　　　　　在河上游洗澡的情妹妹
河上　在　的　情妹妹

jɔ³¹ɳi³³ɳi³³mɔ³¹thɯ³¹ɳi³³nɔ³¹　　　　　　今天这一天啊
今天 这个日子 一　　天

a⁵⁵mo⁵⁵ŋɔ³¹v⁵⁵nɤ³³tsu³³kha⁵⁵kɔ³¹mɤŋ³¹ɯ³³la³³　　　情哥哥我　心中　所有想不　是
情哥哥我　心中　　所有　想不　是
心中怎么想事情就不是这样

nɤ³³tsu³³kha⁵⁵ma̝³³mɤŋ³¹ɯ³³la³³　　　　　梦里想的和现实也不一样
心里　　怎么梦　不是

ma³¹kɛ³³kɔ³¹³³nɔ³¹ma³¹kɛ³³kɔ³¹　　　　　别在意别在意
没　关系　　没　关系

ŋa⁵⁵jo³¹a⁵⁵mo⁵⁵jɔ³¹v³³　　　　　　　　我的情哥哥啊
我　的　情哥哥　啊

ka̝³¹mu³¹ɕi⁵⁵li⁵⁵tha̝³¹tsa³³kɔ³¹　　　　　我的情哥哥不要难为情
又羞　又怕　不　要有

kạ³¹çi⁵⁵so³¹ti³³thạ³¹tsa³³kɔ³¹　　　　心里不要过意不去
自责　　地　不　要有

ŋa⁵⁵jo³¹a⁵⁵mo⁵⁵jɔ³¹v̩³¹　　　　　　我的情哥哥啊
我 的 情哥哥 啊

xɔ³¹mu³¹ji³³kɯ³³thɯ³¹n̩i³³xa⁵⁵　　　　任何时候
任何时候 的 一 天

mɔ³¹tɕʅ³¹³³ji³³kɯ³³nu³³tɯ³¹sv̩³³　　像砍不断的常青藤 一样
不断　　 的　藤子一样

mɔ³¹ji³³tɕʅ³³kɯ³³v̩⁵⁵tshv̩³¹sv̩³³　　像流不尽的江水
不 流 断 的　水　　像

mɔ³¹sʅ⁵⁵nɔ³³nɔ³¹ɔ³¹ji³³sv̩³³　　　像不老的万年青一样
不死　常青树　命　像

sa⁵⁵ɯ³³jʅ⁵⁵ma³³tsu³³kɔ³³mɯ³⁵　　一辈子在一起
人的一辈子　在　一起

lạ³¹tạ³¹ji³³nɔ³¹lạ³¹tạ³¹ji³³　　　　换气
mi³¹tsa³³tsa³³sʅ³¹tsa³³ji³³tiɔ³¹，a⁵⁵tɕi³³lɔ³¹tɕhi³¹lɔ³¹je³³tiɔ³¹，
米 扎 扎 斯 扎 依　　阿基洛 奇 洛 耶

tshu⁵⁵nɔ³¹sa⁵⁵ɯ³³mɔ³¹tsu³³n̩e³¹　　　人世世代代都不在了
人　　世代 不 在 了

mi³¹nɔ³¹sa⁵⁵ɯ³³tsa³³thɔ³¹tsha³¹　　他们的名字世代相传
名字　世代　在 着

mi³¹tsa³³tsa³³sʅ³¹tsa³³ji³³tiɔ³¹，a⁵⁵tɕi³³lɔ³¹tɕhi³¹lɔ³¹je³³tiɔ³¹，
米 扎 扎 斯 扎 依　　阿基洛 奇 洛 耶
米扎扎斯依、阿基洛奇洛依

mi⁵⁵³¹ji³³xɯ³¹nɔ³¹xa⁵⁵ma⁵⁵xɯ³¹　　他们的名声怎么这么大
名字　大　这么　大

çiŋ⁵³ji³³xɯ³¹nɔ³¹xa⁵⁵ma⁵⁵xɯ³¹　　他的消息为什么传得这么远？
信 传 大 这么　大

thɯ³¹n̩i³³nạ³¹ja³³thɯ³¹n̩i³³fv̩⁵⁵
很久 很久　以前

phi³¹　　ji³³mi³¹la³¹ɔ³¹to³¹nɔ³¹　　老祖宗传说的话是
老祖宗 传下来　　话 是

phɔ³¹　　ji³³ku⁵⁵la³¹ɔ³¹³¹to³¹nɔ³¹　　老祖宗唱的话是
老祖宗 传唱　　　话 是

mi³¹tsa³³tsa³³sʅ³¹tsa³³ji³³，a⁵⁵tɕi³³lɔ³¹tɕhi³¹lɔ³¹je³³

米 扎 扎 斯 扎 依　　阿 基 洛 奇 洛 耶

米扎扎斯依、阿基洛奇洛依

ɔ³¹ji³¹thɿ⁵⁵li⁵⁵phi³¹li³³xa³³mo⁵⁵nɔ³¹tẹ ³¹ti⁵⁵la³³khẹ ³¹tʂhɿ³¹

骨头 翘 碎 了　　　　身体 活 回 来 会

骨头敲碎了身子还能复活

三　谜语

1. mi³¹thạ ³¹tɿ³¹xɿ³³kạ ³¹sʅ⁵⁵thɔ³¹？thɯ³¹kɔ³¹thɯ³¹kɔ³¹xa³³tɿ³¹thɔ³¹xɿ³³kạ ³¹sʅ⁵⁵

　天　　看（连）笑 （貌） 一 个 一 个 （状）看（貌）（连）笑

tsha³³？　　　　——thɔ⁵⁵pɔ³¹a³¹ji ³³，pɔ³¹tɕhi⁵⁵a³¹ji ³³.

（貌）　　　　蚕豆花　　　　豌豆花

什么开花朝天笑？什么开花对着笑？——蚕豆花，豌豆花。

2. ja³¹jɔ³¹nẹ ³¹kɔ³¹kɔ³¹mo⁵⁵thɯ³¹kɔ³¹thɯ³¹kɔ³¹khv⁵⁵ji³³，xɯ³⁵kɯ³³thɯ³¹kɔ³¹

　儿子 两个 长工 一 个 一 个 叫去 大 的 一 个

khv⁵⁵la³³kɯ³³thɯ³¹ni³³kɔ³³sv³³v³¹khɿ⁵⁵sʅ³¹thv⁵⁵khẹ ³¹ɔ³¹tɕhi⁵⁵tɕhɔ³³thv⁵⁵khẹ ³¹

　叫 来 的 每天　　　头 只 磕 会 脚 翘 起 会

nɯ⁵⁵kɯ³³thɯ³¹kɔ³¹khv⁵⁵la³³kɯ³³，nẹ ³¹mɿ⁵⁵ma³³thɯ³¹ka³³mi⁵⁵nv³¹thɔ³¹mɤŋ³⁵

　小 的 一 个 叫 来 的 夫妻俩　　 一 起 合作（貌）不然

a³¹thɯ³¹tshv³³xa³³mɔ³¹pa⁵⁵mi⁵⁵. mi⁵⁵thv⁵⁵tɕhi³¹la³¹pa⁵³xo⁵⁵lɯ³¹kɔ³¹.

　一 样 都 不 帮 做 干活　 起来 的话 冰雹 下

pi³¹jɔ³¹tshv³³kɯ³³kɔŋ³³tɕɯ³³ŋe³³pa⁵³.

碧约　　　的 工具　是

　　——tɕhɿ⁵⁵mẹ ³³；lṿ ³³ki ³³phaŋ³¹phaŋ³³.

　　　　　碓　　 磨盘

两个儿子一个请一个长工。大儿子请来的只会磕头跷脚，二儿子请来的夫妻要合在一起，不然不能干活儿，一干活儿就大发雷霆，下雹子，打两个工具。

　——碓；磨盘

3. thɯ³¹jɿ⁵⁵xa³³ɔ³¹kho³³thɯ³¹kho³³tsu³³tẹ ³¹. ——kɔ³¹phu⁵⁵

　 一 生 就 洞 一 个 在 活　　萝卜

一生只靠一个洞生活，离开洞就死了。——萝卜

4. thɯ³¹khɿ³³thɯ³¹nẹ ³¹ti³³sʅ³³kɔ³¹jɔ³¹tso⁵⁵. ——ma⁵⁵tsaŋ³¹.

　一 胎 一 两 千 个 孩子 生　　 石榴

一胎怀几千个。——石榴

5. ŋɔ³³to⁵⁵a³¹ŋa⁵⁵thɯ³¹tshaŋ³¹tsu³³e³³lo⁵⁵po³¹a³³ka³³khɔ³³ji³³pa⁵³, tv⁵⁵
　我　家（话）鹅 一 群　有　　 河 （方）赶进去（语）出
la³³kɯ³³tv³³la³³, lɔ³¹khɔ³³kɯ³³lɔ³¹khɔ³³.　　——thuaŋ³¹tsʅ³¹.
来 的 出来　沉下　的 沉下　　　　团子

我家有群鹅，一起赶到河里去，漂的漂起来，沉的沉下去。——汤圆。

6. mʅ⁵⁵pa̠³³v³¹khɿ³¹a³¹jo³¹mo³¹mɔ³³thɯ³¹kɔ³¹mi³¹tsɔ³¹khɔ³¹pha³³thɯ³¹tsʅ³¹
　崩山　头 （方）老奶奶　 一　个　柴火　　　 一　捆
phi³¹thɔ³¹ma³¹pi⁵⁵kɔ³¹tv̠³³kɔ³³e³³.　　——mi³¹sv̠³¹ɔ³¹tsʅ⁵⁵.
背（貌）（状）泪水 流 出（体）　　松明子树

崩山的山顶上，有个老奶奶，背着一捆细柴火，眼泪流下来 ——松明子树。

7. ji³¹sa³³ji³¹nɯ⁵⁵sʅ³¹kɔ³¹xe̠³¹kɔ³¹ɔ³¹jo³¹nɯ⁵⁵fv⁵⁵ji³¹tsu³¹ma⁵⁵kɔ³¹tʂʅ³¹thɯ³¹
　兄弟　　　 七 个 八 个 小　　 时候 大家　衣服　 一
tɕhi³³ti³³, xɯ³¹la³³phi³¹ pa⁵³ thɯ³¹kɔ³¹thɯ³¹tɕhi³³ti³³.　　—— kho³¹çɿ⁵⁵. 大蒜
件穿　 大 来（貌）（体）一 个 一 件 穿

兄弟七、八个，小的时候穿一件衣服，大的时候各穿各的。——大蒜。

8. ɔ³¹jo³¹nɯ⁵⁵fv⁵⁵ɔ³¹ȵi⁵⁵ȵi⁵⁵kɯ³³kɔ³¹tʂʅ³¹ti³³, xɯ³¹la³³fv⁵⁵tsʅ³¹sv³³kɯ³³
　小　　 时候绿 的 衣服 穿　大 来 时候紫色 的
kɔ³¹tʂʅ³¹ti³³.　—— ka⁵⁵tsʅ³¹.
衣服　穿　茄子

小的时候穿绿衣服，长大了穿紫色的衣服。——茄子。

9. ɔ³¹jo³¹nɯ⁵⁵fv⁵⁵kɔ³¹tʂʅ³¹ti³³, tsv̠⁵⁵xɯ³¹la³³ pa⁵³tsv̠⁵⁵pɔ³¹la³³.　—— ka⁵⁵tsʅ³¹
　小 嫩 时候 衣服 穿　越 大（貌）（体）越 烂（貌）　　茄子
小时候穿衣服，大了穿不了。——茄子

10. kv̠³¹li³³kv̠³¹kue³³kue³³li³³kue³³kv̠³¹a³¹ji̠³³ma³¹ji̠³³ɔ³¹sʅ³¹mʅ³³.
　古里古怪　　怪里怪古 花 不 开果子 熟
——sʅ³¹kv³³ɔ³¹sʅ³¹.
　　　无花果

古里古怪地，不开花结果子。——无花果

11. ɔ³¹tɕhi⁵⁵ma³¹tsa³³kɯ³³nɔ³¹mi⁵⁵mɔ³³tshuaŋ³³, ɔ³¹tɕhi⁵⁵tsa³³kɯ³³jɿ³³kho⁵⁵
　没有 脚　 的　天下 窜　有 脚　的　家里
tsu³³.　——kaŋ³¹, tsʅ³¹thɯ⁵⁵.
住　 扁担　板凳

12. v³¹lv⁵⁵ɔ³¹ȵi⁵⁵khv³¹thɔ³¹xɿ³³ v³¹lv⁵⁵a³¹mu³³lia³³ta̠³¹kv̠³¹kv̠³¹kɯ³³tsa³³to³¹
　帽子 绿 戴（貌）（连）帽子 下面 弯弯　　 的 有 直直

tsu³¹tsu³¹kɯ³³tsa³³to³³lo³³lo³³ma³³kɯ³³tsa³³, tshu⁵⁵jo³¹khạ³¹tsɔ³¹pa⁵³nɔ³¹ɕi³¹
　　的 有　圆圆　　的 有　人 大　吃 的话（话）喜欢

xuaŋ³³, tshu⁵⁵jo³¹n̠i³³tɿ³¹pa⁵³nɔ³¹　ɕi³¹xuaŋ³³, tsɔ³¹pa⁵³nɔ³¹n̠i⁵⁵.
　　人 小　　看 的话（话）喜欢　　吃 的话（话）哭

——sɿ³¹phi⁵⁵.
　　辣椒

戴着绿帽子，帽子下面弯弯的有，直直有，圆圆的也有，大人吃了喜欢，小孩看了喜欢，吃了就哭。——辣椒

13. jɿ⁵⁵kho⁵⁵thɯ³¹jɿ⁵⁵tsa³³, ŋẹ³¹jɿ³³pɯ⁵⁵tɤ³³tɕhɿ³³, ŋẹ³¹jɿ³³ma³³li³¹tṣɿ³¹li³¹
　　家 一　家 有　两 家 分 出 去　两 家　子孙　多

mɔ³³mɔ³¹kɯ³³thɯ³¹jɿ⁵⁵pi³¹ṣɔ³¹kɯ³³thɯ³¹jɿ³³ṣɔ³¹, ṣɔ³¹kɯ³³thɯ³¹jɿ³³pi³¹mɔ³¹kɯ³³
　　多 的 一 家 比 少 的 一 家 少　少 的 一 家 比 多 的

thɯ³¹jɿ³³mɔ³¹e³³.　——suaŋ⁵⁵phaŋ³¹.
一　家 多　　　算盘

一家分两院，两院子孙多，多的比少的少。——算盘。

四　词汇表

一、天文、地理		
序号	碧约话	汉义
1	mi³¹thạ³¹	天
2	n̠i⁵⁵tsha⁵⁵tshɣ³¹	天晴
3	mi³¹thạ³¹nạ³³	天阴
4	n̠i⁵⁵mɔ³³	太阳
5	n̠i⁵⁵mɔ³³n̠i⁵⁵tso⁵⁵	日晕
6	n̠i⁵⁵tsha⁵⁵	阳光
7	n̠i⁵⁵mɔ³³phɔ³¹ji³³tsɔ³¹	日食
8	pɔ³³lɔ³³	月亮
9	pɔ³³lɔ³³lɔ³³tso⁵⁵	月晕
10	pɔ³³lɔ³³phɔ³¹ji³³¹tsɔ³¹	月食
11	n̠i⁵⁵khɯ⁵⁵	光线
12	mi³¹tɕi⁵⁵	星星
13	mi³¹tɕi⁵⁵tɕi⁵⁵tɕhi³¹	流星
14	mi³¹kɣ³¹	一种天象
15	n̠i³¹tɕhi³¹	云

序号	碧约话	汉义
16	tshy^{31}	雷
17	mi^{31}tsɯ^{31}tsɯ^{31}	雷声很大
18	tshy^{31}tɕhi^{33}	打雷
19	tso^{31}li^{55}	风
20	tso^{31}li^{55}li^{55}mɔ^{33}	大风
21	tso^{31}li^{55}li^{55}tso^{55}	旋风
22	ɔ^{31}xo^{55}	雨
23	xo^{55}sɿ^{31}	雨点
24	mi^{55}lo^{31}tsɔ^{31}phɿ^{33}	闪电
25	tshɯ^{55}tɯ^{55}lɯ^{55}khy^{33}	虹
26	ȵi^{33}	雪
27	mi^{55}ly^{33}ly^{33}	地震
28	xɔ^{55}ly^{33}	雹子
29	ua^{31}	霜
30	mi^{55}sɿ^{55}	红霞
31	pɯ^{31}ja^{31}	露水
32	ȵi^{31}tɕhi^{31}	雾
33	mi^{31}lɿ^{55}	火
34	mi^{31}tsɿ^{31}	火星（火花）
35	mi^{31}khɯ^{55}	火光
36	mi^{31}tɕhi^{31}	（炊）烟
37	a^{31}sa^{31}	气
38	mi^{55}tshɔ^{31}	地
39	ja^{55}kho^{55}	田地
40	te^{33}ky^{31}tu^{33}	平地
41	lo^{55}khɔ^{31}	洼子
42	jo^{31}mɔ^{33}	山
43	jo^{31}mɔ^{33}v^{31}khɿ^{31}	山顶
44	jo^{31}na^{55}	山梁
45	jo^{31}mɔ^{33}v^{31}sɿ^{31}	山峰
46	ka^{31}lɯ^{55}	两个山峰之间的分口处

序号	碧约话	汉义
47	jo³¹mɔ³³n̥i³¹tɕʰi³¹	山岚
48	jo³¹mɔ³³tɔ³¹pɣ³³	山脚
49	jo³¹mɔ³³pa⁵⁵pʰɿ⁵⁵	山坡
50	ja̱³¹kʰa̱³¹	悬崖
51	ja̱³¹	岩
52	ja̱³¹lɣ³³mɔ³³	岩石
53	ja̱³¹kʰo⁵⁵	岩洞
54	puŋ³³	石灰
55	mɿ⁵⁵kʰe̱³³	硝
56	jo³¹mɔ³³o³¹kʰo⁵⁵	山洞
57	to⁵⁵ja⁵⁵ja⁵⁵kʰo⁵⁵	山谷地
58	lo⁵⁵kaŋ³³	山水沟
59	lɣ³³mɔ³³sɿ³¹mɔ³³	大石头
60	o³¹kʰo⁵⁵	洞
61	lo⁵⁵pɔ³¹	河
62	lo⁵⁵pɔ³³tɿ³³mo³³	河坝
63	sa³³la³³	河沙
64	tsha⁵⁵xɔ³¹	岔河
65	lo⁵⁵tɕʰɿ⁵⁵	河岔口
66	lo⁵⁵tsu⁵⁵、lo⁵⁵jɔ³¹	小河
67	lo⁵⁵mɔ³³	大河
68	lo³³tɕʰe̱³¹	小溪
69	ti⁵⁵lo⁵⁵	瀑布
70	lo⁵⁵mɿ⁵⁵	河流发源地
71	lo⁵⁵pɔ³¹a³¹tʰa̱³¹	上游
72	lo⁵⁵pɔ³¹a³¹va̱³¹	下游
73	lo⁵⁵pɔ³¹pɔ³¹mɔ³³	江
74	xɛ³¹	湖
75	xɛ³¹	海
76	lo³³to³¹	塘子
77	ja³³kʰɯ⁵⁵	裂缝

序号	碧约话	汉义
78	tɔ̠³¹tshɔ̠³¹	缺口
79	o⁵⁵kaŋ³³	沟
80	ɯ⁵⁵kv̠³³	田水沟
81	ɯ⁵⁵khɔ³¹	水沟
82	v⁵⁵tv̠³¹	井
83	tɔ³¹khɔ³¹	坑
84	ja⁵⁵mɔ³³	路
85	ja⁵⁵mɔ³³ju³¹mɔ³³	大路
86	ja⁵⁵mɔ³³ɔ³¹jɔ³¹	小路
87	ja⁵⁵mɔ³³te̠⁵⁵kv̠³¹	平路
88	ja⁵⁵mɔ³³pɔ³¹tsɯ³¹	坡路
89	ja⁵⁵mɔ³³jau³¹lu⁵⁵	绕路
90	ja⁵⁵mɔ³³tɔ̠³¹kv̠³¹	弯路
91	ja⁵⁵mɔ³³ja⁵⁵ta̠³¹	坡
92	ja⁵⁵tha³¹	上坡路
93	ja⁵⁵va̠³³	下坡路
94	mo⁵⁵nv³¹ja⁵⁵mɔ³³	牛路
95	ja⁵⁵kho⁵⁵	山地
96	ja⁵⁵na̠³³	新开垦的山地
97	ja⁵⁵mɔ³³tsha⁵⁵lv⁵⁵	岔路
98	tshu³¹khɔ³³ja⁵⁵mɔ³³	草棵路
99	tshi⁵⁵tshv̠³³lv⁵⁵	汽车路
100	mɪ⁵⁵tshɔ³¹	土
101	mɪ⁵⁵（tshɔ³¹mɪ⁵⁵）nɯ⁵⁵	红土
102	mɪ⁵⁵（tshɔ³¹mɪ⁵⁵）na̠³³	黑土
103	mɪ⁵⁵（tshɔ³¹mɪ⁵⁵）phv⁵⁵	白土
104	mɪ⁵⁵（tshɔ³¹mɪ⁵⁵）sɿ⁵⁵	黄土
105	ɯ⁵⁵ja⁵⁵	田
106	tɕɪ⁵⁵ɯ⁵⁵ja⁵⁵	稻田
107	ɯ⁵⁵ja⁵⁵ɯ⁵⁵pv̠³¹	水田
108	ɯ⁵⁵ja⁵⁵tshɯ³¹kho³³	旱田

续表

序号	碧约话	汉义
109	ja⁵⁵khi⁵⁵	熟地（年年种）
110	ɯ⁵⁵po⁵⁵	田埂
111	po⁵⁵thɯ³³	埂子壁
112	mɪ⁵⁵kɪ⁵⁵	贫瘠的土地
113	tɪ⁵⁵kho³¹tɪ⁵⁵na̠³³	深山老林
114	lv̩³³mɔ³³	石头
115	lv̩³³pɪ³³	石堆
116	lv̩³³phu⁵⁵lv̩³³n̩i³³o̠³¹	水晶石
117	tshɔ³¹çɪ³¹	沙子
118	kho³¹li⁵⁵	尘土
119	ɯ⁵⁵tʂm³¹	泥巴
120	ɯ⁵⁵pe̠³¹	稀泥
121	pɣ³¹ka⁵⁵	土块
122	v⁵⁵tshv̩³¹	水
123	ɯ⁵⁵lo⁵⁵	开水
124	ɯ⁵⁵mi³³	水源
125	v⁵⁵tshv̩³¹o³¹kho⁵⁵	水洞
126	ɯ⁵⁵tso⁵⁵	漩涡
127	ɯ⁵⁵mi̠³¹	泡沫
128	lo⁵⁵tɕe̠³¹	泉水
129	xo³¹sa̠³¹	水蒸气
130	ɯ⁵⁵lɪ⁵⁵	温泉
131	thɪ³¹mɔ³³	水塘
132	jɯ³¹sui³¹thaŋ³¹（汉借）	热水塘
133	ti⁵⁵lu⁵⁵	雨水
134	pɔ³³laŋ³³	波浪
135	tɪ⁵⁵na̠³³	森林
136	ɔ³¹sɪ³³	金子
137	ɔ³¹phv⁵⁵	银子
138	ɔ³¹nɯ⁵⁵/thuŋ³¹（汉借）	铜
139	thuŋ³¹ɔ³¹phv⁵⁵	白铜

序号	碧约话	汉义
140	thuŋ³¹ɔ³¹sɿ⁵⁵	黄铜
141	thuŋ³¹ɔ³¹nɯ⁵⁵	红铜
142	ɕi⁵⁵	铁
143	ɕi⁵⁵tɕhi³¹	铁渣
144	kaŋ³³thɿ³⁵（汉借）	钢铁
145	miŋ³¹thɿ³⁵（汉借）	生铁
146	ɕi⁵⁵tɕhi³¹	锈
147	mi³¹tʂɿ³³	炭
148	kha³¹la⁵⁵	炭灰
149	la⁵⁵tsha⁵⁵	火炭上的白灰
150	khɔ³¹lɔ⁵⁵	灶灰
151	khɔ³¹li⁵⁵	灰尘
152	po³¹to³¹ɔ³¹kv³³	灶门
153	mɿ⁵⁵tshɔ³¹	地区
154	mi⁵⁵mɔ³³	地方
155	mi⁵⁵mɔ³³	世界
156	ke³³tsʅ³¹	街
157	thu³¹tɕi³³	土基
158	tso⁵⁵tɕi³³	地基
159	tshɿ⁵⁵mɔ³³	水坝
160	phv³³lv⁵⁵	村寨
161	jɿ⁵⁵thɯ³¹kạ³¹thɯ³¹	小寨子（不超过五户）
162	ɕɔ³⁵thaŋ³¹	学校
163	mjau⁵⁵faŋ³¹	庙
164	pɤŋ³³jiŋ³³	荫处
165	tɕɿ³³kv³¹	桥
166	to³¹lo³¹	棺材
167	lɤ³¹pɿ³³	坟
168	ɯ⁵⁵nɯ³³nɯ³³	水灾
169	mi³³tsɔ³¹ti³¹	火灾
170	jɯ³¹xaŋ³¹（汉借）	银行

续表

序号	碧约话	汉义
171	$kuŋ^{33}sɿ^{33}$（汉借）	公司
172	$kuŋ^{33}tshaŋ^{31}$（汉借）	工厂
173	$tsɿ^{55}tsɿ^{55}tɕhi^{33}$（汉借）	自治区
174	$tɕhi^{33}tseŋ^{55}fv^{31}$（汉借）	区政府
175	$ɕaŋ^{33}tseŋ^{55}fv^{31}$（汉借）	乡政府
176	$tsuŋ^{33}kɔ^{31}$（汉借）	中国
177	$je^{31}naŋ^{31}$（汉借）	越南
178	$zɿ^{31}peŋ^{31}$（汉借）	日本
179	$tshau^{31}ɕɿŋ^{33}$（汉借）	朝鲜
180	$puɯ^{35}tɕiŋ^{33}$（汉借）	北京
181	$khue^{33}mɿŋ^{31}$（汉借）	昆明
182	$sɿ^{33}mau^{31}$	思茅（地名）
183	$kɔ^{31}tɕu^{55}$	个旧（地名）
184	$xuŋ^{31}xo^{31}$、$ji^{31}sa^{33}$	红河（地名）
185	$lo^{33}so^{33}$	元江（地名）
186	$jiŋ^{31}jaŋ^{33}$	元阳（地名）
187	$muŋ^{31}tsɿ^{55}$	蒙自（地名）
188	$ʂɿ^{31}phɿŋ^{31}$	石屏（地名）
189	$tɕiŋ^{55}sui^{31}$	建水（地名）
190	$mu^{55}xɯ^{31}$	磨黑（地名）
191	$thɣ^{31}lv^{55}ke^{33}tsɿ^{31}$	墨江（地名）
192	$thɣ^{31}lv^{55}tshu^{55}$	墨江人
193	$mɿ^{33}mɔ^{33}$	地区
二、身体器官		
序号	碧约话	汉义
194	$ɔ^{31}mu^{55}$	身体
195	$v^{31}khɿ^{31}$	头
196	$v^{31}tɕi^{55}$	头皮
197	$v^{31}kɔ^{31}$	头皮屑
198	$tɕhi^{55}khɯ^{55}$	头发
199	$ɕɿŋ^{55}tsaŋ^{55}$	头旋

序号	碧约话	汉义
200	ɔ³¹tshɯ⁵⁵	发根
201	tɕhɿ⁵⁵khɯ⁵⁵tɕ⁵⁵kɣ̍³¹	卷发
202	v³¹tɯ³¹	光头
203	tsɔ³³phi̠³¹	辫子
204	luŋ³¹tsa⁵⁵tḙ³³	（头顶的）龙窝
205	nȵ³¹khȵ⁵³	额头
206	ma̠³³tɕhɿ⁵⁵	眉毛
207	ma̠³³tsɿ̠³³	眼睛
208	ma̠³³v³³	眼珠
209	ma̠³³na̠³³	瞳孔
210	ma̠³³phv³³	白眼珠
211	ma̠³³na̠³³	黑眼珠
212	ma̠³³ki⁵⁵	眼皮
213	ma̠³³kɔ³¹li̠³¹	眼角
214	ma̠³³tɕhɿ⁵⁵	睫毛
215	na⁵⁵sɿ³¹	人中
216	na⁵⁵mɿ⁵⁵	鼻子
217	na⁵⁵mɿ⁵⁵na⁵⁵pḙ³¹	扁鼻子
218	na⁵⁵tʂhm³¹	不通气的鼻子
219	na⁵⁵kɣ̍³¹	鹰钩鼻
220	na⁵⁵ji³¹	鼻梁
221	na⁵⁵tɕhɿ⁵⁵	鼻毛
222	na⁵⁵kho⁵⁵	鼻孔
223	na⁵⁵tɕhi³¹	鼻屎
224	nɔ³¹po⁵⁵	耳朵
225	nɔ³¹sɿ³¹	耳垂
226	nɔ³¹tɕhi³¹	耳屎
227	nɔ³¹kho⁵⁵tɔ³¹phɿ³¹	耳根
228	nɔ³¹pa⁵⁵sɿ̠³³	太阳穴
229	pɔ³¹ku³¹	颧骨
230	mḙ³¹pa³³	腮

序号	碧约话	汉义
231	mẹ³¹pa³³ɔ³¹ji³¹	腮骨
232	mạ³³phɯ³¹	脸
233	pɔ³¹tɕi⁵⁵	脸皮
234	ɔ³¹phɯ³¹	（见）面
235	pɔ³¹pi⁵⁵	面颊
236	tʂɿ⁵⁵kho⁵⁵	酒窝
237	ɔ³¹mɿ³¹	嘴
238	mɿ³¹khɣ³³	嘴唇
239	mɿ³¹tshɔ³¹	嘴角
240	mɿ³¹thạ³¹	上唇
241	mɿ³¹vạ³¹	下唇
242	mjo³¹	胡子
243	tʂʅ³¹（lɣ³³）mjo³¹	连鬓胡
244	ɔ³¹tɕhɿ³³tɕhɿ³³nv³¹	汗毛
245	mẹ³¹pạ³³a³¹na³³	下巴颏
246	ɯ³¹lɯ⁵⁵	脖子
247	lɯ⁵⁵tʂʅ³¹	后颈
248	pạ³¹thạ³¹	肩膀
249	lɯ⁵⁵kho⁵⁵	肩包
250	ɔ³¹mo⁵⁵	背
251	lạ³¹kɣ³¹tʂʅ³³kɣ³¹	腋窝
252	la³¹kɣ³¹ɔ³¹tɕhɿ⁵⁵	腋毛
253	nɣ³³khẹ³¹	胸
254	pa⁵⁵nɿ⁵⁵	侧胸
255	na⁵⁵nv⁵⁵	乳房
256	na⁵⁵nv⁵⁵nv⁵⁵sɿ³¹	乳头
257	na⁵⁵nv⁵⁵nv⁵⁵ɯ³³	奶汁
258	ɔ³¹phɣ³¹	肚子（腹部）
259	tshɔ³³phi³¹	肚脐
260	tshɔ³³phi³¹tɯ³¹tshɔ³¹	脐带
261	tshɔ³³phi³¹ta⁵⁵mu⁵⁵	长肚脐

序号	碧约话	汉义
262	a^{31}tsʏ^{31}	腰
263	tɔ^{31}pʏ^{33}	屁股
264	a^{31}tsʏ^{31}	脊椎
265	pʏ^{55}tʏ^{55}	大腿
266	po^{55}kɔ^{31}li^{31}kɔ^{31}	大胯
267	neŋ^{31}kɔ^{31}li^{33}	大腿弯儿
268	phɔ^{31}tshʅ^{31}	膝盖
269	tɕhi^{55}tʏ^{55}	小腿
270	khi^{33}	腿肚子
271	ɔ^{31}tɕhi^{55}	脚
272	phɔ^{31}ne^{31}	脚后跟
273	phɔ^{31}khẹ^{33}ji^{31}khu^{55}	脚背
274	phɔ^{31}khẹ^{33}	脚心
275	khi^{55}tshʅ^{31}	脚踝
276	khɔ^{55}tshʅ^{31}	小腿前部
277	phɔ^{31}ȵi^{55}	脚趾
278	phɔ^{31}sʅ^{31}	脚指甲
279	ɔ^{31}tɕhʅ^{55}a^{31}ja^{55}	脚印
280	ạ^{31}lạ^{31}a^{31}ja^{55}	手印
281	tɔ^{31}pʏ^{33}	胳膊
282	lạ^{31}phʏ^{55}	肩
283	lạ^{31}tʏ^{55}	上臂
284	lạ^{31}tʏ^{33}	小臂
285	lạ^{31}kʏ^{31}	臂弯
286	lạ^{31}tshʅ^{31}	肘
287	a^{31}lạ^{31}	手
288	lạ^{31}thạ^{31}	右手
289	lạ^{31}mẹ^{31}	左手
290	lạ^{31}mo^{55}	手背
291	lạ^{31}kʏ^{31}	手腕
292	lạ^{31}ȵi^{55}	手指

序号	碧约话	汉义
293	laɻ³¹n̠i⁵⁵n̠i⁵⁵tsh̠³¹	手指节
294	laɻ³¹khɯ⁵⁵	手纹
295	laɻ³¹mɔ³³	拇指
296	tsɔ³¹pu³¹	食指
297	n̠i⁵⁵tu³¹	中指
298	n̠i⁵⁵mɔ³³	无名指
299	n̠i⁵⁵jɔ³¹	小指
300	laɻ³¹sɹ³¹	指甲
301	laɻ³¹ko³¹lɹ³¹	指缝
302	laɻ³¹thɣ³³	拳
303	laɻ³¹khɘ³³	手掌
304	laɻ³¹phe³³	手茧
305	tɕhi³¹khɯ⁵⁵	肛门
306	pɔ³¹lɔ³³	男生殖器
307	taɻ³¹o³³	睾丸
308	tshɔ³¹ɯ⁵⁵	精液
309	tsɣ³¹pɘ³¹	女生殖器
310	tsɣ³¹tɕhɹ⁵⁵	女阴毛
311	tsɣ³¹sɹ³¹	月经
312	tsɣ³¹tɕhi³³	白带
313	mɯ³⁵	脉搏
314	pa⁵⁵pɯ³³	衣胞
315	ɔ³¹ki⁵⁵	皮肤
316	laɻ³¹nɹ³³nɹ³³ja³³	指纹
317	laɻ³¹khɯ³³	掌纹
318	pɔ³¹tɕi⁵⁵kɔ⁵⁵tsɣ³¹	皱纹
319	na⁵⁵	病
320	ja⁵⁵phu³³ɔ³¹tɕhi³¹	苍蝇屎
321	khɯ³¹sɹ⁵⁵ja³⁵	雀斑
322	jɔ³¹mo³¹tɔ³³pa³¹	老年斑
323	tsha⁵⁵sɹ³¹	热痱子

序号	碧约话	汉义
324	tɕhi⁵⁵pa⁵⁵la̠³¹pa⁵⁵	手脚瘫痪
325	khe̠³¹sɣ³¹sɣ³¹	嗓子哑
326	a³¹tshɣ³¹tshɣ³¹sɹ̠³¹	鸡皮疙瘩
327	mi̠³³sɹ³¹	痣
328	tshɣ³¹	发冷
329	v³¹sɣ³³sɣ³³	腹泻
330	ɔ³¹phv⁵⁵na⁵⁵	腹痛
331	ʂɹ⁵⁵	（脚）酸
332	ma⁵⁵ja⁵⁵	伤口
333	ma⁵⁵pa̠³¹	疤
334	tsɔ³¹tsɔ³¹pa̠³¹	癣
335	a³¹pɣ³¹o³¹kɹ⁵⁵	荨麻疹（冷饭疙瘩）
336	ka³³ka³¹	出麻疹
337	sɹ³¹tsɹ³³fv³¹tsha³¹	风猴
338	ma̠³¹tʂhm³¹tɹ³¹	斗鸡眼
339	ɔ³¹tɕhi⁵⁵lɣ³³pɹ³³	脚石泡
340	mi̠³³sɹ³¹ɔ³¹phv⁵⁵	瘊子
341	pho̠³¹ni⁵⁵tiŋ³³tsɹ³¹	鸡眼
342	ma̠³³tɹ⁵⁵	鸡蒙眼
343	tɕhi⁵⁵phau³³	疝气
344	la̠³¹pi̠³¹pɣ³¹ni⁵⁵	狐臭
345	ʂɹ³¹tshɣ³¹	硬头疮
346	tɹŋ³³	疔
347	ka⁵⁵ka̠³¹	痘
348	thu⁵⁵sɹ³¹	酒刺
349	mi³¹tɕhiu³³sa̠³³	痧
350	ɯ⁵⁵fɣ³³	水癫
351	sɹ³¹kv³¹lɔ³¹kɔ³¹	麻疹
352	ja̠³³sa̠³³	疹子
353	pho³¹na³³	疟疾
354	ma̠³³phu̠³¹ma⁵⁵pa̠³¹	疤脸

序号	碧约话	汉义
355	na⁵⁵tshɔ³¹	缺鼻
356	mu³¹ma³³ja³³	瘌痢头
357	lɯ⁵⁵pɿ⁵⁵	瘿袋（大脖子）
358	ɯ⁵⁵tsɿ⁵⁵	麻风病
359	khẹ³¹fɣ³³	漆疥
360	tsɯɯ³¹taŋ³¹tɕhi³³	黄疸病
361	v⁵⁵mɔ³³na⁵⁵	胃病
362	lɔ³¹tɕi³³	痨疾（被打伤）
363	na⁵⁵pɣ³¹	天花
364	ʂɿ³¹tshv³¹	硬头疮
365	kɯ³¹ti⁵⁵	疥疮
366	mạ³³nɯ⁵⁵	火眼
367	tsaŋ⁵⁵tɕhi⁵⁵	瘴气
368	lạ³¹mɔ³³tshu⁵⁵phɿ³³	拇指第六指
369	lạ³¹ni³³tshu⁵⁵phɿ³³	小指第六指
370	v³¹fɯ³¹	瘌头
371	ɔ³¹ʂɿ³¹	血
372	tshau³¹uaŋ⁵⁵	漕血
373	ɔ³¹kv³¹	筋
374	v³¹nɣ³¹	脑髓
375	nọ³¹khɔ⁵³	脑壳
376	v³¹sɿ³¹	头盖骨
377	ja³¹tsḷ³¹	淋巴
378	ɔ³¹ji³¹	骨头
379	ɔ³¹ji³¹ɔ³¹tshu⁵⁵	骨髓
380	a³¹tsv³¹ɔ³¹ji³¹	脊椎骨
381	pa⁵⁵nɿ⁵⁵ɔ³¹ji³¹	肋骨
382	ɔ³¹ji³¹a³¹tsɯ³¹	骨节
383	tɕiŋ³³kv³¹（汉借）	筋骨
384	ɔ³¹tsɿ⁵⁵	牙齿
385	ɔ³¹tsɿ⁵⁵tsɿ⁵⁵pa⁵⁵	龅牙

序号	碧约话	汉义
386	sɔ³¹khv³³to³¹phɪ³¹	牙龈
387	ɔ³¹tsɿ⁵⁵to³¹phɪ³¹	牙床
388	ɔ³¹tsɿ⁵⁵tha³¹	上齿
389	ɔ³¹tsɿ⁵⁵va̰³¹	下齿
390	ɔ³¹tsɿ⁵⁵ki⁵⁵mɔ³³	白齿
391	ɔ³¹tsɿ³³sɔ³¹pa̰³¹	门牙
392	khɯ³¹tɕi⁵⁵pa̰⁵⁵	犬齿
393	ɔ³¹tsɿ³³kɪ³³pa̰⁵⁵	尖牙
394	ɔ³¹tsɿ³³kɪ³¹mɔ³³	板牙
395	ɔ³¹tsɿ³³tsɿ³¹li³¹	齿缝
396	tsɿ⁵⁵tɕhi³¹	牙垢
397	ɔ³¹tsɿ³³tɕi⁵⁵pɪ³¹	尽头牙
398	ɔ³¹tsɿ³³to³¹tɕhe³³	缺齿
399	a³¹la⁵⁵	舌
400	la³¹sɿ³¹	舌尖
401	a³¹la⁵⁵to³¹phɪ³¹	舌根
402	（a³¹la⁵⁵）la⁵⁵nv³¹	小舌
403	khv³¹sɿ³¹	喉咙
404	khv³¹sɿ³¹	喉结
405	ɔ³¹taŋ⁵⁵	扁桃体
406	a³¹phḛ³¹	肺
407	nɣ³³mɔ³³	心脏
408	ɔ³¹tshɿ³¹	肝
409	jau³³tsɿ̰³¹（汉借）	肾
410	lɪŋ³¹thi³⁵	脾脏
411	khu³³mɔ³³	气管
412	tshɿ̰³¹tɕhi⁵⁵	胆
413	v⁵⁵mɔ³³	胃
414	ɔ³¹v⁵⁵	肠子
415	ɔ³¹v⁵⁵khɯ³³mɔ³³、v⁵⁵mɔ³³	大肠
416	ɔ³¹v⁵⁵khɯ³³jɔ³¹、v⁵⁵jɔ³¹	小肠

续表

序号	碧约话	汉义
417	v⁵⁵nɛ̱³³	粉肠
418	ɔ³¹v⁵⁵tsha⁵⁵tshaŋ³¹	盲肠
419	ʂɿ³¹phv³¹	膀胱
420	tḭ³¹tḭ³¹	小孩的屎
421	ɯ³¹tshɯ⁵⁵	尿
422	ɔ³¹tɕhi³¹	大便
423	ji³¹tsɯ⁵⁵	小便
424	ji³¹khɔ̱³¹	屁
425	tɕhi³¹tsha⁵⁵	汗
426	a³¹la̱³³tɕhi³¹sa⁵⁵	手汗
427	ɯ³¹ji³¹	汗垢
428	lɔ³³pɛ̱³³	痰
429	thi³¹khɔ³¹	唾液
430	ɯ⁵⁵tsɔ⁵⁵	口水
431	na⁵⁵pi⁵⁵	鼻涕
432	na⁵⁵ɯ⁵⁵	清鼻涕
433	ma̱³³pi⁵⁵	眼泪
434	ma̱³³tɕhi³¹	眼屎
435	pɯ⁵⁵jɿ⁵⁵	脓
436	a³¹nɔ³¹nɔ³¹	浓稠
437	mɔ³¹so⁵⁵mɔ³¹ɕi³¹	不干不净
438	ɯ³¹thɯ⁵⁵	声音
439	mo⁵⁵tɿ³¹	尸体
440	ɔ³¹jɿ⁵⁵	生命/寿命/命运
441	ko³¹kha³³	力气
442	pɤŋ³³sɿ⁵⁵	本事
443	phi³¹tɕhi⁵⁵（汉借）	脾气
444	ɔ³¹mi⁵⁵	名字
445	ɔ³¹sɯ³¹	姓
446	ɔ³¹mi⁵⁵	名誉
447	jaŋ⁵⁵tsɿ³¹（汉借）	样子

序号	碧约话	汉义
448	tshu⁵⁵kho⁵⁵jɔ³¹n̠i⁵⁵	影子
449	tshu⁵⁵phɯ³¹	相片
450	ɔ³¹kho³³lo³¹li³³	镜像
451	ɔ³¹tʂhɿ³³li³³ti³³	耳语
三、民族、人物、亲属		
序号	碧约话	汉义
452	tshu⁵⁵	人
453	kɔŋ⁵⁵tshaŋ³¹taŋ³¹（汉借）	共产党
454	a³¹xa̠³¹	汉族
455	a³¹xa̠³¹jɔ³¹	汉人
456	a³¹xa̠³¹mɔ³³、xa̠³¹mɔ³³	汉族女人
457	a³¹xa̠³¹phɔ³¹	汉族男人
458	a³¹xa̠³¹to³¹	汉话
459	xa³³n̠i³¹	哈尼
460	ɔ³¹ʂɿ³³lɯ³¹mɔ³³	西摩洛（哈尼支系）
461	po³¹kho³¹	白宏（哈尼支系）
462	tɕhɛ³¹tɿ⁵⁵	切第（哈尼支系）
463	la³¹mi⁵⁵	腊米（哈尼支系）
464	lo³¹ko³¹	苦聪
465	pv̠⁵⁵tv̠³³	布都（哈尼支系）
466	kha̠³¹to⁵⁵	卡多（哈尼支系）
467	pi³¹jɔ³¹	碧约（哈尼支系）
468	pi³¹jɔ³¹jɔ³¹、pi³¹jɔ³¹tshu⁵⁵	碧约人
469	pi³¹tɕhi³¹	傣族
470	lo³¹ko⁵⁵、lo³¹lo³³	彝族
471	jau³¹tɕa³³	瑶族
472	to⁵⁵	家
473	ŋɔ³³to⁵⁵	我家
474	tshu⁵⁵zv̠³¹kha³³	成年人
475	tshu⁵⁵jo³¹mo³¹	老人
476	tv̠³³tv̠³¹	恶霸

序号	碧约话	汉义
477	lo⁵⁵pi³¹pi³¹jɔ³¹	小偷
478	sɔ³¹tshu⁵⁵	穷人
479	s̩⁵⁵po³³	富人
480	pe̩³³nɣ³¹	婴儿
481	a⁵⁵pe̩³³	幼孩
482	jɔ³¹ɳi⁵⁵	孩子
483	tshu⁵⁵kha̩³³	成人
484	suaŋ³³pau³³	双胞胎
485	tshu⁵⁵ja̩³¹jo³³	男人
486	jɔ³¹mi³¹	女人
487	fv⁵⁵ɳi³¹	妇女
488	jɔ³¹ɳi³³suŋ⁵³	小姑娘（7-12 岁）
489	ɕɔ³¹xɔ³³mɔ³³	姑娘（18 岁左右）
490	jɔ³¹mi³³ᐟ³¹ma̩³¹tshɣ³¹	女傧相
491	ja̩³¹jo³³ma̩³¹tshɣ³¹	男傧相
492	jɔ³¹mi³³ᐟ³¹a³¹sn̩³¹	新娘
493	ja̩³¹ma̩³³a³¹sn̩³¹	新郎
494	ja̩³¹jo³¹jɔ³¹ɳi⁵⁵	小男孩
495	jɔ³¹mi³¹jɔ³¹ɳi⁵⁵	小姑娘
496	ɕɔ³¹xɔ³¹tsn̩³³（汉借）	小伙子
497	puɯ³¹ɕiŋ⁵⁵（汉借）	百姓
498	ɕi³¹kho⁵⁵	群众
499	nuŋ³¹mɯŋ³¹（汉借）	农民
500	kɛ³¹faŋ⁵⁵tɕiŋ³³（汉借）	解放军
501	pɯŋ³³（汉借）	士兵
502	v⁵⁵la̩³¹mi⁵⁵tsɔ³¹tshu⁵⁵	商人
503	ji³³seŋ³³（汉借）	医生
504	ɕɔ³⁵sɣŋ³³（汉借）	学生
505	lɔ³¹sn̩³³（汉借）	老师
506	la̩³¹tsha̩³¹	徒弟
507	mɯ³¹phɯ⁵⁵	巫师

序号	碧约话	汉义
508	muɯ³¹phɯ⁵⁵mɔ³³、n̠i⁵⁵phɯ⁵⁵mɔ³³	巫婆
509	pɿ³¹lɿ³¹	乞丐
510	lu⁵⁵pi³¹	贼
511	tʂ̩³¹mɔ³³	官
512	thv³¹sɿ³³（汉借）	土司
513	lu⁵⁵pi³¹	土匪
514	ti⁵⁵li³¹ɕaŋ³³seŋ³³（汉借）	看风水的人
515	tshu⁵⁵na⁵⁵	病人
516	sa̠⁵⁵ʂ̩⁵⁵	死人（客死他乡）
517	kuŋ³³jeŋ³¹（汉借）	工人
518	ma³¹tshʐ̩³¹	朋友
519	ma³¹tshʐ̩³¹mi³³li³³	亲朋好友
520	jiŋ³³tɕa³³	冤家
521	ma̠³³khe̠³³	瞎子
522	tɔ³¹pa⁵⁵	跛子
523	ɣ̩⁵⁵liu³¹tsɿ³¹（汉借）	二流子
524	mo⁵⁵khʐ̩³³	驼背
525	nɔ³¹po³¹	聋子
526	ma̠³³phv⁵⁵	儿布花（眼）
527	na⁵⁵pʐ̩³¹	麻子
528	pi̠³³na⁵⁵	羊癫风
529	tso³¹	憨人
530	tso³¹phɔ³¹	傻子
531	tshu⁵⁵jo³¹	疯子
532	pi³¹jɔ³¹mɔ³³	情妇
533	pi³¹jɔ³¹phɔ³¹	情夫
534	to³¹lɔ³¹	结巴
535	tsɔ³¹ka̠³¹	哑巴（男）
536	tsɔ³¹mɔ³³	哑巴（女）
537	mɿ³¹jo̠³¹	歪嘴
538	ji⁵⁵sɿ⁵⁵	主人

续表

序号	碧约话	汉义
539	tɔ³¹jɪ³³	客人
540	ɔ³¹pi³¹a³¹pa⁵⁵	邻居
541	mu³¹jɔ³¹	媒人
542	ɯ³¹thɯ⁵⁵o³¹tsɔ³¹	戏子
543	phiŋ³¹tsuŋ³³jiŋ³¹	中人
544	tɿ³¹mɔ³³la̠³¹khe̠³³	木匠
545	lu³³mɔ³³la̠³¹khe̠³³	石匠
546	ɕɿ⁵⁵tɯ³¹la̠³¹khe̠³³	铁匠
547	phv⁵⁵tɯ³¹la̠³¹khe̠³³	银匠
548	jo³¹mo³¹mɔ³³	老奶奶
549	tɕhiŋ³³tsɿ³¹	亲戚
550	ɔ³¹phi³¹sa⁵⁵kha⁵⁵la⁵⁵	祖宗
551	a³³tsv³¹	曾祖爷爷
552	a³¹phi³³	曾祖
553	a⁵⁵je̠³¹	爷爷
554	a⁵⁵ne̠³³	奶奶
555	a³¹kɔŋ³³	外公
556	a³¹phɔ³¹	外婆
557	a³¹kɔŋ³³	祖姑奶奶
558	a³¹phɔ³¹	祖伯叔
559	a³¹kɔŋ³³	舅爷爷
560	a³¹phɔ³¹	舅奶奶
561	a³³pa³¹	父亲　爸爸
562	a⁵⁵mɔ³³	母亲
563	ɔ³¹mɔ³³	妈妈
564	a³³pa³¹ɔ³¹mɔ³³	父母
565	jo³³ᐟ³¹phɔ³¹	岳父
566	jo³³ᐟ³¹mɔ³³	岳母
567	a³³pa³¹	公公
568	a⁵⁵mɔ³³	婆婆
569	ta⁵⁵tɿ³³	伯父

序号	碧约话	汉义
570	ta^{55}mɔ^{33}	伯母
571	a^{55}ti^{33}	叔父
572	ɕɔ^{31}mɔ^{33}	婶婶
573	a^{31}phạ^{33}	姑父
574	a^{33}to^{31}	姑母
575	a^{55}ɕu^{33}	大舅
576	ma^{33}mɣ^{31}	大舅妈
577	ta^{33}ma^{33}	大姨
578	ta^{33}ti^{33}	大姨夫
579	ma^{33}mɣ^{31}	小姨
580	a^{31}mɣ^{33}	小姨夫
581	a^{31}tʂ^{55}n̨i^{55}	丈夫
582	me^{55}mɔ^{33}	老婆
583	a^{55}mɔ^{33}n̨i^{55}	妻子
584	mi^{31}sạ^{33}ɔ^{31}mo^{55}	夫妻
585	n̨ɕ^{31}me^{55}	两口子
586	mi^{31}xɯ^{31}mɔ^{33}	原配
587	mi^{31}nɯ^{55}mɔ^{33}	妾
588	a^{55}kɔ̨^{33}	哥哥
589	ɔ^{31}tshv^{33}	嫂子
590	a^{33}tɕɕ^{31}	姐姐
591	ɔ^{31}so^{31}	姐夫
592	nɪ^{31}mɔ^{33}	妹妹
593	a^{31}mv^{33}	妹夫
594	nɔ^{33}ma^{33}mɣ^{31}	妹妹（直称）
595	nɔ^{33}a^{31}mv^{33}	妹夫（直称）
596	n̨i^{55}tʂ^{31}	弟弟
597	ɕɔ^{31}mɔ^{33}	弟媳
598	a^{31}kɔ^{31}lɔ^{31}pjɔ^{31}	堂兄
599	ɔ^{31}tshv^{33}lɔ^{31}pjɔ^{31}	堂嫂
600	n̨i^{55}tʂ^{31}lɔ^{31}pjɔ^{31}	堂弟

序号	碧约话	汉义
601	ço³¹mɔ³³lɔ³¹pjɔ³¹	堂弟媳
602	a³¹kɔ³¹n̪i⁵⁵tʂɿ³¹	堂兄弟
603	nɔ³³a³¹çu³³	妻子的兄弟
604	nɔ³¹ma³³mɤ³³	妻子的姐妹
605	nɔ³³tɿ³³	丈夫的兄弟
606	nɔ³¹to³¹	丈夫的姐妹
607	ja̱³¹jo³³	儿子
608	tu⁵⁵ɣ³¹tsɿ³¹、ja̱³¹jo³³thɯ³¹kɔ³¹	独生子
609	tçhi³¹mɔ³³	媳妇
610	tçhi³¹mɔ³³ mɔ³³xɯ³¹	大媳妇
611	tçhi³¹mɔ³³ mɔ³³nɯ⁵⁵	小媳妇
612	jɔ³¹mi³¹	女儿
613	ja̱³¹ma̱³¹	女婿
614	n̪e̱³¹phɔ³¹jɔ³¹	父子
615	a³¹mɔ³³ɔ³¹jɔ³¹	母子
616	n̪e̱³¹phɔ³¹jɔ³¹	父女
617	n̪e̱³¹mɔ³¹jɔ³¹	母女
618	ja̱³¹jo³³jo³³xɯ³¹	大儿子
619	ja̱³¹jo³³jo³³ko³³	二儿子
620	ja̱³¹jo³³a⁵⁵lɿ³³	幼子
621	(jɔ³¹mi³¹) mi³¹xɯ³¹	大女儿
622	(jɔ³¹mi³¹) mi³¹ko⁵⁵	二女儿
623	mi³¹nɯ⁵⁵	三女儿
624	jɔ³¹mi³¹a⁵⁵lɿ³³	幼女
625	tu⁵⁵tsɿ³¹	侄子
626	tu⁵⁵mɔ³³	侄女
627	li̱³¹tsɿ³¹	孙子
628	li̱³¹mɔ³³	孙女
629	li̱³¹phi⁵⁵	重孙子（女）
630	li̱³¹te⁵⁵	重重孙子（女）
631	li̱³¹phi⁵⁵li̱³¹te⁵⁵	后代

序号	碧约话	汉义
632	tɛ⁵⁵（汉借）	代
633	jɿ⁵⁵jɔ³¹phɔ³¹	亲家公
634	jɿ⁵⁵jɔ³¹mɔ³³	亲家婆
635	zʋ³¹mɔ³³ɕi³¹mɔ³³	婆媳
636	a⁵⁵jɿ³¹tshⁿ³³mʋ³³	妯娌
637	jɿ⁵⁵sa³³jɿ³¹nɯ³³	连襟
638	a³¹tha³¹	长辈
639	thɯ³¹jaŋ³³	同辈
640	a³¹vạ³¹	晚辈
641	phɔ³¹mɔ⁵⁵nɹ⁵⁵lɿ⁵⁵	兄弟姐妹
642	ma³¹ta³³	继父
643	mɔ³³nʋ³³	继母
644	tɕhiŋ³³tɹ³³	干爹
645	tɕhiŋ³³mɔ³³	干妈
646	a³³pa³¹	养父
647	jɔ³¹sa⁵⁵	养子
648	tɯ⁵⁵jɔ³¹	私生子
649	jɔ³¹tʂhⁿ³³ɔ³¹jɔ³¹	孤儿
650	jɔ³¹tshu⁵⁵	继子
651	mi³¹tʂhⁿ³¹mɔ³³	寡妇
652	po⁵⁵to³¹	鳏夫
653	taŋ³³sʋŋ³³xaŋ⁵⁵（汉借）	单身汉
654	tsʋ³¹ɕi³¹（汉借）	主席
655	ue³³jeŋ³¹（汉借）	委员
656	tɛ⁵⁵piau³¹（汉借）	代表
657	ɕɯŋ⁵⁵tsaŋ³¹（汉借）	县长
658	tɕhi³³tsaŋ³¹（汉借）	区长
659	tshueŋ⁵⁵tsaŋ³¹（汉借）	村长
四、动物		
序号	碧约话	汉义
660	khɔ³¹phɔ³¹	公的

序号	碧约话	汉义
661	khɔ³¹mɔ³³	母的
662	a³¹tʂ̩³¹khi̩³³	做种的动物
663	mẹ³³mạ³³	不能生育的动物
664	pi³³to³³v⁵⁵nv³¹	野牛
665	mo⁵⁵nv³¹	黄牛
666	v⁵⁵nv³¹	水牛
667	lɔ³¹xɛ³³	种牛
668	kha⁵⁵mɔ³³	未生育过的母牛
669	lɔ³¹xiŋ³³	未阉割的公黄牛
670	lɔ³¹ş̩⁵⁵	未阉割的公水牛
671	lọ³¹sọ³¹	阉过的水牛
672	mo⁵⁵nv³¹v⁵⁵tɯ⁵⁵	祭祀用的牛
673	mo⁵⁵tɕhi³¹	牛粪
674	tsɯ³¹tɕhi³³pi³¹lọ³¹	牛屎拱拱
675	v³¹tɕhi⁵⁵	角
676	mo⁵⁵nv³¹v³¹tɕhi⁵⁵	牛角
677	mo⁵⁵nv³¹na³³kɯ³¹	牛驮峰
678	thi³¹tʂ̩³¹（汉借）	蹄
679	mu³¹tɕhɹ³³thi³¹tʂ̩³¹	马蹄
680	ɔ³¹tɕi⁵⁵	皮
681	ɔ³¹tɕhɹ⁵⁵	毛
682	fʋ̣³³mọ³³pɹ⁵⁵tɹ⁵⁵	毛刺（动物身上）
683	tɔ³¹mi³¹	尾巴
684	tɔ³¹mi³¹tɔ³¹ti⁵⁵	秃尾巴
685	mu³¹	马
686	mu³¹tɔ³³pa³¹	花马
687	mu³¹nạ³³	黑马
688	kai³¹saŋ⁵⁵	阉马
689	tsɹ³¹mu³¹	专供骑的马
690	lʋ³¹jạ³³jạ³³jɔ³¹	马驹
691	mu³¹phɔ³¹	公马

序号	碧约话	汉义
692	mu³¹mɔ³³	母马
693	tsuŋ³³kaŋ³¹	马鬃
694	mu³¹tɕhi³¹	马粪
695	lɔ³⁵tsɿ³³	骡子
696	tʂʅ³¹	羊
697	tʂʅ³¹phɔ³¹	公羊
698	tʂʅ³¹phi⁵⁵	配种的公羊
699	tʂʅ³¹mɔ³³	母羊
700	ja³¹ɕi⁵⁵	矮羊
701	jv⁵⁵	绵羊
702	jv⁵⁵tɕhɿ³³	羊毛
703	ɔ³¹tɕhi³¹	粪
704	tshu⁵⁵tɕhi³¹	人粪
705	tsɤŋ³¹tɕhi³¹	肥料
706	va̠³¹	猪
707	va̠³¹n̠i³³n̠i³³jɔ³¹	小猪
708	va̠³¹mɔ³³	种母猪
709	va̠³¹tv̠³¹	种公猪
710	va̠³¹mɿ³¹lɔ³³	猪拱嘴
711	va̠³¹tɕhi³¹	猪粪
712	va̠³¹na⁵⁵	猪瘟
713	ja̠³³na⁵⁵	鸡瘟
714	khɯ³¹	狗
715	khɯ³¹khɯ³¹jɔ³¹	小狗
716	khɯ³¹ɔ³¹tɕhɿ³³	狗毛
717	khɯ³¹phɔ³¹	公狗
718	khɯ³¹mɔ³³	母狗
719	khɯ³¹jɔ³¹	疯狗
720	sa³³mɔ³³li⁵⁵	豺狗
721	la⁵⁵pɿ³¹	长毛狗
722	a⁵⁵n̠i⁵⁵	猫

序号	碧约话	汉义
723	$a^{55}\text{ɲi}^{55}\text{jɔ}^{31}$	小猫
724	$\text{ɲi}^{55}\text{phɔ}^{31}$	公猫
725	$\text{ɲi}^{55}\text{mɔ}^{33}$	母猫
726	（$a^{55}\text{ɲi}^{55}$）$\text{ɲi}^{55}\text{pɣ}^{31}$	野猫
727	$\text{ɯ}^{55}\text{sɿ}^{55}$	水獭猫
728	$\text{thɔ}^{31}\text{lɔ}^{33}$	兔子
729	ja^{33}	鸡
730	$\text{ja}^{33}\text{phi}^{55}$	公鸡
731	$\text{ja}^{33}\text{mɔ}^{33}$	母鸡
732	$\text{ja}^{33}\text{tshɿ}^{33}\text{tshɿ}^{33}\text{jɔ}^{31}$	幼鸡
733	$\text{ja}^{33}\text{mɔ}^{33}$	不大不小的鸡
734	$\text{mɔ}^{33}\text{tɕhɿ}^{33}$	未下蛋的母鸡
735	$\text{ja}^{33}\text{nɔ}^{31}\text{pi}^{33}$	鸡冠
736	$\text{ɔ}^{31}\text{to}^{55}$	翅膀
737	$\text{ŋa}^{33}\text{tɕhɿ}^{55}$	羽毛
738	$\text{ɔ}^{31}\text{pɿ}^{55}$	鸭子
739	$\text{ɔ}^{31}\text{pɿ}^{55}\text{pɿ}^{55}\text{jɔ}^{31}$	小鸭子
740	$\text{pɿ}^{55}\text{phɔ}^{31}$	公鸭
741	$\text{pɿ}^{55}\text{mɔ}^{33}$	母鸭
742	$\text{jɿ}^{31}\text{ja}^{31}$	野鸭
743	$a^{31}\text{ŋa}^{55}$	鹅
744	$\text{ŋa}^{55}\text{phɔ}^{31}$	公鹅
745	$\text{ŋa}^{55}\text{mɔ}^{33}$	母鹅
746	$\text{ŋa}^{55}\text{v}^{33}$	鹅蛋
747	$\text{mi}^{31}\text{tha}^{31}a^{31}\text{ŋa}^{55}$	天鹅
748	$\text{ŋa}^{33}\text{jo}^{33}$	鸽子
749	$\text{pi}^{55}\text{ji}^{31}$	野兽
750	$\text{lɔ}^{31}\text{mɔ}^{33}$	老虎
751	$\text{lɔ}^{31}\text{mɔ}^{33}\text{khɔ}^{31}\text{mɔ}^{33}$	母虎
752	$\text{lɔ}^{31}\text{phɔ}^{31}$	公虎
753	lɿ^{31}	蟒

序号	碧约话	汉义
754	pi^{33}jɔ^{31}	龙
755	tɿ^{55}kho^{31}mo^{55}lɔ^{31}	野人
756	a^{55}mɤ^{31}	猴子
757	jɔ^{33}mɔ^{33}	象
758	jɔ^{33}mɔ^{33}ɔ^{31}tsɿ^{55}	象牙
759	lɔ^{31}mɿ^{31}	豹子
760	ji^{55}po^{55}	小草豹
761	ɔ^{31}jɿ^{55}	熊
762	va̠^{31}thɯ^{31}	野猪
763	khɔ^{31}tɕhi^{33}	鹿
764	khɔ^{31}jɔ^{31}	山狸
765	lu^{35}juŋ^{31}（汉借）	鹿茸
766	tʂhɿ^{55}jɔ^{31}	麂子
767	tʂhɿ^{55}mɔ^{33}、tʂhɿ^{55}jɔ^{31}khɔ^{31}mɔ^{33}	母麂子
768	tʂhɿ^{55}phi^{55}、tʂhɿ^{55}jɔ^{31}tʂhɿ^{55}phi^{55}	公麂子
769	to^{55}lɔ^{31}	麝
770	ɯ^{55}ɕi^{33}	水獭
771	fɤ^{33}khɔ̠^{31}	豪猪（刺猬）
772	fɤ^{33}tsha̠^{31}	老鼠
773	tsha̠^{31}phɔ^{31}	公鼠
774	fɤ^{33}tsha̠^{31}tsa^{55}kɤ^{33}	臭鼠
775	fɤ^{33}pɔ^{31}la̠^{33}khe̠^{33}	松鼠
776	a^{55}ȵi^{55}pɔ^{33}ʂɿ^{55}	黄鼠狼
777	fɤ^{33}pɿ^{55}	飞鼠
778	fɤ^{33}phi^{31}	竹鼠
779	pɿ^{55}to^{55}fɤ^{33}tsha̠^{31}	山鼠
780	jɿ^{55}kho^{55}fɤ^{33}tsha̠^{31}	银鼠
781	tsa^{55}pɿ^{55}lɿ^{55}khɤ^{31}	蝙蝠
782	sa^{33}mɔ^{33}li^{33}	狼
783	thɔ^{31}khɔ^{31}lɔ^{31}ʂɿ^{33}	穿山甲
784	ŋa^{33}jɔ^{31}	鸟

序号	碧约话	汉义
785	te̠³³tʂhɪ³³	小米雀
786	ŋa̠³³xi⁵⁵	鸟窝
787	ŋa̠³³v³³	鸟蛋
788	tɕɪ⁵⁵mɔ³³	鹰
789	tɕɪ⁵⁵pha̠³³	鹞子
790	khɔ³¹pɣ³³	猫头鹰
791	mi⁵⁵ti⁵⁵mo³¹to³¹	大猫头鹰
792	tɕɪ³¹kɯ⁵⁵lɯ⁵⁵mɔ³³	燕子
793	tɕhi³¹luŋ³¹mv³¹tɕi⁵⁵	铁雀鞭
794	tsɔ³¹pɪ⁵⁵	弯嘴雀
795	jɪ⁵⁵tɕi³¹	家畜
796	ŋa̠³³n̠i⁵⁵	它百灵（鸟）
797	tsa⁵⁵ja̠³¹	小谷雀
798	ne̠³¹puŋ³³puŋ³³	臭屁股雀
799	tu³³u³¹	夺窝雀
800	tsa⁵⁵lɔ³¹	大瓦头雀
801	tsa⁵⁵tso⁵⁵	麻雀
802	mi̠³³jɔ̠³¹	黑头翁
803	v³¹phv⁵⁵u³¹n̠i³³	白头翁鸟
804	tshu⁵⁵ŋa̠³¹	喜鹊
805	kha³¹ka⁵⁵	鹧鸪
806	mɪ³¹jɔ³¹	鹌鹑
807	saŋ³³ŋɔ⁵⁵lɯ⁵⁵tɕhɪ³³	白鹭鸶
808	lɣ³¹ŋa̠³¹	乌鸦
809	ja³³n̠ɔ̠³¹	野鸡
810	ɯ⁵⁵ŋa̠³³	秧鸡
811	ɯ⁵⁵ŋa̠³³tɔ³³mu³³	长脖秧鸡
812	ɯ⁵⁵ŋa̠³³ŋa̠³³phv⁵⁵	白秧鸡
813	lɣ³¹ja³³	竹鸡
814	jɪŋ³³kɔ̠³³	鹦鹉
815	so⁵⁵ti³¹	孔雀

序号	碧约话	汉义
816	kho³¹tɕhi³³	斑鸠
817	tshɣ³³tsɔ³¹	画眉
818	po³¹kho⁵⁵po³¹lo³³	啄木鸟
819	ko⁵⁵ko³³na̠³³jo³¹	布谷鸟
820	to³³jo⁵⁵	杜鹃鸟
821	tɔ⁵⁵tha̠³³na̠³³kho⁵⁵	田里的四脚蛇
822	tsha³³mɔ³³tsu³³kɿ³³	树上的四脚蛇
823	pha³¹tsa̠³¹la̠³¹tsa̠³¹	壁虎
824	pi³¹tshɿ⁵⁵pi³¹pa⁵⁵	乌龟
825	pi³¹pa̠⁵⁵	鳖
826	ɯ⁵⁵lu⁵⁵	蛇
827	ɯ⁵⁵na̠³³	大黑蛇
828	ɯ⁵⁵kho⁵⁵	抬鼠蛇
829	sɿ̠³¹pi³¹la̠³¹ȵi⁵⁵	青竹镖
830	ja̠³³mɔ³³nɯ⁵⁵nɯ⁵⁵	红脖子蛇
831	phɔ³¹ȵe̠³³	蛙
832	tɕi³³ȵe̠³³	绿蛙
833	phɔ̠³¹ȵe̠³³	青蛙
834	tsa⁵⁵pɿ⁵⁵khɔ̠³¹lɔ̠³¹	蝌蚪
835	phɔ³¹pi³³	癞蛤蟆
836	ŋɔ³¹sɔ³¹	鱼
837	ŋɔ³¹sɔ³³ɔ³¹ki³¹	鳞
838	ɔ³¹kɯ³³	鱼刺
839	ŋɔ³¹tu⁵⁵	鱼鳍
840	ŋɔ³¹phv⁵⁵	白鱼
841	ŋɔ³¹na̠³³	黑鱼
842	na⁵⁵khv³³po³¹to³³	杆子鱼
843	jɿ⁵⁵lɿ⁵⁵lɿ⁵⁵mɔ³³	大肚鱼
844	ŋɔ³¹tshɿ³³ȵi⁵⁵po⁵⁵	虾
845	pi³¹khɔ³³	螃蟹
846	tɯ⁵⁵tʂɿ³¹	泥鳅

序号	碧约话	汉义
847	tuɯ⁵⁵nuɯ⁵⁵	花泥鳅
848	pa̤³³luŋ⁵⁵	江鳅
849	ŋɔ³¹pi³¹kho³¹lo³¹	大头鱼
850	ɣ̩³¹ju⁵⁵	鳝鱼
851	lv³¹tshv³¹	螺蛳
852	phuŋ³⁵to⁵⁵lo⁵⁵	石蚌
853	lv³¹tshv³¹a³¹ke̤³¹	贝壳
854	pha³¹tɿ³¹	青虾子
855	pi³¹mɔ³³	树虫
856	pi³¹tʂhɿ⁵⁵	臭屁虫
857	pi³¹tsv³³ɔ³¹jɔ³¹	小毛虫
858	pɿ⁵⁵kha³³pi³¹tsv³¹/³³	灰白毛虫
859	pi³¹tsv³³tsa⁵⁵sɿ⁵⁵	大黄毛虫
860	pi³¹tɕi̤³³	臭虫
861	khɯ³¹çɿ⁵⁵	跳蚤
862	çɿ⁵⁵phv⁵⁵	虱
863	tɕi³¹tsh̩³¹ma̤³¹tsh̩³¹	牛虱
864	ja⁵⁵phv³¹	苍蝇
865	ma̤³¹	牛虻
866	ɯ⁵⁵tɿ³¹	水蛭
867	ça³³	虾
868	lɣ̩³³	蛆
869	pi³¹tɯ⁵⁵	蛔虫
870	ɔ³¹tʂh̩³¹ja³³phe̤³³	鼻涕虫
871	ɔ³¹po³³pi³¹mɔ³³	竹虫
872	jv⁵⁵kv³¹	蚊子
873	pha³¹sa⁵⁵	细蚊子
874	a⁵⁵mɿ³³	小下巴虫
875	khɯ³¹jɔ³¹lɿ³³lu³³	蝼蛄
876	tsa⁵⁵kɿ³³lɿ³¹mɔ³³	蜘蛛
877	ɯ³¹tɯ³¹ɯ⁵⁵tɯ⁵⁵lɯ⁵⁵mɔ³³	花蜘蛛

序号	碧约话	汉义
878	pi³¹tsʋ³¹	毛木虫
879	xo⁵⁵tsho⁵⁵	蟋蟀
880	tɕhi⁵⁵nɯ⁵⁵la̠³¹nɯ⁵⁵	蜈蚣
881	ji³¹tsɔ̠³¹	蚂蟥
882	ɔ³¹pi⁵⁵lʋ³¹tshv³¹	蜗牛
883	pi³¹teŋ⁵⁵	蚯蚓
884	pi̠³¹sɤ³³	蚂蚁
885	pi̠³¹sɤ³³lʋ³¹so³¹	飞蚂蚁
886	pi̠³¹pha̠³³	灶蚂蚁
887	tshɔ³¹phv³³	蚂蚁堆
888	mi³³lu³¹tsa³³phe̠³³	萤火虫
889	pi³¹khɯ⁵⁵pi³¹tsʋ³¹	蚕
890	pi̠³¹tɕe̠³¹	蝉
891	pi̠³¹tɕe̠³¹ɕi³³li³³	四月蝉（知了）
892	tho³¹ji³¹o³³mɔ³³	八月蝉（大黑蝉）
893	pɔ³¹	蜂
894	pɔ³¹pi³¹	蜂蛹
895	va̠³¹tɕhɿ³¹pɔ³¹	猪屎蜂
896	ki⁵⁵pɔ³¹	七里蜂
897	ji³¹sɿ⁵⁵pɔ³¹mɔ³¹	蜜蜂
898	pɔ³¹sɿ³³	细蜜蜂
899	pɔ³¹tʂɿ³¹（mɔ³³）	蜂王
900	pɔ³¹tɤ³¹	蜂尾刺
901	pɔ³¹tu⁵⁵pɔ³¹	大土蜂
902	tv⁵⁵sɿ⁵⁵pɔ³¹	黄土蜂
903	so³¹khɯ⁵⁵pɔ³¹	葫芦蜂
904	ja̠³¹pɔ³¹	岩蜂
905	ma̠³³khe³³pɔ³¹	夜蜂
906	pɔ³¹xɿ³³	蜂房
907	nɿ⁵⁵pu³³	蝗虫
908	a⁵⁵mɤ³¹tsaŋ³¹ko³³lɔ³³	螳螂

序号	碧约话	汉义
909	nɪ⁵⁵po⁵⁵	蚂蚱
910	a⁵⁵pa³³	蚂蚱虫
911	taŋ⁵⁵pɔ³¹li⁵⁵	蜻蜓
912	ta⁵⁵pɪ³¹tshu³³lu³³	蝴蝶
913	ta⁵⁵thɔ³¹na̱³¹kho⁵⁵	蜥蜴

五、植物

序号	碧约话	汉义
914	sɹ̩³³tsɹ̩⁵⁵	树
915	sɹ̩³³tsɹ̩⁵⁵tsɹ̩⁵⁵mɔ³³	大树
916	sɹ̩³³tsɹ̩⁵⁵tsɹ̩⁵⁵jɔ³¹	小树
917	te̱³¹ŋe³¹	树椿橛
918	la̱³¹ja⁵⁵	树杈
919	sɹ̩³³tsɹ̩⁵⁵ɔ³¹nɪ³³	树梢
920	sɹ̩³³tsɹ̩⁵⁵ɔ³¹ki⁵⁵	树皮
921	ɔ³¹kho³¹	干（植物）
922	sɹ̩³³tshɯ⁵⁵	总根（在土内）
923	to³¹phɪ³¹	根（在土外）
924	ɔ³¹tshɯ⁵⁵	树根
925	pha̱³¹li³¹	叶子
926	a³¹ji³³	花
927	ɔ³¹sɹ̩³¹	果子
928	a³¹pi̱³¹	芽
929	ɔ³¹nɪ³¹	嫩芽
930	ɔ³¹tshv³¹	蕾
931	sɹ̩³³tsɹ̩⁵⁵kho³¹po³¹	空心树
932	tho³¹ɕɪ⁵⁵	松树
933	sv̱³¹lɪ³³	柏树
934	jɔ⁵⁵nɔ³³ɔ³¹tsɹ̩⁵⁵	万年青树
935	nɯ⁵⁵tv³³	酸苞（万年青）
936	sɹ̩³¹tsha̱³³ɔ³¹tsɹ̩⁵⁵	毛木树
937	ja³¹sɹ̩³¹ɔ³¹tsɹ̩⁵⁵	擂皮树

序号	碧约话	汉义
938	ɯ⁵⁵nʅ³¹	杨柳
939	tɯ⁵⁵sʅ³¹tɯ⁵⁵lu³³	慈姑
940	zʅ³¹tsʅ⁵⁵ɔ³¹tsʅ⁵⁵	椿树
941	khҿ³¹fɤ³³ɔ³¹tsʅ⁵⁵	漆树
942	tshɯ³¹phɯ³¹ɔ³¹tsʅ⁵⁵	棕树
943	tuŋ³¹tsuŋ³³ɔ³¹tsʅ⁵⁵	格棕树
944	tshɯ³¹khɤ³³	棕皮
945	tshɯ³¹phҿ³¹	棕叶
946	mҿ³¹phҿ³³la⁵⁵tsha⁵⁵	歪麻树
947	mi³¹phʅ³³	蓝靛
948	mi³¹tsʅ⁵⁵	蓝靛树
949	la̠³³pʅ⁵⁵ɔ³¹tsʅ⁵⁵	攀枝花树
950	thuŋ³¹ju³¹ɔ³¹tsʅ⁵⁵	桐油树
951	xuŋ³¹kɔ³³jɔ³¹ɔ³¹tsʅ⁵⁵	臭油树
952	khҿ³¹sҿ³³ɔ³¹tsʅ⁵⁵	刺桶树
953	nɔ⁵⁵sa³³ɔ³¹tsʅ⁵⁵	隔皮树
954	jo³¹tsʅ⁵⁵ɔ³¹tsʅ⁵⁵	红心树
955	sʅ³¹kɤ³³kɤ³¹ɕɔ³¹	马兰树
956	tsa⁵⁵tshʅ⁵⁵tsa⁵⁵pҿ³³	长果树
957	tsa⁵⁵phɤ³¹	寄生枝
958	tsʅ³¹mu³¹phҿ³¹pҿ⁵⁵	滑叶树
959	tҁhe³¹the³³le³³pa³³	二月白花
960	la̠³¹sʅ³¹la̠³¹nɯ⁵⁵	金凤花
961	sʅ³¹jɔ³¹a³¹ji³³	桃花
962	mi³¹sɤ³¹	松明子
963	pha⁵⁵kho⁵⁵luŋ³³	树头菜
964	khɯ³¹sa⁵⁵nʅ⁵⁵ko³¹	碧涩菜
965	ɔ³¹po⁵⁵	竹子
966	ɔ³¹po⁵⁵a̠³¹tʂhʅ̩³¹	竹节
967	lɯ⁵⁵tsɤ³³	金竹
968	ɔ³¹po⁵⁵ɔ³¹tʂhʅ̩⁵⁵	甜竹

序号	碧约话	汉义
969	ɔ³¹po⁵⁵ɔ³¹khɔ³¹	苦竹
970	lo³¹tsʅ³¹	刺竹
971	pa⁵⁵pi̠³¹	刺竹芽
972	uaŋ³¹mɔ³³ɔ³¹tsʅ⁵⁵	抛竹
973	ua̠³¹pi̠³¹	竹笋
974	ɔ³¹ju⁵⁵	竹绒
975	ɔ³¹lɣ̠³³va̠³¹khv³³	笋衣
976	ua̠³¹pi̠³³pi̠³¹khɔ³¹	苦笋
977	tɯ³¹khɯ⁵⁵	藕丝
978	ua̠³¹pi̠³³pi̠³¹tʂʅ⁵⁵	甜笋
979	pɔ³¹tɔ³¹ta̠³¹pa̠³³	仙人掌
980	khuŋ³¹ta⁵⁵la⁵⁵	吊兰花
981	xɔ̠³¹lɔ̠³¹	百合
982	tʂʅ⁵⁵kv³¹	葛根
983	n̠i³¹ti³¹n̠i³³mɔ³³	箕刺根
984	sa⁵⁵lo³¹v³¹khi³¹	力肺散
985	ɕɔ³¹xɯ³¹niu³¹	草乌
986	nɯ³³tɯ³¹	藤子
987	sɯ⁵⁵phɯ³³、sʅ⁵⁵nɔ⁵⁵jɔ⁵⁵	闹鱼藤
988	jɪ⁵⁵tɯ³¹	藤篾
989	ɔ³¹kɯ³³	刺
990	ɔ³¹kɯ³³	荆棘
991	a³¹tʂʅ³³	果核
992	a³¹nɣ̠³³	果仁
993	sʅ³¹jɪŋ³¹ɔ³¹sʅ³¹	桃子
994	sʅ³¹jɪŋ³¹pa⁵⁵tshu³¹	毛桃
995	ʂʅ⁵⁵li⁵⁵ɔ³¹sʅ³¹	梨
996	ke̠³³tɕhe̠³³	李子
997	mi³¹thɔŋ³³	橘子
998	ɕi³³kua³³	西瓜
999	sʅ³¹phi³¹ɔ³¹sʅ³¹	多依果

序号	碧约话	汉义
1000	kɯ³³kɤ³¹ɔ³¹sɿ³¹	黄皮果
1001	sɿ³¹kɤ³³ɔ³¹sɿ³¹	鸡素果
1002	ma⁵⁵mu³³ɔ³¹sɿ³¹	芒木果
1003	pi³¹tsa⁵⁵ɔ³¹sɿ³¹	麻桑果
1004	sɿ³¹kɤ³³ɔ³¹sɿ³¹	无花果
1005	sɿ³¹ɕȩ³³ɔ³¹sɿ³¹、jaŋ³¹mȩ³³kɔ³¹	杨梅
1006	mo³¹ɕaŋ³³tsɿ³¹ɔ³¹sɿ³¹	木浆子果
1007	sɿ³¹kɤ³¹a⁵⁵tshɯ⁵⁵thɯ⁵⁵	土藤果
1008	sɿ³¹li⁵⁵li⁵⁵tshɯ⁵⁵	酸黄果
1009	ma⁵⁵tsaŋ³¹	石榴
1010	ma⁵⁵tsaŋ³¹ma⁵⁵tshɯ⁵⁵	酸石榴
1011	ma⁵⁵tsaŋ³¹ma⁵⁵tʂʰ⁵⁵	甜石榴
1012	mɔ⁵⁵lu⁵⁵ɔ³¹sɿ³¹	缅石榴
1013	ma⁵⁵lo⁵⁵ɔ³¹sɿ³¹	番石榴
1014	ta³¹lɔ³¹tshui³¹	菠萝
1015	ma⁵⁵laŋ³¹	槟榔
1016	thɔ³¹ɕɿ⁵⁵lɯ⁵⁵pɿ⁵⁵	松子
1017	khɔ³¹li³³ɔ³¹sɿ³¹	皂荚
1018	tha³¹phi³³ɔ³¹sɿ³³	小柿子
1019	sɿ³¹pɯ⁵⁵ɔ³¹sɿ³¹	柿子
1020	ji³³mi̩³³	葡萄
1021	tshʰ³¹sɿ³¹ᐟ³³sɿ³¹mɔ³³	板栗
1022	tshʰ³¹phɤ⁵⁵tshʰ³¹sɿ³¹	大朱栗
1023	tshʰ³¹nɯ⁵⁵tshʰ³¹sɿ³¹	小朱栗
1024	tshɯ³¹phɯ³¹ɔ³¹sɿ³¹	棕果
1025	sɿ³¹tshɔ³¹ɔ³¹sɿ³¹	橄榄
1026	tʂʰ̩³¹mɔ³³ɔ³¹sɿ³¹	鼻涕果
1027	tshɔ³¹phɤ³³nɯ³¹ji³¹	臭油果
1028	saŋ³³tsa̩³³ɔ³¹sɿ³¹	山楂果
1029	ɔ³¹tsɿ³¹ji⁵⁵thɔŋ⁵⁵	八卦树果
1030	tsa⁵⁵sɔ³¹ɔ³¹sɿ³¹	唐梨果

序号	碧约话	汉义
1031	pe³¹pe³¹na³³nɔ³³	小黑果
1032	fv̩³³nɔ³³ɔ³¹sɿ³¹	牛奶果
1033	sɿ³¹kv³¹a⁵⁵tɕhɿ⁵⁵lɿ⁵⁵	土腾果
1034	sɿ³¹lo³¹	黄苞果
1035	sɿ³¹li⁵⁵ɔ³¹sɿ³¹	黄果
1036	sɿ³¹lo³¹pv̩³³na³³	黑泡果
1037	ɯ⁵⁵lu⁵⁵sɿ³¹lo³¹	蛇泡果
1038	sɿ³¹li⁵⁵ma⁵⁵pɯ³¹	香圆果
1039	pɿ³³tshɯ⁵⁵ɔ³¹sɿ³¹	酸荚
1040	ŋa³³sɿ³¹	芭蕉
1041	ŋa³³tshɯ⁵⁵	酸芭蕉
1042	ŋa³³sɿ³¹	芭蕉果
1043	ŋa³³pha³¹	芭蕉叶
1044	ŋa³³tv³³	芭蕉花
1045	tɕe³¹tɕi³³tɕe³¹na³³	荸荠
1046	pɿ⁵⁵to⁵⁵ŋa³³tshɿ⁵⁵	野芭蕉
1047	ŋa³³phu³¹to³¹nɿ³³	大屁股芭蕉
1048	maŋ³³mo³³ɔ³¹sɿ³¹	芒果
1049	li⁵⁵tʂɿ³³ɔ³¹sɿ³¹	荔枝
1050	kɿ³¹jɔ³¹ma³³nɯ⁵⁵	樱桃
1051	ke³³tɕhe³³ke³³khɔ³¹	梅子
1052	phɔ³¹tʂɿ⁵⁵	甘蔗
1053	o⁵⁵to⁵⁵	核桃
1054	a⁵⁵xaŋ³³to⁵⁵lo⁵⁵	野核桃
1055	o⁵⁵to⁵⁵a³¹nv̩³³	核桃仁
1056	o⁵⁵to⁵⁵to⁵⁵kha³³	铁核桃
1057	pɔ³³lɔ³³nɿ⁵⁵mɔ³³	向日葵
1058	sɿ̩³³tsɿ³³mɔ⁵⁵te³³	大树瓜
1059	tsɔ³¹tsa⁵⁵	庄稼
1060	ja⁵⁵khu⁵⁵	庄稼地
1061	liaŋ³¹sɿ³¹	粮食

序号	碧约话	汉义
1062	tɕhɪ⁵⁵	水稻
1063	kv̩³³nv̩³¹	糯臭
1064	kv̩³³nv̩³¹xo³¹	糯米饭
1065	kv̩³¹lv³³	长尾糯
1066	jv⁵⁵mɔ³³	小红米
1067	tɕhɪ⁵⁵kɯ³¹	碎米
1068	tɕhɪ⁵⁵phv⁵⁵ɔ³¹phv⁵⁵	白米
1069	a³¹tsʅ³³	种子
1070	tɕhɪ⁵⁵	谷子
1071	tɕhɪ⁵⁵tsʅ³³	谷种
1072	kv̩³³tɕhi³¹	秧
1073	ɔ³¹nɪ⁵⁵	穗
1074	tɕhi⁵⁵nɪ⁵⁵	谷穗
1075	tɕhɪ⁵⁵pɪ³¹	谷包
1076	tɕhɪ⁵⁵sɪ³¹	谷粒
1077	tɕhɪ⁵⁵khe³¹	瘪谷
1078	tu⁵⁵ja⁵⁵tɕhɪ⁵⁵	旱谷
1079	tsau³¹kv³¹	早稻
1080	jv⁵⁵mɔ³³	稗子
1081	nɪ̩³¹jv⁵⁵mɔ³³	野稗子
1082	mɯ³⁵tsʅ³¹	麦子
1083	kɔ³¹	荞麦
1084	kɔ³¹tʂhɪ⁵⁵	甜荞
1085	kɔ³¹khɔ³¹	苦荞
1086	pɪ⁵⁵to⁵⁵kɔ³¹	野荞
1087	sa³³tv³³	苞谷
1088	sa³³tv³³lu⁵⁵pɤ³³	苞谷花
1089	sa³³tv³³mjo³¹	苞谷须
1090	sa⁵⁵tv³³tɕhi³¹tsa⁵⁵na³³	长黑粉的苞谷
1091	sa³³tv³³a³¹ji³³	爆米花
1092	mo³¹to³¹tɕhɪ⁵⁵phv⁵⁵	小米的一种

序号	碧约话	汉义
1093	kau³³lian³³（汉借）	高粱
1094	mu³¹tsa⁵⁵	马草
1095	mo⁵⁵kho⁵⁵lo⁵⁵kɔ³¹	马蹄根草
1096	sɔ³¹lɔ³¹	棉花
1097	kɤ³¹tshạ³¹	蔬菜
1098	kɔ³¹nɪ³¹	菜薹
1099	kɔ³¹n̠i⁵⁵	青菜
1100	pɯ³¹tshe⁵⁵（汉借）	白菜
1101	ta⁵⁵ko³¹	蕨菜
1102	tsa⁵⁵n̠i⁵⁵	韭菜
1103	kɔ³¹khɤ³¹	干板菜
1104	ɕiŋ³³kaŋ³³la³³mɔ³³	细芽菜
1105	tsa⁵⁵khɔ³¹	苦菜
1106	tsa⁵⁵phɪ⁵⁵	野菜
1107	xaŋ⁵⁵tɕhɪŋ³¹	芹菜
1108	sui³¹tɕhɪŋ³¹tshɛ⁵⁵	水芹菜
1109	ɕɪ⁵⁵phạ³¹	苤菜
1110	kɔ³¹phu⁵⁵	萝卜
1111	lɔ³¹le³¹fɤ³¹	西红柿
1112	sɪ³¹phi⁵⁵	辣椒
1113	fɤ³⁵tɕau³³	胡椒
1114	ɕɪ⁵⁵po³¹	葱
1115	kho³¹ɕɪ⁵⁵	蒜
1116	kho³¹ɕɪ⁵⁵ɔ³¹tɤ³³、ɕɪ⁵⁵tɤ³³	蒜薹（蒜头）
1117	tsho³¹phi³¹	姜
1118	pa³¹kɔ³⁵	八角（作料）
1119	lɔ³¹sɪ³³tshɔ³¹（汉借）	薄荷
1120	tsho³¹kɔ³¹	草果
1121	jɪŋ³¹xi⁵⁵	芫荽
1122	xue³¹ɕaŋ³³（汉借）	茴香
1123	jɛ³¹pɤ³¹	香椿

序号	碧约话	汉义
1124	pju³¹v³³	芋头
1125	jaŋ³¹ji⁵⁵（汉借）	土豆
1126	mɪ⁵⁵tsɪŋ³³pɪ³¹v⁵⁵	芭蕉芋
1127	muɯ³¹lo̞³¹	薯
1128	muɯ³¹lo̞³¹o̞³¹nuɯ⁵⁵	红薯
1129	muɯ³¹lo̞³¹o̞³¹phv⁵⁵	白薯
1130	ka⁵⁵tsɿ³¹	茄子
1131	jaŋ³¹tɕhe³¹tsɿ³¹	洋茄子
1132	jv⁵⁵thɪ⁵⁵	芋菜
1133	a³¹ji³³kɤ³¹tsha³¹	菜花
1134	kv³¹tsha³¹o̞³¹tshv³³	油菜
1135	khu³³pu³¹kɤ³¹tsha³¹	菠菜
1136	jo⁵⁵thɪ⁵⁵	芋菜
1137	mu³¹to³¹tɕhɪ⁵⁵phv⁵⁵	玉米菜
1138	ke̞³³ŋa̞³³	魔芋
1139	leŋ³¹ɯɯ³³	藕
1140	tho⁵⁵pɤ³¹	臭菜
1141	muɯ³¹lo̞³¹	山药
1142	a⁵⁵sɤ⁵⁵to⁵⁵pv³³	野山药
1143	la̞³³pɪ⁵⁵muɯ³¹	大树山药
1144	a⁵⁵ņv³¹	黏揸揸（像山药）
1145	tsɿ³¹sv³³	苏子（像芝麻）
1146	nɪ⁵³sɿ⁵⁵	芝麻
1147	ke̞³¹kua³³（汉借）	茭瓜
1148	ti⁵⁵lo³¹phv⁵⁵	地瓜
1149	mo⁵⁵teŋ³³	南瓜
1150	mo⁵⁵teŋ³³a³¹tsɿ³³	南瓜子
1151	mo⁵⁵teŋ³³a³¹nɤ³³	南瓜心
1152	tho³¹kho³¹	冬瓜
1153	so³¹kho³¹	黄瓜
1154	po³³pɪ⁵⁵la⁵⁵lo⁵⁵	丝瓜

序号	碧约话	汉义
1155	khv³¹kua³³	苦瓜
1156	nɤ³³s̩³¹	豆子
1157	nɤ³³s̩³¹	黄豆
1158	tho⁵⁵po³¹	蚕豆
1159	nɤ³³ɲi⁵⁵	绿豆
1160	nɯ³³tɕhi³³	红豆汤
1161	ɯ⁵⁵tsha⁵⁵、jɔ³¹	菜汤
1162	tɕi³¹ɯ⁵⁵	米汤
1163	po³¹tɕhi⁵⁵	豌豆
1164	nɤ³³pạ³³	金豆
1165	nɤ³³ta⁵⁵	豇豆
1166	nɤ³³tɕhi⁵⁵	老鼠豆
1167	nɤ³³ta³³	白色老鼠豆
1168	ma³¹s̩⁵⁵nɤ³³pạ³³	白菜豆
1169	v⁵⁵phv³¹	葫芦
1170	nị³¹tɕhi³¹xo³³lo³¹	野葫芦
1171	a³³xi³³	水葫芦
1172	lo³¹ti⁵⁵seŋ³³	花生
1173	ɔ³¹pɪ³³	草
1174	pɔ⁵⁵jɔ³³ɔ³¹pɪ³³	蒲草
1175	ɔ³¹pɪ³³mɤ³¹	褥草
1176	sa³¹khɯ⁵⁵	茅草
1177	ji³¹sɪ⁵⁵	草皮
1178	ji³¹pha³¹ɔ³¹pɪ³³	尖刀草
1179	tsạ³³mu³³tsạ³³su⁵⁵	鸟山草
1180	mɪ⁵⁵lu⁵⁵	蘑菇
1181	thu³¹ti³³ti³³lɯ³³	大红菌
1182	thu³¹ti³³ti³³nạ³³	大黑菌
1183	ja³¹tʂhɯ⁵⁵mɪ⁵⁵lu⁵⁵	鸡棕菌
1184	tsa⁵⁵sɔ³¹thɔ³¹ti⁵⁵	唐梨菌
1185	tshɔ³¹phu³³mɪ⁵⁵lu⁵⁵	蚂蚁菌

序号	碧约话	汉义
1186	mi³³pha³¹	香菌
1187	mɿ⁵⁵tʂ̩³³mɿ⁵⁵lu⁵⁵	奶浆菌
1188	tɿ³¹mo³³mɿ⁵⁵lu⁵⁵	木头菌
1189	ja³³sɿ³¹mɿ⁵⁵ta³³	扫把菌
1190	kha³¹ka⁵⁵ti⁵⁵pɣ³¹	青头菌
1191	ja̠³³v³¹mɿ⁵⁵sɿ⁵⁵	蛋黄菌
1192	mɿ⁵⁵tɕhɿ³³	百生
1193	nɔ̠³¹khɔ³³pe̠³³lo⁵⁵	木耳
1194	v³¹ɕa³³feŋ³³	刺五加
1195	mje³¹v³¹mje̠³¹tʂhɯ³³	柴花
1196	khɯ³¹sa⁵⁵nɿ⁵⁵kv³¹	鱼腥草
1197	ja³³sɿ³¹ja̠³³ta⁵⁵la⁵⁵	扫帚孤
1198	ɯ⁵⁵ju³³	青苔
1199	lo³³sɿ³¹lo³³ji³³	浮萍
1200	a⁵⁵n̠i⁵⁵tʂhɯ³¹tsa⁵⁵	毛食花
1201	jɿ⁵⁵sɿ³¹jɿ⁵⁵to⁵⁵lo⁵⁵	苦楝子

六、食物

序号	碧约话	汉义
1202	tsɔ³¹tsa⁵⁵	食物
1203	a³¹tsa⁵⁵	饲料
1204	tɕhɿ⁵⁵phv⁵⁵	米
1205	li⁵⁵	小米
1206	jo³³mɔ³³	小黄米
1207	tɕhɿ⁵⁵na̠³³	紫谷
1208	tɕhɿ⁵⁵na̠³³tɕhɿ⁵⁵phv⁵⁵	紫米
1209	lɣ³¹sɿ³¹	绿谷
1210	xo³¹	饭
1211	kɣ³¹tsha̠³¹	菜
1212	na̠³¹na̠³³xo³¹	早饭
1213	saŋ³¹v³¹/³³xo³¹	晚饭
1214	tsha̠³¹pe³³	稀饭

序号	碧约话	汉义
1215	tsa⁵⁵pɪ⁵⁵xo³¹	野菜饭
1216	ko³¹ɕɪ³³xo³¹	荞烧饭
1217	xo³¹ka̠³³	冷饭
1218	xo³¹s̠ɪ³¹	新米饭
1219	xo³¹phɪ⁵⁵	倒生饭
1220	pi³¹tɤŋ⁵⁵lɪ⁵⁵kv̩³¹	粉条
1221	tɕiŋ³¹feŋ³¹（汉借）	卷粉
1222	kua⁵⁵mɪŋ⁵⁵（汉借）	挂面
1223	mi³¹ɕiŋ⁵⁵（汉借）	米线
1224	a³¹khv̩³³	锅巴
1225	sɔ³¹khv³¹	干巴
1226	sa⁵⁵tv³³lv³³pɔ³³	爆米花
1227	xɔ̠³¹ᐟ³³lɔ̠³¹ᐟ³³kv³¹li⁵⁵（变调）	百合粉
1228	tsɔŋ⁵⁵pau³³	粽子
1229	xo³¹tɔ̠³³	饭团
1230	ko³¹pa³³	糍粑
1231	xo³¹tho³¹	米粑粑
1232	liaŋ³¹feŋ³¹（汉借）	凉粉
1233	kɔ³¹li⁵⁵	荞面
1234	thuan³¹tsɪ³¹	汤圆
1235	sɔ³¹	肉
1236	nv³¹sɔ³¹	牛肉
1237	va̠³¹sɔ³¹	猪肉
1238	sɔ³¹s̠ɪ³¹	鲜肉
1239	sɔ³¹a³¹na̠³¹	瘦肉
1240	sɔ³¹ɔ³¹tshv⁵⁵	肥肉
1241	la̠³¹tshaŋ³¹	腊肠
1242	ɔ³¹tshv⁵⁵	油
1243	paŋ³¹jiu³¹	板油
1244	tshv⁵⁵kv̩³³	油渣
1245	tho³¹tsɪ³¹	松油

序号	碧约话	汉义
1246	mo⁵⁵sɔ³¹sɔ³¹khɤ³¹	干腌牛肉
1247	tshau³¹vaŋ⁵⁵	糟血（猪胸腔的血）
1248	pɯ³¹ɯ⁵⁵	蜂蜜
1249	sɔ³¹tshɯ⁵⁵	酸腌肉
1250	kv³¹tshɯ⁵⁵	酸菜
1251	kv³¹tshɯ⁵⁵tshɯ⁵⁵khɤ³³	干酸菜
1252	ua̠³¹pi̠³¹pi̠³¹tshɯ⁵⁵	酸笋
1253	suaŋ³³thaŋ³³	酸汤
1254	ko̠³¹phɤ³¹	干菜
1255	tsaŋ⁵⁵sui³¹（汉借）	沾水（盐辣）
1256	tsɔ³¹liau⁵⁵（汉借）	佐料
1257	tʂ̩³¹la̠³¹	花椒
1258	sɿ³¹phi⁵⁵	辣椒
1259	thaŋ³³	糖
1260	tshɔ̠³¹me̠³¹	盐
1261	pɯ³⁵thaŋ³¹	麦芽糖
1262	suaŋ³³tshɯ⁵⁵	醋
1263	tɕaŋ⁵⁵（汉借）	酱（清酱）
1264	ɔ³¹tʂ̩³¹	浆
1265	v³³	蛋
1266	ja̠³³v³³	鸡蛋
1267	pi³³v³³	鸭蛋
1268	ŋa³³v³³	鹅蛋
1269	v³³phɤ³³	蛋白
1270	v³³sɿ³³	蛋黄
1271	v³³khe̠³¹	蛋壳
1272	v³³pɤ³¹	寡蛋（臭蛋）
1273	v³³tɔ³¹	软壳蛋
1274	tɕiŋ⁵⁵taŋ⁵⁵（汉借）	咸蛋
1275	tɯu⁵⁵fɤ³¹	豆腐
1276	tɯu⁵⁵fɤ³¹kv³¹tshɯ⁵⁵	卤腐

序号	碧约话	汉义
1277	tɯu⁵⁵fɤ³¹a³¹pɤ³¹	臭豆腐
1278	tɯu⁵⁵tɕhi⁵⁵	豆渣
1279	na³³sɿ³¹ɯ³³tsha³³	豆浆
1280	nɤ³¹pɤ³¹	豆豉
1281	ɯ⁵⁵tsha⁵⁵	汤
1282	tʂɿ³³pɔ³¹	酒
1283	tɯ³¹tʂh³¹	解酒药
1284	tʂh³¹tʂɿ³³pɔ³¹	药酒
1285	tʂɿ⁵⁵tsa³³	酒糟
1286	pɔ³¹phɿ³³	米甜酒
1287	u⁵⁵tu⁵⁵ɔ³¹tshɤ⁵⁵	核桃油
1288	lɔ³¹khɿ⁵⁵ ·	茶叶
1289	a⁵⁵phɿ³³lɿ⁵⁵phɿ³³	山茶
1290	ɯ⁵⁵lɿ⁵⁵	热水
1291	ɯ⁵⁵tɕhe³¹	冷水
1292	lɔ³¹khɿ⁵⁵khɿ⁵⁵nɯ⁵⁵	红茶
1293	lɔ³¹khɿ⁵⁵khɿ⁵⁵ȵi⁵⁵	绿茶
1294	mɯ³¹khɯ³¹a⁵⁵phi⁵⁵li⁵⁵	火把茶
1295	ja̠³³kho³¹	烟
1296	ja̠³³kho³¹ja̠³³mɿ⁵⁵	草烟
1297	jaŋ³¹jeŋ³³	鸦片烟
1298	tho³¹khɿ⁵⁵	烟屎
1299	ja̠³³tɕhi³¹	鸦片
1300	tʂɿ³¹phɔ³³	烟泡
1301	ja̠³³mɿ⁵⁵	烟丝
1302	jiŋ³³xɔ³⁵（汉借）	烟盒
1303	tʂh³¹	药
1304	tʂh³¹phu³³	解药
1305	saŋ³³tɕhi³¹（汉借）	三七（药名）
1306	tsɿ³¹su³³（汉借）	紫苏
1307	tshɔ³¹v³³	草乌

续表

序号	碧约话	汉义
1308	kui⁵⁵phi³¹（汉借）	肉桂
1309	khɔ³¹phɯ³¹	糠
1310	khɔ³¹phɯ³¹phɯ³¹kha³³	粗糠
1311	khɔ³¹phɯ³¹	细糠
1312	luŋ³¹	观音土（可吃）

七、衣着

序号	碧约话	汉义
1313	pha⁵⁵	布
1314	pha⁵⁵tshv̩³³	粗布
1315	pha⁵⁵na̩³³	青布
1316	ma̩³¹pv̩³³	抹布
1317	mɔ³¹ȵɿ³¹（汉借）	毛呢
1318	khɯ⁵⁵me³³	线
1319	khɯ⁵⁵sɿ³¹	线团
1320	pi³¹khɯ⁵⁵	丝
1321	pi³¹khɯ⁵⁵pi³¹nɯ⁵⁵	丝线
1322	kɔ³¹tʂʰ³¹	衣服
1323	ȵv̩³³pha⁵⁵	对襟衣服
1324	ȵi⁵⁵pv̩³¹	绣花衣服
1325	la̩³¹xuŋ⁵⁵	领褂
1326	lɯ⁵⁵kho⁵⁵	衣领
1327	pɔ⁵⁵pe³³	衣襟
1328	laŋ³¹fuŋ⁵⁵	前襟
1329	la̩³¹tv̩³¹	衣袖
1330	tʂʰ⁵⁵sɿ³¹	扣子
1331	pha⁵⁵pɿ³³	衣袋
1332	tv̩³¹tsho⁵⁵	补丁
1333	tsv̩³¹pha³¹	腰带
1334	a⁵⁵to³¹to³¹phi³³	飘带
1335	tsa⁵⁵ɕi³³	衣服上垂下来的穗子
1336	tɕhi⁵⁵the̩³³	绑腿（男用）

序号	碧约话	汉义
1337	tɕhi⁵⁵pu³¹	绑腿（女用）
1338	khɯ⁵⁵theౖ ³³	女用绑腿的一种
1339	lo³¹tho³¹	裤子
1340	lo³¹tho³¹ᐟ³³tɕhi³³jɔ³¹	短裤
1341	lo³¹phi³³	裤带
1342	lo³¹khi⁵⁵	裤脚
1343	tsạ ³¹miౖ ³¹	筒裙 裙子
1344	a⁵⁵to³¹	女围裙
1345	kɔ³¹tshɨ³³ɔ³¹jɔ³¹	背心
1346	pha⁵⁵tɕhi³¹	面巾
1347	na⁵⁵pi⁵⁵pha⁵⁵tɕhi³¹	手绢
1348	ɣ ³¹theౖ ³³	包头
1349	v³¹theౖ ³³to³¹phi³³	包头尾（女）
1350	v³¹tɔ³¹	垫布（包头用的）
1351	tsạ ³¹lo⁵⁵	包布（包小孩）
1352	v³¹lv⁵⁵	帽子
1353	o³¹tsho³¹	笠帽
1354	tʂɨ³¹pha³¹	裤裆
1355	lo³¹tɕhi⁵⁵	裤管
1356	va³⁵tsɨ ³¹（汉借）	袜子
1357	phạ ³¹nạ ³³	鞋
1358	tɹ⁵⁵kho³¹phạ ³¹nạ ³³	木鞋
1359	v³¹tshɣ ³¹（汉借）	斗笠
1360	tshɯ³¹phɯ³¹	棕皮衣
1361	ɔ³¹tɕhɹ⁵⁵kɔ³¹tʂhɨ³¹	毛线衣
1362	mɯ³⁵tsɨ ³¹v³¹lv⁵⁵	草帽
1363	phi³¹xɛ³¹（汉借）	皮鞋
1364	tshau³¹xɛ³⁵（汉借）	草鞋
1365	nɣ ³³khạ ³¹	口水兜
1366	nɔ³¹tsv³³	耳环
1367	nɔ³¹po⁵⁵o³¹kho⁵⁵	耳眼（戴耳环的孔）

续表

序号	碧约话	汉义
1368	luɯ⁵⁵khv³³	项圈
1369	ȵi⁵⁵tsho³¹	戒指
1370	ki̠³¹tv³¹	镯子
1371	jiŋ³¹leŋ⁵⁵	银链
1372	pɔ³³pɯ³³	背袋
1373	phv⁵⁵sɿ³¹	银泡
1374	phv⁵⁵lv⁵⁵	大银珠
1375	fv̠³³nɔ̠³³a³¹ji³³	银花

八、房屋建筑

序号	碧约话	汉义
1376	jɿ⁵⁵to⁵⁵	家
1377	jɿ⁵⁵kho⁵⁵	房屋
1378	pɯŋ⁵⁵jɿ⁵⁵kho⁵⁵	瓦房
1379	sa³¹khɯ⁵⁵jɿ⁵⁵kho⁵⁵	草房
1380	ji³³mi³¹jɿ⁵⁵kho⁵⁵	茅草屋
1381	ja̠³¹tɕhɿ⁵⁵	田房
1382	ja⁵⁵khi⁵⁵、thieŋ³³tɕiŋ³¹	院子
1383	sa³¹khɯ⁵⁵	稻草
1384	ɔ³¹mɔ³³mi⁵⁵	稻草人
1385	kho⁵⁵pɿ³³	房顶
1386	jau³¹	窑
1387	sa̠³¹tsɿ̠³³	厢房
1388	thaŋ³¹o³³	堂屋
1389	jɿ⁵⁵jɔ³¹	寝室
1390	po³³to³¹	厨房
1391	ɔ³¹tɕhɿ³¹lo³³to³¹	茅房
1392	tʂhɿ³³tha̠³¹	楼
1393	tʂhɿ³¹tha̠³¹a³¹mu³³lia³³	楼下
1394	tʂhɿ³¹tha̠³¹jo³¹khu³³a³³	楼上
1395	tʂhɿ³³tha³³a³³va̠³³	楼底
1396	lɯ³¹paŋ³¹	楼板

序号	碧约话	汉义
1397	ja³¹tɕhɪ⁵⁵	草棚（田房）
1398	phv⁵⁵tsʐ̩³¹	铺子
1399	tɕhɪ³³pɪ³³	谷仓
1400	to³¹lu³¹	谷床
1401	laŋ³¹kaŋ⁵⁵	栏杆
1402	nv³¹xɪ⁵⁵	牛圈
1403	va̠³¹xɪ⁵⁵	猪圈
1404	mu³¹xɪ⁵⁵	马厩
1405	ja̠³³xɪ⁵⁵	鸡窝
1406	tʂhɪ̩³¹xɪ⁵⁵	羊圈（牛羊圈）
1407	ɯ³³khɔ³¹	雨水沟
1408	tsa̠³³khɔ³³	阴沟
1409	v⁵⁵tɣ³¹	水井
1410	tsuaŋ³³（汉借）	砖
1411	pɣŋ⁵⁵	瓦
1412	ua̠³¹faŋ³¹（汉借）	瓦房
1413	tsho³¹tho³¹	墙
1414	khu⁵⁵pi³³	屋脊
1415	kɯ³¹nɯ³¹	篾子
1416	ja̠³³tsa³³tɕi⁵⁵mɔ³³	篾麻子
1417	tɪ³¹mɔ³³	木头
1418	tɪ⁵⁵khɔ³¹	木料
1419	tɪ⁵⁵khɔ³¹paŋ³¹tsʐ̩³¹	木板
1420	thv³¹tɕi³³mɔ³⁵tsʐ̩³¹	土胎模
1421	pɔ³¹li³¹（汉借）	玻璃
1422	pi³⁵paŋ³¹	板壁
1423	ji⁵⁵tsʐ̩⁵⁵	柱子
1424	lɣ³³mo³³ji⁵⁵tsʐ̩⁵⁵	柱脚石
1425	ji⁵⁵kv³³	门
1426	ɕɔ³³ɕɔ³³	门闩
1427	ji⁵⁵kv³³kv³³po³³	门槛

序号	碧约话	汉义
1428	$\mathfrak{o}^{31}ku^{33}$	门洞（形状似门）
1429	$tshuŋ^{33}fv^{33}$	窗子
1430	$tshu^{31}thu^{31}\mathfrak{o}^{31}kho^{55}$	窗（墙洞）
1431	$tsa^{55}ja^{33}$	炕头（火塘上）
1432	$mi^{31}kho^{55}$	火塘
1433	$lʏ^{33}ki^{33}$	石磨
1434	$lʏ^{33}mɔ^{33}tɕɿ^{55}kv^{31}$	石桥
1435	$mi^{31}tɕhi^{31}\mathfrak{o}^{31}khu^{55}$	烟囱
1436	$ku^{55}liaŋ^{31}$	大梁
1437	$kuɔŋ^{33}$	椽子
1438	$kui^{31}mo^{55}$	屋檐
1439	$ti^{31}lu^{55}$	刑条
1440	$tʂɿ^{55}thạ^{31}$	台阶
1441	$pi^{55}jạ^{31}$	篱笆
1442	$ja^{55}khi^{55}khi^{55}po^{55}$	围篱
1443	$vạ^{31}lu^{31}$	猪槽
1444	$kɛ^{55}ʂɿ^{31}$	界碑
1445	$tshau^{33}tshaŋ^{31}$（汉借）	操场
九、用品、工具		
序号	碧约话	汉义
1446	$muɯ^{31}n̠i^{31}$	东西
1447	$tsa^{55}tsɿ^{33}$（汉借）	桌子
1448	$tshuɯ^{33}thi^{33}$（汉借）	抽屉
1449	$kuɯ^{33}luɯ^{55}$	供桌
1450	$thuaŋ^{31}tsɔ^{31}$	圆桌
1451	$tʂɿ^{31}thuɯ^{55}$	板凳
1452	$tsɿ^{31}thʏ^{31}ta^{55}mo^{55}$	长板凳
1453	$phuɯ^{31}thuɯ^{55}$	大凳子
1454	$ni^{33}khʏ^{31}$	小板凳
1455	$ni^{33}tsa^{55}$	座位
1456	$ka^{55}lị^{33}$	被子

续表

序号	碧约话	汉义
1457	xa̠^{31}mɔ^{33}tɕu^{33}kaŋ^{33}	轿子
1458	ji^{31} ja^{55}	床
1459	ɕaŋ^{33}tsɿ̠^{31}	箱子；柜子
1460	ka^{55}tsɿ̠^{31}	篾箱（装衣物用）
1461	jɪŋ^{31}tɕɪŋ^{55}	眼镜
1462	ɕi^{55}tsɤŋ^{33}tsɿ^{31}	铁砖（打铁时垫）
1463	tho^{31}ki^{55}	盐杵
1464	xuŋ^{33}luŋ^{33}	烘笼
1465	lɔ^{31}jɔ̠^{31}	擂钵
1466	tsɔŋ^{33}	钟
1467	sɯu^{31}pjɔ^{31}（汉借）	手表
1468	tɕhi^{35}	漆
1469	ta̠^{33}kha^{55}	篾桌
1470	ja̠^{33}pha^{55}	扫帚
1471	ta^{31}kha^{55}	箕
1472	tsɯ^{31}tɕhi^{31}lu^{33}tu^{31}	粪坑
1473	kɔŋ^{55}	壶
1474	tʂɿ^{55}pɔ^{31}kɔŋ^{55}	小酒壶
1475	tsho^{55}lo^{55}	杯子
1476	tɕu^{31}phiŋ^{31}（汉借）	酒瓶
1477	tsha̠^{31}fv^{33}（汉借）	茶壶
1478	la̠^{31}tshv̠^{31}	茶罐
1479	thv^{31}phv^{31}	瓦火罐
1480	khi^{55}tshv̠^{33}	咂角（治疗用具）
1481	pɔ^{31}kho^{31}	蜂桶
1482	pha^{55}pɪ^{55}	袋子、布口袋
1483	tɯu^{33}tu^{55}	肚兜
1484	tɕhi^{31}tsho^{55}	尿布
1485	tsaŋ^{31}	麻布口袋
1486	xo^{35}tsɿ̠^{31}（汉借）	盒子
1487	thi^{31}tɯu^{33}	提兜

序号	碧约话	汉义
1488	po³¹sʋ³¹	蜜蜡
1489	jaŋ³¹ji³¹tsʅ³¹（汉借）	香皂
1490	tshɔ³¹pjau³³	肥皂
1491	ja̠³¹sua³¹（汉借）	牙刷
1492	ka̠³¹kau³³（汉借）	牙膏
1493	pha⁵⁵tɕhʅ³³	毛巾
1494	pa⁵⁵pɯ³³	揩娃巾
1495	ɯ⁵⁵po³¹	揩水筒
1496	phu³¹tʅ³¹	镜子
1497	teŋ³³	灯
1498	mi³¹tsɔ³¹	柴
1499	mi³¹tsɔ³¹tʅ³¹pi⁵⁵	烧剩的柴火
1500	mi³¹tsɔ³¹	火柴
1501	kho³¹paŋ³¹	火把
1502	ɕaŋ³³（汉借）	香（烧的香）
1503	po³³to³¹	灶
1504	ɕi⁵⁵va̠³¹	铁锅
1505	mo⁵⁵tɔ³¹	罗锅
1506	kɔ³³tshaŋ³¹（汉借）	锅铲
1507	tshaŋ³¹tshaŋ³¹	铲子
1508	kɛ⁵⁵ki³³	锅盖
1509	kɔ³³liaŋ³³ja³³pha³³	锅刷
1510	pɔ̠³³jɔ̠³¹	饭盖子（拌饭）
1511	pɔ̠³¹phi̠³³	蒸饭的垫子
1512	kɔŋ⁵⁵tɔ³¹pʋ³¹	瓶底
1513	pa³¹lɯ³¹	镰刀
1514	je³¹khʋ³¹	锯镰
1515	mo³³tso³¹	刀子
1516	mo³³tso³¹tɔ̠³¹kɛ̠³¹	刀把
1517	tshɛ⁵⁵tau³³（汉借）	菜刀
1518	mo³³tso³¹ta⁵⁵mo⁵⁵	大长刀

序号	碧约话	汉义
1519	v³¹khɿ³³tshv̩³³thạ³³	剃头刀
1520	tsa³⁵tau³³	铡刀
1521	lv̩³³sɿ³¹	磨刀石
1522	xo³¹tshạ³³mɔ³³	饭勺
1523	tshạ³³mɔ³³	勺
1524	luɯ³⁵sɔ³⁵	漏勺
1525	tshạ³³tshạ³³	叉子
1526	khọ³¹jọ³¹	碗
1527	lo³¹tsho³¹	菜碗
1528	jaŋ³¹uaŋ³¹lo³¹tsho³¹	瓷碗
1529	khɯ⁵⁵sɿ³¹khọ³¹jọ³¹	搪瓷碗
1530	sɿ³¹tsɿ³³khọ³¹jọ³¹	木碗
1531	lv³¹tshu³³sɿ³¹mɔ³³	大碗
1532	lv³¹tshu³³sɿ³¹jo³¹	小碗（今）
1533	khọ³¹jọ³¹khuŋ⁵³	碗笋
1534	xo³¹kạ³³kɔ³¹tɔ³¹	冷饭团
1535	ma³¹pɯ³¹	饭蒸
1536	ka⁵⁵la⁵⁵	碟子
1537	tsv³³tɿ⁵⁵	筷子
1538	kɔŋ⁵⁵	瓶子
1539	kɔŋ⁵⁵khẹ³¹tʂn̩³¹	瓶塞
1540	pv̩³¹li³³	罐子
1541	jv⁵⁵	釉
1542	tuŋ³³	（油、盐）罐
1543	kv̩³¹tshɯ³³pv̩³¹li³³	酸菜罐
1544	o³³lo³¹	土锅
1545	mi³¹sạ³¹	锅烟子
1546	tsv³³tɿ⁵⁵po³¹tu³³	筷篓
1547	thuŋ³⁵	水缸，瓦缸
1548	thuŋ³¹	水桶
1549	sṇ³¹po³¹	木桶

序号	碧约话	汉义
1550	v⁵⁵tshɣ³¹po³¹tu³³	水竹筒
1551	khuŋ⁵³	饭兜
1552	xo³¹khuŋ⁵³	饭箩
1553	xo³¹phɿ⁵⁵lu³¹phɿ⁵⁵	分饭盆
1554	xo³¹lo³¹pɿ³³	饭盆
1555	mu³¹lu³¹mu³¹pi⁵⁵	马槽
1556	tɿ⁵⁵kho³¹lo³¹pɿ⁵⁵	木盆
1557	tɕiŋ⁵⁵po³⁵	瓦盆
1558	pɔ̣³³phạ³³	瓢
1559	v⁵⁵phɣ³¹pɔ̣³³phạ³³	葫芦瓢
1560	tɿ⁵⁵kho³¹pɔ̣³³phạ³³	木瓢
1561	lɯ⁵⁵khɣ³³	三脚架（在猪脖子上）
1562	ɕɿ⁵⁵ kho⁵⁵	三脚架
1563	ɲe̞³¹ɕɿ³³	火钳
1564	ɲa³⁵tsɿ³¹	钳子
1565	mi³¹thɔ̣⁵⁵	火镰
1566	tʂhn³¹tsa³³	火草（燃料）
1567	tsɿ³³po³¹	吹火筒
1568	sɔ³¹thɯ⁵⁵paŋ³¹	砧板
1569	li⁵⁵kạ³¹	扇子
1570	tsɿ̣³³sɿ⁵⁵	篾笆床
1571	ja³³ko⁵⁵po³¹tuŋ³³	水烟筒
1572	ja³³ko⁵⁵	烟斗、烟杆
1573	pɔ̣³¹thɔ̣⁵⁵	烟嘴
1574	tɕiŋ⁵⁵	秤
1575	tɕiŋ⁵⁵ạ³¹tsɿ³¹	秤花
1576	tɕiŋ⁵⁵kɯ³³lu³³	秤钩
1577	sạ³³khɣ³¹	小秤
1578	tɕiŋ⁵⁵sɿ³¹	秤砣
1579	tɕiŋ⁵⁵	秤杆
1580	ɔ³¹tɕhi⁵⁵ko³¹phi³¹	路费

序号	碧约话	汉义
1581	tʂhɯ³¹ŋɔ³¹ɔ³¹jɔ³¹	利息
1582	tʂhɯ³¹jɔ³¹	立据
1583	ko³¹phi³¹	工资
1584	ɔ³¹phi³¹	价格
1585	ɔ³¹mɔ³³	本钱
1586	tʂhɯ³¹ŋɔ³¹	债
1587	tɕhvŋ³¹	钱
1588	phv⁵⁵tv̩³¹	财宝
1589	tshu⁵⁵phi³¹	聘金
1590	thuŋ³¹xɔ³¹（汉借）	铜钱
1591	xua³³tɕhɯŋ³¹（汉借）	半开（五角）
1592	tʂhɯ³¹tsɿ³¹（汉借）	尺子
1593	ke³¹	针
1594	kv̩³¹tɿ⁵⁵	缝蓑衣大针
1595	pi³¹tsvŋ³³（汉借）	别针
1596	tɯ³¹tseŋ³³（汉借）	顶针
1597	ke³¹′³⁵pv⁵⁵nɔ³¹	针眼儿
1598	tiŋ³³tsɿ³¹	钉子
1599	pha⁵⁵n̩i³¹	剪子
1600	v³¹kha̩³³	梳子
1601	v³¹kha̩³³kha̩³³mɔ³³	大木梳
1602	v³¹kha̩³³kha̩³³tʂhɿ⁵⁵	篦子
1603	veŋ³¹tsaŋ⁵⁵	蚊帐
1604	v³¹thɯ⁵⁵	枕头
1605	tʂɿ³³ʂɿ⁵⁵ja³³tɯ⁵⁵	篾巴（补床用）
1606	tɯ³¹pha³¹	篾巴（围在谷仓周围）
1607	tɯ⁵⁵taŋ³³	垫单
1608	mi³³ʂɿ³³	棉絮
1609	pɔ³³jɔ̩³³	席子
1610	jɔ̩³³tɯ⁵⁵	晒谷子用的席子
1611	tshɯ³¹phɯ³¹	蓑衣

序号	碧约话	汉义
1612	tʂɿ³³thḁ³¹	梯子
1613	lu³¹pi³¹	水槽
1614	thɤ³³ɕi⁵⁵	伞
1615	tsɔ³¹kɯ⁵⁵	锁
1616	thi³¹tɿ⁵⁵	钥匙
1617	tɿ⁵⁵kho³¹	棍子
1618	o³¹nɿ³³	尖稍
1619	tɿ⁵⁵kho³¹ta⁵⁵tɕhɿ³³	棍尖
1620	tɿ⁵⁵thɤ³³	拐杖
1621	mu³¹kɔ³³	马鞍
1622	tshɯ⁵⁵thɯ⁵⁵	大马铃
1623	tsa⁵⁵su³³	小马铃
1624	mu³¹lɔŋ³¹thɯ³³	马套口
1625	phaŋ³¹ɕuŋ³³（汉借）	攀胸
1626	tu³³pha³¹	马替
1627	tɯ ɯ³³tu³³、mu³¹tɕhu³³	马锹
1628	mu³¹tshɔ³¹	马缰绳
1629	mu³¹nv³¹mu³¹xɿ⁵⁵	马槽
1630	nɔ⁵⁵o³¹tɯ³¹tshɔ³¹	牛鼻绳
1631	mu³¹kɔŋ³³	马架子
1632	kɔ³³tɕa³³	南瓜架
1633	tɕa⁵⁵sɔ³⁵（汉借）	架绳
1634	na⁵⁵ko⁵⁵tsha³³	牛绳
1635	na⁵⁵o³¹	牛鼻锁
1636	mu⁵⁵nv³¹tshɯ⁵⁵tɯ⁵⁵	牛铃
1637	fe³³tɕi³³（汉借）	飞机
1638	mu³¹tshɤ³³	马车
1639	lu³¹	船
1640	tshɤ³³（汉借）	车
1641	lu³¹jɔ³³	筏
1642	ɯ⁵⁵jḁ³³tɿ⁵⁵kho³¹	篙

序号	碧约话	汉义
1643	lv ³³ki̱ ³³phaŋ³¹phaŋ³³	磨盘
1644	çɿ⁵⁵tso⁵⁵	斧
1645	çɿ⁵⁵tso⁵⁵ɔ³¹jɔ³¹	小斧头
1646	çɿ⁵⁵tso⁵⁵tso⁵⁵mɔ³³	大斧头
1647	çɿ⁵⁵tuɯ³¹	铁链
1648	nɔ³¹ku³³	铁箍
1649	tshui³¹（汉借）	锤子
1650	tʂua³¹tʂhv³¹	十字镐
1651	tsu³¹	凿子
1652	çɿ⁵⁵ko⁵⁵	锯子
1653	jaŋ³¹	镘
1654	tsho⁵⁵tsɿ³¹（汉借）	锉子
1655	çɿ⁵⁵ta⁵⁵	火锥子
1656	çi⁵⁵phu³³	蒸锅
1657	thue³³pɔ³³	推刨
1658	mɯ³⁵tuɯ³¹（汉借）	墨斗
1659	mɯ³¹xiŋ⁵⁵（汉借）	墨线
1660	nv³¹tshɯ³¹	犁
1661	la̱ ³¹ju⁵⁵	犁扶手
1662	tho³³la³³tçi³³	拖拉机
1663	pyŋ³³（汉借）	锛
1664	tshɯ³¹（汉借）	锄头
1665	ka̱ ³³tsha̱ ³³	踩耙
1666	tɪŋ³³pha̱ ³³（汉借）	钉耙（耙粪耙草用）
1667	tshɯ³¹ta³³	条锄
1668	tshɯ³¹pa³³	板锄
1669	kaŋ³¹	扁担
1670	tɯ³¹tshɔ³¹	绳子
1671	kha̱ ³³mi³¹	笆笼绳子
1672	kha̱ ³³tɯ³¹	笆笼垫布
1673	nv³¹tshɔ³¹	牛绳

序号	碧约话	汉义
1674	so³³kaŋ³³	竹竿
1675	ɕiŋ³¹	楔子
1676	kha̠³³mɔ³³	大背篓
1677	lo⁵⁵lo³³	小背篓
1678	kha̠³³tɯ³¹	背篓带
1679	khuŋ⁵³	篾笋（装米）
1680	kha̠³³tʂʅ⁵⁵	中篾笋（背柴）
1681	phɯ³¹tɯ⁵⁵	大篾笋
1682	tɯɯ³³tv̩⁵⁵	兜肚
1683	kha̠³³ji³³	尖底精细篾笋
1684	tho³⁵laŋ³¹	驮笋
1685	pha̠³¹tʂʅ³¹	竹筏
1686	tsaŋ³¹	麻袋
1687	phi³¹pau³³	皮包
1688	tɕhʅ⁵⁵me̠³³	碓
1689	la̠³¹mɔ³³	碓扶手
1690	ja̠³³khɣ³¹	碓扒
1691	me̠³³kho⁵⁵	碓皿
1692	tho³¹ki³³	碓棒
1693	tʅ³¹mo⁵⁵	碓腰
1694	ȵeŋ³¹tsʅ³³（汉借）	碾子
1695	fuŋ³³tshɣ³³（汉借）	风车
1696	lo³¹tɕhʅ⁵⁵	臼
1697	tsɯ³¹khɯ⁵⁵khɯ⁵⁵mɔ³³	筛子，罗筛
1698	tsɯ³¹khɯ⁵⁵khɯ⁵⁵tʂ̺h̩⁵⁵	细筛子
1699	ja⁵⁵mɔ³³	簸箕
1700	tsɣ³³	经线
1701	thuŋ³¹tɕa⁵⁵	经线机
1702	ki̠³¹tsɣ³³	亚车
1703	tʂʅ³¹po³¹	梭子
1704	ȵi⁵⁵ko⁵⁵	织布机

序号	碧约话	汉义
1705	çɿ⁵⁵o⁵⁵	纺锤
1706	o⁵⁵ko⁵⁵	竹纺锤
1707	po³¹sv³¹po³¹tɿ⁵⁵	蜡板
1708	tçi³³tçhi⁵⁵（汉借）	机器
1709	tshɔŋ⁵³	枪，手枪
1710	tsi³³kuaŋ³³tçhaŋ³³（汉借）	机关枪
1711	mi³¹pɔ³³lu⁵⁵pɔ³³	铜炮枪/火药枪
1712	sa³³tsɿ³¹（汉借）	铁砂（火药枪上用的）
1713	ji³¹phɔ⁵⁵（汉借）	鱼炮
1714	ma̱³¹tsɿ³¹	子弹
1715	kaŋ³¹tsɿ³³（汉借）	矛
1716	kha³³	弓
1717	mu³¹	箭
1718	pa³¹	靶子
1719	phi³¹tçhaŋ³³（汉借）	弹弓
1720	kɤŋ³¹	扣子（捕鸟）
1721	ka⁵⁵phv³¹	扑箕（捕鸟）
1722	o³¹kho⁵⁵	陷坑（捕兽）
1723	tçaŋ⁵⁵tsɿ³¹	糨糊
1724	ŋo³¹po³¹	鱼笼
1725	ŋo³¹tshɿ⁵⁵	渔网
1726	ji³¹thaŋ³¹	鱼塘
1727	ja̱³³kho³¹thue³³jɛn³³	刀烟
1728	tɿ⁵⁵sɿ⁵⁵	穿鱼肉的棍子
1729	xɔ³¹jɔ³⁵（汉借）	火药
1730	tu³⁵（汉借）	毒
1731	uaŋ³¹（汉借）	网
1732	tçhi⁵⁵tshɤ³³（汉借）	汽车
1733	luŋ³¹tsɿ³¹（汉借）	轮子
1734	teŋ⁵⁵teŋ³³（汉借）	电灯
1735	teŋ⁵⁵thuŋ³¹（汉借）	电筒

续表

序号	碧约话	汉义
1736	tɪŋ⁵⁵kaŋ³³（汉借）	电焊
1737	teŋ⁵⁵sɪŋ⁵⁵（汉借）	电线
1738	suɯ³³jɪŋ³³tɕi³³（汉借）	收音机
1739	liu³¹seŋ³³tɕi³³（汉借）	留声机

十、文化娱乐

序号	碧约话	汉义
1740	tsɿ³³（汉借）	字
1741	ɕiŋ⁵⁵（汉借）	信
1742	xua³³（汉借）	画
1743	sɔ³¹kɔ³¹	书
1744	pɔ³³tsɿ³¹（汉借）	报纸
1745	sɔ³¹kɔ³¹	纸
1746	pi³⁵（汉借）	笔
1747	mɯ³⁵（汉借）	墨
1748	mɯ³⁵sue³¹（汉借）	墨水
1749	jɪŋ⁵⁵uaŋ³¹（汉借）	砚台
1750	suaŋ⁵⁵phaŋ³¹（汉借）	算盘
1751	thɤ³¹tsaŋ³³（汉借）	图章
1752	tɕhi³¹tsɿ³¹（汉借）	旗子
1753	to³¹	话
1754	ɯ⁵⁵thu³³tu³¹	话声
1755	to³¹na̠³³phɣ³³	反话
1756	kv³¹tɕiŋ⁵⁵	故事
1757	mi⁵⁵mi⁵⁵	谜语
1758	phi³¹tɕhu³¹	球
1759	kvŋ⁵³	陀螺
1760	tsa̠³¹kɯ⁵⁵	秋千
1761	fuŋ³³tseŋ³³（汉借）	风筝
1762	phɔ⁵⁵tsaŋ³¹（汉借）	鞭炮
1763	mi⁵⁵mi⁵⁵tɕhu³³	磨鞭
1764	po³¹to³³	筒

续表

序号	碧约话	汉义
1765	ɯ⁵⁵pɔ³³	竹水枪
1766	tɕhi³¹	棋
1767	la̱³¹ta̱³¹	酒歌
1768	mu³¹tshu³¹	丧歌
1769	ma̱³¹ta̱³¹	情歌
1770	ko³¹tɯ⁵⁵	舞蹈
1771	phɪ³³mɔ³³	鼓
1772	maŋ³³	锣
1773	phɪŋ⁵⁵tshua³¹	钹
1774	thu³³lɪ⁵⁵lu³³	笛子
1775	thu³³lɪ⁵⁵lu³³	箫
1776	fu³¹lu⁵⁵seŋ³³	芦笙
1777	tɪ⁵⁵mv³¹tɪ⁵⁵li̱³³、a⁵⁵nɣ³³mi³¹nɣ³³	谷秆箫
1778	ti³³ku³³	二胡
1779	tɪŋ⁵³	三弦
1780	tɪŋ⁵³khɯ³³	弦线
1781	sɔ̱³³lɔ̱³³	铜铃
1782	khɔŋ³¹	响篾
1783	li⁵⁵la³³	唢呐
1784	li⁵⁵tɕhi⁵⁵	口哨
1785	li⁵⁵tɕhɯ⁵⁵ɔ³¹jɔ³¹	齿哨
1786	jaŋ³¹xau⁵⁵（汉借）	洋号
1787	pha̱³¹li̱³¹tsɪ³³	吹叶子

十一、宗教、意识

序号	碧约话	汉义
1788	fɣ³³khɣ³¹	属鼠
1789	nv³¹khɣ³¹	属牛
1790	lɔ³¹khɣ³¹	属虎
1791	thɔ³³lɔ³³khɣ³¹	属兔
1792	lo³³khɣ³¹	属龙
1793	ɕɪ⁵⁵khɣ³¹	属蛇

序号	碧约话	汉义
1794	mu³¹khɣ³¹	属马
1795	tʂ̩ʅ³¹khɣ³¹	属羊
1796	mɣ³¹khɣ³¹	属猴
1797	ja³³khɣ³¹	属鸡
1798	khuɯ³¹khɣ³¹	属狗
1799	va̱³¹khɣ³¹	属猪
1800	n̩i³¹jɔ³³mɔ³³	鬼婆娘
1801	n̩i⁵⁵phɯ⁵⁵	念咒
1802	lo³¹phaŋ³¹	罗盘
1803	tɕiŋ³³kui⁵⁵（汉借）	妖精
1804	po³³to³¹n̩i³¹	灶神
1805	mi³¹sɿ⁵⁵	火神
1806	mi³¹tha³¹n̩i³¹	天神
1807	mi⁵⁵sɿ⁵⁵	山神
1808	mjau⁵⁵je̱³¹je̱³¹（汉借）	佛爷（和尚）
1809	n̩i³¹	鬼
1788	sa³³sɿ⁵⁵sa̱³³na³³	撒沙鬼
1789	mi³¹tsɔ³¹n̩i³¹	火鬼
1790	n̩i³¹mi³¹sv³¹	鬼火
1791	ɔ³¹phi³¹sa⁵⁵kha⁵⁵la⁵⁵	老祖宗
1792	mi⁵⁵va̱³¹	地狱
1793	a³¹la⁵⁵	魂
1794	a³¹la⁵⁵khɣ⁵⁵	招魂
1795	a³¹la⁵⁵mɿ⁵⁵	失魂
1796	n̩i³¹thɯ³³	赶鬼
1797	lo³³	忌日
1798	v⁵⁵tɯ⁵⁵	献鬼
1799	xo³¹v⁵⁵tɯ⁵⁵	献饭
1800	a³¹la⁵⁵	灵魂
1801	ma̱³³	梦
1802	ki̱³¹lo̱³¹	福气

续表

序号	碧约话	汉义
1803	ʂ³¹xɯ⁵⁵	运气
1804	tsv³¹ji⁵⁵	主意
1805	ji⁵⁵ʂ̩³³	意思
1806	ɕi³³khɔ³¹	事情
1807	ja⁵⁵	活计
1808	v⁵⁵la̠³¹	生意
1809	ɕau³³ɕi³¹（汉借）	消息
1788	paŋ⁵⁵fa³¹（汉借）	办法
1789	nɯ³³na³³	隔阂
1790	ku⁵⁵ʂ̩³¹	罪
1791	a³¹ja⁵⁵	痕迹（自然）
1792	mv³¹khɣ̠³¹	木刻（做凭据用）
1793	ɔ³¹tsho³¹	记号
1794	phɔ³¹ji³¹	天狗
1795	phv⁵⁵ɔ³¹mɔ³³	银娘
1796	phv⁵⁵tɣ̠³¹	银洞
1797	ja̠³³po⁵⁵tɿ³¹	卜鸡卦
1798	phv³³mɔ³³	竜树
1799	phv³³mɔ³³thv³³tsɔ³¹	祭祀竜

十二、方位、时间

序号	碧约话	汉义
1800	pja³³	方向
1801	n̠i⁵⁵tɣ̠³³pja³³	东（东方）
1802	n̠i⁵⁵kɔ³³pja³³	西（西方）
1803	n̠i⁵⁵tɣ̠³³la̠³¹me̠³¹/o³¹pi³¹	北方
1804	n̠i⁵⁵tɣ̠³³la̠³³tha̠³¹/o³¹mi³¹	南方
1805	a³¹pa³³lia³³	旁边
1806	ɔ³¹kɔ³³lia³³	中间
1807	la̠³¹me̠³¹	左
1808	la̠³¹me̠³¹pja³³	左边
1809	la̠³¹tha̠³¹	右

序号	碧约话	汉义
1810	la̱³¹tha̱³¹pja³³	右边
1811	ɔ³¹pu³³	胸前
1812	kɔ³³xo³¹（lia³³）	前面
1813	ka³³nv³³（lia³³）	后面
1814	ɔ³¹nv⁵⁵lia⁵⁵	外面
1815	nɔ⁵⁵nv⁵⁵lia⁵⁵	最外面
1816	ɔ³¹kho⁵⁵lia⁵⁵	里面
1817	nɔ⁵⁵kho⁵⁵lia⁵⁵	最里面
1818	jo³¹kho³³a³³	（桌子）上
1819	a³¹mu³³lia³³	（桌子）下
1820	a³¹tha̱³¹（pja³³）	上边
1821	a³¹va̱³¹（pja³³）	下边
1822	nɔ⁵⁵jo³¹kho³³a³³	最上面
1823	na³¹mu³³lia³³	最下面
1824	ja³³tv̩³¹	边界
1825	pa⁵⁵tɕhi⁵⁵lia³³	边缘
1826	kha⁵⁵thɯ⁵⁵mo³¹thɯ⁵⁵	到处
1827	a³¹li̱³³	角儿
1828	kv̩³⁵li⁵⁵kv̩³¹la̱³³（汉借）	边角/缝隙
1829	a³¹sɿ³³	（墙）小角角
1830	tɔ³¹pv̩³³	（墙）角落
1831	khɿ⁵⁵to³¹khɿ⁵⁵li⁵⁵	周围
1832	fv⁵⁵	时候
1833	sɿ³¹seŋ³³	小时、时间
1834	na̱³³na̱³³	上午
1835	ni³³kho³³	中午
1836	ça³³tsu³³	下午
1837	thɯ³¹sɔ³³	一下午
1838	me̱³¹khe̱³³khe̱³³ji⁵⁵	黄昏
1839	paŋ⁵⁵ji⁵⁵	半夜
1840	thɯ³¹mɿ⁵⁵	一夜

序号	碧约话	汉义
1841	thɯ³¹n̠i³³kɔ³³	整天
1842	ja̠³¹sı³³fv⁵⁵ᐟ³³	刚才
1843	jɔ³¹mɯ⁵⁵sı³¹	刚刚
1844	tshe³¹	才
1845	thɯ³¹n̠i³³thɯ³¹mı⁵⁵	一天一夜
1846	mı⁵⁵sı⁵⁵	三更半夜
1847	n̠i³³	日，天
1848	n̠i³³ja̠³¹	日子
1849	thɯ³¹phı⁵⁵kɔ³³sv³³	每个晚上
1850	thɯ³¹n̠i³³kɔ³³mɔ³³	一天到晚
1851	thɯ³¹n̠i³³kɔ³³sv³³	天天
1852	jɔ³¹n̠i³³	今天
1853	ji³¹n̠i³³	昨天
1854	ʂı³¹n̠i³³	前天
1855	sɣ⁵³n̠i³³	大前天
1856	ɔ³¹mo⁵⁵ji³³sɣ³¹	明天
1857	sa⁵⁵phe̠³³	后天
1858	ɔ³¹phı³³	大后天
1859	a³¹na³³e³³	大大后天
1860	jɔ³¹mı⁵⁵	今晚
1861	sɔ⁵⁵na̠³³na̠³³	今早
1862	thɯ³¹su³¹	一早上
1863	thɯ³¹mı⁵⁵	一夜
1864	jı³¹mı⁵⁵	昨晚
1865	ʂı³¹mı⁵⁵	前晚
1866	sɣ⁵³mı⁵⁵	大前天晚上
1867	n̠i³³kho⁵⁵to⁵⁵lo⁵⁵	白天
1868	na̠³¹na̠³¹	早晨
1869	me̠³¹khe̠³³	晚上
1870	mju³¹sɣ³³la⁵⁵	黎明
1871	lɔ³³	月

序号	碧约话	汉义
1872	lɔ³³tɕn̩³¹	月初
1873	lɔ³³tʂn̩³¹	下半月
1874	lɔ³³ku⁵⁵	上半月
1875	tsu³¹thu³¹	一月（传统月份称谓）
1876	pju³¹	二月
1877	ku³³lɔ³³	三月
1878	ji³³lɔ³³	四月
1879	ji³³sa³³	五月
1880	tsu³¹lɔ³³	六月
1881	sn̩³¹lɔ³³	七月
1882	tshɔ³³pu³³	八月
1883	ɕi⁵⁵lɔ³³	九月
1884	tshɯ⁵⁵lɔ³³	十月
1885	ki³¹nɯɯ³³	十一月
1886	ji³³sa³³	十二月
1887	khɣ̠³¹sn̩³¹	新年
1888	khɣ̠³¹sn̩³¹pɔ³³lɔ³³	正月
1889	tsa³³li⁵⁵pɔ³³lɔ³³	腊月
1890	khɣ̠³¹li⁵⁵pɔ³³lɔ³³	年底
1891	thɯ³¹lɔ³³	一月（现代月份称谓）
1892	nẹ³¹lɔ³³	二月
1893	ɕɿ³¹lɔ³³	三月
1894	li³¹lɔ³³	四月
1895	ŋɔ³¹lɔ³³	五月
1896	kho³¹lɔ³³	六月
1897	sn̩³¹lɔ³³	七月
1898	xẹ³¹lɔ³³	八月
1899	tɕi³¹lɔ³³	九月
1900	tshɯ⁵⁵lɔ³³	十月
1901	tshɯ⁵⁵thɯ³¹lɔ³³	十一月
1902	tshɯ⁵⁵nẹ³¹lɔ³³	十二月

序号	碧约话	汉义
1903	pɔ³³lɔ³³xɯ³¹	大月
1800	xɪ³⁵thɯ³¹lɔ³³	本月
1801	a³¹tha³³thɯ³¹lɔ³³	上月
1802	a³¹va³³thɯ³¹lɔ³³	下月
1803	pɔ³³lɔ³³jɔ³¹n̩i⁵⁵	小月
1804	pɔ³³lɔ³³xɯ³¹	大月
1805	lɔ³³phu³³phu³³	闰月
1806	khɔ³¹phu³³phu³³	闰年
1807	khɣ³¹	年
1808	thɯ³¹ja³¹	初一
1809	tsʐ̩³¹nɛ³³	今年
1810	ji³¹nɛ³³	去年
1811	ʂ̩³¹nɛ³³	前年
1812	na̩³¹ja³¹khɣ³¹	明年
1813	ʂ̩³¹ma³³khɣ³¹	后年
1814	tsʐ̩³¹na̩³³khɣ³¹	今年
1815	thɯ³¹khɣ³¹tsu³³	一轮（十三年）
1816	thɯ³¹n̩i³³tsu³³	一轮（十三天）
1817	thɯ³¹n̩i³³na³⁵fɣ⁵⁵	从前
1818	thɯ³¹n̩i³³na̩³¹ja³³thɯ³¹n̩i³³fɣ⁵⁵	很久以前
1819	ji³¹nɛ³³ʂ̩³³nɛ³³fɣ⁵⁵	几年前
1820	ko³³xu³¹	以前
1821	ka³³nv³³	以后
1822	kha³³n̩i³³	以后
1823	jɔ³¹mɯ⁵⁵	现在
1824	ɔ³¹mu⁵⁵kha³³n̩i³³	将来
1825	li³¹pe³³nɛ³³	星期一
1826	li³¹pe³³ɕɹ⁵⁵	星期二
1827	jɹ³³lɔ³³	春季
1828	ɔ³¹lo⁵⁵lo⁵⁵ja̩³¹	夏季
1829	tɕɕɹ⁵⁵tɯ³¹ja̩³¹	秋季

序号	碧约话	汉义
1830	a³¹thɤ³¹thɤ³¹ja³¹	冷季
1831	ɔ³¹xo⁵⁵po³¹ja³¹	雨季
1832	tuŋ³³tsɿ⁵⁵	冬至
1833	tɕhi³¹jɿ³³paŋ⁵⁵	中元节
1834	xo³¹ʂ̩³¹tsɔ³¹	新米节
1835	khuŋ³¹tsɔ³	六月二十四
1836	v³¹juɯ⁵⁵tuaŋ³³v³¹	端午节
1837	khɤ³¹ʂ̩³¹	新年
1838	phɤ³³mɔ³³tho⁵⁵	祭竜树
1839	phɤ³³mɔ³³tho⁵⁵tsɔ³¹	祭竜树节
1840	khuŋ³¹tsɔ³¹	六月节
1841	tsɔ⁵⁵n̩i³³	生日

十三、数量

序号	碧约话	汉义
1842	thuɯ³¹	一
1843	n̩e³¹	二
1844	çɿ³¹	三
1845	li³¹	四
1846	ŋɔ³¹	五
1847	kho³¹	六
1848	ʂ̩³¹	七
1849	xe³¹	八
1850	tɕi³¹	九
1851	tshuɯ⁵⁵	十
1852	tshuɯ⁵⁵thuɯ³¹	十一
1853	n̩e³¹tshuɯ⁵⁵	二十
1854	n̩e³¹tshuɯ⁵⁵thuɯ³¹	二十一
1855	çɿ³¹tshuɯ⁵⁵thuɯ³¹	三十一
1856	ja⁵⁵	百
1857	n̩e³¹ja⁵⁵	二百
1858	çi³¹ja⁵⁵	三百

序号	碧约话	汉义
1859	ti^{55}sı^{55}	千
1860	nę^{31}ti^{55}sı^{55}	二千
1861	çı^{31}ti^{55}sı^{55}	三千
1862	çiŋ^{33}、uaŋ^{55}	万
1863	çı^{31}uaŋ^{55}	三万
1864	thɯ^{31}pa^{55}（li^{55}）	一半
1865	nę^{31}pı^{55}thɯ^{31}pı^{55}	二分之一
1866	çı^{31}pı^{55}thɯ^{31}pı^{55}	三分之一
1867	thɯ^{31}ja^{55}pı^{55}kɯ^{33}thɯ^{31}pı^{55}	百分之一
1868	tshɯ^{55}pı^{55}thɯ^{31}pı^{55}	十分之一
1869	ti^{55}ji^{31}	第一
1870	ti^{55}ɣ^{55}	第二
1871	ti^{55}saŋ^{33}	第三
1872	jɣ^{31}thı^{55}	份儿
1873	kɔ^{31}	（一）个（人）
1874	khɣ^{31}	（一）个（碗）
1875	tọ^{33}	（一）团（饭）
1876	tọ^{33}	（一）坨（肉）
1877	khɯ^{55}	（一）条（河）
1878	khɯ^{55}	（一）根（线）
1879	tsaŋ^{55}	（一）张（纸）
1880	tsı^{33}	（一）张（桌子）
1881	sı^{31}	（一）个（鸡蛋）
1882	kv^{31}（汉借）	（一）股（水）
1883	kuŋ^{55}	（一）壶（水）
1884	mo^{55}	（一）只（鸟）
1885	khɯ^{55}	（一）根（棍子）
1886	thı^{33}	（一）根（柴）
1887	sı^{31}	（一）粒（米）
1888	pa^{31}	（一）把（扫帚）
1889	po^{31}	（一）把（火）

序号	碧约话	汉义
1890	tsɳ⁵⁵	（一）棵（树）
1891	peŋ³¹	（一）本（书）
1892	kɯ⁵⁵	（一）座（桥）
1893	ji⁵⁵	（一）家（人）
1894	tha³¹	（一）级（台阶）
1895	tɕhi³³	（一）顶（帽子）
1896	pɿ⁵⁵	（一）份（饭）
1897	xɔ³⁵（汉借）	（一）盒（火柴）
1898	ȵe³¹khɯ⁵⁵	（一）付（手镯）
1899	ȵe³¹tsɳ³³	（一）双（眼）
1900	jɯŋ³³	（一）种（东西）
1901	tshv³³	（一）样（东西）
1902	ka³³	（一）处（地方）
1903	ji⁵⁵	（一）家（人）
1904	jɿ⁵⁵	（一）户（人家）
1905	jɿ⁵⁵	（一）间（房子）
1906	khɯ⁵⁵	（一）根（头发）
1907	khɯ⁵⁵	（一）条（毛巾）
1908	khɯ⁵⁵	（一）根（绳）
1909	khɯ⁵⁵	（一）座（桥）
1910	sɳ³¹	（一）座（山）
1911	kha³³	（一）揹（柴）
1912	kha⁵⁵	（一）柄（芭蕉）
1913	khe³¹	（一）丫（果）
1914	khɯŋ³¹	（一）捆（草）
1915	kuŋ⁵⁵	（一）罐（酒）
1916	laŋ³¹	（一）挑子
1917	la³¹ja⁵⁵	（一）枝（树枝）
1918	lɿ⁵⁵	（一）排（柴）
1919	lɔ³³	（一）月
1920	lv⁵⁵	（一）行（秧子）

序号	碧约话	汉义
1921	tʂɿ³³（汉借）	（一）支（笔）
1922	tui³³（汉借）	（一）堆（石头）
1923	tsho³¹（汉借）	（一）把（菌子）
1924	thɔŋ³¹（汉借）	（一）桶（水）
1925	tɕhɿ³³	（一）支（枪）
1926	sɿ³¹	（一）颗（子弹）
1927	lu³¹	（一）艘（船）
1928	tsa⁵⁵	（一）架（飞机）
1929	tsɿ³¹	（一）把（菜）（绑着）
1930	thv³³	（一）把（米）（手抓）
1931	khv³¹	（一）碗（饭）
1932	lo³¹tsho³¹	（一）盘（菜）
1933	lo³¹	（一）杯（茶）
1934	tʂɔŋ³³	（一）杯（酒）
1935	ko⁵⁵	（一）支（烟）
1936	kho³¹	（一）块（地）
1937	pe̥³¹	（一）片（田）
1938	tɕhe³³	（一）块（饼干）
1939	phḁ³¹	（一）片（树叶）
1940	phi³¹	（一）叶（草）
1941	ji³³	（一）朵（花）
1942	po⁵⁵	（一）盆（花）
1943	to³¹	（一）句（话）
1944	tau⁵⁵（汉借）	（一）首（歌）
1945	tɕhi̥³³	（一）件（衣服）
1946	tɕi⁵⁵	（一）套（衣服）
1947	ɕi³³	（一）床（被子）
1948	tsɔ³¹	（一）双（鞋）
1949	khuaŋ³³	（一）只（鞋）
1950	tui⁵⁵	（一）对（手镯）
1951	thɔ⁵⁵	（一）副（腰带）

序号	碧约话	汉义
1952	tshaŋ³¹	（一）群（羊）
1953	khɿ⁵⁵	（一）群（人）
1954	khɿ⁵⁵	（一）胎（猪）
1955	tɕhɿ³³	（一）段（路）
1956	tɕhɿ³³	（一）节（竹子）
1957	ȵi³³	（一）天（路）
1958	khuaŋ³³	（一）只（鞋）
1959	ti³¹	（一）卷（布）
1960	khɔŋ⁵³	（一）篮（菜）
1961	kha̱³³	（一）捎（柴）
1962	thi̱³³	（一）捧（水）
1963	mu⁵⁵	（一）匹（马）
1964	tu⁵⁵	（一）驮（米）
1965	tsaŋ³¹	（一）袋（米）
1966	ji³³	（一）栋（房子）
1967	saŋ⁵⁵	（一）扇（门）
1968	tsɿ³¹	（一）串（葡萄）
1969	khɿ⁵⁵	（一）窝（蛋）
1970	khɿ⁵⁵	（一）窝（鸟）
1971	tsa̱³³	（一）滴（油）
1972	ma⁵⁵	（一）面（旗子）
1973	kaŋ³¹	（一）杆（旗子）
1974	tshɤŋ³¹	（一）层（楼）
1975	fɤŋ³³	（一）封（信）
1976	pau³³	（一）包（东西）
1977	tv³³	（一）包（苞谷）
1978	kɔŋ³³	（一）瓶（酒）
1979	fv³¹	（一）瓶（酒）
1980	thaŋ³¹	（一）滩（泥）
1981	phɿ³³	（一）滩（粪）
1982	kuŋ⁵⁵	（一）罐（酒）

序号	碧约话	汉义
1983	tɕiŋ⁵⁵	（一）斤
1984	lɔŋ³¹	（一）两
1985	tɕhaŋ³¹	（一）钱
1986	tɕhɿ⁵⁵	（一）分
1987	tɤŋ³³	（一）斗（米）
1988	sɤŋ⁵⁵	（一）升（米）
1989	taŋ³³	（一）担（米）
1990	ja̱³³	（一）合（米）
1991	tsɔ³¹	（一）石（米）
1992	li³¹	（一）里路
1993	li³³	大约五尺
1994	tʂhɯ³⁵	（一）尺
1995	thu⁵⁵	（一）揸
1996	tɕa³³（汉借）	（一）架（牛）
1997	tshun³³	（一）寸
1998	khue³¹	（一）元
1999	xɔ³¹	（一）角
2000	fɤŋ³³	（一）分
2001	mu³¹	（一）亩
2002	lo³¹	（一）垇
2003	tha³¹la̱³¹nv⁵⁵fv³³	一会儿
2004	tha³¹la̱³¹	一下
2005	thɯ³¹sɿ³¹seŋ³³	一小时
2006	thɯ³¹tɪŋ³¹	一点钟
2007	thɯ³¹lo³³	一个月
2008	a³¹tha̱³¹thɯ³¹lo³³	上个月
2009	a³¹va̱³¹thɯ³¹lo³³	下个月
2010	tse⁵³thɯ³¹lo³³	下下个月
2011	khɤ³¹	岁
2012	ɔ³¹jɿ⁵⁵thɯ³¹jɿ⁵⁵	一辈子
2013	thɤ³¹	（走一）步

序号	碧约话	汉义
2014	o⁵⁵	（去一）次
2015	phv⁵⁵	（叫一）遍
2016	phɿ⁵⁵	（吃一）顿
2017	thɯ⁵⁵	（喊一）声
2018	la̠³¹	（打一）下
2019	thi⁵⁵	（踢一）脚
2020	xaŋ³¹	（咬一）口
2021	kɯ³¹	（喝一）口
2022	pɿ⁵⁵	（吐一）口
2023	kɛ³¹	（吸一）口
2024	tshui³¹（汉借）	（打一）拳

十四、代词

序号	碧约话	汉义
2025	ŋa⁵⁵	我
2026	ŋɔ³¹v³³	我们
2027	jɔ³¹v³³	他们
2028	ɔ⁵⁵v³³	咱们
2029	nv⁵⁵	你
2030	nv⁵⁵n̠ɛ³¹kɔ³¹	你俩
2031	nɔ³¹v³³	你们
2032	ji³¹khɔ³¹	他
2033	jɔ³¹v³³ n̠ɛ³¹kɔ³¹	他俩
2034	tsɿ⁵⁵tɕhɿ³¹	自己
2035	ji⁵⁵tsu³¹ma⁵⁵	大家、全部
2036	kha⁵⁵tsa³³	所有的（无生命）
2037	kha⁵⁵tsu⁵⁵（khɯ³³tshu⁵⁵）	所有的（有生命）
2038	kha⁵⁵n̠i³³	所有的日子/永远
2039	ɔ³¹tshu³¹jɔ³³v³³	别人
2040	ɔ³¹tsɿ⁵⁵	一些
2041	thɯ³¹kɔ³¹la³³kɔ³¹	有些
2042	ɔ³¹tsɿ⁵⁵ka³¹la³¹	一点儿

序号	碧约话	汉义
2043	xe³⁵	这
2044	xe³⁵ʂɿ³³luɯ³¹	这些
2045	xe³⁵thuɯ³¹khɔ³¹	这个人
2046	jɔ³¹tsa³¹	这里
2047	jɔ³¹pja³³	这边
2048	e⁵⁵	那
2049	e⁵⁵tsa³¹	那里
2050	e⁵⁵thuɯ³¹kɔ³¹	那个人
2051	e⁵⁵a³¹luɯ³¹	那些
2052	thi⁵⁵ma⁵⁵	那么
2053	ʂɿ⁵⁵ma⁵⁵	这样
2054	ʂɿ⁵⁵luɯ³¹	这么（好）
2055	thi⁵⁵luɯ³¹	那么（好）
2056	e⁵⁵pja³³	那边
2057	ɔ³¹su⁵⁵	谁
2058	xa⁵⁵tɕi³¹	（是）什么
2059	xa⁵⁵tsu³¹	（做）什么
2060	xa³³ma³³xɿ³³	为什么
2061	xa³³tshu³³xɿ³³	为什么
2062	xɔ⁵⁵tsa³³（tsu³³）	哪里
2063	xɔ⁵⁵mu⁵⁵fv⁵⁵	什么时候
2064	xa⁵⁵ma⁵⁵	怎么
2065	xɔ⁵⁵luɯ³¹	多少
2066	o³¹ja⁵⁵	别的
十五、性质、状态		
序号	碧约话	汉义
2067	xɯ³¹	大
2068	ȵi³³	小
2069	xɯ³¹	粗
2070	a³¹sa̱³³sa̱³³	（表面）粗糙
2071	tshɔ⁵⁵phi³¹tshɔ⁵⁵khua³¹	特别粗糙

序号	碧约话	汉义
2072	nɯ³³	细小
2073	tẹ³¹kẹ³³kẹ³³	矮/低
2074	ta⁵⁵mo⁵⁵mo⁵⁵ ta⁵⁵kau³³kau³³（汉借）	高
2075	li⁵⁵khi³¹	凸
2076	lo⁵⁵khɔ³¹	凹
2077	li⁵⁵khi³¹lo⁵⁵khɔ³¹	凹凸不平
2078	tɔ³¹khɔ³¹khɔ³¹	坑洼洼
2079	ta⁵⁵tɕhɿ³³tɕhɿ³³	尖
2080	ta⁵⁵mo⁵⁵mo⁵⁵	长
2081	to³¹pɿ⁵⁵pɿ⁵⁵	短
2082	mo⁵⁵	远
2083	ɔ³¹tɕɿ⁵⁵tɕɿ⁵⁵	近
2084	khuaŋ³³	宽
2085	tsɤ³⁵（汉借）	窄
2086	xɯ⁵⁵（汉借）	厚
2087	a³¹ma³³ma³³	饱满
2088	ɔ³¹pɔ³¹pɔ³¹	薄
2089	ɔ³¹nɯ³³nɯ³³	横
2090	nạ³¹	深
2091	xe³³pho³³lo³³	深色的
2092	ma³¹nạ³¹	浅
2093	khɔ⁵⁵phɯ⁵⁵lɤ⁵⁵	浅色的
2094	po³³	满
2095	a³¹khẹ³¹khẹ³¹	空\饿
2096	kho³¹po³¹po³¹	空心
2097	po³¹kho³¹kho³¹	空荡荡
2098	mɔ³¹	多
2099	a⁵⁵ɕi³¹	更多（比……多）
2100	mɔ³¹mɿ⁵⁵kɿ³³kɔ³¹ mɔ³¹kɯ⁵⁵phi³¹kɯ³³	多余
2101	ɔ³¹tɕi³¹	……多

序号	碧约话	汉义
2102	la⁵⁵	……左右
2103	sɔ³¹	少
2104	sɿ⁵⁵leŋ³³	方
2105	to³³lo³³lo³³	圆
2106	ta³³pa̠³³pa̠³³	扁
2107	tsɿ³³	肿
2108	tɕhɿ³³	（刀）尖
2109	tɔ³³ti³¹ti³¹、tso³¹ti³¹ti³¹	秃（专指工具）
2110	ɔ³¹tɯ³¹tɯ³¹、v³¹tɯ³¹tɯ³¹	光光的
2111	tɔ³¹thu³¹thu³¹	光秃秃
2112	te̠³¹kɣ³¹kɣ³¹	平
2113	ɔ³¹tɯ⁵⁵tɯ⁵⁵	稳
2114	a³¹tsu³¹tsu³¹	皱
2115	xo³¹me̠³¹	饿
2116	pɣ³³	饱
2117	tsheŋ³³（汉借）	积食
2118	nu³³ma³³	正（正面）
2119	nu⁵⁵phɣ³³	反（反面）
2120	tsuŋ³¹（汉借）	（打得）准
2121	ta³¹pa⁵⁵pa⁵⁵	偏
2122	ti⁵⁵kɿ³³tɔ³¹kɣ³¹	弯弯扭扭
2123	tɕ̠³¹jɔ³¹jɔ³¹	歪倒
2124	tɕ̠³¹pa³³pa³³	歪斜
2125	ɔ³¹to⁵⁵to⁵⁵	整齐
2126	to³¹tsu³¹tsu³¹	直的
2127	ta̠³¹kɣ³¹kɣ³¹	弯的
2128	a³¹na̠³³	黑
2129	ɔ³¹phɣ⁵⁵	白
2130	ɔ³¹nɯ⁵⁵	红
2131	ɔ³¹sɿ⁵⁵	黄
2132	ɔ³¹ɲi⁵⁵	绿

序号	碧约话	汉义
2133	ɔ³¹n̠i⁵⁵	蓝
2134	ɔ³¹phɯ⁵⁵	灰色
2135	ɔ³¹mɯ³³	灰黑色
2136	sɿ⁵⁵nɯ⁵⁵	棕色
2137	ɔ³¹ly³¹ly³¹	明亮
2138	a³¹n̠a³³n̠a³³	黑暗
2139	ɔ³¹n̠i⁵⁵n̠i⁵⁵	绿油油
2140	n̠i⁵⁵tsɿ³¹kha³¹	绿茵茵
2141	ɔ³¹nɯ⁵⁵nɯ⁵⁵	红通通
2142	nɯ⁵⁵n̠a³³n̠a³³	红得发黑
2143	sɿ⁵⁵lɯ³³khɣ³³	黄生生
2144	phɣ⁵⁵tsʅ³³ta³¹	白亮的
2145	n̠a³³tsha³³kɛ³¹	黑魆魆
2146	n̠i̠³¹tɕhi³¹tɕhi³¹	云雾弥漫地
2147	mi̠³¹tɕhi³¹tɕhi³¹	烟熏熏地
2148	tɔ⁵⁵pa³¹	花（的）
2149	ɔ³¹tsʅ³³tsʅ³³	重
2150	a³¹pha⁵⁵pha⁵⁵	轻
2151	tsɣ³³ti³³	狠狠地
2152	tha³³	（刀）快
2153	tɔ³¹ti̠³¹ti̠³¹	（刀）钝
2154	tsha⁵⁵	快（走）
2155	a³¹sa³¹jɔ³¹	慢（走）
2156	ɔ³¹jɔ³³lɔ³³	轻轻地
2157	ɔ³¹tsʅ³³li³³	悄悄地
2158	n̠a³¹	早
2159	phi³⁵	迟、（做得）慢
2160	mɛ̠³¹khɛ̠³³khɛ̠³³	晚
2161	ma³¹tha³³	钝
2162	ɔ³¹kɔ⁵⁵kɔ⁵⁵	牢
2163	ɔ³¹thi³³thi³³	水清

序号	碧约话	汉义
2164	tshɯ³¹	浓
2165	a³¹tʂi³³tʂi³³	（水）混
2166	a³¹nɔ³¹nɔ³¹	浑浊
2167	ɔ³¹tshv⁵⁵	肥（油）
2168	ɔ³¹tshv⁵⁵tshv⁵⁵	胖
2169	ɔ³¹kɿ⁵⁵kɿ⁵⁵	瘦
2170	ma⁵⁵	饱满
2171	khe³¹	枯瘪
2172	ɔ³¹kɯ³³kɯ³³	干干的
2173	ɔ³¹kɯ³³	干的
2174	ɔ³¹tɕi³¹tɕi³¹	生的、活的
2175	kɯ³³li³³sɿ⁵⁵	干巴巴
2176	ɔ³¹tsɯ³³tsɯ³³	湿湿的
2177	ɔ³¹nɿ³³nɿ³³	潮湿
2178	a³¹nɔ³¹nɔ³¹	（粥）稠
2179	ɔ³¹thi³³thi³³	（粥）稀
2180	ɔ³¹pɔ³¹pɔ³¹	稀疏
2181	ɔ³¹thv⁵⁵thv⁵⁵	稠密
2182	ɔ³¹thɔ³¹thɔ³¹	拥挤
2183	ɔ³¹tɯ⁵⁵tɯ⁵⁵	紧的
2184	a³¹kha̠³³kha̠³³	硬
2185	ɔ³¹khʋ³¹khʋ³¹	软嫩
2186	ɔ³¹nu³³nu³³	软软的
2187	tsui⁵⁵（汉借）	脆
2188	nɣ³¹ka̠³¹ka̠³¹	光滑
2189	a³¹sa̠³³sa̠³³	粗糙
2190	tɔ̠³¹tshɔ³¹tshɔ³¹	有缺口的（碗）
2191	nɯ³¹ka³¹ka³¹	滑溜溜
2192	sɔŋ³³kha³¹la³¹	松散
2193	ɔ³¹ko⁵⁵ko⁵⁵	结实、壮
2194	xo³¹	对

序号	碧约话	汉义
2195	mɔ³¹xo³⁵	错
2196	ŋe³³	真
2197	mɔ³¹ŋe³³	假
2198	a³¹sʅ³¹sʅ³¹	新
2199	ɔ³¹ki⁵⁵ki⁵⁵	旧
2200	ɔ³¹tʂʅ³¹tʂʅ³¹	太旧
2201	tɔ³¹pe³¹pe³¹	破
2202	sʅ⁵⁵po³³po³³	富
2203	sɔ³¹ɔ³¹jɔ³¹	穷
2204	ɔ³¹phi³¹xɯ³¹	贵
2205	ɔ³¹phi³¹nɯ⁵⁵	便宜
2206	a³¹kha³¹kha³¹	（植物）老
2207	ɔ³¹nɯ³³nɯ³³	（植物）嫩
2208	jo³¹mo³¹mo³¹	（人、动物）老
2209	khʯ³¹xɯ³¹	年岁大
2210	khʯ³¹nɯ⁵⁵	年轻
2211	kɔ³¹kha³³	精神
2212	ɔ³¹jɔ³¹jɔ³¹	萎靡
2213	tu⁵⁵	匀称
2214	ɔ³¹lo⁵⁵lo⁵⁵	热
2215	ɔ³¹li⁵⁵lo³¹	热情
2216	ɔ³¹ɕɿ⁵⁵ɕɿ⁵⁵	凉爽
2217	tshʯ³¹ti³¹ti³¹	冰冷
2218	thaŋ⁵⁵	烫
2219	a³¹tshʯ³¹tshʯ³¹	冷
2220	ɔ³¹lɿ⁵⁵lɿ⁵⁵	暖
2221	a³¹tɕe̱³¹tɕe̱³¹	（水）凉
2222	tɕe̱³¹tsʅ³¹kha³¹	（水）冰冷
2223	lɿ⁵⁵	（水）热
2224	ɔ³¹lɿ⁵⁵lɿ⁵⁵	暖和
2225	kɔ³¹kɿ⁵⁵	疲劳

序号	碧约话	汉义
2226	laŋ³¹	懒
2227	sɔ³¹	难
2228	kɔ³¹mʅ³³	容易
2229	faŋ³³piŋ⁵⁵	方便
2230	kɔ³¹lɪŋ⁵⁵	重新
2231	nɪ⁵⁵kɔ³¹mʅ³³	香
2232	a³¹pɣ³¹pɣ³¹	臭
2233	ɔ³¹tshɯ⁵⁵tshɯ⁵⁵	酸
2234	tshɯ⁵⁵tu⁵⁵pɔ³³	酸溜溜
2235	tʂhɪ⁵⁵	甜
2236	tʂhɪ⁵⁵pi³³pi³³	甜蜜蜜
2237	khɔ³¹	苦
2238	sa⁵⁵nɪ⁵⁵	腥
2239	phɪ⁵⁵	辣
2240	khɔ³¹	鮈
2241	nɪ⁵⁵	咸
2242	taŋ⁵⁵	淡
2243	phɪ⁵⁵	半生（饭）
2244	a³¹ka³³	剩
2245	mi³³	熟
2246	ɔ³¹tɕɪ³¹	生
2247	ɔ³¹phɪ⁵⁵phɪ⁵⁵	涩
2248	khɔ³¹thɯ⁵⁵tʂhɪ³¹	苦涩
2249	a³¹tsʐ³¹tsʐ³¹	油腻
2250	laŋ³¹	闲
2251	maŋ³¹	忙
2252	so⁵⁵	清洁
2253	ɔ³¹ɕɪ³¹ɕɪ³¹	干净
2254	mɔ³¹so⁵⁵	脏
2255	ɔ³¹thi³³thi³³	清
2256	mɪ⁵⁵	好吃

序号	碧约话	汉义
2257	na⁵⁵tɿ³¹mɔ̢³³	悦耳
2258	ma³¹ka̢³¹	·丑
2259	ka³¹	漂亮
2260	tɿ³¹kɔ³¹mɔ̢³³	好看
2261	ka̢³¹li³³tshv̩³³	美丽
2262	nɔ³³tv̩³³lv̩³³	很可爱
2263	kɔ³¹kɿ³³	辛苦
2264	tsu³³kɔ³¹mɔ̢³³	舒服
2265	tsu³³kɔ³¹mɔ̢³³	高兴
2266	a³¹fv³¹fv³¹	（天气）闷
2267	tɕi³⁵（汉借）	急
2268	ka⁵⁵	担心
2269	tɕiŋ³³	惊慌
2270	tso³¹ji³³ji³³	聪明
2271	tso³¹phɔ³¹phɔ³¹	憨
2272	tso³¹ka̢³¹ka̢³¹	呆傻
2273	mɔ̢³³	好
2274	mɔ³¹mɔ̢³³	坏
2275	xo³¹ʂɿ⁵⁵	合适
2276	tu³³tu³¹	凶恶
2277	khɔ³¹v⁵⁵	可恶
2278	xɔ³¹fa³⁵	和气
2279	mɔ̢³³tsha̢³³	和睦
2280	ma³¹tshv³¹po³³	温和
2281	nɣ³³kɣ³¹kɣ³¹	狠心
2282	tsha³¹	小气
2283	tɕhɿ⁵⁵pha⁵⁵la³¹pha⁵⁵	勤快
2284	tɕhɿ⁵⁵thv³¹la̢³¹thv³¹	笨拙
2285	to³¹na⁵⁵tɿ³¹	乖（孩子）
2286	khe̢³³mi⁵⁵khe̢³¹、keŋ³¹ma⁵⁵keŋ³¹	努力
2287	kv³¹sɔ³¹	可怜

序号	碧约话	汉义
2288	khi⁵⁵lɯ⁵⁵	（心）虚
2289	nɤ³³mɔ³³na⁵⁵	伤（心）
2290	nɤ³³mɔ³³tʂ³¹kɤ³¹	小气
2291	ȵa³¹tshɯ⁵⁵tshɯ⁵⁵	贪心
2292	mɔ³¹tsu³³kɔ³¹mʐ³³	难过
2293	tshɯ⁵⁵pɿ³³	挑剔
2294	ta⁵⁵ji⁵⁵	大意
2295	tɯ³¹jɿ⁵⁵	故意
2296	pɤ³¹tsa³³la³³	无意地
2297	ȵi⁵⁵ȵi⁵⁵tʂ̩³³tʂ̩³³	犹豫
2298	tshu⁵⁵khɔ³¹mʐ³³	幸福
2299	mɔ³¹phɔ³¹mɔ³¹na⁵⁵	平安
2300	ɔ³¹tʂ̩³³tʂ̩³³	安静
2301	nv³¹tshɯ⁵⁵tshɯ⁵⁵	聒噪
2302	lɤ³¹	足够
2303	jau⁵⁵tɕɿŋ³¹	重要
2304	tshaŋ³¹	嘴馋
2305	mʐ³³	康复
2306	xɤŋ³¹xɤŋ³¹	大口（吃）
2307	phɿ³³tʂ̩³¹	焦（饭）
2308	pe̠³¹	破
2309	ko³¹li⁵⁵li⁵⁵	碎
2310	ta̠³¹pe̠³¹pe̠³¹	破破烂烂
2311	tɿ³³pi³³tɔ³¹pa³³	歪歪斜斜
2312	tu³¹tu³¹le̠³³le̠³³	歪歪扭扭
2313	ti³¹ki⁵⁵kʐ³¹kɤ³¹	弯弯曲曲
2314	ti⁵⁵ki⁵⁵ta̠³¹kɤ³¹	弯弯扭扭
2315	ti³³pi³¹tɔ³³pa³¹	斑斑点点
2316	xua³³li⁵⁵pa³¹ta³³	花花绿绿
2317	ȵi⁵⁵phi⁵⁵na⁵⁵phɤ³³ pi³¹li⁵⁵pa³¹la³³	乱七八糟

序号	碧约话	汉义
2318	mv³³li³³mv³¹tha³³	乱糟糟的
2319	la̠³¹tsha⁵⁵tsha⁵⁵	毛毛草草
2320	thɣ⁵⁵phi³¹sa³¹phi³¹	马马虎虎
2321	a³¹tɕe̠³¹tɕe̠³¹tɿ³³	冷冷清清
2322	ɕi⁵⁵lv³³puɯ³¹sɿ³¹	偏远
2323	tsɔ³¹ka̠³¹v³¹khɿ³¹	笨头笨脑
2324	kɣ³¹li³³kɣ³¹kue³³	奇奇怪怪
2325	v³¹ma³¹ma³¹	昏昏颠颠
2326	ti³¹pi⁵⁵ta³¹pa⁵⁵	东倒西歪
2327	ɔ³¹kv³¹sɿ⁵⁵	无精打采
2328	a⁵⁵n̠i³¹ki³¹li̠³¹	一无所获

十六、动作、行为

序号	碧约话	汉义
2329	n̠i⁵⁵tsa̠³³	坐
2330	thɣ⁵⁵tsv⁵⁵	站
2331	ka⁵⁵pe̠³¹	盘坐
2332	ka⁵⁵tsv⁵⁵	蹲
2333	jo³¹	走
2334	tshu³¹	跑
2335	phi³³phɣ³³	绊
2336	jo³¹	（虫）爬
2337	ta̠³³	爬（树）
2338	puɯ³³ta̠³³	攀
2339	la̠³¹ka̠³³ka³³	（用手）爬
2340	la̠³¹tsho³³tsho³³	（手脚并用地）爬
2341	pɿ⁵⁵	飞
2342	nuɯ⁵⁵kɔ³³	玩
2343	ɔ³¹tɕi⁵⁵tɕi⁵⁵	挨近
2344	tsu³³tho³¹	跟……一起
2345	thuɯ³³	追
2346	ma̠³³tsu³³	躲藏、躲猫猫

序号	碧约话	汉义
2347	tho³³s̩³³	避（雨）
2348	ɔ³¹ɕɿ⁵⁵ɕi⁵⁵	乘（凉）
2349	tshu³¹	逃跑
2350	mɯ³¹lɯ⁵⁵lɯ⁵⁵	打滚
2351	lo³³mɔ³³mɔ³³	牛打滚
2352	thɣ³³	跪
2353	pi³³ts̩³¹	伏
2354	thɯ³³ȵi³¹	扑（鸡）
2355	ko³¹tɯ³³tɯ³³	跳舞
2356	ki⁵⁵tsu³¹tsu³¹	（眼皮）跳
2357	tɯ⁵⁵	跳
2358	ŋa̤³³	跨越
2359	ts̩³¹	骑
2360	pe̤³³thi³¹	拥抱（在怀里）
2361	jɔ³³pe̤³³	搂
2362	ts̩h̩³¹	抱（孩子）
2363	tu³¹mi⁵⁵lɿ⁵⁵phɣ³³、mɯ³¹li⁵⁵faŋ³³thɯ³¹	翻筋斗
2364	ja³⁵phɣ³³	翻（身）
2365	v⁵⁵phɣ³³	翻转
2366	tsuaŋ³³ki³¹、tsuaŋ³³phɣ³³	转（身）
2367	ja̤³³zɣ³¹	搅拌
2368	jɔ̤³¹	划（船）
2369	l̩i³³	摇（尾巴）
2370	tsɣ³³	摇（酒瓶）
2371	tsɯ³⁵（汉借）	叠（布）
2372	tsv³³	裹（布）
2373	kɔ̤⁵⁵kɣ³¹	蜷缩
2374	thv³³	鞠躬
2375	ko⁵⁵khv³³	弯（腰）
2376	tsɯ³¹lɯ³¹lɯ³¹	摇（树）
2377	v³¹kɯ⁵⁵kɯ⁵⁵	摇头

序号	碧约话	汉义
2378	to³³lu³¹	摇摆
2379	to³³	动
2380	tsɤŋ³¹lɯ³¹lɯ³¹	震动
2381	ja⁵⁵	簸
2382	ŋe̠³³	晃
2383	thɿ⁵⁵su³³	（用手）指
2384	tɯ³¹	拍（手）
2385	nɯ³¹	踏
2386	phɔ³¹thɿ⁵⁵thɿ⁵⁵	（人）踢
2387	tsua³⁵（汉借）	（牛）踢
2388	li³³ta̠³³	跷（脚）
2389	ko³³ta̠³³	翘（脚）
2390	ko³³thɤ⁵⁵	抬（脚）
2391	kɔŋ³³ŋa³¹	岔开（脚）
2392	mu⁵⁵nɯ³³nɯ³³	（脚）抽筋
2393	la̠³¹pe̠³³pe̠³³	（手）抽筋
2394	li̠³³	晒（干）
2395	pɯ³³lɔŋ³¹（汉借）	把拢
2396	tshɤ³¹	搭（桥）
2397	v⁵⁵ta̠³³	搭肩
2398	ji³¹	芟（草）
2399	ji³³	开（花）
2400	pɯ⁵⁵khe̠³³（汉借）	掰开
2401	lu³³ki³³	包围、关
2402	tsu³³tʂʰɯ³¹	拦住
2403	tuaŋ³¹（汉借）	堵、拦
2404	lɔ̠³¹	剥（花生）
2405	nɯ³¹	踩
2406	v⁵⁵tɕhi⁵⁵	藏（东西）
2407	pɯ³³thi³¹、la̠³¹kɤ̠³¹kɤ̠³¹	搀扶
2408	thɤ³³pɔ³³	撑（伞）

序号	碧约话	汉义
2409	tɹ³³thi³¹	撑
2410	tho³¹	舂
2411	la̱³¹tho³¹tho³¹	舂（手）
2412	thɹ⁵⁵	舂（粑粑）（用脚）
2413	to⁵⁵	抽（烟）
2414	kɔ³⁵（汉借）	裹（烟）
2415	lo³³	（墙）倒
2416	çi³³tv̩³³	倒（出）
2417	kv⁵⁵khv³³、kɔ⁵⁵mɯ³¹	低（头）
2418	thv³³	磕（头）
2419	tiŋ⁵⁵（汉借）	垫
2420	thɯ⁵⁵	枕
2421	ku⁵⁵tshɯ³¹	吊
2422	kɔ³³	掉
2423	phv³³	跌
2424	tɕi³³	扔（石头）
2425	tsn̩⁵⁵	扶
2426	ɔ³¹tɔ³¹tɔ³¹	腐烂
2427	sɯ⁵⁵	提
2428	kua⁵⁵（thv⁵⁵）（汉借）	钩
2429	ko⁵⁵tshɯ³¹	挂（在墙上）
2430	na̱³⁵	夹（菜）
2431	ni̱³³	剪
2432	tɕɹ³⁵（汉借）	接（物）
2433	v⁵⁵phv³³、tɯ⁵⁵phv³³	揭（盖子）
2434	kv⁵⁵thv⁵⁵	举（手）
2435	la̱³¹ja̱³³ja̱³³	招手
2436	çi⁵⁵ko⁵⁵ko⁵⁵	锯
2437	tv³¹	掘
2438	ŋa̱³³	卡
2439	tʂn̩⁵⁵	扛

序号	碧约话	汉义
2440	lu⁵⁵	靠
2441	thɣ³³	磕头
2442	ke̱³¹thɔ̱³¹thɔ̱³¹	刻
2443	khɔ̱³¹	抠
2444	pɣ³¹	扒
2445	kha̱³¹	扣（扣子）
2446	tsḽ⁵⁵	拉（手）
2447	ko⁵⁵	拉（二胡）
2448	nɣ³¹	捞
2449	kɣ³³ta̱³³	摞
2450	ṣḽ³³	捋
2451	ṣḽ³³	摸
2452	nɻ³³tɕi³³	拧（毛巾）
2453	tɯ³¹	拍（桌子）
2454	tɣ³¹	刨
2455	tɕe³³	披
2456	khe³³pha³³	剖
2457	tɣ³¹	铺
2458	kho³¹	铺（床、路）
2459	thi⁵⁵	砌
2460	tsḽ³¹	掐
2461	na̱³³	染（布）
2462	jau³¹（汉借）	绕路
2463	kha̱³³	扫
2464	tsɯ³¹khɯ⁵⁵khɯ⁵⁵	筛（米）
2465	ki̱³³	盛（盛饭）
2466	khɔ̱³¹	拾（柴）
2467	kɣ³³	捡（东西）
2468	ji³¹	割（谷子）
2469	tɯ³¹tsɔ³¹	秋收
2470	kha̱³³	梳（头）

序号	碧约话	汉义
2471	su³³	刷（墙）
2472	lo³³sɿ³¹	摔倒
2473	kɯ⁵⁵、tsɿ³³	甩
2474	lɔ³¹ɕɔ³³ɕɔ³³	闩（门）
2475	kɔ⁵⁵pha̱³¹	拴（牛）
2476	tshɿ⁵⁵	撕
2477	v³³pe̱³¹	损坏
2478	ne̱³¹tshɿ³¹	锁（门）
2479	thɔŋ³¹、thɛ³¹（汉借）	抬
2480	tʂhɿ⁵⁵	挑（水）
2481	la̱³¹thi̱³³thi̱³³	捧
2482	tshɣ³³	剃（头）
2483	tɕɪ³³	投掷
2484	ti̱³³	推
2485	tshɿ⁵⁵	拖（木头）
2486	thɔ³⁵（汉借）	驮
2487	pi³³tu⁵⁵	喂（奶）
2488	pi³³tsɔ³¹	喂（饭）
2489	ne̱³³thi³¹	握（笔）
2490	lo³³mu³¹	捂（嘴）
2491	te̱³³tʂhɿ³¹	堵（嘴）
2492	tsɿ³³	擤
2493	sɔ̱³³	削（成条）
2494	tʂhɿ³¹	削（皮）
2495	thɔ̱³¹lɔ³¹	啃（皮）
2496	tɪ⁵⁵kɔ⁵⁵	压（往下）
2497	tɪ⁵⁵thɪ³¹	按（手印）
2498	kɯ⁵⁵	摇（头）
2499	kɣ³³	摘（棉花）
2500	tshɣ³³	摘（果子）
2501	thi³⁵（汉借）	粘贴

序号	碧约话	汉义
2502	tɿ⁵⁵thv³³thv³³	拄（拐棍）
2503	ȵe̱³¹	抓
2504	nv³¹	掏
2505	puɯ³¹	捧
2506	pɿ³³ki³³	装（进）
2507	thv⁵⁵	通
2508	ȵe̱³¹	捉
2509	tɕhe³³pha³³	破（篾）
2510	tuɯ³¹	打（人）
2511	ja³³	打（手势）
2512	sɔ³¹po̱³³	打猎
2513	po̱³³	打（枪）
2514	sɔ³¹thuɯ³³	撵
2515	tʂaŋ⁵⁵xɔ³¹tuɯ³¹ᐟ³³tsha³³	打仗
2516	tuɯ³¹ᐟ³³tsha³³	打架
2517	khɿ⁵⁵	打（水）
2518	kho̱³¹	打（柴）
2519	ɔ³¹tsho³¹tsho³¹	打记号
2520	ji³¹ȵi⁵⁵	打瞌睡
2521	xa⁵⁵tɕhi³¹tɕhi³³	打喷嚏
2522	a³¹la⁵⁵phɿ³³	打哈欠
2523	xɯ³⁵kv³¹tɕhi³³	打嗝儿
2524	na⁵⁵kho⁵⁵mu⁵⁵	打鼾
2525	ɔ³¹tsuɯ³¹tsuɯ³¹	打哆嗦
2526	khi̱³³	打（雷）
2527	sv³¹thi̱³¹thi̱³¹	打（结子）
2528	khv³¹	舀（水）
2529	tsɿ⁵⁵	抽（出）
2530	ʂɿ³¹	杀
2531	ki̱³³	磨（米）
2532	ʂɿ³¹	磨（刀）

序号	碧约话	汉义
2533	tsŋ⁵⁵ki̠³¹ki̠³¹	磨（牙）
2534	tɕhi⁵⁵sɿ³¹sɿ³¹	磨（牛角）
2535	kɔ³¹li⁵⁵li⁵⁵	磨损
2536	lɔ³¹jɔ̠³¹jɔ̠³¹	擂（研磨）
2537	ji³³	割（草）
2538	tɔ̠³³	剁（肉）
2539	khɔ̠³¹	砍（柴）
2540	tɔ̠³³	砍（树）
2541	tɕhɿ³¹	劈（柴）
2542	tɔ³⁵（汉借）	（刀）扎
2543	tɕhe³³	扎（刺）
2544	tʋ³¹	挖
2545	khɔ̠³¹	挖（耳朵）
2546	aŋ³³（汉借）	镶
2547	pi̠³⁵	撬
2548	ji³³	切（菜）
2549	pɔ̠³³	射（箭）
2550	ko⁵⁵tʂhɿ³¹	伸直（手）
2551	ko⁵⁵	伸
2552	khɔ³³	敲
2553	tsɿ³³	吹口琴
2554	ma³⁵（汉借）	抹（桌子）
2555	su³³	擦药
2556	sɿ³³	擦（桌子）
2557	ke̠³³	刮（毛）
2558	kua³³	刮（痧）
2559	ne̠³³tʋ³³	挤（奶）
2560	kɔ³³phɯ³¹、v⁵⁵phɯ³¹	蒙（盖）
2561	ti³¹ka̠³¹	盖（章）
2562	kɿ³³tɿ³³	盖（被）
2563	tshv³³	盖（房子）

序号	碧约话	汉义
2564	phi³³	背（柴）
2565	pa⁵⁵	背（孩子）
2566	xi⁵⁵	带（钱）
2567	suɯ³¹	带（孩子）
2568	suɯ³¹	领（路）
2569	khʑ³³	戴（帽子）
2570	tshʑ³³、khʑ³³	戴（花）
2571	tɿ³¹	戴（手镯）
2572	pɿ³¹	发（工资）
2573	xɯ³¹	发（大水）
2574	pɿ³¹	发（芽）
2575	ɔ³¹mɯ³³mɯ³³	发霉
2576	lɿ³¹	晒（衣服）
2577	li⁵⁵	晒（太阳）
2578	v⁵⁵khɔ³³	收（伞）
2579	thɛŋ³¹（汉借）	填（坑）
2580	thɿ⁵⁵tu³³	碰（着）
2581	tshuaŋ³¹	撞（倒）
2582	phu³¹	沾（灰）
2583	kạ³¹（汉借）	赶（牛）
2584	kaŋ³¹（汉借）	赶（集）
2585	thɯ³³	赶（出去）
2586	kɿ³¹	让（过去、过来）
2587	v⁵⁵thɔ³¹	放（置）
2588	pɿ³³kɿ³³	放（盐）
2589	phɿ⁵⁵tʑ³³	放（血）
2590	tʑ³³	放（屁）
2591	tʂhɿ⁵⁵li³³	止（血）
2592	tʂhɿ⁵⁵li³³	（雨）停
2593	tshʑ⁵⁵	放（牧）
2594	pi³¹tshạ³³（汉借）	比赛

序号	碧约话	汉义
2595	v⁵⁵phi³¹	关（门）
2596	lo⁵⁵kɿ³³	关（押）
2597	v⁵⁵pho³¹	开（门）
2598	tu³¹mi³¹lʅ³³	（孔雀）开屏
2599	tshʮ⁵⁵	（水）开
2600	a³¹ji³³ji³³	开（花）
2601	xui⁵⁵khe³³（汉借）	开会
2602	khe³³（汉借）	开（车）
2603	thʮ³³tʂʅm³¹	堵塞
2604	tha⁵⁵	挡（风）
2605	tsu⁵⁵tɕhi³¹	遮住
2606	tho⁵⁵	钻（洞）
2607	liu⁵⁵tho⁵⁵	（锥子）钻
2608	to³⁵ki³³	插（牌子）
2609	tshʮ³³	插（秧）
2610	thɔŋ³³tsho³¹	罩（衣服）
2611	thoŋ⁵⁵kɿ³³	套（衣服）
2612	ti³³	穿（衣）
2613	kɔ̣³¹	穿（裤子、裙子）
2614	ti³¹	穿（鞋）
2615	sɿ⁵⁵kɿ³³	穿（针）
2616	tho³³	穿（耳孔）
2617	tha̩³¹thʮ⁵⁵	凿（通）
2618	nɔ³¹ku³³ku³³	箍
2619	tɕhe³³、tɔ³⁵	戳
2620	sɿ³³	搓（绳）
2621	ne³¹	裁（衣）
2622	ȵi³³sɿ³³	排线
2623	ȵi⁵⁵ja³¹	织
2624	pɔ̣³³	弹（棉花）
2625	khɔ̣³³	弹（琴）

续表

序号	碧约话	汉义
2626	phi³¹	编（辫子）
2627	tsɔ̣³¹	编（篮子）
2628	kɣ³¹	绣（花）
2629	ko⁵⁵	缠（线）
2630	tɕhi⁵⁵the̗³³the̗³³	绑（腿）（男式）
2631	ti̗³¹	绑（腿）（女式）
2632	ko⁵⁵phɔ³¹	绑
2633	kɣ³¹	缝
2634	tɣ³¹tsho⁵⁵tɣ³¹	补（补丁）
2635	pv³¹（汉借）	滋补
2636	phɯ⁵⁵	松（绳）
2637	phɿ³¹	松（手）
2638	pha̗³³	拆（房子）
2639	tsɣ³¹pha̗³¹pha̗³¹	系（腰带）
2640	a⁵⁵to³¹to³¹	系（围裙）
2641	le̗³³	脱（衣）
2642	ke̗³³ta̗³³	摆（碗筷）
2643	ku⁵⁵tsɿ³¹	捆（草）
2644	jɔ̣³³	捆、卷
2645	ko⁵⁵phɔ³¹	勒
2646	tsha̗³¹	连接
2647	tɕhɿ³³	（线）断
2648	ku⁵⁵	纺线
2649	pɔ⁵⁵	开裂
2650	pɔ⁵⁵phɯ⁵⁵	冻开
2651	thv⁵⁵tsv⁵⁵	排（队）
2652	mi⁵⁵	做
2653	jɿ⁵⁵jɔ³¹mi⁵⁵tsɔ³¹	做客
2654	ma̗³³mi⁵⁵	做（梦）
2655	mi⁵⁵ma̗³³ma̗³³	说梦话
2656	mi⁵⁵	做（生意）

序号	碧约话	汉义
2657	ti³¹	搞
2658	ja⁵⁵mi⁵⁵	劳动
2659	kɔ³¹mo³³mo³³	打工
2660	tɕɔ³³、thɿ⁵⁵	教
2661	ɕɔ³⁵	学
2662	kuaŋ³¹	管理
2663	xɣ³⁵（汉借）	吓唬
2664	khɿ³³	吓
2665	tshɯ⁵⁵	挑选
2666	khɔ̩³¹	挑（刺）
2667	tv⁵⁵	像
2668	sv³³	像……一样
2669	phi³⁵ji⁵⁵	消失
2670	ʂ̩³¹ji⁵⁵	消（肿）
2671	ka⁵⁵ka̩³¹ka̩³¹	出痘
2672	taŋ³³kɔ³⁵（汉借）	耽误
2673	pi³³tsha̩³³	挨骂
2674	phɿ⁵⁵	释放
2675	pi³³mi⁵⁵	使唤
2676	pa⁵⁵mi⁵⁵	帮忙
2677	ʂ̩³¹la̩³¹	认得
2678	jiŋ⁵⁵thɔ³¹	承认
2679	thɯ⁵⁵phu³¹	遇见
2680	tso⁵⁵luŋ³¹、khv⁵⁵luŋ³¹	集中
2681	sa⁵⁵	约会
2682	jo³⁵tv̩⁵⁵（汉借）	约
2683	thɯ³³tɣ⁵⁵	驱逐
2684	laŋ³¹paŋ⁵⁵（汉借）	妨碍
2685	pɯ⁵⁵pha̩³³	分开
2686	mi⁵⁵nɔ̩³¹	逗（小孩）
2687	mi⁵⁵ka̩³¹ʂ̩⁵⁵、tɯ³³ka̩³¹ʂ̩⁵⁵	逗笑

续表

序号	碧约话	汉义
2688	ma³¹xɯɯ³¹	输
2689	xɯɯ³¹	赢
2690	khɿ⁵⁵	欺负
2691	ke̱³¹	哄骗
2692	pʰɨŋ⁵⁵tsɔ³¹（汉借）	骗
2693	ke̱³¹tsɔ³¹	欺骗
2694	ma̱³³（汉借）	瞒
2695	a³¹ta̱³³sɔ³³ly̱³³	怂恿
2696	tɕhi³¹	偷
2697	tɯ³¹	抢
2698	v⁵⁵	买
2699	o³¹	卖
2700	pha⁵⁵	换
2701	tsho³¹ja⁵⁵	合伙（合股）
2702	mi⁵⁵	用（工具）
2703	ʂɿ³¹	用（钱）
2704	pha⁵⁵	借（钱）
2705	pi̱³¹ti⁵⁵	还、赔
2706	tsha³¹thɔ³¹	欠（钱）
2707	pha⁵⁵	赊（物）
2708	fa³⁵pi̱³¹（汉借）	处罚
2709	v⁵⁵pi̱³¹	赠送
2710	sɔ³³	送（行）
2711	pʰi̱³¹	丢失
2712	kɔ³³le³³	丢失
2713	mɿ⁵⁵zo³¹zo³¹	迷路
2714	pi̱³¹	给
2715	sa⁵⁵	要（东西）
2716	mi⁵⁵mɯ³¹	需要
2717	sɯ³³	收
2718	tʏŋ⁵³	制作、修

序号	碧约话	汉义
2719	xi⁵⁵	拿
2720	mi⁵⁵	取（名）
2721	tɛ⁵³	寻找
2722	tɛ⁵³phɣ³¹	找到
2723	tɛ⁵³jɔ³³	找着
2724	v⁵⁵tɯ⁵⁵	献（鬼）
2725	sa⁵⁵tsɔ³¹	讨（饭）
2726	tɕʮ³³mʮ³³tɕhi³³	眨（眼）
2727	phɣ³³、kɔ³¹	瞪（眼）
2728	kɔ⁵⁵taʮ³¹	睁（眼）
2729	kɔ⁵⁵mʮ³³	闭（眼）
2730	mi⁵⁵tsʅ⁵⁵	闭（嘴）
2731	khɿ⁵⁵	刺（眼）
2732	ko⁵⁵mɣ³¹	垂（头）
2733	ko⁵⁵lɯ³³	抬（头）
2734	tɿ³¹	看
2735	mu⁵⁵su³³	看见
2736	tɿ³¹	看（病）
2737	tɿ³¹khɔ³¹khɔ³¹、lɯ⁵⁵tɿ³¹	盯
2738	tɿ³¹tsuɛŋ³¹	瞄准
2739	phɯ³¹tɿ³¹tɿ³¹	照镜子
2740	ɕaŋ⁵⁵tsau⁵⁵（汉借）	照相
2741	na⁵⁵tɿ³¹	听话
2742	kɔ³¹	听见
2743	tɣ³³	淌（泪）
2744	ɔ³¹nɿ⁵⁵nɿ⁵⁵	闻（嗅）
2745	mɔʮ³¹	舔
2746	tu⁵⁵	喝
2747	tsɔ³¹tɿ³¹tɿ³¹	尝
2748	tsɔ³¹	吃
2749	tʂhʮ³¹tu⁵⁵	吃药

序号	碧约话	汉义
2750	nɔ̣³³	吻
2751	mv̩³³	吞
2752	kho³¹nɯ³³nɯ³³	噎
2753	kv̩³¹	嚼
2754	khe̩³¹	嗑
2755	thɔ̣³¹	啃/咬
2756	mi⁵⁵kv̩³¹kv̩³¹	咂嘴
2757	tʂh̩⁵⁵	叼
2758	tshv̩³¹	咂（奶）
2759	phi̩³³tv̩³³	呕吐
2760	tɕhaŋ⁵⁵（汉借）	呛
2761	tsa⁵⁵ki̩³¹ki̩³¹	反刍
2762	tshv̩³¹tu⁵⁵	吮
2763	tsv̩³³	漱（口）
2764	thv³³tsɔ³¹	啄（米）
2765	thi³¹	吐（痰）
2766	kɔŋ⁵⁵ŋa̩³¹	张（嘴）
2767	li⁵⁵tɕh̩³³tɕh̩³³	吹（口哨）
2768	li⁵⁵la³³tsɿ³³	吹（喇叭）
2769	ku⁵⁵	喘、吸（气）
2770	kɔ³¹nɔ³¹	歇气
2771	tʂh̩³¹na⁵⁵na⁵⁵	咳嗽
2772	tɕhi³¹ka̩³¹	下棋
2773	ku⁵⁵	唱
2774	ma̩³¹ta̩³¹ku⁵⁵	唱山歌
2775	sa³³tsɿ³¹ka̩³¹	对唱情歌
2776	la̩³¹ta̩³¹ku⁵⁵	唱歌
2777	ma̩³¹ta̩³¹ku⁵⁵	唱丧歌
2778	tɕhi̩³³tsha̩³³	吵架
2779	pe̩³³	说
2780	mi³¹	讲（话）

序号	碧约话	汉义
2781	khuaŋ³¹	讲（故事）
2782	na̠³¹te̠³³te̠³³	啰嗦
2783	tɕhɩŋ³³	劝
2784	tv³⁵	读
2785	khv⁵⁵	喊
2786	khɔ³¹kɩ⁵⁵	呻吟
2787	khv⁵⁵、kv⁵⁵（近义词）	叫（家畜）
2788	tɩ⁵⁵	叫（公鸡叫）
2789	ko̠³³	叫（母鸡叫）
2790	mu⁵⁵	叫（马叫）
2791	mu⁵⁵	叫（牛、猪等动物叫）
2792	mu⁵⁵	叫（猫叫）
2793	lo⁵⁵	叫（狗叫）
2794	khv⁵⁵	叫（名字）
2795	tsha̠³³	骂
2796	tu³¹tsɯ⁵⁵tɕhi³³（汉借）	赌咒
2797	mi⁵⁵no̠³¹	开玩笑
2798	na⁵⁵tɩ³¹	问
2799	kho̠³³tsha̠³³	告状
2800	kuaŋ³¹pɯ³⁵taŋ³³、kuaŋ³¹pɯ³⁵tɕhi³¹	聊天
2801	la⁵⁵	来（由下到上）
2802	lɣ³³	来（由上到下）
2803	li⁵⁵	去（由下到上）
2804	ji³³	去（由上到下）
2805	ti⁵⁵	回（家）
2806	ti⁵⁵li³³	回去
2807	jɩ⁵⁵phɣ³¹phɣ³¹	回门
2808	ɯ³¹thɯ⁵⁵ɕi³³	回音
2809	tɣ³³	出
2810	tɣ³³ji³³	出去
2811	tɣ³³la³³	出来

序号	碧约话	汉义
2812	thɣ⁵⁵la³³	起来
2813	ta̠³³li³³	上（楼）
2814	kɔ³³lɣ³³	下（楼）
2815	tsu³³	下（猪崽）
2816	khɔ³³	下（蛋）
2817	xo⁵⁵	下（雨）
2818	kɔ³¹	下（雪）
2819	lɔ⁵⁵khɔ³¹ji⁵⁵	下陷
2820	tɯ³³kɯ³³kɯ³³	下垂
2821	po³³、tshɣ̠³¹	晴
2822	kɯ³³	（天）旱
2823	khɯ⁵⁵ji³³	到达（来到）
2824	tsɔ³⁵	（碰）到
2825	tu³³khu⁵⁵	等待
2826	tu³³khu⁵⁵la³¹sɿ³¹	等一会
2827	thɔ³¹pɪ⁵⁵sɿ³¹	等一下
2828	no⁵⁵thɯ³³thɯ³³	后退
2829	tsa³³li³³tsɔ³¹	过年
2830	(tɕɪ³³kv³¹) kv³¹	过（桥）
2831	kj̠³¹	过（来）
2832	kj̠³¹	过（了几年）
2833	o⁵⁵li³³	进去
2834	ka̠³¹pi⁵⁵tʂɿ³¹	串（门）
2835	tsu³³	在
2836	ja̠³¹	住宿
2837	tsu⁵⁵	居住
2838	thi³¹	（抱）住
2839	pɪ⁵⁵ja̠³¹ja̠³¹	野宿
2840	phɯ⁵⁵	搬（家）
2841	phɯ⁵⁵	迁徙
2842	jɪ⁵⁵to⁵⁵sa⁵⁵	安家

序号	碧约话	汉义
2843	tɕheŋ³¹li³¹（汉借）	成立
2844	xua³³ji⁵⁵（汉借）	溶化
2845	phiau³³	漂浮
2846	khɣ ³¹ki³³	掺（水）
2847	kiau³³	浇（水）
2848	ɯ⁵⁵tɯ³¹tɯ³¹	（用脚）拍（水）
2849	ɕi⁵⁵	倒（水）
2850	tsa³⁵	佘（水）
2851	ji⁵⁵	（水）流
2852	xɯ³¹	涨（水）
2853	tshɣ⁵⁵	（水）沸
2854	tɕhiŋ⁵⁵	淹
2855	phɣ⁵⁵、tshɣ⁵⁵	冒（向上）
2856	po³³kha⁵⁵kha⁵⁵	溢（出来）
2857	ko³³	滴（水）
2858	tɔ³⁵	淋
2859	tɣ³³	漏（雨）
2860	tɣ³³	流（泪）
2861	je³³tʂɿ³¹	洗（衣服）
2862	tʂɿ³¹	洗（菜）/洗（脚）
2863	tsɿ³¹	洗（脸）
2864	ɯ⁵⁵nɣ³¹nɣ³¹、ɯ⁵⁵va̩³¹va̩³¹	潜水
2865	ɯ⁵⁵ja̩³³ja̩³³	游泳
2866	ɔ³¹mo⁵⁵tsɿ³¹	洗澡
2867	khɣ³¹	舀（水）
2868	tɣ³³	浸泡
2869	ɕɿ³³	泡（汤）
2870	phɔ⁵⁵	泡茶
2871	tshɔ³³	做（茶）
2872	sa³¹	蒸
2873	tsha̩ ³¹	煮

序号	碧约话	汉义
2874	phɤ³¹	烀
2875	n̠i³³tɕi⁵⁵	滤
2876	pɔ̠³³phɯ⁵⁵	冻裂
2877	lv⁵⁵	炒
2878	tʂʰm³¹tsho³³	煎（药）
2879	tɕɛŋ³³	煎（蛋）
2880	ja³³khe³³	扒
2881	ko⁵⁵	拔（毛）
2882	ko⁵⁵	拔（萝卜）
2883	khe³³	扳（苞谷）
2884	tho³¹	（用碓）脱粒
2885	khe³³pha³³	剖（鱼）
2886	thi̠³¹	点（松明子）
2887	ka̠³¹	扇（风）
2888	lɪ⁵⁵	烘
2889	tɕhu³³（汉借）	熏
2890	kv³¹tshɯ⁵⁵tshɯ⁵⁵	腌制（酸菜）
2891	kɔ³¹khv³¹khv³¹	做（干菜）
2892	so³¹khv³¹khv³¹	做（干巴）
2893	lɪ⁵⁵	烤（火）
2894	ti̠³¹	着（火）
2895	thɪ⁵⁵	（碰）着
2896	thɔ³¹	（抓）着（不放）
2897	ki³³	生（火）
2898	phi̠³³	烧（干巴）
2899	mɪ⁵⁵lo⁵⁵lo⁵⁵	火炼山
2900	pɔ̠³³phɪ³³	爆炸
2901	pɔ̠³³pɯ⁵⁵	炸裂
2902	ʂɪ⁵⁵ji³³	熄灭
2903	tso³¹li⁵⁵li⁵⁵	刮（风）
2904	ko³³ji³³	（太阳）落

序号	碧约话	汉义
2905	tsv³³	（阳光）透进来
2906	mɪ⁵⁵pa̠³³pa̠³³	塌、崩山
2907	sv³³khɔ³¹、mɪ⁵⁵sv³³sv³³	滑坡
2908	ɔ³¹lɣ³¹lɣ³¹	天亮
2909	me̠³¹khe̠³³khe̠³¹	天黑
2910	v⁵⁵ta̠³³	加
2911	v⁵⁵tshɯ³¹la³³/³¹	添
2912	xɯ³¹la⁵⁵	长（大）
2913	te̠³¹la⁵⁵	添（人口）
2914	tshɿ⁵⁵	拉（长）
2915	çi⁵⁵tçhi³¹tsɔ³¹	生锈
2916	to⁵⁵	生（疮）
2917	ka̠³¹	种（水田）
2918	ka̠³³	耙（田）
2919	tshɯ³¹	犁（田）
2920	sɿ³¹	结（果子）
2921	khɔ³³	栽、种
2922	ɔ³¹jɔ³¹jɔ³¹	（花）蔫
2923	tɔ⁵⁵tsɔ³¹	钓（鱼）
2924	ti̠³¹	（马蜂）蛰
2925	tshɣ³¹	（鸟）做（巢）
2926	kha⁵⁵tso⁵⁵	（鸟）栖
2927	tshɿ⁵⁵	牵（牛）
2928	thv⁵⁵tsha̠³³	斗（牛）
2929	ɣ³³	孵
2930	pi̠³¹	（猪）拱（土）
2931	tshɣ³³	饲养
2932	ko⁵⁵khe̠³³	展（翅）
2933	ko⁵⁵pɔ³³	伸开
2934	me̠³¹lɔ̠³¹lɔ̠³¹	翘（嘴）
2935	mi⁵⁵	起（名）

序号	碧约话	汉义
2936	sa³¹	酿（酒）
2937	phi³¹	放（电影）
2938	khe̠³¹	会（写）
2939	tshɤ³³	写
2940	sɿ³¹la̠³¹	认（字）
2941	sa̠³³	称（粮食）
2942	tɪŋ³³、thɪ³³tʃi³¹tʃi³¹	掂
2943	suan⁵⁵	数（数）
2944	pi³¹tʃɪ³¹tʃɪ³¹	量、比
2945	kɪ³³tɕɔ³³（tsɔ³¹）	计较
2946	tho⁵⁵tʃɪ³¹tʃɪ³¹	用手量
2947	xua³¹tɕhɪŋ³¹	猜拳
2948	suaŋ⁵⁵	算（命）
2949	phv³³mɔ³³tho⁵⁵tsɔ³¹	祭竜主
2950	mo³¹tsho³¹tsho³¹	办丧事
2951	mo³¹tsho³¹tsho³¹	吊丧
2952	tɤ³¹kɪ³¹	埋葬
2953	na⁵⁵tʃɪ³¹	娶
2954	tɕhi⁵⁵tsɔ³¹	嫁（姑娘）
2955	mi⁵⁵tsɔ³¹	出嫁
2956	pɯ⁵⁵tsɔ³¹	离婚
2957	mi⁵⁵tsɔ³¹tʃɪ⁵⁵	改嫁
2958	ja̠³¹ma³¹khv⁵⁵tsɔ³¹	招婿
2959	ja̠³¹ma³¹ta̠³³	上门
2960	ta̠³³tsɔ³¹	上坟
2961	jɔ³¹n̠i⁵⁵phi³³	怀孕
2962	tso⁵⁵	生（孩子）
2963	khɔ³³	下（蛋）
2964	ji³³jɔ³¹mi⁵⁵tsɔ³¹	结婚
2965	sa⁵⁵	嫖
2966	pa³¹ɕi⁵⁵sua³⁵	耍把戏

序号	碧约话	汉义
2967	ma³¹khe̦³¹khe̦³¹	瞎
2968	nɔ³¹po³¹po³¹	聋
2969	tsɔ³¹ka̦³¹ka̦³¹	哑
2970	tʂh̩³¹	渴
2971	to̦³¹pa⁵⁵pa⁵⁵	跛
2972	liaŋ³¹na⁵⁵na⁵⁵	着凉
2973	phv³³	恶心
2974	v³¹ma³¹ma³¹	（头）晕
2975	tsheŋ⁵⁵	（肚子）胀
2976	ɯ³¹tsɯ⁵⁵tsɯ⁵⁵	解（小便）
2977	ɔ³¹tɕhi³¹tɕhi³¹	解（大便）
2978	a³¹pe̦³³pe̦³³、tɕhi⁵⁵pe̦³³pe̦³³	（脚）麻
2979	ɔ³¹ti³¹ti³¹	（嘴）麻
2980	v⁵⁵sv³³sv³³	腹泻
2981	tʂh̩³¹na⁵⁵na⁵⁵	伤风
2982	na⁵⁵	生病
2983	tɯ³¹ji⁵⁵	传染
2984	lo̦³¹	扒皮
2985	（ɔ³¹kɔ³¹）thuɛŋ⁵⁵	（蛇）蜕（皮）
2986	tɕe̦³¹ko̦³¹li⁵⁵	哈痒
2987	a³¹tʂ̩³³tʂ̩³³	痒
2988	a³¹sa³³sa³³	皮肤过敏
2989	na⁵⁵	痛
2990	（la̦³¹kv³¹）ʂ̩⁵⁵	脱（臼）
2991	ki⁵⁵	完
2992	pe̦³¹	坏
2993	ji³¹tsa̦³³	睡
2994	ji³¹tɕhi³¹	睡着
2995	pa⁵⁵ʂ̩⁵⁵	侧睡
2996	ŋɯ⁵⁵	是
2997	tsu³³	有（有生命）

序号	碧约话	汉义
2998	tsa³³	有（无生命）
2999	tȩ³¹	活
3000	ʂ̩⁵⁵	死
3001	tshɣ³³tȩ³¹	养活
3002	so⁵⁵	守卫
3003	(a³¹sa̤³¹) jɔ³³	接气（人快死时）
3004	tɕu⁵⁵	救
3005	ɔ³¹mi³³tɕhɿ³³	灭（绝种）
3006	puɯ³³ʂ̩³¹、tɣ³³ʂ̩³¹	撒（水）
3007	phe³¹	放（水）
3008	pɿ⁵⁵tho³¹、v⁵⁵tɕhi⁵⁵	留（种）
3009	ɕɿ³¹	撒（种）
3010	(ja³⁵) thɣ⁵⁵ (la⁵⁵)	起（床）
3011	nɿ³¹la⁵⁵	醒
3012	kɔ³¹nɔ³¹	休息
3013	khɿ³¹	冬眠
3014	pɣ³³	醉
3015	ka̤³¹ʂ̩⁵⁵	笑
3016	ȵi⁵⁵	哭
3017	ȵi⁵⁵ȵi⁵⁵pȩ³¹pȩ³¹	哭闹
3018	ȵi⁵⁵pȩ³³pȩ³³	抽噎
3019	tshɿ̩³¹khi⁵⁵tsɿ³³	生气
3020	nɣ³³na⁵⁵	赌气
3021	mi⁵⁵mɯ³¹、kɔ³³jɔ³³	爱
3022	nv³³	爱（做什么）
3023	ɕi³¹xuaŋ³³（汉借）	高兴
3024	tsɔ³¹pɿ³³、tsɔ³¹tshɣ⁵⁵	能吃
3025	jiŋ³¹ (tɣ³³la⁵⁵)	上瘾
3026	au⁵⁵xui³¹	后悔
3027	kɔ³³jɔ³³ti⁵⁵	想念
3028	sa̤³¹to⁵⁵	害羞

序号	碧约话	汉义
3029	khɪ³³	怕
3030	mɔ³¹khɪ³³	不怕
3031	tɪ³¹khɔ³¹tɪ⁵⁵khɔ³¹	发呆
3032	tshɛ³³ti³¹	猜（谜）
3033	taŋ⁵⁵jɪŋ⁵⁵	答应
3034	ma³¹ne³³faŋ³¹	不理
3035	mo⁵⁵tɪ⁵⁵	忘记
3036	kɔ³¹jɔ³¹thɔ³¹	记住
3037	ki³³kɔ³¹	记得
3038	kha³¹	敢
3039	sʅ³¹la³¹	知道/懂
3040	na⁵⁵tɪ³¹	相信
3041	phi³¹	值（钱）
3042	mi⁵⁵mɯ³¹	愿意
3043	mi⁵⁵mɯ³¹	想要
3044	nɣ³³mɔ³³nɯ³³	心软
3045	nɣ³³kha³³kha³³	心硬
3046	ki⁵⁵tsɔ³¹	客气
3047	nɣ³³mɔ³³phɣ³³	变（心）
3048	pɪŋ⁵⁵phɔ³¹	变（成）
3049	ɔ³¹jɔ³¹lo³³	小心
3050	lo³³sɔ³³	恐怕、万一
3051	ŋa³¹tsɔ³¹ŋa³¹tsɔ³¹	一开一合

十七、虚词

序号	碧约话	汉义
3052	mɔ³¹（ma³¹）	不
3053	thɔ³¹（tha³¹）	别
3054	tsɛ⁵³	再
3055	tsɪ⁵⁵	很
3056	tsɪ⁵⁵mɔ³³	很好
3057	khɪ³³	太

序号	碧约话	汉义
3058	tsɤ⁵⁵	最
3059	tɕhi⁵⁵ma⁵⁵	最
3060	khia⁵³	特别
3061	ʂɿ³¹ɕa³³ma³³（ti³³）	经常
3062	xa³³na³¹ma³³	不怎么
3063	xɔ³³kɯ³³（thɯ³¹kɔ³¹）	每（个人）
3064	thɯ³¹o³³kɔ³³su³³	次次
3065	thɯ³¹n̩i³³ kɔ³³su³³	天天
3066	jɔ³¹mɯ⁵⁵thɯ³¹saŋ³³	最近
3067	xɿ³³	和
3068	xɿ³³	因为……所以
3069	ji³³tsɤ³³、thɯ³¹pja³³	一边……一边
3070	tsɤ³³	越……越
3071	pa³³lia³³nɿ³³	为了
3072	xɿ³³	然后
3073	a⁵⁵xa⁵⁵	但是
3074	kɯ³³	的
3075	xa⁵⁵	连……都
3076	tha³³	都
3077	ti³³	地₁
3078	ma³³	地₂
3079	jiŋ⁵⁵ke³³	应该
3080	kɔ³¹	可以
3081	tshv⁵⁵	能够（做）
3082	tsu³³	受事宾语助词
3083	n̩i³³	施事主语助词
3084	pa⁵³	了
3085	jɔ³³	着
3086	xa⁵⁵	也
3087	pa³¹	了
3088	e³¹	唉

序号	碧约话	汉义
3089	a⁵⁵	啊
3090	pɪ⁵³	吗

十八、碧约地名

序号	碧约话	汉义
3091	thɣ³¹lv⁵⁵ke³³tsʅ³¹	墨江
3092	lo³³so³³	元江
3093	mu³¹lŋ³³ke³¹tsʅ³¹	蒙自
3094	lv⁵⁵sue³¹ke³¹tsʅ³¹	露水
3095	pi⁵⁵so³¹	碧溪
3096	a³¹sa³³ma³³mu³³	麻木
3097	a³¹sa³³nɛ³³	阿萨乃
3098	lɪŋ³¹ɣ³¹	宁洱
3099	thieŋ³¹ue³¹	田尾寨
3100	ja̱³³v³³lo⁵⁵tsu³³	鸡肠子
3101	je̱³¹pv³¹lo⁵⁵khɔ³¹	香椿洼子
3102	a³¹tha̱³¹ti⁵⁵kho⁵⁵pi³¹jo³¹	山头的碧约
3103	a³¹va̱³¹ti⁵⁵kho⁵⁵pi³¹jo³¹	山下的碧约
3104	tu³¹tɕhi³³jo³¹mɔ³¹	断山
3105	ti³³na̱³³na̱³³mɔ³³	森林山
3106	lɔ³¹tshɣ³³lo⁵⁵mɔ³³	老车山
3107	phv³¹tɕhi³¹jo³¹mɔ³¹	铺平山
3108	taŋ⁵⁵laŋ⁵⁵jo³¹mɔ³¹	坡度大
3109	v³¹kv⁵⁵svŋ³¹jo³¹mɔ³¹	五谷神
3110	sa⁵⁵so³¹lo⁵⁵mɔ³³	小牛滚塘
3111	pa³³kha³³lo⁵⁵mɔ³³	大河寨
3112	la³¹lɪŋ³³lo⁵⁵tsu⁵⁵	小河乡
3113	phv⁵⁵tɣ³¹	新安镇
3114	maŋ⁵⁵ku³³pi³¹jo³¹	曼过冲
3115	phv⁵⁵jɔ³¹	小寨
3116	phv⁵⁵ku³³	中寨
3117	mvŋ³¹lɪŋ³³	马安山

续表

序号	碧约话	汉义
3118	tshɤ³¹pi³¹	沅水
3119	mɯŋ³¹tsɿ³¹tsa³³ja³³	明子山
3120	ta⁵⁵tɯ³¹	大德
3121	ŋɔ³¹sɔ³¹thi³¹mɔ³³	大鱼塘
3122	thi³¹mɔ³³mɔ³³jɔ³¹	小鱼塘
3123	ji³¹sa³³lo⁵⁵mɔ³³	牛塘
3124	lo⁵⁵mi³³	鲁米
3125	ma⁵⁵mu³¹ɔ³¹tsɿ⁵⁵	麻木树
3126	phɯ³¹tɯ³³lo⁵⁵pɔ¹³	普度路剥
3127	nv⁵⁵fv³¹tɕiaŋ³³saŋ³³	尖山
3128	na³³laŋ³³pa³¹	那兰
3129	maŋ³⁵mɤŋ³¹pi³¹jɔ³¹	满美
3130	mi⁵⁵tshɔ³¹jɿ⁵⁵kho⁵⁵	土掌
3131	tshɤ³³lv³³tsu³³	初路住
3132	tɕi⁵⁵mɔ³³lo⁵⁵pɔ³¹	即墨河
3133	tvŋ³¹tuŋ⁵⁵xɔ³¹	整顿河
3134	paŋ⁵⁵phɔ³³ja³³kɯ³¹	半坡关河
3135	tsa³³tha⁵⁵phv⁵⁵tɕhe³¹	杂塔普切
3136	jɔŋ⁵⁵tɿ³¹khɤ³¹	永底库
3137	ta³¹tiŋ⁵⁵kɔ³¹ɔ³¹sɿ³¹	山名
3138	o⁵⁵tɔ⁵⁵ɔ³¹tsɿ⁵⁵pi³¹jɔ³¹	核桃寨
3139	lue⁵⁵tsa³³pi³¹jɔ³¹	累长
3140	phv⁵⁵tha⁵⁵pi³¹jɔ³¹	上寨
3141	peŋ³³jɿ⁵⁵kho⁵⁵pi³¹jɔ³¹	瓦房
3142	lo⁵⁵tsu³³v³¹khɿ³¹	冲头
3143	ja³¹pa⁵⁵pa⁵⁵mɔ³³	崩山
3144	khun³³khaŋ³³tɕhiŋ³³thɯ³¹	坤看菁头
3145	na̠³¹tso³¹pi³¹jɔ³¹	那召
3146	la̠³¹ȵi³³te⁵⁵thɤ⁵⁵	黄栗树
3147	tɯ⁵⁵nɯ⁵⁵v⁵⁵tɤ³¹	平安村
3148	ɔ³¹sɿ³¹lv⁵⁵mɔ³³phv⁵⁵lv³³	黄山青

序号	碧约话	汉义
3149	paŋ⁵⁵tɔ³⁵	帮岛
3150	jaŋ³¹phaŋ³¹lɔ³¹fv³⁵to⁵⁵	岩子
3151	maŋ⁵⁵phiŋ³¹	曼平
3152	a³¹tha³¹po³¹kho³¹	上着落
3153	tsa³³li³³pi³¹jɔ³¹	咱礼
3154	tsɔ³¹lɔ³³ja³³ta³³	坡脚
3155	maŋ⁵⁵lvŋ⁵⁵ka̠³¹thɔ³¹	曼卡
3156	khɯ⁵⁵kha̠³¹pi³¹jɔ³¹	三家
3157	khɯ⁵⁵kha̠³¹a³¹xa³¹	可那
3158	xui³³xɯ³⁵pi³¹jɔ³¹	会恒
3159	taŋ⁵⁵laŋ⁵⁵pi³¹jɔ³¹	当郎
3160	khɯ⁵⁵na̠³³pi³¹jɔ³¹	克那寨
3161	mi⁵⁵na̠³³lo⁵⁵mɔ³³	万年青坡头
3162	pa³³tɕhi⁵⁵ka̠³¹lv³³	巴去嘎勒
3163	ɳa³⁵tshv⁵⁵lv⁵⁵pi³¹jɔ³¹	南初路
3164	na³¹laŋ³¹pi³¹ji³¹	那罕
3165	ueŋ³¹pi³⁵jo³¹mɔ³¹	文笔梁子
3166	tɕi⁵⁵tsɿ³³lo⁵⁵tho³¹	基子路土
3167	tsa⁵⁵tso³¹ɔ³¹tsɿ⁵⁵	雀梨树
3168	xɯ³⁵lɔŋ³¹thaŋ³¹	黑龙塘
3169	sa⁵⁵thi⁵⁵	桑田
3170	mɔ⁵⁵tsɔ³³lo⁵⁵pɔ³¹	绿差
3171	ja³³kv³³lo⁵⁵tsu³³	牙骨河
3172	la³¹kha⁵⁵lo⁵⁵	那哈龙

参 考 文 献

一　词典

[1] 戴维·克里斯特尔编，沈家煊译：《现代语言学词典》，商务印书馆2000年版。
[2] 戴庆厦：《汉哈词典》，云南民族出版社2002年版。
[3] 红河州民委编：《哈尼汉词汇对照》，云南民族出版社1984年版。
[4] 杨羊就：《哈尼语汉语词汇对照》，云南民族出版社2001年版。
[5] 云南少数民族语文指导工作委员会编：《汉哈尼新词术语集》，云南民族出版社1994年版。
[6] 张佩芝：《哈尼语哈雅方言土语词汇对照》，云南民族出版社1998年版。
[7] 中国社会科学院语言研究所词典编辑室：《现代汉语词典》（第5版），商务印书馆2006年版。
[8] 中国大百科全书总编辑文员会语言文字编辑委员会：《中国大百科全书（语言文字）》，中国大百科全书出版社1998年版。

二　专著

[1] 伯纳德·科里姆编，沈家煊译：《语言共性和语言类型》，华夏出版社1989年版。
[2] 常俊之：《元江苦聪话参考语法》，中国社会科学出版社2011年版。
[3] 戴庆厦、段贶乐：《哈尼语概论》，云南民族出版社1995年版。
[4] 戴庆厦、顾阳：《现代语言学理论与中国少数民族语言研究》，民族出版社2003年版。
[5] 戴庆厦：《景颇语参考语法》，中国社会科学出版社2012年版。
[6] 戴庆厦：《语言和民族》，中央民族大学出版社1994年版。
[7] 戴庆厦、黄布凡等：《藏缅语十五种》，北京燕山出版社1991年版。
[8] 戴庆厦、徐悉艰：《景颇语语法》，中央民族学院出版社1992年版。
[9] 戴庆厦：《藏缅语族语言研究（一至四）》，云南民族出版社1990年至2006年版。

［10］ 戴庆厦：《浪速语研究》，民族出版社 2005 年版。

［11］ 戴庆厦、李洁：《勒期语研究》，中央民族大学出版社 2007 年版。

［12］ 戴庆厦主编：《基诺语语言使用现状及其演变》，商务印书馆 2007 年版。

［13］ 戴庆厦、何俊芳：《语言和民族（二）》，中央民族大学出版社 2006 年版。

［14］ 傅爱兰：《普米语动词的语法范畴》，中国文史出版社 1998 年版。

［15］ 哈葵、李泽然：《汉哈会话》，云南民族出版社 1992 年版。

［16］ 红河州民族研究所编：《哈尼语研究文集》，云南大学出版社 1991 年版。

［17］ 胡素华：《彝语结构助词研究》，民族出版社 2002 年版。

［18］ 胡素华主编：《藏缅语族部分语言使用的变迁》，民族出版社 2010 年版。

［19］ 黄成龙：《蒲溪羌语研究》，民族出版社 2007 年版。

［20］ 黄伯荣、廖序东：《现代汉语（增订二版）》，高等教育出版社 1997 年版。

［21］ 黄布凡主编：《藏缅语族语言词汇》，中央民族大学出版社 1992 年版。

［22］ 雷兵：《哈尼族文化史》，云南民族出版社 2002 年版。

［23］ 李永燧、王尔松：《哈尼语简志》，民族出版社 1986 年版。

［24］ 李永燧：《桑孔语研究》，中央民族大学出版社 2002 年版。

［25］ 李永燧：《哈尼语语法》，民族出版社 1990 年版。

［26］ 李泽然：《哈尼语研究》，民族出版社 2001 年版。

［27］ 李锦芳主编：《汉藏语系量词研究》，中央民族大学出版社 2005 年版。

［28］ 陆俭明、沈阳：《汉语和汉语研究十五讲》，北京大学出版社 2003 年版。

［29］ 陆绍尊：《普米语简志》，民族出版社 1983 年版。

［30］ 墨江哈尼族自治县民族宗教事务局编：《墨江哈尼族自治县民族志》，内部资料 2007 年版。

［31］ 墨江哈尼族自治县概况编写组编：《墨江哈尼族自治县概况》，民族出版社 2008 年版。

［32］ 马学良：《汉藏语概论》，民族出版社 2003 年版。

［33］ 木仕华：《嘎卓语研究》，民族出版社 2003 年版。

［34］ 欧阳觉亚、郑贻青：《黎语简志》，民族出版社 1980 年版。

［35］ 沈家煊：《不对称和标记论》，江西教育出版社 1999 年版。

［36］ 孙宏开：《羌语简志》，民族出版社 1981 年版。

[37]　孙宏开、黄成龙、周毛草：《柔若语研究》，中央民族大学出版社 2002 年版。

[38]　孙艳：《汉藏语四音格词研究》，民族出版社 2005 年版。

[39]　史军超：《哈尼族文学史》，云南民族出版社 1998 年版。

[40]　徐世璇：《毕苏语研究》，上海远东出版社 1998 年版。

[41]　徐通锵：《历史语言学》，商务印书馆 2001 年版。

[42]　徐通锵：《语言论》，东北师范大学出版社 2000 年版。

[43]　许鲜明：《哈尼语话语分析》，澳大利亚：拉特罗布大学出版社 2007 年版。

[44]　杨光远，赵岩社：《云南少数民族语言文字概论》，云南民族出版社 2002 年版。

[45]　约翰·辛克莱著，任绍曾译，《英语语法大全》，商务印书馆 1999 年版。

[46]　张宝林：《汉语教学参考语法》，北京大学出版社 2006 年版。

[47]　张博：《汉语同族词的系统性与验证方法》，商务印书馆 2003 年版。

[48]　张博：《张博词汇学论文集》，北京语言大学出版社 2012 年版。

[49]　赵敏、朱茂云：《墨江哈尼族卡多话参考语法》，中国社会科学出版社 2012 年版。

[50]　中央民族大学哈尼学研究所编：《中国哈尼学（第二辑）》，民族出版社 2002 年版。

三　期刊论文

[1]　阿不都热西提·亚库甫：《阿尔泰语系语言的传据及其基本类型》，载《阿尔泰语系语言传据范畴的研究》，中央民族大学出版社 2013 年版。

[2]　白碧波：哈尼语存在动词初探，《民族语文》1991 年第 5 期。

[3]　崔健：《语境型和背景型》，《汉语学习》1993 年第 6 期。

[4]　崔健：《量词的功能差异和词类地位》，《汉语学习》2010 年第 6 期。

[5]　陈平：《试论汉语中三种句子成分与语义成分的配位原则》，《中国语文》1994 年第 3 期。

[6]　大河内案宪、崔健：《量词的个体化功能》，《汉语学习》1988 年第 6 期。

[7]　戴庆厦：《关于纳西语的松紧元音问题——兼论彝缅语语音历史演变的研究方法》，《民族语文》1993 年第 1 期。

[8]　戴庆厦：《谈谈松紧元音》，《少数民族语文论集（第二辑）》，1958 年版。

[9]　戴庆厦、胡坦：《哈尼语元音的松紧》，《中国语文》1964 年第 1 期。

[10]　戴庆厦：《我国藏缅语族松紧元音来源初探》，《民族语文》1979 年第

1 期。

[11] 戴庆厦、王尔松:《哈尼族》,《中国少数民族》1981 年第 5 期。

[12] 戴庆厦、傅爱兰、刘菊黄:《波拉语概况》,《民族语文》1985 年第 6 期。

[13] 戴庆厦、傅爱兰、刘菊黄:《普及教育、开放经济是双语发展的重要 因素——基诺山双语现象调查》,《民族团结》1987 年第 3 期。

[14] 戴庆厦、刘菊黄、傅爱兰:《关于我国藏缅语族系属的分类问题》,《云 南民族学院学报》1989 年第 3 期。

[15] 戴庆厦:《景颇语并列结构复合词的元音和谐》,《民族语文》1986 年 第 5 期。

[16] 戴庆厦:《缅彝语的结构助词》,《语言研究》1989 年第 2 期。

[17] 戴庆厦、胡素华:《凉山彝语的体词性状语助词》,《语言研究》1998 年第 1 期。

[18] 戴庆厦、胡素华:《彝语的多功能性》,《民族语文》1998 年第 2 期。

[19] 戴庆厦:《景颇语的结构助词"的"》,《语言教学与研究》1998 年第 4 期。

[20] 戴庆厦:《景颇语的话题》,《语言研究》2001 年第 1 期。

[21] 戴庆厦、傅爱兰:《藏缅语的述宾结构——兼与汉语比较》。《方言》 2001 年第 4 期。

[22] 戴庆厦、李洁:《藏缅语的强调式施动句——兼与汉语被动句比较》, 《语言研究》2005 年第 3 期。

[23] 戴庆厦:《语言竞争与语言和谐》,《语言教学与研究》2006 年第 2 期。

[24] 戴庆厦、时建:《梁河阿昌语概况》,《汉藏语学报》2007 年第 1 期。

[25] 戴庆厦、蒋颖:《论藏缅语的反响型量词》,《中央民族大学学报》2005 年第 2 期。

[26] 戴庆厦、邱月:《OV 型藏缅语连动结构的类型学特征》,《汉语学报》 2008 年第 2 期。

[27] 戴庆厦、傅爱兰:《藏缅语形修名语序》,《中国语文》2002 年第 4 期。

[28] 戴庆厦、李泽然:《哈尼语"来"、"去"》,《民族语文》2000 年第 5 期。

[29] 戴庆厦、蒋颖:《参考语法编写的几个问题》,《云南师范大学学报》 2007 年第 1 期。

[30] 戴庆厦:《深入田野建构中国语言学理论体系》,《中国社会科学报》 2012 年 9 月。

[31] 段贶乐:《哈尼族文学语言特征》,《民族语文》1991 年第 1 期。

[32] 傅爱兰、李泽然:《哈尼语 a 音节》,《中央民族大学学报》1995 年第

6 期。

[33] 冯广艺：《景颇语、汉语四音格词比较研究》，《湖北师范学院学报》（哲学社会科学版）1996 年第 4 期。

[34] 冯广艺：《量词研究三题》，《湖北师范学院学报》（哲学社会科学版）2005 年第 1 期。

[35] 冯广艺、张春泉：《数量短语的变异运用》，《修辞学习》2002 年第 1 期。

[36] 符昌忠：《汉语判断词"是"对村语判断式的影响》，《中南民族学院学报》（人文社会科学版）2003 年第 1 期。

[37] 符昌忠：《村语中的汉语借词》，《西南民族大学学报》（人文社科版）2005 年第 6 期。

[38] 高华年：《扬武哈尼语初探》，《中山大学学报》1955 年第 2 期。

[39] 光凡：《奇特而有趣的哈尼地名》，《中国地名》1999 年第 6 期。

[40] 胡素华：《凉山彝语的话题结构》，《民族语文》2004 年第 3 期。

[41] 胡素华：《凉山彝语的差比句》，《民族语文》2005 年第 5 期。

[42] 胡素华：《彝语结构助词虚化的层次性》，《民族语文》2000 年第 2 期。

[43] 胡素华：《彝语结构助词在句法中的地位》，《云南民族语文》2000 年第 1 期。

[44] 胡素华：《凉山彝语的体词状语助词》，《语言研究》1998 年第 2 期。

[45] 胡素华：《凉山彝语的类别量词》，《中央民族大学学报》2005 年第 4 期。

[46] 胡素华：《彝语动词的体貌范畴》，《民族语文》2001 年第 4 期。

[47] 胡裕树、范晓：《动词形容词的》"名物化"和"名词化"，《中国语文》1994 年第 2 期。

[48] 胡坦：《藏语几种动词句式的分析》，《民族语文》1984 年第 1 期。

[49] 孔江平：《哈尼语发声类型声学研究及音质概念的讨论》，《民族语文》1996 年第 1 期。

[50] 刘丹青：《语言类型学与汉语研究》，《汉语研究的类型视角》北京语言大学出版社 2005 年版。

[51] 刘丹青：《汉语给予类双及物结构的类型学考察》，《中国语文》2001 年第 5 期。

[52] 刘丹青：《汉藏语言的若干语序类型学课题》，《民族语文》2002 年第 5 期。

[53] 刘丹青：《差比句的调查框架与研究思路》，载戴庆厦主编《中国民族语言文学论集 4·语言专集》民族出版社 2004 年 2 年版。

［54］刘岩:《德昂语量词演变的历史层次》,《云南师范大学学报》(哲学社会科学版)2006 年第 5 期。

［55］陆俭明:《述补结构的复杂性》,《语言教学与研究》1990 年第 1 期。

［56］陆俭明:《汉语句法成分特有的套叠现象》,《中国语文》1990 年第 2 期。

［57］陆俭明:《再谈"吃了他三个苹果"一类结构的性质》,《中国语文》2002 年第 4 期。

［58］陆俭明:《"句式语法"理论与汉语研究》,《中国语文》2004 年第 5 期。

［59］陆俭明、郭锐:《汉语语法研究所面临的挑战》,《世界汉语教学》1998 年第 4 期。

［60］蓝庆元:《拉珈语汉借词层次分析》,《民族语文》2005 年第 6 期。

［61］蓝庆元、吴福祥:《侗台语副词"互相"修饰动词的语序》,《民族语文》2012 年第 6 期。

［62］李泽然:《论哈尼语的话题》,《中央民族大学学报》(哲学社会科版)2007 年第 5 期。

［63］李泽然:《哈尼语的强调式施动句》,《中央民族大学学报》(哲学社会科学版)2013 年第 4 期。

［64］李泽然,《哈尼语亲属称谓的语义分析》,《中央民族大学学报》(哲学社会科学版)2012 年第 3 期。

［65］李泽然、岳雅风:《云南绿春县牛孔乡双语现象调查研究》,《民族教育研究》2010 年第 4 期。

［66］李泽然:《哈尼语形容词修饰名词的语序》,《民族语文》2003 年第 2 期。

［67］李批然:《哈尼语结构助词研究》,《中央民族大学学报》1994 年第 3 期。

［68］李泽然:《哈尼语植物名词的语义分析》,《中央民族大学学报》(哲学社会科学版）2004 年第 3 期。

［69］李泽然:《从语言学解释哈尼族的族称》,《中央民族大学学报》(哲学社会科学版）2005 年第 3 期。

［70］李泽然:《哈尼语动词的体和貌》,《语言研究》2004 年第 2 期。

［71］李批然:《哈尼语量词研究》,《民族语文》1992 年第 5 期。

［72］李永燧:《哈尼语概况》,《民族语文》1979 年第 2 期。

［73］李永燧,《哈尼语名、量、动词的同源现象研究》,《民族语文》1990 年第 3 期。

［74］ 李永燧，《哈尼语形容词的生动形式》，《民族语文》1986 年第 4 期。

［75］ 李永燧：《哈尼语调查的新进展》，《中央民族大学学报》（哲学社会科学版）1992 年第 3 期。

［76］ 李永燧：《彝、缅、景颇三个语支第一、二人称代词比较——兼论它们和上古汉语"吾""汝"等等的关系》，《语言研究》1983 年第 1 期。

［77］ 李锦芳：《郑玉彤：仡佬族口头传统记录》，《社会科学报》2007 年 7 月 21 日。

［78］ 李锦芳、李霞：《创新与借贷：核心词变异的基本方式——以仡央语言为例》，《中央民族大学学报》（哲学社会科学版）2008 年第 5 期。

［79］ 李锦芳：《仡央语言的动词虚化》，《民族教育研究》1999 第 1 期。

［80］ 李锦芳：《壮语汉借词的词义和语法意义变异》，《中央民族大学学报》，2001 年第 3 期。

［81］ 李锦芳：《布央语前缀》，《语言研究》1998 年第 2 期。

［82］ 李锦芳、《韩林林：红仡佬语概况》，《民族语文》2009 年第 6 期。

［83］ 李锦芳、李霞：《居都仡佬语量词的基本语法特征和句法功能》，《语言研究》2010 年第 2 期。

［84］ 沙加尔、徐世旋：《哈尼语中汉语借词的历史层次》，《中国语文》2002 年第 1 期。

［85］ 沈家煊：《句法的象似性问题》，《外语教学与研究》1993 年第 1 期。

［86］ 沈家煊：《"语用否定"考察》，《中国语文》1993 第 5 期。

［87］ 沈家煊：《"语法化"研究综观》，《外语教学与研究》，1994 第 4 期。

［88］ 沈家煊：《"有界"与"无界"》，《中国语文》，1995 年第 5 期。

［89］ 沈家煊：《语言的"主观性"和"主观化"》，《外语教学与研究》2001 年第 4 期。

［90］ 沈家煊：《现代汉语"动补结构"的类型学考察》，《汉语言文字学》2003 第 12 期。

［91］ 沈开木：《"不"的否定范围和否定中心的探索》，《中国语文》1984 年第 6 期。

［92］ 宋金兰：《汉藏语是非问句语法形式的历史演变》，《民族语文》1995 年第 1 期。

［93］ 孙朝奋：《"虚化论"评介》，《国外语言学》1994 年第 4 期。

［94］ 孙宏开：《论藏缅语动词的使动语法范畴》，《民族语文》1998 年第 6 期。

［95］ 孙宏开：《我国藏缅语语法结构类型的历史演变》，《民族语文》1992 年第 5 期。

［96］ 孙宏开：《我国藏缅语动词的人称范畴》，《民族语文》1983 年第 2 期。

［97］ 孙宏开：《藏缅语中的代词化问题》，《国外语言学》˙1994 年第 3 期。

［98］ 孙宏开：《论藏缅语的语法形式》，《民族语文》1996 年第 2 期。

［99］ 徐杰、李英哲：《焦点和两个非线性语法范畴：否定、疑问》，《中国语文》1993 年 2 期。

［100］ 雪艳：《蒙古语传据范畴》载《阿尔泰语系语言传据范畴的研究》中央民族大学出版社 2013 年 2 月。

［101］ 余金枝：《湘西矮寨苗语前缀 t i⁴⁴ 的多功能性及其源流》，《民族语文》2009 年第 6 期。

［102］ 余金枝：《矮寨苗语形容词修饰名词语序的类型学特征》，《中央民族大学学报》2004 年第 1 期。

［103］ 余金枝：《吉首矮寨苗语并列复合名词的结构和声调特征》，《民族语文》2004 年第 1 期。

［104］ 余金枝：《湘西苗语述宾结构中的一种特殊类别——"形容词+名词"结构分析》，《语言研究》2009 年第 1 期。

［105］ 袁焱：《阿昌语的述宾结构》，《民族语文》2002 年第 4 期。

［106］ 袁毓林：《现代汉语名词的配价研究》，《中国社会科学》1992 第 3 期。

［107］ 袁毓林：《一价名词的认知研究》，《中国语文》1994 年 2 第 4 期。

［108］ 袁毓林：《论否定句的焦点、预设和辖域歧义》，《中国语文》2000 第 2 期。

［109］ 张博：《汉语实词相应虚化的语义条件》，《中国语言学报》2003 年第 11 期。

［110］ 张博：《组合同化：词义衍生的一种途径》，《中国语文》1999 年第 2 期。

［111］ 张博：《"动宾结构+宾语"的条件及发展趋势》，《古汉语研究》1999 年第 3 期。

［112］ 张博：《历史比较语言学理论与汉语同族词族属关系的验证方法研究》，载《当代语言学和汉语研究》商务印书馆 2008 年 5 月。

［113］ 张伯江：《关于动趋式带宾语的几种语序》，《中国语文》1991 年第 3 期。

［114］ 张伯江：《动趋式里宾语位置的制约因素》，《汉语学习》1991 年第 6 期。

［115］ 张伯江：《现代汉语的双及物结构式》，《中国语文》1999 年第 3 期。

［116］ 张蓉兰：《拉祜语动词的语法特点》，《民族语文》1987 年第 2 期。

［117］ 赵德文：《墨江县哈尼族支系人口及分布调查报告》，云南省墨江县哈尼文化研究所 2006 年版。

［118］ 赵敏：《卡多话衰变现状研究》，《楚雄师范学院学报》2011 年第 12 期。

［119］ 朱艳华：《藏缅语工具格的类型及源流》，《民族语文》2010 年第 1 期。

［120］ 朱艳华：《载瓦语的差比句》，《中央民族大学学报》2011 第 2 期。

四　中文学位论文

［1］ 邓凤民：《汉藏语差比句研究》，中央民族大学，2010 年。

［2］ 戴宗杰：《藏缅语族语言动量词研究》，北京语言大学，2013 年。

［3］ 李春风：《邦多拉祜语参考语法》，中央民族大学，2011 年。

［4］ 田静：《藏缅语宾语比较研究》，中央民族大学，2006 年。

［5］ 王跟国：《藏缅语族语言结构助词研究》，北京语言大学，2012 年。

［6］ 余金枝：《矮寨苗语参考语法》，中央民族大学，2010 年。

［7］ 余成林：《汉藏语系语言的存在句》，中央民族大学，2011 年。

［8］ 朱艳华：《遮放载瓦语参考语法》，中央民族大学，2010 年。

［9］ 赵燕珍：《赵庄白语参考语法》，中央民族大学，2009 年。

五　外文类

［1］ Aikhenvald, Alexandra Y. Evidentiality. Oxford：Oxford University Press, 2004.

［2］ Croft William. Typology and Universals. Cambridge: Cambridge University Press, 1990.

［3］ Graham Thurgood, Randy J. LaPolla. The Sino-Tibetan Langugages. London and New York: Taylor and Francis Group, 2007.

［4］ Greenberg, Joseph H. Some universals of grammar with Particular reference to the order of meaningful elements. In Greenberg, JosephH.(ed.) 1966.

［5］ James A. Matisoff. Handbook of Proto-Tibeto-Burman. University of California Press, 2003.

［6］ LaPolla, Randy J, Huang Chenglong. A Grammar of Qiang with annotated texts and glossary, Germany: Mouton de Gruyter Press, 2003.

后　记

　　夜阑人静，敲完最后一个字，看着这部陪伴我走过将近三年时光的书稿，曾经的难过或喜悦、茫然或顿悟、忐忑或坚定、激动或平静，似乎都已变得模糊而遥远。这一刻，心中唯有感恩之情。

　　成为戴庆厦先生的学生，让我一直感恩于上天的际遇和安排。回想四年前，我还在山东大学读硕士，第一次见到戴先生。那天，他为文学院的学生做了一场有关缅语支语法研究的报告。一直学习汉语语言学的我第一次接触到如此新鲜有趣的语言，立刻被深深吸引。戴先生深入浅出的讲解和对学生耐心和蔼的态度，更让我感受到了一位真正的学术大家的风范。当时，我就萌生出了一个大胆的想法：报考戴先生的博士！因为没有少数民族的背景和民族语的功底，我硬着头皮忐忑地联系上了戴先生，向他表明了我的想法。结果，先生的态度令我喜出望外。至今我还记得，他笑眯眯地对我说："不会民族语没关系，不是少数民族也没关系。肯学、肯吃苦就好。我也是个汉族人嘛！"

　　带着先生的鼓励，追随冥冥中的缘分，我有幸成为戴先生临近"关门"的小弟子。短暂的喜悦之后，立刻迎来了料想中的困难：从汉语转向民族语，研究材料和方法的改变，让我举步维艰，甚至产生了无法毕业的担忧。戴先生又一次给了我莫大的鼓励和支持。从简单的国际音标输入法教起，到亲自带领我下田野做调查，再到逐字逐句的论文修改，先生凭借他多年指导学生的经验和常人难以企及的耐心，带领我一步步踏进了民族语言的神奇世界。每当遇到困难，停滞不前，先生总是会反复地告诉我，他知道我一定可以做得很好，因为他看得到。直到今天，我也离先生的"很好"有着遥远的距离。但有先生的这句肯定，在通往"很好"的道路上，我将充满源源不断的动力。

　　选择碧约哈尼语作为研究对象，也是先生精挑细选，为我"量体裁衣"的。一方面我没有一门熟悉的民族语作为研究的功底，缺少对于民族语研究的感性认识；另一方面碧约话是戴先生曾经接触过的语言。其研究的难度、意义、价值先生都了然于心。做碧约话研究，既弥补了我语种上的空缺，又为哈尼语方言研究填补了一块空白。可是为了让我顺利完成独立的田野调查，戴先生和徐师母又付出了平日里百倍的关心和牵挂。先生和师母不仅每隔几日就打来电话，嘘寒问暖。两位老人还以近八十的高龄来到我所在滇南小镇，帮助我核对语料，解决难题。师母更如慈母般想办法给我补充营养，手把手教我如何用当地的蔬果做出美味的佳肴。短暂的相聚里我们相亲相爱如一家人，以至于当地的老乡们都以为是我的父母来看望我了。

在北京求学的三年中，我不仅受教于戴先生，还得到了诸多学者、老师的帮助。敬爱的张博教授，总是对我这个"编外"学生格外得上心。她对工作的尽心、对学术的严谨、对学生的关爱和为人的谦逊随和，都深深刻在了我的记忆里，将是我一生仰望和学习的榜样。永远忙碌而敬业的崔健教授，每次有问题请教，他总会立刻放下手中的工作帮助我分析解决。还有语言大学的曹志耘教授、张旺熹教授、孙德金教授、陈前瑞教授，张赪教授等，都为我的学习、论文的写作提供了不同程度的帮助。中央民族大学胡素华教授、李锦芳教授、刘岩教授、包玉柱教授、李泽然教授；社科院民族所的蓝庆元教授、李云兵教授等，都为这本书稿的写作提出过宝贵的意见。他们的学术研究也给了我更多调查、思考的方向和突破口。没有这些学术前辈温暖的援手，就没有今天这本书稿的完成。

幸运如我，在求学路上总能遇到爱生如子的老师。之所以能够坚持读到博士，也全然因为恩师们对我的一路帮助和指引。本科时初接触语言学，虽有兴趣，却茫然不知如何继续深入，更对未来充满了种种人云亦云的打算。直到一次偶然的机会，认识了安徽大学的王修力老师。王老师见我对语言学有兴趣，主动担起指导我学习的任务。即使是一篇小小的本科毕业论文，他也愿意花时间与我反复讨论，多次修改。作为语言学界的青年才俊，王老师广阔的视野，敏捷的思维，渊博的知识，令我第一次感受到了做学术研究的引人之处，也萌生了将其作为一生事业的想法。毕业以后，王老师又继续支持我报考语言学的研究生、博士生。期间克服挫折，战胜畏难，都离不开王老师千里之外的最有力的支持。记得初到北京之时，举目无亲，师母张老师如姐姐般的关心和照顾，给了我在北京的第一个家。每每回想王老师七年如一日地不计回报地付出，心中都是满满的感动。

安徽大学中文系的邓春老师、郝士宏老师、程燕老师、彭家法老师、王道庆老师等等，也都是我学术道路上的启蒙者。山东大学的研究生导师王军教授，更是亦师亦母、言传身教。尽管身兼教学、行政重任，却从来不会疏于对我的关心和指导。成为王老师一样的人，成为我定下职业理想的重要动力。

同样让我感恩的，还有墨江最淳朴善良的哈尼人。为了写作这本书稿，我在云南墨江县哈尼族地区居住了半年之久。每每回想这段彩云之南的记忆，就对我的发音人杨春光医生一家充满了感激之情。德高望重的杨医生不仅草药医术高明，还非常热爱自己的民族和语言，是一位汉语、民族语水平都很高的双语人。虽然年事已高，治病救人已经很辛苦，但仍每天坚持为我发音、翻译，一干就是七个月之久。在这七个月里，杨医生不计报酬、任劳任怨，牺牲了很多陪伴家人的时间，为我提供了所需要的所有材料，这本厚厚的书稿饱含着杨医生辛勤的汗水和无私的奉献。要感谢的人还有很多，墨江哈尼文化所的赵所长和其他工作人员、待我如己出的罗莲凤老师一家、热情的马祖发先生、白阿姨一家、胡宇晖一家以及照顾我七个月生活的杨大嫂一家等等，数之不尽。他们对我发自内心的关心和爱护，使我能够长期远离家人、朋友，克服孤独与寂寞，安心工作；也使我深深爱上了这个民族，将自己视作他们中的一员，立志为传承、保护哈尼族的文化尽一生所能。

在漫长的三年写作时间里，我要感谢的，还有始终陪伴我坚守在图书馆阵地的友人郭婷、付冬冬和吴倩，以及无论在何时何地，都会给我这个小师妹最多关照的师姐朱艳华老师、余金枝老师、蒋颖老师、李春风、张鑫等等，以及师兄王跟国、戴宗杰等等。手足之情，无以为报。只能说身边有你们，是我的幸运。

当然，还要感谢中央民族大学"985"语言文化教育与边疆史地基地语言中心的支持，感谢北京语言大学研究生创新基金以及博士研究生国家奖学金的资助。感谢中国社会科学出版社任明编审和其他编辑老师们的艰辛工作，使得本书顺利出版。

最后，感恩上天让我成长在一个温暖的家庭。无论我做出什么样的选择，都能够得到父母最大的理解和最有力的支持。他们一方面担心我一个女孩子独自在外，一方面又考虑到我的时间宝贵，平日里很少主动联系。但是，无论我何时何地拿起电话，总能在第一时间听到他们的问候。不管我走到多远的地方调研，他们的爱心包裹总能追随我的脚步，准确到达。另一份爱随行，来自我的男友吴岳。过去的三年里，他无微不至的呵护从未因我的"没时间"而减少，也从未因我的四处奔波而缺席。即使远隔千山万水，也会有他前来探望的足迹。现如今，我因为种种原因来到广州工作，他也将放弃北京的一切跟随我来到这里。我们既是无话不谈的挚友，又将成为相扶相伴的亲人。人生得知己如此，让我常常感恩于命运的垂怜。

想要感谢的人太多太多，让这篇后记变得如正文一样冗长而烦琐。还有很多给予过我帮助的人们没有办法一一提及，更无以相报。谨此一并致谢。感恩的心，感谢有你！

经典

2014 年 12 月于广州